500만 독자 여러분께 감사드립니다!

세상이 아무리 바쁘게 돌아가더라도
책까지 아무렇게나 빨리 만들 수는 없습니다.

길벗은 독자 여러분이
가장 쉽게, 가장 빨리 배울 수 있는 책을
한 권 한 권 정성을 다해 만들겠습니다.

독자의 1초를 아껴주는 정성을
만나보세요.

미리 책을 읽고 따라해 본 2만 베타테스터 여러분과
무따기 체험단, 길벗스쿨 엄마 2% 기획단,
시나공 평가단, 토익 배틀, 대학생 기자단까지!
믿을 수 있는 책을 함께 만들어주신 독자 여러분께 감사드립니다.

㈜도서출판 길벗 www.gilbut.co.kr
길벗스쿨 www.gilbutschool.co.kr

AI로 실무 완벽 대응!

직장인을 위한 AI 실무 엑셀

선양미 지음

길벗

최신개정

직장인을 위한 **AI 실무 엑셀**

The Business Practice Series - AI for Excel

초판 발행 · 2025년 12월 31일

지은이 · 선양미
발행인 · 이종원
발행처 · (주)도서출판 길벗
출판사 등록일 · 1990년 12월 24일
주소 · 서울시 마포구 월드컵로 10길 56(서교동)
대표 전화 · 02)332-0931 | **팩스** · 02)322-3895
홈페이지 · www.gilbut.co.kr | **이메일** · gilbut@gilbut.co.kr

기획 및 책임 편집 · 박슬기(sul3560@gilbut.co.kr)
디자인 · 박상희 | **제작** · 이준호, 손일순, 이진혁
영업마케팅 · 전선하, 박민영, 서현정 | **유통혁신** · 한준희 | **영업관리** · 김명자 | **독자지원** · 윤정아

편집 진행 · 안혜희 | **전산편집** · 김정미 | **CTP 출력 및 인쇄** · 교보피앤비 | **제본** · 경문제책

ISBN 979-11-407-1705-7 03000
(길벗 도서번호 007226)

가격 25,000원

작가의 말

실무에서 바로 쓰는 엑셀과 AI,
한 권으로 익히다!

업무 환경은 빠르게 변화하고 있습니다. 그 변화의 중심에는 여전히 엑셀이 있으며, 이제는 그 곁에 AI(Artificial Intelligence)가 자리하고 있습니다. 이 책은 이러한 변화 속에서 누구나 실무에 필요한 엑셀을 부담 없이 익힐 수 있도록 돕고자 하는 마음으로 준비했습니다. 기초 원리부터 실무 사례까지 차근차근 설명하여 스스로 해결할 수 있는 힘을 길러 드리려고 하였습니다.

최근 엑셀은 AI 기능이 본격적으로 적용되면서 이전과는 다른 방식으로 진화하고 있습니다. 이런 변화는 처음에는 낯설 수 있지만, 오히려 복잡한 작업을 훨씬 쉽게 만들 수 있는 새로운 기회이기도 합니다. 이제 우리는 복잡한 수식을 외우지 않고도 복잡한 데이터를 손쉽게 요약하고 시각화할 수 있게 되었습니다.

AI는 엑셀 안에서 놀라운 자동화와 분석 기능을 제공하지만, 그 힘을 충분히 활용하려면 엑셀의 구조와 기본 기능을 알고 있어야 합니다. 엑셀을 이해하는 만큼 AI를 활용하는 능력도 자연스럽게 확장됩니다.

이 책은 단순한 기능 설명서를 넘어 여러분이 스스로 엑셀을 활용하고 확장할 수 있도록 돕는 안내서입니다. 업무 현장에서 곁에 두고 필요한 부분을 바로 찾아 활용할 수 있으며 엑셀과 AI가 만들어 가는 새로운 업무 방식에 자연스럽게 적응할 수 있도록 구성하였습니다.

독자 여러분의 일상이 조금 더 편안해지고,
업무가 조금 더 명확해지며,
데이터를 다루는 일이 한층 더 즐거워지기를 바랍니다.

저자 선양미 드림

미리 보기

실무 마스터 1

작업 속도를 빠르게! 업무에 꼭 필요한 필수 팁

엑셀에 담긴 모든 기능을 다 익힐 필요가 없어요. 여기에서는 업무에서 데이터를 빠르게 다룰 수 있는 필수 팁만 쏙쏙 뽑아 알려줍니다.

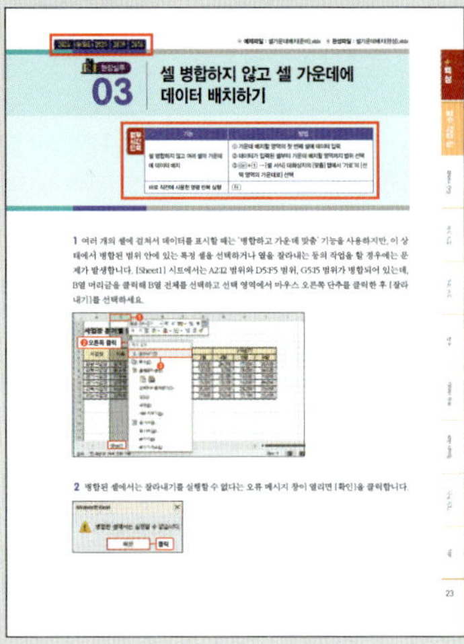

| 모든 버전 대응 |
M365(Microsoft 365), 엑셀 2016~2024 버전까지 사용 가능한 버전을 알려줍니다. 사용할 수 없는 버전은 2016과 같이 표시했어요.

| 업무 시간 단축 | 2024 M365 2021 2019 2016
데이터를 빠르게 다룰 수 있도록 실무에 유용한 팁을 간략하게 정리하여 보여줍니다.

실무 마스터 2

데이터 분석은 명쾌하고 정확하게! 빅데이터도 단숨에 처리

방대한 양의 데이터 관리와 분석도 문제없어요. 실무에서 가장 많이 사용하는 함수만 완전정복하면 원하는 결과를 정확하게 얻을 수 있습니다.

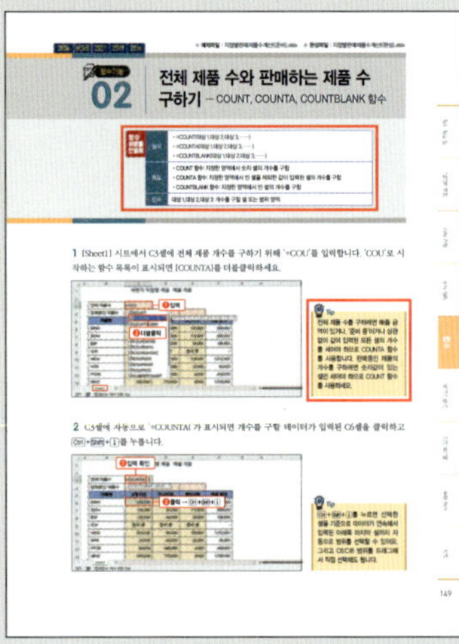

| 함수 이해를 단숨에 & 함수식 설명 |
함수 응용, 더 이상 어렵지 않습니다. 함수의 형식, 용도, 인수만 제대로 알면 실무에 바로 사용할 수 있어요.

| TIP |
실습을 따라하면서 알아두면 좋은 유용한 팁이나 궁금한 점을 정리해 놓았어요.

실제 업무에서 다루는 데이터를 남들보다 빠르고 정확하게 분석할 수 있도록 사용자 맞춤 팁을 제공합니다.
또한 업무 능력을 높여주는 다양한 데이터 관리와 분석에 대한 실무 노하우도 익혀보세요.

실무 마스터 3

설득력을 높여주는 비주얼 보고서 작성 노하우

표와 차트를 활용한 데이터 분석으로, 한눈에 이해할 수 있는 보고서 작성법을 알려줍니다.
또한 양식 컨트롤을 사용한 데이터 활용법과 실무에 유용한 인쇄 팁도 배울 수 있어요.

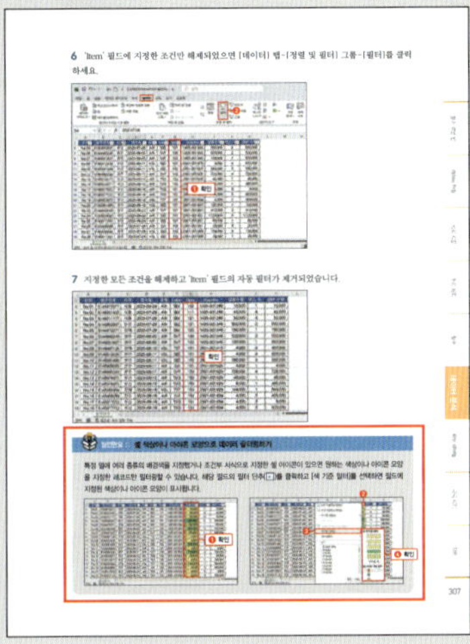

| 보고서 디자인 |
분석 결과를 최적화하여 보여줄 수 있는 다양한 해법을 제시합니다. 실습을 따라하기만 해도 비주얼 보고서가 뚝딱 만들어져요.

| 잠깐만요 |
추가로 알아두면 좋을 팁과 주의할 점을 정리해 놓았습니다. 실무 능력 향상에 도움이 되니 꼭 읽어보세요.

실무 마스터 4

현장밀착 100%! AI 실무 프로젝트

현장 실무에서 직접 다루는 AI 실무 예제를 따라해 보면서 프로비즈니스맨으로 도약할 수 있는 다양한 문제를 다룹니다. 또한 스마트한 업무 환경을 만드는 AI 프롬프트 사용법도 익혀봅니다.

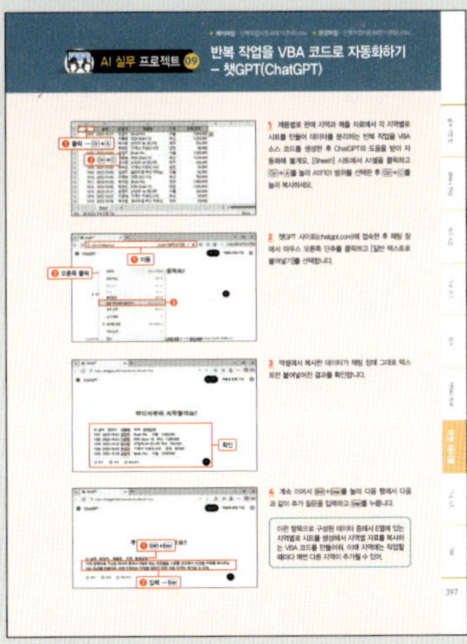

| 스텝별 설명 |
실무 프로젝트를 스텝별로 차근차근 따라해서 완성할 수 있어요. 현장에 바로 적용해 보세요.

핵심 직장인을 위한 핵심 기능만 모았다!

실제 업무에서 다루는 데이터를 남들보다 빠르고 정확하게 분석할 수 있도록 핵심 기능을 제공합니다.

목차

Chapter 01 작업 속도 향상을 위한 노하우 익히기

Chapter 02 작업 시간을 줄이는 알짜 함수 정복하기

Chapter 03 정확하고 효율적인 분석 데이터 작성하기

▼ '차트로 완성하는 데이터 보고서'는 PDF 파일로 제공합니다.

부록 예제파일 및 완성파일, 무료 제공 PDF 다운로드 안내

이 책에 사용된 예제파일 및 완성파일과 무료 제공 PDF 파일은 길벗출판사 홈페이지(www.gilbut.co.kr)에서 다운로드할 수 있어요. 홈페이지 검색 창에 『직장인을 위한 AI 실무 엑셀』을 입력하고 해당 도서 페이지가 열리면 [자료실]을 클릭해 실습파일을 다운로드하세요. 홈페이지 회원으로 가입하지 않아도 누구나 부록 파일을 다운로드할 수 있습니다.

길벗출판사 홈페이지 소개

길벗출판사에서 운영하는 홈페이지(www.gilbut.co.kr)에서는 출간한 도서에 대한 정보뿐만 아니라 실습파일 및 동영상 등 학습에 필요한 자료도 제공하고 있습니다. 그리고 책을 읽다가 모르는 내용이 있다면 언제든지 홈페이지의 도서 게시판에 문의를 남겨주세요. 독자 A/S 전담팀과 저자가 신속하고 정확하게 질문을 해결해 드립니다.

- 길벗출판사 홈페이지에 접속한 후 검색 창에 『직장인을 위한 AI 실무 엑셀』을 입력해 해당 도서 페이지로 이동하세요. 홈페이지 화면의 오른쪽에 보이는 퀵 메뉴를 이용하면 도서 및 동영상 강좌 문의를 빠르게 할 수 있어요.

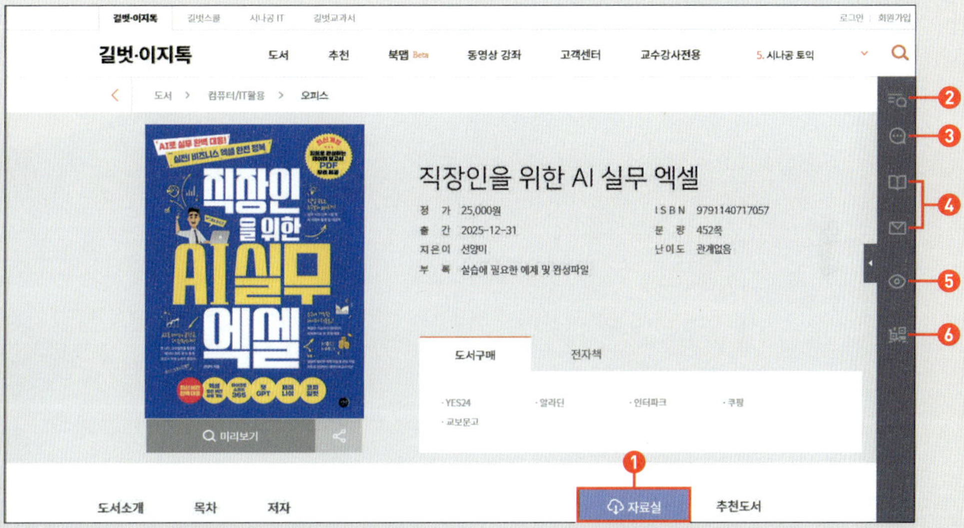

❶ **자료실** : 실습에 필요한 예제파일 및 완성파일, 동영상 강좌 등을 제공합니다. 홈페이지 회원으로 가입하지 않아도 누구나 도서 자료를 다운로드할 수 있습니다.

❷ **빠른조회** : 길벗에서 보낸 메시지, 최근 이용 자료, 문의/답변 등 내 계정과 관련된 알림을 빠르게 확인해 볼 수 있어요. 해당 메뉴는 홈페이지에 로그인한 상태에서만 이용할 수 있어요.

❸ **도서문의** : 책을 보다 모르는 내용이 나오거나 오류를 발견한 경우 해당 메뉴를 클릭해 문의 내용을 입력해 주세요. 꼭 로그인한 상태로 문의해 주세요.

❹ **구매 도서 인증, 독자의견** : 구입한 도서의 ISBN 부가 기호를 입력하여 구입을 인증하면 독자 의견을 등록할 수 있어요.

❺ **최근 본 도서** : 홈페이지에서 찾아본 도서를 최근 순서대로 보여줍니다.

❻ **모바일로 열기** : 휴대폰으로 QR 코드를 찍으면 모바일에서도 해당 페이지를 바로 열 수 있어요.

▲ 구매 도서 인증 방법

똑같이 엑셀을 이용해서 비슷한 내용의 보고서를 작성해도 어떤 방법을 사용했는지에 따라 작업이 오래 걸릴 수도 있고 단 몇 분 만에 끝날 수도 있습니다. 따라서 좀 더 빠르고 편리하면서도 정확하게 데이터를 작업하는 방법을 익히면 복잡한 업무를 빨리 끝내고 여유 있는 시간을 가질 수 있어서 좋습니다.

CHAPTER 01

작업 속도 향상을 위한 노하우 익히기

SECTION

01

엑셀 필수 작업 팁 익히기

엑셀이 가지고 있는 무궁무진한 기능을 모두 정복할 수 있으면 좋겠지만, 현실적으로는 불가능합니다. 하지만 이번 섹션에서 소개하는 팁만 알고 있어도 문서 작성의 기본인 기초 작업부터 훨씬 빠르게 진행할 수 있습니다.

2024 M365 2021 2019 2016

필수기능 01

주요 단축키 익히기

1 | 셀 포인터 이동

단축키	기능
이름 상자에 셀 주소 입력 → Enter	원하는 셀로 한 번에 이동
Ctrl+Home	A1셀로 이동
Ctrl+End	워크시트에서 데이터가 입력된 마지막 셀로 이동
빈 셀 클릭 → Ctrl+방향키	워크시트의 마지막 행/열로 이동
데이터가 입력된 특정 셀 클릭 → Ctrl+방향키	데이터가 입력된 마지막 행/열로 이동
Ctrl+PgUp/Ctrl+PgDn	이전 시트/다음 시트로 이동
Alt+PgUp/Alt+PgDn	한 화면 좌/우로 이동

2 | 범위 설정

단축키	기능
Ctrl+드래그 또는 Ctrl+클릭	떨어진 여러 범위 선택
범위를 설정할 시작 셀 클릭 → 마지막 셀에서 Shift+클릭	연속된 데이터 영역의 범위 선택
범위를 설정할 시작 셀 클릭 → 이름 상자에 범위를 설정할 마지막 셀 주소 입력 → Shift+Enter	보이지 않는 특정 셀까지 범위 선택
범위를 설정할 시작 셀 클릭 → Ctrl+Shift+방향키(→, ←, ↑, ↓)	데이터 영역의 끝까지 범위 선택
Shift+방향키(→, ←, ↑, ↓)	원하는 만큼 범위 추가 또는 제거
데이터가 입력된 영역의 특정 셀 선택 → Ctrl+A	데이터가 입력된 전체 범위 선택
데이터가 입력되지 않는 빈 셀 선택 → Ctrl+A	시트의 전체 범위 선택

3 | 기본 작업

단축키	기능	단축키	기능
Ctrl+N	새 문서 만들기	Ctrl+O	파일 열기
Ctrl+S	저장	F12	다른 이름으로 저장
Ctrl+P	인쇄	Ctrl+F	찾기
Ctrl+H	바꾸기	Ctrl+Z	실행 취소
Ctrl+Y	다시 실행	Ctrl+W/Alt+F4	창 닫기/프로그램 종료

4 | 셀 편집 및 입력

단축키	기능	단축키	기능
F2	셀 편집	Ctrl+C	복사
Ctrl+X	잘라내기	Ctrl+V	붙여넣기
Ctrl+Alt+V	선택하여 붙여넣기	Ctrl+D	위쪽 셀 값 복사
Ctrl+R	왼쪽 셀 값 복사	Ctrl+'	위쪽 셀 값 복사
Alt+Enter	셀 안에서 줄 바꿈	Ctrl+Shift++/Ctrl+-	셀/행/열 삽입 또는 삭제

5 | 서식

단축키	기능	단축키	기능
Ctrl+1	[셀 서식] 대화상자	Ctrl+B	굵게
Ctrl+I	기울임	Ctrl+U	밑줄
Ctrl+Shift+$	통화 서식	Ctrl+Shift+%	백분율 서식
Ctrl+Shift+^	지수 서식	Ctrl+Shift+#	날짜 서식
Ctrl+Shift+@	시간 서식	Ctrl+Shift+!	숫자 서식

6 | 수식 작업

단축키	기능	단축키	기능
=	수식 시작	Alt + =	자동 합계
Ctrl + `	수식 보기/숨기기	Shift + F9	선택한 부분 계산
F4	절대 참조/상대 참조 전환	Alt + Enter	수식 줄 바꿈
Ctrl + Shift + Enter	배열 수식 입력		

7 | 워크시트/창

단축키	기능	단축키	기능
Ctrl + PgUp/PgDn	시트 간 이동	Shift + F11	새 워크시트 삽입
Ctrl + F4	현재 문서 닫기	Ctrl + Tab	통합 문서 전환
F11	새 시트에 차트 생성	Alt + F1	선택 영역 차트 생성

8 | 데이터 작업

단축키	기능	단축키	기능
Alt + ↓	필터 드롭다운 열기	Ctrl + Shift + L	자동 필터 켜기/끄기
Ctrl + T	표 서식 적용	Alt + A + T	중복값 제거
Alt + H + S	정렬 메뉴 열기	Alt + A + S + S	고급 정렬

필수기능 02

셀 너비에 맞게 자동으로 데이터 표시하기

1 셀 너비에 맞게 입력된 텍스트의 사이에 자동으로 공백이 지정되면서 텍스트가 펼쳐지는 효과를 설정해 볼게요. [Sheet1] 시트에서 A2셀을 클릭한 후 Ctrl+1을 누릅니다. [셀 서식] 대화상자가 열리면 [맞춤] 탭을 선택하고 '텍스트 맞춤'의 '가로'에서는 [균등 분할 (들여쓰기)]을, '들여쓰기'에는 '8'을 지정한 후 [확인]을 클릭하세요.

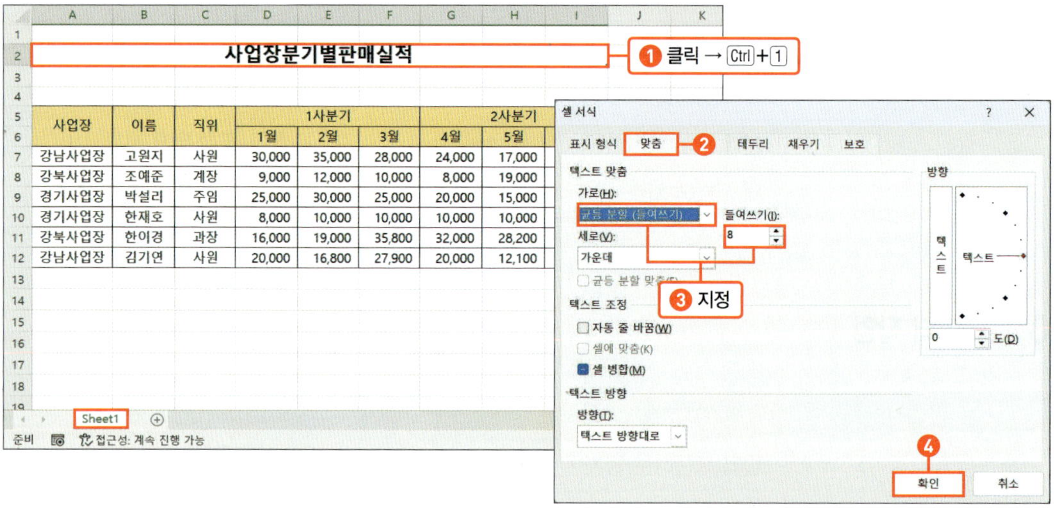

Tip

범위가 설정된 영역인 A1셀에서 마우스 오른쪽 단추를 클릭하고 [셀 서식]을 선택해도 [셀 서식] 대화상자를 열 수 있어요.

2 A2셀에 입력된 텍스트가 자동으로 셀 너비에 맞게 균등하게 분할되어 펼쳐지고 들여쓰기 값만큼 좌우에 여백이 설정되어 텍스트가 안쪽으로 모아졌습니다.

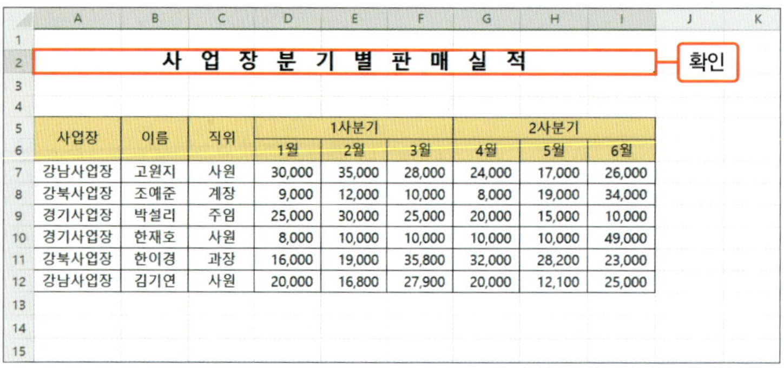

현장실무 03

셀 병합하지 않고 셀 가운데에 데이터 배치하기

업무 시간 단축

기능	방법
셀 병합하지 않고 여러 셀의 가운데에 데이터 배치	① 가운데 배치할 영역의 첫 번째 셀에 데이터 입력 ② 데이터가 입력된 셀부터 가운데 배치할 영역까지 범위 선택 ③ Ctrl+1 → [셀 서식] 대화상자의 [맞춤] 탭에서 '가로'의 [선택 영역의 가운데로] 선택
바로 직전에 사용한 명령 반복 실행	F4

1 여러 개의 셀에 걸쳐서 데이터를 표시할 때는 '병합하고 가운데 맞춤' 기능을 사용하지만, 이 상태에서 병합된 범위 안에 있는 특정 셀을 선택하거나 열을 잘라내는 등의 작업을 할 경우에는 문제가 발생합니다. [Sheet1] 시트에서는 A2:I2 범위와 D5:F5 범위, G5:I5 범위가 병합되어 있는데, B열 머리글을 클릭해 B열 전체를 선택하고 선택 영역에서 마우스 오른쪽 단추를 클릭한 후 [잘라내기]를 선택하세요.

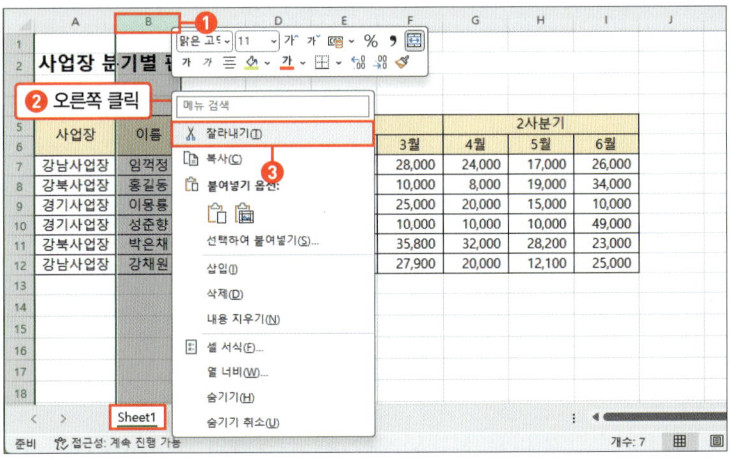

2 병합된 셀에서는 잘라내기를 실행할 수 없다는 오류 메시지 창이 열리면 [확인]을 클릭합니다.

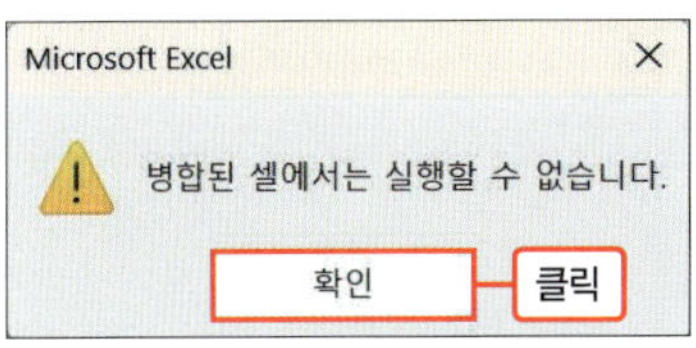

3 이런 문제를 해결하기 위해 이미 병합되어 있는 A2셀을 클릭하고 [홈] 탭-[맞춤] 그룹-[맞춤 설정] 아이콘(⊡)을 클릭합니다.

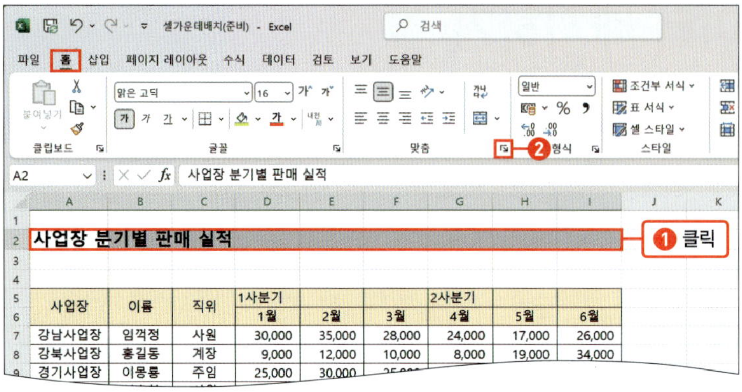

> **Tip**
> Ctrl+1을 눌러도 [셀 서식] 대화상자가 열립니다.

4 [셀 서식] 대화상자의 [맞춤] 탭이 열리면 [셀 병합]의 체크 표시를 해제해서 기존에 선택되었던 셀 병합을 해제합니다. '텍스트 맞춤'의 '가로'에서 [선택 영역의 가운데로]를 선택하고 [확인]을 클릭합니다.

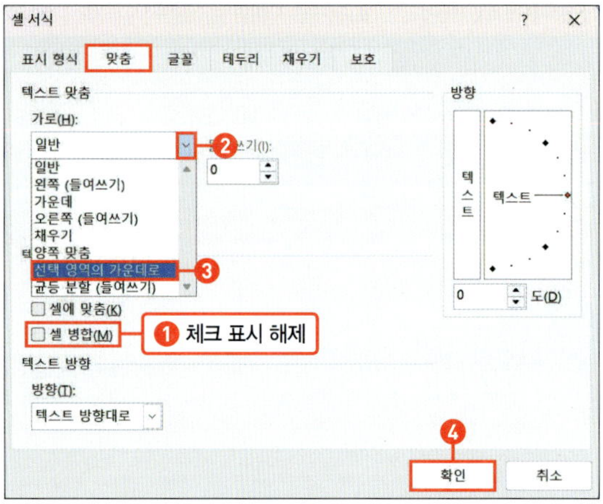

5 A2:I2 범위에 있는 특정 셀을 클릭하면 각각 따로 선택되지만, 해당 영역의 가운데에 제목 '사업장 분기별 판매 실적'이 배치되었습니다. 이와 같은 방법을 똑같이 적용하기 위해 D5:F5 범위를 선택하고 F4를 누른 후 다시 G5:I5 범위를 선택하고 F4를 누르세요.

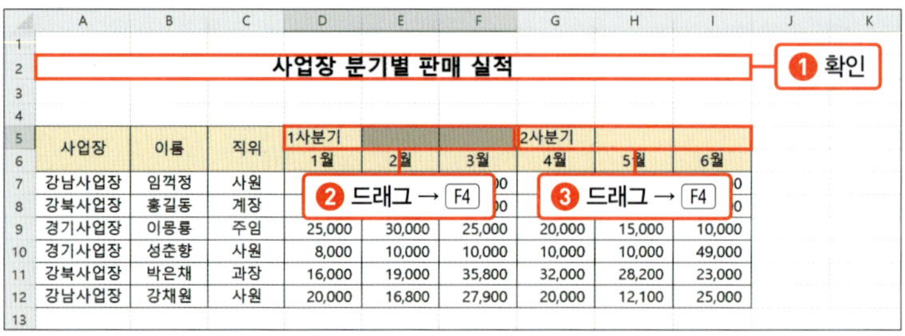

> **Tip**
> F4는 바로 직전에 사용한 명령을 반복해서 적용할 때 사용합니다.

6 E5:F7 범위를 드래그하면 셀이 병합되지 않았으므로 선택하는 데 문제가 없습니다.

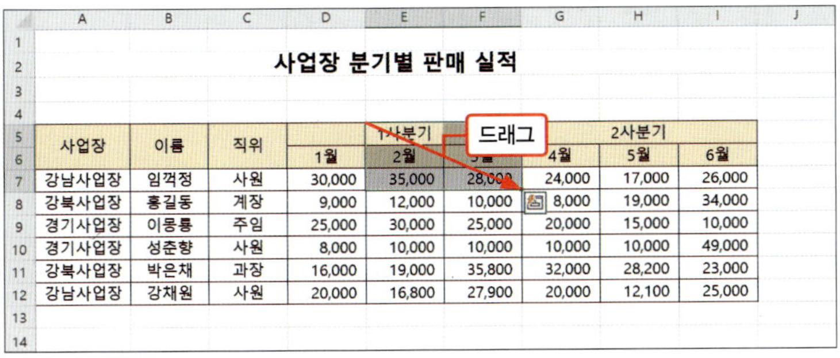

7 B열 머리글을 클릭해 B열 전체를 선택하고 선택 영역에서 마우스 오른쪽 단추를 클릭한 후 [잘라내기]를 선택해도 오류 메시지 없이 잘라낼 수 있어요.

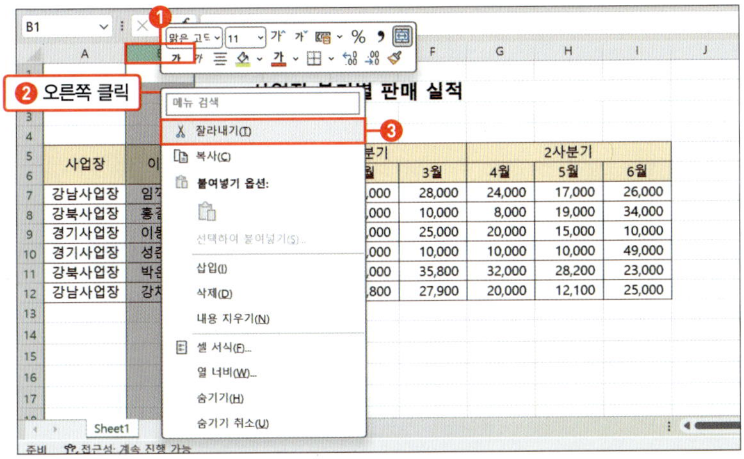

◉ **예제파일** : 같은값입력(준비).xlsx ◉ **완성파일** : 같은값입력(완성).xlsx

필수기능 04

떨어져 있는 여러 셀에 같은 값 입력하기

업무 시간 단축	방법		
	① 값을 넣을 모든 셀 선택	② 원하는 값 입력	③ Ctrl+Enter

1 [Sheet1] 시트에서 C열의 '포함여부' 항목에는 값이 입력되지 않은 빈 셀이 있는데, 여기에 'Yes'를 입력해 볼게요. C5:C8 범위를 선택하고 Ctrl을 누른 상태에서 C15:C17 범위와 C20:C22 범위를 차례대로 드래그해 모두 선택한 후 'Yes'를 입력하고 Ctrl+Enter를 누르세요.

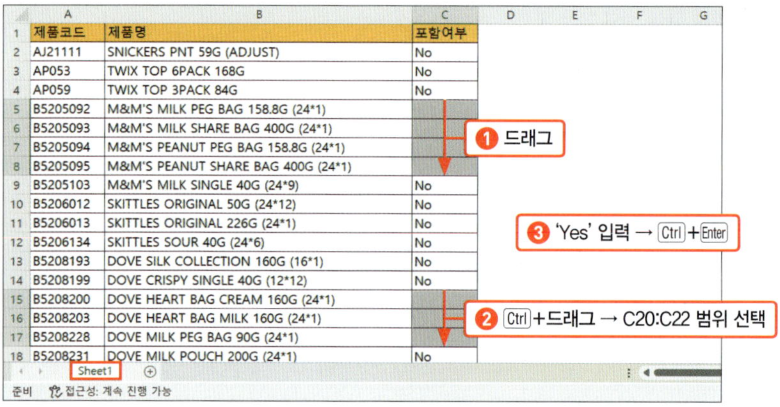

2 범위를 선택한 모든 영역에 한 번에 'Yes'가 입력되었는지 확인합니다.

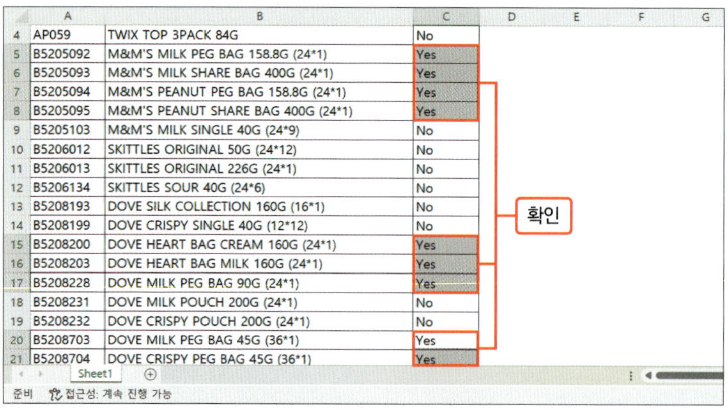

◉ **예제파일** : 0으로시작하는숫자(준비).xlsx ◉ **완성파일** : 0으로시작하는숫자(완성).xlsx

필수기능

05 0으로 시작하는 숫자 입력하기

업무 시간 단축

기능	방법
입력한 값 그대로 셀에 표시	['] +데이터 입력 → 이 방법으로 입력한 데이터는 문자로 인식되어 계산할 수 없는 값이 됨

1 [Sheet1] 시트에서 A2셀에는 '0001'을 입력하고 Enter를, B2셀에는 '5/3'을 입력하고 Enter를 누릅니다. 숫자의 경우 앞에 있는 0은 의미 없는 값이어서 표시되지 않으므로 '0001'을 입력한 셀에는 '1'만 표시되지만, '5/3'은 자동으로 날짜로 인식되어 '05월 03일'로 표시됩니다. 이때 입력한 값이 자동으로 변환되지 않고 그대로 셀에 표시하려면 A3셀에 ''0001'을 입력하고 Enter를 누르세요.

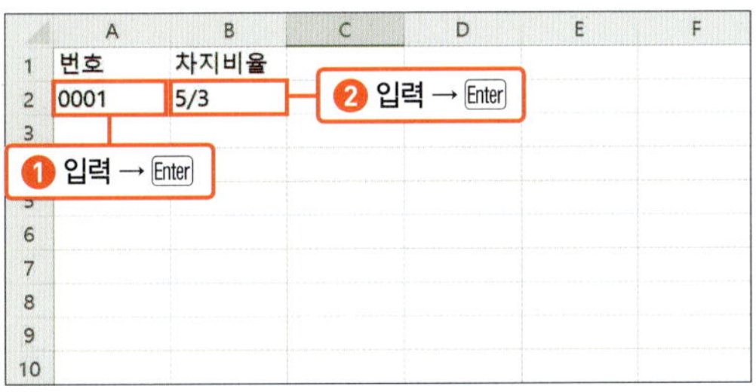

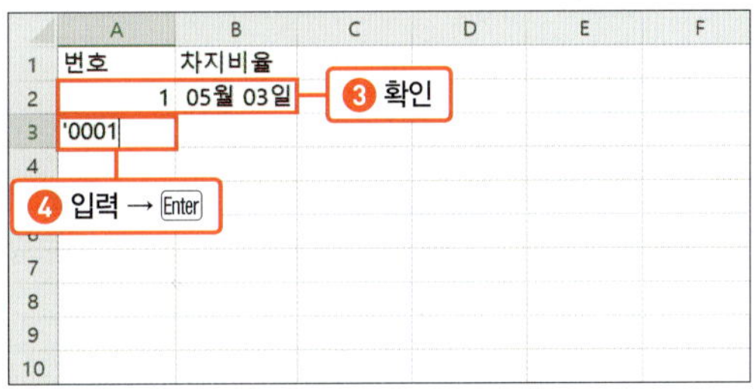

2 입력한 값이 그대로 셀에 표시되었으면 B3셀에 ''5/3'을 입력하고 Enter를 누르세요. 어떤 값이든 작은따옴표(')와 함께 지정하면 입력한 값이 그대로 셀에 표시되지만, 이 값은 셀의 왼쪽에 정렬되어 있습니다. 이것은 문자 데이터로 입력되었다는 의미입니다.

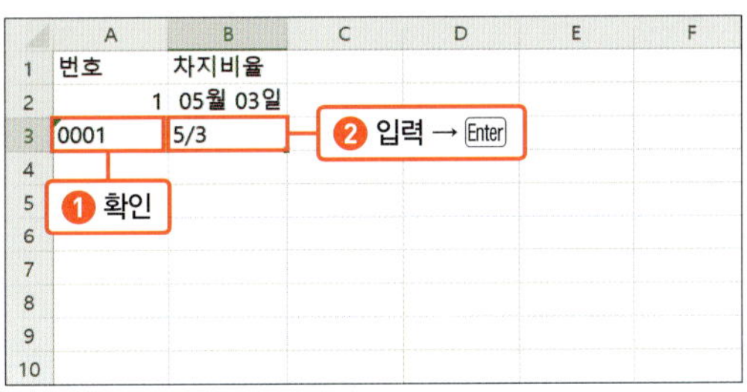

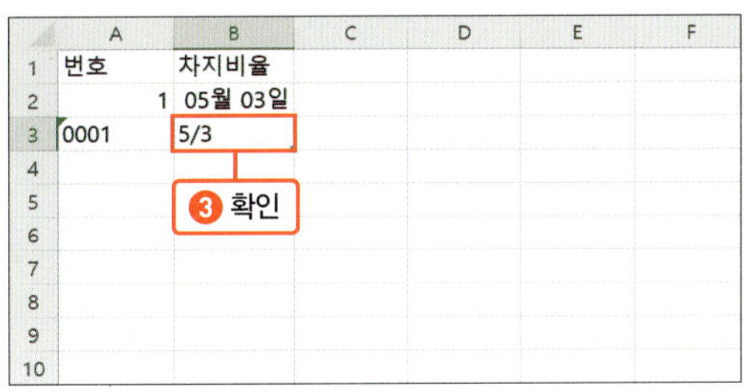

◉ **예제파일** : 자동오늘날짜(준비).xlsx ◉ **완성파일** : 자동오늘날짜(완성).xlsx

필수기능

06 자동으로 오늘 날짜와 시간 입력하기

업무 시간 단축

기능	방법
셀에 자동으로 오늘 날짜 입력	Ctrl+;
셀에 자동으로 현재 시간 입력	Ctrl+Shift+;
날짜가 자동으로 바뀌도록 입력	TODAY 함수 또는 NOW 함수

1 [Sheet1] 시트에서 셀에 현재 작업하는 당일 날짜나 시간을 입력할 때 단축키를 사용하면 훨씬 편리합니다. 오늘 날짜를 자동으로 표시하기 위해 C4셀을 클릭하고 Ctrl+;을 누르세요.

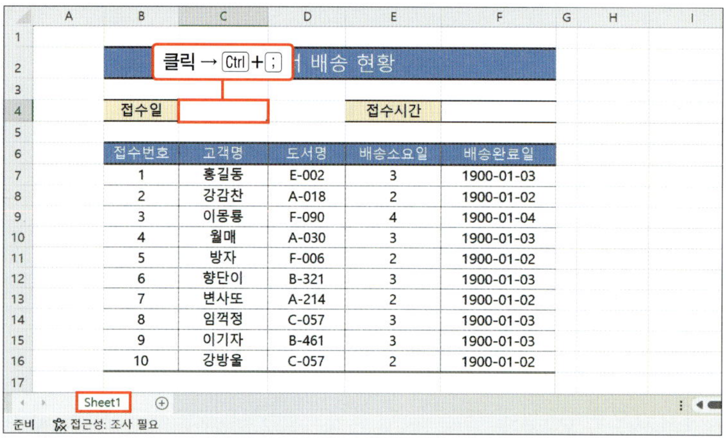

Tip

Ctrl+;을 눌러 입력한 날짜는 다른 날 문서를 다시 열었을 때 날짜가 변하지 않습니다. 문서를 열었을 때 해당 날짜로 자동 변경하려면 TODAY 함수나 NOW 함수를 사용하세요.

2 C4셀에 오늘 날짜가 자동으로 표시되었으면 Enter를 누릅니다. C4셀의 입력된 접수일에 따라 F열의 '배송완료일' 항목에 배송 완료일이 자동으로 계산되어 나타나면 F4셀을 클릭하고 Ctrl+Shift+;을 누르세요.

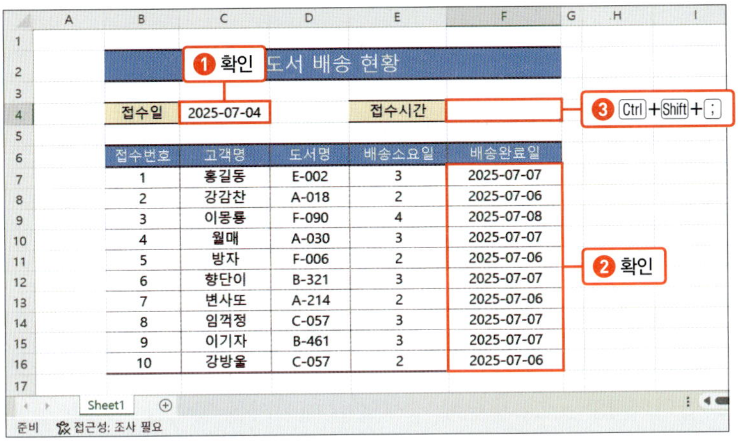

접수번호	고객명	도서명	배송소요일	배송완료일
1	홍길동	E-002	3	2025-07-07
2	강감찬	A-018	2	2025-07-06
3	이몽룡	F-090	4	2025-07-08
4	월매	A-030	3	2025-07-07
5	방자	F-006	2	2025-07-06
6	향단이	B-321	3	2025-07-07
7	변사또	A-214	2	2025-07-06
8	임꺽정	C-057	3	2025-07-07
9	이기자	B-461	3	2025-07-07
10	강방울	C-057	2	2025-07-06

3 F4셀에 현재 시간이 자동으로 입력되었는지 확인하세요.

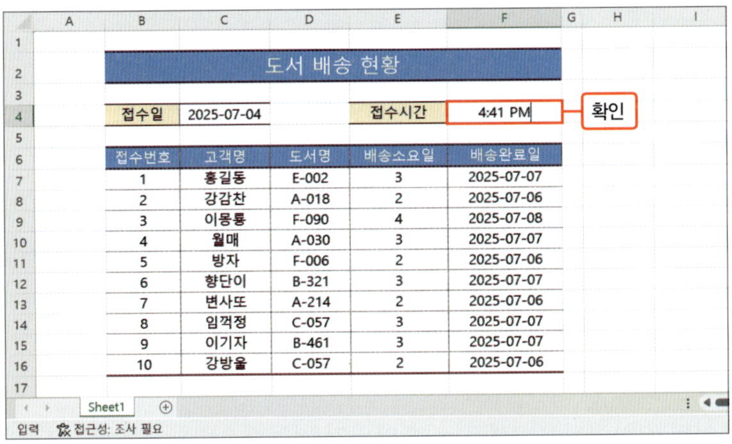

접수번호	고객명	도서명	배송소요일	배송완료일
1	홍길동	E-002	3	2025-07-07
2	강감찬	A-018	2	2025-07-06
3	이몽룡	F-090	4	2025-07-08
4	월매	A-030	3	2025-07-07
5	방자	F-006	2	2025-07-06
6	향단이	B-321	3	2025-07-07
7	변사또	A-214	2	2025-07-06
8	임꺽정	C-057	3	2025-07-07
9	이기자	B-461	3	2025-07-07
10	강방울	C-057	2	2025-07-06

2024 M365 2021 2019 2016

◉ **예제파일** : 윗셀과같은값입력(준비).xlsx ◉ **완성파일** : 윗셀과같은값입력(완성).xlsx

현장실무

07 위쪽 셀과 같은 값 입력하기

업무 시간 단축

기능	방법
위쪽 셀과 같은 값 입력	Ctrl+D 또는 Ctrl+'
위쪽 셀에 입력된 연속 데이터 목록 표시	Alt+↓

1 위쪽 셀에 입력된 데이터를 그대로 사용하거나 약간 수정해서 사용할 때는 직접 입력하는 것보다 복사해서 사용하는 것이 편리합니다. [Sheet1] 시트에서 새로운 데이터를 입력할 마지막 셀을 클릭하기 위해 B3셀을 클릭하고 Ctrl+↓를 누르세요.

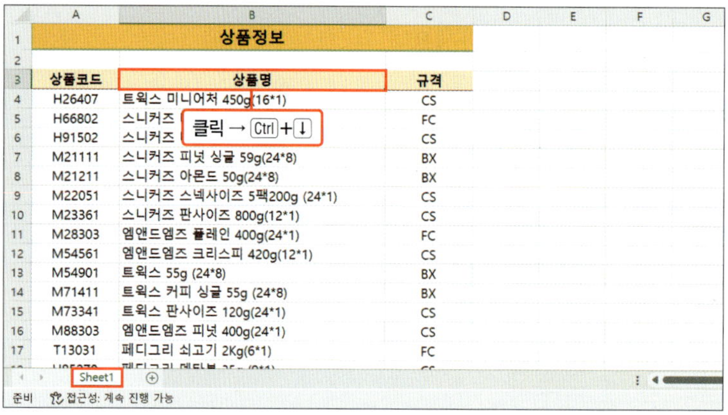

2 B3셀을 기준으로 마지막 데이터가 입력된 B18셀로 셀 포인터가 이동했으면 Enter를 눌러 다음 셀인 B19셀로 이동합니다.

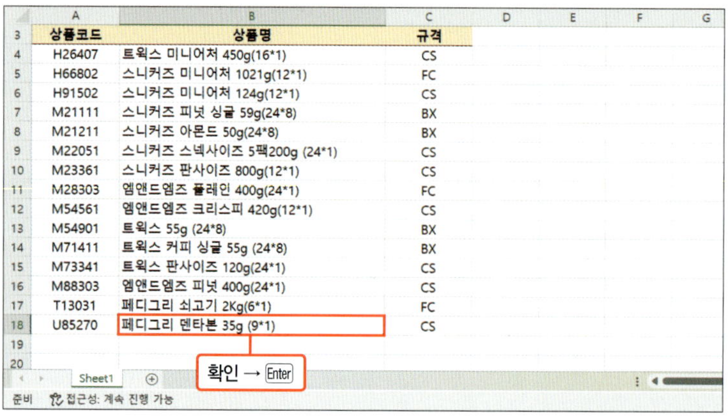

3 B19셀에서 Ctrl+D를 눌러 바로 위쪽 셀인 B18셀에 입력된 값과 같은 값이 표시되었는지 확인하고 Enter를 누릅니다.

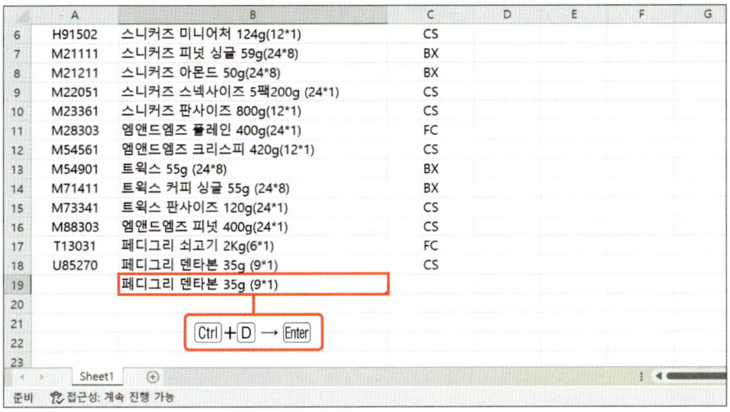

Tip
한 번에 여러 셀을 복사하려면 복사할 빈 영역(예 A19:C19 영역)을 드래그한 후 Ctrl+D를 누르세요.

4 C19셀을 클릭하고 Alt+↓를 누르면 위쪽으로 입력된 연속 데이터 중에서 유일한 항목이 추출되어 목록으로 표시됩니다. 목록 중에서 원하는 규격을 선택하면 손쉽게 데이터를 입력할 수 있어요.

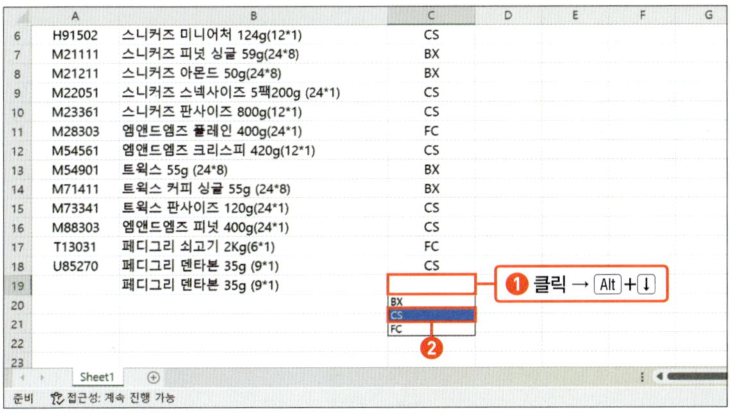

◉ **예제파일** : 텍스트가있는셀만선택(준비).xlsx ◉ **완성파일** : 텍스트가있는셀만선택(완성).xlsx

현장실무

08 텍스트가 있는 셀만 선택하기

1 [Sheet1] 시트에서 H열에 표시된 '실제 사용 일수' 항목에 일 수가 표시된 셀은 제외하고 '미신청'이나 '보류' 등의 텍스트가 입력된 셀만 선택해 볼게요. H4셀을 클릭하고 Ctrl+Shift+↓를 누르세요.

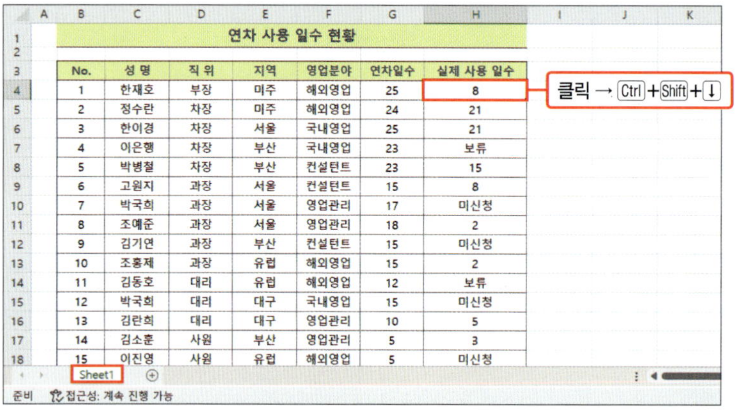

2 '실제 사용 일수' 항목(H4:H22)이 모두 선택되면 [홈] 탭-[편집] 그룹-[찾기 및 선택]을 클릭하고 [이동 옵션]을 선택합니다.

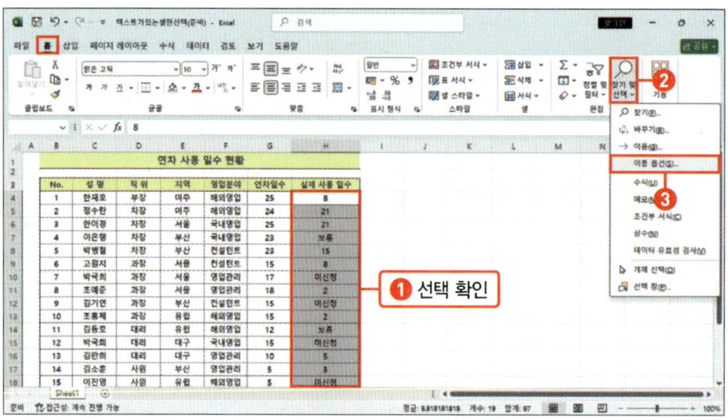

3 [이동 옵션] 대화상자가 열리면 '종류'에서 [상수]를 선택합니다. 선택할 데이터 형식을 지정하기 위해 [숫자], [논리값], [오류]의 체크 표시를 해제하고 [텍스트]에만 체크 표시한 상태에서 [확인]을 클릭하세요.

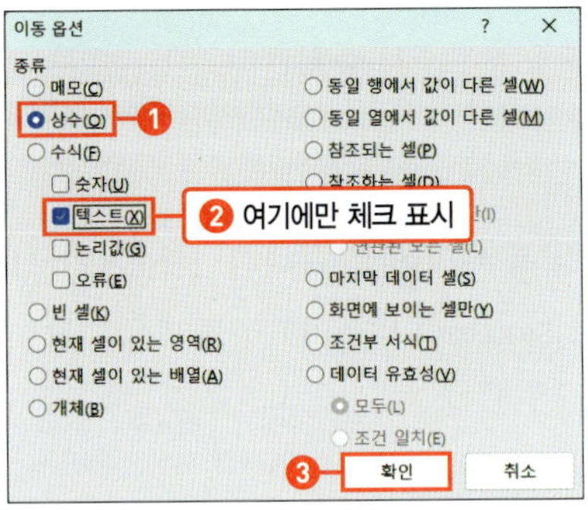

4 H열의 '실제 사용 일수' 항목에서 숫자나 논리값, 오류, 수식 등이 입력된 셀은 제외하고 텍스트가 입력된 셀만 선택되었습니다. 이곳에 배경색을 지정하기 위해 [홈] 탭-[글꼴] 그룹-[채우기 색]을 클릭하고 원하는 색상을 선택하세요.

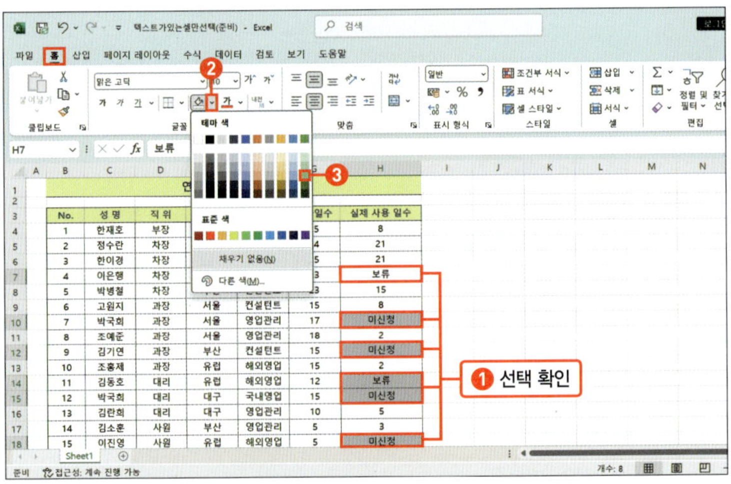

5 텍스트가 입력된 셀에 선택한 색이 채워졌는지 확인합니다.

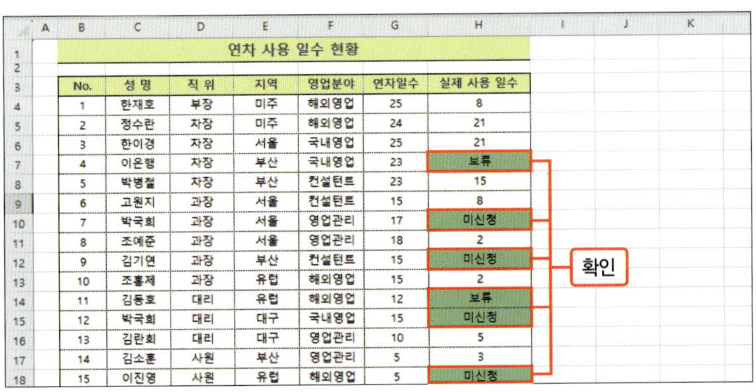

◉ 새로운 통합 문서에서 실습하세요.

필수기능

09 자주 사용하는 기호 빠르게 입력하기

1 엑셀에는 자주 사용하는 기호를 쉽게 입력할 수 있도록 미리 등록되어 있습니다. [Sheet1] 시트에서 전화기 기호를 표시하기 위해 B3셀에 '(tel)'을 입력하고 Spacebar 나 Enter 를 누르세요.

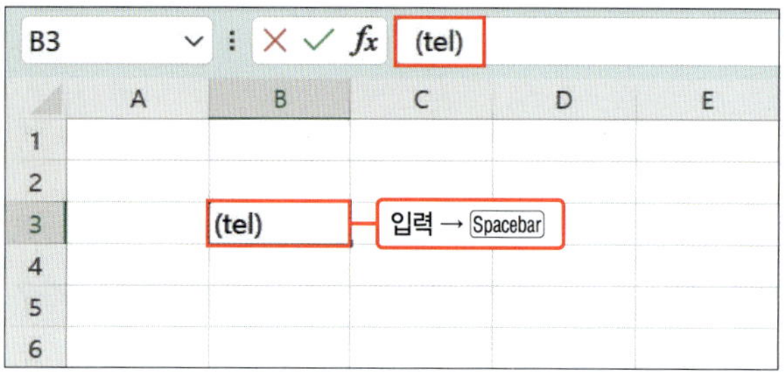

2 B3셀에 자동으로 전화기 모양 기호가 표시된 것을 확인할 수 있습니다. 이것은 자주 사용하는 기호를 미리 엑셀 프로그램에 등록해 두었으므로 자동으로 바뀌는 것입니다.

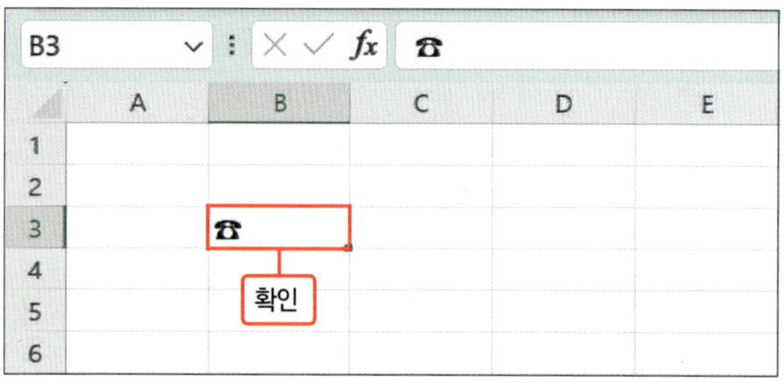

잠깐만요 :: 자동 고침 목록 살펴보기

다음은 엑셀에 기본으로 등록된 자동 고침 목록입니다. 표에 표시된 입력 텍스트를 셀에 입력하고 Spacebar 나 Enter 를 누르면 해당하는 기호로 자동으로 바뀝니다.

입력 텍스트	결과값	입력 텍스트	결과값	입력 텍스트	결과값
(c)	©	(tel)	☎	(e)	€
(r)	®	(ks)	㉿	(주)	㈜

현장실무 10

자동 고침 목록에 원하는 기호 등록하기

1 자동 고침 목록에 기본으로 등록되어 있지 않는 다른 기호를 직접 등록하기 위해 [파일] 탭-[옵션]을 선택합니다.

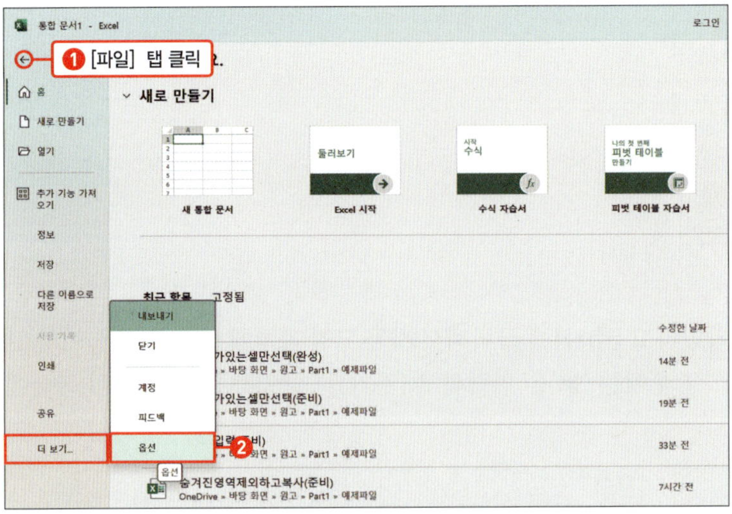

2 [Excel 옵션] 대화상자가 열리면 [언어 교정] 범주를 선택하고 오른쪽 창의 '자동 고침 옵션'에서 [자동 고침 옵션]을 클릭합니다.

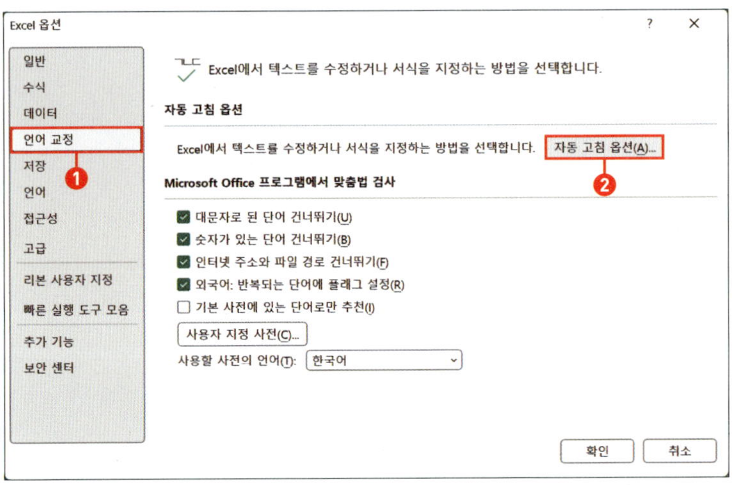

3 [자동 고침] 대화상자의 [자동 고침] 탭이 열리면 '입력'에는 'ㅇ'을, '결과'에는 'ㅁ'을 입력하고 한자를 누릅니다. 한글 자음 ㅁ에 등록된 기호 목록이 표시되면 Tab을 누르거나 ⊞를 클릭해 기호 목록을 확장하고 [◎] 기호를 클릭하세요.

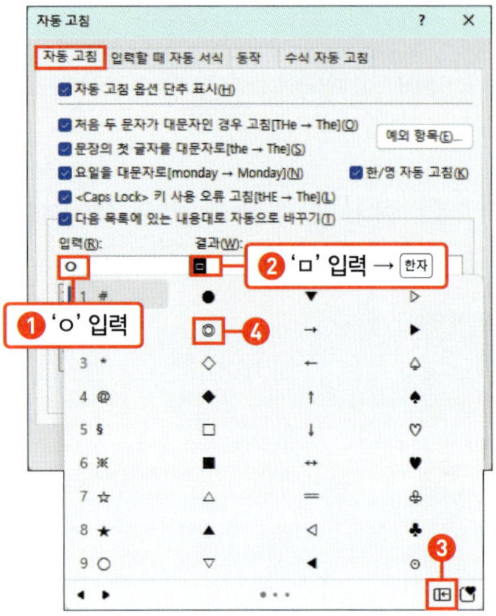

4 '결과'에 표시된 ◎ 기호를 확인하고 [추가]를 클릭해서 자동 고침 목록에 등록합니다. 이와 같은 방법으로 '입력'에는 'ㅅ'을, '결과'에는 '▶'을 입력하고 [추가]를 클릭해서 자동 고침 목록에 등록한 후 [확인]을 클릭합니다.

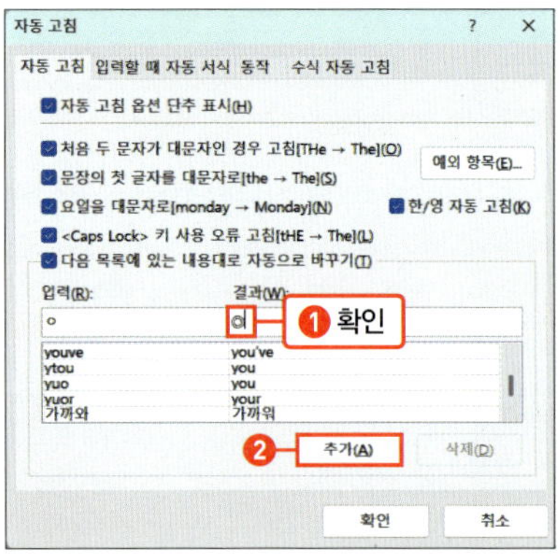

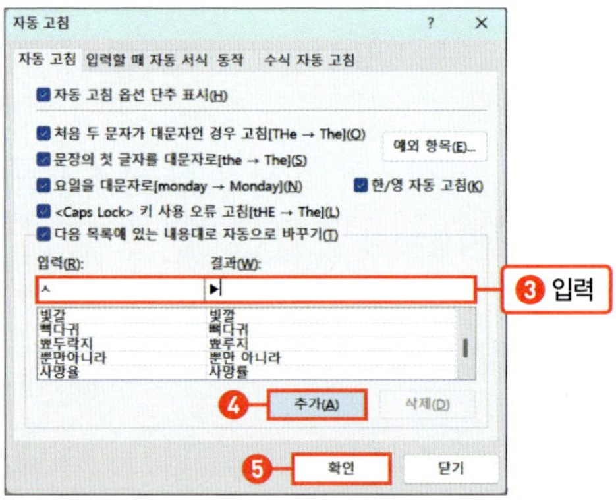

Tip
'ㅇ'에 대한 기호가 이미 지정되어 있어 [추가] 대신 [바꾸기]가 나타나면 [바꾸기]를 클릭하세요.

5 [Excel 옵션] 대화상자로 되돌아오면 [확인]을 클릭합니다.

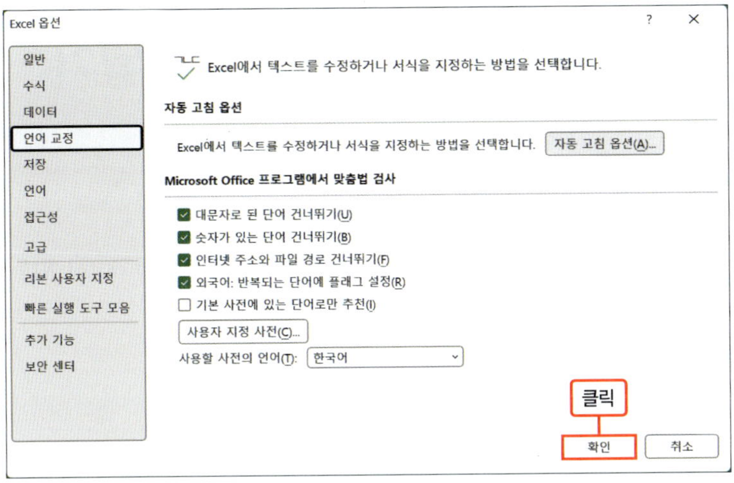

6 새로운 통합 문서를 열고 [Sheet1] 시트에서 B3셀에 'ㅇ'을 입력한 후 Spacebar 나 Enter 를 누릅니다.

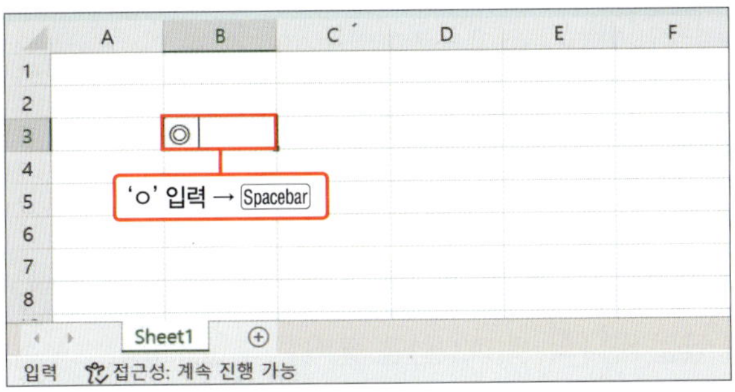

> **Tip**
> 빠른 실행 도구 모음에 [새로 만들기] 도구( )가 있으면 클릭하거나 [파일] 탭-[새로 만들기]를 선택하여 새로운 통합 문서를 열 수 있습니다.

7 B3셀에 **4** 과정에서 등록했던 ◎ 기호가 자동으로 표시되었습니다. 이와 같은 방법으로 특정 셀에 'ㅅ'을 입력한 후 Spacebar 나 Enter 를 누르면 ▶ 기호가 표시됩니다.

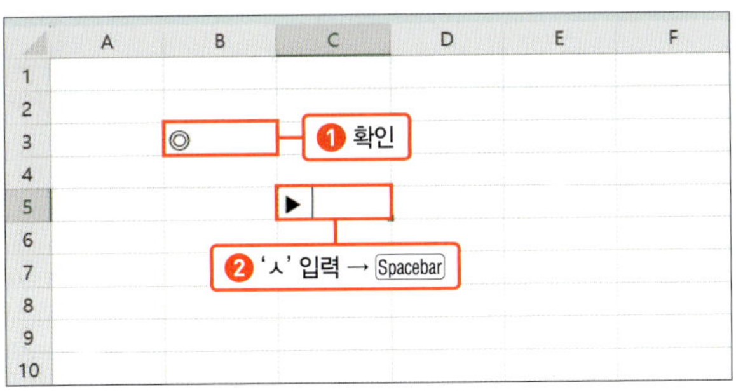

> **Tip**
> 변경된 기호를 원래 입력했던 문자로 되돌리려면 기호로 바뀐 직후에 Ctrl + Z 를 누르세요.

◉ **예제파일** : 그림으로복사(준비).xlsx ◉ **완성파일** : 그림으로복사(완성).xlsx

현장실무 11

결재란을 그림으로 복사해 붙여넣기

1 [발주서] 시트에서 오른쪽 위에 있는 F4:Q7 범위에 결재란을 작성할 것입니다. I17:Q31 범위에는 금액이 표시되어 있어서 I열부터 Q열까지는 너비가 같아야 합니다.

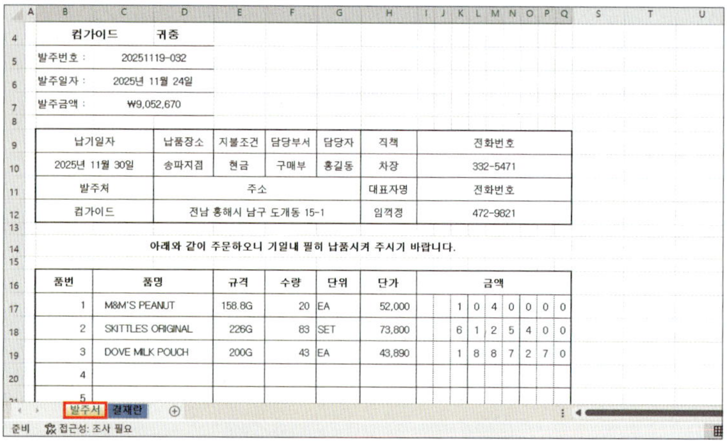

2 너비가 다른 데이터를 하나의 열에 표시하기 위해 [결재란] 시트에 별도의 양식을 작성했습니다. [결재란] 시트를 클릭하고 결재란 영역에 있는 하나의 셀(D2셀)을 클릭한 후 Ctrl+A를 누릅니다. 결재란 양식의 전체 범위가 선택되었으면 Ctrl+C를 눌러 복사하고 [발주서] 시트를 클릭하세요.

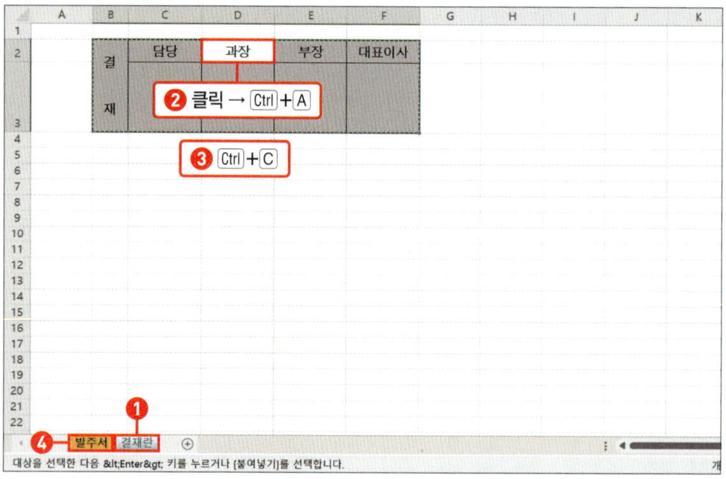

3 [발주서] 시트의 E4:Q7 범위에 복사한 내용을 붙여넣어 볼게요. [홈] 탭-[클립보드] 그룹-[붙여넣기]를 클릭한 후 '기타 붙여넣기 옵션'에서 [그림]( )을 클릭하세요.

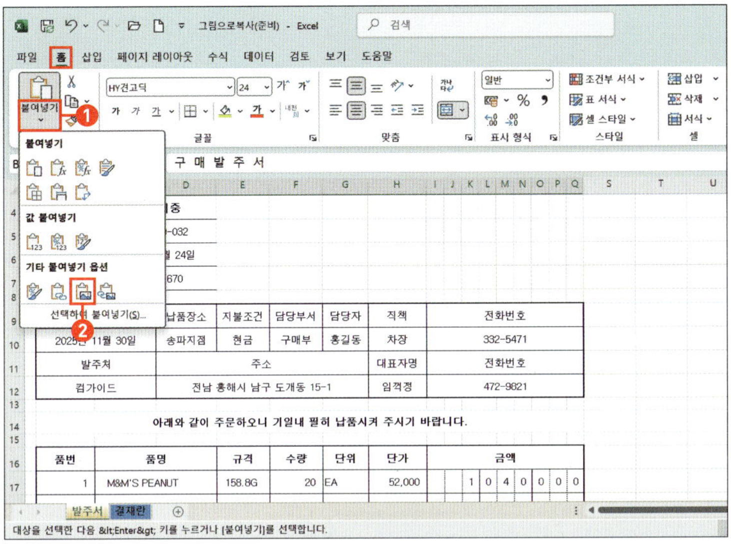

> **Tip**
> [결재란] 시트에서 복사한 결재란 양식을 [발주서] 시트에 그냥 붙여넣으면 붙여넣어진 결재란의 너비를 크게 조정했을 때 I17:Q31 범위에 표시된 '금액' 항목의 너비도 함께 변경되는 문제가 발생합니다. 하지만 결재란을 그림으로 복사해서 붙여넣으면 기존에 입력된 데이터에 아무런 영향을 주지 않고 그대로 복사되어 편리합니다.

4 복사한 결재란 영역이 그림으로 변환되어 붙여넣어지면 적당한 위치로 드래그합니다. 이 그림은 외부 개체이므로 너비와 높이를 마음대로 조정하거나 원하는 위치에 배치할 수 있지만, 그림 내용을 수정할 수 없어서 매번 다시 붙여넣어야 하므로 불편합니다. 이 문제를 해결하기 위해 결재란 그림을 선택한 상태에서 Delete를 눌러 삭제하세요.

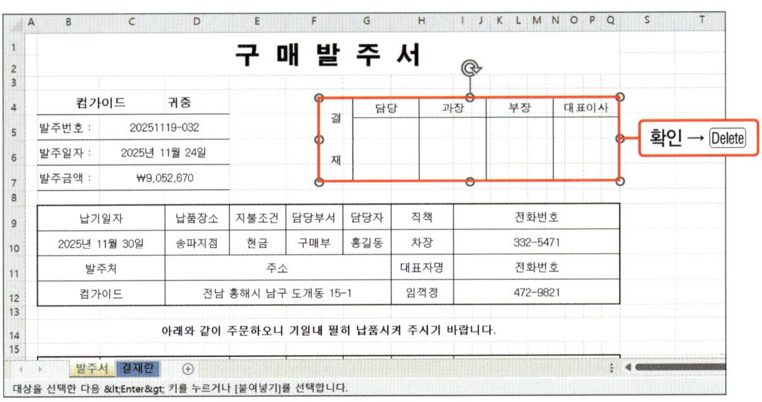

> **Tip**
> 붙여넣은 그림은 셀이 아닌 그림이어서 내용을 곧바로 수정할 수 없으므로 내용을 수정하려면 원본 데이터에서 수정해서 다시 붙여넣어야 합니다. 하지만 데이터의 내용이 자주 바뀌면 매번 수정해서 붙여넣기가 번거로우므로 원본과 연결해서 붙여넣는 것이 편리합니다.

5 아직 복사한 원본이 그대로 지정되어 있으므로 [홈] 탭-[클립보드] 그룹-[붙여넣기]를 클릭한 후 '기타 붙여넣기 옵션'에서 [연결된 그림]( )을 클릭합니다.

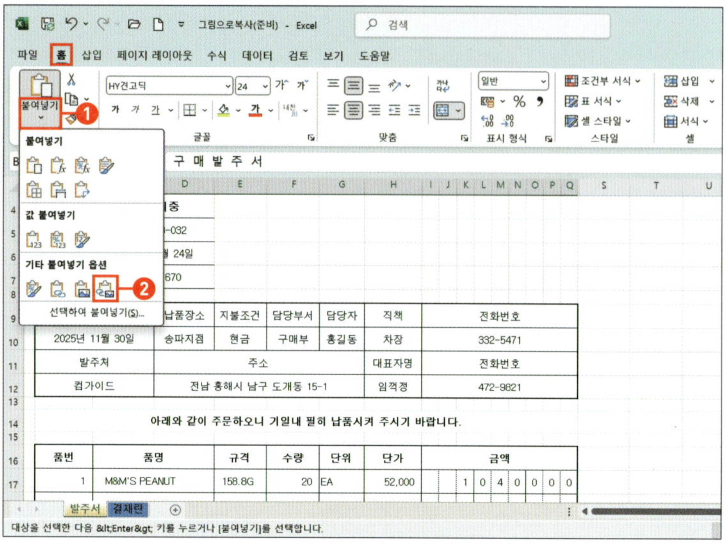

6 연결된 그림으로 붙여넣은 결재란 그림을 오른쪽으로 드래그하고 F4:Q7 범위의 크기로 적당하게 조절합니다. 붙여넣은 결재란 그림의 내용을 수정하려면 원본 데이터가 저장된 [결재란] 시트를 클릭하세요.

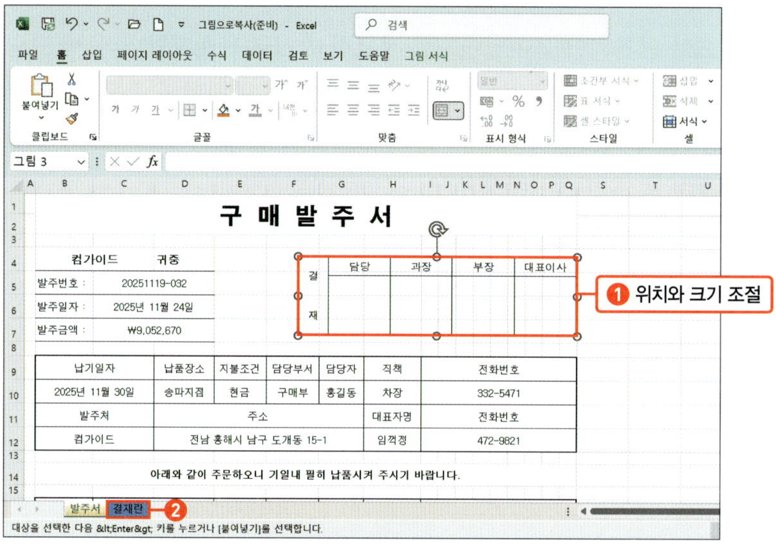

7 **2** 과정에서 선택한 결재란 양식의 전체 범위가 선택되어 있으면 Esc를 눌러 선택을 해제하고 결제란 양식의 서식을 변경하기 위해 C3:F3 범위를 선택합니다. [홈] 탭-[글꼴] 그룹-[채우기 색]을 클릭하고 '테마 색'에서 [황금색, 강조 4, 60% 더 밝게]를 클릭해서 원본 결재란 영역의 배경색을 변경하세요.

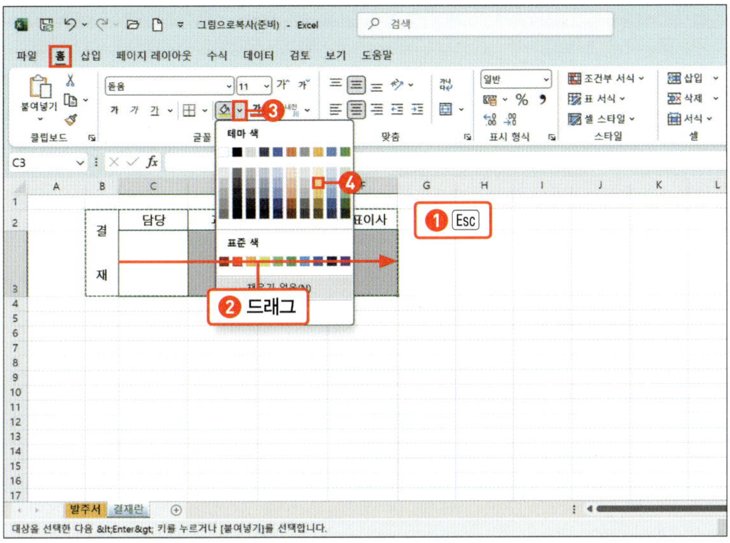

8 [발주서] 시트를 클릭해 연결된 그림으로 붙여넣은 결재란 영역의 배경색도 변경되었는지 확인합니다.

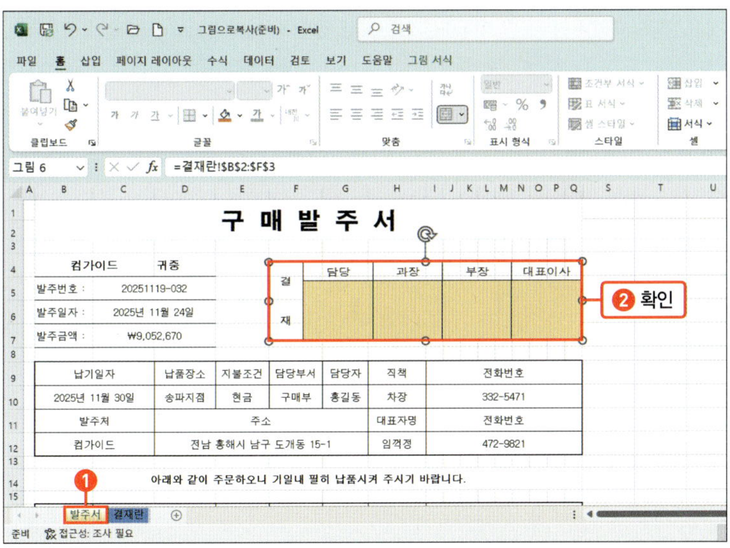

Tip

연결해서 붙여넣는 그림은 항상 원본 데이터 시트와 함께 있어야 합니다. [발주서] 시트만 있고 [결재란] 시트가 없으면 연결해서 붙여넣은 그림 부분에 내용이 표시되지 않는 문제가 발생할 수 있습니다.

현장실무 **12**

웹페이지 캡처해 엑셀로 가져오기

1 워드나 파워포인트 또는 웹페이지 등에서 작업한 내용을 엑셀로 캡처해서 가져올 경우 스크린샷 기능을 활용하면 편리합니다. 웹페이지를 캡처하기 위해 네이버 사이트(www.naver.com)에 접속한 후 [지도]를 클릭하세요.

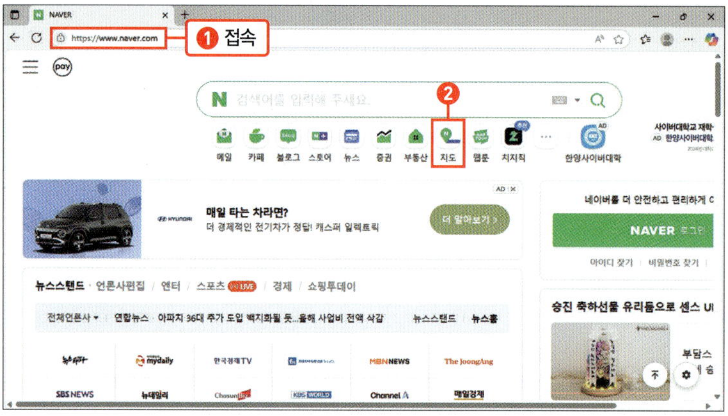

Tip
크롬(Chrome) 웹 브라우저에서는 스크린샷이 실행되지 않는 경우도 있으니 마이크로소프트 엣지(Microsoft Edge)에서 작업해 보세요.

2 네이버 지도에서 캡처할 화면을 찾아서 열고 엑셀 창으로 되돌아갑니다.

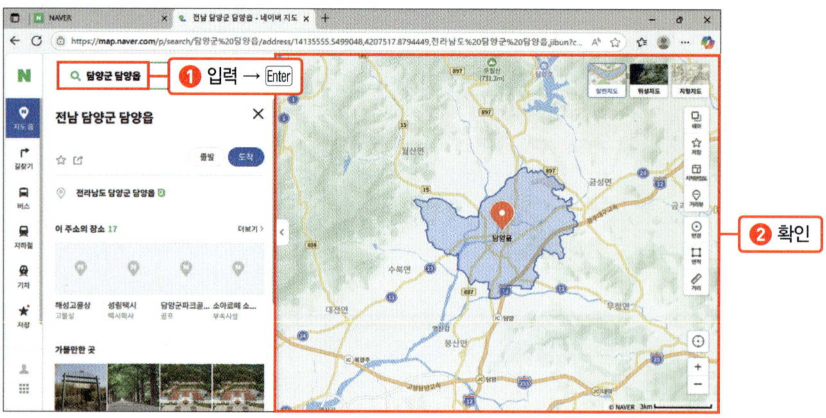

3 [삽입] 탭-[일러스트레이션] 그룹-[스크린샷]을 클릭합니다. 현재 열려있는 창이 표시되면 캡처할 네이버 창을 클릭하세요.

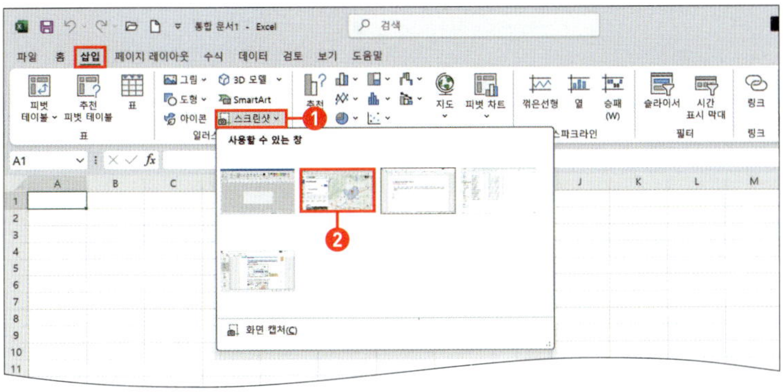

4 시트에 선택한 창이 캡처되어 그림으로 표시되면 그림의 크기와 위치를 적당히 조절하고 [그림 서식] 탭-[그림 스타일] 그룹-[자세히] 단추(⊡)를 클릭합니다.

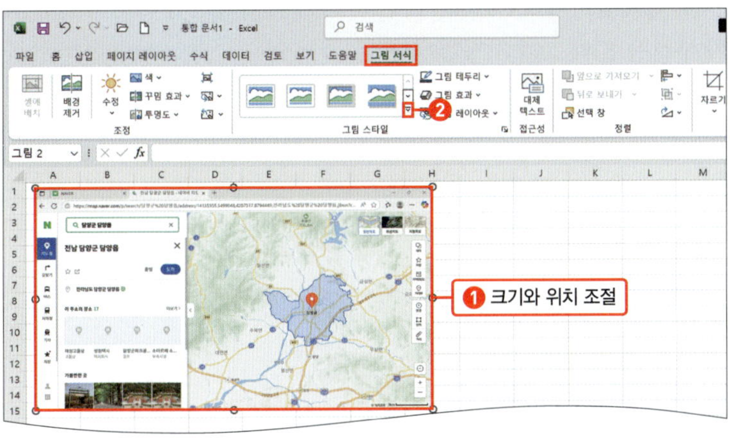

> **Tip**
> [그림 서식] 탭-[그림 스타일] 그룹은 그림에 간단히 서식을 지정할 때 사용하면 편리합니다.

5 그림을 편집할 수 있는 다양한 레이아웃 목록이 표시되면 [회전, 흰색]을 클릭하고 그림의 모양을 확인합니다.

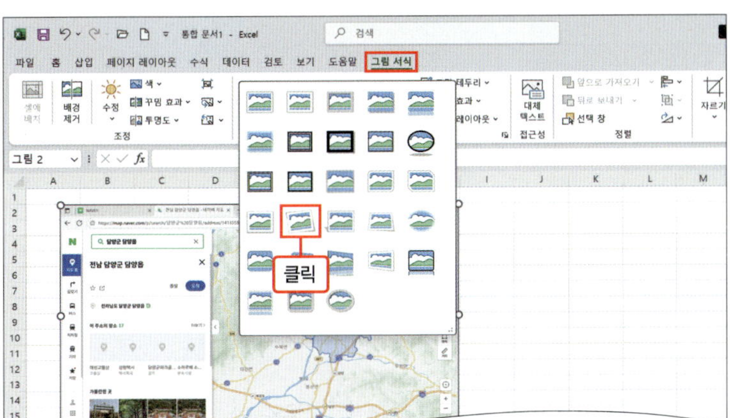

6 이번에는 화면 전체가 아닌 원하는 일부분만 지정해서 캡처해 볼게요. [삽입] 탭-[일러스트레이션] 그룹-[스크린샷]을 클릭하고 [화면 캡처]를 선택하세요.

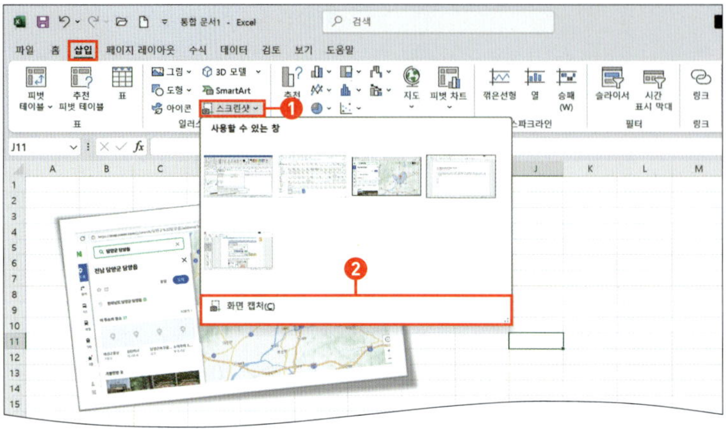

7 가장 마지막에 사용했던 창이 활성화됩니다. 잠시 기다리면 화면이 정지되면서 하얀색 불투명 화면으로 바뀌는데, 이때 캡처할 부분을 드래그해 지정합니다.

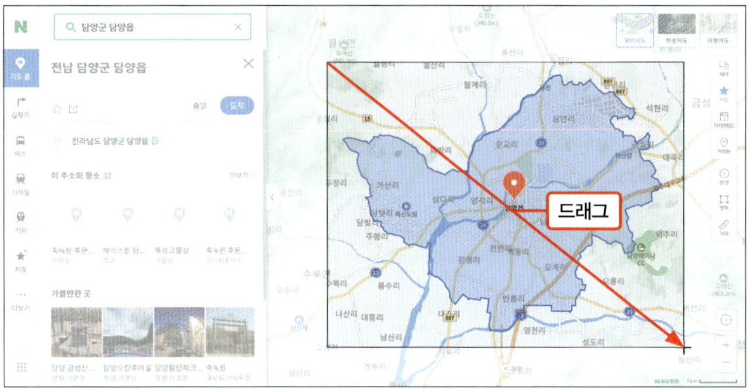

8 **7** 과정에서 드래그했던 영역만 캡처되어 그림으로 표시되면 원하는 위치로 이동하여 크기를 조절합니다.

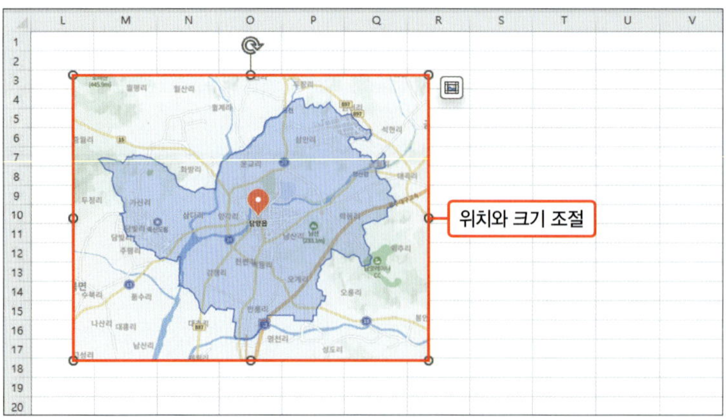

AI 실무 프로젝트 01 엑셀과 AI와의 만남

불과 얼마 전까지만 해도 엑셀에서 방대한 데이터를 정리하고 분석하는 단순 작업에 많은 시간과 노력을 쏟았습니다. 하지만 이제는 AI가 그 역할을 대신하고 있습니다. 엑셀에 입력된 데이터를 AI가 자동으로 분류하고, 미래 추세를 예측하는 고급 분석을 수행하며, 맞춤형 차트와 시각화를 즉시 생성해 줍니다. 결과적으로 AI는 단순한 계산 도우미를 넘어 데이터를 기반으로 빠르고 정확하게 의사를 결정할 수 있도록 돕는 가장 스마트한 업무 비서가 되어 생산성을 한 차원 높여줄 것입니다.

인공지능(AI)은 종류가 매우 다양합니다. 이번에는 서로 대화를 통해서 정보 검색, 글쓰기, 코딩 등의 다양한 작업을 수행하는 대화형 AI를 활용해 어떻게 엑셀 작업을 할 수 있는지 알아볼게요.

현재 시장에서 가장 인기 있고 주목받는 대화형 AI

대화형 AI	특징
챗GPT(ChatGPT)	범용성이 우수하고 사용자 기반이 가장 넓음
제미나이(Gemini)	구글 서비스 연동 및 멀티모달(비디오 포함) 능력 우수
클라우드(Claude)	윤리적이고 자연스러운 대화, 긴 문서 분석 가능
코파일럿(Copilot)	마이크로소프트 생산성 도구(오피스, 윈도우)와 통합
퍼플렉시티(Perplexity)	실시간 웹 검색을 기반으로 정확한 정보 제공 및 출처 명시

이 책에서는 챗GPT(OpenAI), 제미나이(구글), 코파일럿(마이크로소프트)을 활용해서 엑셀 작업을 연계하는 방법을 소개합니다. AI 사용 방식은 모두 비슷하므로 어떤 AI를 사용해도 상관없지만, 작업 내용에 따라 다음 표를 참고해서 어떤 AI가 더 좋을지 선택해 보세요.

인기 AI 서비스 비교 – 챗GPT, 제미나이, 코파일럿

AI 종류	무료	유료
챗GPT (OpenAI)	GPT–3.5/GPT–4o(제한적 사용)	챗GPT Plus(20달러), Pro(200달러)
	빠른 응답, 기본 생성형 기능	• GPT–4o 무제한, 고속 응답, 고급 기능 • 최고의 범용성과 모델 성능(GPT–4o) • 방대한 GPTs 생태계
제미나이 (구글)	제미나이 1.5 Flash	제미나이 Advanced(19.99달러/월)
	빠른 속도, 문서 요약 가능	• 제미나이 1.5 Pro 사용 • 장문 작업 및 리서치 • 구글 생태계 통합 • 긴 콘텍스트(문서, 코드) • 강력한 멀티모달

AI 종류	무료	유료
코파일럿 (마이크로소프트)	빙(Bing), 엣지(Edge), 윈도우(Windows)용 코파일럿	코파일럿 Pro(20달러/월)
	웹 요약, 설정 제어, 기본 문서 작업	• 워드, 엑셀, 아웃룩 등에서 개인화된 작업 가능 • 마이크로소프트 365(오피스) 앱에서의 생산성 극대화

무료 버전을 사용해도 회원 가입해서 로그인한 후 사용하면 기능이 좀 더 확장됩니다. 그리고 대화한 내용이 계속 기록되어 남아있으니 이전에 질문한 내용을 토대로 추가 작업을 진행할 수 있어요.

챗GPT, 제미나이, 코파일럿 접속 방법

접속 방법	챗GPT	제미나이	코파일럿
웹 사이트	chatgpt.com	gemini.google.com	copilot.microsoft.com (윈도우 10, 11: 작업 표시줄 또는 ⊞+Ⓒ를 눌러 직접 접근 가능
브라우저 연동	모든 브라우저 사용 가능	크롬(Chrome)을 기반으로 최적화	마이크로소프트 엣지(Microsoft Edge) 브라우저에 기본적으로 내장
로그인 방식	OpenAI 계정 (구글, 마이크로소프트 연동)	구글 계정	마이크로소프트 계정
추가 경로	슬랙(Slack), 디스코드(Discord) 등 일부 앱 연동 가능	구글 워크스페이스(Google Workspace)와 연동 가능	워드, 엑셀, 아웃룩 등 마이크로소프트 365 앱 안에서 통합

● **예제파일** : 고객주소목록(준비).xlsx
● **완성파일** : 고객주소목록(완성).xlsx

AI 실무 프로젝트 02 주소 데이터 정리하기 – 제미나이(Gemini)

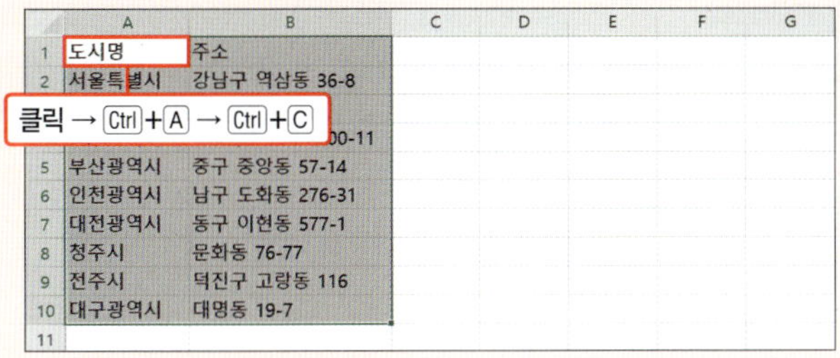

1 생성형 AI(챗GPT, 코파일럿, 제미나이) 중 제미나이를 이용해 입력된 주소 데이터에서 누락된 이전 이름을 찾아 넣고 입력된 주소의 구 이름이 현재 행정구역 기준에 맞는지 확인해 볼게요. [Sheet1] 시트에서 A1셀을 클릭하고 Ctrl+A와 Ctrl+C를 차례대로 눌러 전체를 선택하고 복사하세요.

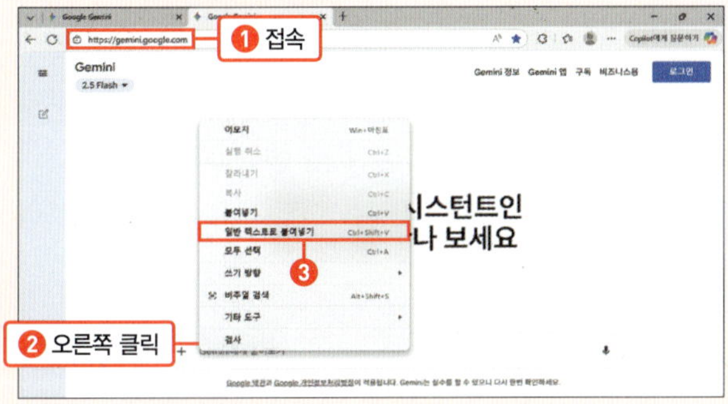

2 제미나이 사이트(gemini.google.com)에 접속하고 채팅 창에서 마우스 오른쪽 단추를 클릭한 후 [일반 텍스트로 붙여넣기]를 선택해 엑셀에서 복사해 온 데이터를 텍스트로 붙여넣습니다.

> 엑셀에서 복사한 데이터를 Ctrl+V로 붙여넣을 때 그림 형식으로 붙여넣으면 오류가 발생할 수 있습니다. 이 경우 [일반 텍스트로 붙여넣기]를 선택하거나 로그인한 후 작업하면 파일을 첨부할 수 있어서 편리합니다.

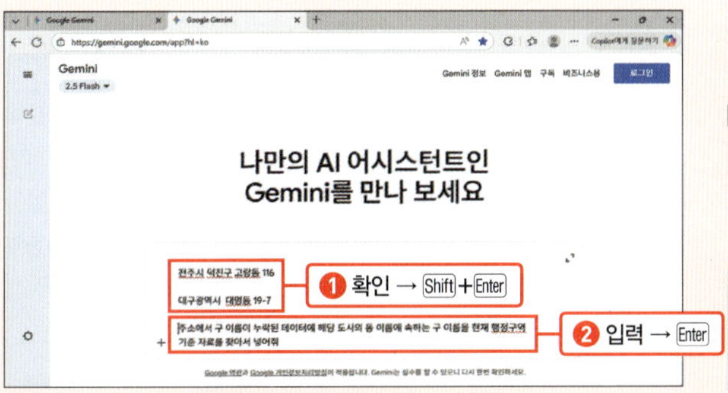

3 붙여넣은 주소 데이터를 확인하고 Shift+Enter를 눌러 줄을 바꿉니다. 다음과 같이 추가 질문을 입력하고 Enter를 누르세요. 이때 질문 내용은 원하는 결과가 어떻게 나오기를 바라는지 구체적이고 자세하게 입력하세요.

> 주소에서 구 이름이 누락된 데이터에 해당 도시의 동 이름에 속하는 구 이름을 현재 행정구역 기준 자료를 찾아서 넣어줘

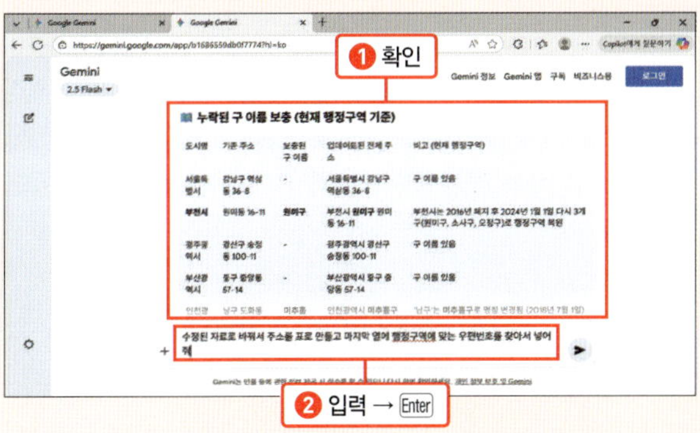

4 이전 이름이 누락된 항목의 위치와 해당하는 이전 이름이 무엇인지를 찾아서 표시되었으면 우편번호를 찾아서 표시하도록 다음 질문을 입력하고 Enter를 누르세요.

> 수정된 자료로 바꿔서 주소를 표로 만들고 마지막 열에 행정구역에 맞는 우편번호를 찾아서 넣어줘

> 생성된 결과는 매번 조금씩 달라질 수 있으므로 결과를 확인한 후 추가 질문을 계속 입력해가면서 진행하는 방법으로 원하는 결과를 얻어보세요.

5 수정된 주소를 바탕으로 행정구역에 해당하는 우편번호가 표시되었으면 자료를 엑셀로 가져가기 위해 추가 질문을 입력하고 Enter를 누르세요.

> 수정된 주소와 우편번호를 CSV파일로 만들어줘

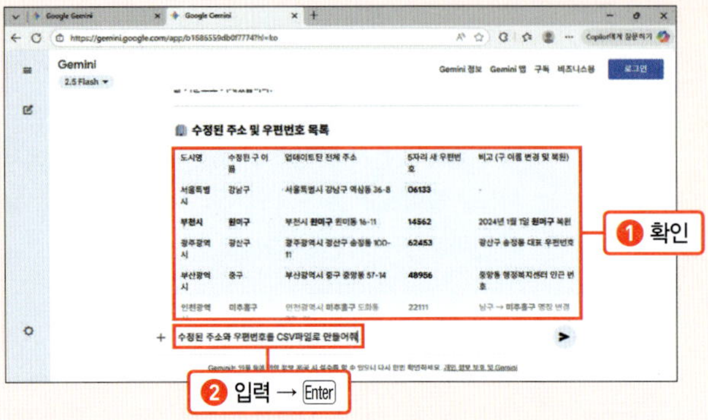

6 항목마다 쉼표로 구분된 데이터가 작성되었으면 [코드 복사] 아이콘(□)을 클릭합니다.

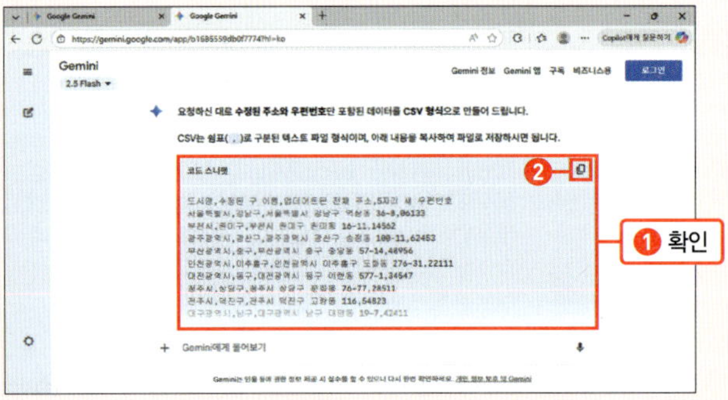

7 엑셀로 되돌아와서 [Sheet1] 시트의 D1셀을 클릭하고 Ctrl+V를 눌러 복사한 코드를 붙여넣습니다. 하나의 셀에 입력된 데이터를 쉼표를 기준으로 열을 분리하기 위해 [붙여넣기 옵션] 단추(Ctrl)를 클릭하고 [텍스트 마법사 사용]을 선택하세요.

> [데이터] 탭-[데이터 도구] 그룹-[텍스트 나누기]를 클릭해도 됩니다.

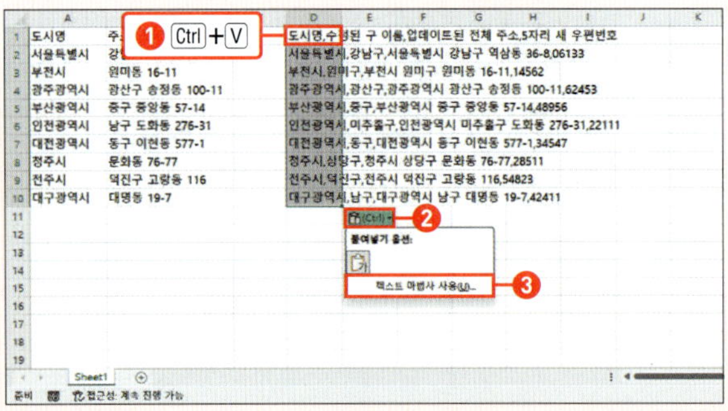

8 [텍스트 마법사 – 3단계 중 1단계] 대화상자가 열리면 '원본 데이터의 파일 유형을 선택하십시오.'에서 [구분 기호로 분리됨]을 선택하고 [다음]을 클릭합니다.

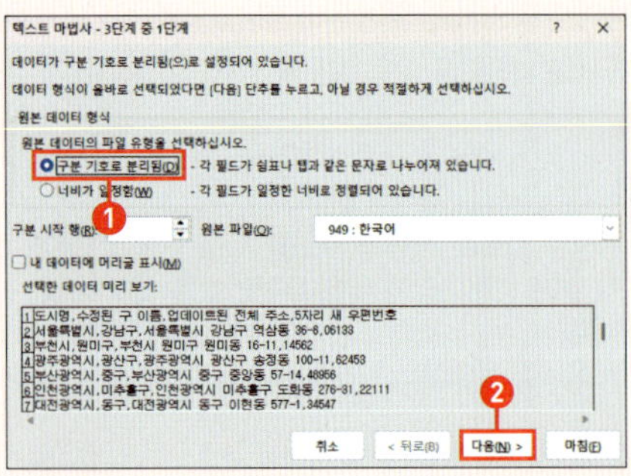

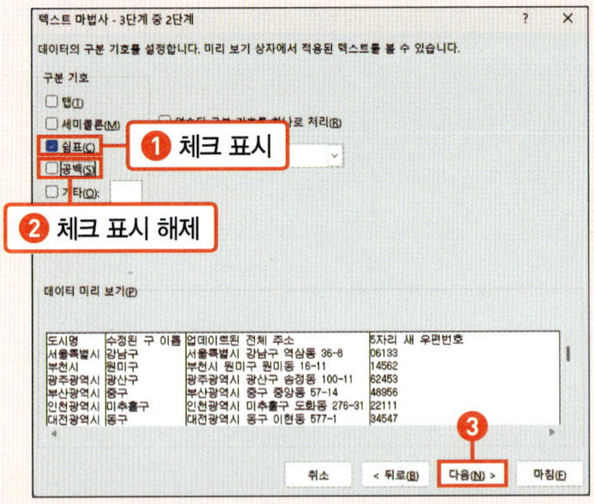

9 [텍스트 마법사 - 3단계 중 2단계] 대화상자에서는 '구분 기호'를 [쉼표]에만 체크 표시하고 [공백]의 체크 표시는 해제한 후 [다음]을 클릭하세요.

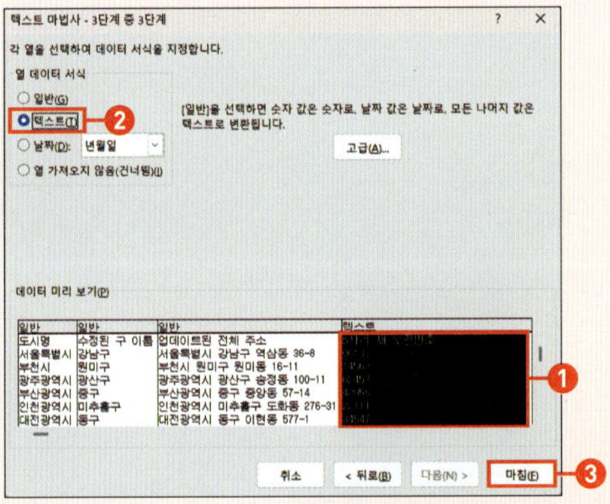

10 [텍스트 마법사 - 3단계 중 3단계] 대화상자에서는 우편번호의 첫 글자가 0으로 시작하는 값이 그대로 셀에 표시되도록 설정해 볼게요. 마지막 '텍스트' 열을 클릭하고 '열 데이터 서식'에서 [텍스트]를 선택한 후 [마침]을 클릭합니다.

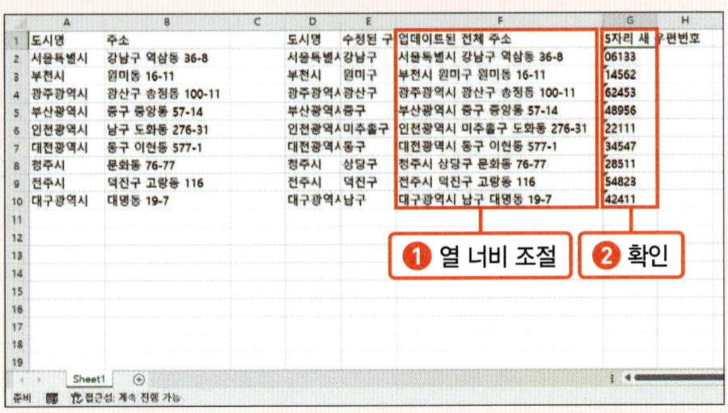

11 F열의 열 너비를 조절하고 수정된 주소와 G열에 표시된 우편번호를 확인합니다.

AI를 통해서 얻은 결과에 오류가 있을 수 있으므로 결과가 정확한지 반드시 다시 체크해야 합니다.

SECTION

02

빠른 데이터 편집 방법 살펴보기

기초 데이터를 입력하는 데 시간이 많이 걸리면 좀 더 빠르게 데이터를 다룰 수 있는 기능부터 잘 익혀두어야 합니다. 이번 섹션에서는 빠르고 정확하게 데이터를 입력하고 보기 좋게 표시하기 위해 사용할 수 있는 필수 노하우를 소개합니다.

필수기능 01

문자열에서 일부분만 분리해 입력하기

1 이름에서 성만 또는 이름만 따로 분리하거나 주소에서 도시명만 분리해서 자동으로 표시할 수 있습니다. [Sheet1] 시트에서 F열의 '근무지점' 항목에 입력된 근무 지점 이름에서 앞쪽의 두 글자만 G열에 표시해 볼게요. G5셀에 '안양'을 입력하고 Enter를 누르세요.

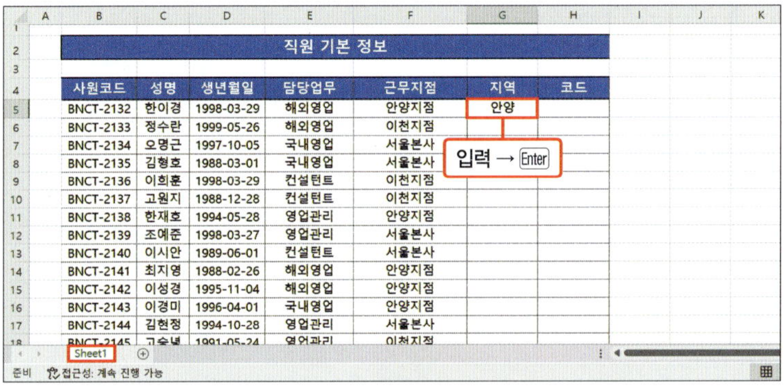

Tip
'빠른 채우기'는 엑셀 2013 버전부터 제공하는 기능이므로 이전 엑셀 버전에서는 사용할 수 없습니다.

2 G6셀에 '이'를 입력하면 '천'이 자동으로 표시되면서 나머지 행에도 완성 목록이 표시되는데, Enter를 눌러 데이터를 완성합니다. 이것은 자동으로 데이터 입력 패턴을 확인해서 자동 채우기가 실행된 것입니다.

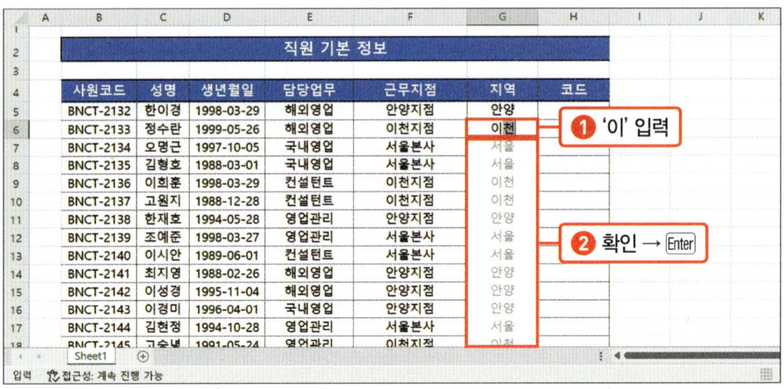

Tip
자동으로 완성 목록이 나타나지 않으면 두 번째 항목까지 입력하고 세 번째 항목을 클릭한 후 [데이터] 탭–[데이터 도구] 그룹–[빠른 채우기]를 클릭하세요.

3 G7셀에 표시된 [빠른 채우기 옵션] 단추(□)를 클릭하고 [빠른 채우기 실행 취소]를 선택하면 빠른 채우기 실행을 취소할 수 있습니다. 여기서는 실행 취소 방법만 알고 데이터는 그대로 두세요.

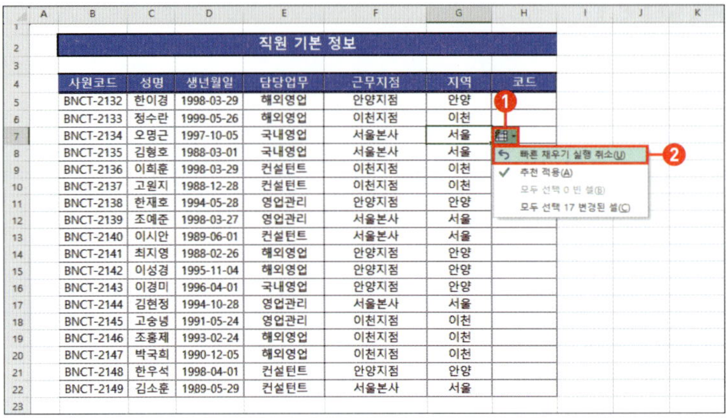

4 이번에는 메뉴를 이용해서 B열에 입력된 '사원코드' 항목에서 뒤에 있는 숫자 두 자리와 C열에 입력된 '성명'에서 첫 글자를 분리해서 H열에 함께 표시해 볼게요. H5셀에 '32/한'을 입력하고 Enter를 누른 후 [데이터] 탭-[데이터 도구] 그룹-[빠른 채우기](Ctrl+E)를 클릭하세요.

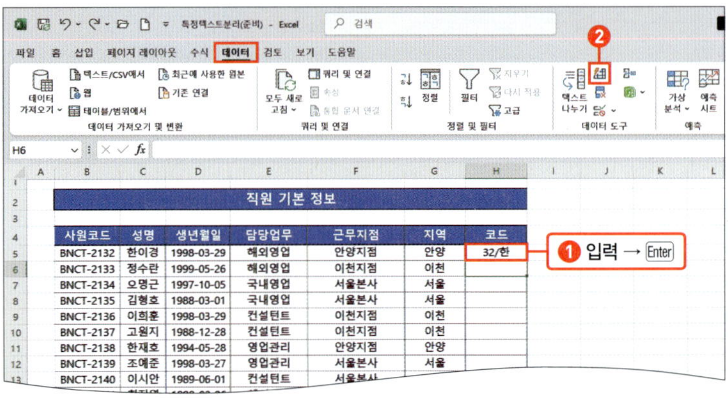

Tip

H6셀에 '3'을 입력하면 자동 완성 목록이 나타날 때 Enter를 눌러 완성할 수도 있어요. 하지만 패턴을 인식하지 못해서 자동 목록이 나타나지 않으면 [데이터] 탭-[데이터 도구] 그룹-[빠른 채우기]를 클릭해 직접 찾아서 선택해 주세요.

5 '사원코드' 항목에 있는 코드에서 뒤쪽의 숫자와 '성명' 항목에서 첫 글자를 조합해서 H열의 '코드' 항목에 자동으로 채워졌는지 확인합니다.

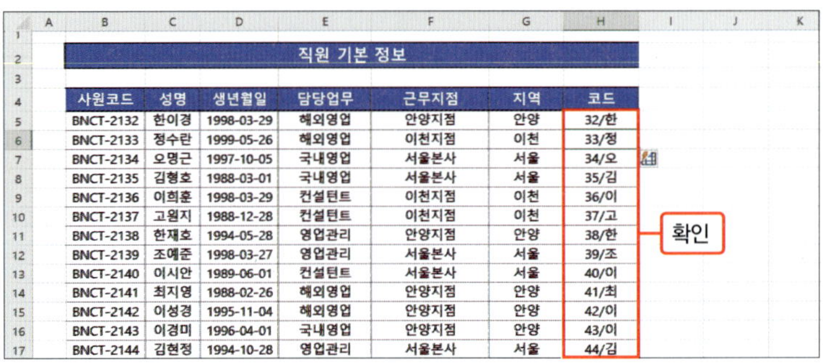

현장실무 02 빈 셀을 찾아 '0'으로 한 번에 변경하기

1 [Sheet1] 시트에서 6행을 살펴보면 점수 '88'(E6셀), 빈 셀(F6셀), '90'(G6셀)과 H6셀에 평균 매출 '89'가 표시되어 있습니다. 이때 빈 셀은 평균 대상에서 제외되어 '88'과 '90'을 더해서 2로 나눈 결괏값이 표시된 것인데, 빈 셀까지 포함해서 평균을 구하려면 빈 셀에 모두 '0'이나 다른 값을 입력해야 합니다.

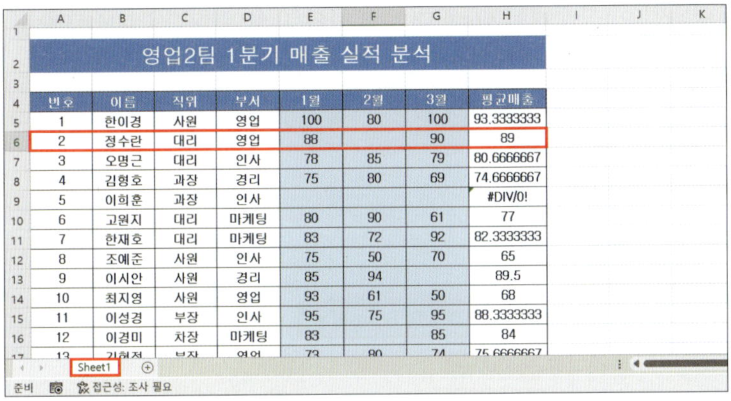

2 범위를 선택할 시작 셀인 E5셀을 클릭하고 Ctrl+Shift+End를 눌러 E5셀부터 데이터가 입력된 마지막 셀까지 한 번에 선택한 후 선택 영역에서 H열을 제외하기 위해 Shift+←를 누릅니다. [홈] 탭-[편집] 그룹-[찾기 및 선택]을 클릭하고 [이동 옵션]을 선택하세요.

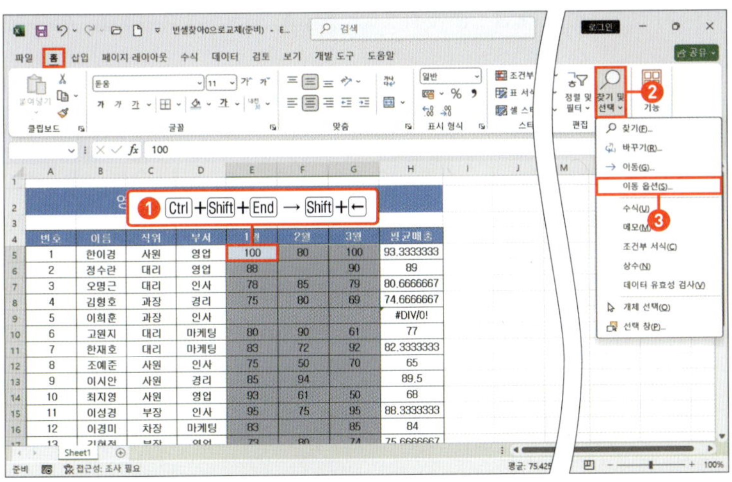

3 [이동 옵션] 대화상자가 열리면 '종류'에서 [빈 셀]을 선택하고 [확인]을 클릭합니다.

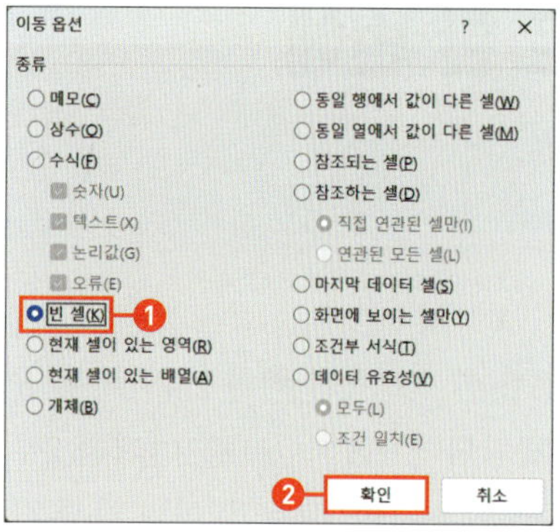

4 선택한 영역에서 빈 셀만 선택되면 이 상태에서 빈 셀 대신 표시할 '0'을 입력하고 Ctrl+Enter를 누릅니다.

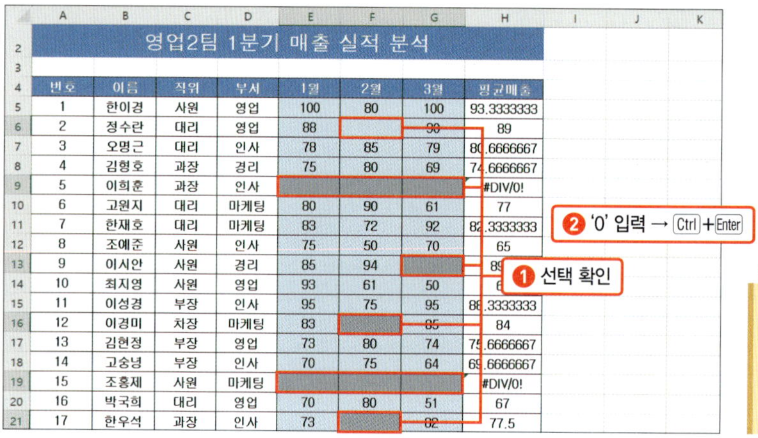

번호	이름	직위	부서	1월	2월	3월	평균매출
1	한이경	사원	영업	100	80	100	93.3333333
2	정수란	대리	영업	88		90	89
3	오명근	대리	인사	78	85	79	80.6666667
4	김형호	과장	경리	75	80	69	74.6666667
5	이희훈	과장	인사				#DIV/0!
6	고원지	대리	마케팅	80	90	61	77
7	한재호	대리	마케팅	83	72	92	82.3333333
8	조예준	사원	인사	75	50	70	65
9	이시안	사원	경리	85	94		89
10	최지영	사원	영업	93	61	50	6
11	이성경	부장	인사	95	75	95	88.3333333
12	이경미	차장	마케팅	83		85	84
13	김현정	부장	영업	73	80	74	75.6666667
14	고승녕	부장	인사	70	75	64	69.6666667
15	조홍제	사원	마케팅				#DIV/0!
16	박국희	대리	영업	70	80	51	67
17	한우석	과장	인사	73		82	77.5

Tip

여러 개의 셀에 일괄적으로 같은 값을 입력하려면 범위를 설정하고 값을 입력한 후 Ctrl+Enter를 누르세요.

5 선택된 모든 빈 셀에 '0'이 입력되면서 '평균매출' 항목의 값도 3으로 나눈 결괏값으로 재계산되었는지 확인합니다.

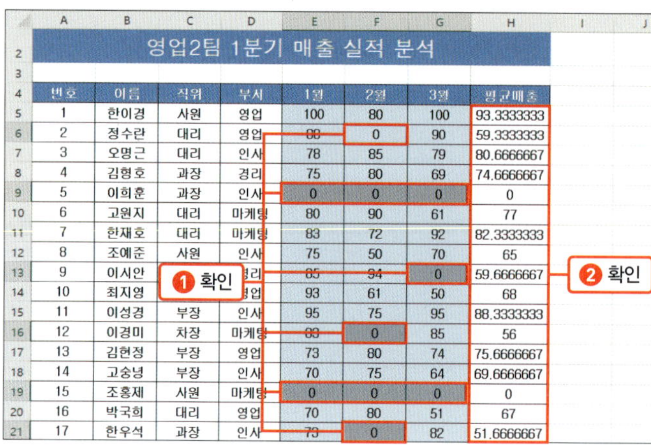

번호	이름	직위	부서	1월	2월	3월	평균매출
1	한이경	사원	영업	100	80	100	93.3333333
2	정수란	대리	영업	88	0	90	59.3333333
3	오명근	대리	인사	78	85	79	80.6666667
4	김형호	과장	경리	75	80	69	74.6666667
5	이희훈	과장	인사	0	0	0	0
6	고원지	대리	마케팅	80	90	61	77
7	한재호	대리	마케팅	83	72	92	82.3333333
8	조예준	사원	인사	75	50	70	65
9	이시안		리	85	94	0	59.6666667
10	최지영		업	93	61	50	68
11	이성경	부장	인사	95	75	95	88.3333333
12	이경미	차장	마케팅	83	0	85	56
13	김현정	부장	영업	73	80	74	75.6666667
14	고승녕	부장	인사	70	75	64	69.6666667
15	조홍제	사원	마케팅	0	0	0	0
16	박국희	대리	영업	70	80	51	67
17	한우석	과장	인사	73	0	82	51.6666667

◉ **예제파일** : 0을찾아없음으로교체(준비).xlsx ◉ **완성파일** : 0을찾아없음으로교체(완성).xlsx

현장실무 03

매출액이 0인 셀을 '없음'으로 한 번에 변경하기

1 월별 매출액이 0인 셀을 찾아서 모두 '없음'으로 변경해 볼게요. [Sheet1] 시트에서 E5셀을 클릭하고 Ctrl+Shift+End를 누르세요.

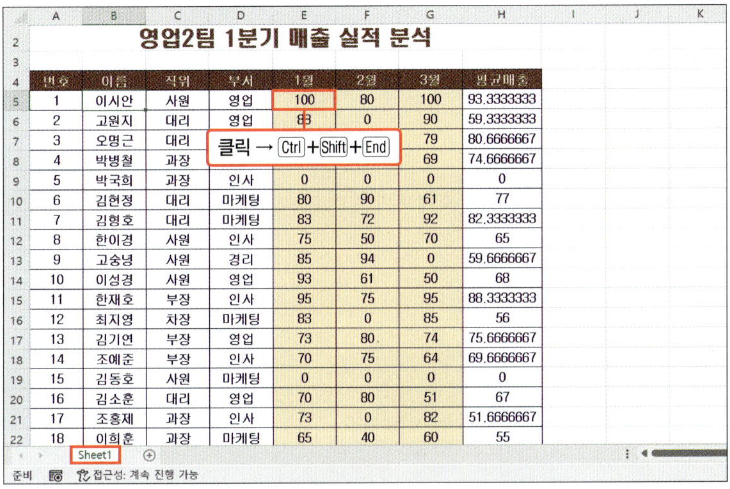

2 E5셀부터 데이터가 입력된 마지막 셀까지 자동으로 범위가 선택되면 선택 영역에서 H열을 제외하기 위해 Shift+←를 누릅니다.

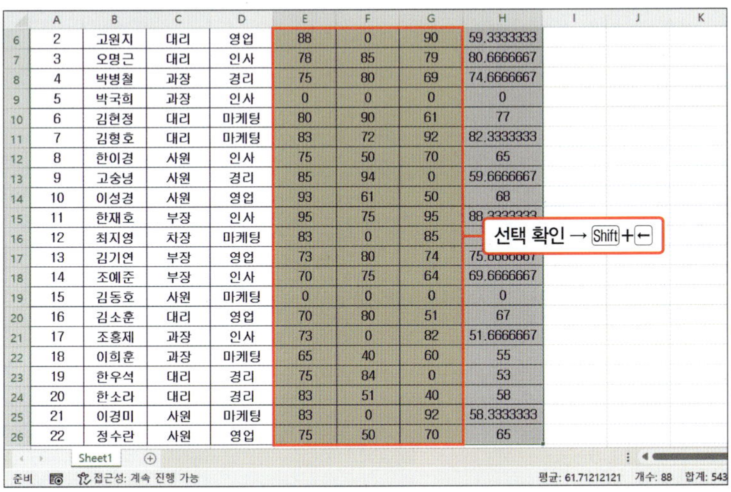

3 [홈] 탭-[편집] 그룹-[찾기 및 선택]을 클릭하고 [바꾸기]를 선택합니다.

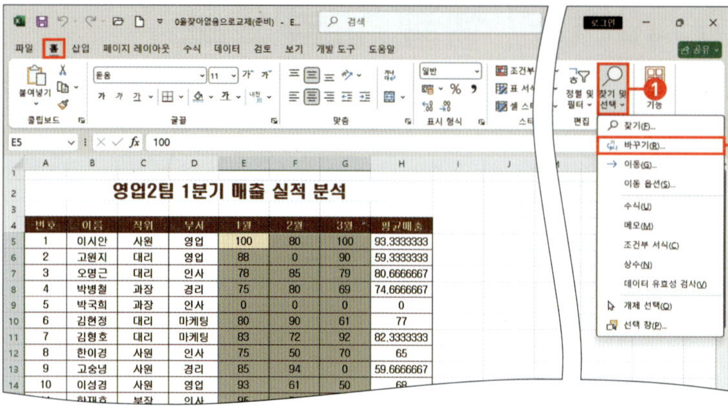

> **Tip**
> Ctrl+H를 눌러도 [찾기 및 바꾸기] 대화상자의 [바꾸기] 탭을 열 수 있습니다.

4 [찾기 및 바꾸기] 대화상자의 [바꾸기] 탭이 열리면 '찾을 내용'에는 '0'을, '바꿀 내용'에는 '없음'을 입력하고 [모두 바꾸기]를 클릭합니다. 33개 항목이 바뀌었다는 메시지 창이 열리면 [확인]을 클릭하세요.

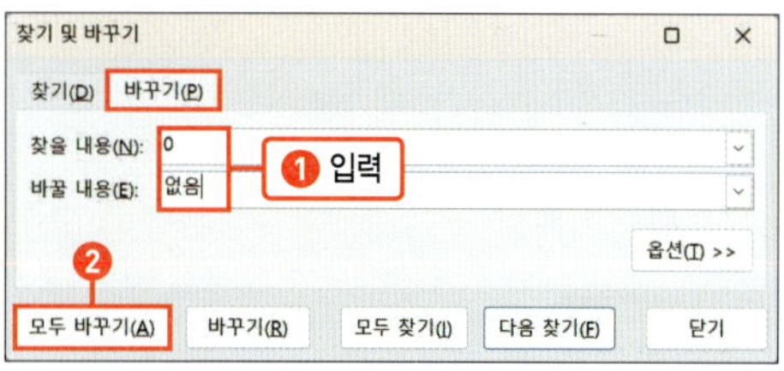

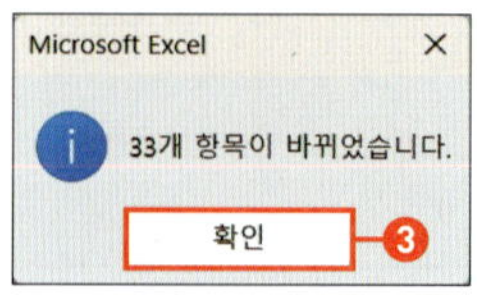

5 값이 '0'인 셀만 '없음'으로 바뀐 것이 아니라 값이 '100'인 셀도 '1없음없음'으로 변경되었습니다. 방금 실행한 '바꾸기' 기능을 취소하기 위해 빠른 실행 도구 모음에서 [실행 취소] 도구(↶)를 클릭하세요.

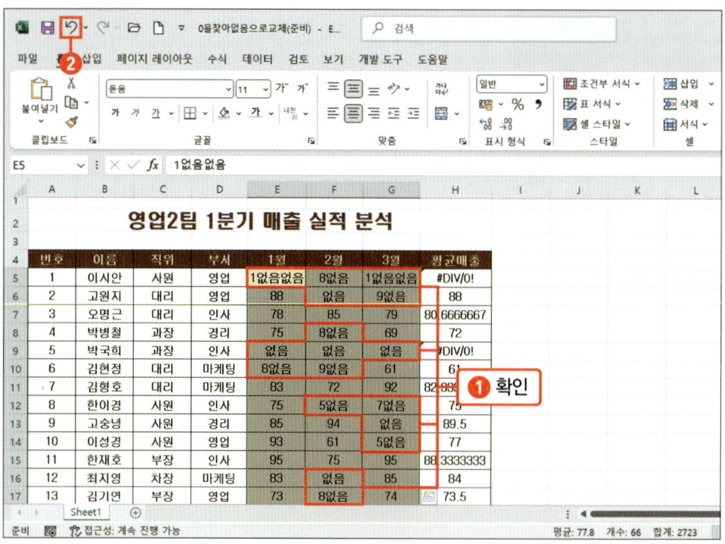

6 원래의 데이터로 되돌아오면 [찾기 및 바꾸기] 대화상자에서 [옵션]을 클릭합니다.

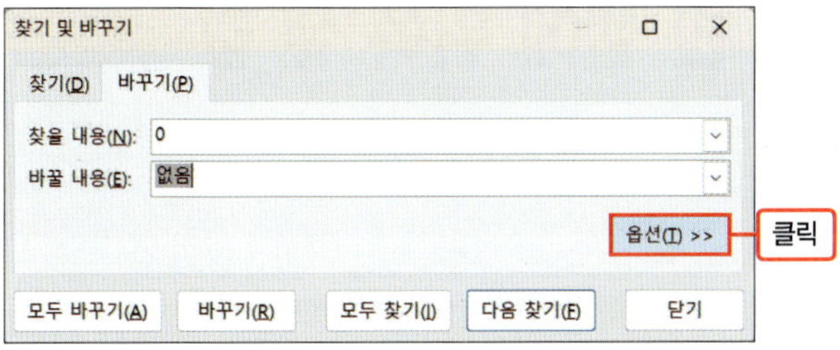

Tip
[찾기 및 바꾸기] 대화상자의 [옵션]을 클릭할 때마다 대화상자가 확장 또는 축소가 반복됩니다. 현재 [찾기 및 바꾸기] 대화상자가 축소되어 있으면 다시 한번 [옵션]을 클릭해서 대화상자를 확장한 후 실습하세요.

7 [찾기 및 바꾸기] 대화상자가 확장되면 [전체 셀 내용 일치]에 체크 표시하고 [모두 바꾸기]를 클릭합니다. 12개 항목이 바뀌었다는 메시지 창이 열리면 [확인]을 클릭하세요. [찾기 및 바꾸기] 대화상자로 되돌아오면 [닫기]를 클릭합니다.

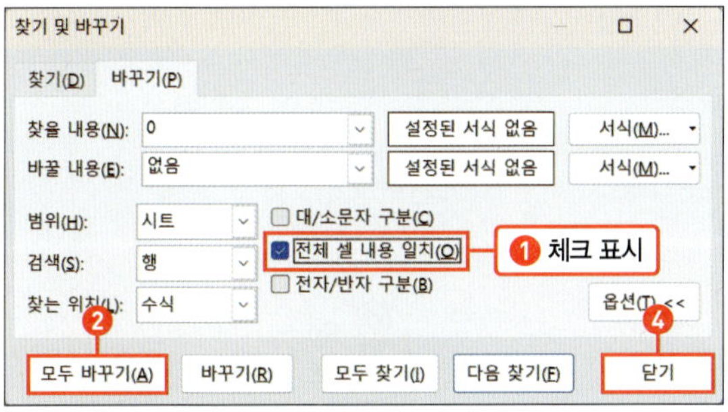

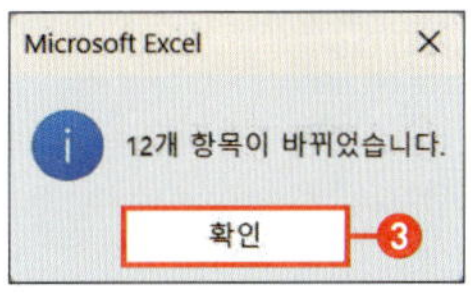

8 '1월' 항목부터 '3월' 항목에서 값이 '0'인 모든 셀이 '없음'으로 변경되었는지 확인합니다.

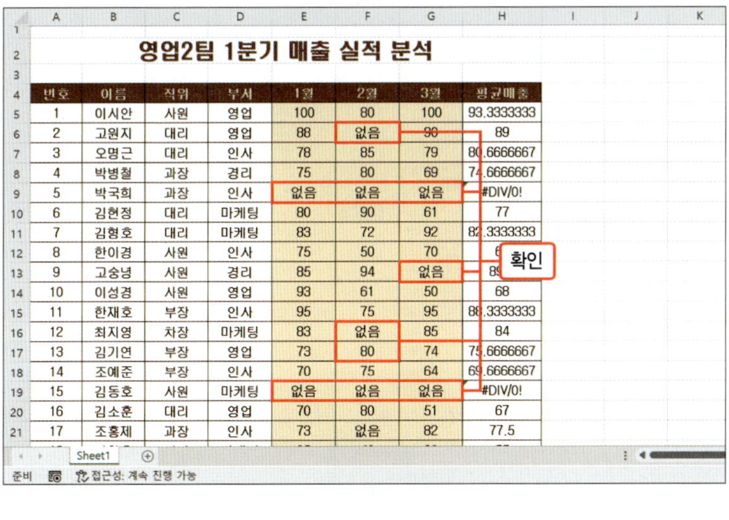

◉ **예제파일** : 빈셀에윗셀값채우기(준비).xlsx ◉ **완성파일** : 빈셀에윗셀값채우기(완성).xlsx

현장실무 04

병합 해제한 빈 셀에 위쪽 셀 값 채우기

1 [매출자료] 시트에서 H4:H6 범위에는 A열에 입력된 사업부마다 몇 개의 사업장이 있는지 COUNTIF 함수를 이용한 함수식이 작성되어 있습니다. 하지만 A열이 사업부별로 병합되어 있어서 셀의 개수를 세면 1로 인식하므로 이런 문제를 해결하기 위해 셀 병합을 해제해 볼게요. A4:A15 범위를 선택하고 [홈] 탭-[맞춤] 그룹-[병합하고 가운데 맞춤]을 클릭하세요.

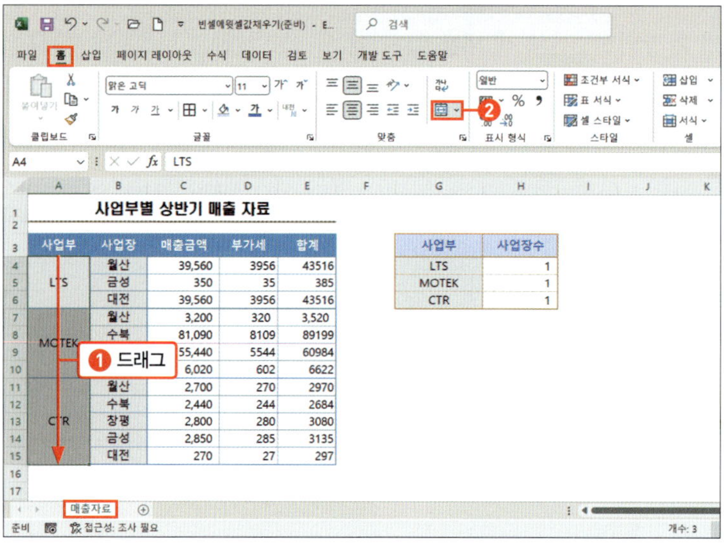

Tip
H4:H6 범위에 사용한 COUNTIF 함수에 대해서는 168쪽을 참고하세요.

2 병합된 셀이 각각의 셀로 해제되었으면 병합 해제된 빈 셀에 각 사업부의 첫 번째 값과 같은 값을 채워볼게요. A4:A15 범위를 선택한 상태에서 [홈] 탭-[편집] 그룹-[찾기 및 선택]을 클릭하고 [이동 옵션]을 선택하세요.

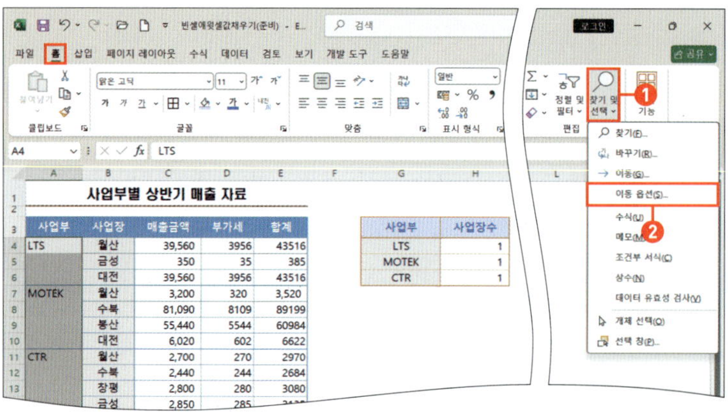

3 [이동 옵션] 대화상자가 열리면 '종류'에서 [빈 셀]을 선택하고 [확인]을 클릭하세요.

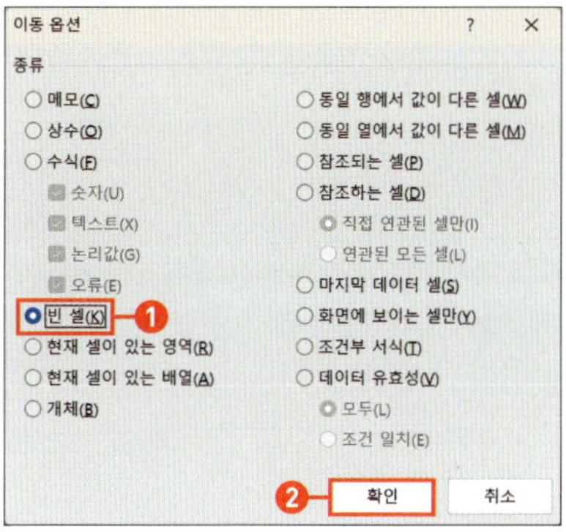

4 범위로 설정한 영역에서 빈 셀만 찾아 선택되었으면 현재 범위가 설정된 상태에서 '='를 입력합니다. 첫 번째 사업부가 입력된 A4셀을 클릭하고 Ctrl+Enter를 누르세요.

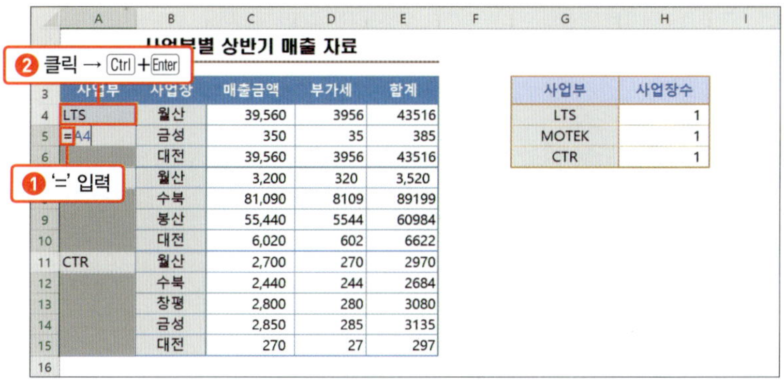

5 병합이 해제된 빈 셀에 사업부마다 첫 번째 값과 같은 값으로 채워지면서 H4:H6 범위에 사업장 수가 정확히 표시되었는지 확인합니다. 하지만 빈 셀에 채워진 수식이 행이 바뀌면 값이 달라질 수 있으므로 수식 대신 변하지 않는 값으로 표현하기 위해 A4:A15 범위를 선택하고 Ctrl+C를 눌러 복사하세요.

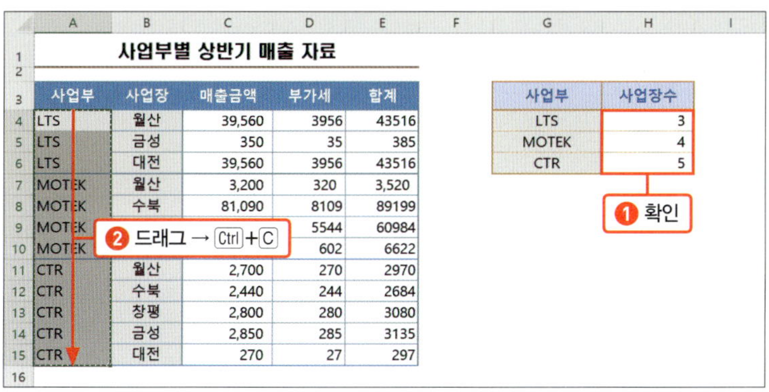

Tip

A4셀을 클릭하면 수식 입력줄에 'LTS'가 표시되지만 A5셀을 클릭하면 '=A4'가, A6셀을 클릭하면 '=A5'가 표시됩니다. 이와 같이 빈 셀에 채워진 수식이 행이 바뀌면 값이 달라질 수 있어요.

6 복사한 값을 동일한 영역에 그대로 붙여넣기 위해 A4셀에서 마우스 오른쪽 단추를 클릭하고 '붙여넣기 옵션'에서 [값]( )을 클릭하세요.

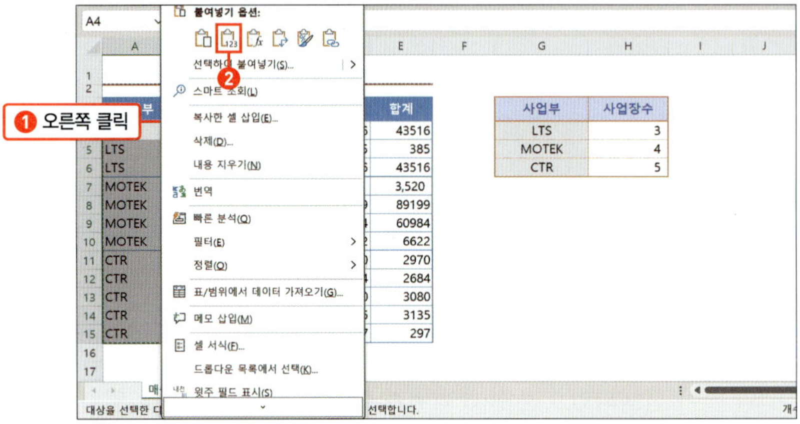

Tip

'붙여넣기' 옵션의 [값]( )으로 붙여넣으면 기존에 수식이 입력된 셀의 수식을 없애고 셀에 표시된 값으로 변환해서 붙여넣기됩니다.

7 Esc를 눌러 범위 선택을 해제하고 A5셀과 A6셀을 차례대로 클릭하면 이전에 입력했던 '=A5'와 같은 수식이 'LST'라는 값으로 변환되어 입력된 것을 확인할 수 있습니다.

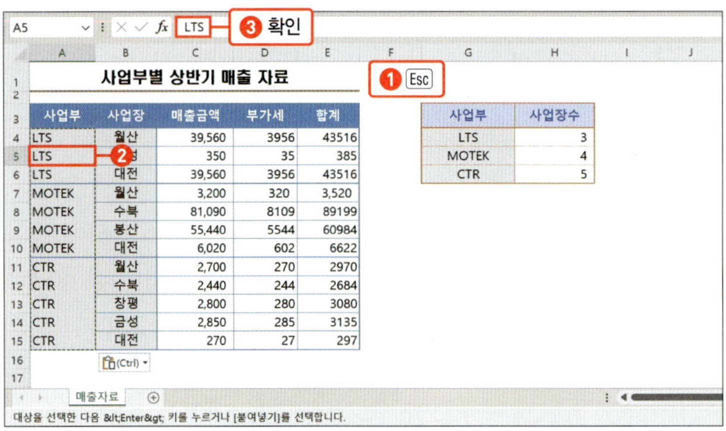

◉ **예제파일** : 빈셀행삭제(준비).xlsx ◉ **완성파일** : 빈셀행삭제(완성).xlsx

필수기능

05 빈 셀이 있는 행만 한 번에 삭제하기

1 [Sheet1] 시트에서 '제품코드' 항목이나 '제품명' 항목에 빈 셀이 있으면 행 전체를 삭제해 볼게요. 데이터가 입력된 범위에 있는 하나의 셀을 클릭하고 Ctrl+A를 누르세요.

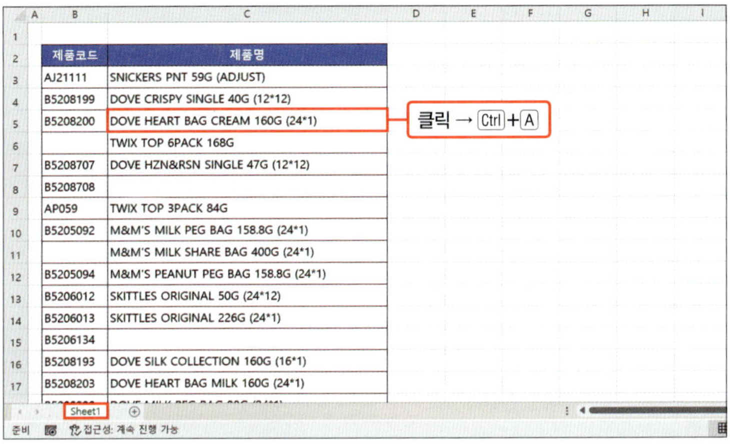

2 전체 데이터 영역이 선택되었으면 [홈] 탭-[편집] 그룹-[찾기 및 선택]을 클릭하고 [이동 옵션]을 선택합니다.

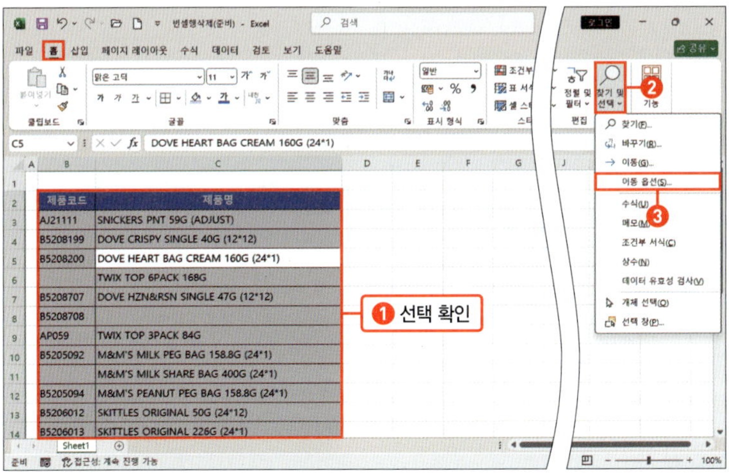

3 [이동 옵션] 대화상자가 열리면 '종류'에서 [빈 셀]을 선택하고 [확인]을 클릭합니다.

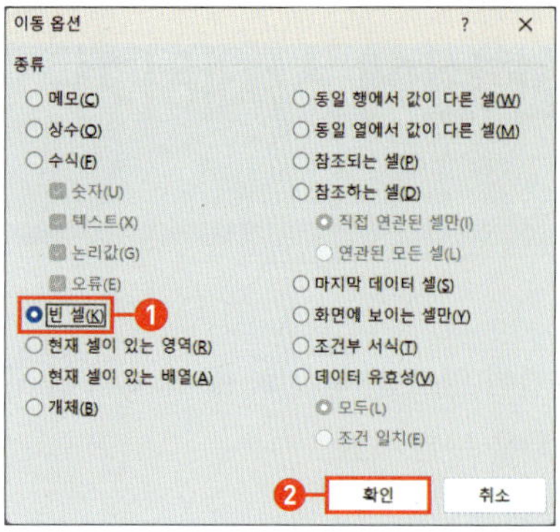

4 범위 설정했던 데이터 영역에서 빈 셀만 한 번에 선택되었으면 선택된 빈 셀 중 하나의 셀에서 마우스 오른쪽 단추를 클릭하고 [삭제]를 선택합니다. [삭제] 대화상자가 열리면 [행 전체]를 선택하고 [확인]을 클릭하세요.

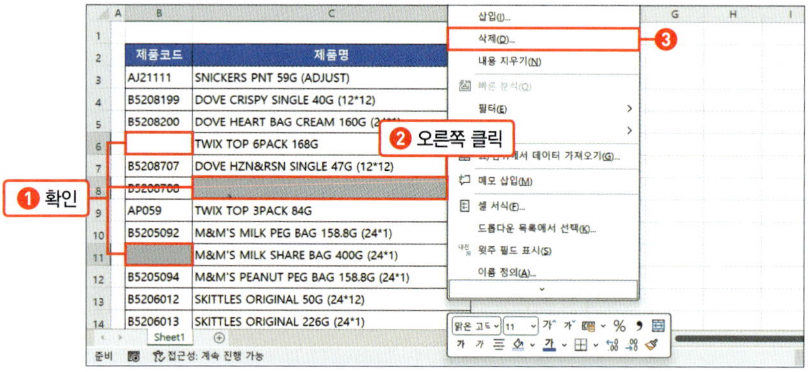

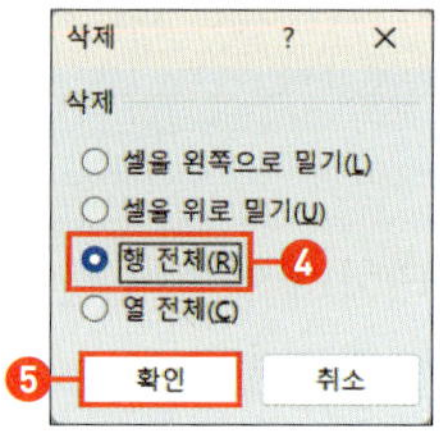

5 빈 셀이 있는 행이 한 번에 삭제되었는지 확인합니다.

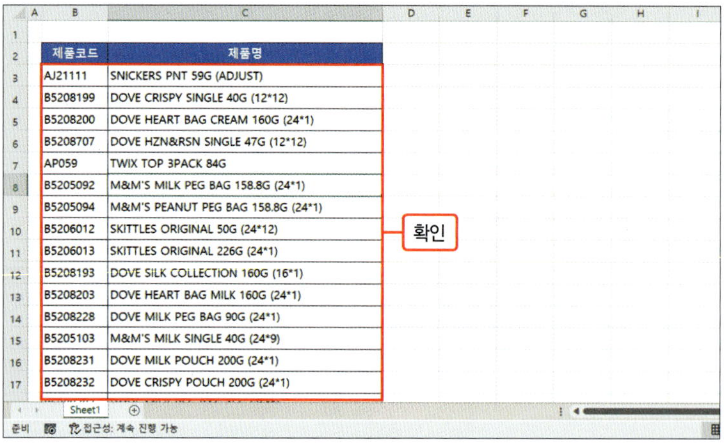

필수기능

06 숫자의 끝에 여백 지정하기

업무 시간 단축

사용자 지정 서식	결과
#	숫자 앞에 오는 0을 표시하지 않음
0	숫자 앞에 오는 0을 그대로 표시
#,##0	세 자리 숫자마다 콤마(,) 표시
#,##0_-	세 자리 숫자마다 콤마(,) 표시하고 오른쪽 끝에 여백 한 칸 표시
#,##0_-_-	세 자리 숫자마다 콤마(,) 표시하고 오른쪽 끝에 여백 두 칸 표시
;;;	셀 값을 화면에 보이지 않게 숨김

1 숫자 데이터에 서식을 설정하기 위해 표시 형식을 지정해 볼게요. [매출실적] 시트에서 C5셀을 클릭하고 Ctrl+Shift+End를 눌러 숫자 데이터 영역을 모두 선택한 후 Ctrl+1을 누르세요.

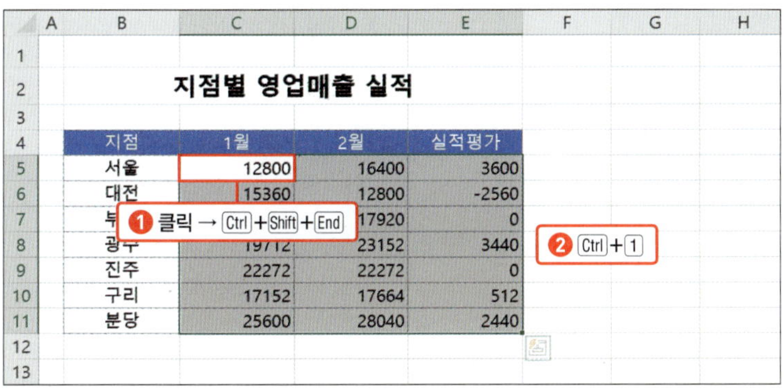

2 [셀 서식] 대화상자의 [표시 형식] 탭이 열리면 '범주'에서 [사용자 지정]을 선택하고 '형식'에 '#,##0_-'을 입력한 후 [확인]을 클릭합니다.

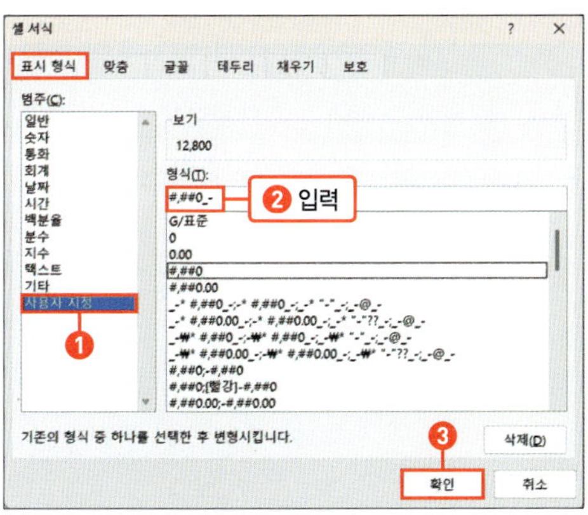

Tip

'형식'의 바로 위에 있는 '보기'에서 지정한 형식에 맞게 데이터가 어떻게 표시되는지 미리 확인할 수 있습니다.

3 숫자 데이터에 세 자리 숫자마다 콤마(,)가 표시되면서 셀의 오른쪽에 한 칸의 여백이 표시되었는지 확인합니다.

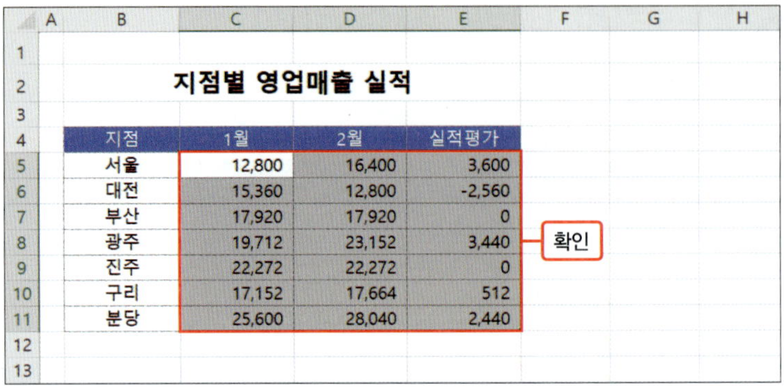

4 **2** 과정에서 '형식'에 '₩#,##0원_-'을 입력하고 [확인]을 클릭하면 숫자의 앞에는 '₩' 기호가, 뒤에는 '원'이 표시되고 그 뒤로 한 칸의 여백이 설정됩니다.

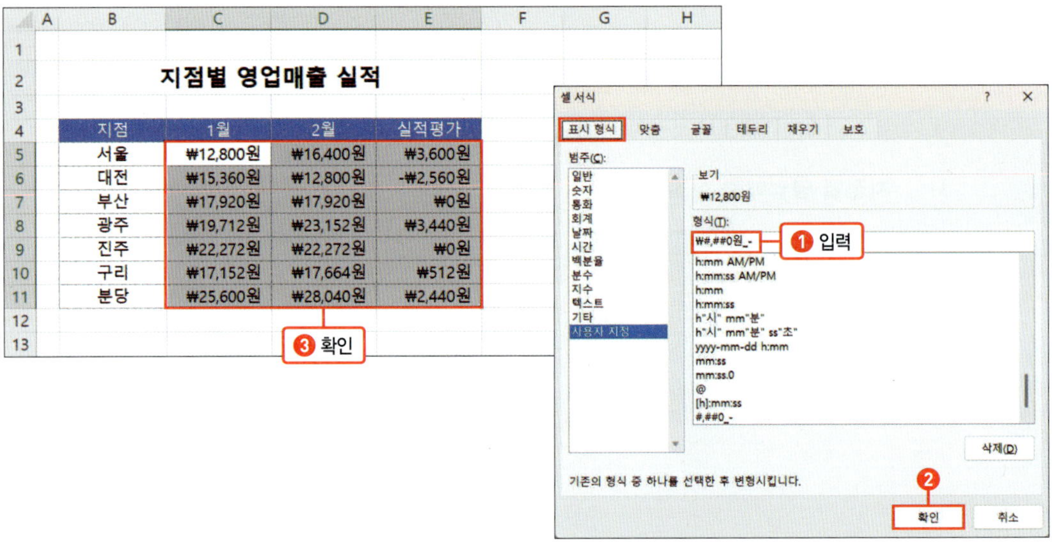

◉ **예제파일** : 천단위숫자생략(준비).xlsx ◉ **완성파일** : 천단위숫자생략(완성).xlsx

필수기능

07 천 단위 이하 숫자 생략해 표시하기

업무 시간 단축

사용자 지정 서식	결과
#,##0,	세 자리 숫자마다 콤마(,) 표시하고 천 단위 값 생략 예 34,263 → 34로 표시
#,##0,,	세 자리 숫자마다 콤마(,) 표시하고 백만 단위 값 생략

1 셀에 입력한 숫자가 너무 큰 경우 천 단위 또는 백만 단위를 생략해서 간단하게 표시할 수 있어요. [Sheet1] 시트에서 D6셀을 클릭하고 Ctrl + Shift + End 를 눌러 숫자 데이터 영역을 모두 선택한 후 선택 영역에서 마우스 오른쪽 단추를 클릭하고 [셀 서식]을 선택하세요.

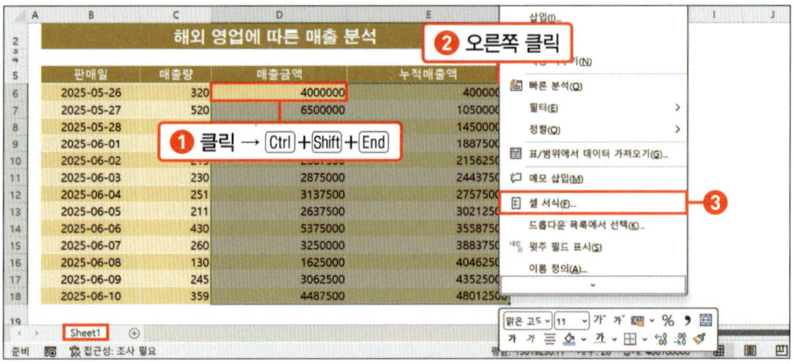

2 [셀 서식] 대화상자의 [표시 형식] 탭이 열리면 [사용자 지정] 범주를 선택하고 '형식'에 '#,##0,'를 입력한 후 [확인]을 클릭합니다.

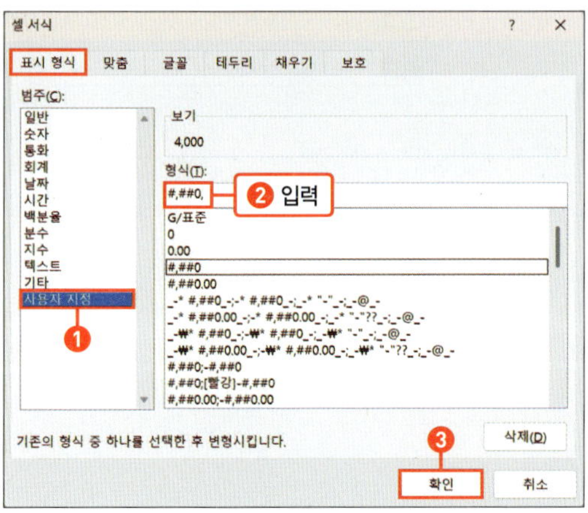

3 D6:E18 범위에 입력된 숫자값이 천 단위가 생략되어 표시되었는지 확인합니다.

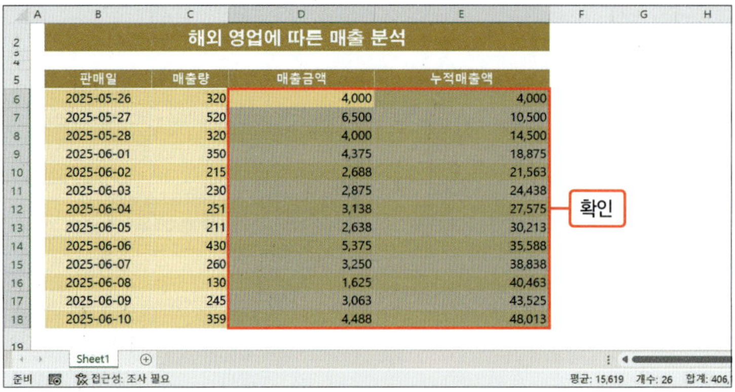

Tip

셀 서식을 적용해도 실제 값은 바뀌지 않고 원래 값이 그대로 저장되어 있습니다. 따라서 단지 보여줄 때만 천 단위를 생략하고 보여주는 것이므로 실제 값 자체를 바꿔서 계산하려면 수식을 이용해야 합니다.

4 2 과정에서 '형식'에 '#,##0,,'를 입력했으면 백만 단위가 생략된 숫자값이 나타납니다.

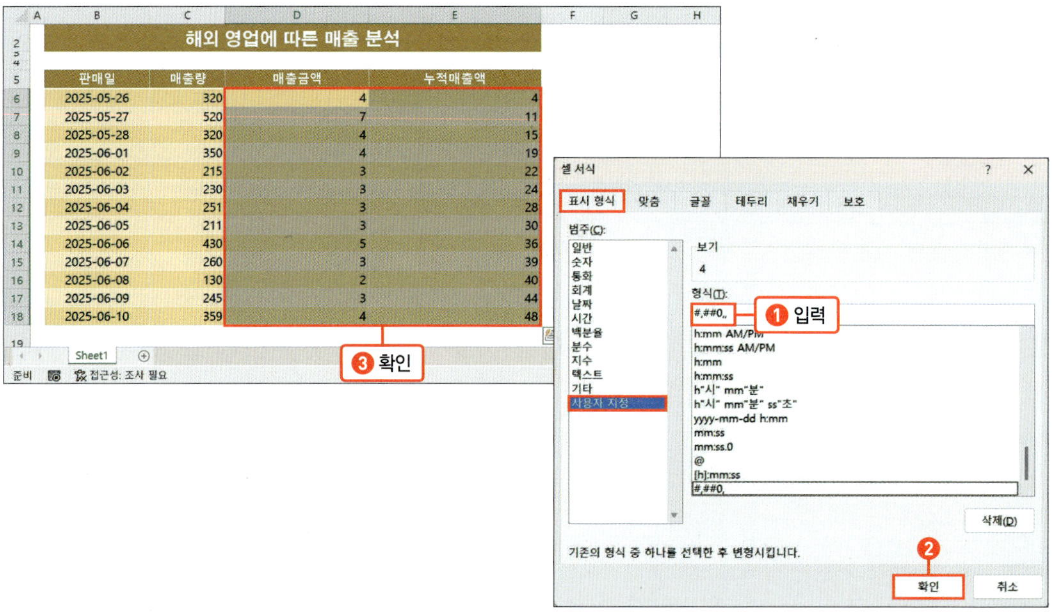

필수기능 08

문자의 앞 또는 뒤에 특정 문자 표시하기

업무 시간 단축

사용자 지정 서식	결과
@귀하	문자열 뒤에 '귀하'를 붙여서 표시
아름다운@님	문자열 앞에는 '아름다운'을, 뒤에는 '님'을 붙여서 표시
#,##0개	숫자 뒤에 '개'를 붙여서 표시

1 문자 데이터의 앞이나 뒤에 특정 문자열을 일괄적으로 표시하려면 사용자 지정 서식을 이용해야 합니다. [Sheet1] 시트에서 B3:B7 범위를 선택하고 선택 범위에서 마우스 오른쪽 단추를 클릭한 후 [셀 서식]을 선택하세요.

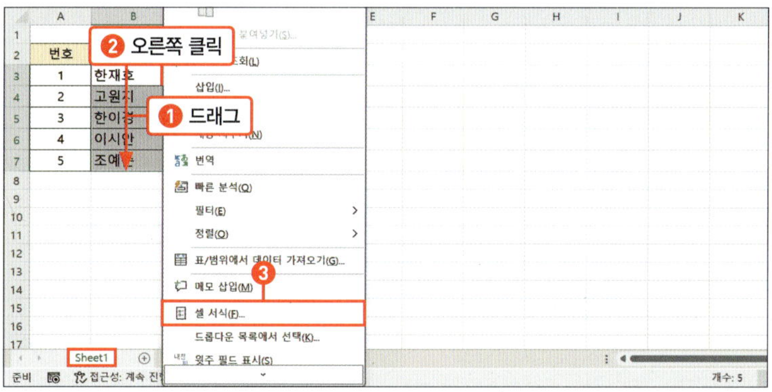

2 [셀 서식] 대화상자의 [표시 형식] 탭이 열리면 '범주'에서 [사용자 지정]을 선택하고 '형식'에 '@귀하'를 입력한 후 [확인]을 클릭합니다.

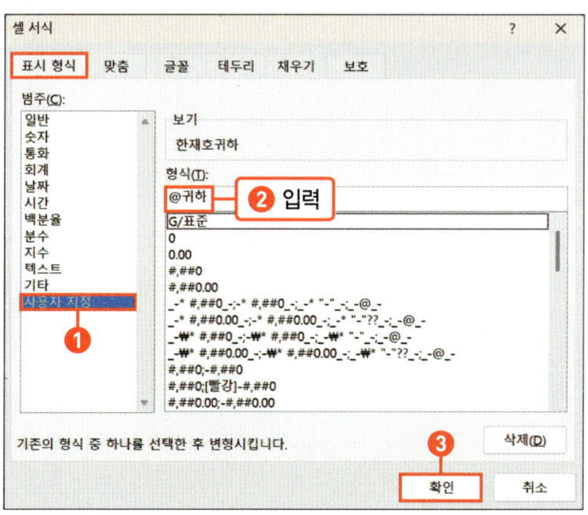

3 '성명' 항목의 이름 뒤에 '귀하'가 표시되었습니다. 이번에는 C3:C7 범위를 드래그해 선택하고 [홈] 탭-[표시 형식] 그룹-[표시 형식] 아이콘(⧉)을 클릭하세요.

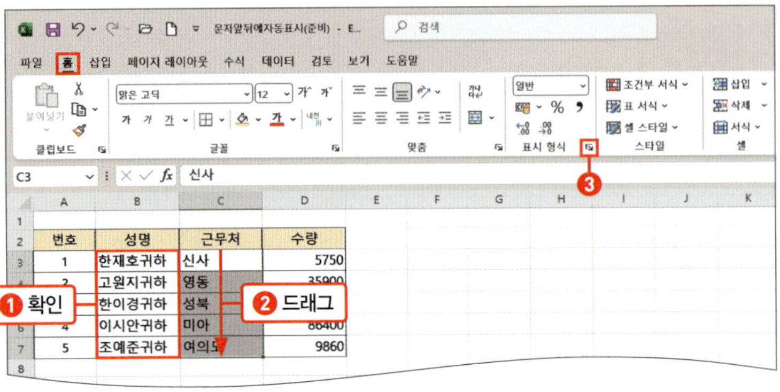

4 [셀 서식] 대화상자의 [표시 형식] 탭이 열리면 '범주'에서 [사용자 지정]을 선택하고 '형식'에서 '오프라인@지점'을 입력한 후 [확인]을 클릭합니다.

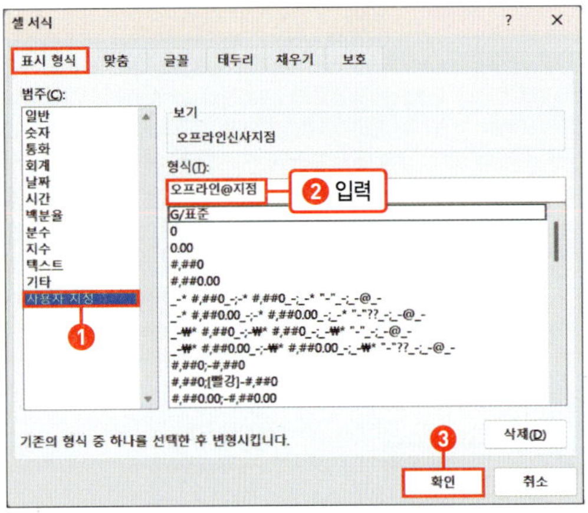

5 C열의 '근무처' 항목에 입력된 문자열의 앞에는 '오프라인'이, 뒤에는 '지점'이 표시되었습니다. 이때 열 너비가 좁아 데이터가 제대로 표시되지 않으면 C열 머리글과 D열 머리글의 경계선에 마우스 포인터를 올려놓고 ✛ 모양으로 변경되었을 때 더블클릭하세요.

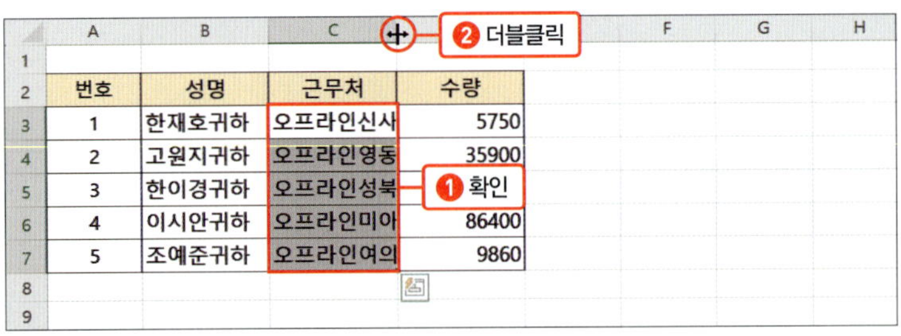

Tip

C열 머리글과 D열 머리글의 경계선 위에 마우스 포인터를 올려놓고 ✛ 모양으로 변경되었을 때 좌우로 드래그하면 드래그하는 크기만큼 셀 너비가 조절됩니다. 그리고 더블클릭하면 셀에 입력된 데이터의 크기만큼 자동으로 너비가 조절됩니다.

6 C열에 입력된 데이터의 크기만큼 자동으로 너비가 조절되었으면 D3:D7 범위를 드래그해 선택하고 Ctrl+1을 누르세요.

	A	B	C	D	E	F
1						
2	번호	성명	근무처	수량		
3	1	한재호귀하	오프라인신사지점	5750		
4	2	고원지귀하	오프라인영동지점	35900		
5	3	한이경귀하	오프라인성북지점	2060		
6	4	이시안귀하	오프라인미아지점	86400		
7	5	조예준귀하	오프라인여의도지점	9860		
8						
9						
10						

❶ 확인
❷ 드래그 → Ctrl+1

7 [셀 서식] 대화상자의 [표시 형식] 탭이 열리면 '범주'에서 [사용자 지정]을 선택하고 '형식'에 '#,##0개_-'을 입력한 후 [확인]을 클릭합니다.

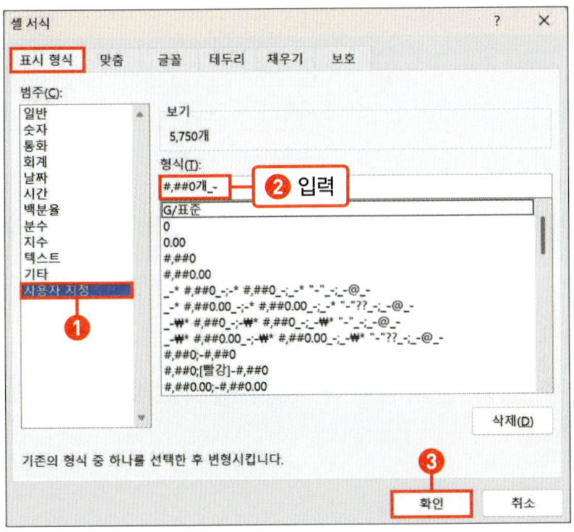

Tip
'형식'에서 [#,##0]을 선택하고 맨 뒤에 '개_-'를 입력해도 됩니다.

8 '수량' 항목의 숫자에 자동으로 세 자리마다 콤마(,)가 표시되면서 숫자의 뒤에 단위 '개'와 공백이 한 칸 표시되었는지 확인합니다. 셀에 직접 '5,750개'를 입력하면 문자 데이터로 인식해서 계산할 수 없습니다. 하지만 셀 서식을 이용해서 데이터를 표시하면 원래 입력된 숫자값은 변하지 않으므로 숫자를 계산하는 데 전혀 문제가 없습니다.

	A	B	C	D	E	F
1						
2	번호	성명	근무처	수량		
3	1	한재호귀하	오프라인신사지점	5,750개		
4	2	고원지귀하	오프라인영동지점	35,900개		
5	3	한이경귀하	오프라인성북지점	2,060개		
6	4	이시안귀하	오프라인미아지점	86,400개		
7	5	조예준귀하	오프라인여의도지점	9,860개		
8						
9						
10						

확인

◉ **예제파일** : 날짜서식지정(준비).xlsx ◉ **완성파일** : 날짜서식지정(완성).xlsx

필수기능 09

입사일에 직접 만든 날짜 서식 지정하기

업무 시간 단축

사용자 지정 서식		입력값	결괏값
연도	yyyy	2025-07-5	2025
	yy		25
월	mm		07
	m		7
	mmm		Jul
	mmmm		July
일	d		5
	dd		05
요일	aaa		토
	aaaa		토요일
	ddd		Sat
	dddd		Saturday

1 [Sheet1] 시트에서 D열에 입력된 입사일을 다른 형태로 표시하기 위해 D5셀을 클릭하고 Ctrl+Shift+↓를 눌러 '입사일' 항목의 데이터 영역을 모두 선택합니다. [홈] 탭-[표시 형식] 그룹-[표시 형식]에서 [기타 표시 형식]을 선택하세요.

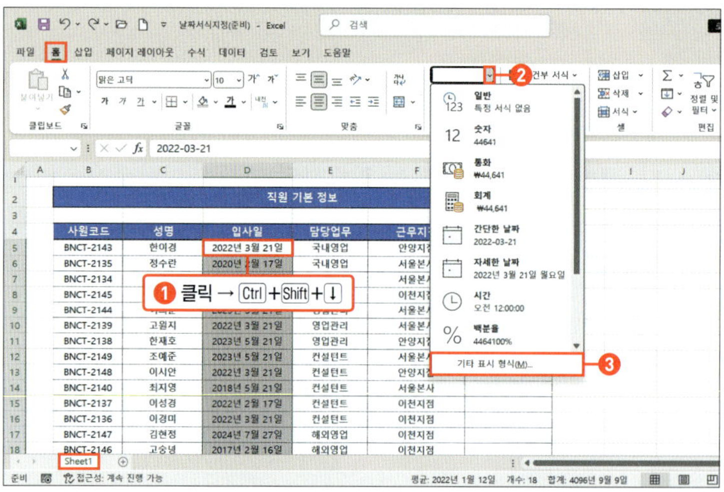

2 [셀 서식] 대화상자의 [표시 형식] 탭이 열리면 '범주'에서 [사용자 지정]을 선택하고 '형식'에 'yyyy-mmm(dd)'를 입력한 후 [확인]을 클릭합니다.

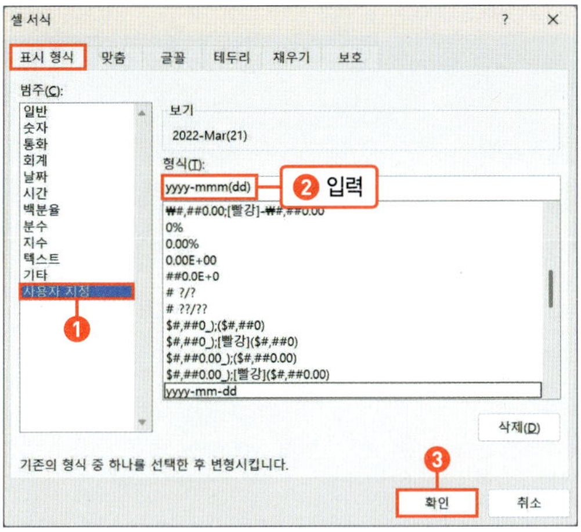

3 입사일 날짜가 '2022-Mar(21)'과 같은 형식으로 바뀌었는지 확인합니다.

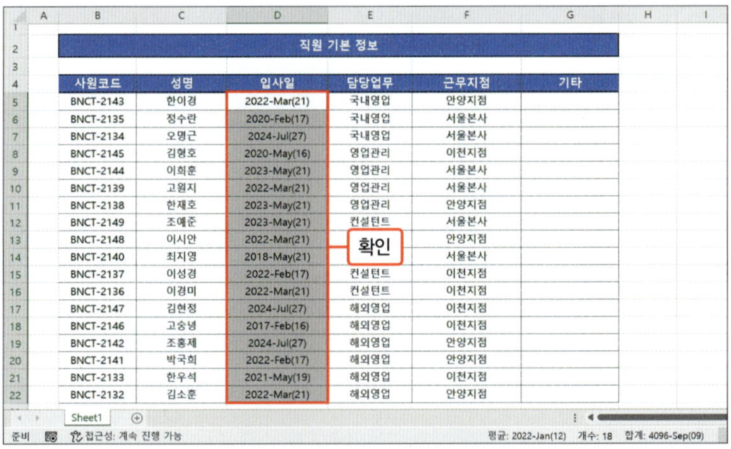

Tip

'입사일' 항목의 열 너비가 좁아 데이터가 제대로 표시되지 않으면 D열 머리글과 E열 머리글의 경계선에 마우스 포인터를 올려놓고 ✛ 모양으로 변경되었을 때 더블클릭해 열 너비를 넓게 조정하세요.

잠깐만요 :: 기타 표시 형식 지정하기

[홈] 탭-[표시 형식] 그룹-[표시 형식]에는 가장 많이 사용하는 표시 유형만 모아 놓았습니다. 하지만 원하는 표시 유형이 없으면 [기타 표시 형식]을 선택해서 [셀 서식] 대화상자를 열고 [표시 형식] 탭에서 원하는 유형을 선택하거나 직접 지정해서 표현할 수 있습니다.

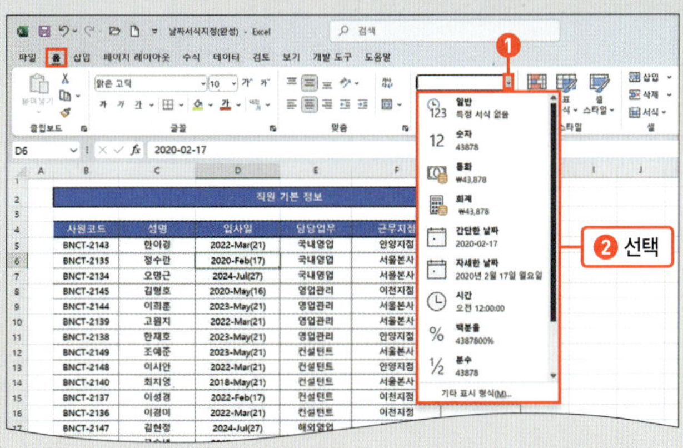

2024 | M365 | 2021 | 2019 | 2016

◉ **예제파일** : 날짜에요일표시(준비).xlsx ◉ **완성파일** : 날짜에요일표시(완성).xlsx

현장실무 **10**

입력된 날짜가 무슨 요일인지 표시하기

1 입사일이 입력된 날짜에 해당 요일까지 함께 표시해 볼게요. [Sheet1] 시트에서 '입사일' 항목인 D5:D22 범위를 선택하고 [홈] 탭-[표시 형식] 그룹-[표시 형식] 아이콘(⧅)을 클릭하세요.

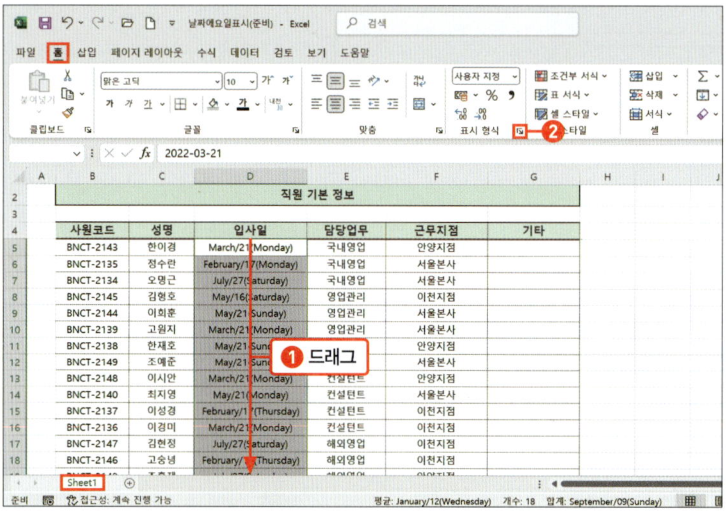

Tip
날짜를 입력할 때는 '90-1-1' 또는 '90/1/1'과 같이 연, 월, 일 사이를 -이나 /로 구분해서 입력합니다. 이때 연도를 생략하고 '월/일'만 입력하면 작업하는 당해 연도로 자동 설정됩니다. 이렇게 입력한 날짜는 날짜끼리 수식이나 함수를 지정해서 계산할 수 있습니다.

2 [셀 서식] 대화상자의 [표시 형식] 탭이 열리면 날짜 서식을 직접 만들기 위해 '범주'에서 [사용자 지정]을 선택하고 '형식'에 'dd일(aaa)'를 입력한 후 [확인]을 클릭합니다.

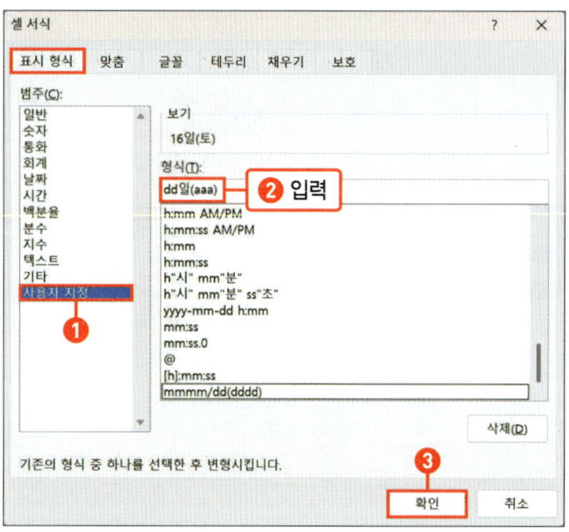

Tip
'dd'는 날짜에서 일을 두 자리로(예 07), 'aaa'는 요일을 한글로 짧게(예 화, 수, 목) 표시하라는 뜻입니다. 이와 같이 날짜 서식에 관련된 사용자 지정 서식에 대해서는 70쪽을 참고하세요.

3 '입사일' 항목에 연도와 월은 생략되고 일자와 요일만 표시되었는지 확인합니다. 범위를 그대로 선택한 상태에서 다른 날짜 유형으로 입사일에 적용하기 위해 Ctrl+1을 누르세요.

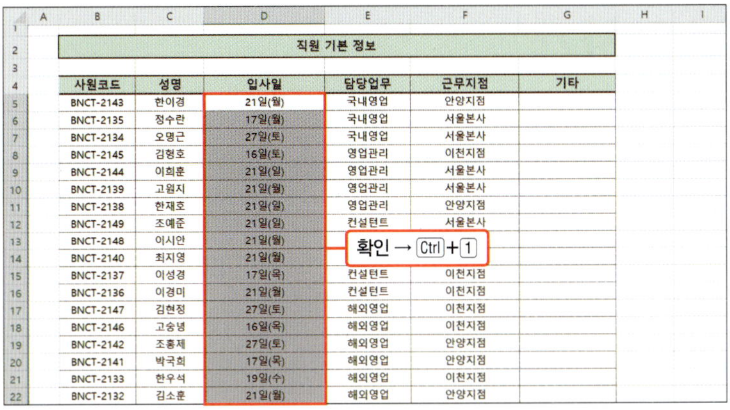

4 [셀 서식] 대화상자의 [표시 형식] 탭이 열리면 '범주'에서 [사용자 지정]을 선택하고 '형식'에 'mmmm/dd(dddd)'를 입력한 후 [확인]을 클릭합니다.

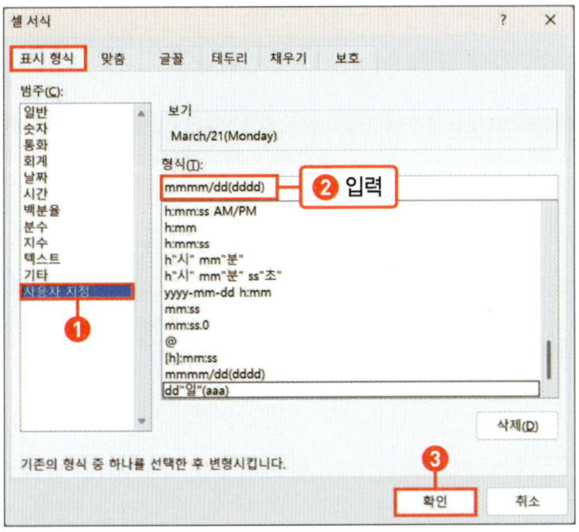

> **Tip**
> 'mmmm'은 날짜에서 월을 영문으로 길게(예 March, May), 'dd'는 일자를 두 자리(예 02, 04)로, 'dddd'는 요일을 영문으로 길게(예 Monday, Sunday) 표시하라는 뜻입니다.

5 D열의 입사일이 연도는 생략되고 월과 일자, 요일만 영문으로 표시되었는지 확인합니다.

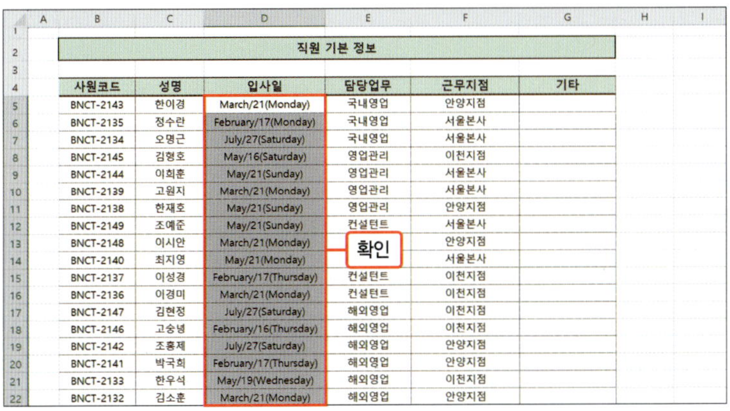

현장실무 11

24시간 초과된 누적 근무 시간의 합계 구하기

업무 시간 단축

사용자 지정 서식		입력값	결괏값
시	h	7:20	7
	hh		07
	[h]	28:30	28
분	m	18:5	5
	mm		05
	[m]		1085
초	s	18:25:3	3
	ss		03
사용 예	h시간m분s초	8:25:3	8시간25분3초
	hh시mm분ss초		08시25분03초
	hh시mm분	28:30	04시30분
	[hh]:mm		28:30

1 출근 시간과 퇴근 시간이 입력된 데이터를 이용해서 근무 시간을 구해볼게요. [비용정산] 시트에서 E5셀에 수식 '=D5-C5'를 입력하고 Enter를 누르세요.

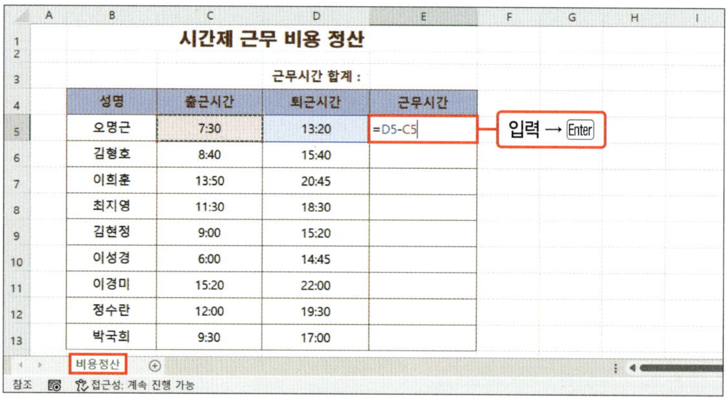

Tip

시간 데이터는 '14:20:40'과 같이 시, 분, 초 사이에 콜론(:)을 지정해서 입력해야 합니다. 12시간제로 입력하려면 '시:분:초 AM' 또는 '시:분:초 PM'과 같이 입력합니다. 이때 시간은 시간끼리 계산할 수 있습니다.

2 E5셀에 퇴근 시간에서 출근 시간을 빼서 근무 시간을 구한 결괏값이 계산되었습니다. E5셀을 클릭하고 자동 채우기 핸들 위에 마우스 포인터를 올려놓은 후 **+** 모양으로 바뀌면 더블클릭하세요.

> **Tip**
> 자동 채우기 핸들을 더블클릭하면 연속해서 데이터가 입력된 범위 끝까지 자동으로 수식이 복사됩니다.

3 E열에 입력된 데이터의 끝까지 수식이 복사되면서 다른 사람들의 근무 시간도 한 번에 계산되었습니다. E열에 구한 근무 시간의 합계를 구하기 위해 E3셀에 '=SU'를 입력하고 'SU'로 시작하는 함수 목록이 표시되면 [SUM]을 더블클릭하세요.

4 E3셀에 '=SUM('가 자동으로 표시되면 합을 구할 첫 번째 셀인 E5셀을 클릭하고 Ctrl+Shift+↓를 누르세요.

5 E5셀을 기준으로 데이터가 입력된 아래쪽 끝까지 범위가 자동으로 설정되었으면 Enter를 누르세요.

6 실제 근무 시간의 합계는 60시간이 넘는 값이 표시되어야 하지만, 시간을 표시할 때 24시간 이상의 값을 표시하지 못하므로 E3셀의 '근무시간 합계'에 '15:30'이 나타납니다. 이 값을 24 이상의 누적 시간으로 표시하기 위해 E3셀을 클릭하고 Ctrl+1을 누르세요.

Tip

일반적으로 시간값은 24 이상이면 다시 1부터 시작합니다. 예를 들어 26시간이면 1일과 2시간이 되어서 시간값이 2가 됩니다. 그러므로 24 이상의 누적된 시간값을 구하려면 셀 서식을 이용해서 '[H]' 또는 '[HH]'를 지정해야 합니다.

7 [셀 서식] 대화상자의 [표시 형식] 탭이 열리면 '범주'에서 [사용자 지정]을 선택하고 '형식'에 '[hh]:mm'을 입력한 후 [확인]을 클릭합니다.

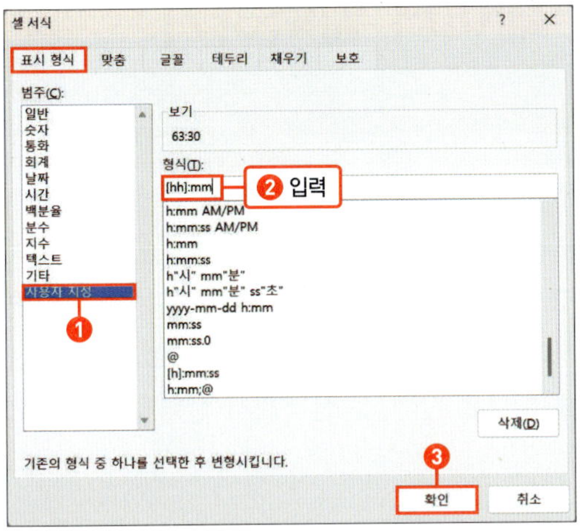

Tip

'[hh]:mm'에서 h는 시간(hour)을 표시하는 기호인데, 대괄호로 지정하면 누적된 시간이 표시됩니다. mm은 시간값을 뺀 나머지를 분(minutes)으로 표시하는 기호입니다.

8 E3셀에 근무 시간의 합계가 누적되어 표시되었는지 확인합니다.

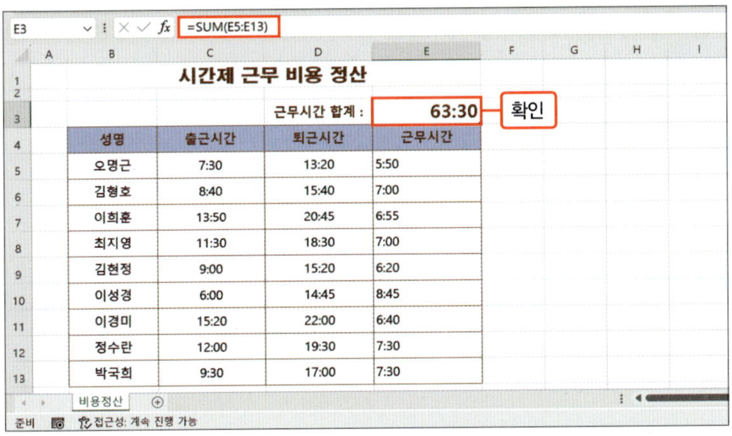

Tip

시간을 이용해서 숫자와 계산할 비용을 구하려면 238쪽을 참고하세요.

◉ **예제파일** : 특정부분만입력(준비).xlsx ◉ **완성파일** : 특정부분만입력(완성).xlsx

현장실무 12

특정 범위에만 데이터 입력하기

1 워크시트에서 일부분만 수정할 수 있고 다른 부분은 수정할 수 없게 보호해 볼게요. 워크시트에 입력된 데이터 중에서 다른 분기는 이미 확정된 금액이므로 수정하면 안 되고 4분기 데이터만 새로 입력해야 합니다. [Sheet1] 시트에서 먼저 수정해야 하는 '4분기' 항목인 F5:F22 범위를 선택하고 [홈] 탭-[셀] 그룹-[서식]을 클릭한 후 '보호'의 [셀 잠금]을 선택해서 선택을 해제하고 다시 [시트 보호]를 선택하세요.

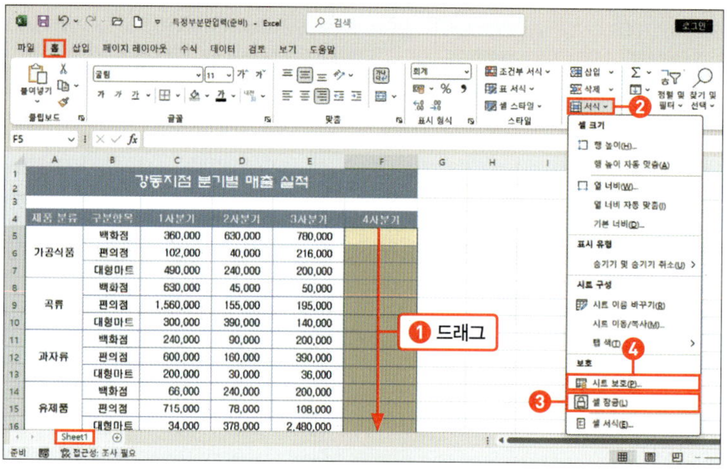

2 [시트 보호] 대화상자가 열리면 '시트 보호 해제 암호'에 '12345'를 입력하고 '이 워크시트의 모든 사용자에게 다음 사항을 허용'에서 [잠금 해제된 셀 선택]에만 체크 표시한 후 [확인]을 클릭합니다.

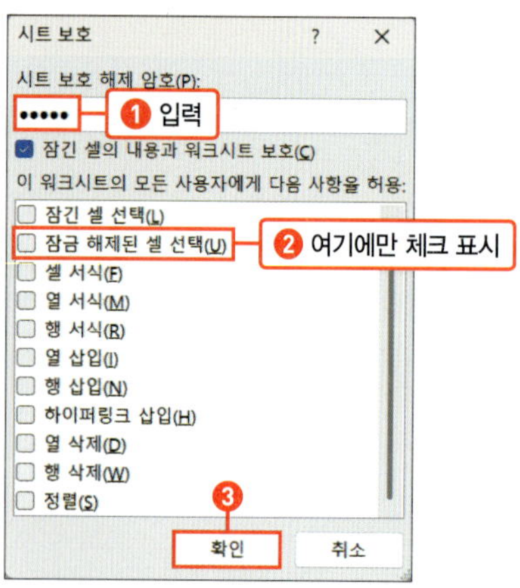

3 [암호 확인] 대화상자가 열리면 앞에서 지정한 암호와 똑같이 '12345'를 입력하고 [확인]을 클릭하세요.

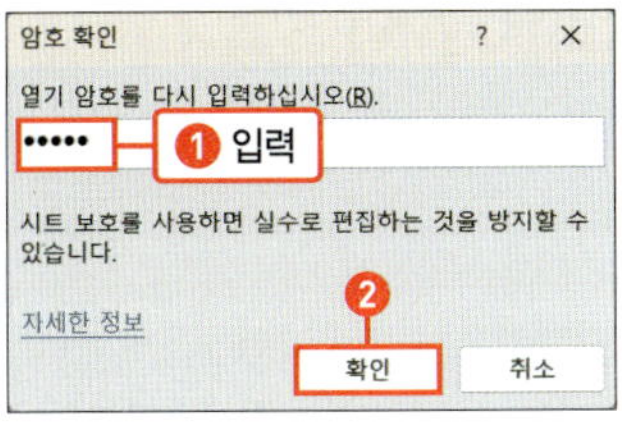

4 다른 셀은 선택할 수 없지만, F5:F22 범위인 '4사분기' 항목에서는 잠금이 해제되어 원하는 셀을 선택하여 값을 입력할 수 있습니다.

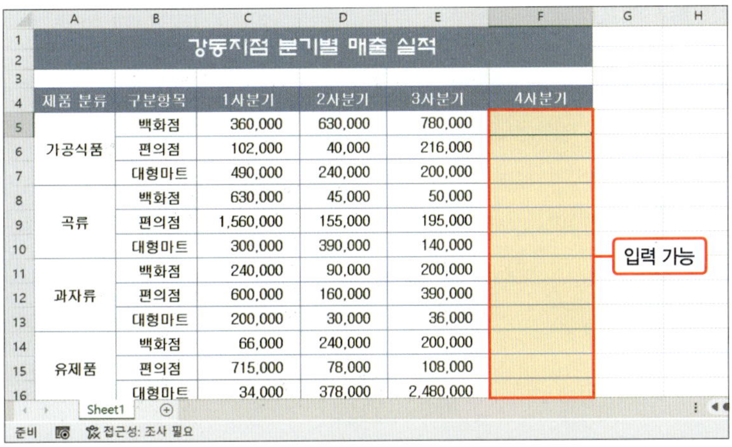

강동지점 분기별 매출 실적

제품 분류	구분항목	1사분기	2사분기	3사분기	4사분기
가공식품	백화점	360,000	630,000	780,000	
	편의점	102,000	40,000	216,000	
	대형마트	490,000	240,000	200,000	
곡류	백화점	630,000	45,000	50,000	
	편의점	1,560,000	155,000	195,000	
	대형마트	300,000	390,000	140,000	
과자류	백화점	240,000	90,000	200,000	
	편의점	600,000	160,000	390,000	
	대형마트	200,000	30,000	36,000	
유제품	백화점	66,000	240,000	200,000	
	편의점	715,000	78,000	108,000	
	대형마트	34,000	378,000	2,480,000	

Tip

다른 셀도 수정하려면 [홈] 탭-[셀] 그룹-[서식]을 클릭하고 '보호'에서 [시트 보호 해제]를 선택합니다. [시트 보호 해제] 대화상자가 열리면 1 과정에서 지정한 암호를 입력하여 시트 보호를 해제한 후 수정하세요.

◉ **예제파일** : 빈페이지인쇄제거(준비).xlsx ◉ **완성파일** : 빈페이지인쇄제거(완성).xlsx

현장실무

13 인쇄할 때 빈 페이지 인쇄하지 않기

1 인쇄할 때 내용이 없는 빈 페이지가 여러 장 함께 인쇄된다면 워크시트의 어딘가에 눈에 보이지 않는 데이터가 입력되어 있기 때문입니다. [Sheet1] 시트에서 필요 없는 범위가 어디인지 확인한 후 지우기 위해 워크시트에 있는 하나의 셀을 클릭하고 Ctrl+End를 누르세요.

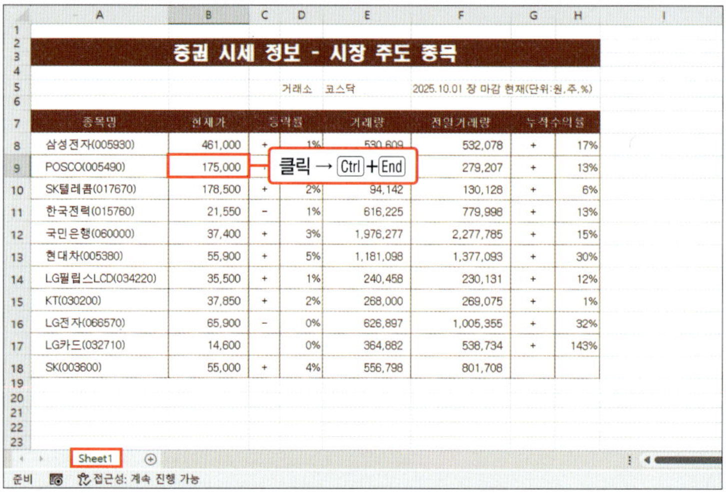

증권 시세 정보 - 시장 주도 종목

거래소 코스닥 2025.10.01 장 마감 현재(단위:원,주,%)

종목명	현재가	등락률		거래량	전일거래량	누적수익률	
삼성전자(005930)	461,000	+	1%	530,609	532,078	+	17%
POSCO(005490)	175,000				279,207	+	13%
SK텔레콤(017670)	178,500	+	2%	94,142	130,128	+	6%
한국전력(015760)	21,550	-	1%	616,225	779,998	+	13%
국민은행(060000)	37,400	+	3%	1,976,277	2,277,785	+	15%
현대차(005380)	55,900	+	5%	1,181,098	1,377,093	+	30%
LG필립스LCD(034220)	35,500	+	1%	240,458	230,131	+	12%
KT(030200)	37,850	+	2%	268,000	269,075	+	1%
LG전자(066570)	65,900	-	0%	626,897	1,005,355	+	32%
LG카드(032710)	14,600		0%	364,882	538,734	+	143%
SK(003600)	55,000	+	4%	556,798	801,708		

2 워크시트에서 데이터가 입력된 마지막 셀로 셀 포인터가 이동했습니다. 셀 포인터가 위치한 행이나 열의 어딘가에 눈에 보이지 않는 값이 입력되어 있어서 여기까지 데이터 영역으로 인식되는 것이므로 필요 없는 빈 범위를 제거하기 위해 Ctrl+Home을 누르세요.

Tip

원하는 데이터 영역만 정확히 인쇄하려면 해당 범위를 설정하고 [페이지 레이아웃] 탭-[페이지 설정] 그룹-[인쇄 영역]을 클릭한 후 [인쇄 영역 설정]을 선택하세요. 이렇게 인쇄 영역을 설정한 후 인쇄하면 범위로 설정한 영역만 인쇄할 수 있습니다.

3 A1셀로 이동하면 19행 머리글을 클릭해 19행 전체를 선택하고 Ctrl+Shift+↓를 눌러 마지막 행까지 범위를 선택합니다.

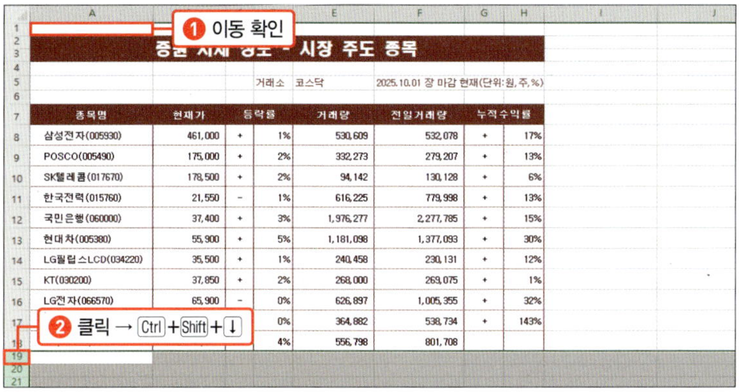

4 선택한 범위에서 마우스 오른쪽 단추를 클릭하고 [삭제]를 선택하세요.

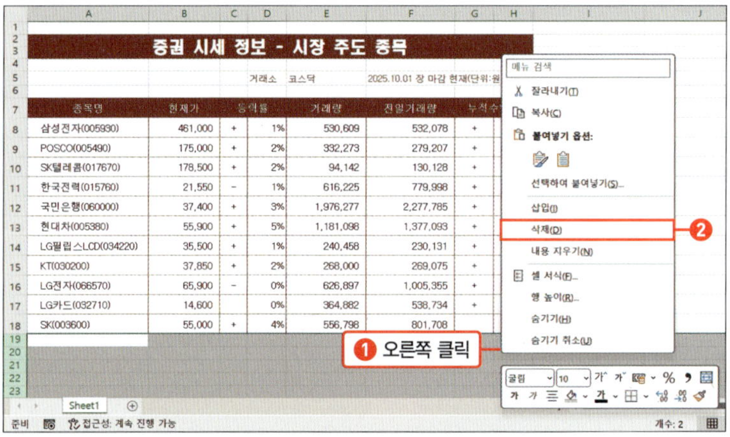

5 I열 머리글을 클릭해 I열 전체를 선택하고 Ctrl+Shift+→를 눌러 마지막 열까지 범위를 선택합니다. 선택한 범위에서 마우스 오른쪽 단추를 클릭하고 [삭제]를 선택하세요.

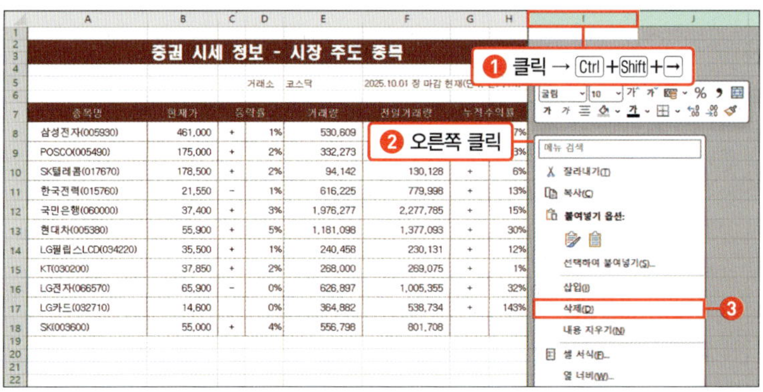

6 빠른 실행 도구 모음에서 [저장] 도구(💾)를 클릭해 불필요한 행 데이터와 열 데이터를 삭제한 파일을 저장합니다. 이제 워크시트에서 하나의 셀을 클릭하고 Ctrl+End를 누르면 H18셀로 정확하게 이동합니다. 이렇게 작업한 파일을 인쇄하면 데이터가 있는 페이지만 정확하게 인쇄할 수 있어요.

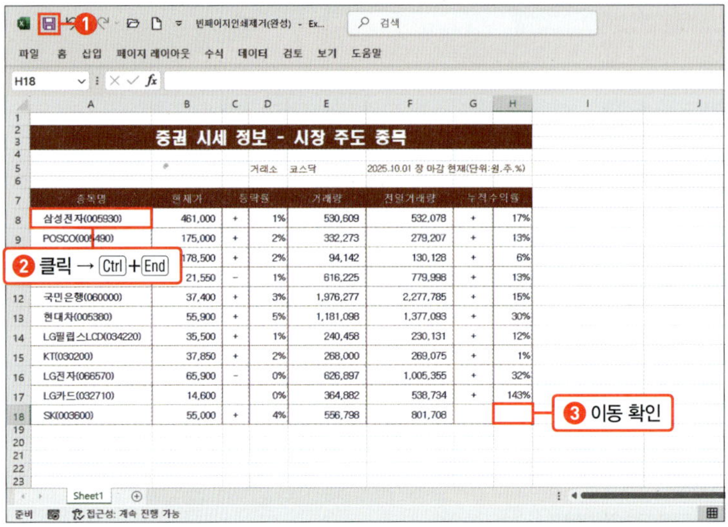

Tip

데이터를 삭제했지만 저장하지 않으면 곧바로 삭제된 범위를 인식하지 못하므로 반드시 저장한 후 삭제 범위를 확인하세요.

● **예제파일** : 제품리뷰(준비).xlsx
● **완성파일** : 제품리뷰(완성).xlsx

AI 실무 프로젝트 03 제품 리뷰 분석하기 – 코파일럿(Copilot)

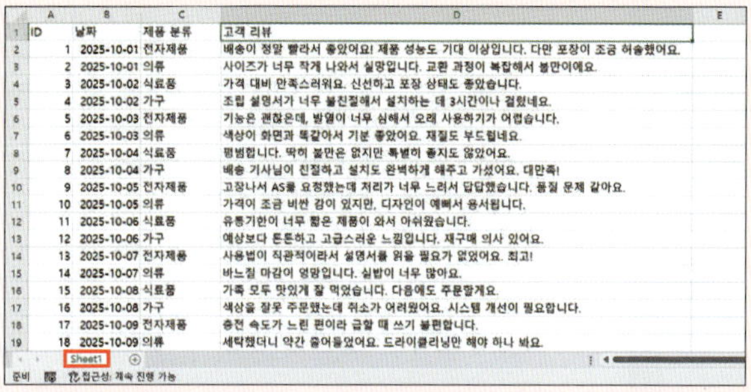

ID	날짜	제품 분류	고객 리뷰
1	2025-10-01	전자제품	배송이 정말 빨라서 좋았어요! 제품 성능도 기대 이상입니다. 다만 포장이 조금 허술했어요.
2	2025-10-01	의류	사이즈가 너무 작게 나와서 실망입니다. 교환 과정이 복잡해서 불만이에요.
3	2025-10-02	식료품	가격 대비 만족스러워요. 신선하고 포장 상태도 좋았습니다.
4	2025-10-02	가구	조립 설명서가 너무 불친절해서 설치하는 데 3시간이나 걸렸네요.
5	2025-10-03	전자제품	기능은 괜찮은데, 발열이 너무 심해서 오래 사용하기가 어렵습니다.
6	2025-10-03	의류	색상이 화면과 똑같아서 기분 좋았어요. 재질도 부드럽네요.
7	2025-10-04	식료품	평범합니다. 딱히 불만은 없지만 특별히 좋지도 않았어요.
8	2025-10-04	가구	배송 기사님이 친절하고 설치도 완벽하게 해주고 가셨어요. 대만족!
9	2025-10-05	전자제품	고장나서 AS를 요청했는데 처리가 너무 느려서 답답했습니다. 품질 문제 같아요.
10	2025-10-05	의류	가격이 조금 비싼 감이 있지만, 디자인이 예뻐서 용서됩니다.
11	2025-10-06	식료품	유통기한이 너무 짧은 제품이 와서 아쉬웠습니다.
12	2025-10-06	가구	예상보다 튼튼하고 고급스러운 느낌입니다. 재구매 의사 있어요.
13	2025-10-07	전자제품	사용법이 직관적이라서 설명서를 읽을 필요가 없었어요. 최고!
14	2025-10-07	의류	바느질 마감이 엉망입니다. 실밥이 너무 많아요.
15	2025-10-08	식료품	가족 모두 맛있게 잘 먹었습니다. 다음에도 주문할게요.
16	2025-10-08	가구	색상을 잘못 주문했는데 취소가 어려웠어요. 시스템 개선이 필요합니다.
17	2025-10-09	전자제품	충전 속도가 느린 편이라 급할 때 쓰기 불편합니다.
18	2025-10-09	의류	세탁했더니 약간 줄어들었어요. 드라이클리닝만 해야 하나 봐요.

1 코파일럿을 이용해 [Sheet1] 시트에 입력된 고객들의 제품 구매 리뷰 내용이 긍정인지, 부정인지, 중립인지를 표시하고 리뷰 내용의 키워드를 추출해 볼게요.

2 윈도우 10이나 11 버전을 사용하고 있으면 작업 표시줄에서 '코파일럿(Copilot)'( )을 클릭합니다. 또는 코파일럿 웹 사이트(copilot.microsoft.com)에 접속해서 로그인하세요.

3 코파일럿의 채팅 창에서 단추를 클릭하고 [업로드]를 선택합니다.

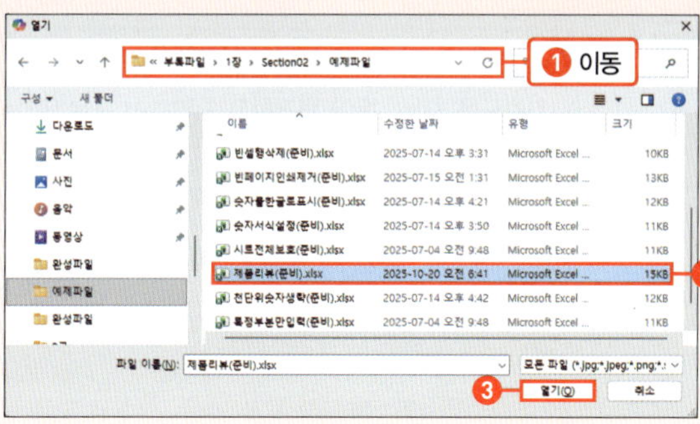

4 [열기] 대화상자가 열리면 예제파일 '제품리뷰(준비).xlsx'를 선택하고 [열기]를 클릭합니다.

'제품리뷰(준비).xlsx'는 부록 파일에서 제공합니다.

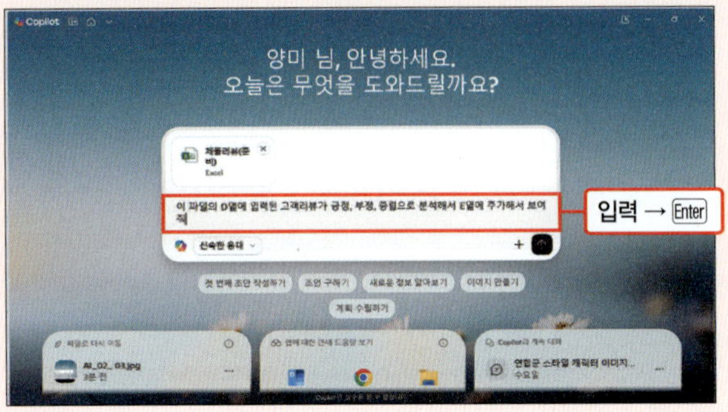

5 채팅 창에 다음 질문을 입력하고 Enter를 누릅니다.

> 이 파일의 D열에 입력된 고객리뷰가 긍정, 부정, 중립으로 분석해서 E열에 추가해서 보여줘

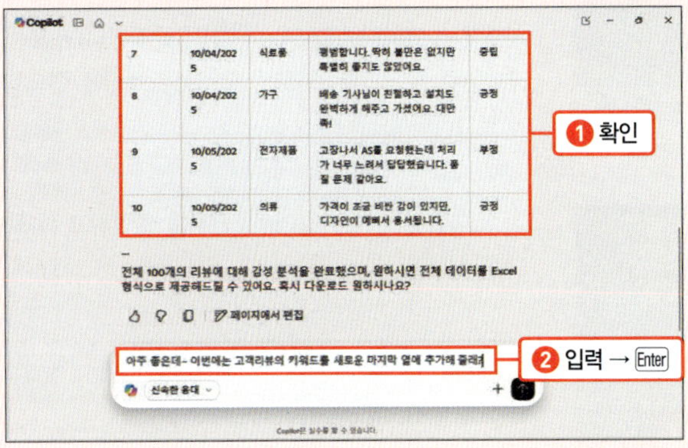

6 문장으로 입력된 제품 리뷰를 분석해서 '긍정', '부정', '중립'을 표시했으면 추가 질문을 입력하고 Enter를 누릅니다.

> 아주 좋은데~ 이번에는 고객리뷰의 키워드를 새로운 마지막 열에 추가해 줄래?

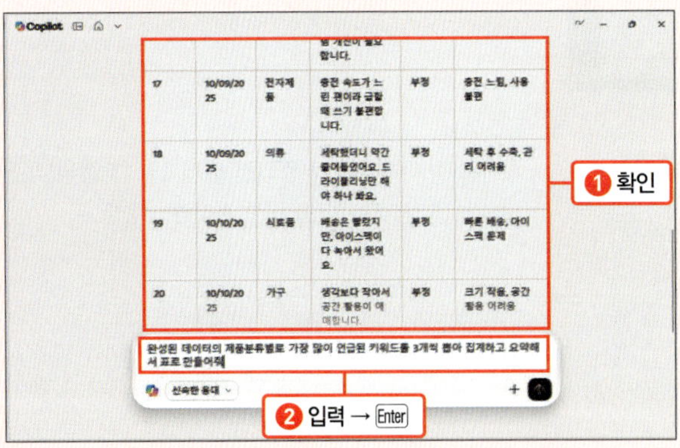

7 리뷰 내용에서 키워드를 추출한 새로운 열이 추가되었으면 또다시 추가 질문을 입력하고 Enter를 누릅니다.

> 완성된 데이터의 제품분류별로 가장 많이 언급된 키워드를 3개씩 뽑아 집계하고 요약해서 표로 만들어줘

질문의 결과는 항상 똑같지 않고 매번 조금씩 다를 수 있어요.

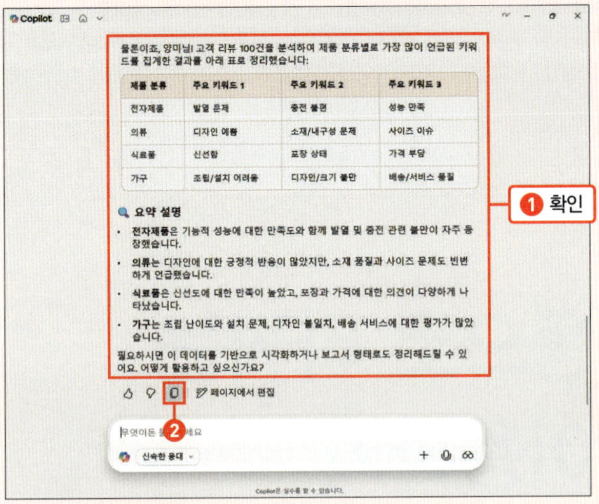

8 이와 같이 AI를 활용하면 비정형 텍스트 데이터를 이용해서 감성을 분석하거나 분류하는 작업에 걸리는 시간을 아주 간단히 해결할 수 있어요. 결과 내용을 복사하려면 채팅 창 위에 있는 [복사] 아이콘( )을 클릭하세요.

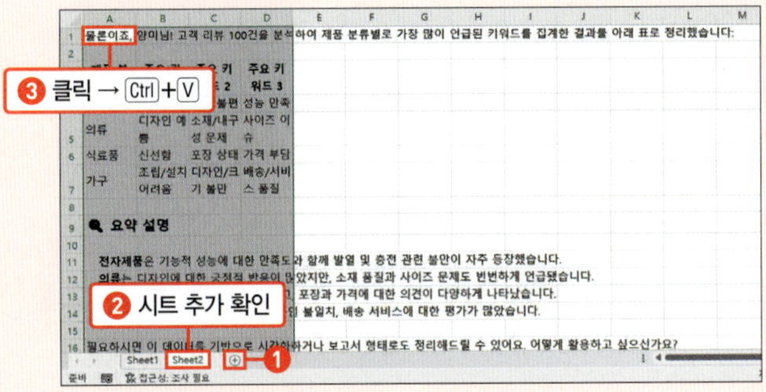

9 엑셀로 되돌아와서 새로운 시트를 추가하고 A1셀을 클릭한 상태에서 Ctrl+V를 눌러 코파일럿을 통해 얻어낸 결과를 편집해서 보고서를 완성할 수 있습니다.

SECTION

03

값에 따라 자동으로 바뀌는 다양한 서식 이용하기

글꼴이나 맞춤, 표시 형식 그룹을 이용해서 서식을 지정하면 데이터값이 바뀌어도 항상 같은 형태의 서식만 표시됩니다. 하지만 데이터값이 변경될 때마다 데이터의 내용에 맞게 서식이 자동으로 바뀌면 엑셀 문서를 쉽게 작성할 수 있을 뿐만 아니라 보기 좋게 꾸밀 수도 있습니다.

◉ **예제파일** : 표스타일지정(준비).xlsx ◉ **완성파일** : 표스타일지정(완성).xlsx

필수기능

01 데이터에 표 스타일 지정하기

1 데이터에 표 스타일을 지정하고 숫자 데이터에 쉼표 서식을 지정해서 표를 깔끔하게 정리해 볼게요. [Sheet1] 시트에서 데이터 영역에 있는 하나의 셀을 클릭하고 [홈] 탭-[스타일] 그룹-[표 서식]을 클릭한 후 '밝게'에서 [황금색, 표 스타일 밝게 12]를 클릭하세요.

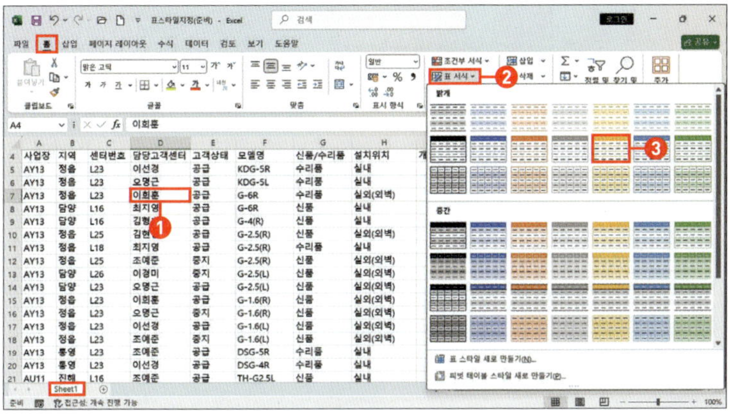

2 [표 만들기] 대화상자가 열리면 '표에 사용할 데이터를 지정하십시오.'에 표 서식을 적용할 데이터 영역이 자동으로 표시되어 있습니다. 데이터 영역에서 첫 번째 줄을 표 서식의 제목으로 사용할 것이므로 [머리글 포함]에 체크 표시되어 있는지 확인하고 [확인]을 클릭하세요.

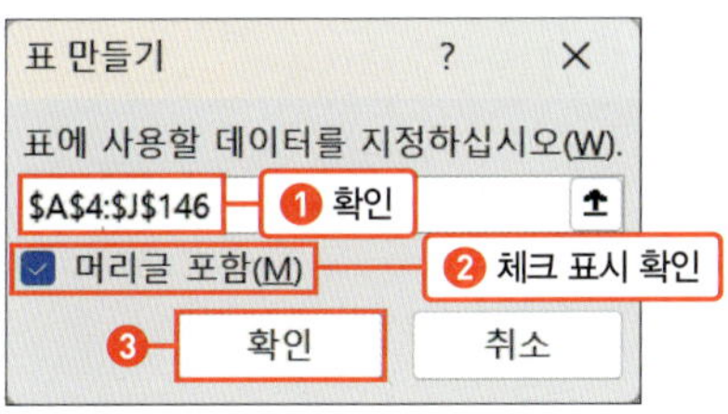

Tip
표 서식을 적용할 범위를 지정하지 않아도 **1** 과정에서 선택한 셀을 기준으로 연속된 데이터 영역이 '표에 사용할 데이터를 지정하십시오.'에 자동으로 설정되어 있습니다.

3 전체 데이터 영역에 **1** 과정에서 선택한 디자인 서식이 적용되었으면 다른 디자인으로 변경해 볼게요. [테이블 디자인] 탭-[표 스타일] 그룹-[자세히] 단추(▽)를 클릭하세요.

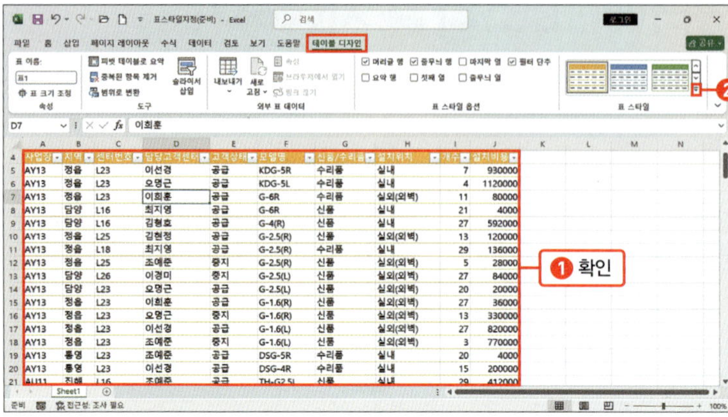

4 디자인 서식 목록이 표시되면 마우스 포인터를 올려놓고 실제 데이터에 적용했을 때의 디자인 서식 상태를 미리 확인할 수 있습니다. 여기서는 '중간'에서 [파랑, 표 스타일 보통 9]를 클릭해 데이터 전체를 선택한 디자인 서식으로 변경하세요.

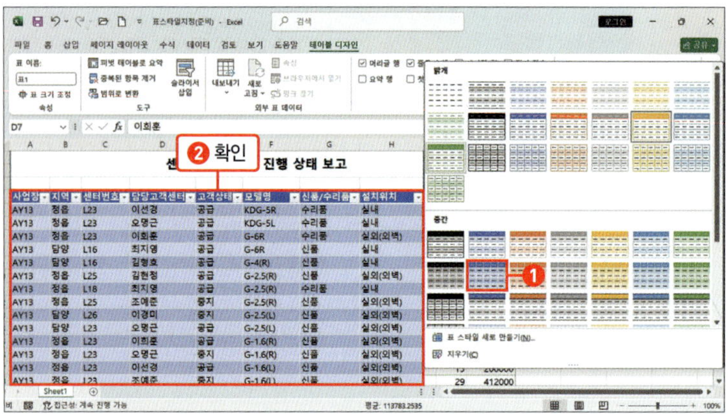

◉ **예제파일** : 표에슬라이서삽입(준비).xlsx ◉ **완성파일** : 표에슬라이서삽입(완성).xlsx

현장실무 **02**

표에 슬라이서 삽입하고 스타일 지정하기

1 표 서식이 적용된 데이터 중에서 원하는 조건에 만족하는 값만 쉽게 추출해 볼게요. [Sheet1] 시트에서 표 서식 기능이 적용된 데이터 영역에 있는 하나의 셀을 클릭하고 [테이블 디자인] 탭-[도구] 그룹-[슬라이서 삽입]을 클릭하세요.

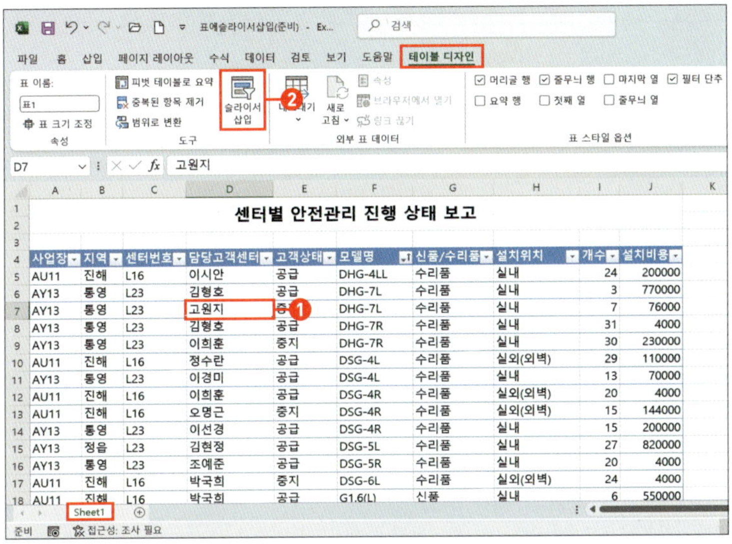

2 [슬라이서 삽입] 대화상자가 열리면 필터링할 필드에 체크 표시하고 [확인]을 클릭합니다. 여기서는 [지역]과 [담당고객센터]에 체크 표시하세요.

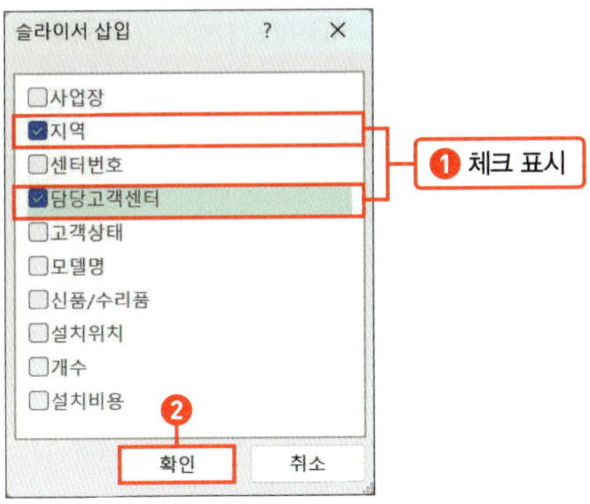

3 [지역] 슬라이서와 [담당고객센터] 슬라이서가 삽입되면 작업 표시줄의 오른쪽에 있는 [확대/축소] 컨트롤에서 [축소] 단추(−)를 2번 클릭합니다.

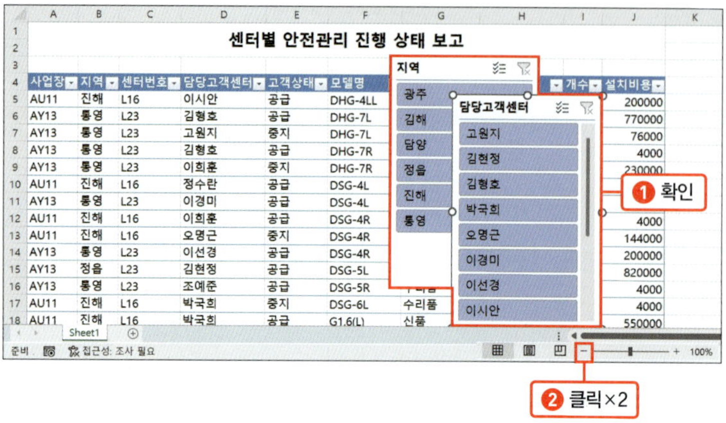

4 화면 보기 배율이 80%로 축소되었으면 각 슬라이서의 제목 부분을 클릭한 상태에서 오른쪽으로 드래그해 이동해서 보기 좋게 나란히 배치합니다.

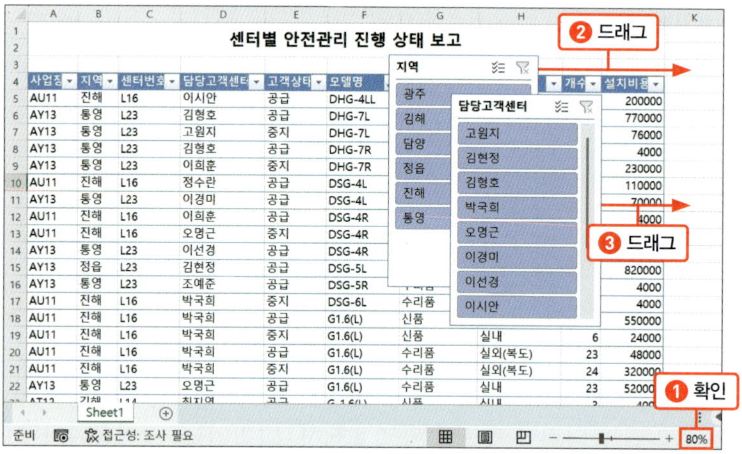

5 [지역] 슬라이서를 선택하고 [슬라이서] 탭-[슬라이서 스타일] 그룹-[자세히] 단추(⊟)를 클릭합니다. 슬라이서 스타일 목록이 표시되면 '밝게'에서 [연한 노랑, 슬라이서 스타일 밝게 4]를 클릭하세요.

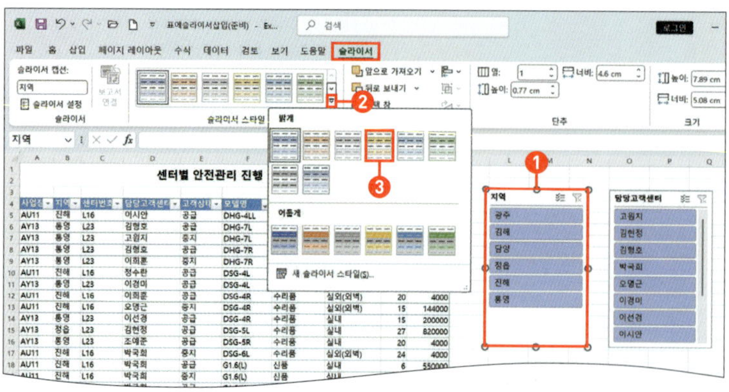

6 [지역] 슬라이서에 스타일을 지정했으면 [슬라이서] 탭-[단추] 그룹에서 '열'의 개수를 '2'로 변경합니다. 슬라이서가 2개 열로 항목이 표시되면 슬라이서 높이를 적당하게 조정하세요.

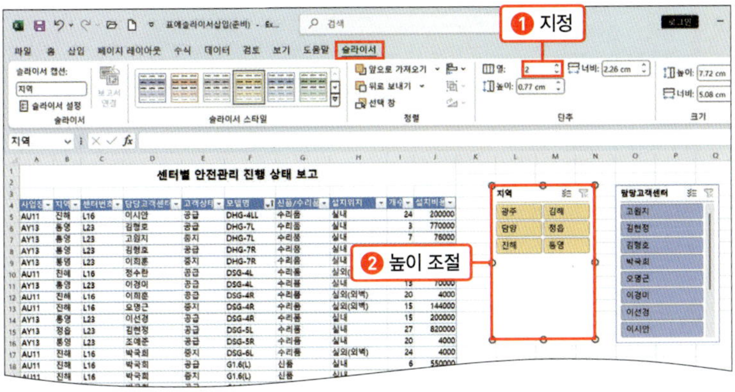

7 이와 같은 방법으로 [담당고객센터] 슬라이서에 [연한 녹색, 슬라이서 스타일 밝게 6] 스타일을 지정합니다. 이어서 열 개수를 '3'으로 변경하고 크기와 위치를 적당하게 조정하세요.

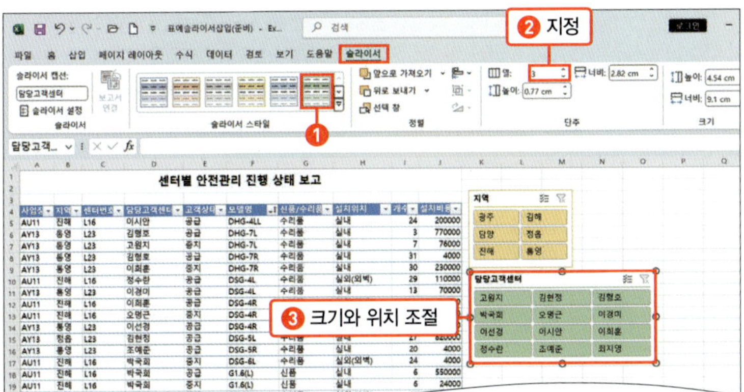

8 [지역] 슬라이서의 전체 데이터 중에서 '정읍' 지역의 데이터만 보기 위해 [지역] 슬라이서에서는 [정읍]을, [담당고객센터] 슬라이서에서는 [오명근]을 선택합니다. '정읍' 지역의 '오명근' 담당자에 해당하는 데이터만 필터링되었으면 [담당고객센터] 슬라이서에서 [다중 선택] 단추(☰)를 클릭하세요.

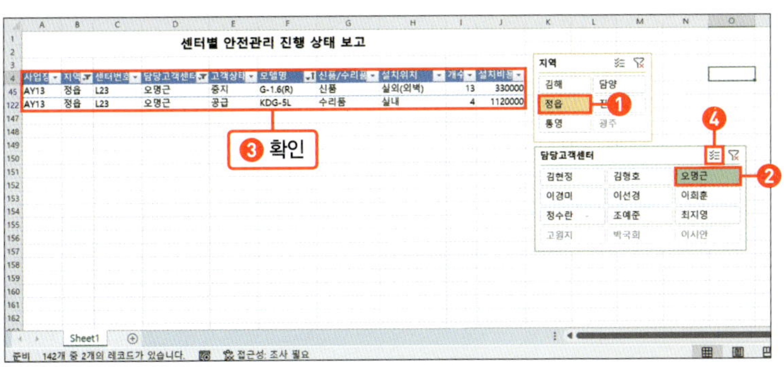

Tip
원하는 슬라이서를 클릭한 후 Alt+S를 눌러도 다중 선택할 수 있습니다.

9 [담당고객센터] 슬라이서에서 '김형호'를 클릭하면 추가로 '김형호' 담당자의 항목까지 추가할 수 있고 '이희훈'을 클릭하면 해당 사원의 내역이 추가로 표시되는 것을 확인할 수 있습니다.

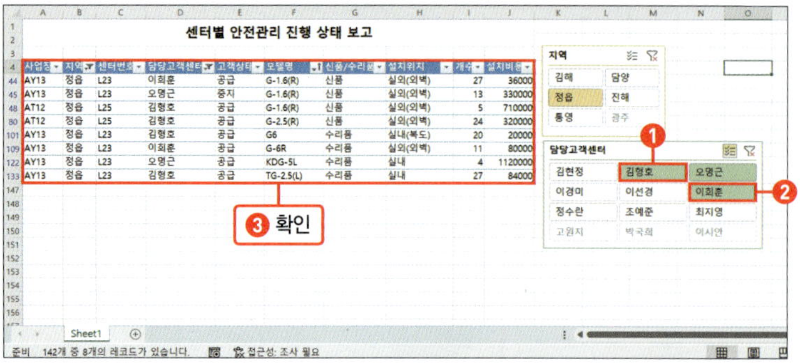

Tip

[다중 선택] 단추(☰)를 클릭하면 여러 항목을 추가로 선택할 수 있고 다시 [다중 선택] 단추(☰)를 클릭하면 다중 선택 기능이 해제되어 한 번에 한 항목만 선택할 수 있습니다.

10 슬라이서에 선택된 조건을 해제하고 모든 데이터를 표시하고 싶으면 [담당고객센터] 슬라이서의 오른쪽 위에 있는 [필터 지우기] 단추(⊠)를 클릭해 적용한 필터 기능을 해제합니다.

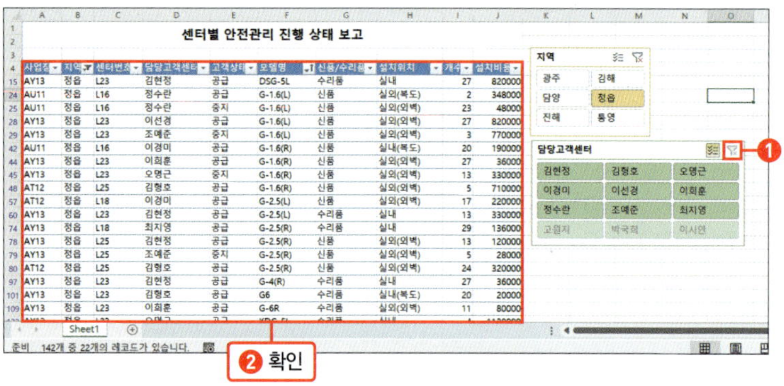

Tip

해당 슬라이서를 클릭한 후 Alt+C를 눌러도 적용한 필터 기능을 해제할 수 있습니다.

11 필요 없는 슬라이서를 삭제하기 위해 [지역] 슬라이서의 제목 부분을 클릭하고 Delete를 누르세요.

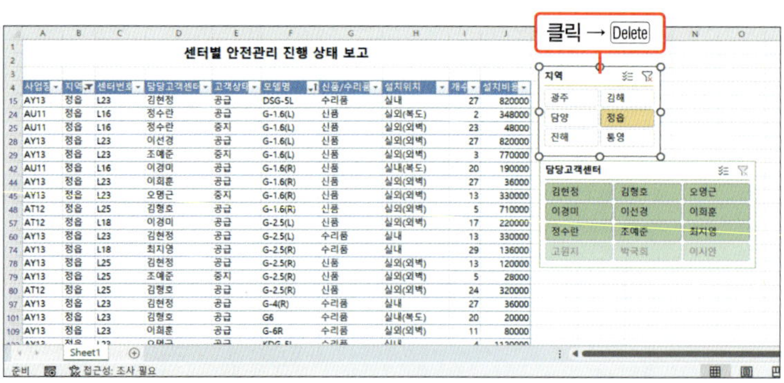

◉ **예제파일** : 표서식활용(준비).xlsx ◉ **완성파일** : 표서식활용(완성).xlsx

필수기능

03 표에서 새로운 행과 열 삽입하기

1 표 서식이 적용된 데이터에서는 계산 열이나 새로운 행을 훨씬 쉽게 삽입할 수 있습니다. [Sheet1] 시트에서 K열에 '단가' 항목을 추가하기 위해 K4셀에 '단가'를 입력하고 Enter를 누르세요. 자동으로 K열 전체에 서식이 적용되었으면 K5셀에 설치 비용에서 개수를 나눈 단가를 구하는 수식을 작성해 볼게요. K5셀에 '='를 입력하고 설치 비용이 입력된 J5셀을 클릭합니다.

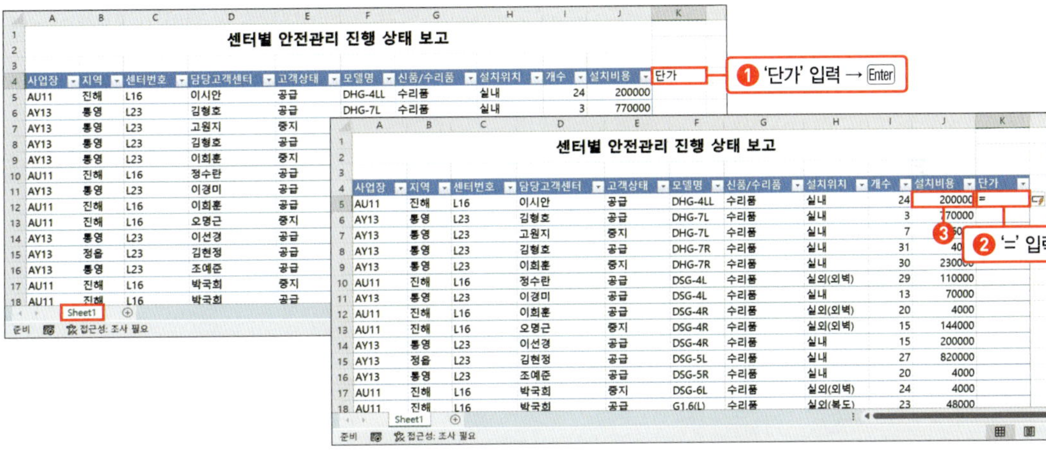

2 수식으로 '=[@설치비용]'이 표시되면 계속 이어서 '/'를 입력하고 I5셀을 클릭합니다. 수식으로 '=[@설치비용]/[@개수]'가 표시되면 Enter를 눌러 수식을 완성합니다.

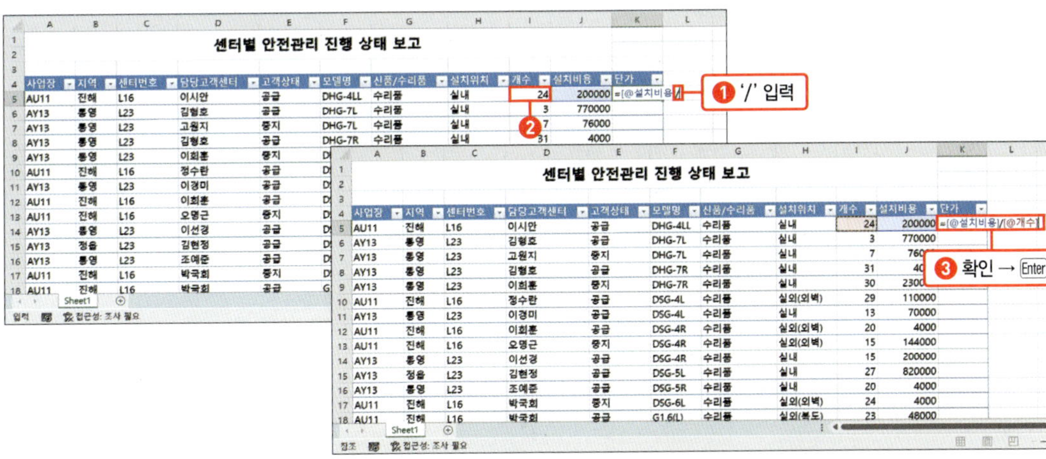

Tip

'=[@설치비용]/[@개수]'는 같은 행의 '설치비용' 필드의 값에서 같은 행의 '개수' 필드의 값으로 나눈 결과를 계산하는 수식입니다.

3 표 서식이 적용된 마지막 행까지 자동으로 동일한 수식이 한 번에 적용되었습니다. 이번에는 새로운 행을 삽입하기 위해 Ctrl+↓를 누릅니다.

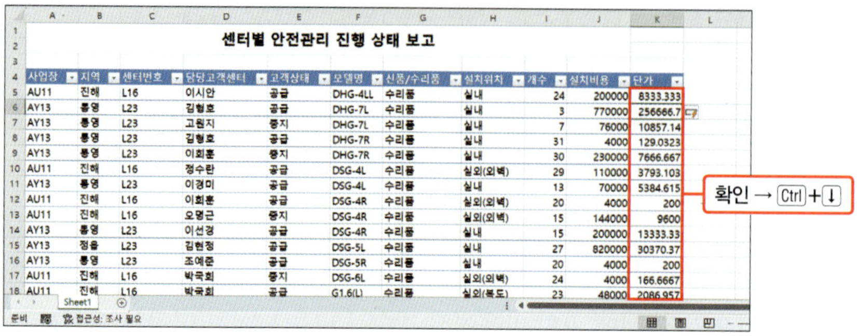

4 데이터가 연속으로 입력된 마지막 행으로 이동했으면 새로운 데이터를 입력하기 위해 Enter를 누릅니다. 새 행에서 Home을 눌러 새로운 데이터를 입력할 첫 번째 열로 이동한 후 'AY15'를 입력하고 Enter를 누르세요.

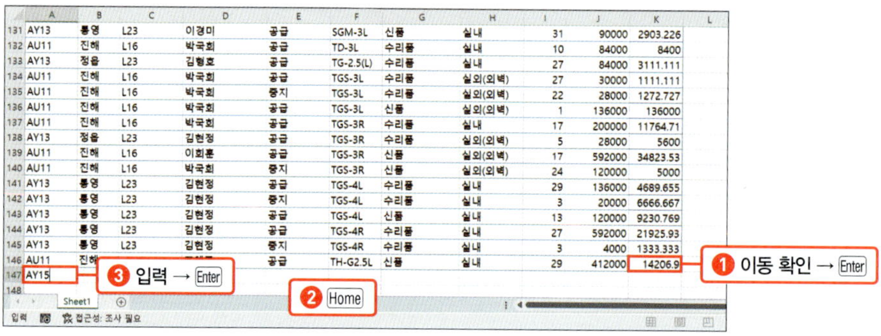

5 새로 값을 입력한 행에도 표 서식이 자동 적용되고 단가에도 수식이 자동 복사되었습니다. 이처럼 표 서식을 적용한 데이터에서 새로운 행이나 열을 삽입하면 자동으로 표 서식을 적용할 데이터 영역이 확장되고 제목 행이 보이지 않는 상태에서는 행 머리글에 자동으로 필드 이름이 표시되어 데이터를 편리하게 확인할 수 있어요.

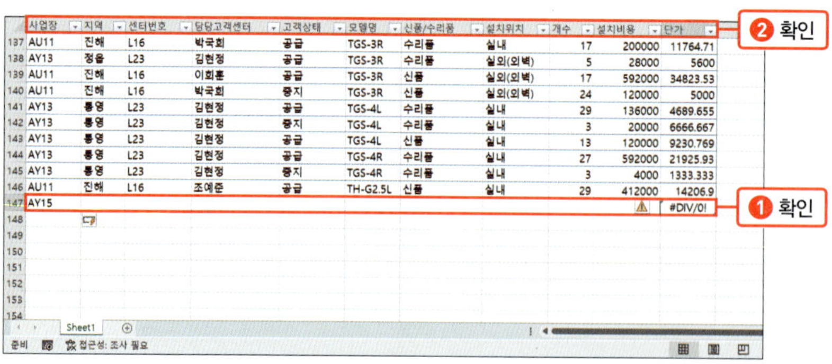

필수기능

04 표 해제해 일반 데이터로 변경하기

1 표 서식이 적용된 셀에는 필터나 표 계산 기능이 자동으로 설정되어 있어서 다른 기능을 제외하고 서식만 사용할 경우에는 일반 데이터로 변경해야 편리하게 작업할 수 있습니다. [Sheet1] 시트에서 표 서식이 설정된 데이터 영역에 있는 하나의 셀을 클릭하고 [테이블 디자인] 탭-[도구] 그룹-[범위로 변환]을 클릭하세요. 표를 정상 범위로 변환하겠느냐고 묻는 메시지 창이 열리면 [예]를 클릭하세요.

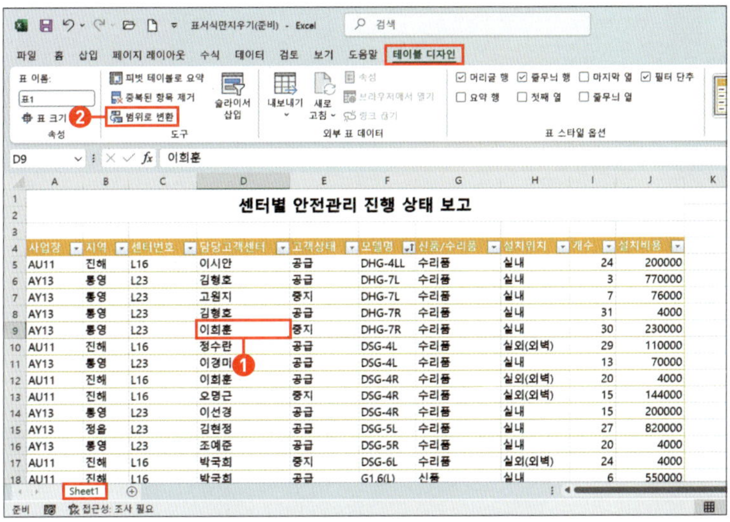

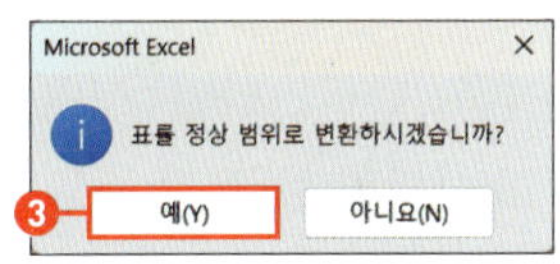

2 표 서식 기능이 해제되면서 데이터 서식만 남았는지 확인합니다.

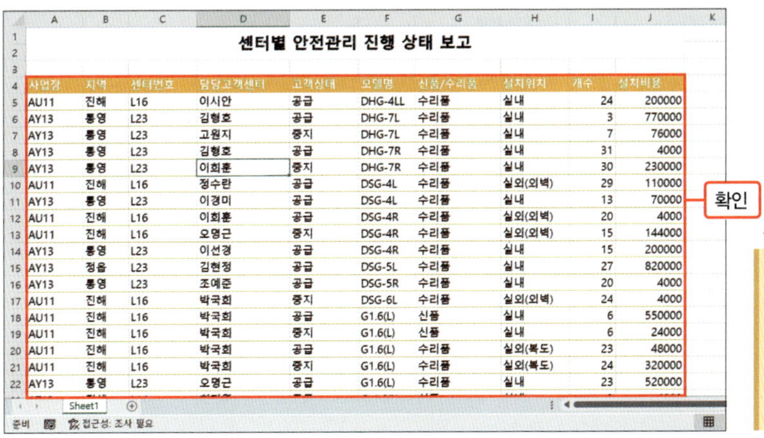

Tip
셀에 설정된 모든 서식을 깨끗하게 지우려면 전체 데이터를 범위로 선택하고 [홈] 탭-[편집] 그룹-[지우기]를 클릭한 후 [서식 지우기]를 선택하세요.

2024 M365 2021 2019 2016

◉ **예제파일** : 매출액에그래프표시(준비).xlsx ◉ **완성파일** : 매출액에그래프표시(완성).xlsx

필수기능 05

매출액에 비례한 그래프나 등급 표시하기

1 [매출실적] 시트에서 '신청회원'에 입력된 값의 크기에 비례한 등급을 3개로 나누어 표시해 볼게요. C4셀을 클릭하고 Ctrl+Shift+↓를 눌러 C4셀부터 연속해서 데이터가 입력된 마지막 행까지 범위를 선택하세요.

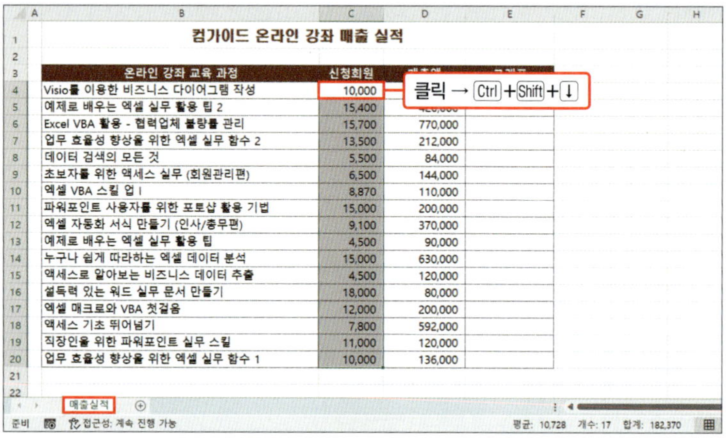

2 [홈] 탭-[스타일] 그룹-[조건부 서식]을 클릭하고 [아이콘 집합]을 선택합니다. 아이콘 모양이 표시되면 등급 개수에 맞게 원하는 모양에 마우스 포인터를 올려놓고 선택한 셀에 어떤 모양이 표시되는지 확인해 보세요. 여기서는 '표시기'에서 [3가지 기호(원)]를 선택합니다.

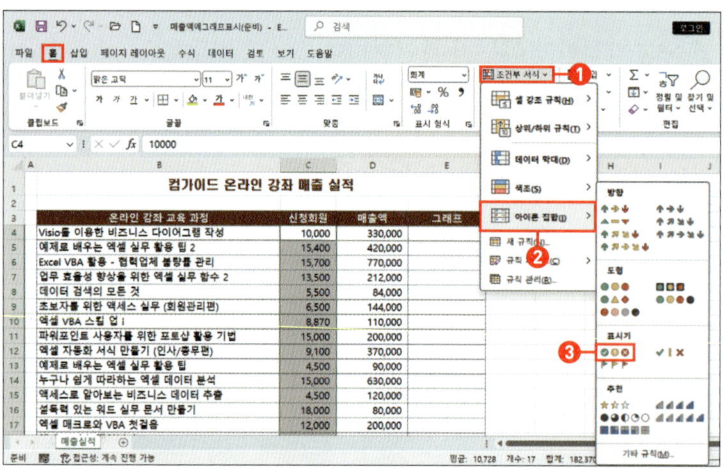

3 C열에 입력된 값이 3개의 등급으로 구분되어 표시되었는지 확인합니다. 이번에는 매출액에 그래프 효과를 지정하기 위해 D열에는 매출액을, E열에는 그 값에 맞는 그래프를 따로 표시해 볼게요. E열에 D열과 동일한 매출액을 표시하기 위해 E4셀에 '='를 입력하고 D4셀을 클릭한 후 Enter 를 누르세요.

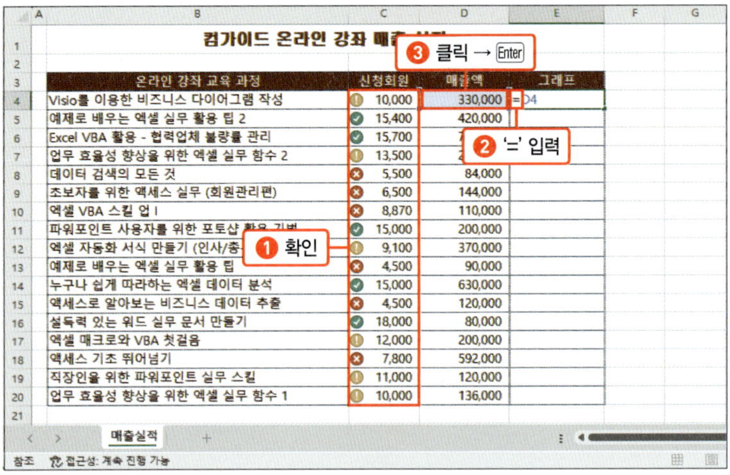

4 E4셀에 D4셀의 매출액이 표시되었으면 E4셀의 자동 채우기 핸들(**+**)을 더블클릭해서 나머지 셀에도 같은 함수식을 복사하세요.

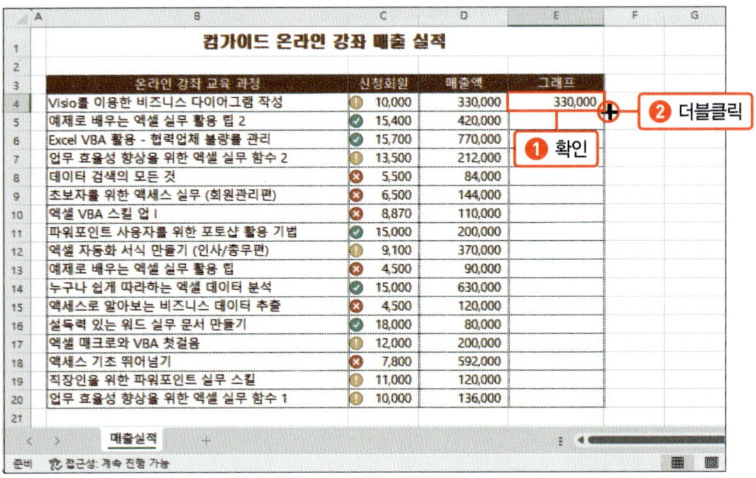

5 이제부터는 D열에 입력된 매출액 값을 수정하면 E열에도 자동으로 반영됩니다. E열에 그래프를 표시하기 위해 E4:E20 범위를 선택한 상태에서 [홈] 탭-[스타일] 그룹-[조건부 서식]을 클릭한 후 [데이터 막대]를 선택하고 '그라데이션 채우기'에서 [녹색 데이터 막대]를 클릭하세요.

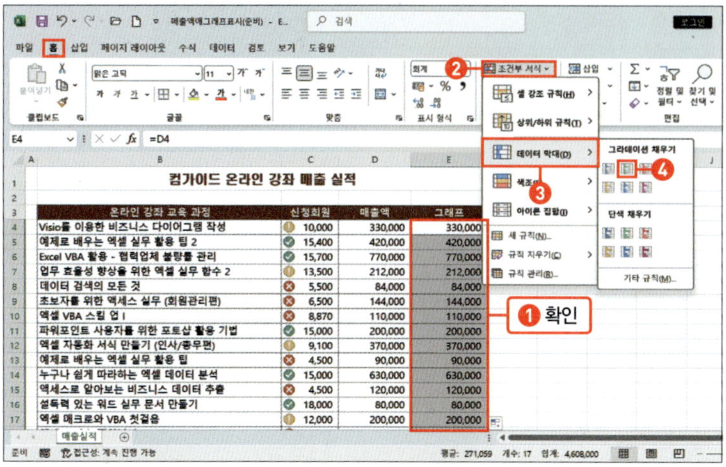

Tip

4 과정에서 E4셀의 자동 채우기 핸들을 더블클릭하면 함수식이 복사되면서 E4:E20 범위가 자동으로 선택됩니다. 만약 선택되지 않았으면 E4:E20 범위를 드래그해 선택하세요.

6 E4:E20 범위에서 매출액에 해당하는 그래프를 확인했으면 E열에 표시된 매출액 숫자를 없애볼게요. E열에 표시된 숫자를 Delete 를 눌러 지우면 그래프도 함께 지워지므로 값은 있지만 화면에 보이지 않게 숨겨볼게요. E4:E20 범위를 선택한 상태에서 [홈] 탭-[스타일] 그룹-[조건부 서식]을 클릭하고 [규칙 관리]를 선택하세요.

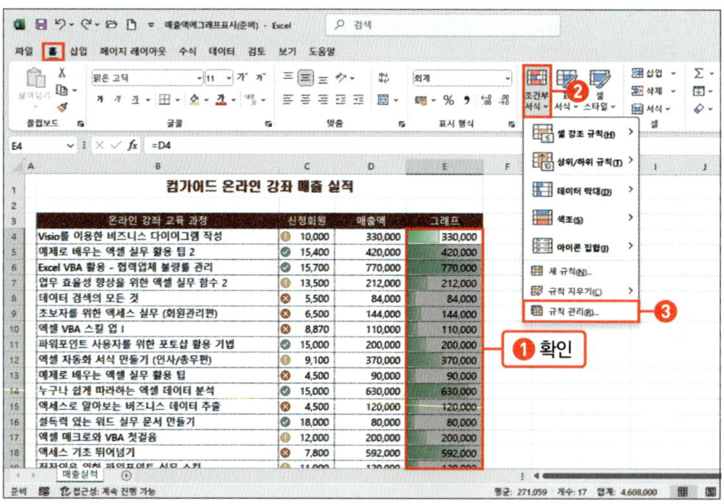

7 [조건부 서식 규칙 관리자] 대화상자가 열리면 [규칙 편집]을 클릭합니다. [서식 규칙 편집] 대화상자가 열리면 기존에 설정된 규칙 내용을 확인할 수 있는데, 셀에 입력된 값을 보이지 않게 숨기기 위해 [막대만 표시]에 체크 표시하고 [확인]을 클릭하세요. [조건부 서식 규칙 관리자] 대화상자로 되돌아오면 [확인]을 클릭합니다.

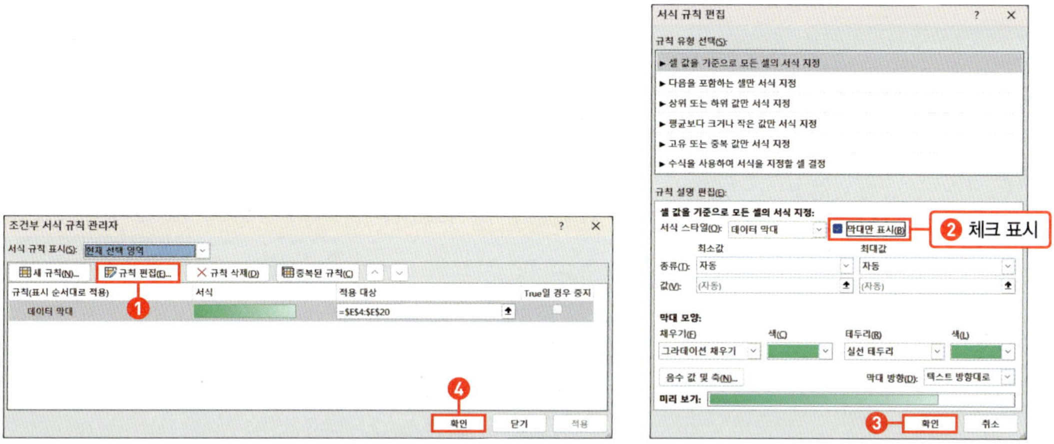

8 E열에 표시되었던 매출액 숫자는 사라지고 그래프만 남았는지 확인합니다.

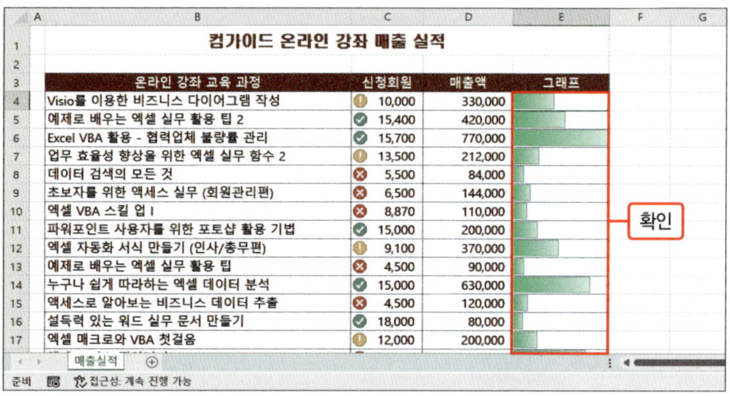

2024 M365 2021 2019 2016

◉ **예제파일** : 엑셀단어포함된셀에서식설정(준비).xlsx ◉ **완성파일** : 엑셀단어포함된셀에서식설정(완성).xlsx

필수기능 06

'엑셀' 단어가 포함된 강좌에 서식 지정하기

1 [매출실적] 시트의 B열에 입력된 강좌명에서 '엑셀' 단어가 포함된 셀에 자동으로 서식을 지정해 볼게요. B4셀을 클릭하고 Ctrl+Shift+↓를 눌러 '온라인 강좌 교육 과정' 항목의 데이터 영역을 모두 선택하세요. [홈] 탭-[스타일] 그룹-[조건부 서식]을 클릭하고 [셀 강조 규칙]-[텍스트 포함]을 선택하세요.

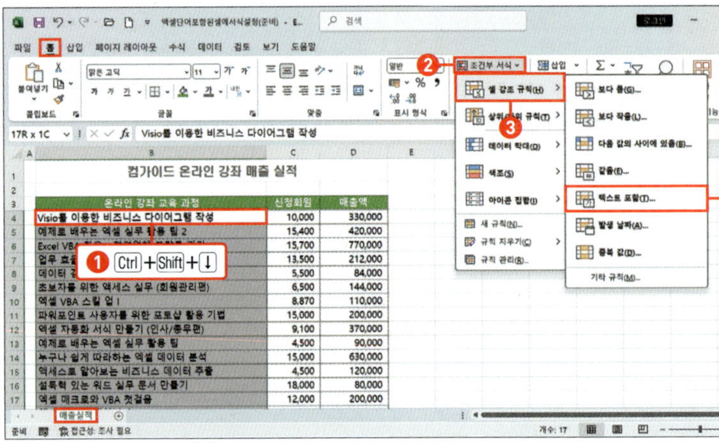

2 [텍스트 포함] 대화상자가 열리면 '다음 텍스트를 포함하는 셀의 서식 지정'에서 기존에 입력된 내용을 지우고 '엑셀'을 입력한 후 '적용할 서식'에서 [진한 노랑 텍스트가 있는 노랑 채우기]를 선택합니다. 지정한 서식이 워크시트에 어떻게 적용되는지 미리 확인하고 [확인]을 클릭하세요.

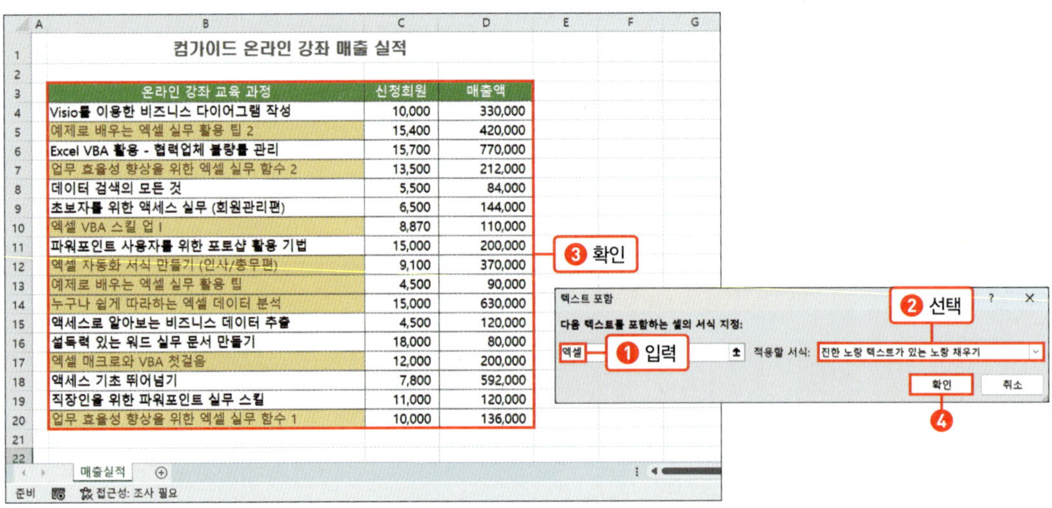

3 단어 '엑셀'이 포함된 셀의 텍스트와 바탕색이 자동으로 노란색으로 표시되었으면 B4셀의 텍스트에서 'Visio'를 '엑셀'로 수정하고 Enter를 누르세요.

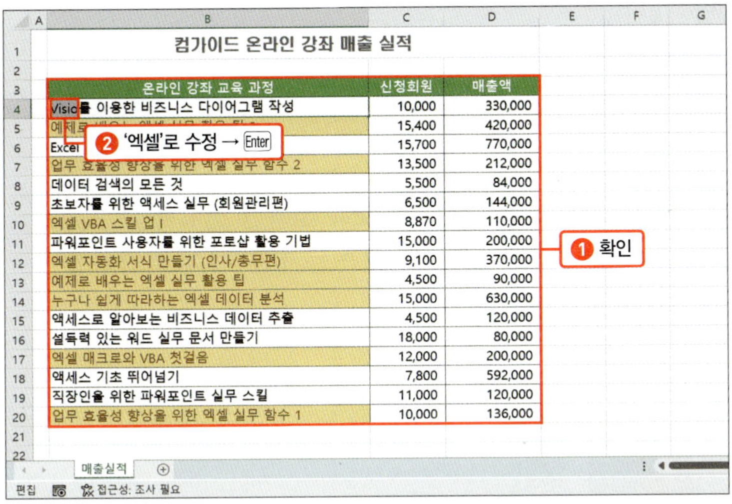

4 B4셀에도 자동으로 '진한 노랑 텍스트가 있는 노랑 채우기' 서식이 지정되었는지 확인합니다. 이와 같이 미리 조건부 서식을 지정하면 중간에 데이터값이 바뀌어도 조건에 맞게 다시 조건부 서식이 적용됩니다.

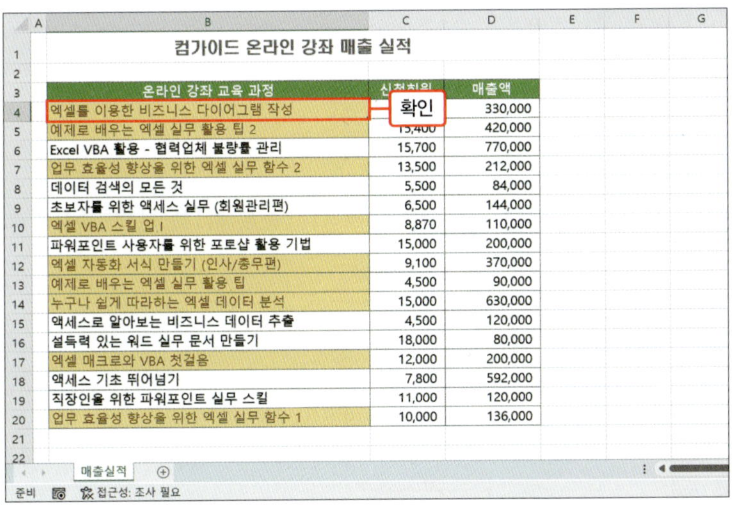

2024 | M365 | 2021 | 2019 | 2016

◉ **예제파일** : 중복된셀에서식설정(준비).xlsx ◉ **완성파일** : 중복된셀에서식설정(완성).xlsx

필수기능 07

중복된 데이터에 자동으로 서식 지정하기

1 같은 기간에 운영하는 강좌라서 한 명의 회원이 하나의 교육 강좌만 신청할 수 있으므로 [Sheet1] 시트에서 C열의 '회원이름' 항목에 같은 이름의 회원이 있는지 자동으로 확인해 볼게요. '회원이름' 항목의 데이터 영역인 C4:C20 범위를 선택하세요.

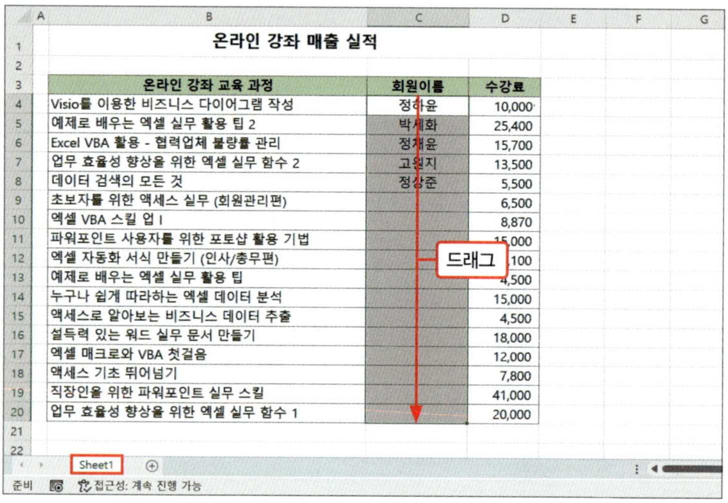

2 [홈] 탭-[스타일] 그룹-[조건부 서식]을 클릭하고 [셀 강조 규칙]-[중복 값]을 선택합니다.

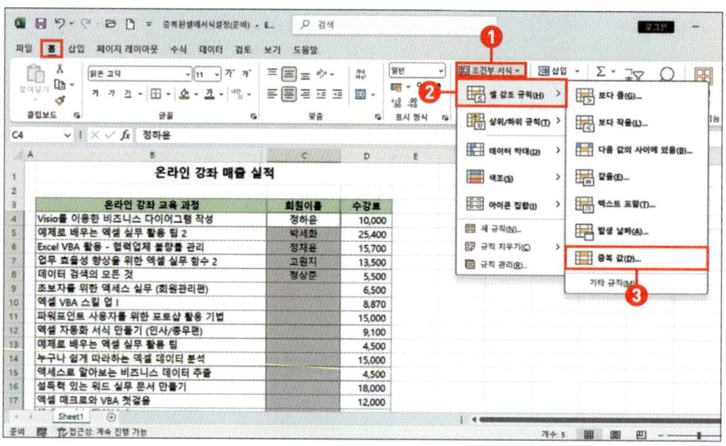

3 [중복 값] 대화상자가 열리면 '다음 값을 포함하는 셀의 서식 지정'에서 [중복]을 선택하고 '적용할 서식'에서 [진한 노랑 텍스트가 있는 노랑 채우기]를 선택한 후 [확인]을 클릭합니다.

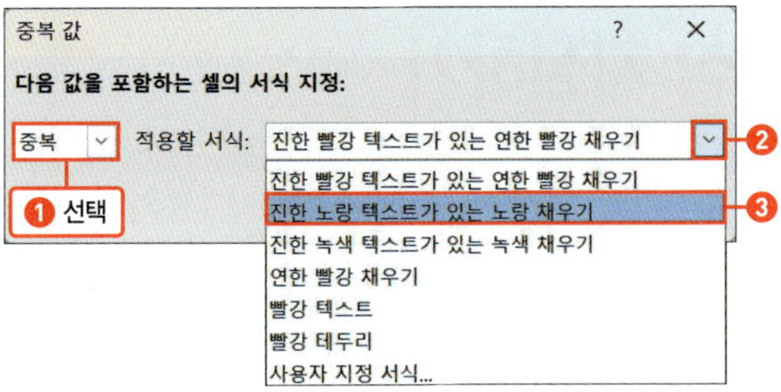

4 현재는 중복된 회원 이름이 없어서 지정한 서식이 표시되지 않았습니다. C9셀에 '한재호'를 입력하고 Enter를 누르면 같은 이름이 없으므로 '진한 노랑 텍스트가 있는 노랑 채우기' 서식이 표시되지 않았지만, C10셀에 '정채윤'을 입력하고 Enter를 누르세요.

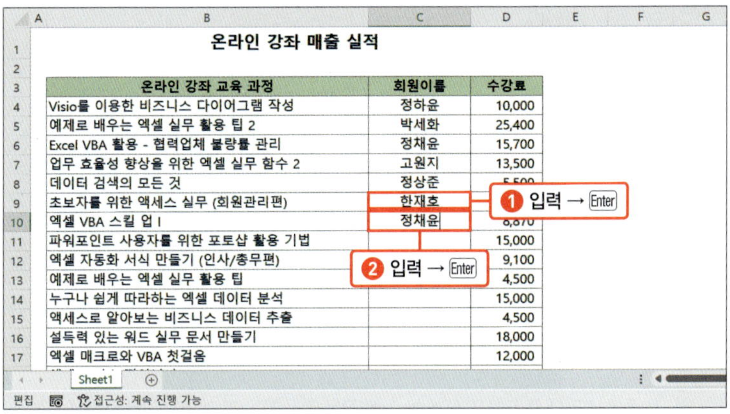

5 C6셀에 이미 같은 이름이 있으므로 조건부 서식이 실행되어 C10셀에 연한 노란색이 채워지면서 노란색 텍스트로 변경되었습니다. 2개의 셀 중에서 하나의 셀을 지우거나 이름을 수정하면 자동으로 서식이 사라집니다.

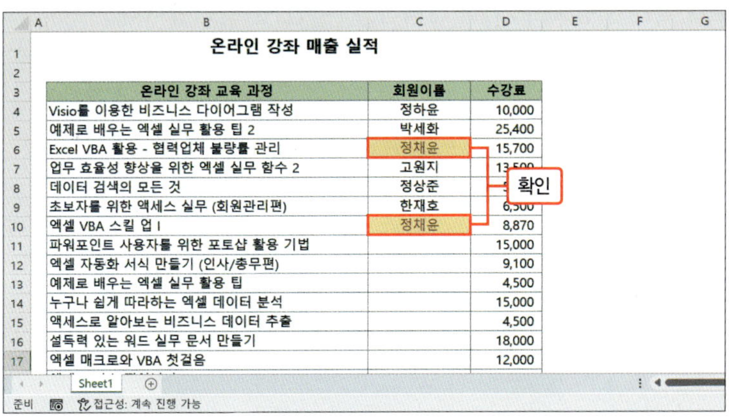

◉ **예제파일** : 상위데이터에서식설정(준비).xlsx ◉ **완성파일** : 상위데이터에서식설정(완성).xlsx

필수기능 08

신청 회원 수가 상위 30%인 데이터에 서식 지정하기

1 전체 데이터 중에서 신청 회원 수가 상위 30%인 데이터에 자동으로 서식을 지정해 볼게요. [Sheet1] 시트에서 C4:C20 범위를 선택하고 [홈] 탭-[스타일] 그룹-[조건부 서식]을 클릭한 후 [상위/하위 규칙]-[상위 10%]를 선택하세요.

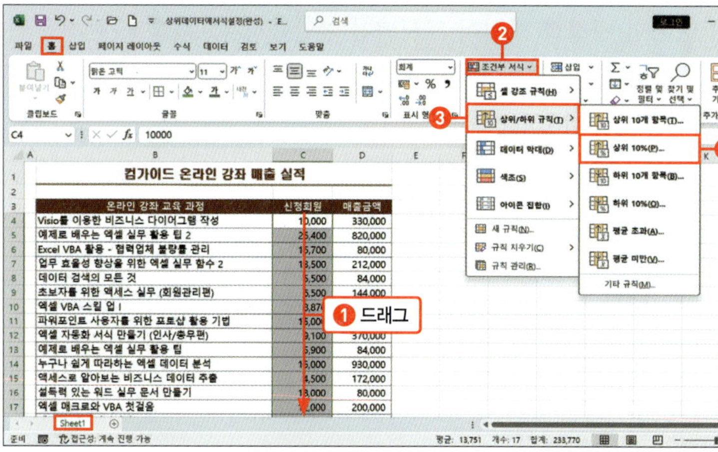

Tip

[상위/하위 규칙]의 하위 메뉴

- **[상위 10개 항목], [하위 10개 항목]** : 전체 데이터 중에서 가장 큰 값을 가진, 또는 가장 작은 값을 가진 몇 개의 데이터에 서식 지정
- **[상위 10%], [하위 10%]** : 전체 데이터 중에서 가장 큰 값을 가진, 또는 가장 작은 값을 가진 몇 퍼센트(%)의 데이터에 서식 지정
- **[평균 초과], [평균 미만]** : 전체 데이터의 평균에 초과된 셀이나 미달인 데이터에 서식 지정

2 [상위 10%] 대화상자가 열리면 '다음 상위 순위에 속하는 셀의 서식 지정'에는 [30]을, '적용할 서식'에는 [진한 노랑 텍스트가 있는 노랑 채우기]를 선택하고 [확인]을 클릭합니다.

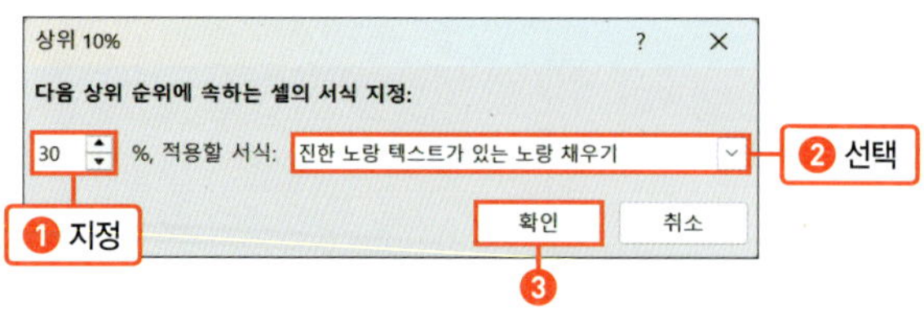

3 C열의 '신청회원' 항목에서 회원 수가 가장 많은 상위 30%에 해당하는 셀에 연한 노란색이 채워지면서 노란색 텍스트가 표시되었습니다. 이번에는 매출 금액이 가장 적은 3개의 항목을 표시하기 위해 D4:D20 범위를 선택하고 [홈] 탭-[스타일] 그룹-[조건부 서식]을 클릭한 후 [상위/하위 규칙]-[하위 10개 항목]을 선택하세요.

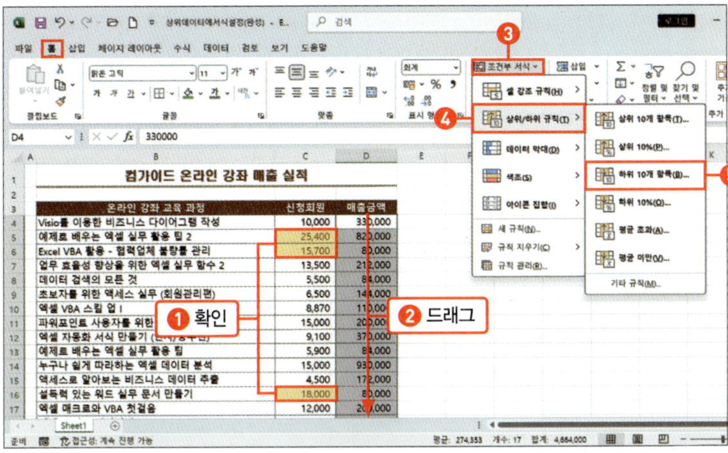

4 [하위 10개 항목] 대화상자가 열리면 '다음 하위 순위에 속하는 셀의 서식 지정'에는 [3]을, '적용할 서식'에는 [진한 녹색 텍스트가 있는 녹색 채우기]를 선택하고 [확인]을 클릭합니다.

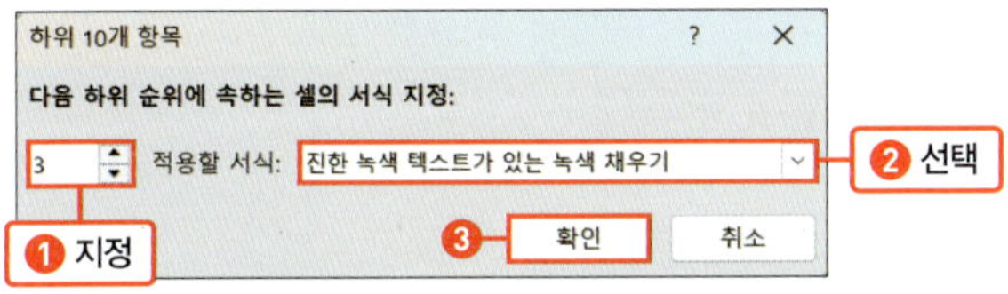

5 D열의 '매출금액' 항목에서 매출액이 가장 적은 하위 3개의 항목에 '진한 녹색 텍스트가 있는 녹색 채우기' 서식이 표시되었는지 확인합니다. 여기서는 하위 수준에 해당하는 '80,000'과 '84000'이 2개씩 있으므로 3개가 아닌 4개 항목이 표시되었습니다.

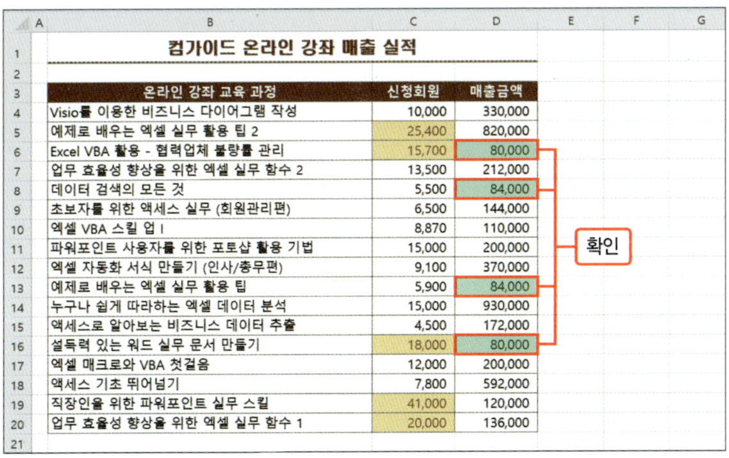

컴가이드 온라인 강좌 매출 실적

온라인 강좌 교육 과정	신청회원	매출금액
Visio를 이용한 비즈니스 다이어그램 작성	10,000	330,000
예제로 배우는 엑셀 실무 활용 팁 2	25,400	820,000
Excel VBA 활용 - 협력업체 불량률 관리	15,700	80,000
업무 효율성 향상을 위한 엑셀 실무 함수 2	13,500	212,000
데이터 검색의 모든 것	5,500	84,000
초보자를 위한 액세스 실무 (회원관리편)	6,500	144,000
엑셀 VBA 스킬 업 I	8,870	110,000
파워포인트 사용자를 위한 포토샵 활용 기법	15,000	200,000
엑셀 자동화 서식 만들기 (인사/총무편)	9,100	370,000
예제로 배우는 엑셀 실무 활용 팁	5,900	84,000
누구나 쉽게 따라하는 엑셀 데이터 분석	15,000	930,000
액세스로 알아보는 비즈니스 데이터 추출	4,500	172,000
설득력 있는 워드 실무 문서 만들기	18,000	80,000
엑셀 매크로와 VBA 첫걸음	12,000	200,000
액세스 기초 뛰어넘기	7,800	592,000
직장인을 위한 파워포인트 실무 스킬	41,000	120,000
업무 효율성 향상을 위한 엑셀 실무 함수 1	20,000	136,000

2024 | M365 | 2021 | 2019 | 2016

◉ **예제파일** : 평균초과된셀에서식설정(준비).xlsx ◉ **완성파일** : 평균초과된셀에서식설정(완성).xlsx

필수기능 09

평균 회원 수가 초과된 셀에 서식 지정하기

1 [Sheet1] 시트에서 '신청회원' 항목의 평균값을 초과하는 셀에 서식을 지정해 볼게요. C4:C20 범위를 선택하고 [홈] 탭-[스타일] 그룹-[조건부 서식]을 클릭한 후 [상위/하위 규칙]-[평균 초과]를 선택하세요.

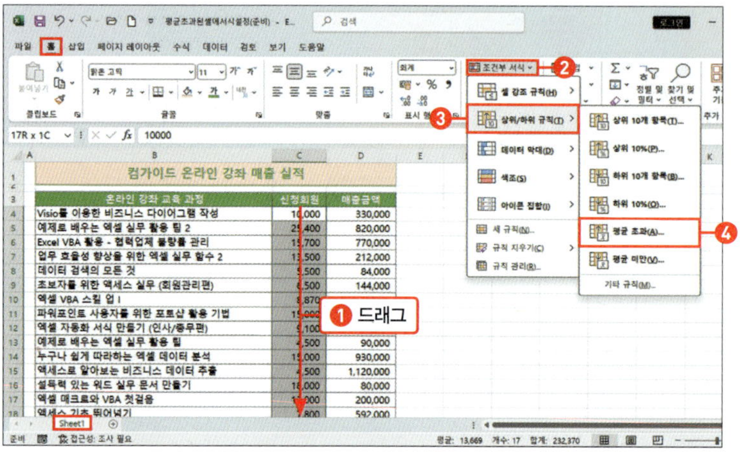

> **Tip**
> [평균 미만]을 선택하면 전체 데이터 중에서 평균값에 미달인 데이터에 서식을 설정할 수 있습니다.

2 [평균 초과] 대화상자가 열리면 '적용할 서식'에서 [사용자 지정 서식]을 선택합니다.

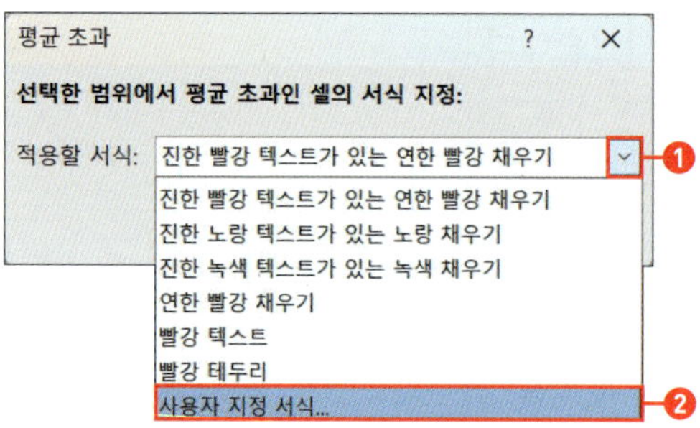

3 [셀 서식] 대화상자의 [글꼴] 탭이 열리면 '글꼴 스타일'은 [굵게]를, '색'은 '테마 색'에서 [파랑, 강조 5, 40% 더 밝게]를 클릭합니다. [채우기] 탭을 클릭하고 '배경색'에서 [연한 살구색]을 클릭한 후 [확인]을 클릭하세요.

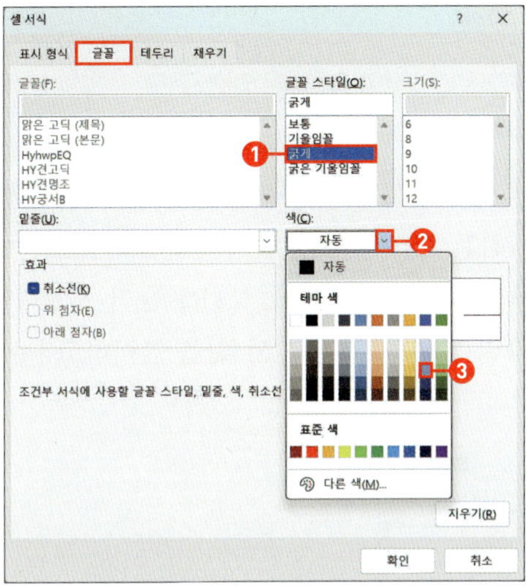

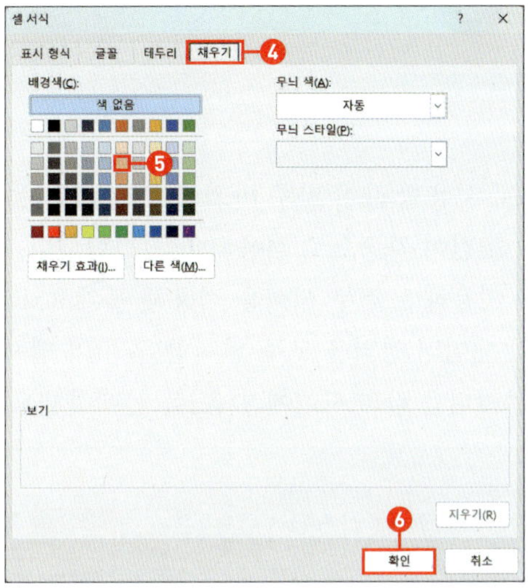

4 [평균 초과] 대화상자로 되돌아오면 지정한 서식을 데이터에 적용하기 위해 [확인]을 클릭합니다.

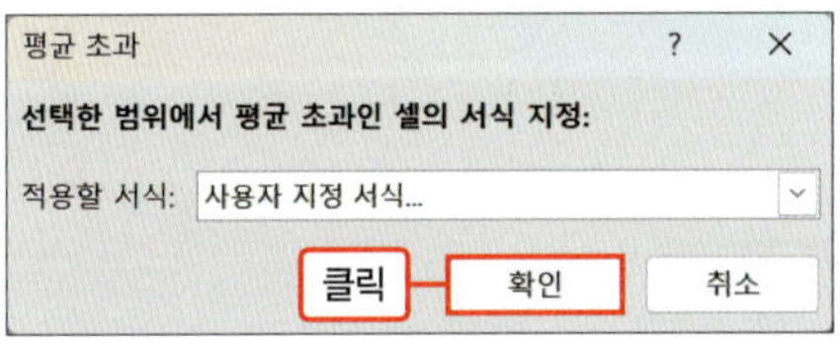

5 C열의 '신청회원' 항목에서 평균이 초과된 데이터에 굵은 파란색 텍스트와 연한 살구색 채우기 색 서식이 적용되었는지 확인합니다. C4:C20 범위 안에 있는 값이 바뀌면 평균이 바뀌면서 조건부 서식이 다시 적용되어 자동으로 서식이 바뀝니다.

	A	B	C	D	E	F	G
1		컴가이드 온라인 강좌 매출 실적					
3		온라인 강좌 교육 과정	신청회원	매출금액			
4		Visio를 이용한 비즈니스 다이어그램 작성	10,000	330,000			
5		예제로 배우는 엑셀 실무 활용 팁 2	**25,400**	820,000			
6		Excel VBA 활용 - 협력업체 불량률 관리	**15,700**	770,000			
7		업무 효율성 향상을 위한 엑셀 실무 함수 2	13,500	212,000			
8		데이터 검색의 모든 것	5,500	84,000			
9		초보자를 위한 액세스 실무 (회원관리편)	6,500	144,000			
10		엑셀 VBA 스킬 업 I	8,870	110,000			
11		파워포인트 사용자를 위한 포토샵 활용 기법	**15,000**	200,000			
12		엑셀 자동화 서식 만들기 (인사/총무편)	9,100	[illegible]			
13		예제로 배우는 엑셀 실무 활용 팁	4,500	90,000			
14		누구나 쉽게 따라하는 엑셀 데이터 분석	**15,000**	930,000			
15		액세스로 알아보는 비즈니스 데이터 추출	4,500	1,120,000			
16		설득력 있는 워드 실무 문서 만들기	**18,000**	80,000			
17		엑셀 매크로와 VBA 첫걸음	12,000	200,000			
18		액세스 기초 뛰어넘기	7,800	592,000			
19		직장인을 위한 파워포인트 실무 스킬	**41,000**	120,000			
20		업무 효율성 향상을 위한 엑셀 실무 함수 1	**20,000**	136,000			
21							

확인

필수기능 10

셀과 연동하는 조건부 서식 지정하기

1 조건으로 사용할 값이 자주 바뀔 경우 셀과 연동해서 서식을 설정하면 셀 값만 수정해도 조건부 서식의 조건이 자동으로 적용되어 편리합니다. [Sheet1] 시트에서 2행에 입력된 조건으로 사용할 값을 이용해 조건부 서식을 적용해 볼게요. F5셀을 클릭하고 Ctrl+Shift+↓를 눌러 '납품수량' 항목의 데이터 영역을 모두 선택한 후 [홈] 탭-[스타일] 그룹-[조건부 서식]을 클릭하고 [셀 강조 규칙]-[다음 값의 사이에 있음]을 선택하세요.

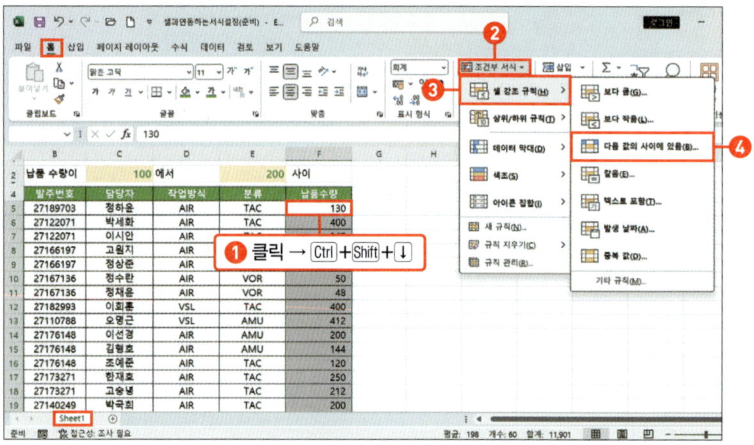

2 [해당 범위] 대화상자가 열리면 첫 번째 입력 상자의 값을 지우고 C2셀을 클릭해 '=$C$2'를 지정합니다. 이것은 조건의 시작값으로 C2셀에 입력된 값을 사용하겠다는 의미입니다.

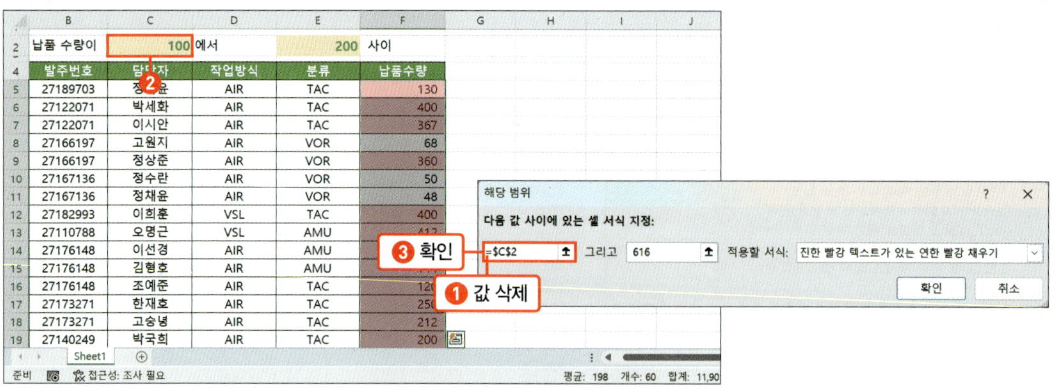

3 이와 같은 방식으로 두 번째 입력 상자의 값을 지우고 E2셀을 클릭해 '=$E$2'를 지정하세요. 이것은 조건의 시작값으로 C2셀 값부터 두 번째로 지정한 E2셀 값 사이에 해당하는 데이터에만 서식을 지정하겠다는 의미입니다.

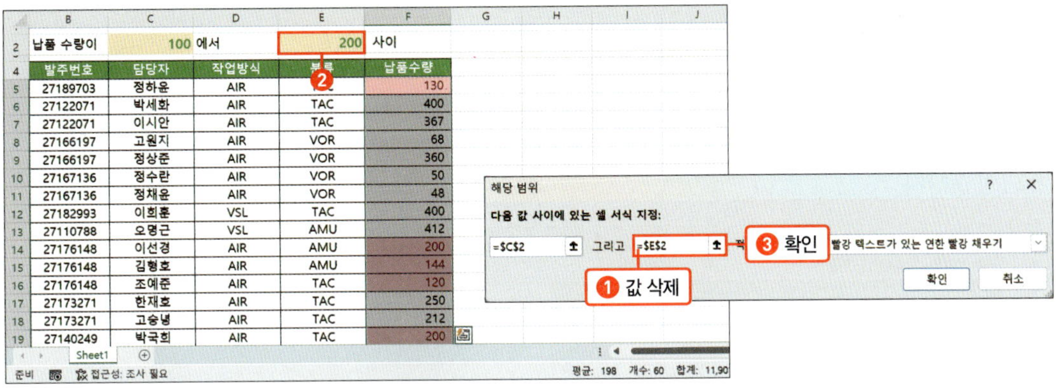

4 조건에 만족하는 데이터에 설정할 서식을 지정하기 위해 '적용할 서식'에서 [사용자 지정 서식]을 선택합니다.

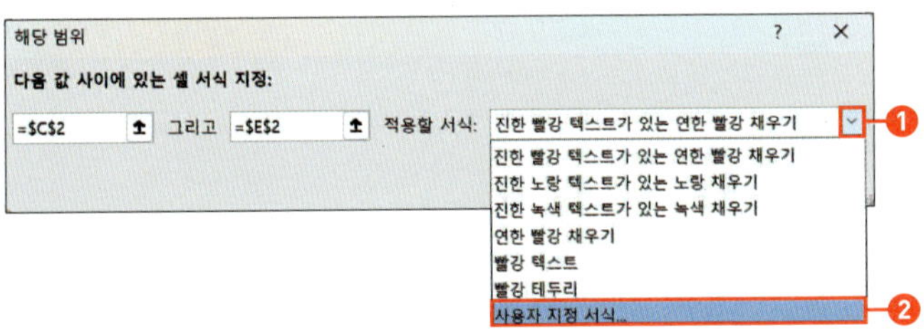

5 [셀 서식] 대화상자의 [글꼴] 탭이 열리면 '글꼴 스타일'은 [굵게]를, '색'은 '테마 색'의 [녹색, 강조 6]을 클릭합니다. [채우기] 탭에서 배경색으로 사용할 [연한 노랑]을 클릭하고 [확인]을 클릭하세요.

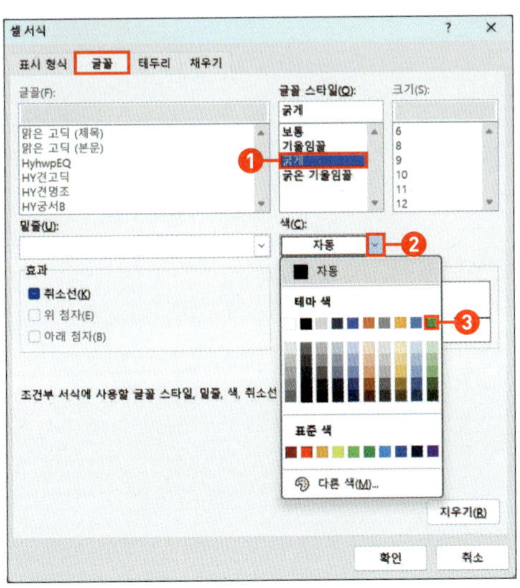

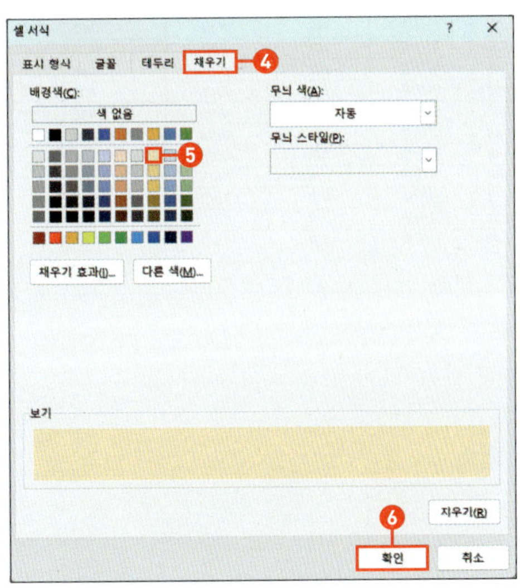

6 [해당 범위] 대화상자로 되돌아오면 지정한 서식을 확인하고 [확인]을 클릭합니다.

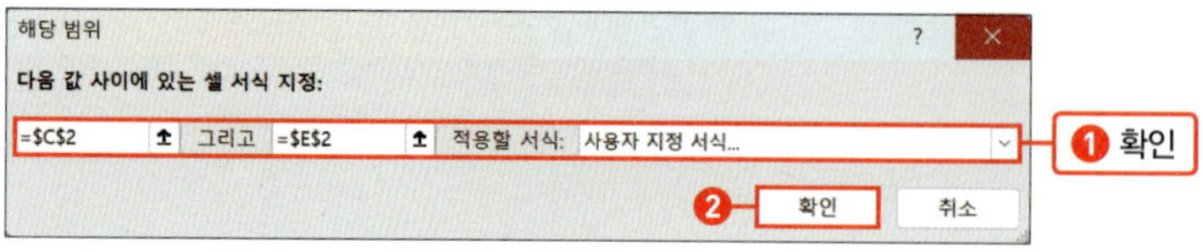

7 납품 수량이 100에서 200 사이의 값에 해당하는 셀에 **5** 과정에서 지정한 서식이 자동으로 적용되었습니다.

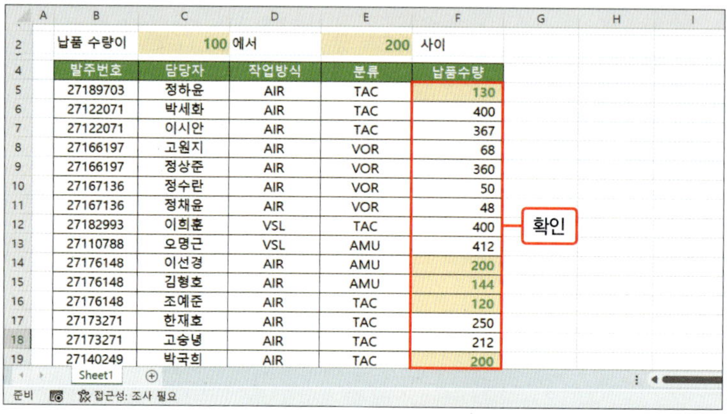

8 C2셀에 입력된 '100'을 '50'으로 수정하고 Enter를 누른 후 납품 수량이 50에서 200 사이의 값에 해당하는 셀에 지정한 서식이 자동으로 적용되었는지 확인합니다. 이처럼 C2셀 값과 E2셀 값을 원하는 조건에 해당하는 수량값으로 수정하면 자동으로 서식이 적용 및 해제됩니다.

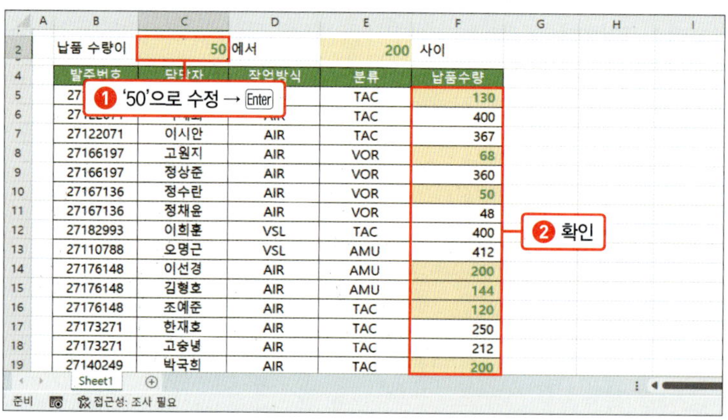

◉ **예제파일** : 특정이름행에서식설정(준비).xlsx ◉ **완성파일** : 특정이름행에서식설정(완성).xlsx

현장실무 11

특정 이름이 포함된 행에 서식 지정하기

1 특정 조건에 만족하는 셀에 해당하는 행 전체에 서식을 지정하려면 수식을 직접 입력해서 작업해야 합니다. [Sheet1] 시트에서 서식을 지정할 시작 셀인 B5셀을 클릭하고 Ctrl+Shift+End를 눌러 전체 데이터를 선택한 후 [홈] 탭-[스타일] 그룹-[조건부 서식]을 클릭하고 [새 규칙]을 선택하세요.

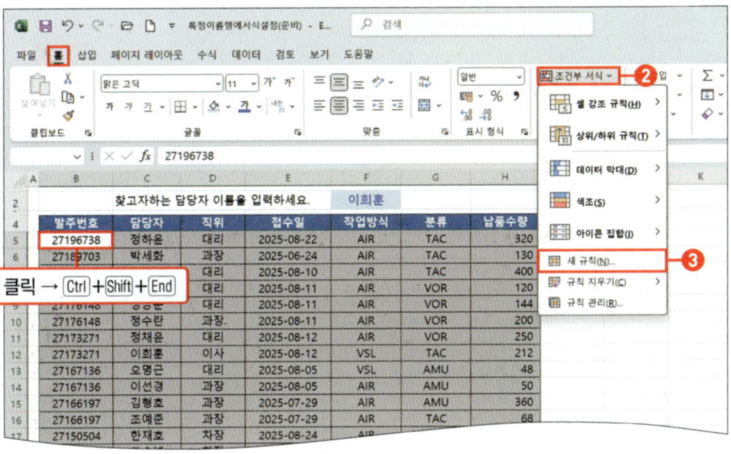

2 [새 서식 규칙] 대화상자가 열리면 '규칙 유형 선택'에서 [수식을 사용하여 서식을 지정할 셀 결정]을 선택합니다. '다음 수식이 참인 값의 서식 지정'의 입력 상자를 클릭해 커서를 올려놓고 워크시트에서 이름이 입력된 첫 번째 셀인 C5셀을 클릭하세요. '=$C$5'가 표시되면 F4를 2번 눌러 '=$C5'로 변경하세요.

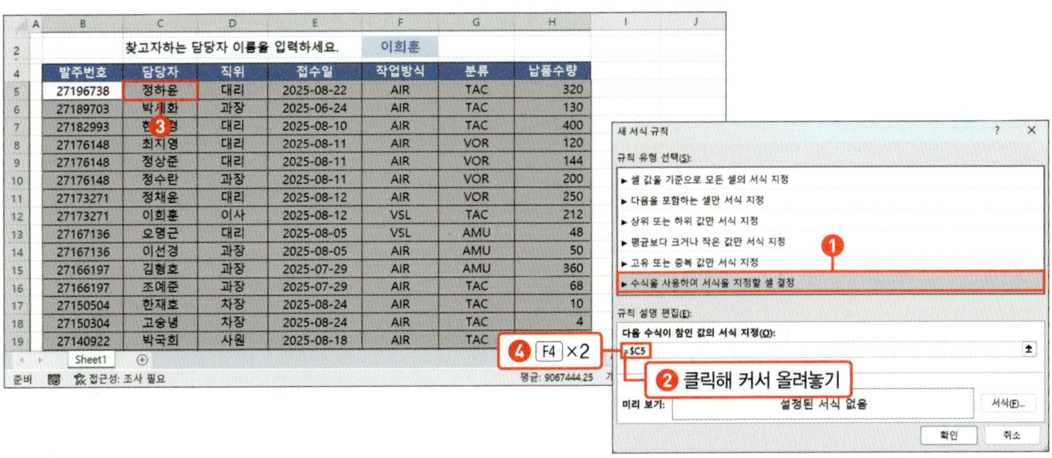

3 '=$C5'의 뒤에 '='를 입력하고 워크시트에 있는 F2셀을 클릭해 '=$C5=$F$2'로 지정한 후 [서식]을 클릭합니다.

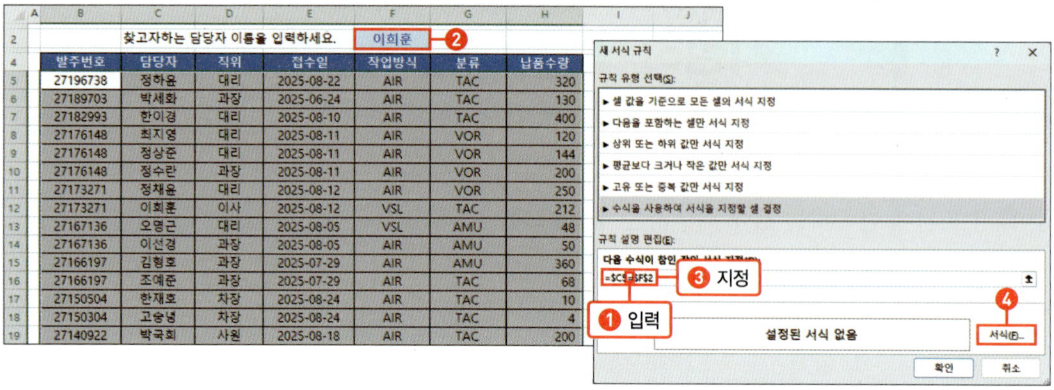

4 [셀 서식] 대화상자의 [글꼴] 탭이 열리면 '글꼴 스타일'에서는 [굵은 기울임꼴]을, '색'에서는 '테마 색'에서 [파랑, 강조 1]을 클릭합니다. [채우기] 탭을 클릭하고 '배경색'에서 [연한 노랑]을 클릭한 후 [확인]을 클릭하세요.

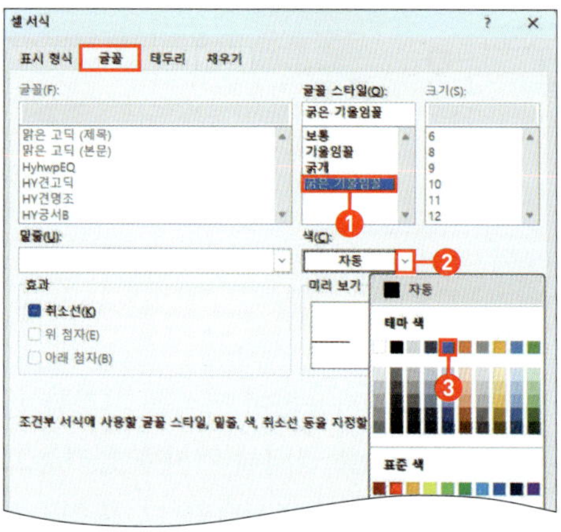

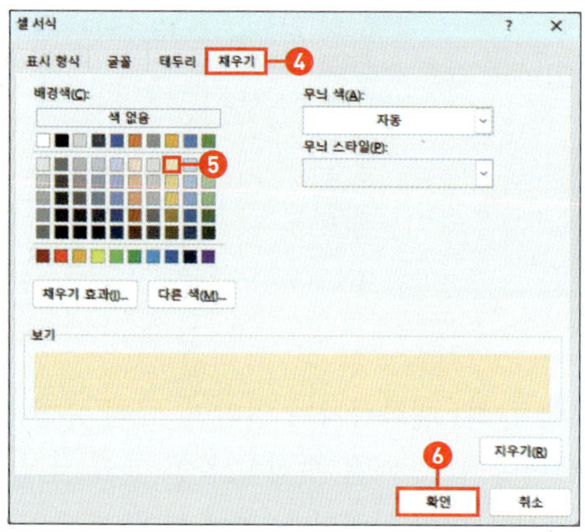

5 [새 서식 규칙] 대화상자로 되돌아오면 '미리 보기'에서 지정한 조건에 설정한 서식을 확인하고 [확인]을 클릭합니다.

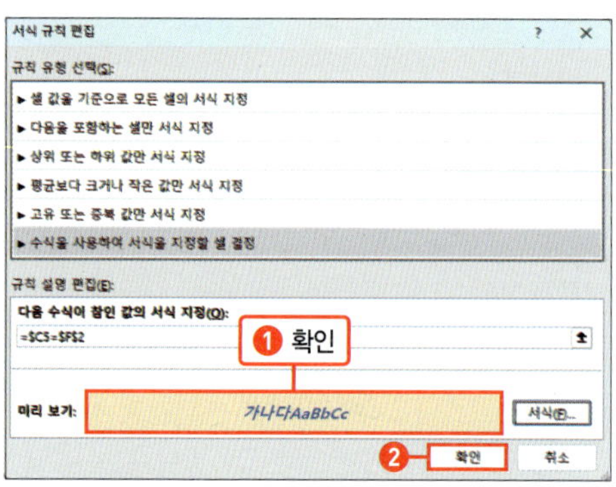

6 F2셀에 입력된 '이희훈'과 같은 이름이 입력된 12행에 연한 노란색 바탕에 파란색 굵은 기울임꼴 글씨가 표시되었습니다.

	B	C	D	E	F	G	H
2		찾고자하는 담당자 이름을 입력하세요.			이희훈		
4	발주번호	담당자	직위	접수일	작업방식	분류	납품수량
5	27196738	정하윤	대리	2025-08-22	AIR	TAC	320
6	27189703	박세화	과장	2025-06-24	AIR	TAC	130
7	27182993	한이경	대리	2025-08-10	AIR	TAC	400
8	27176148	최지영	대리	2025-08-11	AIR	VOR	120
9	27176148	정상준	대리	2025-08-11	AIR	VOR	144
10	27176148	정수란	과장	2025-08-11	AIR	VOR	200
11	27173271	정채윤	대리	2025-08-12	AIR	VOR	250
12	*27173271*	*이희훈*	*이사*	*2025-08-12*	*VSL*	*TAC*	*212*
13	27167136	오명근	대리	2025-08-05	VSL	AMU	48
14	27167136	이선경	과장	2025-08-05	AIR	AMU	50
15	27166197	김형호	과장	2025-07-29	AIR	AMU	360
16	27166197	조예준	과장	2025-07-29	AIR	TAC	68
17	27150504	한재호	차장	2025-08-24	AIR	TAC	10
18	27150304	고승녕	차장	2025-08-24	AIR	TAC	4
19	27140922	박국희	사원	2025-08-18	AIR	TAC	200
20	27140922	오명근	대리	2025-08-18	AIR	AMU	136
21	27140922	박국희	사원	2025-08-18	AIR	AMU	190
22	27140249	박국희	사원	2025-08-18	AIR	AMU	50
23	*27140249*	*이희훈*	*이사*	*2025-08-18*	*AIR*	*TAC*	*76*
24	27140249	이선경	과장	2025-08-18	AIR	TAC	76
25	27140249	이선경	과장	2025-08-18	AIR	SEV	84
26	27122071	정수란	과장	2025-07-28	VSL	SEV	400
27	27122071	정수란	과장	2025-07-28	VSL	SEV	367
28	27110788	최지영	대리	2025-08-11	VSL	AMU	412

7 F2셀에 '최지영'을 입력하고 Enter를 누르세요. 데이터 중에서 '최지영'과 같은 이름을 찾아 **4** 과정에서 지정한 서식이 다시 설정되었는지 확인합니다.

	B	C	D	E	F	G	H
2		찾고자하는 담당자 이름을 입력하세요.			최지영		
4	발주번호	담당자	직위	접수일	작업방식	분류	납품수량
5	27196738	정하윤	대리	2025-08-22	AIR	TAC	320
6	27189703	박세화	과장	2025-06-24	AIR	TAC	130
7	27182993	한이경	대리	2025-08-10	AIR	TAC	400
8	*27176148*	*최지영*	*대리*	*2025-08-11*	*AIR*	*VOR*	*120*
9	27176148	정상준	대리	2025-08-11	AIR	VOR	144
10	27176148	정수란	과장	2025-08-11	AIR	VOR	200
11	27173271	정채윤	대리	2025-08-12	AIR	VOR	250
12	27173271	이희훈	이사	2025-08-12	VSL	TAC	212
13	27167136	오명근	대리	2025-08-05	VSL	AMU	48
14	27167136	이선경	과장	2025-08-05	AIR	AMU	50
15	27166197	김형호	과장	2025-07-29	AIR	AMU	360
16	27166197	조예준	과장	2025-07-29	AIR	TAC	68
17	27150504	한재호	차장	2025-08-24	AIR	TAC	10
18	27150304	고승녕	차장	2025-08-24	AIR	TAC	4
19	27140922	박국희	사원	2025-08-18	AIR	TAC	200
20	27140922	오명근	대리	2025-08-18	AIR	AMU	136
21	27140922	박국희	사원	2025-08-18	AIR	AMU	190
22	27140249	박국희	사원	2025-08-18	AIR	AMU	50
23	27140249	이희훈	이사	2025-08-18	AIR	TAC	76
24	27140249	이선경	과장	2025-08-18	AIR	TAC	76
25	27140249	이선경	과장	2025-08-18	AIR	SEV	84
26	27122071	정수란	과장	2025-07-28	VSL	SEV	400
27	27122071	정수란	과장	2025-07-28	VSL	SEV	367
28	*27110788*	*최지영*	*대리*	*2025-08-11*	*VSL*	*AMU*	*412*

◉ **예제파일** : 특정범위수량에서식설정(준비).xlsx ◉ **완성파일** : 특정범위수량에서식설정(완성).xlsx

현장실무 12

특정 범위에 있는 수량에 서식 지정하기

1 [Sheet1] 시트에서 C2셀에는 납품 수량의 시작값을, E2셀에는 종료값을 지정해서 이 범위에 속한 데이터의 행 전체에 서식을 지정해 볼게요. 데이터가 입력된 첫 셀인 B5셀을 클릭하고 Ctrl+Shift+End를 눌러 전체 항목의 데이터 영역을 선택하세요.

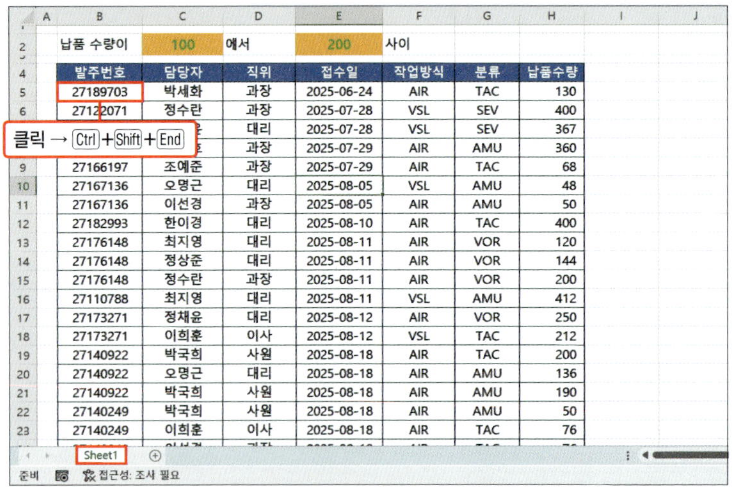

2 [홈] 탭-[스타일] 그룹-[조건부 서식]을 클릭하고 조건을 직접 지정하기 위해 [새 규칙]을 선택합니다.

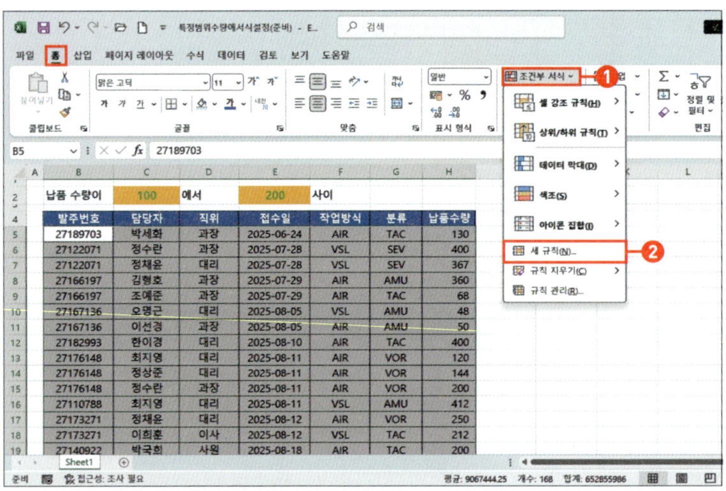

3 [새 서식 규칙] 대화상자가 열리면 '규칙 유형 선택'에서 [수식을 사용하여 서식을 지정할 셀 결정]을 선택합니다. '다음 수식이 참인 값의 서식 지정'에 함수식 '=AND($H5>=$C$2,$H5<=$E$2)'를 입력하고 [서식]을 클릭하세요.

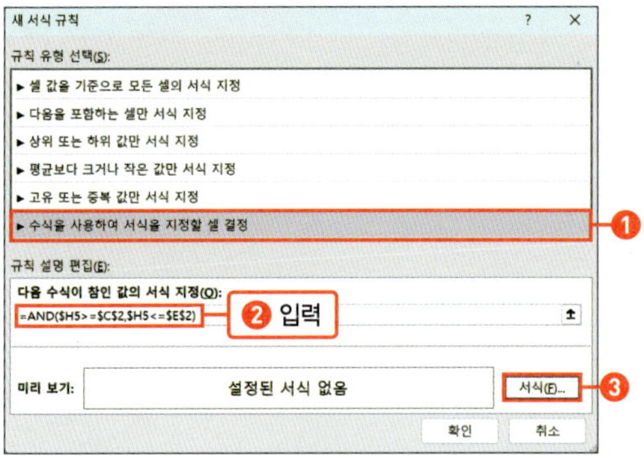

함수식 설명

=AND($H5>=$C$2,$H5<=$E$2)

형식 =AND(조건 1,조건 2,조건 3,……)

AND 함수는 지정한 여러 개의 조건이 모두 참인 경우에만 사용하세요. 여기서는 **조건 1**에 해당하는 $H5>=$C$2를 만족하면서 **조건 2**에 해당하는 $H5<=$E$2도 만족할 때 함수식이 적용됩니다.

조건 1 $H5>=$C$2

H열에 작성한 납품 수량이 C2셀에 입력된 100보다 크거나 같은지 확인

조건 2 $H5<=$E$2

H열에 작성한 납품 수량이 E2셀에 입력된 200보다 작거나 같은지 확인

결과적으로 H열의 납품 수량이 100보다 크거나 같으면서 200보다 작거나 같은 데이터 행에만 서식이 적용됩니다.

4 [셀 서식] 대화상자의 [글꼴] 탭이 열리면 '글꼴 스타일'에서는 [굵게]를, '색'에서는 '테마 색'에서 [녹색, 강조 6]을 클릭합니다. [채우기] 탭을 클릭하고 '배경색'에서 [연한 녹색]을 클릭한 후 [확인]을 클릭하세요.

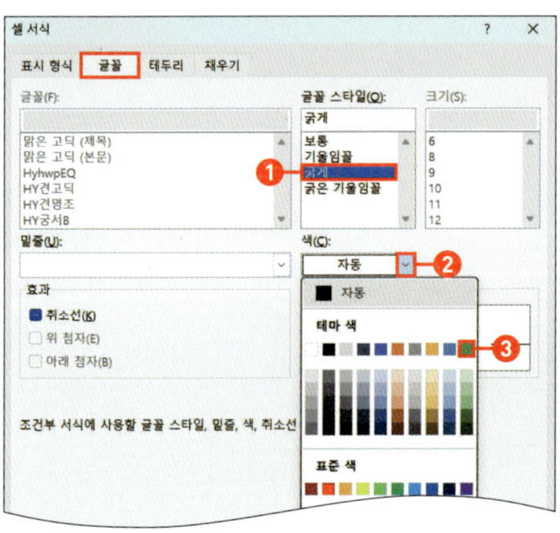

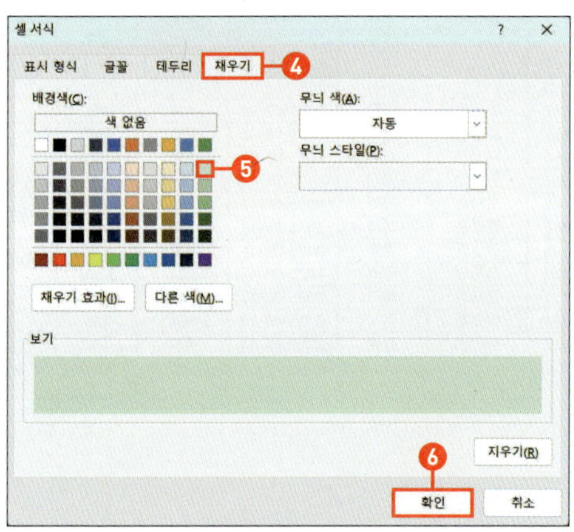

5 [새 서식 규칙] 대화상자로 되돌아오면 '미리 보기'에서 지정한 조건에 설정한 서식을 확인하고 [확인]을 클릭합니다.

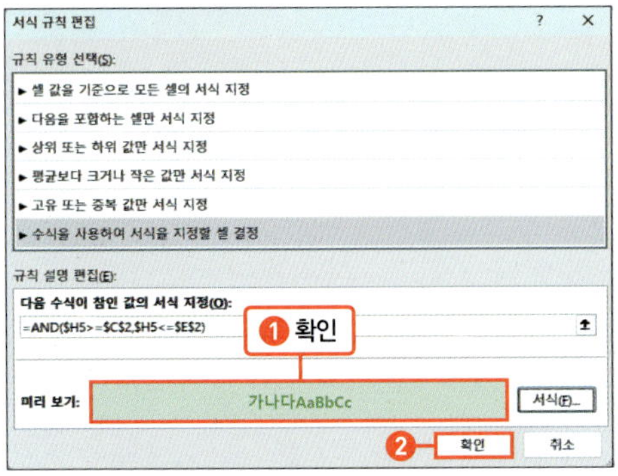

6 납품 수량이 100에서 200 사이의 데이터가 있는 행 전체에 서식이 설정되었는지 확인합니다.

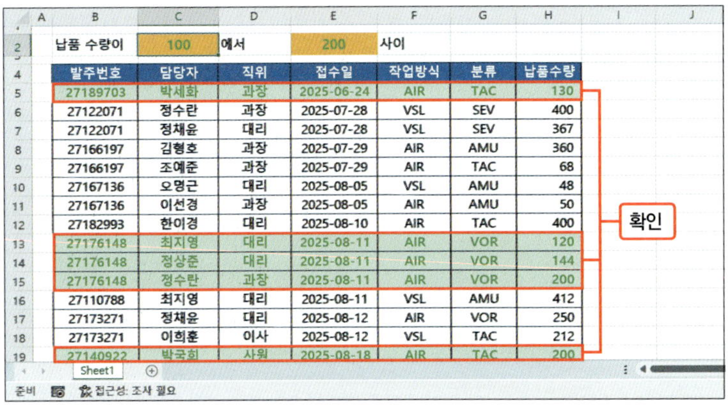

7 C2셀은 '300'으로, E2셀은 '400'으로 사용할 값을 수정하고 300에서 400 사이의 수량 데이터에 자동으로 서식이 적용되었는지 확인합니다.

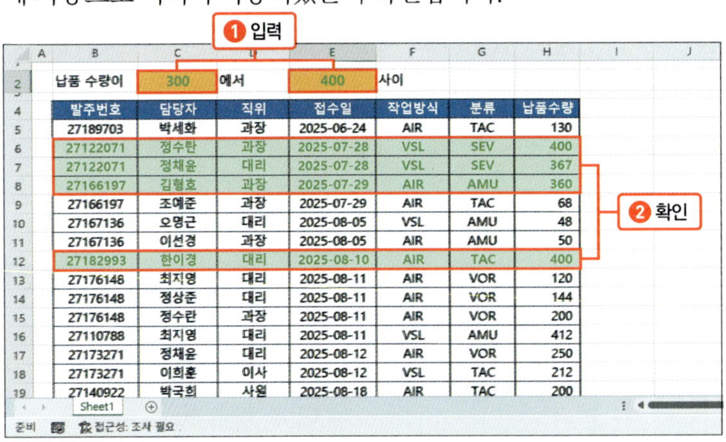

◉ **예제파일** : 특정단어포함된행에서식설정(준비).xlsx ◉ **완성파일** : 특정단어포함된행에서식설정(완성).xlsx

현장실무 **13**

특정 단어가 포함된 행에 서식 지정하기

1 [Sheet1] 시트에서 B열의 '온라인 강좌 교육 과정' 항목의 '액세스', '엑셀', '함수'와 같이 C2셀에 입력한 키워드가 포함된 행에 서식을 지정해 볼게요. B5셀을 클릭하고 Ctrl+Shift+End를 눌러 전체 데이터 영역을 선택한 후 [홈] 탭-[스타일] 그룹-[조건부 서식]을 클릭하고 [새 규칙]을 선택하세요.

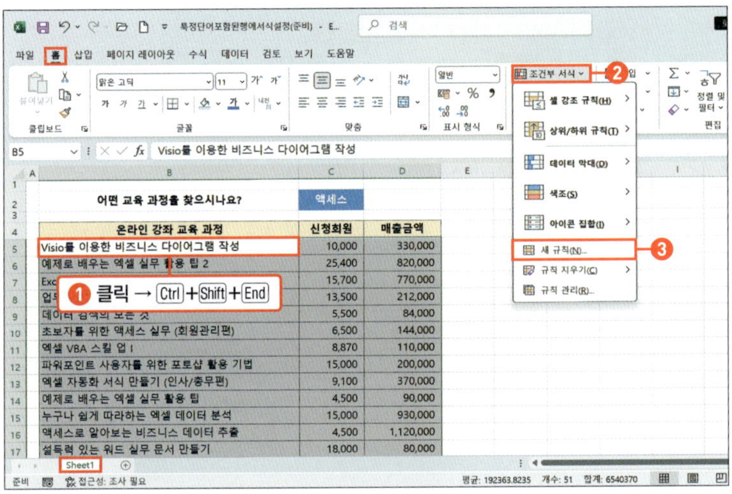

2 [새 서식 규칙] 대화상자가 열리면 직접 수식을 작성하기 위해 '규칙 유형 선택'에서 [수식을 사용하여 서식을 지정할 셀 결정]을 선택합니다. '다음 수식이 참인 값의 서식 지정'에 '=FIND($C$2,$B5)>=1'을 입력하고 [서식]을 클릭하세요.

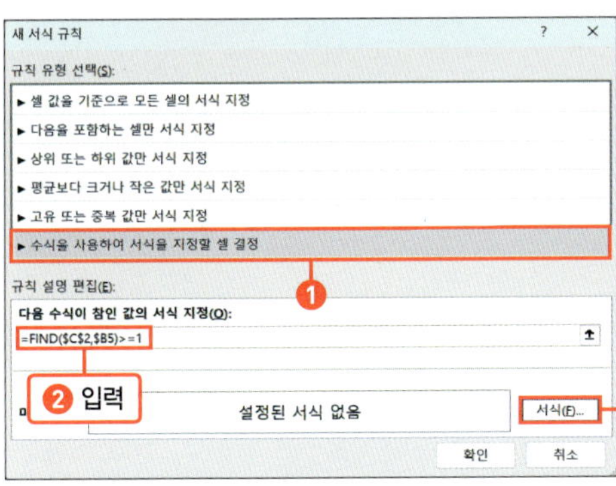

함수식 설명

=FIND($C$2,$B5)>=1

FIND 함수는 지정한 문자열에서 특정 단어가 몇 번째에 위치하는지 알아낼 때 사용합니다. '=FIND("D", "ABCDEFG")'를 지정하면 문자열 'ABCDEFG'에서 D가 네 번째 위치하므로 결괏값으로 '4'를 얻을 수 있습니다. 따라서 FIND 함수를 실행한 결괏값이 1보다 크거나 같으면 찾는 단어가 해당 문자열에 있다는 의미입니다.

3 [셀 서식] 대화상자의 [글꼴] 탭이 열리면 '글꼴 스타일'은 [굵게]를, '색'은 '테마 색'에서 [흰색, 배경 1]을 클릭합니다. [채우기] 탭을 클릭하고 '배경색'에서 [진한 주황]을 클릭한 후 [확인]을 클릭하세요.

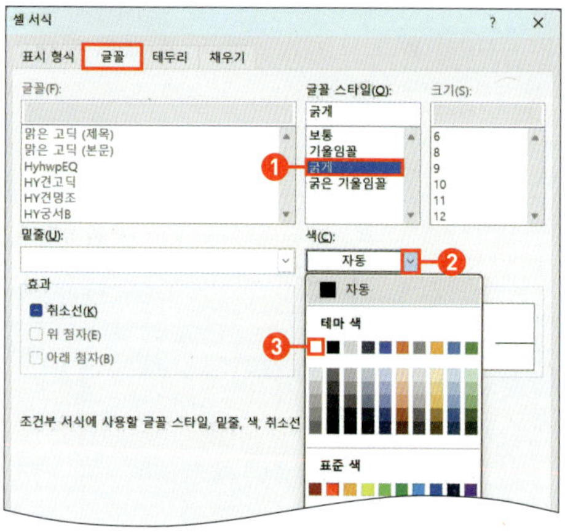

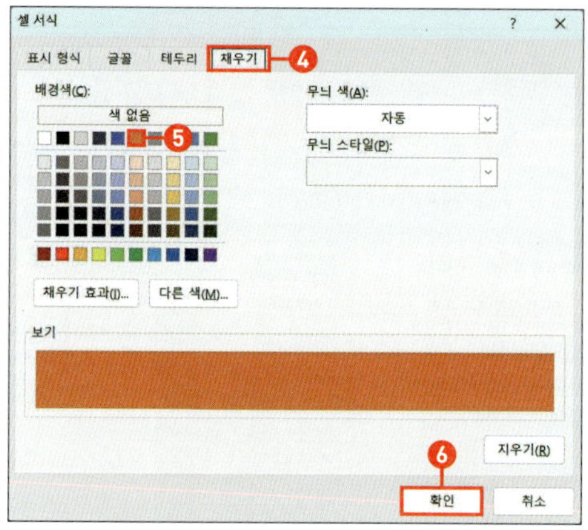

4 [새 서식 규칙] 대화상자로 되돌아오면 '미리 보기'에서 지정한 조건에 설정한 서식을 확인하고 [확인]을 클릭합니다.

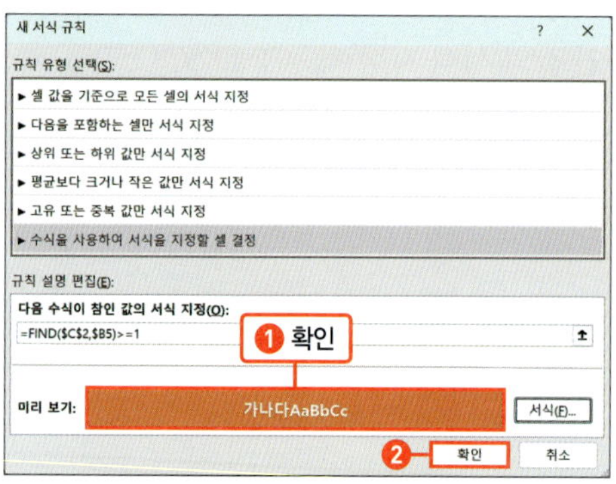

5 데이터 영역에서 C2셀에 입력된 '액세스'가 포함된 교육 과정에 **3** 과정에서 지정한 서식이 설정되었는지 확인합니다.

	A	B	C	D
1				
2		어떤 교육 과정을 찾으시나요?	액세스	
3				
4		온라인 강좌 교육 과정	신청회원	매출금액
5		Visio를 이용한 비즈니스 다이어그램 작성	10,000	330,000
6		예제로 배우는 엑셀 실무 활용 팁 2	25,400	820,000
7		Excel VBA 활용 - 협력업체 불량률 관리	15,700	770,000
8		업무 효율성 향상을 위한 엑셀 실무 함수 2	13,500	212,000
9		데이터 검색의 모든 것	5,500	84,000
10		초보자를 위한 액세스 실무 (회원관리편)	6,500	144,000
11		엑셀 VBA 스킬 업 I	8,870	110,000
12		파워포인트 사용자를 위한 포토샵 활용 기법	15,000	200,000
13		엑셀 자동화 서식 만들기 (인사/총무편)	9,100	370,000
14		예제로 배우는 엑셀 실무 활용 팁	4,500	90,000
15		누구나 쉽게 따라하는 엑셀 데이터 분석	15,000	930,000
16		액세스로 알아보는 비즈니스 데이터 추출	4,500	1,120,000
17		설득력 있는 워드 실무 문서 만들기	18,000	80,000
18		엑셀 매크로와 VBA 첫걸음	12,000	200,000
19		액세스 기초 뛰어넘기	7,800	592,000
20		직장인을 위한 파워포인트 실무 스킬	41,000	120,000
21		업무 효율성 향상을 위한 엑셀 실무 함수 1	20,000	136,000
22				

확인

6 C2셀에 '엑셀'을 입력하고 Enter를 누르면 교육 과정에 '엑셀'이 포함된 경우에는 자동으로 서식이 지정됩니다.

	A	B	C	D
1				
2		어떤 교육 과정을 찾으시나요?	엑셀	
3				
4		온라인 강좌 교육 과정	신청회원	매출금액
5		Visio를 이용한 비즈니스 다이어그램 작성	10,000	330,000
6		예제로 배우는 엑셀 실무 활용 팁 2	25,400	820,000
7		Excel VBA 활용 - 협력업체 불량률 관리	15,700	770,000
8		업무 효율성 향상을 위한 엑셀 실무 함수 2	13,500	212,000
9		데이터 검색의 모든 것	5,500	84,000
10		초보자를 위한 액세스 실무 (회원관리편)	6,500	144,000
11		엑셀 VBA 스킬 업 I	8,870	110,000
12		파워포인트 사용자를 위한 포토샵 활용 기법	15,000	200,000
13		엑셀 자동화 서식 만들기 (인사/총무편)	9,100	370,000
14		예제로 배우는 엑셀 실무 활용 팁	4,500	90,000
15		누구나 쉽게 따라하는 엑셀 데이터 분석	15,000	930,000
16		액세스로 알아보는 비즈니스 데이터 추출	4,500	1,120,000
17		설득력 있는 워드 실무 문서 만들기	18,000	80,000
18		엑셀 매크로와 VBA 첫걸음	12,000	200,000
19		액세스 기초 뛰어넘기	7,800	592,000
20		직장인을 위한 파워포인트 실무 스킬	41,000	120,000
21		업무 효율성 향상을 위한 엑셀 실무 함수 1	20,000	136,000
22				

❶ '엑셀' 입력 → Enter

❷ 확인

2024 | M365 | 2021 | 2019 | 2016

◉ **예제파일** : 조건부서식적용된셀찾기(준비).xlsx ◉ **완성파일** : 조건부서식적용된셀찾기(완성).xlsx

현장실무 **14**

조건부 서식이 적용된 셀 찾아 수정하기

1 조건부 서식은 지정한 조건에 만족하는 데이터에만 서식이 표시되므로 조건부 서식이 적용된 셀을 찾아서 서식을 변경해 볼게요. [Sheet1] 시트에서 데이터가 입력되지 않은 빈 셀을 클릭하고 Ctrl+A를 눌러 워크시트에 있는 전체 셀을 선택합니다. [홈] 탭-[편집] 그룹-[찾기 및 선택]을 클릭하고 [조건부 서식]을 선택하세요.

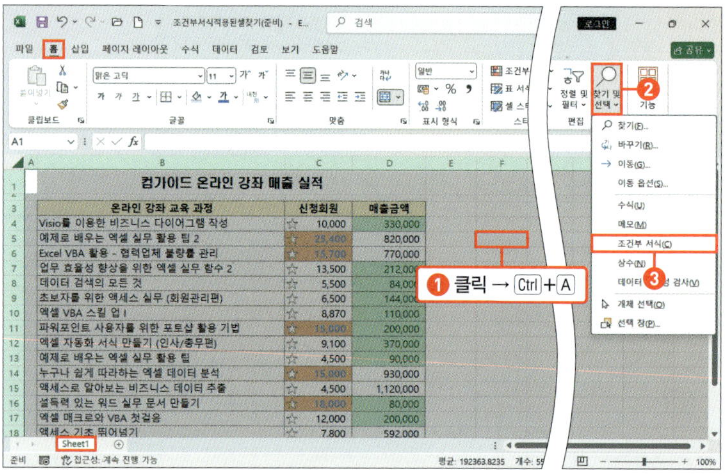

2 시트 전체에서 조건부 서식이 설정된 영역에만 범위가 선택되었는지 확인합니다. 이 부분에 지정된 조건부 서식을 확인하거나 수정하기 위해 [홈] 탭-[스타일] 그룹-[조건부 서식]을 클릭하고 [규칙 관리]를 선택하세요.

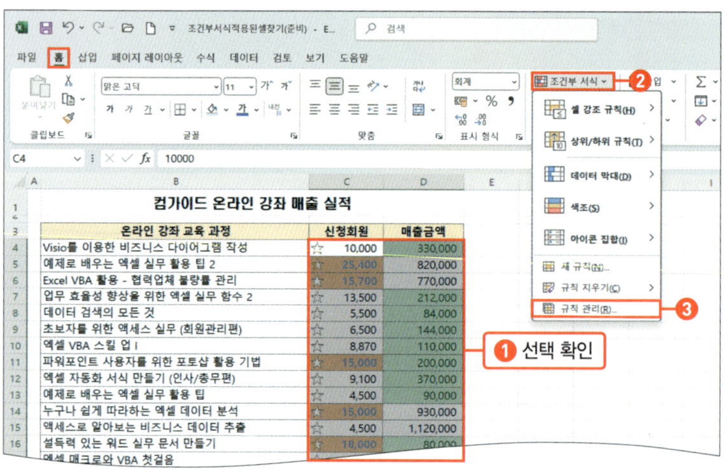

3 [조건부 서식 규칙 관리자] 대화상자가 열리면서 선택한 범위에 있는 모든 조건부 서식이 표시되면 [평균 미만] 조건을 수정하기 위해 [평균 미만]을 선택하고 [규칙 편집]을 클릭하세요.

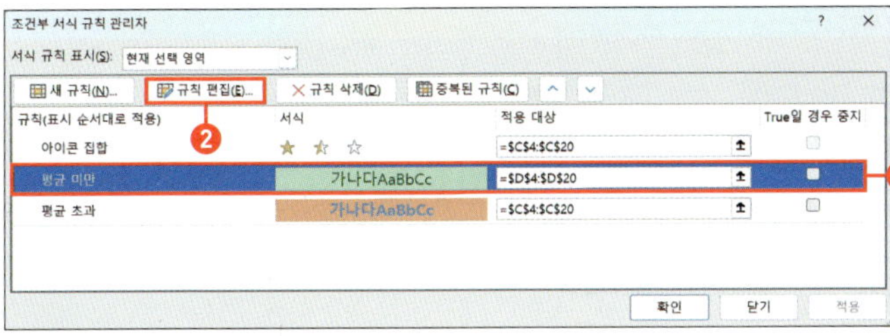

Tip

선택한 조건부 서식을 지우려면 [규칙 삭제]를, 새로운 규칙을 추가하려면 [새 규칙]을 클릭하세요.

4 [서식 규칙 편집] 대화상자가 열리면 기존 규칙에서 지정된 서식을 변경하기 위해 [서식]을 클릭합니다.

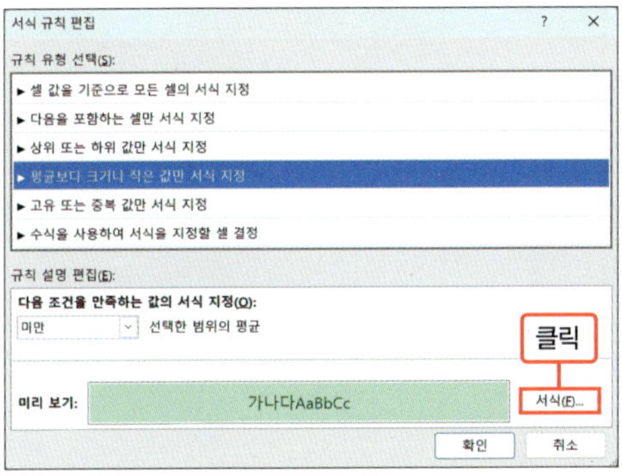

Tip

현재 설정된 평균 미만인 조건을 이하, 이상 등의 다른 조건으로 변경할 수 있어요.

5 [셀 서식] 대화상자가 열리면 [채우기] 탭을 클릭하고 조건에 만족하는 데이터에 설정할 배경색을 선택한 후 [확인]을 클릭합니다. [서식 규칙 편집] 대화상자로 되돌아오면 '미리 보기'에서 지정할 조건에 설정한 서식을 확인하고 [확인]을 클릭하세요.

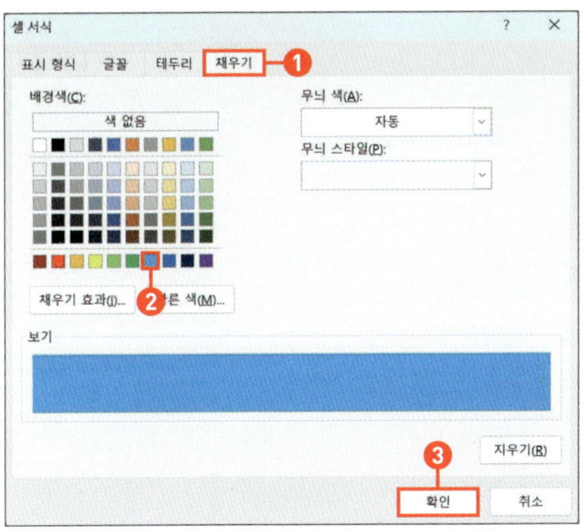

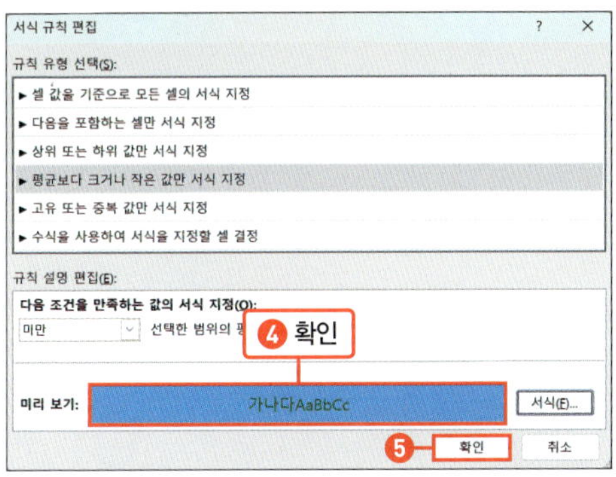

6 [조건부 서식 규칙 관리자] 대화상자로 되돌아오면 수정한 [평균 미만] 조건의 변경된 서식을 확인하고 [확인]을 클릭합니다.

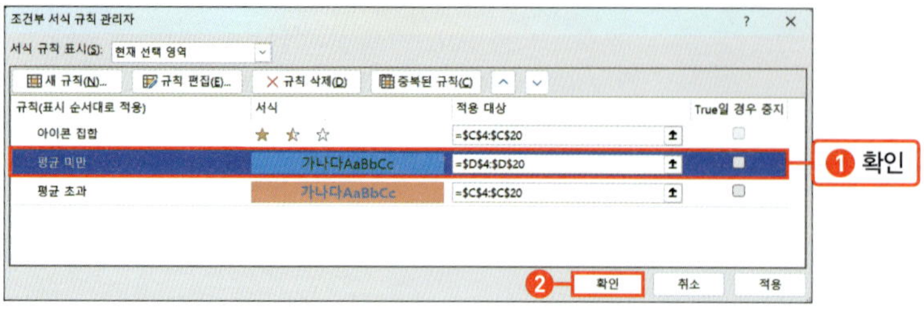

7 D열의 '매출금액' 항목에서 평균 미만인 데이터의 배경색이 변경되었는지 확인합니다.

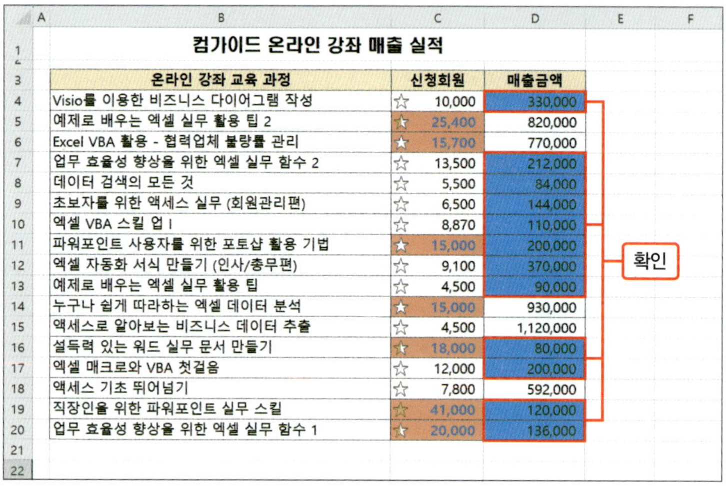

컴가이드 온라인 강좌 매출 실적

	온라인 강좌 교육 과정	신청회원	매출금액
4	Visio를 이용한 비즈니스 다이어그램 작성	10,000	330,000
5	예제로 배우는 엑셀 실무 활용 팁 2	25,400	820,000
6	Excel VBA 활용 - 협력업체 불량률 관리	15,700	770,000
7	업무 효율성 향상을 위한 엑셀 실무 함수 2	13,500	212,000
8	데이터 검색의 모든 것	5,500	84,000
9	초보자를 위한 액세스 실무 (회원관리편)	6,500	144,000
10	엑셀 VBA 스킬 업 I	8,870	110,000
11	파워포인트 사용자를 위한 포토샵 활용 기법	15,000	200,000
12	엑셀 자동화 서식 만들기 (인사/총무편)	9,100	370,000
13	예제로 배우는 엑셀 실무 활용 팁	4,500	90,000
14	누구나 쉽게 따라하는 엑셀 데이터 분석	15,000	930,000
15	액세스로 알아보는 비즈니스 데이터 추출	4,500	1,120,000
16	설득력 있는 워드 실무 문서 만들기	18,000	80,000
17	엑셀 매크로와 VBA 첫걸음	12,000	200,000
18	액세스 기초 뛰어넘기	7,800	592,000
19	직장인을 위한 파워포인트 실무 스킬	41,000	120,000
20	업무 효율성 향상을 위한 엑셀 실무 함수 1	20,000	136,000

◉ **예제파일** : 직위별로테두리서식설정(준비).xlsx ◉ **완성파일** : 직위별로테두리서식설정(완성).xlsx

현장실무 15

직위별로 셀 아래쪽에 테두리 설정하기

1 현재 데이터가 직위 순으로 나열되어 있는데, 직위가 달라질 때마다 자동으로 셀 아래쪽에 테두리를 넣어 데이터를 구분해 볼게요. [Sheet1] 시트에서 B3셀을 클릭하고 Ctrl+Shift+End를 눌러 전체 데이터 영역을 선택합니다. [홈] 탭-[스타일] 그룹-[조건부 서식]을 클릭하고 [새 규칙]을 선택하세요.

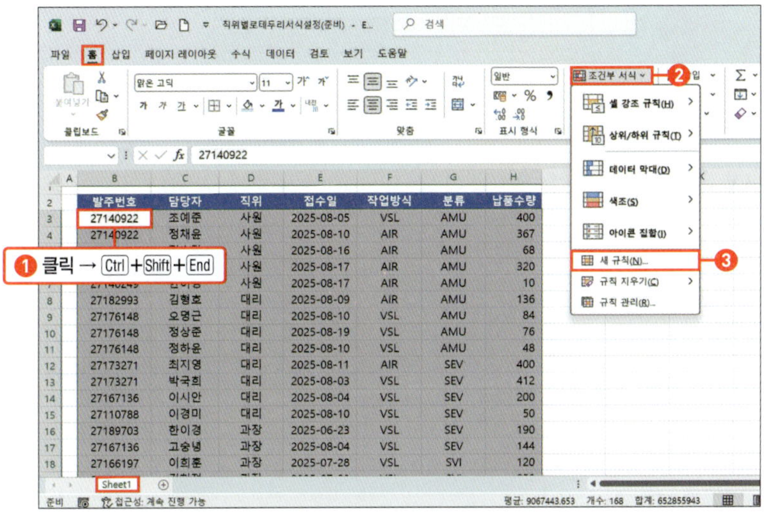

2 [새 서식 규칙] 대화상자가 열리면 직접 수식을 작성하기 위해 '규칙 유형 선택'에서 [수식을 사용하여 서식을 지정할 셀 결정]을 선택합니다. '다음 수식이 참인 값의 서식 지정'에 '=$D3<>$D4'를 입력하고 [서식]을 클릭하세요.

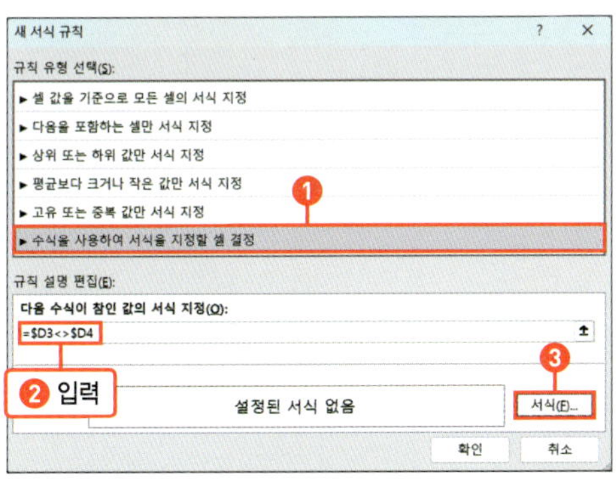

함수식 설명

=$D3<>$D4

조건을 체크할 첫 번째 셀인 D3셀이 아래쪽에 있는 D4셀과 값이 같지 않으면 조건부 서식을 적용하라는 수식입니다. 이러한 방법으로 한 행씩 아래쪽으로 가면서 직위가 같은지 체크한 후 서식을 적용할 것인지 확인합니다.

3 [셀 서식] 대화상자가 열리면 [테두리] 탭을 클릭하고 '선'의 '스타일'에서는 [실선]을, '색'에서는 '표준 색'에서 [파랑]을 클릭한 후 '테두리'에서 선택한 선 스타일을 적용할 아래쪽 선 아이콘(⊞)을 클릭하고 [확인]을 클릭합니다. [새 서식 규칙] 대화상자로 되돌아오면 '미리 보기'에서 조건에 설정한 서식을 확인하고 [확인]을 클릭하세요.

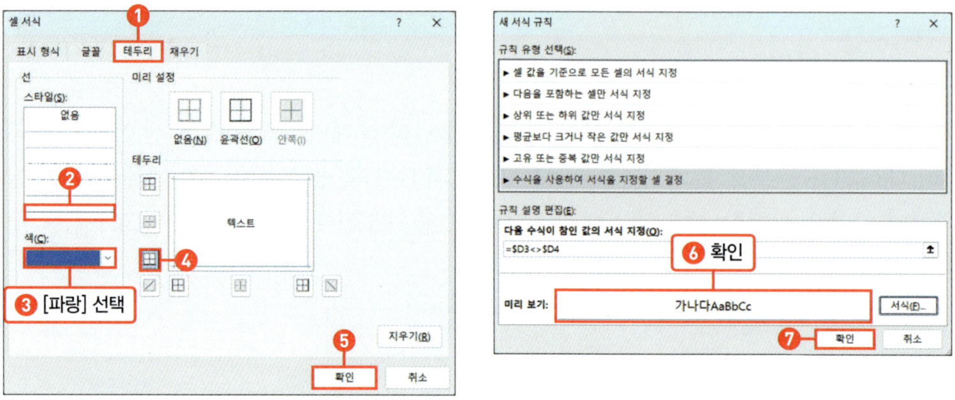

4 D열의 '직위' 항목에서 아래쪽 행의 직위가 다르면 파란색 실선이 아래쪽에 표시되었는지 확인합니다.

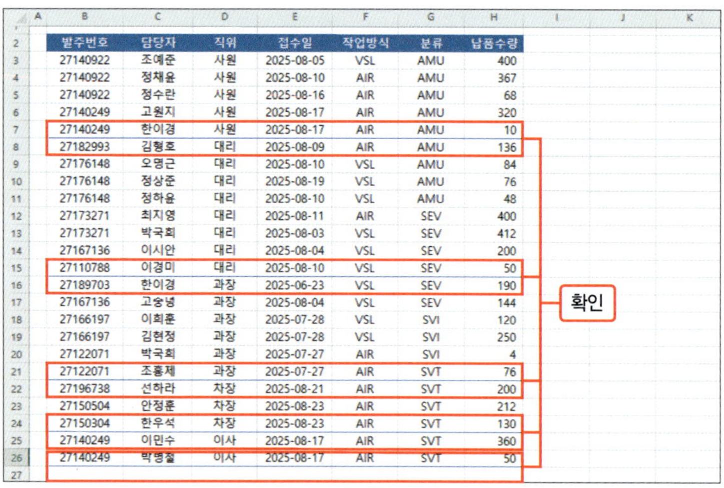

발주번호	담당자	직위	접수일	작업방식	분류	납품수량
27140922	조예준	사원	2025-08-05	VSL	AMU	400
27140922	정채윤	사원	2025-08-10	AIR	AMU	367
27140922	정수란	사원	2025-08-16	AIR	AMU	68
27140249	고원지	사원	2025-08-17	AIR	AMU	320
27140249	한이경	사원	2025-08-17	AIR	AMU	10
27182993	김형호	대리	2025-08-09	AIR	AMU	136
27176148	오명근	대리	2025-08-10	VSL	AMU	84
27176148	정상준	대리	2025-08-19	VSL	AMU	76
27176148	정하윤	대리	2025-08-10	VSL	AMU	48
27173271	최지영	대리	2025-08-11	AIR	SEV	400
27173271	박국희	대리	2025-08-03	VSL	SEV	412
27167136	이시안	대리	2025-08-04	VSL	SEV	200
27110788	이경미	대리	2025-08-10	VSL	SEV	50
27189703	한이경	과장	2025-06-23	VSL	SEV	190
27167136	고숭녕	과장	2025-08-04	VSL	SEV	144
27166197	이희훈	과장	2025-07-28	VSL	SVI	120
27166197	김현정	과장	2025-07-28	VSL	SVI	250
27122071	박국희	과장	2025-07-27	AIR	SVI	4
27122071	조홍제	과장	2025-07-27	AIR	SVT	76
27196738	선하라	차장	2025-08-21	AIR	SVT	200
27150504	안정훈	차장	2025-08-23	AIR	SVT	212
27150304	한우석	차장	2025-08-23	AIR	SVT	130
27140249	이민수	이사	2025-08-17	AIR	SVT	360
27140249	박명철	이사	2025-08-17	AIR	SVT	50

◉ **예제파일** : 제품별재고(준비).xlsx ◉ **완성파일** : 제품별재고(완성).xlsx

AI 실무 프로젝트 04 재고 수량에 조건부 서식 설정하기 – 챗GPT(ChatGPT)

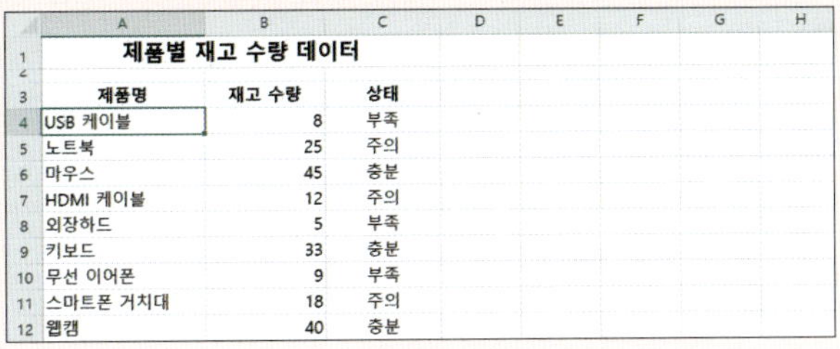

1 챗GPT를 이용해 [Sheet1] 시트에서 제품별 재고 수량이 10개 미만이면 빨간색, 30개 미만이면 노란색, 30개 이상이면 파란색으로 배경색이 자동 설정되도록 조건부 서식을 설정해 볼게요.

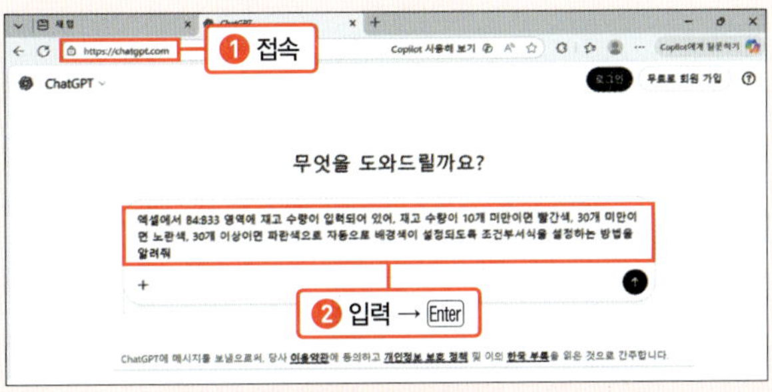

2 챗GPT 사이트(chatgpt.com)에 접속한 후 채팅 창에 다음과 같이 질문을 입력하고 Enter를 누릅니다.

> 엑셀에서 B4:B33 영역에 재고 수량이 입력되어 있어, 재고 수량이 10개 미만이면 빨간색, 30개 미만이면 노란색, 30개 이상이면 파란색으로 자동으로 배경색이 설정되도록 조건부서식을 설정하는 방법을 알려줘

질문은 자세하고 명확하게 작성해야 좀 더 정확한 답변을 얻을 수 있어요. 질문할 때는 엑셀에서 작업하는 대상 셀 주소를 명시해야 답변의 오류를 줄일 수 있습니다.

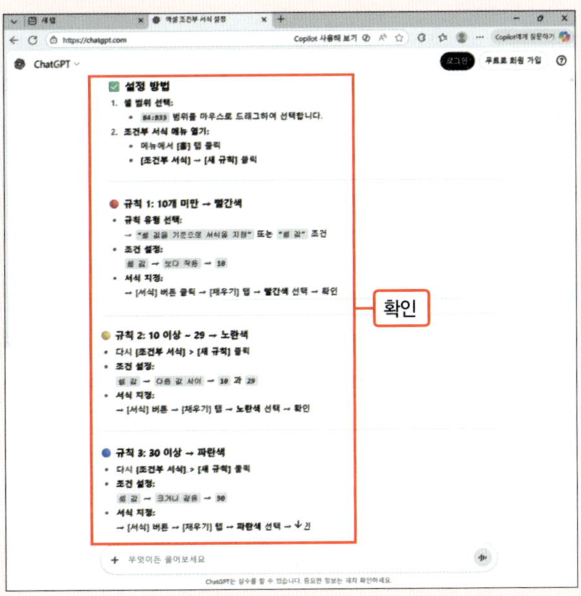

3 챗GPT가 제시한 방법대로 진행하다가 오류가 발생하면 오류 내용에 대해 추가 질문하세요. 이렇게 문제를 해결하는 방법으로 작업하면 원하는 결과를 얻을 수 있어요.

엑셀에서 작업하는 방법이 다양한 것처럼 질문에 대한 챗GPT의 답변도 조금씩 다를 수 있어요. 하지만 제시한 방법대로 진행하면 결과는 똑같이 표시될 겁니다.

필수 작업 팁 | 데이터 편집 | 서식 지정 | 수식 원리 | 함수 | 데이터 분석 | 피벗 테이블 | 파워 쿼리 | 차트

엑셀이 지원하는 계산 기능의 핵심은 다양한 유형의 함수입니다. 계산 원리에 맞게 미리 프로그래밍된 함수를 이용하면 복잡한 계산도 쉽게 처리할 수 있어요. 대량으로 쌓여있는 정보를 이용해서 다양한 형태의 보고 자료를 만들려면 반드시 함수를 정복해야 합니다.

CHAPTER

02

작업 시간을 줄이는 알짜 함수 정복하기

SECTION

04

알면 쉬워지는 수식 원리 이해하기

엑셀에서 계산식을 입력하려면 미리 알아두어야 할 몇 가지 규칙이 있습니다. 어렵다고만 생각하는 계산식과 함수도 수식 작성의 기본 원리를 이해하고 작업하면 쉽게 작업할 수 있습니다.

2024 M365 2021 2019 2016

필수기능 01

연산자의 종류 살펴보기

수식을 작성할 때 여러 종류의 연산자를 이용할 경우 어떤 값을 먼저 계산할 것인지에 따라 결괏값이 달라집니다. 이때 연산자마다 우선순위가 있어서 우선순위에 맞게 계산됩니다. 우선순위가 같은 여러 개의 연산자를 사용한 경우에는 왼쪽에 위치한 연산자부터 계산되므로 먼저 계산할 연산자가 있으면 소괄호(( ))로 묶어서 작성하세요.

1 | 산술 연산자

산술 연산자는 더하기, 빼기, 곱하기, 나누기 등의 사칙연산에 사용하는 연산자입니다.

연산자	의미	우선순위	사용 예
%	백분율	1	=100*50% → 50
^	지수	2	=3^2 → 9
*	곱하기	3	=100*50 → 5000
/	나누기		=100/50 → 2
+	더하기	4	=100+50 → 150
−	빼기		=100−50 → 50

2 | 비교 연산자

비교 연산자는 서로 값이 같은지, 작은지, 큰지 등을 비교하는 연산자로, 결괏값은 TRUE와 FALSE로 표시됩니다.

연산자	의미	우선순위	사용 예
=	같다	6	=100=50 → FALSE
>	크다		=100>50 → TRUE
<	작다		=100<50 → FALSE
>=	크거나 같다		=100>=50 → TRUE
<=	작거나 같다		=100<=50 → FALSE
<>	같지 않다		=100<>50 → TRUE

3 | 문자열 연결 연산자

문자열 연결 연산자는 2개의 문자열을 하나로 이어서 표시할 때 사용합니다.

연산자	의미	우선순위	사용 예
&	문자열 연결	5	=100 & "점" → 100점

4 | 참조 연산자

연산자	의미	사용 예	결과 값
:	서로 연속된 셀 영역 지정	=SUM(A3:A6)	A3셀에서 A6셀 사이의 모든 셀의 합
,	서로 떨어진 셀 영역 지정	=SUM(A3,A6)	A3셀과 A6셀, 이렇게 두 셀의 합

5 | 연산자 우선순위의 사용 예

=10 + 3 ^ 2 * 4

(+ ❸, ^ ❶, * ❷)

❶ 수식에서 표시된 연산자 중에서 우선순위가 가장 높은 ^를 먼저 실행해서(3^2) '9'를 얻습니다.

❷ 다음 우선순위인 *를 실행하므로 ❶에서 얻은 '9*4'를 실행해서 '36'을 얻습니다.

❸ 다음 우선순위인 +를 실행하므로 ❷에서 얻은 '10+36'을 실행해서 '46'을 얻습니다.

◉ **예제파일** : 수식을값으로복사(준비).xlsx ◉ **완성파일** : 수식을값으로복사(완성).xlsx

현장실무 02

수식을 셀에 표시된 값으로 변경해 복사하기

1 수식이 작성된 셀을 복사하면 수식이 그대로 복사되면서 복사된 셀을 기준으로 수식에 사용된 대상이 바뀌어 재계산되지만, 수식이 아닌 셀에 표시된 결괏값으로 바꿔서 복사해야 하는 경우가 있습니다. 여기서는 H열에 구한 평균을 B열과 C열 사이에 복사하기 위해 [Sheet1] 시트에서 H열 머리글을 클릭해서 H열 전체를 선택하고 Ctrl+C를 눌러 복사하세요.

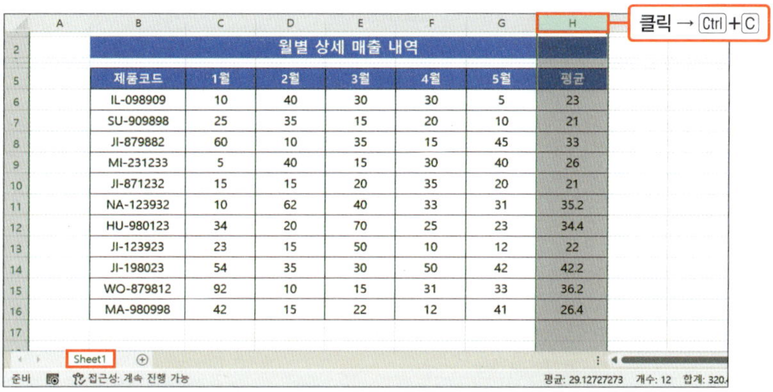

2 C열 머리글을 클릭해서 C열 전체를 선택하고 C열에 있는 하나의 셀에서 마우스 오른쪽 단추를 클릭한 후 [복사한 셀 삽입]을 선택합니다.

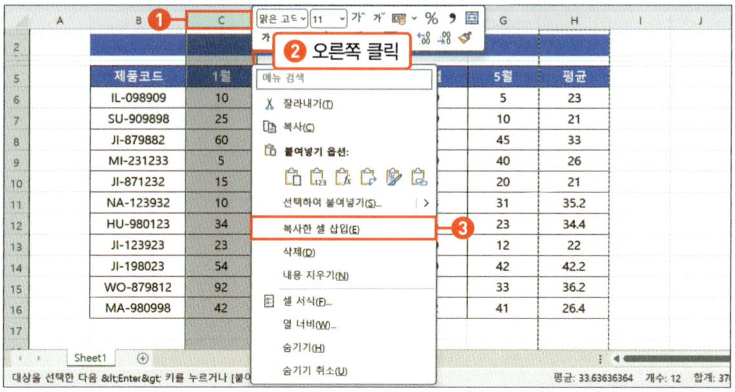

Tip

엑셀에서는 복사하거나 잘라낸 셀을 원하는 행이나 열 사이에 삽입해서 붙여넣을 수 있습니다. 그냥 붙여넣으면 대상 셀에 입력된 내용에 덮어쓰기되어 데이터가 없어지지만, [복사한 셀 삽입]을 선택하면 자동으로 열이나 행이 삽입되어 붙여넣기됩니다.

3 삽입된 C열에서 C6셀을 더블클릭해서 복사한 함수식을 확인해 보면 함수식이 그대로 복사되면서 함수식에 적용할 영역에 문제가 생겨 오류가 발생했습니다. Esc를 눌러 원래의 상태로 되돌아오세요.

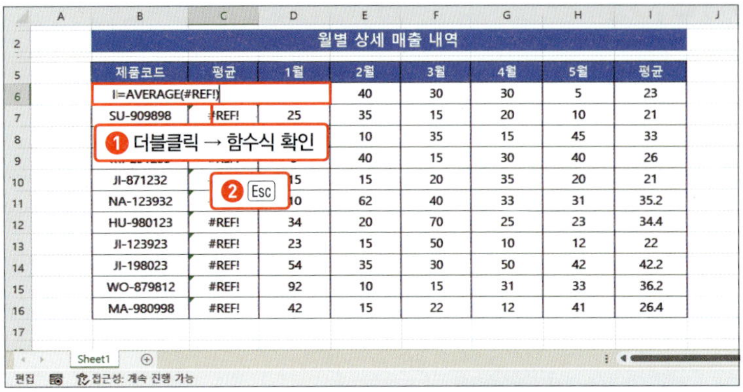

4 이번에는 함수식을 그대로 복사하지 않고 셀에 표시된 결괏값으로 변환해서 복사해 볼게요. I열 머리글을 클릭해서 I열 전체를 선택하고 I열에 있는 하나의 셀에서 마우스 오른쪽 단추를 클릭한 후 [복사]를 선택하세요.

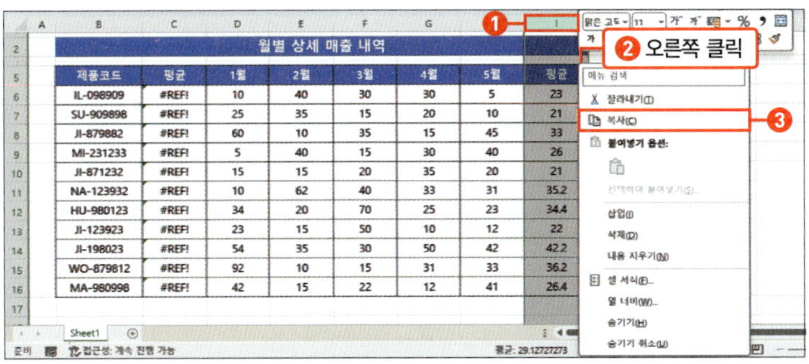

5 C열 머리글을 클릭해서 C열 전체를 선택하고 선택 범위에서 마우스 오른쪽 단추를 클릭한 후 '붙여넣기 옵션'에서 [값]( )을 클릭합니다.

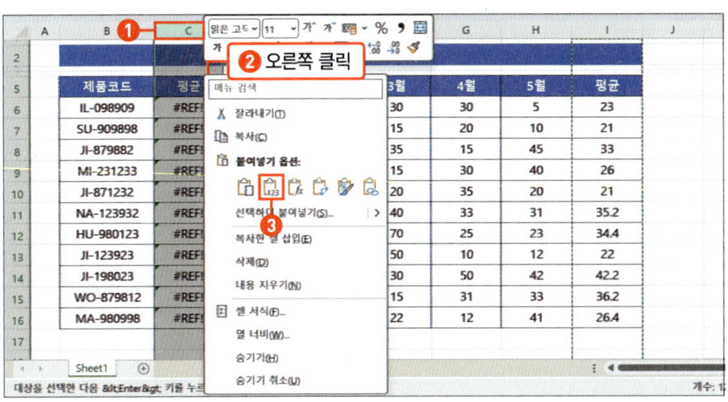

6 C열에 복사된 결과를 살펴보면 이전에 표시되었던 오류 메시지는 없어지고 제대로 값이 표시되었습니다. C6셀을 더블클릭해서 **3** 과정에서는 함수식이 표시되었지만, 여기서는 함수식 없이 숫자값만 표시되는지 확인하세요.

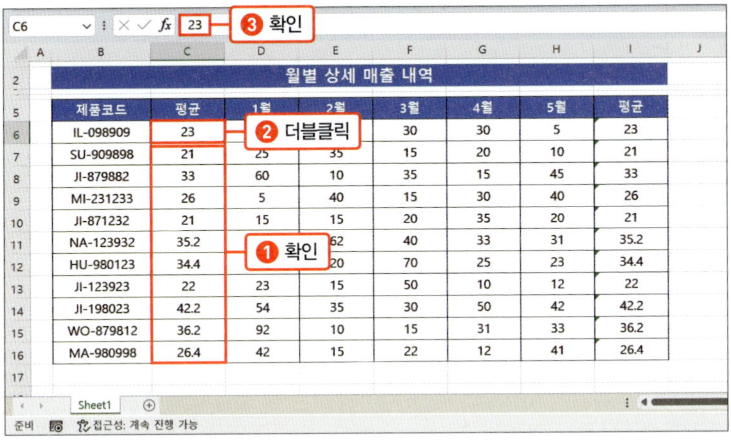

Tip
이제부터 월 데이터를 수정하면 I열에 구해진 평균값은 함수식이어서 자동으로 바뀐 값이 적용됩니다. 하지만 값으로 변환해서 붙여넣은 C열은 값이 바뀌지 않습니다.

필수기능 03

수식에서 다른 셀 참조하기

1 | 같은 시트에 있는 특정 셀 참조하기

셀 참조 방식	설명
=A3	현재 작업중인 시트에 위치하는 A3셀 값을 그대로 표시
=A1+A5	현재 작업중인 시트에 위치한 A1셀과 A5셀 값을 더해서 표시
=SUM(A1:A5)	현재 작업중인 시트에 위치한 A1셀부터 A5셀 사이의 모든 셀 값을 더해서 표시

2 | 다른 시트의 특정 셀 참조하기

셀 참조 방식	설명
=입고!A3	[입고] 시트에 위치한 A3셀 값을 그대로 표시
='3월'!A3	[3월] 시트의 A3셀 값을 표시. 이때 시트 이름의 첫 글자가 숫자로 시작할 때는 시트 이름을 작은따옴표(")로 묶어서 표시해야 함
=입고!A3-출고!A5	[입고] 시트의 A3셀에서 [출고] 시트의 A5셀 값을 뺀 결괏값 표시
=MAX(출고!A1:A100)	[출고] 시트의 A1셀부터 A100셀 사이의 값 중에서 가장 큰 셀 값 표시

3 | 다른 파일의 특정 셀 참조하기

셀 참조 방식	설명
=[자료.xlsx]입고!A3	'자료.xlsx' 파일에서 [입고] 시트의 A3셀 값을 그대로 표시
='[자료.xlsx]3월'!A3	• '자료.xlsx' 파일에서 [3월] 시트에 있는 A3셀 값을 그대로 표시 • 시트 이름의 첫 번째 글자가 숫자로 시작할 때는 파일 이름과 시트 이름을 작은따옴표(")로 묶어서 표시해야 함
=A4+[자료.xlsx]입고!A5	현재 작업중인 시트의 A4셀과 '자료.xlsx' 파일에서 [입고] 시트에 있는 A5셀을 더해서 표시

필수기능

04 상대 참조와 절대 참조 이해하기

수식을 작성하면서 다른 셀 값을 참조할 때는 용도에 따라 '상대 참조', '절대 참조', '혼합 참조(행 고정 방식, 열 고정 방식)' 방식을 이용합니다. 일반적으로 가장 많이 사용하는 'A3'과 같이 셀 주소를 지정하는 방식이 상대 참조입니다. 절대 참조나 혼합 참조 방식으로 수식을 작성할 때는 셀 주소에 '$A$3'이나 'A$3'과 같이 상황에 맞게 $ 기호를 지정해야 합니다.

1 | 셀 참조 방식의 종류

셀 참조 방식은 상대 참조, 절대 참조, 혼합 참조(행 고정 방식, 열 고정 방식)가 있습니다.

❶ 상대 참조

셀에 수식을 작성하고 복사할 때 복사되는 위치에 따라 셀 주소도 함께 바뀝니다. E3셀에 '=C3*D3'과 같은 수식을 작성하고 E3셀의 자동 채우기 핸들을 더블클릭해서 수식을 복사하면 G열에 표시된 수식처럼 각 행에 맞게 사용된 수식에 셀 주소가 함께 바뀌어서 계산됩니다.

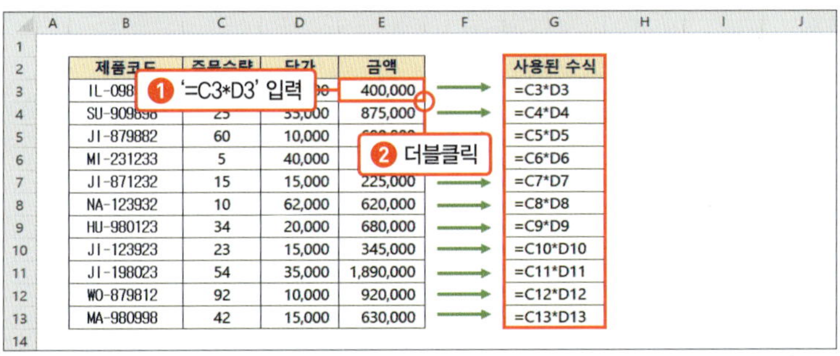

❷ 절대 참조

셀에 수식을 작성하고 복사할 때 복사한 위치가 달라져도 수식에 사용된 셀 주소는 변하지 않고 항상 고정됩니다. 절대 참조로 수식을 설정하려면 셀 주소에 '$A$3'과 같이 $ 기호를 함께 지정해야 합니다. F5셀에 '=E5*$F$2'와 같은 수식을 F15셀까지 복사하면 H열에 표시된 수식처럼 셀 주소가 바뀌면서 계산됩니다. 사용된 수식에서 E5셀은 상대 참조 방식이어서 E6셀, E7셀로 바뀌지만, $F$2로 표시된 절대 참조는 수식을 복사해도 그대로 변하지 않고 $F$2셀을 참조합니다.

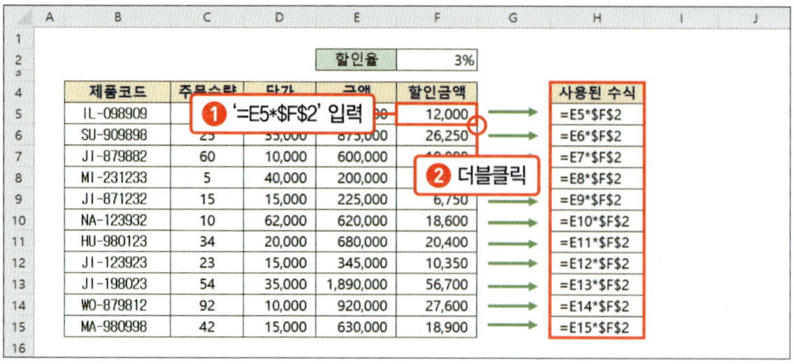

제품코드	주문수량	단가	금액	할인금액	사용된 수식
			할인율	3%	
IL-098909	[illegible]	[illegible]	[illegible]	12,000	=E5*$F$2
SU-909898	25	35,000	875,000	26,250	=E6*$F$2
JI-879882	60	10,000	600,000	[illegible]	=E7*$F$2
MI-231233	5	40,000	200,000	[illegible]	=E8*$F$2
JI-871232	15	15,000	225,000	6,750	=E9*$F$2
NA-123932	10	62,000	620,000	18,600	=E10*$F$2
HU-980123	34	20,000	680,000	20,400	=E11*$F$2
JI-123923	23	15,000	345,000	10,350	=E12*$F$2
JI-198023	54	35,000	1,890,000	56,700	=E13*$F$2
WO-879812	92	10,000	920,000	27,600	=E14*$F$2
MA-980998	42	15,000	630,000	18,900	=E15*$F$2

❸ 혼합 참조(행 고정 방식, 열 고정 방식)

혼합 참조는 상대 참조와 절대 참조를 혼합한 형태로, 절대 참조를 설정하면 행과 열이 모두 고정되어 특정 셀 하나만 참조합니다. 따라서 행만 고정되고 열이 바뀌거나(A$3) 열만 고정되고 행이 바뀌도록 설정($A3)할 때 혼합 참조를 사용하세요. 수식이 =$E4*F$2인 경우 $E4는 수식을 복사하면 열은 항상 E열로 고정되지만, 행은 4행에서 5행, 6행으로 바뀝니다. 그리고 F$2의 경우 열은 F열이 G열, H열로 바뀌지만, 행은 항상 2행으로 고정됩니다.

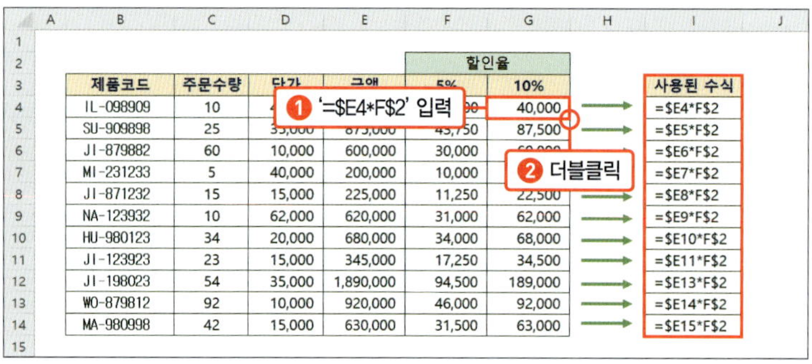

제품코드	주문수량	단가	금액	할인율 5%	할인율 10%	사용된 수식
IL-098909	10	[illegible]	[illegible]	[illegible]	40,000	=$E4*F$2
SU-909898	25	35,000	875,000	43,750	87,500	=$E5*F$2
JI-879882	60	10,000	600,000	30,000	[illegible]	=$E6*F$2
MI-231233	5	40,000	200,000	10,000	[illegible]	=$E7*F$2
JI-871232	15	15,000	225,000	11,250	22,500	=$E8*F$2
NA-123932	10	62,000	620,000	31,000	62,000	=$E9*F$2
HU-980123	34	20,000	680,000	34,000	68,000	=$E10*F$2
JI-123923	23	15,000	345,000	17,250	34,500	=$E11*F$2
JI-198023	54	35,000	1,890,000	94,500	189,000	=$E13*F$2
WO-879812	92	10,000	920,000	46,000	92,000	=$E14*F$2
MA-980998	42	15,000	630,000	31,500	63,000	=$E15*F$2

2 | 셀 참조 방식 지정하기

셀 주소에 참조 방식을 바꾸려면 $ 기호를 직접 입력해도 되지만, F4 를 이용하면 편리하게 지정할 수 있습니다. 예를 들어 수식에 셀 주소를 지정하고 F4 를 한 번씩 누를 때마다 A3 → $A$3 → A$3 → $A3의 순서대로 셀 참조 방식이 차례대로 바뀝니다.

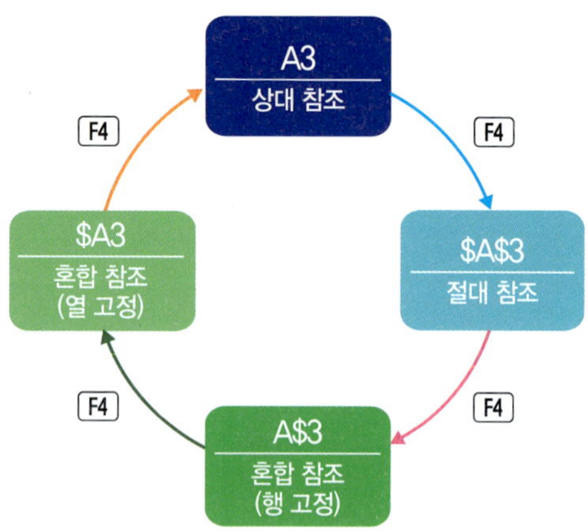

◉ **예제파일** : 절대참조로일일근무비용계산(준비).xlsx ◉ **완성파일** : 절대참조로일일근무비용계산(완성).xlsx

현장실무 **05**

절대 참조로 일일 근무 비용 계산하기

1 [Sheet1] 시트에서 C3셀에 입력된 시급을 참조해서 사원별 일일 근무 시간에 따른 비용을 계산해 볼게요. D6셀에 '='를 입력하고 C6셀을 클릭한 후 '=C6'의 뒤에 '*'를 입력하고 C3셀을 클릭합니다. 수식 '=C6*C3'이 작성되었으면 F4 를 누르세요.

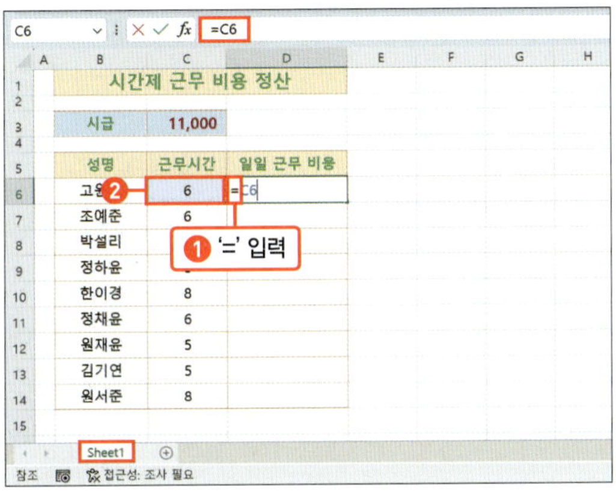

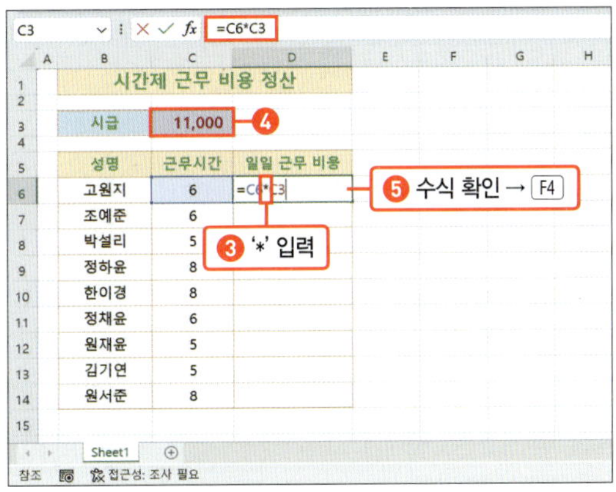

> **Tip**
> '=C6*C3'과 같이 상대 참조 방식으로 작성된 수식을 아래쪽으로 복사하면 한 행씩 내려가면서 'C6'이 'C7', 'C8'로 셀 주소가 바뀝니다. 이에 따라 근무 시간의 대상이 바뀌어야 하므로 상대 참조 방식을 사용해야 합니다. 하지만 시급이 입력된 'C3'은 아래쪽으로 수식을 복사했을 때 'C4', 'C5'로 셀 주소가 바뀌면서 시급이 달라져서 계산에 오류가 발생합니다. 이 경우 수식을 복사해도 변하지 않고 항상 C3셀만 참조하도록 F4 를 눌러 절대 참조 방식인 '$C$3'으로 바꿔야 합니다.

2 수식에 사용된 'C3'이 절대 참조 형식인 '$C$3'으로 변경되었으면 Enter 를 눌러 수식 '=C6*$C$3'을 완성합니다.

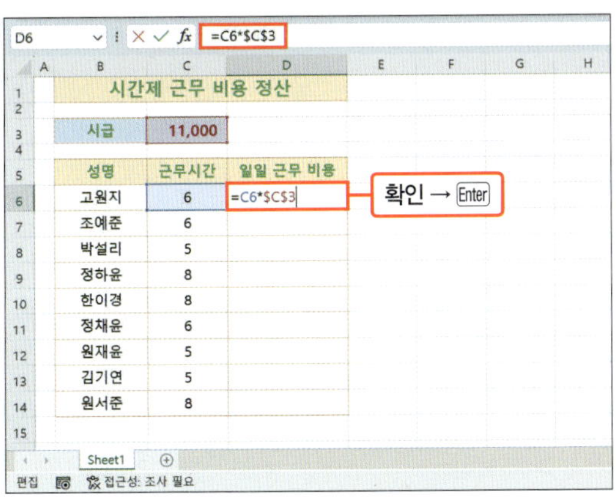

> **Tip**
> F4 는 한 번씩 누를 때마다 '절대 참조' → '행 고정 혼합 참조' → '열 고정 혼합 참조' → '상대 참조' 형식으로 바뀌므로 원하는 참조 방식으로 표시될 때까지 반복해서 F4 를 누릅니다. F4 를 누르지 않고 수식에 직접 $ 기호를 입력해도 됩니다.

3 D6셀에 '고원지'의 일일 근무 비용을 구했으면 D6셀을 클릭하고 D6셀의 자동 채우기 핸들을 더블클릭해서 나머지 사원들의 일일 근무 비용을 계산합니다. 셀에 표시된 결괏값이 어떻게 구해졌는지 수식을 확인하기 위해 [수식] 탭-[수식 분석] 그룹-[수식 표시]를 클릭하세요.

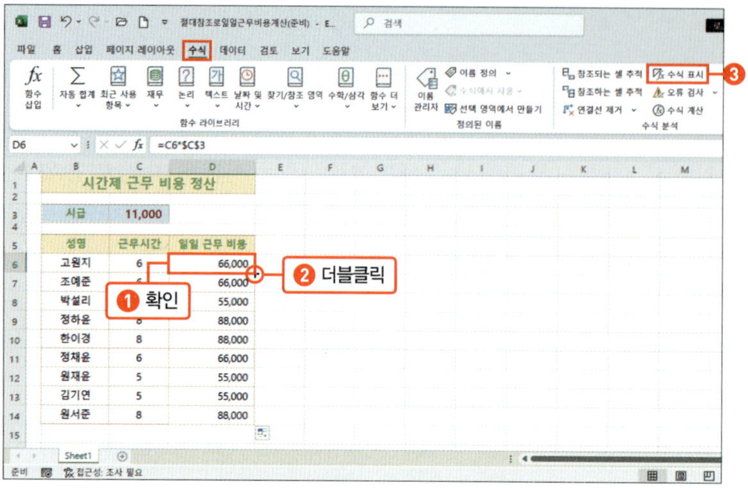

4 시트에 작성된 수식이 셀에 그대로 표시되면 근무 시간(C6셀)의 셀 주소는 바뀌었지만, 절대 참조로 표시한 시급(C3셀)의 주소는 똑같이 '$C$3'으로 표시되어 있는 것을 알 수 있습니다. [수식] 탭-[수식 분석] 그룹-[수식 표시]를 다시 한번 클릭해 표시된 수식을 다시 일일 근무 비용으로 되돌리세요.

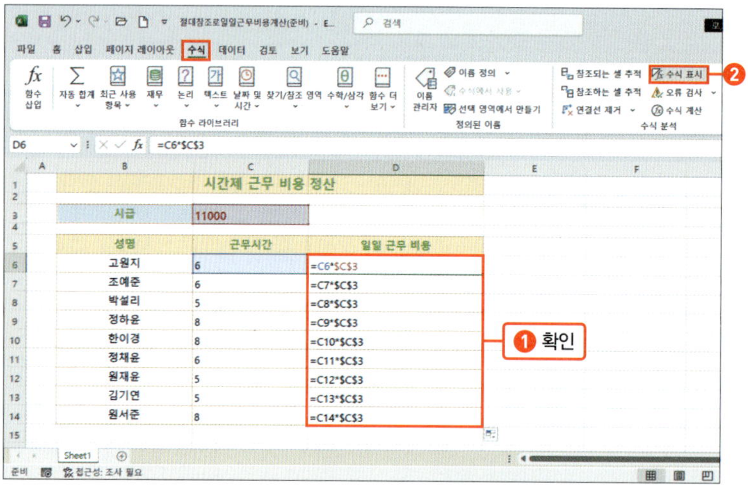

◉ **예제파일** : 혼합참조로인센티브계산(준비).xlsx ◉ **완성파일** : 혼합참조로인센티브계산(완성).xlsx

현장실무 06

혼합 참조로 매출 금액 비율별 인센티브 계산하기

1 매출 금액의 5%, 8%, 10%를 인센티브 비율로 적용했을 때 각 영업사원별 인센티브 금액이 얼마인지 계산해 볼게요. [Sheet1] 시트에서 D6셀에 '='를 입력한 후 매출 금액이 입력된 C6셀을 클릭합니다. D6셀에 '=C6'이 표시되었으면 F4를 3번 눌러 열 고정 혼합 참조인 '=$C6'으로 변경하세요.

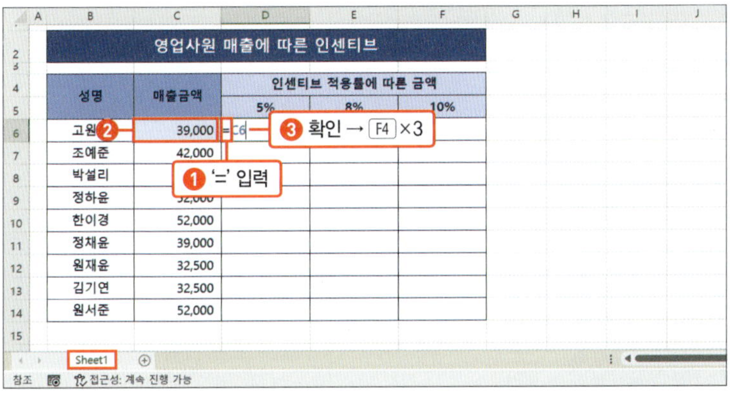

Tip
C6셀의 매출 금액은 아래쪽으로 수식을 복사할 경우에는 셀 주소가 'C7', 'C8'로 바뀌지만, 오른쪽으로 복사하면 D열, E열로 바뀌지 않고 항상 C열로 고정되어야 합니다. 따라서 F4를 3번 눌러 열 고정 방식($C6)으로 셀 참조 방식을 바꾼 것입니다.

2 '=$C6' 뒤에 '*'를 입력하고 D5셀을 클릭합니다. 계속 이어서 F4를 2번 눌러 'D5'를 'D$5'로 변경하고 Enter를 눌러 수식을 완성하세요.

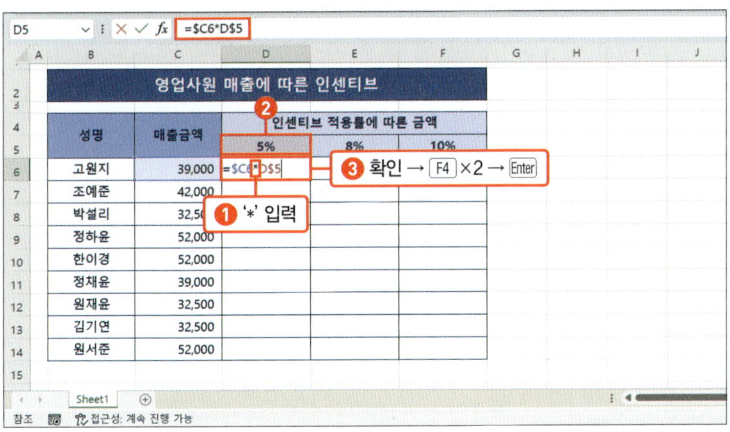

Tip
D5셀의 5%를 아래쪽으로 수식을 복사할 경우 셀 주소가 'D6', 'D7'로 바뀌면 안 되므로 행은 항상 5행으로 고정하고 오른쪽으로 복사할 때는 D열이 E열, F열로 바뀌어서 8%, 10%로 적용되어야 합니다. 따라서 이 셀은 행 고정 혼합 참조 방식(D$5)으로 바꾼 것입니다.

3 D6셀에 수식 '=$C6*D$5'가 완성되면서 결괏값을 구했으면 D6셀을 클릭하고 D6셀의 자동 채우기 핸들을 더블클릭합니다. D14셀까지 수식이 복사되면 D14셀의 자동 채우기 핸들을 F14셀까지 드래그하세요.

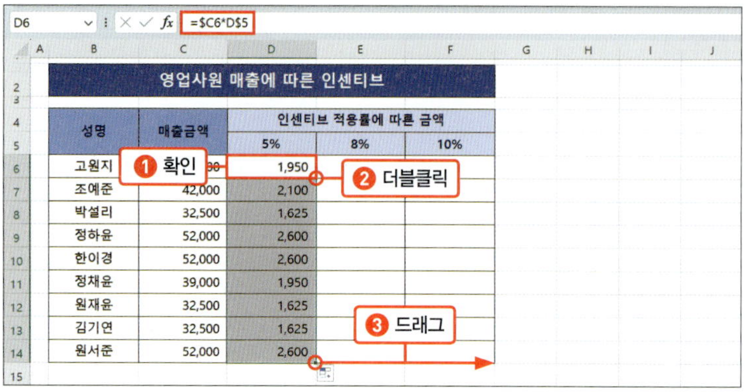

4 F열까지 수식이 복사되면서 인센티브 적용률에 따른 금액이 5%, 8%, 10%별로 구해졌습니다.

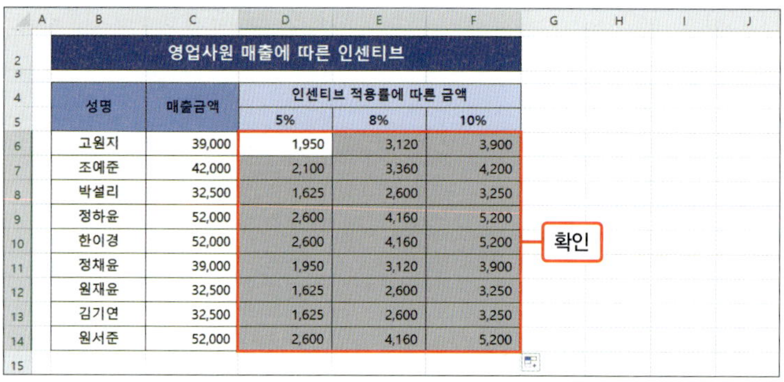

5 수식이 작성된 특정 셀을 더블클릭하면 수식에서 사용한 셀 주소가 서로 다른 색으로 표시되어 어떤 셀이 결괏값에 사용되었는지 쉽게 확인할 수 있습니다. 수식 확인을 끝내려면 Esc 를 누르세요.

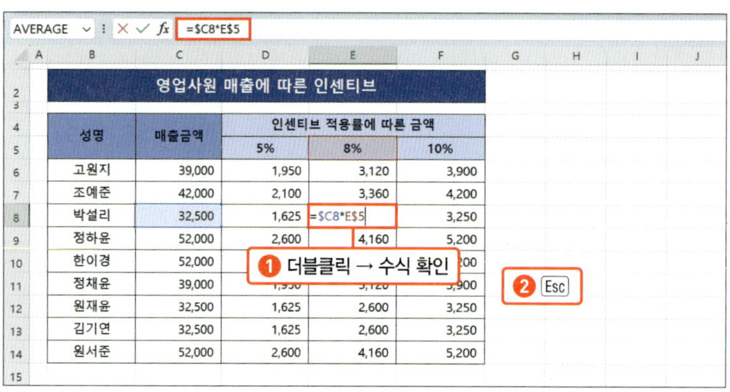

◉ **예제파일** : 이름정의해수식작성(준비).xlsx ◉ **완성파일** : 이름정의해수식작성(완성).xlsx

필수기능 07 셀 주소 대신 이름 정의해 수식 작성하기

1 자주 사용하는 범위는 매번 지정하는 것보다 범위에 이름을 정의하고 사용하는 것이 편리합니다. [Sheet1] 시트에서 D7:D12 범위를 자주 사용한다면 이 범위를 선택하고 [수식] 탭-[정의된 이름] 그룹-[이름 정의]를 클릭하세요.

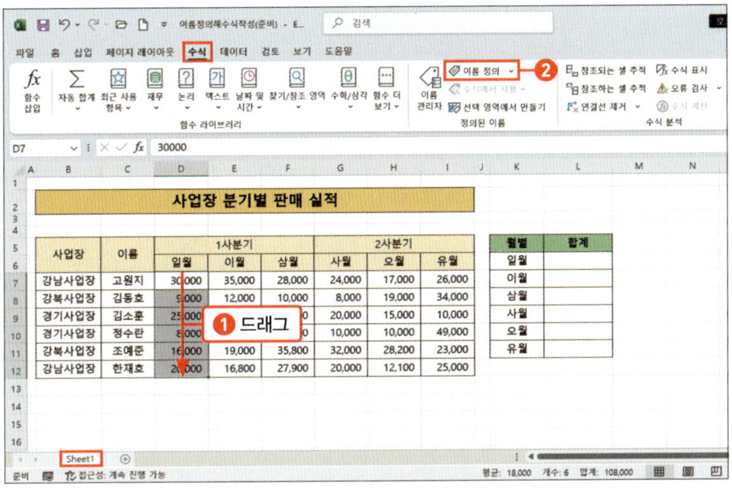

2 [새 이름] 대화상자가 열리면 '참조 대상'에 **1** 과정에서 범위 설정했던 영역이 자동으로 표시되었는지 확인합니다. '이름'에 'Jan'을 입력하고 [확인]을 클릭하세요.

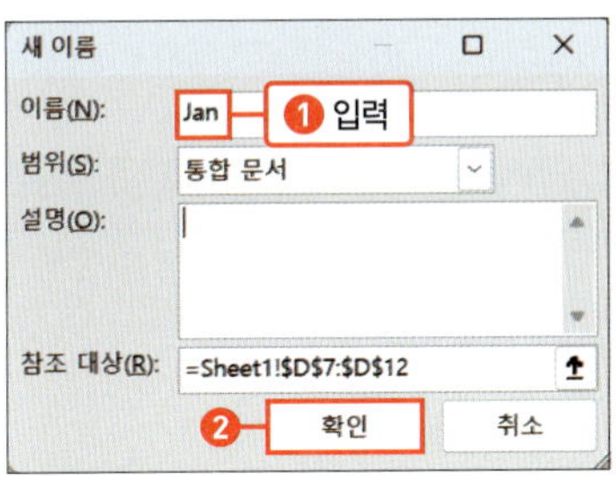

Tip
이름을 지정할 경우 이름의 첫 글자는 문자나 밑줄(_)로 시작해야 하고 공백이나 특수 문자를 포함할 수 없습니다. 이름은 지정할 범위에 의미가 있는 이름으로 입력하는 것이 좋고 한글로 설정할 수 있습니다.

3 L6셀에 D7:D12 범위의 합을 구하기 위해 L6셀을 클릭하고 '=SUM(Jan)'을 입력한 후 Enter를 누릅니다.

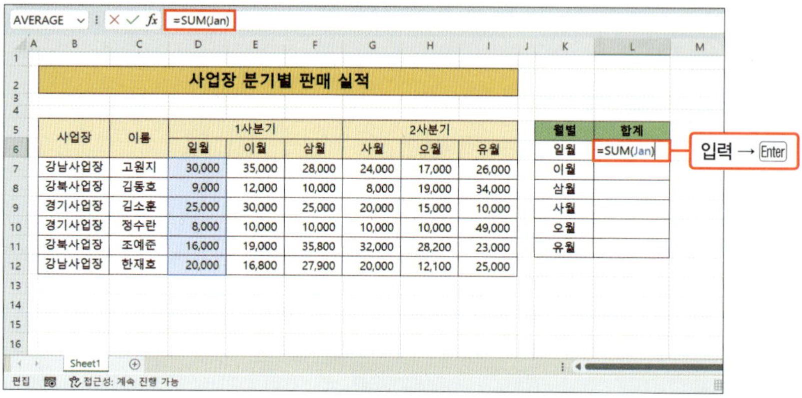

4 L6셀에 D7:D12 범위의 합계가 구해지면 함수식 '=SUM(D7:D12)'와 '=SUM(Jan)'의 결괏값이 같은지 확인합니다. 이와 같은 방법으로 L7셀부터 L12셀까지 합계를 구하세요.

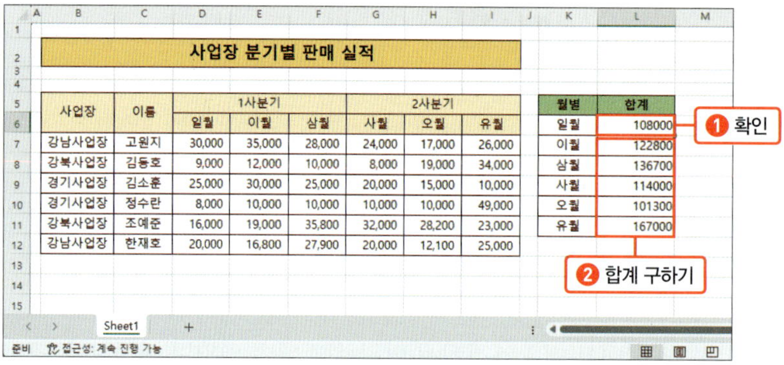

잠깐만요 :: 이름 상자로 범위 이름 정의하기

이름을 정의할 부분을 범위로 지정하고 이름 상자에 사용할 이름을 입력한 후 Enter를 눌러 이름을 정의할 수 있지만, 간혹 범위를 잘못 인식하는 문제가 발생할 수 있습니다. 그러므로 [수식] 탭-[정의된 이름] 그룹-[이름 관리자]를 클릭해 [이름 관리자] 대화상자를 열고 정의한 이름의 영역이 제대로 설정되었는지 확인하는 것이 좋습니다.

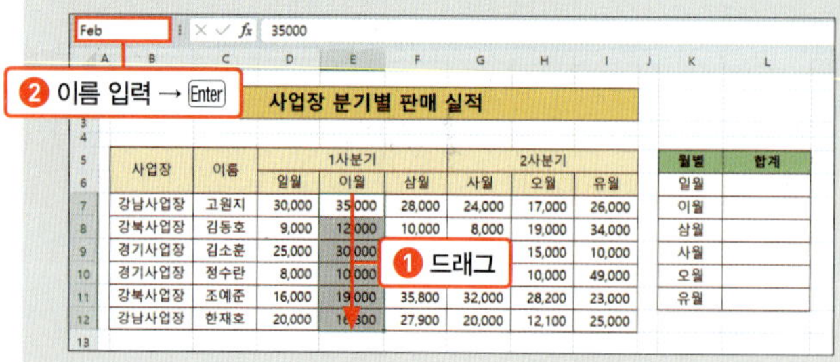

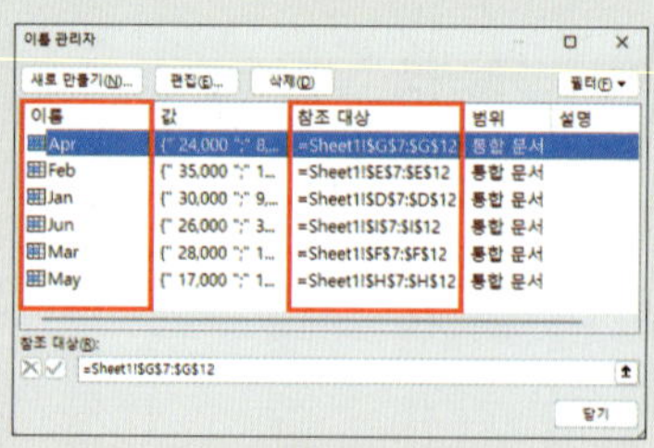

◉ **예제파일** : 결제일표시(준비).xlsx ◉ **완성파일** : 결제일표시(완성).xlsx

AI 실무 프로젝트 05 완납이면 결제일에 오늘 날짜 입력하기 – 챗GPT(ChatGPT)

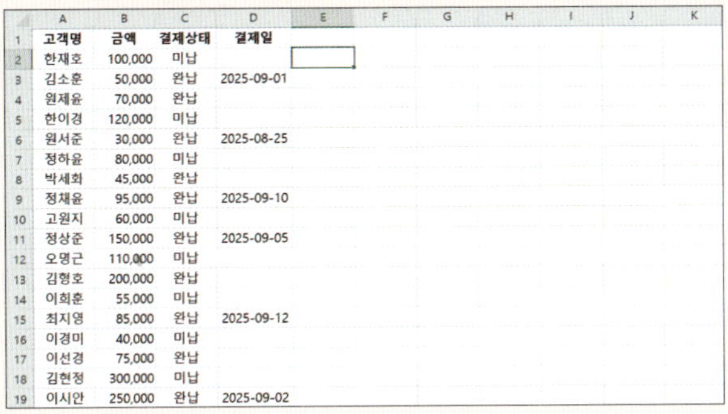

1 챗GPT를 이용해 [Sheet1] 시트에서 결제 내역이 입력된 데이터에서 결제 상태가 완납이면서 결제일이 비어있는 항목에 오늘 날짜를 넣는 수식을 알아볼게요.

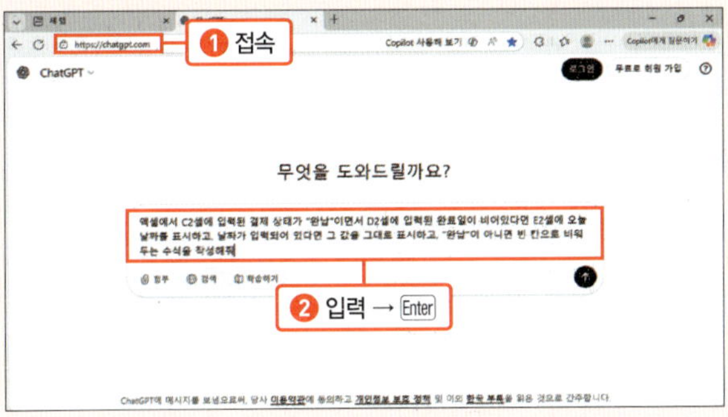

2 챗GPT 사이트(chatgpt.com)에 접속한 후 채팅 창에 다음과 같이 질문을 입력하고 Enter를 누릅니다.

> 엑셀에서 C2셀에 입력된 결제 상태가 "완납"이면서 D2셀에 입력된 완료일이 비어있다면 E2셀에 오늘 날짜를 표시하고, 날짜가 입력되어 있다면 그 값을 그대로 표시하고, "완납"이 아니면 빈 칸으로 비워두는 수식을 작성해줘

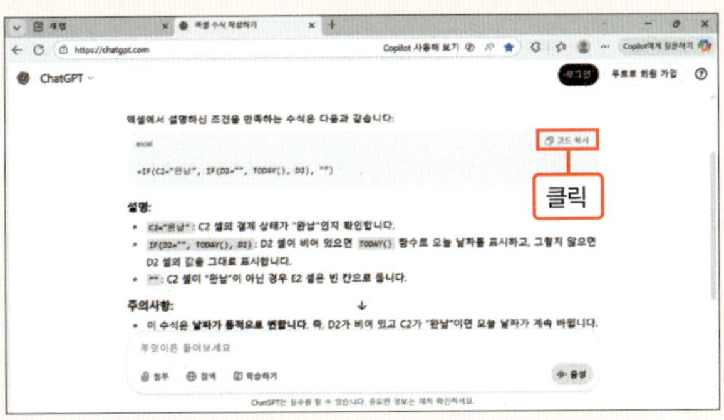

3 표시된 결과 내용을 확인하고 만들어준 함수식을 복사하기 위해 [코드 복사]를 클릭합니다.

> 표시된 설명에는 오늘 날짜를 표시하기 위해 TODAY 함수를 적용할 경우 다른 날 이 파일을 열 때 날짜가 바뀌니 주의하라고 나와있습니다. 이 예제에서 사용하려면 날짜가 바뀌지 않도록 TODAY 함수 대신 '2025-10-19'와 같이 직접 작업 날짜를 명시하는 것이 맞습니다.

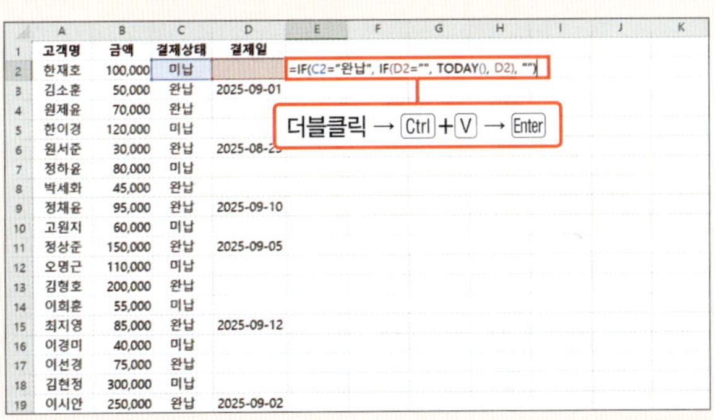

4 엑셀 창으로 되돌아와서 E2셀을 더블클릭해 커서를 올려놓고 Ctrl+V를 눌러 함수식을 붙여넣은 후 Enter를 누릅니다.

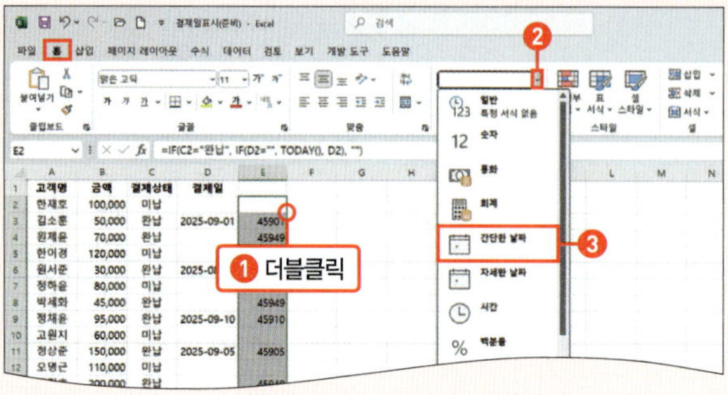

5 E2셀의 자동 채우기 핸들을 더블클릭해서 나머지 셀에도 함수식을 복사합니다. 날짜가 아닌 숫자가 표시되었으므로 이 문제를 해결하기 위해 [홈] 탭-[표시 형식] 그룹-[간단한 날짜]를 선택하세요.

날짜 관리에 대해서는 70쪽을 참고하세요. 하지만 챗GPT에게 이런 상황에 대한 처리 방안을 물어보거나 이렇게 나타나는 이유도 설명해달라고 해 보세요.

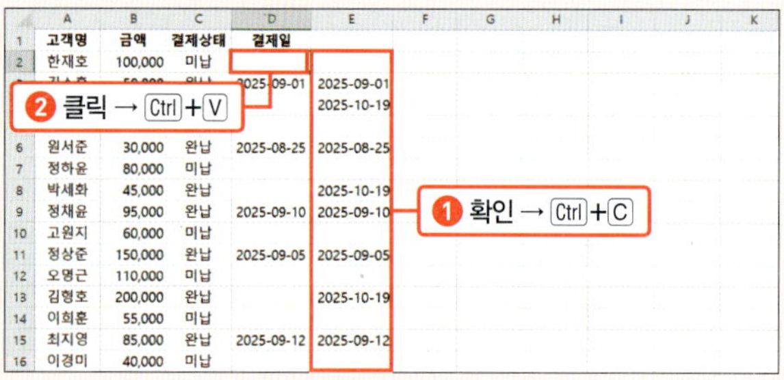

6 간단한 날짜로 바뀌었는지 확인하세요. 이때 완납이면서 결제일이 비어있는 경우에는 오늘 날짜가 표시되었습니다. 셀 범위가 선택된 상태에서 Ctrl+C를 눌러 복사하고 D2셀에서 Ctrl+V를 눌러 붙여넣으세요.

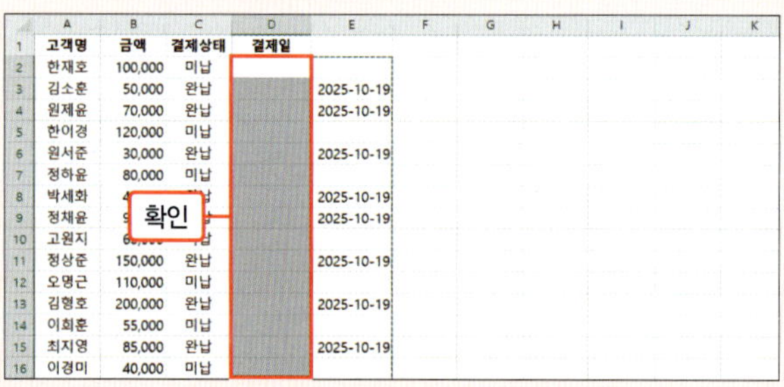

7 수식이 상대 참조 방식으로 입력되어 있어서 복사하는 순간 수식에 사용된 셀이 바뀌어서 값이 아무것도 나타나지 않습니다.

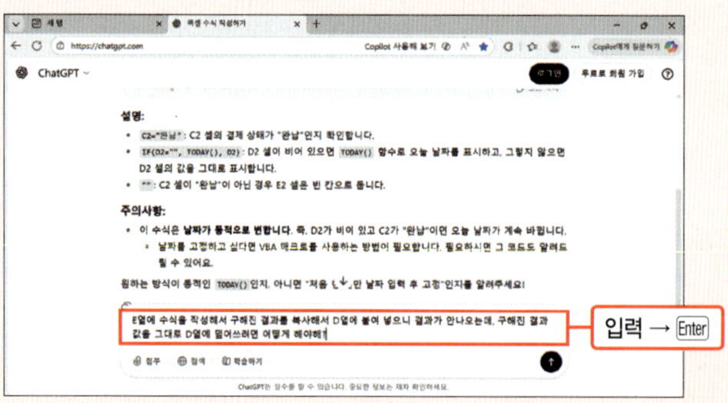

8 이 문제를 해결하기 위해 챗GPT에게 추가로 다음과 같이 질문하세요.

E열에 수식을 작성해서 구해진 결과를 복사해서 D열에 붙여 넣으니 결과가 안 나오는데, 구해진 결과값을 그대로 D열에 덮어쓰려면 어떻게 해야해?

복잡한 데이터는 해당 파일을 업로드해서 질문하면 훨씬 쉽게 이해할 수 있는데, 파일 업로드는 로그인(회원 가입하고 무료로 로그인만 해도 됨)을 해야만 사용할 수 있어요. 무료 버전에서는 업로드할 파일 개수와 질문 횟수에 제한이 있습니다. 그리고 파일을 업로드하면 파일 내용에 대한 보안을 유지할 수 없으므로 외부에 알려지면 안 되는 중요한 데이터는 업로드하면 안 됩니다.

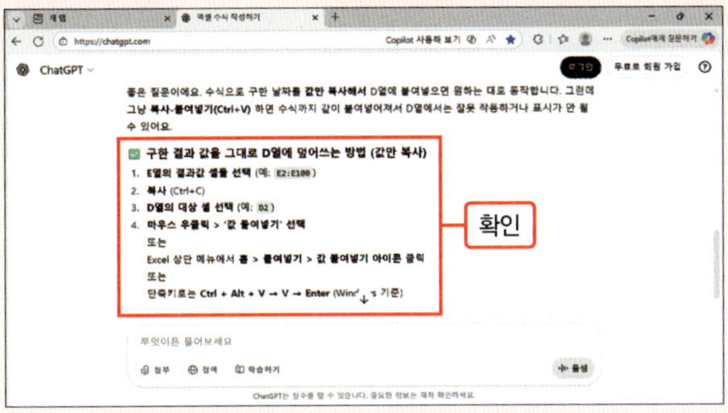

9 답변 내용을 보면 붙여넣을 대상에서 마우스 오른쪽 단추를 클릭하고 '값 붙여넣기'를 사용하라고 알려주네요. 단축키는 'Ctrl + Alt + V → V → Enter'라고 친절하게 설명하고 있어요.

> 답변 내용은 항상 똑같지 않고 다른 방법을 제시할 수도 있으니 답변에 맞게 엑셀에서 작업해 보면 원하는 결과를 얻을 수 있을 거예요. 하지만 결과가 마음에 들지 않고 다른 오류가 발생하면 다시 챗GPT에게 오류 내용을 알려주고 해결 방안을 찾아보세요.

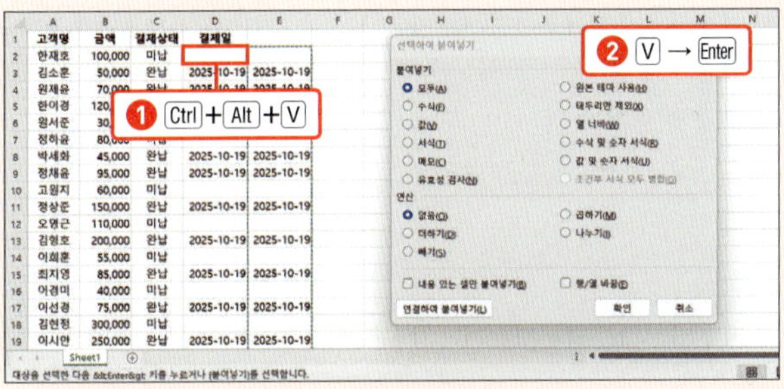

10 다시 엑셀로 되돌아와서 D2셀을 클릭하고 Ctrl + Alt + V를 누릅니다. [선택하여 붙여넣기] 대화상자가 열리면 V를 누르고 Enter를 누르세요.

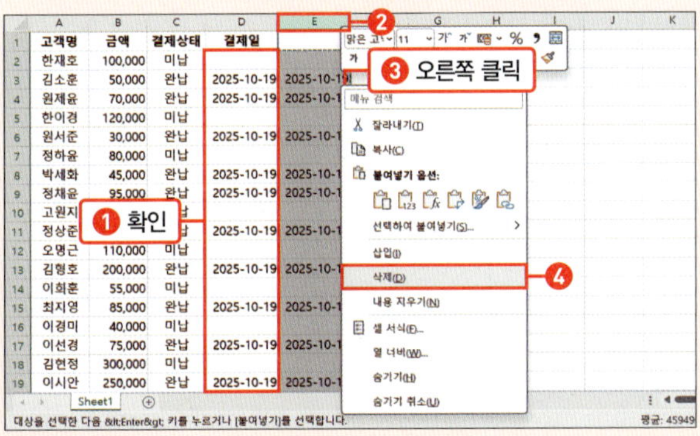

11 D열에 결제일이 표시되었으면 E열의 열 머리글을 클릭해 열 전체를 선택하고 선택 영역에서 마우스 오른쪽 단추를 클릭한 후 [삭제]를 선택해서 작업했던 수식을 삭제합니다.

SECTION

05

복잡한 계산을 간단하게! 기본 함수 익히기

함수는 여러 가지 유형의 계산 방식을 미리 프로그래밍해서 제공하는 것입니다. 엑셀에서 수식을 작성할 때 함수를 다양하게 알고 있으면 복잡한 계산을 쉽게 해결할 수 있어요. 이번 섹션에서는 업무에서 가장 많이 사용하는 함수와 활용법을 살펴보겠습니다.

◉ **예제파일** : 지점별매출평균계산(준비).xlsx ◉ **완성파일** : 지점별매출평균계산(완성).xlsx

필수기능 01

지점별로 각 제품의 매출 실적 평균 구하기 — AVERAGE, AVERAGEA 함수

함수 이해를 단숨에

형식	• =AVERAGE(대상 1,대상 2,대상 3,……) • =AVERAGEA(대상 1,대상 2,대상 3,……)
용도	• **AVERAGE 함수**: 지정한 영역에서 숫자 셀의 평균을 구함 • **AVERAGEA 함수**: 지정한 영역에서 빈 셀을 제외한 값이 입력된 셀의 평균을 구함
인수	대상 1,대상 2, 대상 3: 평균을 구할 셀 또는 범위 영역

1 [Sheet1] 시트에서 평균을 구할 G4셀을 클릭하고 [수식] 탭-[함수 라이브러리] 그룹-[자동 합계]를 클릭한 후 [평균]을 선택합니다.

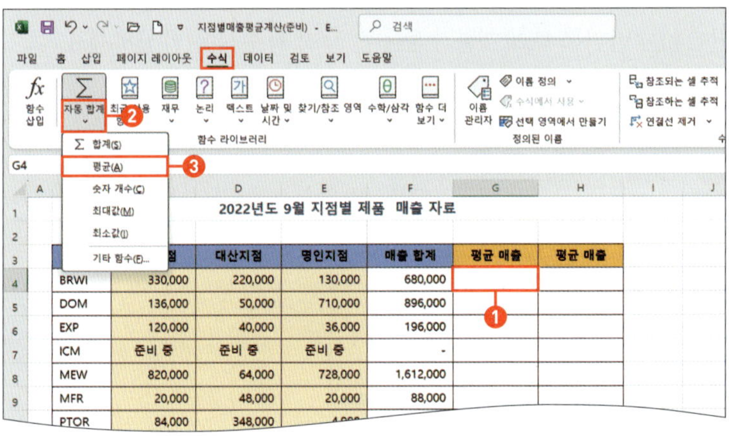

2 G4셀에 자동으로 '=AVERAGE(C4:F4)'가 표시되면 F열의 '매출 합계'는 평균 대상에서 제외해야 하므로 새롭게 C4:E4 범위를 선택하고 Enter를 눌러 함수식을 완성하세요.

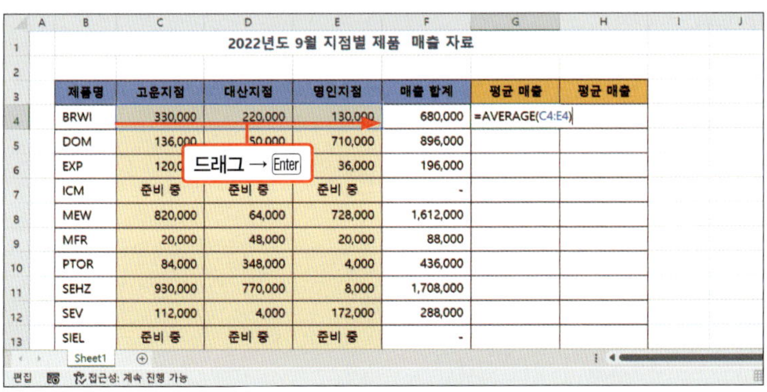

3 G4셀에 'BRWI'의 평균 매출을 구했으면 G4셀의 자동 채우기 핸들을 더블클릭해서 나머지 제품에도 평균을 구하는 함수식을 복사합니다. AVERAGE 함수는 대상 범위 영역에서 숫자 셀만 더해서 해당 개수로 나누는데, 7행과 13행의 세 지점이 모두 '준비 중'이어서 숫자값이 없으므로 0으로 나누어 #DIV/0! 오류가 발생했습니다.

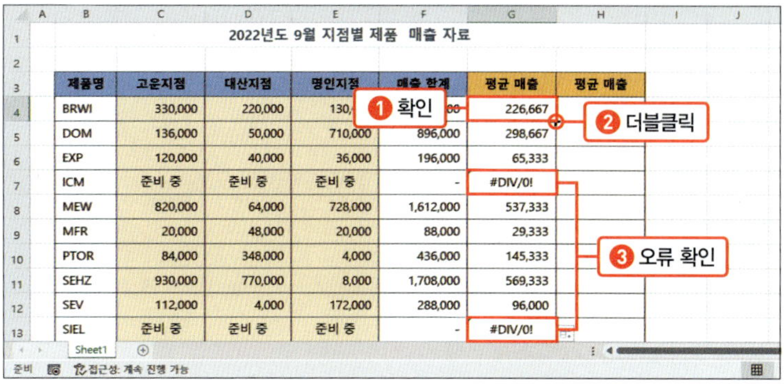

Tip
AVERAGE 함수는 대상 영역에서 숫자 셀만의 평균을 구합니다. 이때 숫자가 아닌 문자 데이터가 입력된 셀도 평균 대상에 포함하려면 AVERAGEA 함수를 사용해야 합니다. 단 AVERAGEA 함수도 대상 영역에 빈 셀이 있으면 이 셀은 제외됩니다.

4 매출 금액에 '준비 중'이 입력된 셀도 평균 대상에 포함해서 계산하기 위해 H4셀에 '=AVERAGEA(' 를 입력합니다. 데이터가 입력된 C4:E4 범위를 드래그한 후 Enter를 눌러 함수식을 완성하세요.

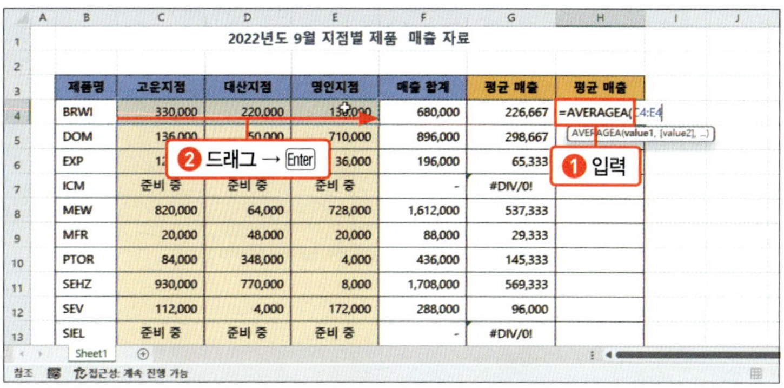

5 H4셀을 클릭하고 H4셀의 자동 채우기 핸들을 더블클릭해서 나머지 셀에도 함수식을 복사합니다. 이번에는 오류 없이 7행, 13행, 15행, 16행의 '준비 중'인 데이터도 평균 대상에 포함되어 평균 매출이 표시되었는지 확인하세요.

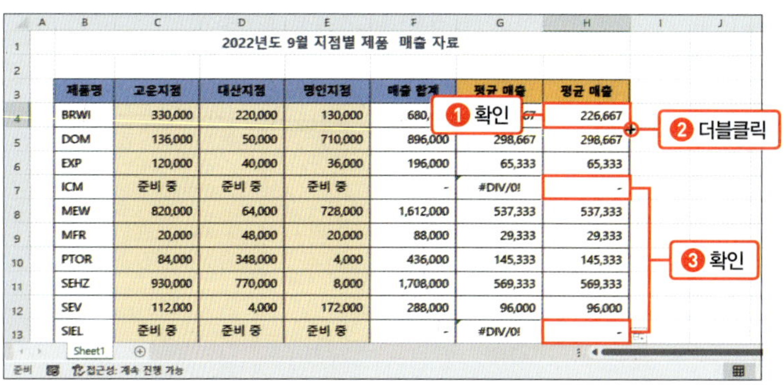

◉ **예제파일** : 지점별판매제품수계산((준비).xlsx ◉ **완성파일** : 지점별판매제품수계산((완성).xlsx

필수기능 **02**

전체 제품 수와 판매하는 제품 수 구하기 – COUNT, COUNTA, COUNTBLANK 함수

함수 이해를 단숨에

형식	• =COUNT(대상 1,대상 2,대상 3,……) • =COUNTA(대상 1,대상 2,대상 3,……) • =COUNTBLANK(대상 1,대상 2,대상 3,……)
용도	• **COUNT 함수**: 지정한 영역에서 숫자 셀의 개수를 구함 • **COUNTA 함수**: 지정한 영역에서 빈 셀을 제외한 값이 입력된 셀의 개수를 구함 • **COUNTBLANK 함수**: 지정한 영역에서 빈 셀의 개수를 구함
인수	대상 1,대상 2,대상 3: 개수를 구할 셀 또는 범위 영역

1 [Sheet1] 시트에서 C3셀에 전체 제품 개수를 구하기 위해 '=COU'를 입력합니다. 'COU'로 시작하는 함수 목록이 표시되면 [COUNTA]를 더블클릭하세요.

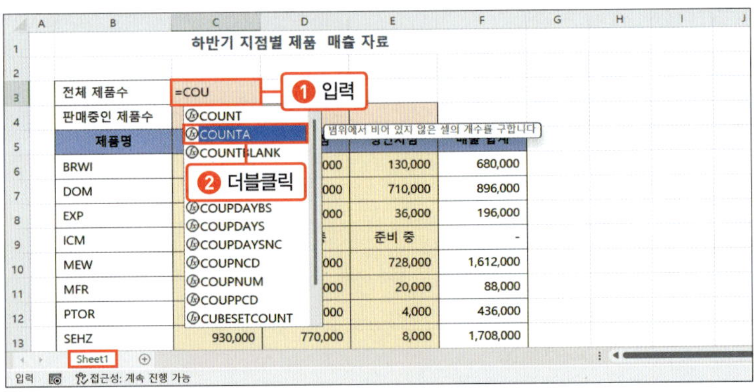

Tip
전체 제품 수를 구하려면 매출 금액이 있거나, '준비 중'이거나 상관없이 값이 입력된 모든 셀의 개수를 세어야 하므로 COUNTA 함수를 사용합니다. 판매중인 제품의 개수를 구하려면 숫자값이 있는 셀만 세어야 하므로 COUNT 함수를 사용하세요.

2 C3셀에 자동으로 '=COUNTA('가 표시되면 개수를 구할 데이터가 입력된 C6셀을 클릭하고 Ctrl+Shift+↓를 누릅니다.

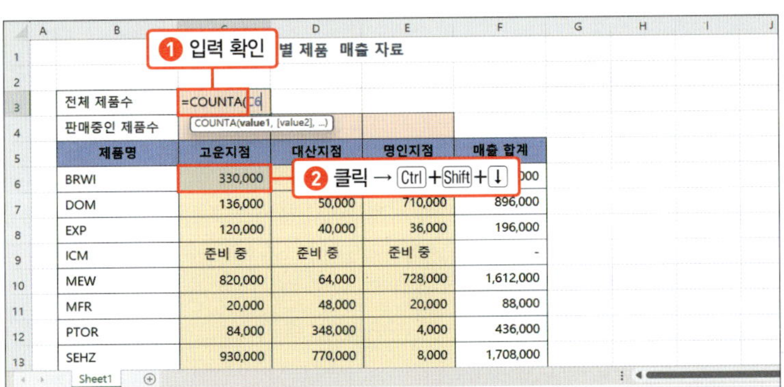

Tip
Ctrl+Shift+↓를 누르면 선택한 셀을 기준으로 데이터가 연속해서 입력된 아래쪽 마지막 셀까지 자동으로 범위를 선택할 수 있어요. 그리고 C6:C18 범위를 드래그해서 직접 선택해도 됩니다.

3 데이터가 입력된 아래쪽 마지막 셀까지 범위가 자동으로 지정되면서 '=COUNTA(C6:C18'이 표시되면 ')'를 입력하고 Enter를 누릅니다.

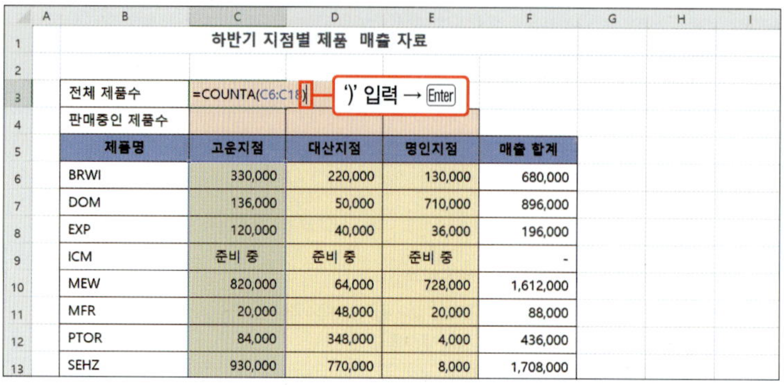

Tip

개수를 셀 대상 영역으로 '=COUNTA(B6:B18)'과 같이 '제품명' 부분의 범위를 직접 지정해도 결괏값은 같습니다.

4 C3셀에 전체 제품 수량을 구했으면 C4셀에 판매중인 제품 수량을 구해볼게요. C4셀을 클릭하고 '=COUNT('를 입력한 후 개수를 구할 데이터가 입력된 C6:C18 범위를 선택합니다. '=COUNT(C6:C18'이 표시되면 Enter를 눌러 함수식을 완성하세요.

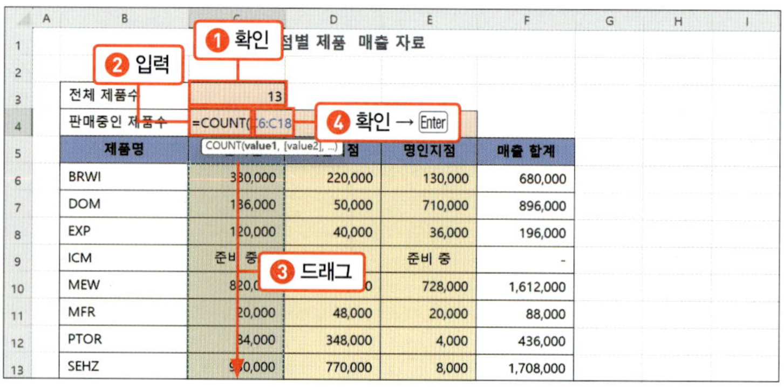

5 C4셀에 '준비 중'인 제품을 제외하고 매출 금액이 있는 셀의 개수를 구했으면 C4셀의 자동 채우기 핸들을 E4셀까지 드래그해서 나머지 셀에도 함수식을 복사합니다.

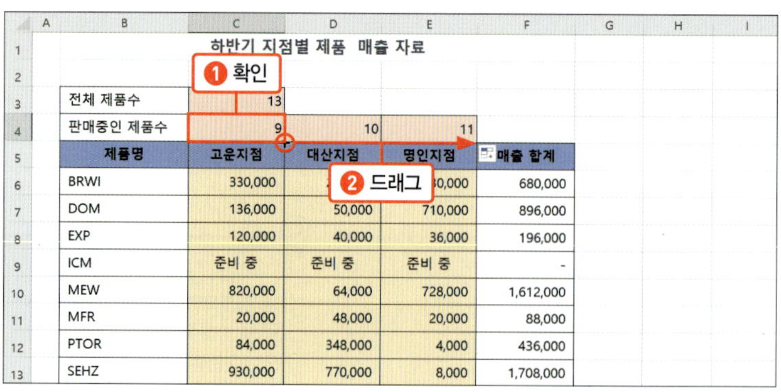

◉ **예제파일** : 지점별최고판매금액(준비).xlsx ◉ **완성파일** : 지점별최고판매금액(완성).xlsx

필수기능 **03**

최고 매출 금액과 최소 매출 금액 구하기 — MAX, MIN, MEDIAN 함수

함수 이해를 단숨에

형식	• =MAX(대상 1,대상 2,대상 3,……) • =MIN(대상 1,대상 2,대상 3,……) • =MEDIAN(대상 1,대상 2,대상 3,……)
용도	• **MAX 함수**: 지정한 영역에서 가장 큰 숫자값을 구함 • **MIN 함수**: 지정한 영역에서 가장 작은 숫자값을 구함 • **MEDIAN 함수**: 지정한 영역에서 중간 값을 구함
인수	**대상 1,대상 2,대상 3**: 값을 구할 셀 또는 범위 영역

1 [Sheet1] 시트에서 지점별로 최고 매출 금액을 구하기 위해 C3셀을 클릭합니다. [수식] 탭-[함수 라이브러리] 그룹-[자동 합계]를 클릭하고 [최대값]을 선택하세요.

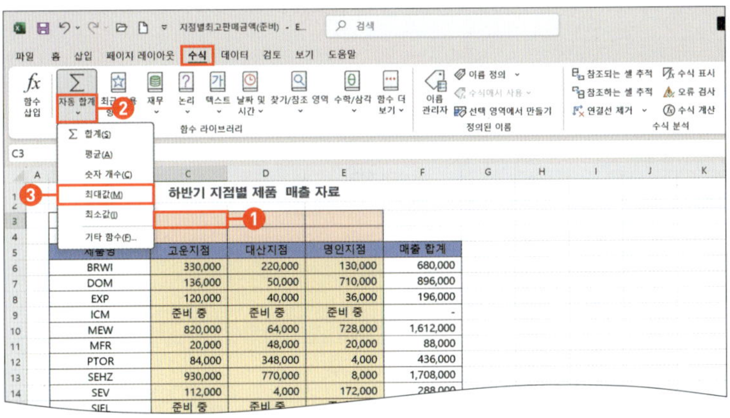

Tip

특정 범위에서 n번째로 큰 값 또는 작은 값을 찾으려면 LARGE 함수와 SMALL 함수를 사용하세요. '=LARGE(A1:C20,3)'을 지정하면 A1:C20 범위에서 세 번째로 큰 값을, '=SMALL(A1:C20,3)'을 지정하면 A1:C20 범위에서 세 번째로 작은 값을 구할 수 있습니다.

2 C3셀에 자동으로 '=MAX()'가 표시되면 최대값을 구할 대상으로 C6셀을 클릭하고 Ctrl+Shift+↓를 누릅니다. C3셀에 자동으로 '=MAX(C6:C18)' 범위가 지정되면 Enter를 누르세요.

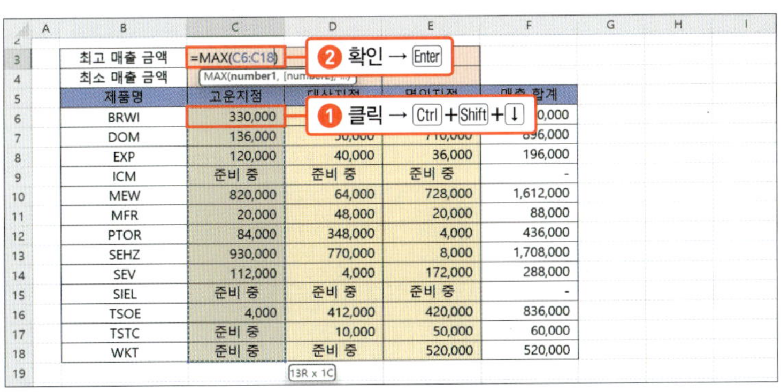

필수 작업 팁
데이터 편집
서식 지정
수식 원리
함수
데이터 분석
피벗 테이블
파워 쿼리
차트

3 C3셀에 C6:C18 범위에 입력된 매출 금액 중에서 가장 큰 값이 표시되었습니다. 이번에는 최소 매출 금액을 구하기 위해 C4셀을 클릭하고 [수식] 탭-[함수 라이브러리] 그룹-[함수 더 보기]를 클릭한 후 [통계]-[MIN]을 선택하세요.

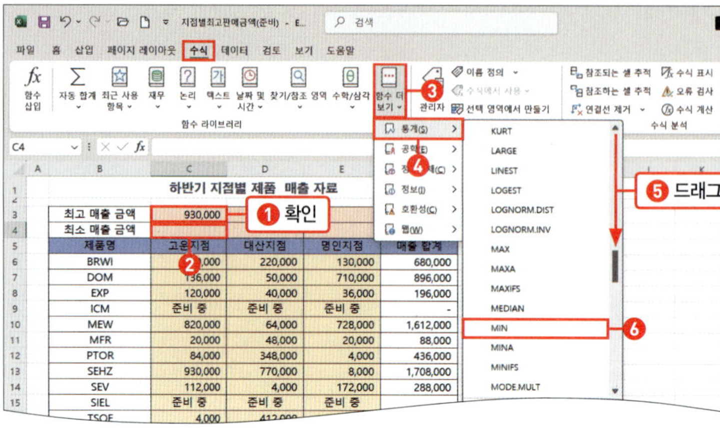

Tip

[수식] 탭-[함수 라이브러리] 그룹-[자동 합계]를 클릭하고 [최소값]을 선택해도 됩니다.

4 MIN 함수의 [함수 인수] 대화상자가 열리면 'Number1'의 입력 상자의 텍스트를 지우고 커서를 올려놓습니다. C6:C18 범위를 선택해 지정하고 [확인]을 클릭합니다.

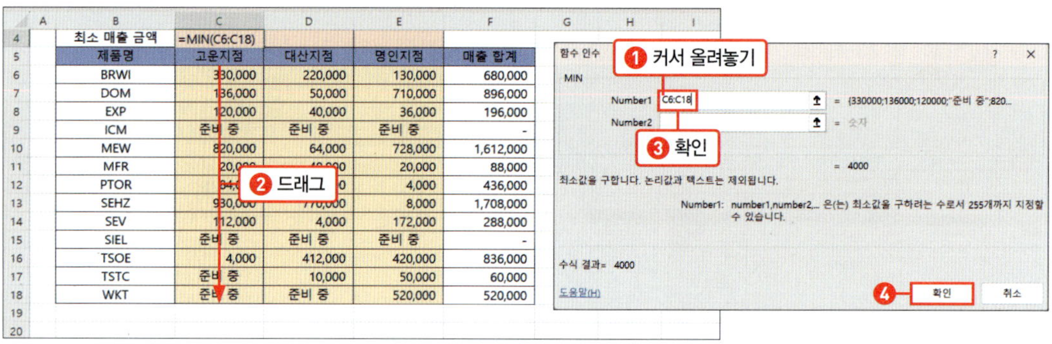

5 C4셀에 C6:C18 범위에서 가장 작은 숫자가 표시되었습니다. C3:C4 범위를 선택하고 C4셀의 자동 채우기 핸들을 E4셀까지 드래그해서 다른 지점에도 같은 함수식을 복사하세요.

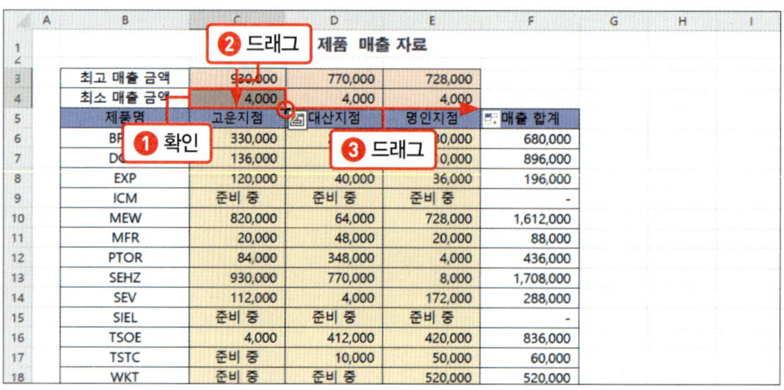

◉ **예제파일** : 합격불합격표시(준비).xlsx ◉ **완성파일** : 합격불합격표시(완성).xlsx

필수기능

04 점수별로 '합격', '불합격' 표시하기 — IF 함수

함수 이해를 단숨에

형식	=IF(조건식,참,거짓)
용도	조건에 따라 참일 때와 거짓일 때 서로 다른 결과를 표시할 경우에 사용
인수	• **조건식**: 비교할 조건 지정 • **참**: 조건식이 참일 때 실행하고 싶은 값 또는 수식 지정 • **거짓**: 조건식이 거짓일 때 실행하고 싶은 값 또는 수식 지정
예시	• **=IF(B4>=80,"합격","불합격")** → B4셀 값이 80 이상이면 '합격', 그렇지 않으면 '불합격' 표시 • **=IF(A1>=B1,"크다","작다")** → A1셀이 B1셀보다 크거나 같으면 '크다', 그렇지 않으면 '작다' 표시 • **=IF(A1<=B1,"증가","감소")** → A1셀이 B1셀보다 작으면 '증가', 그렇지 않으면 '감소' 표시 • **=IF(A1<>B1,A1,B1)** → A1셀과 B1셀이 서로 다른 값이면 A1셀 값을 표시하고, 그렇지 않으면 B1셀에 입력된 값 표시 • **=IF(A1>=B1,A1-B1,B1-A1)** → A1셀 값이 B1셀보다 크거나 같으면 A1-B1을 계산한 결괏값을, 그렇지 않으면 B1-A1을 계산한 결괏값 표시

1 점수가 80 이상이면 '합격'을, 그렇지 않으면 '불합격'을 표시해 볼게요. [Sheet1] 시트에서 D3셀을 클릭하고 [수식] 탭-[함수 라이브러리] 그룹-[논리]를 클릭한 후 [IF]를 선택하세요.

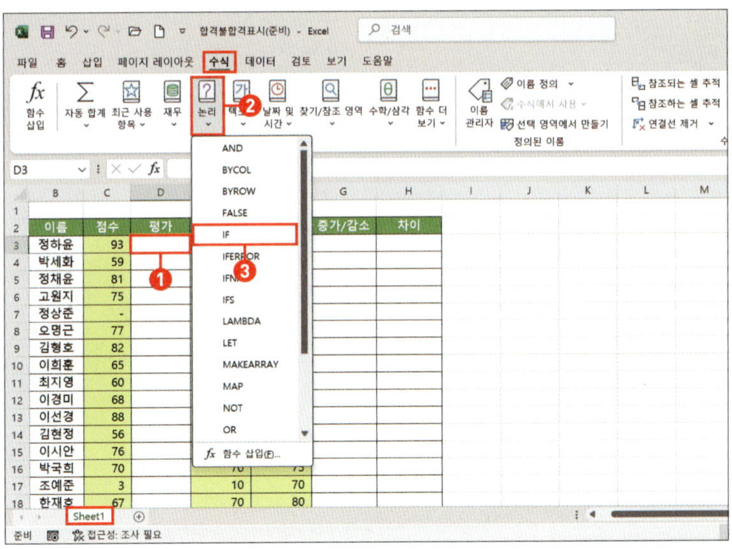

2 IF 함수의 [함수 인수] 대화상자가 열리면 'Logical_test'에는 'C3>=80'을, 'Value_if_true'에는 '"합격"'을, 'Value_if_false'에는 '"불합격"'을 입력하고 [확인]을 클릭합니다.

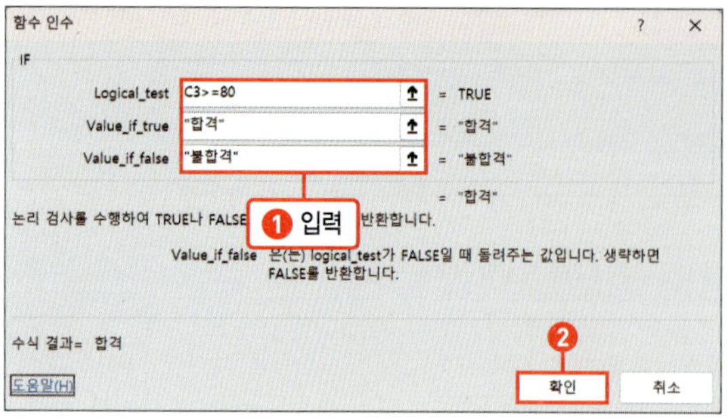

Tip

'Value_if_true'와 'Value_if_false' 인수에 큰따옴표 없이 '합격'과 '불합격'을 입력해도 자동으로 큰따옴표 안에 '합격'과 '불합격'이 표시됩니다. 하지만 직접 수식을 입력할 때는 반드시 큰따옴표를 지정해야 하므로 항상 큰따옴표를 입력하는 습관을 가지는 게 좋습니다.

3 D3셀을 클릭한 상태에서 수식 입력줄에 '=IF(C3>=80,"합격","불합격")'과 같이 함수식이 작성되었는지 확인합니다. C3셀 값이 80보다 큰 93점이어서 D3셀에 '합격'이 표시되었는지 확인하고 D3셀의 자동 채우기 핸들을 더블클릭해서 다른 사람들의 '합격', '불합격' 여부도 구하세요.

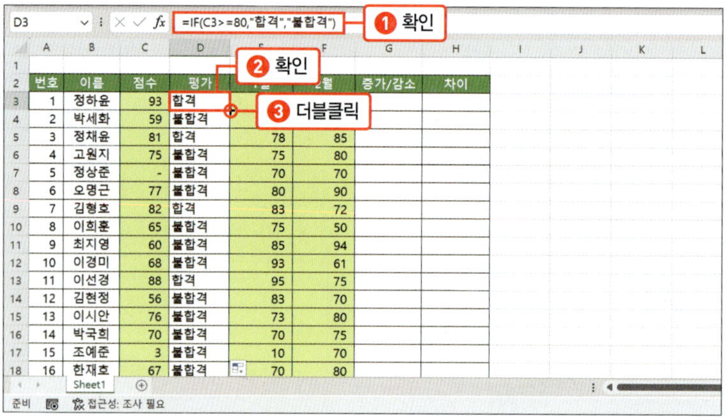

4 이번에는 1월 점수 대비 2월 점수가 높으면 '증가'를, 그렇지 않으면 '감소'를 표시해 볼게요. G3셀을 클릭하고 [수식] 탭-[함수 라이브러리] 그룹-[논리]를 클릭한 후 [IF]를 선택하세요.

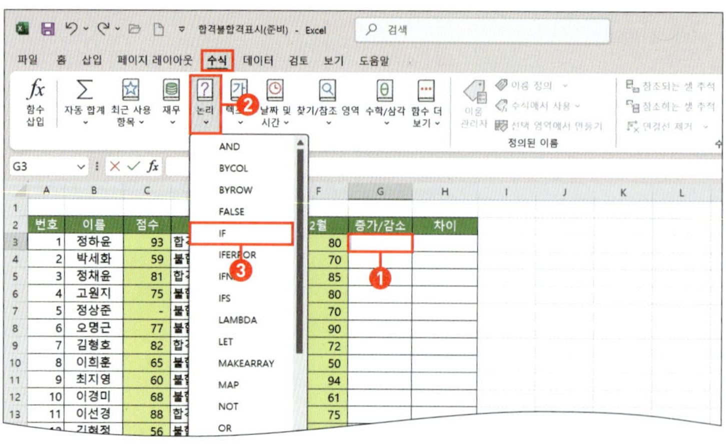

5 IF 함수의 [함수 인수] 대화상자가 열리면 'Logical_test'에는 'E3<=F3'을 입력합니다. 'Value_if_true'에는 'ㅁ'을 입력하고 [한자]를 누른 후 기호 목록에서 [⊡] 단추를 클릭해 기호 목록을 확장하고 [▲]을 클릭하세요.

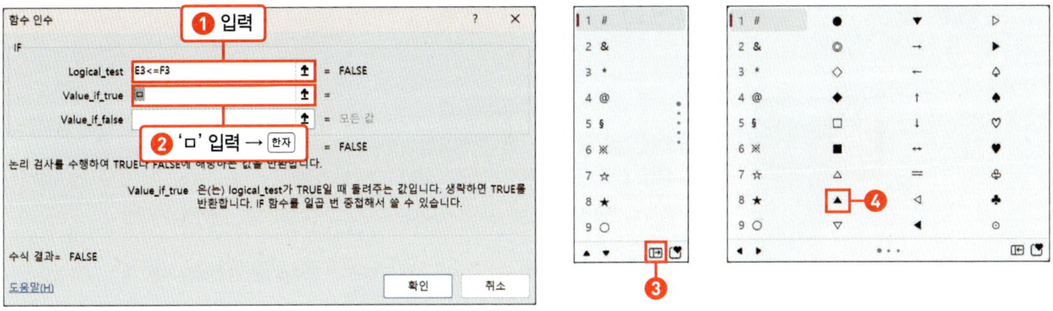

6 이와 같은 방법으로 'Value_if_false'에는 "▽"을 입력하고 [확인]을 클릭합니다.

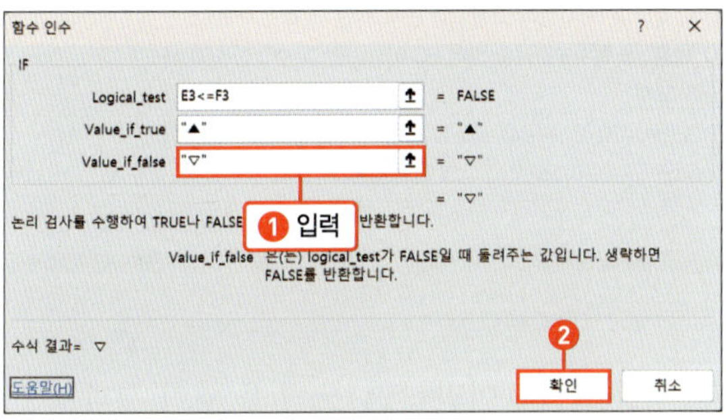

7 G3셀에 함수식 '=IF(E3<=F3,"▲","▽")'이 완성되면서 증감 여부가 표시되었습니다. G3셀의 자동 채우기 핸들을 더블클릭해서 나머지 셀에도 함수식을 복사하세요.

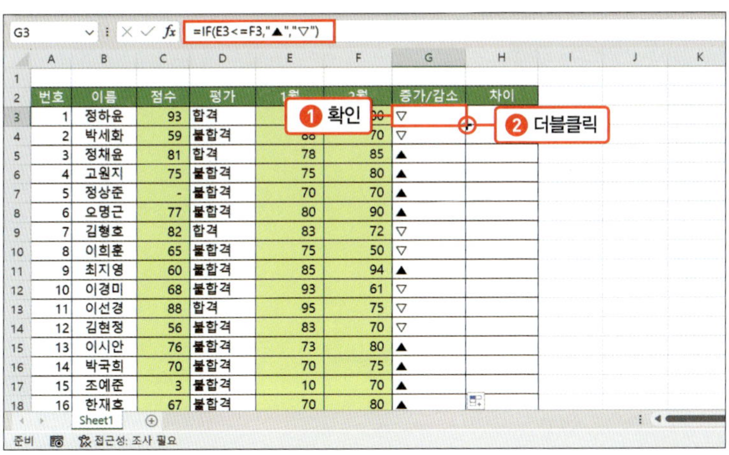

Tip
함수 마법사를 사용하지 않고 G3셀에 직접 '=IF(E3<=F3,"▲","▽")'을 입력해서 함수식을 완성해도 됩니다.

◉ **예제파일** : 우수보통노력표시1(준비).xlsx ◉ **완성파일** : 우수보통노력표시1(완성).xlsx

현장실무 05

'우수', '보통', '노력'으로 평가 결과 표시하기 1 — 다중 IF 함수

함수 이해를 단숨에

형식	• **조건이 2개인 경우**: =IF(조건식,참,거짓) • **조건이 3개인 경우**: =IF(조건식,참,IF(조건식,참,거짓)) • **조건이 4개인 경우**: =IF(조건식,참,IF(조건식,참,IF(조건식,참,거짓)))
용도	• 조건에 따라 실행할 작업이 다른 경우에 사용하는 함수이고, 경우의 수가 n개이면 n-1만큼의 IF 함수를 중첩해서 사용 • 경우의 수가 4개이면 IF 함수를 3번, 경우의 수가 5개이면 IF 함수를 4번 중첩해서 사용. 이때 수식 끝에 닫는 괄호( ))의 개수는 IF 함수의 개수만큼 표시
인수	• **조건식**: 비교할 조건 지정 • **참**: 조건식이 참일 때 실행하고 싶은 값 또는 수식 지정 • **거짓**: 조건식이 거짓일 때 실행하고 싶은 값 또는 수식 지정
예시	• =IF(A1>B1,"크다",IF(A1<B1,"작다","같다")) → A1셀이 B1셀보다 큰지, 작은지, 같은지 표시 • =IF(B4>=80,"우수",IF(B4>=60,"보통","노력")) → B4셀 값이 80 이상이면 '우수', 79~60 사이이면 '보통', 60 미만이면 '노력' 표시 • =IF(B4>=90,"A",IF(B4>=80,"B",IF(B4>=70,"C",IF(B4>=60,"D","F")))) → B4셀이 90 이상이면 'A', 80 이상이면 'B', 70 이상이면 'C', 60 이상이면 'D', 그 외의 값은 'F' 표시

1 평균이 80 이상이면 '우수'를, 80~60 사이이면 '보통'을, 60 미만이면 '노력'을 평가 결과로 표시해 볼게요. 조건이 3개이므로 IF 함수를 두 번 중첩해서 사용해야 합니다. [Sheet1] 시트에서 G4셀에 함수식 '=IF(F4>=80,"우수",IF(F4>=60,"보통","노력"))'을 입력하고 Enter를 누르세요.

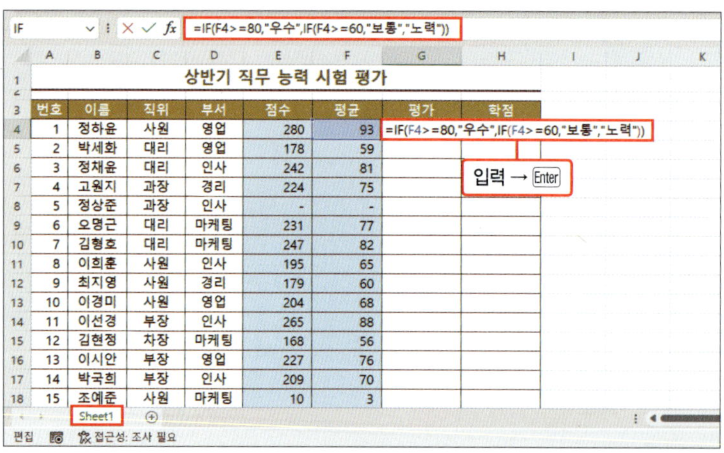

상반기 직무 능력 시험 평가

번호	이름	직위	부서	점수	평균	평가	학점
1	정하윤	사원	영업	280	93	=IF(F4>=80,"우수",IF(F4>=60,"보통","노력"))	
2	박세화	대리	영업	178	59		
3	정채윤	대리	인사	242	81		
4	고원지	과장	경리	224	75		
5	정상준	과장	인사	-	-		
6	오명근	대리	마케팅	231	77		
7	김형호	대리	마케팅	247	82		
8	이희훈	사원	인사	195	65		
9	최지영	사원	경리	179	60		
10	이경미	사원	영업	204	68		
11	이선경	부장	인사	265	88		
12	김현정	차장	마케팅	168	56		
13	이시안	부장	영업	227	76		
14	박국희	부장	인사	209	70		
15	조예준	사원	마케팅	10	3		

함수식 설명

=IF(F4>=80,"우수",IF(F4>=60,"보통","노력"))

IF 함수를 여러 번 중첩해서 조건을 비교할 때는 가장 큰 값(또는 가장 작은 값)부터 차례대로 비교하면서 조건을 지정합니다. 첫 번째 IF 함수의 조건이 거짓일 때 다시 IF 함수를 이용해서 다음 조건을 확인하는 방식으로, IF 함수 안에 IF를 지정하는 중첩 IF 함수입니다.

앞의 함수식의 경우 우선 첫 번째 IF 함수에 의해서 F4셀이 80 이상인 조건에 만족하면 '우수'를 표시하고 끝납니다. 그렇지 않으면 다시 두 번째 IF 함수에 의해서 F4셀이 60 이상인지 확인하고 이 조건에 만족하면 '보통'을, 그렇지 않으면 '노력'을 표시합니다.

2 G4셀에 '정하윤'의 평가 결과를 구했으면 G4셀의 자동 채우기 핸들을 더블클릭해서 데이터가 입력된 마지막 셀까지 함수식을 자동으로 복사합니다.

3 H열의 '학점' 항목에 평균이 90 이상이면 'A'를, 80 이상이면 'B'를, 70 이상이면 'C'를, 60 이상이면 'D'를, 60 미만이면 'F'를 표시해 볼게요. 조건이 5개이므로 IF 함수를 4번 사용해야 합니다. H4셀에 함수식 '=IF(F4>=90,"A",IF(F4>=80,"B",IF(F4>=70,"C",IF(F4>=60,"D","F"))))'를 입력하고 Enter를 누르세요.

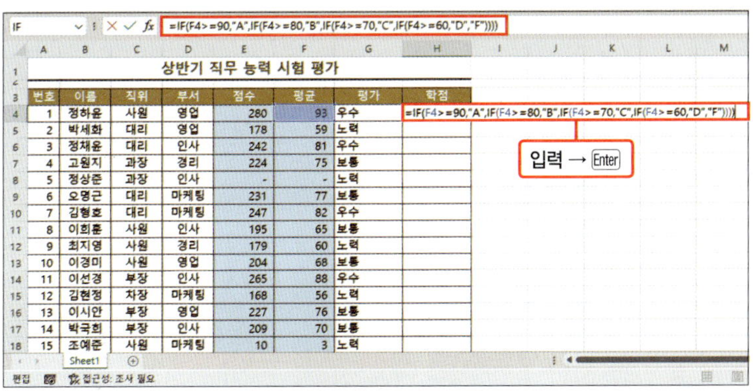

함수식 설명

=IF(F4>=90,"A",IF(F4>=80,"B",IF(F4>=70,"C",IF(F4>=60,"D","F"))))

첫 번째 IF 함수로 90 이상이면 'A'를, 그렇지 않으면 두 번째 IF 함수로 80 이상인지 확인해서 'B'를 표시합니다. 조건에 만족하지 않으면 다시 세 번째 IF 함수로 70 이상인지 확인해서 'C'를 표시하고, 네 번째 IF 함수로 60 이상이면 'D'를 표시하며, 그렇지 않으면 나머지에 모두 'F'를 표시합니다.

작은 값부터 비교해서 처리하려면 다음의 함수식과 같이 지정하세요.

=IF(F4<60,"F",IF(F4<70,"D",IF(F4<80,"C",IF(F4<90,"B","A"))))

4 H4셀에 '정하윤'의 학점을 구했으면 H4셀의 자동 채우기 핸들을 더블클릭해서 나머지 셀에도 함수식을 복사합니다.

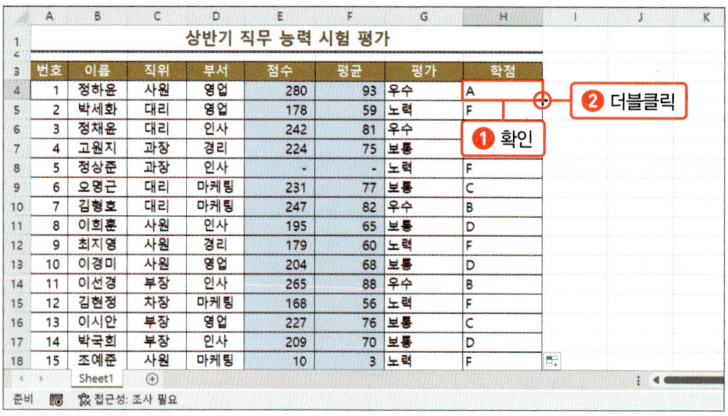

잠깐만요 :: 셀의 왼쪽에 여백 지정해 들여쓰기하기

셀에 입력된 데이터를 왼쪽 맞춤으로 정렬한 상태에서 왼쪽에 여백을 지정하기 위해 셀마다 Spacebar를 눌러 공백을 직접 입력하면 작업이 번거롭습니다. 이 경우에는 해당 열 머리글을 클릭해 열 전체를 선택하고 [홈] 탭–[맞춤] 그룹–[들여쓰기]를 클릭해 셀의 왼쪽 여백을 일괄적으로 지정할 수 있습니다.

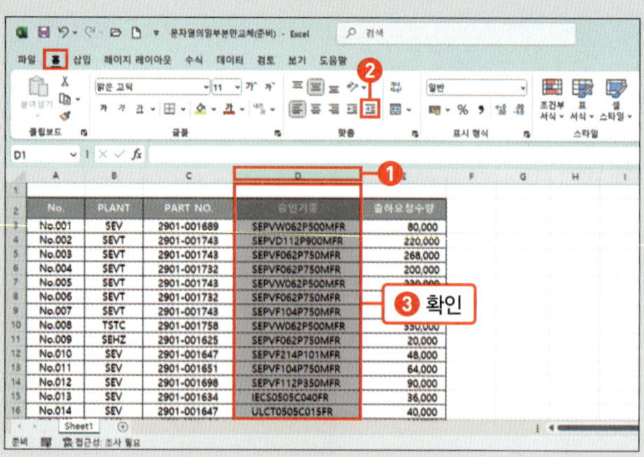

◉ **예제파일** : 우수보통노력표시2(준비).xlsx ◉ **완성파일** : 우수보통노력표시2(완성).xlsx

현장실무 **06**

'우수', '보통', '노력'으로 평가 결과 표시하기 2 — IFS 함수

함수 이해를 단숨에

형식	=IFS(조건 1,참,조건 2,참,……,1,참)
용도	조건에 따라 실행할 일이 다른 경우에 사용하는데, 조건이 2개 이상일 때 IF 함수를 중첩해서 사용하는 것보다 IFS 함수를 이용하면 편리함
인수	• **조건**: 비교할 조건 지정 • **참**: 조건식이 참일 때 실행하고 싶은 값 또는 수식 지정 • **1**: 앞쪽에 지정한 조건에 만족하지 않는 나머지 모든 경우에 실행(1 대신 TRUE 입력 가능)
예시	• =IFS(B4>=90,"A",B4>=80,"B",B4>=70,"C",B4>=60,"D",1,"F") → B4셀이 90 이상이면 'A', 80 이상이면 'B', 70 이상이면 'C', 60 이상이면 'D', 그 외의 값은 'F' 표시 • =IFS(B4=1,"인사과",B4=2,"홍보과",B4=3,"전산과",TRUE,"오류") → B4셀이 1이면 '인사과', 2이면 '홍보과', 3이면 '전산과', 그 외의 값이면 오류 표시

1 [Sheet1] 시트에서 평균이 80 이상이면 '우수'를, 80~60 사이이면 '보통'을, 60 미만이면 '노력'을 평가 결과로 표시해 볼게요. 조건이 3개이므로 IF 함수를 2번 중첩해서 사용하는 대신 IFS 함수를 적용해 볼게요. G4셀에 함수식 '=IFS(F4>=80,"우수",F4>=60,"보통",1,"노력")'을 입력하고 Enter를 누르세요.

상반기 직무 능력 시험 평가

번호	이름	직위	부서	점수	평균	평가	학점
1	한재호	사원	영업	280	93	=IFS(F4>=80,"우수",F4>=60,"보통",1,"노력")	
2	김소훈	대리	영업	178	59		
3	원제윤	대리	인사	242	81		
4	한이경	과장	경리	224	75		
5	원서준	과장	인사	-	-		
6	정하윤	대리	마케팅	231	77		
7	박세화	대리	마케팅	247	82		
8	정채윤	사원	인사	195	65		
9	고원지	사원	경리	179	60		

입력 → Enter

함수식 설명

=IFS(F4>=80,"우수",F4>=60,"보통",1,"노력")
① ② ③

❶ F4>=80,"우수"
F4셀 값이 80 이상이면 '우수'를 표시합니다.

❷ F4>=60,"보통"
첫 번째 조건에 만족하지 않으면서(F4셀 값이 80보다 크지 않으면서) F4셀 값이 60 이상이면 '보통'을 표시합니다.

❸ 1,"노력"
앞에 지정한 모든 조건에 만족하지 않는 값(그 외의 모든 값)에 '노력'을 표시합니다.

2 G4셀에 '한재호'의 평가 결과를 구했으면 G4셀의 자동 채우기 핸들을 더블클릭해서 나머지 셀에도 함수식을 복사합니다.

> **Tip**
> IFS 함수는 M365(마이크로소프트 365)와 엑셀 2019 버전부터 지원하는 함수입니다. 하위 버전에서는 다중 IF 함수를 이용해 '=IF(F4>=80, "우수",IF(F4>=60,"보통","노력"))'과 같이 작성할 수 있습니다.

3 H열에 '학점' 항목에 값을 구하기 위해서 H4셀에 함수식 '=IFS(F4>=90,"A",F4>=80,"B",F4>=70,"C",F4>=60,"D",TRUE,"F")'를 입력하고 Enter를 누릅니다. H4셀에 학점을 구했으면 H4셀의 자동 채우기 핸들을 더블클릭해서 나머지 셀에도 함수식을 복사합니다.

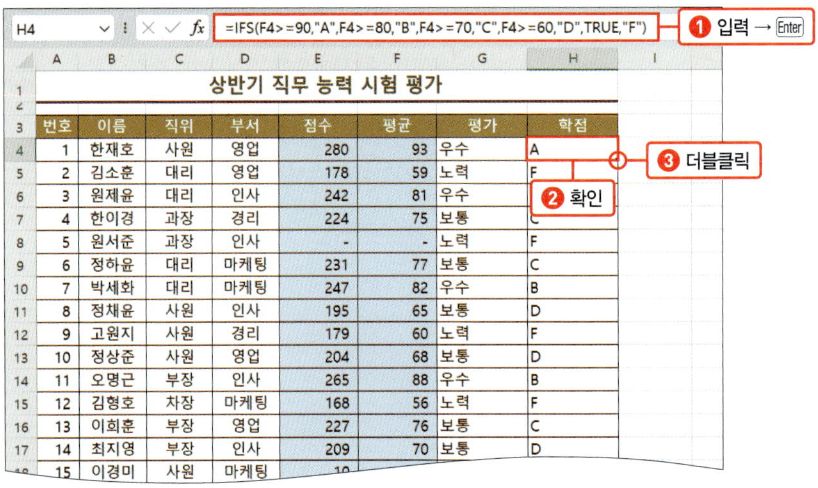

함수식 설명

=IFS(F4>=90,"A",F4>=80,"B",F4>=70,"C",F4>=60,"D",TRUE,"F")

또는

=IFS(F4>=90,"A",F4>=80,"B",F4>=70,"C",F4>=60,"D",1,"F")

두 함수식은 결괏값이 같습니다. 마지막 조건에 'TRUE' 또는 '1'을 지정한 것은 앞에 지정한 조건 중에서 만족하는 값이 없는 나머지 모든 값을 처리할 때 사용합니다. 이 부분을 생략하면 조건에 만족하지 않는 값일 때 #N/A 오류 메시지가 표시됩니다.

현장실무 07

여러 조건을 모두 만족할 때 '합격' 표시하기 — AND, OR 함수

함수 이해를 단숨에

형식	• =AND(조건 1,조건 2,조건 3,……) • =OR(조건 1,조건 2,조건 3,……)
용도	• **AND 함수**: 지정한 여러 개의 조건이 모두 참일 때만 'TRUE', 하나만 거짓이어도 'FALSE' 표시 • **OR 함수**: 지정한 여러 개의 조건 중 하나만 참이어도 'TRUE', 모두 거짓일 때만 'FALSE' 표시
인수	조건 1, 조건 2, 조건 3: 확인할 조건 지정
예시	• =IF(AND(B4>=60,B4<=80),"○","×") → B4셀이 60~80 사잇값이면 ○, 그렇지 않으면 × 표시 • =IF(OR(B4<60,B4>80),"×","○") → B4셀이 60~80 사잇값이면 ○, 그렇지 않으면 × 표시 • =IF(AND(E4>=80,F4>=80,G4>=80),"합격","불합격") → E4셀, F4셀, G4셀 모두 80 이상이면 '합격', 그렇지 않으면 '불합격' 표시 • =IF(OR(E4<80,F4<80,G4<80),"불합격","합격") → E4셀, F4셀, G4셀 모두 80 이상이면 '합격', 그렇지 않으면 '불합격' 표시

1 워드, 엑셀, 파워포인트의 각 과정이 모두 80 이상일 때는 '합격'을, 그렇지 않으면 '불합격'을 표시해 볼게요. [Sheet1] 시트에서 세 가지 조건을 모두 만족하는지 확인하기 위해 H4셀을 클릭하고 [수식] 탭-[함수 라이브러리] 그룹-[논리]를 클릭한 후 [IF]를 선택하세요.

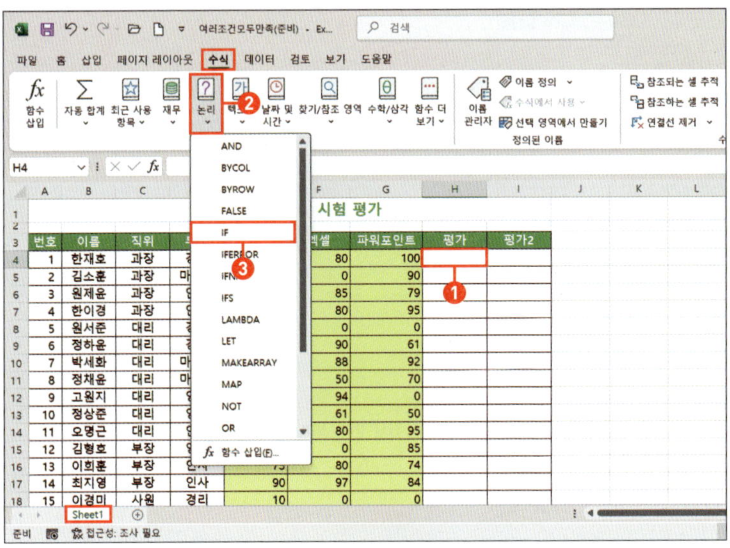

2 IF 함수의 [함수 인수] 대화상자가 열리면 'Logical_test'의 입력 상자에 커서가 있는 상태에서 이름 상자를 클릭하고 [AND]를 선택합니다.

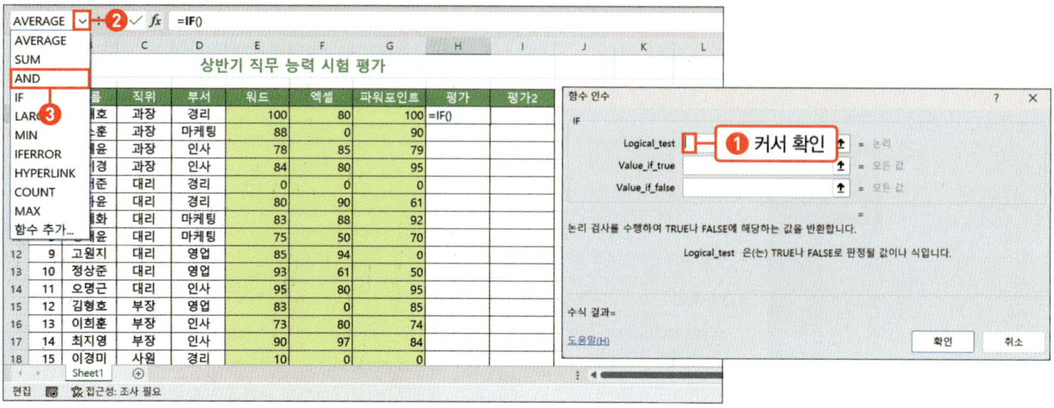

Tip

이름 상자의 목록 단추(⌄)를 클릭했을 때 [AND]가 없으면 164쪽의 '잠깐만요'를 참고하세요.

3 AND 함수의 [함수 인수] 대화상자로 바뀌면 'Logical1'에는 'E4>=80'을, 'Logical2'에는'F4>=80'을, 'Logical3'에는 'G4>=80'을 입력하고 수식 입력줄에서 'IF' 부분을 클릭합니다.

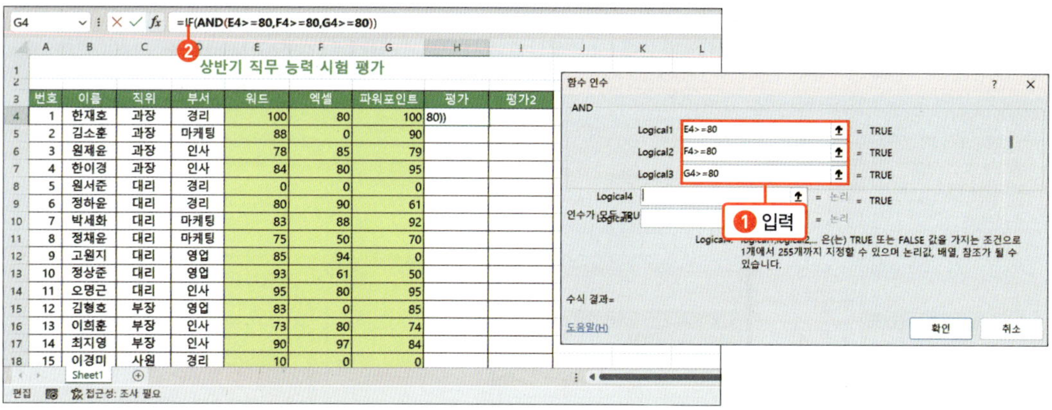

Tip

AND 함수의 [함수 인수] 대화상자에서 곧바로 [확인]을 클릭하면 수식 작성이 완료되면서 IF 함수의 지정이 완성되지 않아 문제가 발생합니다. 여러 개의 함수를 중첩해서 적용하는 함수식인 경우 수식 입력줄에 표시되어 있는 특정 함수의 이름 부분을 클릭하면 해당 함수의 [함수 인수] 대화상자로 바뀝니다.

4 IF 함수의 [함수 인수] 대화상자로 변경되면서 'Logical_test'에 **3** 과정에서 작업한 AND 함수가 표시됩니다. IF 함수의 나머지 인수를 지정하기 위해 'Value_if_true'에는 '"합격"'을, 'Value_if_false'에는 '"불합격"'을 입력하고 [확인]을 클릭하세요.

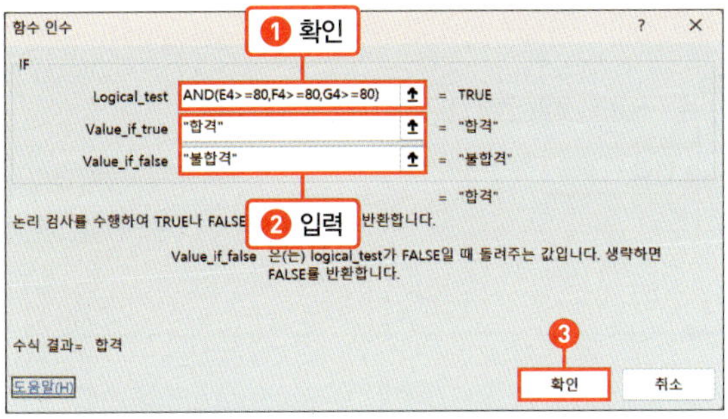

> **Tip**
> [함수 인수] 대화상자를 닫기 전에 수식 입력줄에 표시된 함수식을 확인하면 '=IF(AND(E4>=80,F4>=80,G4>=80),"합격","불합격")'입니다. **1~4** 과정 대신 H4셀에 이 함수식을 직접 입력해도 됩니다.

5 '한재호' 과장의 '워드', '엑셀', '파워포인트', 이렇게 세 과목의 점수가 모두 80 이상이어서 H4셀에 '합격'이 표시되었습니다. H4셀의 자동 채우기 핸들을 더블클릭해서 나머지 셀에도 함수식을 복사하세요.

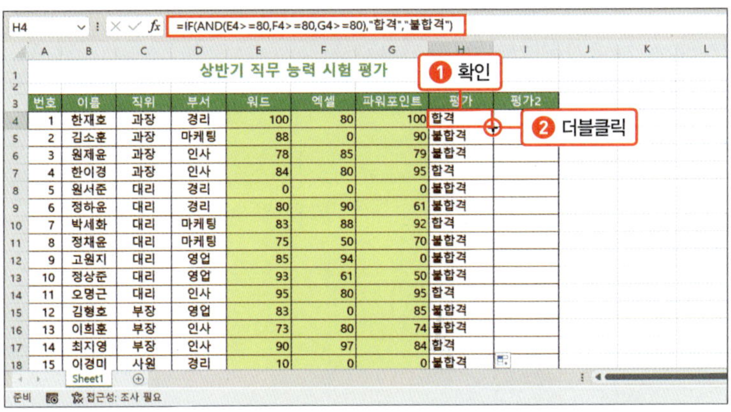

번호	이름	직위	부서	워드	엑셀	파워포인트	평가	평가2
1	한재호	과장	경리	100	80	100	합격	
2	김소훈	과장	마케팅	88	0	90	불합격	
3	원제윤	과장	인사	78	85	79	불합격	
4	한이경	과장	인사	84	80	95	합격	
5	원서준	대리	경리	0	0	0	불합격	
6	정하윤	대리	경리	80	90	61	불합격	
7	박세화	대리	마케팅	83	88	92	합격	
8	정채윤	대리	마케팅	75	50	70	불합격	
9	고원지	대리	영업	85	94	0	불합격	
10	정상준	대리	영업	93	61	50	불합격	
11	오명근	대리	인사	95	80	95	합격	
12	김형호	부장	영업	83	0	85	불합격	
13	이희훈	부장	인사	73	80	74	불합격	
14	최지영	부장	인사	90	97	84	합격	
15	이경미	사원	경리	10	0	0	불합격	

함수식 설명

❷

=IF(AND(E4>=80,F4>=80,G4>=80),"합격","불합격")

❶

여러 개의 함수가 중첩된 함수식에서는 안쪽에 지정된 함수부터 실행합니다.

❶ AND(E4>=80,F4>=80,G4>=80)
AND 함수 안에 지정한 조건이 모두 참이면 'TRUE'를, 하나라도 거짓이면 'FALSE'를 얻습니다. 만약 세 가지 조건이 모두 참이면 AND 함수의 결괏값은 'TRUE'를 얻습니다.

❷ =IF(TRUE,"합격","불합격")
AND 함수를 실행한 결괏값이 IF 함수의 조건으로 사용되어 조건이 'TRUE'이므로 결괏값으로 '합격'을 얻습니다. 만약 AND 함수를 실행한 결과가 'FALSE'이면 IF 함수의 조건이 거짓이 되어서 '불합격'을 표시합니다.

6 I열의 '평가2' 항목에 OR 함수를 이용해 세 과목 중 하나라도 80 미만이면 '불합격'을, 모두 80 이상이면 '합격'을 표시해 볼게요. I4셀에 함수식 '=IF(OR(E4<80,F4<80,G4<80),"불합격","합격")'을 입력하고 Enter를 누르세요.

함수식 설명

=IF(OR(E4<80,F4<80,G4<80),"불합격","합격")

E4셀, F4셀, G4셀 중 하나라도 80 미만이면 '불합격'을, 그렇지 않으면(모두 80 이상이면) '합격'을 표시합니다.

7 I4셀에 '합격'이 표시되었으면 I4셀의 자동 채우기 핸들을 더블클릭합니다. 나머지 셀에도 함수식이 복사되면 H열의 '평가' 항목과 결괏값이 같은지 확인하세요.

잠깐만요 :: 이름 상자에 AND 함수가 보이지 않아요!

이름 상자의 목록 단추(⌵)를 클릭했을 때 AND 함수가 보이지 않으면 [함수 추가]를 선택합니다. [함수 마법사] 대화상자가 열리면 '범주 선택'에서는 [논리]를, '함수 선택'에서는 [AND]를 선택하고 [확인]을 클릭하세요.

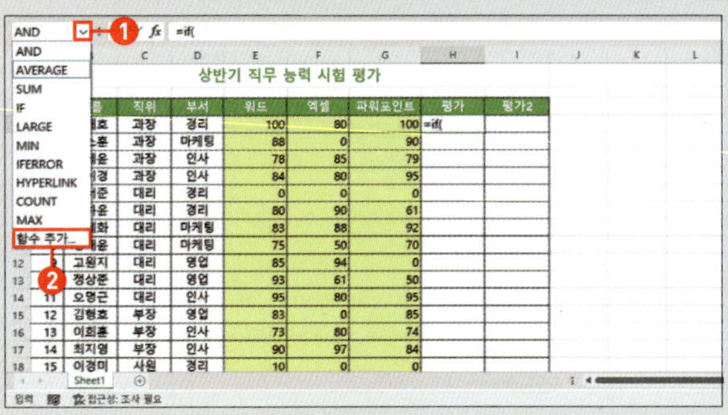

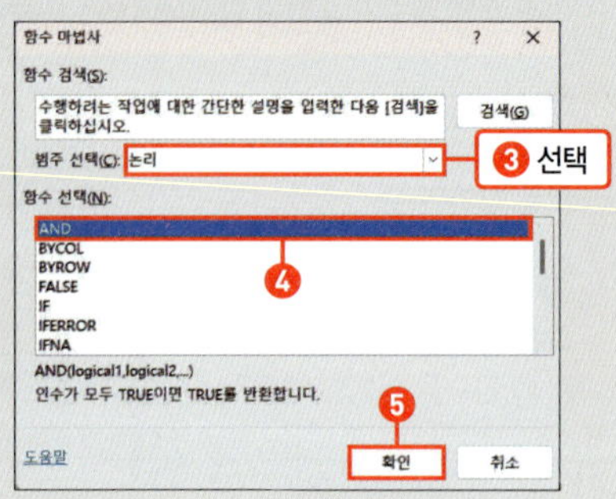

◉ **예제파일** : 오류대신0표시(준비).xlsx ◉ **완성파일** : 오류대신0표시(완성).xlsx

현장실무 08

오류 메시지 대신 '0' 표시하기
— IFERROR 함수

함수 이해를 단숨에

형식	=IFERROR(오류인지 확인할 대상,오류 대신 표시할 값)
용도	지정한 값이 오류이면 그 오류 메시지 대신 원하는 다른 값을 표시할 때 사용
인수	• **오류인지 확인할 대상**: 오류가 있는지 확인할 셀 또는 수식 • **오류 대신 표시할 값**: 지정한 대상이 오류이면 오류 메시지 대신 표시할 값
예시	• =IFERROR(J4,"오류") → J4셀이 오류이면 오류 메시지 대신 '오류'라는 문자 표시 • =IFERROR(J4,0) → J4셀이 오류이면 '0'으로 표시 • =IFERROR(AVERAGE(B4:D4),0) → AVERAGE(B4:D4) 결괏값이 오류이면 오류 메시지 대신 '0'으로 표시

1 세 지점이 모두 '준비 중'인 상품은 평균을 구할 대상이 없어서 #DIV/0! 오류가 표시되는데, 이 오류 메시지가 있는 셀을 참조하는 다른 수식도 계속 오류가 발생하므로 오류 메시지 대신 '0'을 표시하려고 합니다. [Sheet1] 시트에서 H4셀을 클릭하고 [수식] 탭-[함수 라이브러리] 그룹-[논리]를 선택한 후 [IFERROR]를 선택하세요.

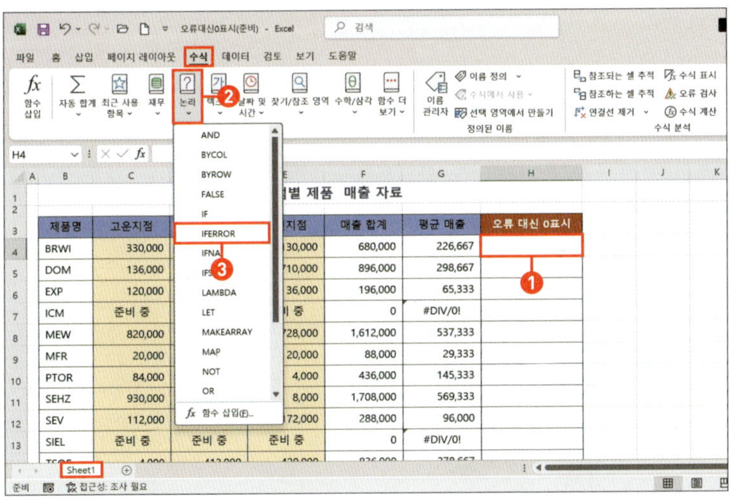

Tip

IFERROR 함수는 오류의 종류에 상관없이 모든 오류를 확인합니다. #N/A 오류인 경우에만 실행하려면 IFNA 함수를 이용하세요. IFNA 함수는 엑셀 2013 버전부터 지원합니다.

2 IFERROR 함수의 [함수 인수] 대화상자가 열리면 'Value'의 입력 상자에 커서가 있는 상태에서 오류 여부를 확인할 대상으로 G4셀을 클릭합니다. 'Value_if_error'에 오류 메시지 대신 표시할 값인 '0'을 입력하고 [확인]을 클릭해 함수식 '=IFERROR(G4,0)'을 완성하세요.

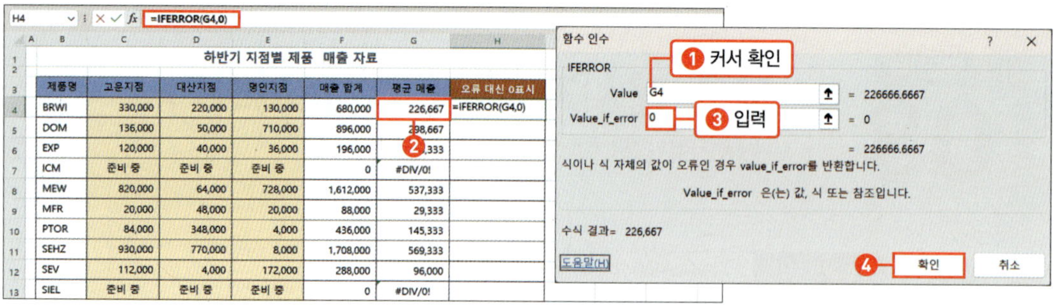

3 H4셀에 결괏값을 구했으면 H4셀의 자동 채우기 핸들을 더블클릭해서 다른 제품에도 함수식을 복사합니다. G7셀과 G13셀에 #DIV/0! 오류 메시지가 표시되었던 평균 매출 결괏값이 H7셀과 H13셀에서는 '0'으로 바뀌었는지 확인하세요.

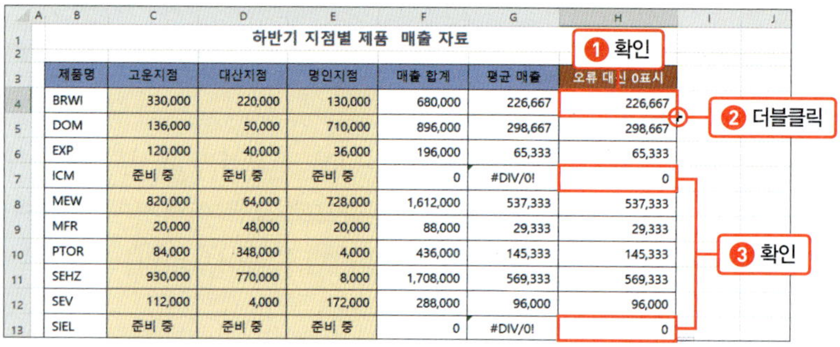

4 G열은 숨기고 최종 결과인 H열만 화면에 표시하기 위해 G열 머리글에서 마우스 오른쪽 단추를 클릭하고 [숨기기]를 선택합니다.

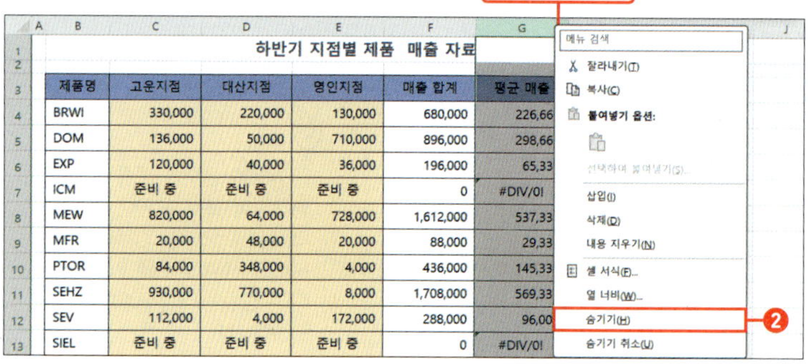

5 H열은 항상 G열의 평균값을 참조하므로 G열을 삭제하면 문제가 발생하므로 G열을 숨겼습니다. G열을 다시 표시하려면 숨겨진 G열이 포함되도록 F열 머리글에서 H열 머리글까지 드래그해 선택하고 선택 영역에서 마우스 오른쪽 단추를 클릭한 후 [숨기기 취소]를 선택하세요.

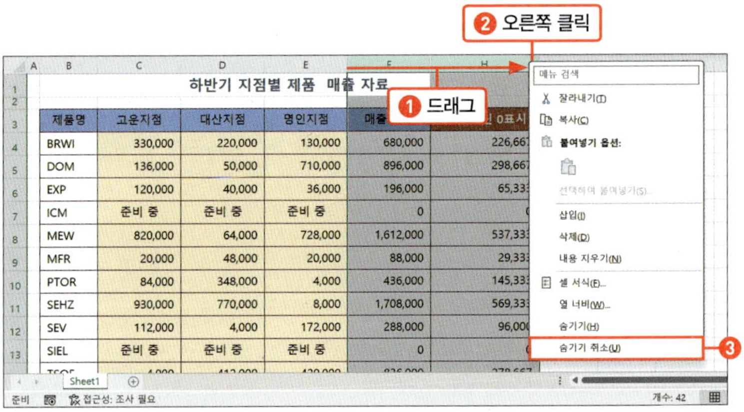

6 G열이 다시 나타나면 G열과 H열의 함수식을 하나의 셀에 중첩해서 표시하고 H열을 삭제해 볼게요. G4셀을 더블클릭해서 함수식을 나타내고 기존의 함수식을 '=IFERROR(AVERAGE(C4:E4),0)'으로 수정한 후 Enter를 누르세요.

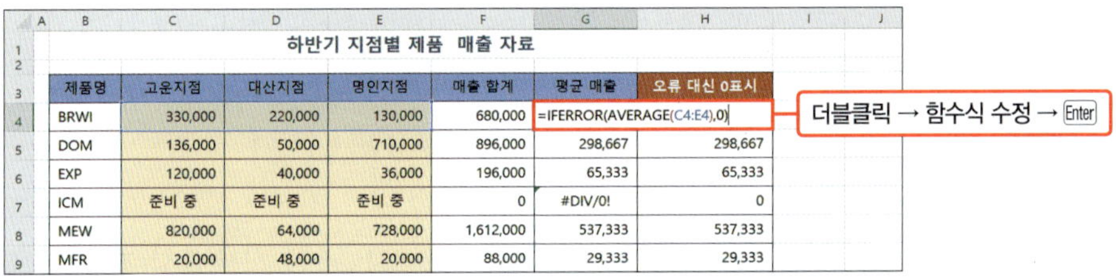

함수식 설명

=IFERROR(AVERAGE(C4:E4),0)

2개의 함수식을 하나로 중첩해서 사용한 함수식입니다. 'AVERAGE(C4:E4)'를 실행한 결괏값에 오류가 발생했으면 IFERROR 함수에 지정한 '0'으로 표시합니다.

7 G4셀에 결괏값을 구했으면 G4셀의 자동 채우기 핸들을 더블클릭해서 다른 제품에도 함수식을 복사합니다. 2개의 함수식을 하나의 셀에 중첩해서 표시해서 H열은 필요 없으므로 H열 머리글에서 마우스 오른쪽 단추를 클릭하고 [삭제]를 선택하세요.

2024 | M365 | 2021 | 2019 | 2016

◉ **예제파일** : 직위별인원수(준비).xlsx ◉ **완성파일** : 직위별인원수(완성).xlsx

필수기능 **09**

직위별로 인원수와 주문 건수 구하기 — COUNTIF, COUNTIFS 함수

함수 이해를 단숨에

형식	=COUNTIF(비교 대상,"조건식") =COUNTIFS(비교 대상 1,"조건식 1",비교 대상 2,"조건식 2",……)
용도	특정 범위에서 지정한 조건에 만족하는 셀의 개수를 구함 • **COUNTIF 함수**: 한 가지 조건만 지정 가능 • **COUNTIFS 함수**: 여러 개의 조건 지정 가능(지정한 모든 조건을 만족하는 개수 구함)
인수	• **비교 대상**: 조건을 비교할 대상 범위. 수식을 복사할 때를 대비해서 절대 참조 지정 • **조건식**: 비교할 조건식 지정
예시	• **=COUNTIF(A2:A15,"<>오렌지")** → A2:A15 범위 안에 '오렌지'가 아닌 것이 몇 개인지 계산 • **=COUNTIF(B2:B15,">=50")** → B2:B15 범위 안에 50 이상인 값이 몇 개인지 계산 • **=COUNTIF(A2:A15,J3)** → A2:A15 범위 안에 J3셀에 입력된 값과 같은 값이 몇 개인지 계산 • **=COUNTIFS(A2:A15,"오렌지",B2:B15,">=30")** → A2:A15 범위에 '오렌지'이면서 B2:B15 범위 안에 있는 값이 30 이상인 두 조건을 모두 만족하는 셀 개수 계산

1 직위별 인원수를 구하기 위해 먼저 직위 목록을 만들어볼게요. [Sheet1] 시트에서 직위 목록이 입력된 D열 머리글을 클릭하고 Ctrl+C를 눌러 D열 전체를 복사한 후 J열 머리글을 클릭하고 Enter를 눌러 붙여넣습니다. 복사한 직위 중에서 중복된 데이터를 지우고 유일한 항목만 남기기 위해 J열을 선택한 상태에서 [데이터] 탭-[데이터 도구] 그룹-[중복된 항목 제거]를 클릭하세요.

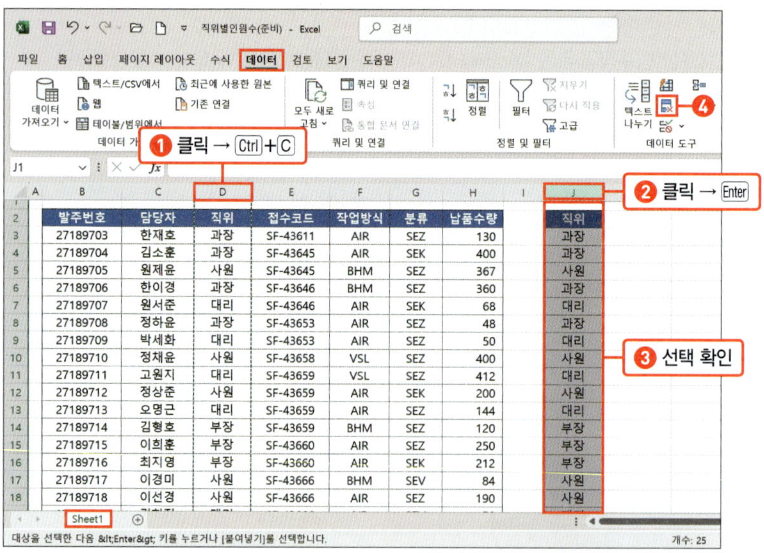

2 [중복된 값 제거] 대화상자가 열리면 [열 J]에 체크 표시되었는지 확인하고 [확인]을 클릭합니다. 19개의 중복된 데이터가 삭제되었다는 메시지 창이 열리면 [확인]을 클릭하세요.

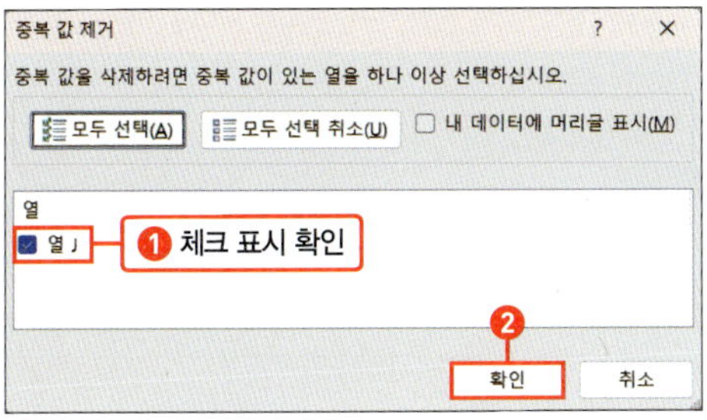

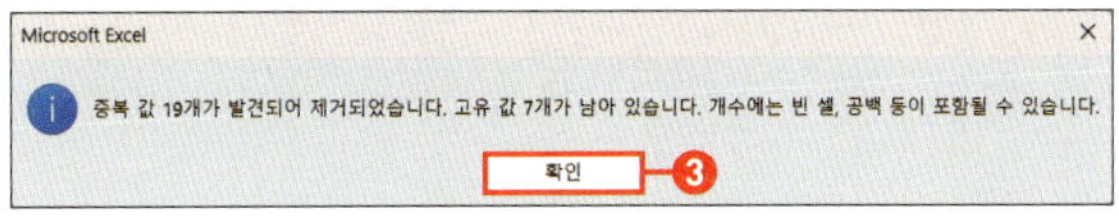

3 J열에 입력된 데이터 중에서 중복된 데이터가 지워지면서 유일한 직위 목록이 표시되었으면 K2셀에는 '인원수'를, L2셀에는 '100개 이상'을 입력하고 Enter를 누릅니다. J열 머리글을 클릭해 J열 전체를 선택하고 [홈] 탭-[클립보드] 그룹-[서식 복사]를 클릭한 후 마우스 포인터가 ✚🖌 모양으로 변경되면 K열 머리글에서 L열 머리글까지 드래그해 선택하세요.

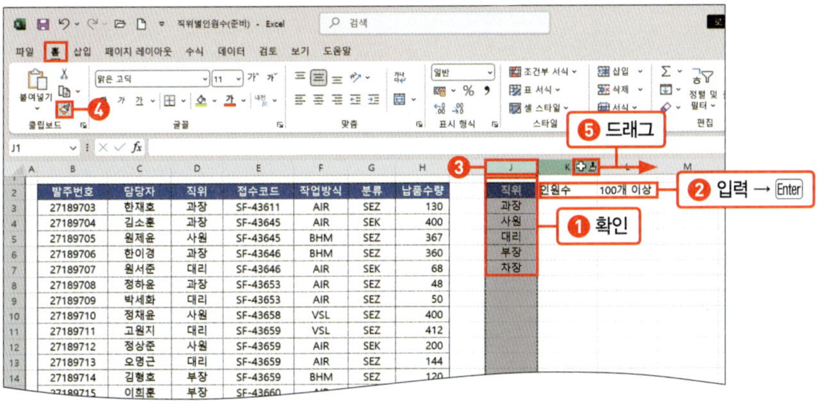

4 J열의 서식이 K열과 L열에 복사되었으면 각 직위별로 인원수가 몇 명인지 알아볼게요. K3셀을 클릭하고 [수식] 탭-[함수 라이브러리] 그룹-[함수 더 보기]를 클릭한 후 [통계]-[COUNTIF]를 선택하세요.

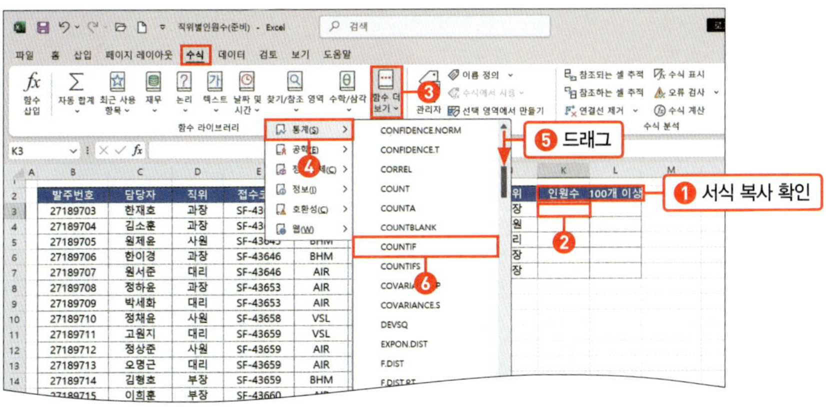

5 COUNTIF 함수의 [함수 인수] 대화상자가 열리면 'Range'의 입력 상자에 커서가 있는 상태에서 D3셀을 클릭하고 Ctrl+Shift+↓를 눌러 '직위' 항목의 데이터 영역인 'D3:D26'을 자동으로 지정하세요.

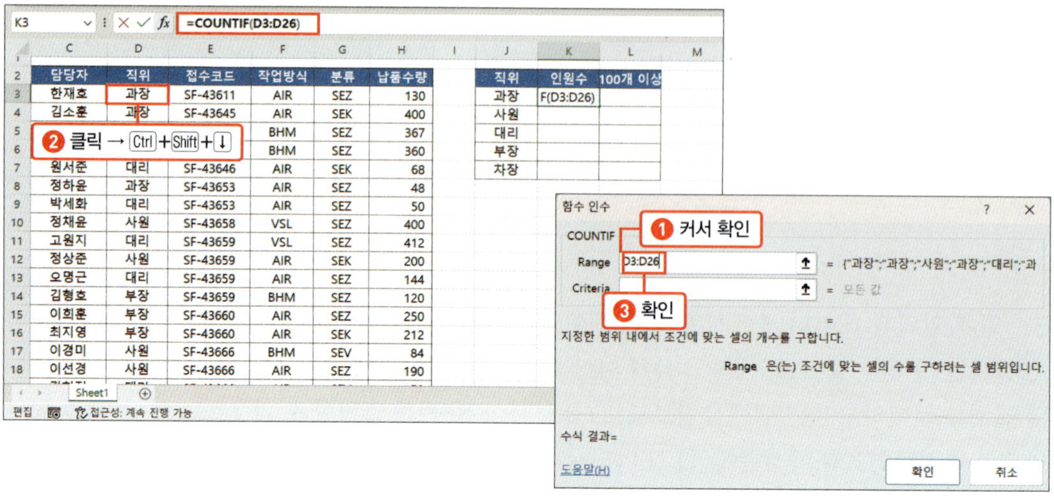

6 F4를 눌러 셀 주소를 절대 참조 방식($D$3:$D$26)으로 변경합니다. 'Criteria'의 입력 상자에 커서를 올려놓고 J3셀을 클릭해 'J3'을 지정한 후 [확인]을 클릭하세요.

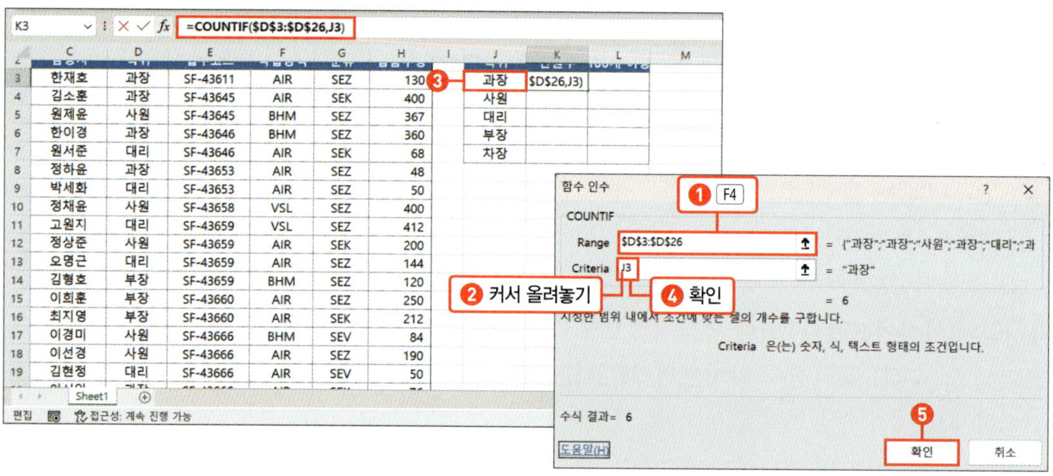

함수식 설명

=COUNTIF($D$3:$D$26,J3)

첫 번째 인수로 지정한 비교 대상인 $D$3:$D$26 범위는 절대 참조이므로 어떤 직위를 찾든지 항상 같은 범위에서 데이터를 찾겠다는 의미입니다. 두 번째 인수는 찾을 값이 무엇인지 조건을 지정하는데, 'J3'을 설정했으므로 J3셀에 입력된 '과장'을 찾는 조건이 실행됩니다. 이 함수식을 아래쪽으로 복사하면 J3셀은 J4셀, J5셀, J6셀로, 찾을 조건은 '과장', '대리', '사원'으로 바뀝니다.

7 K3셀에 J3셀에 입력된 '과장'과 같은 직위를 가진 인원수를 구했으면 K3셀의 자동 채우기 핸들을 더블클릭해서 다른 직위에도 인원수를 구하세요.

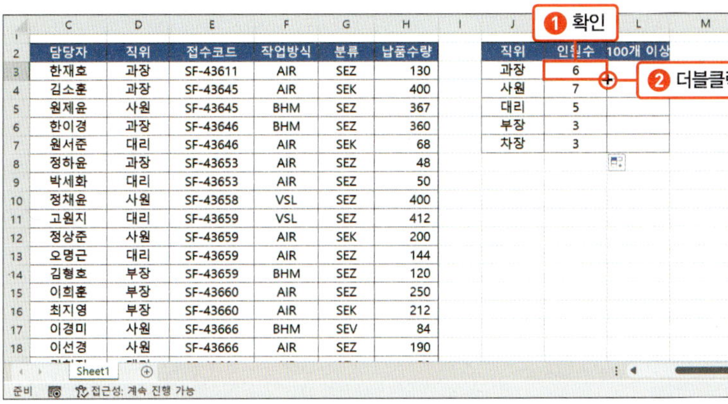

8 각 직위별로 H열의 납품 수량이 100개 이상인 주문 건수를 알아볼게요. L3셀을 클릭하고 [수식] 탭-[함수 라이브러리] 그룹-[함수 더 보기]를 클릭한 후 [통계]-[COUNTIFS]를 선택하세요.

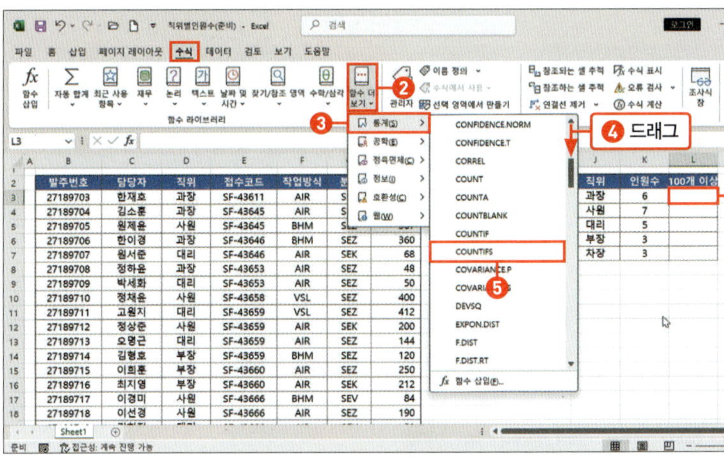

Tip

조건이 1개이면 COUNTIF 함수를, 조건이 2개 이상이면 COUNTIFS 함수를 이용하세요.

9 COUNTIFS 함수의 [함수 인수] 대화상자가 열리면 'Criteria_range1'에는 직위를 비교할 대상 영역으로 '$D$3:$D$26'을, 'Criteria1'에는 J3셀을 클릭해 'J3'을 지정합니다.

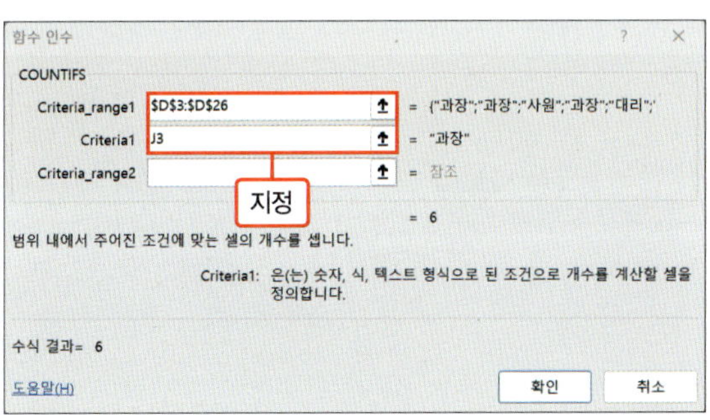

10 'Criteria_range2'에는 납품 수량을 비교할 대상 영역으로 '$H$3:$H$26'을 지정합니다. 'Criteria2'에는 납품 수량이 100개 이상인 조건을 지정하기 위해 '">=100"'을 입력하고 [확인]을 클릭하세요.

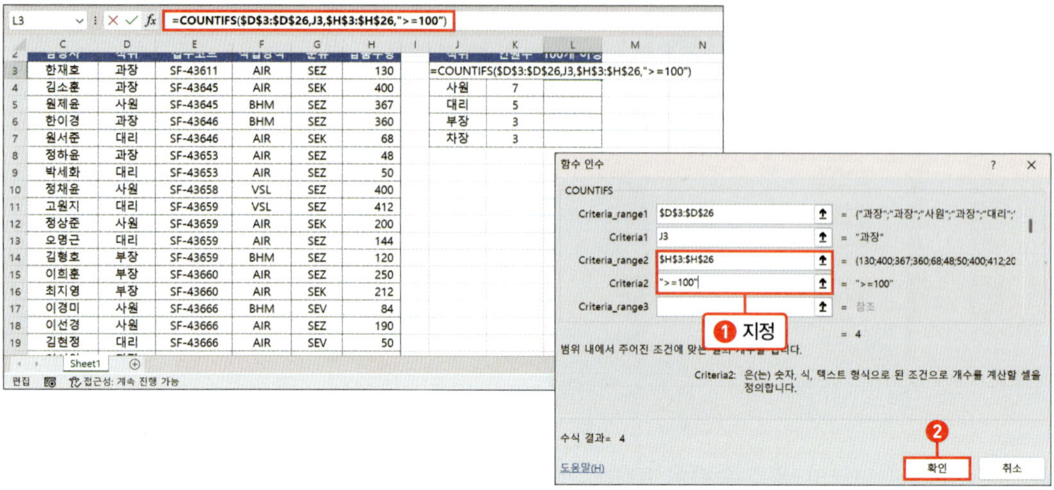

함수식 설명

=COUNTIFS($D$3:$D$26,J3,$H$3:$H$26,">=100")

첫 번째 조건은 $D$3:$D$26 범위가 J3셀 값과 같은지 확인하고, 두 번째 조건은 $H$3:$H$26 범위가 100보다 큰 값인지 확인해서 2개의 조건을 모두 만족하는 셀의 개수를 구합니다.

11 L3셀에 직위가 과장이면서 납품 수량이 100개 이상인 셀의 개수가 '4'로 표시되었습니다. L3셀의 자동 채우기 핸들을 더블클릭해서 나머지 셀에도 함수식을 복사하세요.

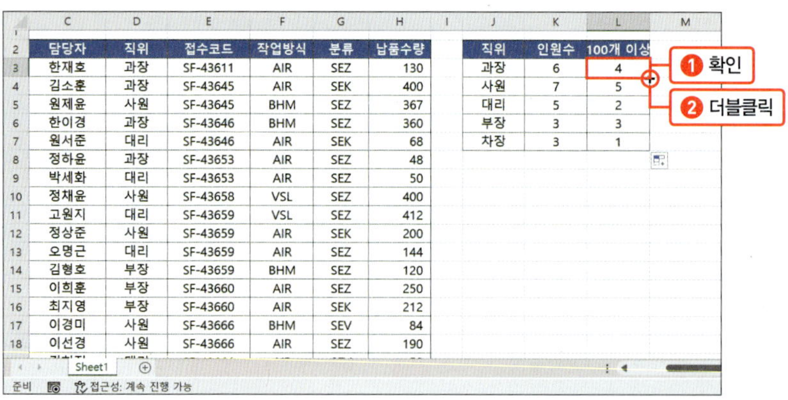

◉ **예제파일** : 작업방식별납품수량합(준비).xlsx ◉ **완성파일** : 작업방식별납품수량합(완성).xlsx

필수기능 **10**

작업 방식별로 납품 수량의 합 구하기 – SUMIF, SUMIFS 함수

함수 이해를 단숨에

형식	• =SUMIF(비교 대상,"조건식",합을 구할 대상) • =SUMIFS(합을 구할 대상,비교 대상 1,"조건식 1",비교 대상 2,"조건식 2",……)
용도	특정 범위에서 지정한 조건에 만족하는 셀의 합계를 구함 • **SUMIF 함수**: 한 가지 조건만 지정 가능 • **SUMIFS 함수**: 여러 개의 조건 지정 가능(지정한 모든 조건에 만족하는 합계 구함)
인수	• **비교 대상**: 조건을 비교할 대상 범위. 수식을 복사할 때를 대비해서 절대 참조 지정 • **조건식**: 비교할 조건식 지정 • **합을 구할 대상**: 조건에 만족하는 셀의 합을 구할 대상. 수식 복사할 때를 대비해서 절대 참조 지정

1 [Sheet1] 시트에서 K3셀을 클릭하고 [수식] 탭-[함수 라이브러리] 그룹-[수학/삼각]을 클릭한 후 [SUMIF]를 선택합니다.

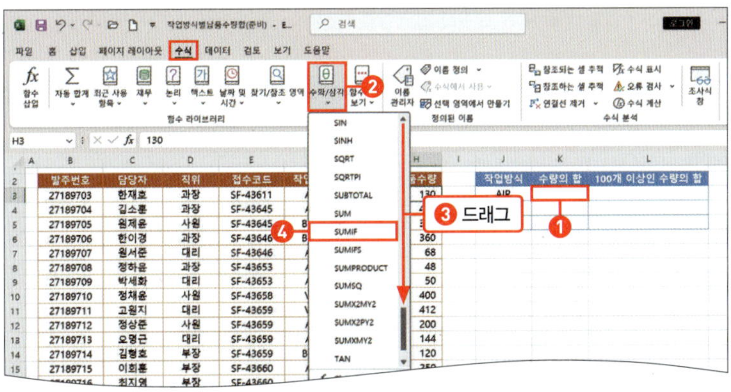

2 SUMIF 함수의 [함수 인수] 대화상자가 열리면 'Range'에는 '$F$3:$F$26'을, 'Criteria'에는 'J3'을, 'Sum_range'에는 '$H$3:$H$26'을 지정하고 [확인]을 클릭합니다.

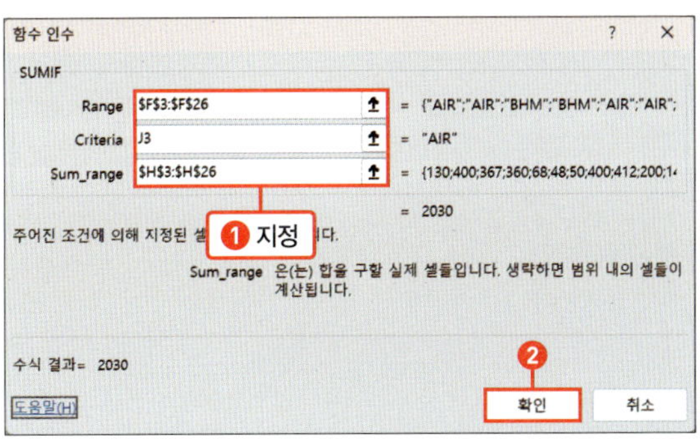

Tip

인수에 값을 지정할 때 'Range' 인수의 입력 상자에 F3셀을 클릭하고 Ctrl+Shift+↓를 눌러 '작업방식' 항목의 전체 범위인 'F3:F26'을 표시한 후 F4를 눌러 절대 참조($F$3:$F$26)로 범위를 지정하세요. 이와 같은 방법으로 'Sum_range'에도 '$H$3:$H$26'을 지정하세요.

3 K3셀에 'AIR' 작업 방식에 대한 수량의 합을 구했으면 K3셀의 자동 채우기 핸들을 더블클릭해서 다른 작업 방식에 대한 수량의 합계도 구하세요.

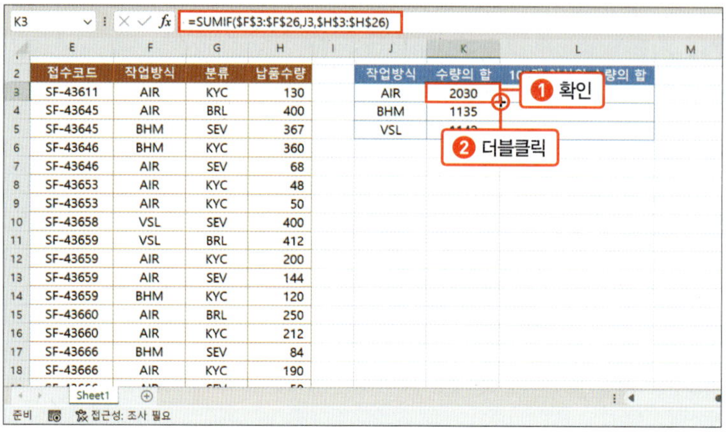

함수식 설명

=SUMIF($F$3:$F$26,J3,$H$3:$H$26)

$F$3:$F$26 범위의 값이 J3셀에 입력된 'AIR'와 같은 데이터를 찾아 $H$3:$H$26 범위에 입력된 수량의 합계를 구합니다. 어떤 작업 방식을 찾든지 비교 대상이나 합을 구할 대상 영역은 함수식을 복사해도 항상 같은 영역에서 찾아야 하므로 절대 참조로 설정해야 합니다.

4 이번에는 각 작업 방식별로 100개 이상 납품한 데이터만의 합계를 함수 마법사를 사용하지 않고 직접 함수식을 입력하는 방식으로 구해볼게요. L3셀에 '=SU'를 입력하고 'SU'로 시작하는 함수 목록이 표시되면 [SUMIFS]를 더블클릭하세요.

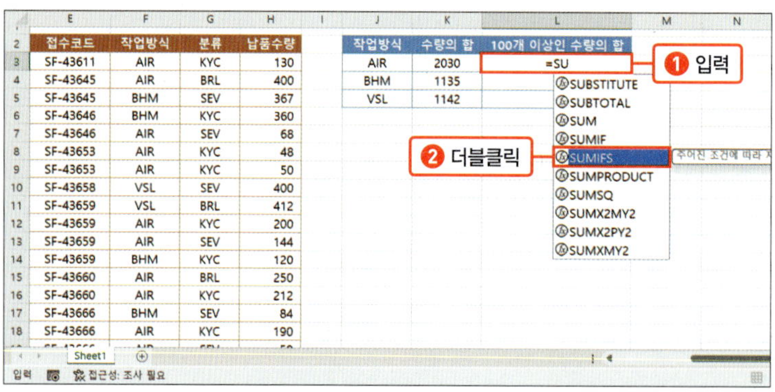

Tip

조건이 하나이면 SUMIF 함수를, 조건이 2개 이상이면 SUMIFS 함수를 사용하세요.

5 '=SUMIFS('가 표시되면 합을 구할 대상 영역인 H3셀을 클릭하고 Ctrl+Shift+↓를 눌러 'H3:H26'을 표시합니다. F4를 눌러 '$H$3:$H$26'과 같이 절대 참조로 변경하고 그 뒤에 ','를 입력하세요.

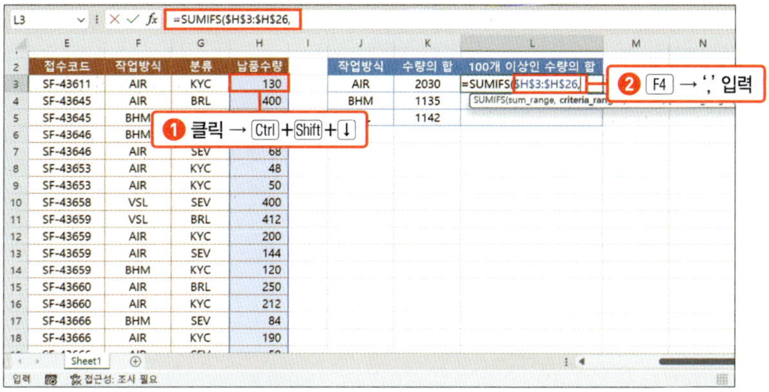

6 계속 이어서 첫 번째 조건을 지정할 비교 영역으로 F3셀을 클릭하고 Ctrl+Shift+↓를 눌러 'F3:F26'을 표시합니다. F4를 눌러 '$F$3:$F$26'과 같이 절대 참조로 변경하고 그 뒤에 ','를 입력하세요.

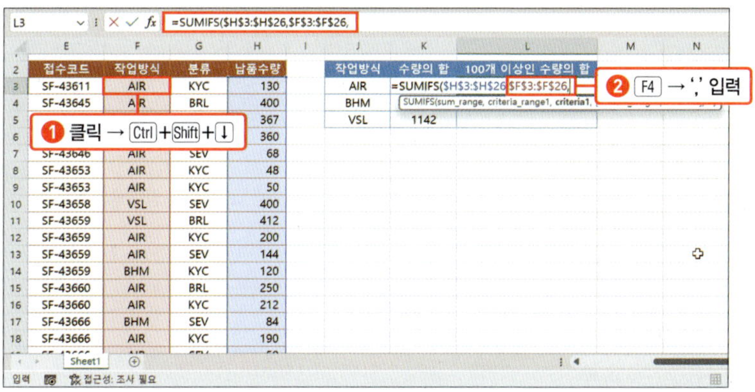

7 계속 이어서 첫 번째 조건으로 사용할 J3셀을 클릭하고 ','를 입력합니다.

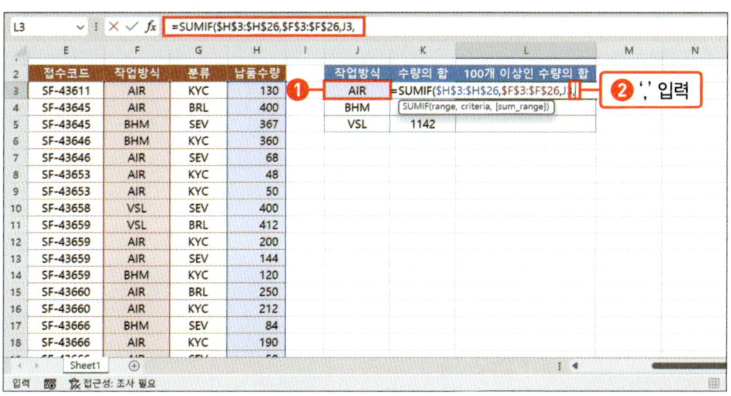

8 계속 이어서 두 번째 조건을 비교할 대상 영역으로 H3셀을 클릭하고 Ctrl+Shift+↓를 눌러 'H3:H26'을 표시합니다. F4를 눌러 '$H$3:$H$26'과 같이 절대 참조로 변경하고 그 뒤에 ','를 입력하세요.

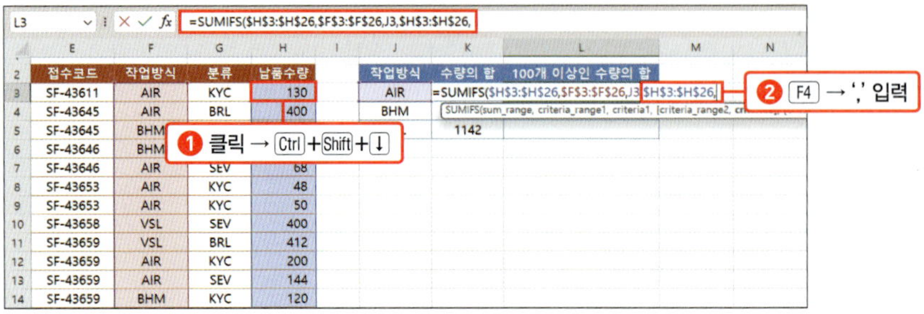

9 계속 이어서 두 번째 조건으로 사용할 '">=100")'을 입력하고 Enter를 누릅니다.

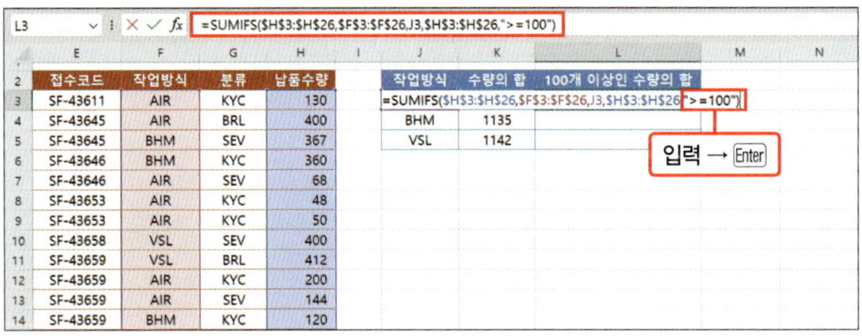

Tip

SUMIF 함수나 SUMIFS 함수에서 조건식을 지정할 때 비교 연산자와 함께 지정하려면 반드시 큰따옴표("")로 묶어서 입력해야 합니다.

함수식 설명

=SUMIFS($H$3:$H$26,$F$3:$F$26,J3,$H$3:$H$26,">=100")

$H$3:$H$26 영역의 합을 구하는데, 첫 번째 조건은 $F$3:$F$26 범위가 J3셀에 입력된 'AIR'와 같고, 두 번째 조건은 $H$3:$H$26 범위가 100보다 크거나 같은 조건으로, 두 가지 조건을 모두 만족하는 값만의 합을 구합니다.

10 L3셀에 'AIR' 작업 방식 중에서 납품 수량이 100개 이상인 수량의 합을 구했습니다. L3셀의 자동 채우기 핸들을 더블클릭해서 나머지 작업 방식에도 함수식을 복사하세요.

◉ **예제파일** : 분류별납품수량평균(준비).xlsx ◉ **완성파일** : 분류별납품수량평균(완성).xlsx

필수기능 **11**

작업 방식에 따른 납품 수량의 평균 구하기 — AVERAGEIF, AVERAGEIFS 함수

함수 이해를 단숨에

형식	=AVERAGEIF(비교 대상,"조건식",평균을 구할 대상) =AVERAGEIFS(평균을 구할 대상,비교 대상 1,"조건식 1",비교 대상 2,"조건식 2",……)
용도	특정 범위에서 지정한 조건에 만족하는 셀의 평균을 구함 • **AVERAGEIF 함수**: 한 가지 조건만 지정 가능 • **AVERAGEIFS 함수**: 여러 개의 조건 지정 가능(지정한 모든 조건을 만족하는 평균 구함)
인수	• **비교 대상**: 조건을 비교할 대상 범위. 수식을 복사할 때를 대비해서 절대 참조 지정 • **조건식**: 비교할 조건식 지정 • **평균을 구할 대상**: 조건에 만족하는 셀의 평균을 구할 대상. 수식을 복사할 때를 대비해서 절대 참조 지정

1 [Sheet1] 시트에서 K3셀을 클릭하고 [수식] 탭-[함수 라이브러리] 그룹-[함수 더 보기]를 클릭한 후 [통계]-[AVERAGEIF]를 선택합니다.

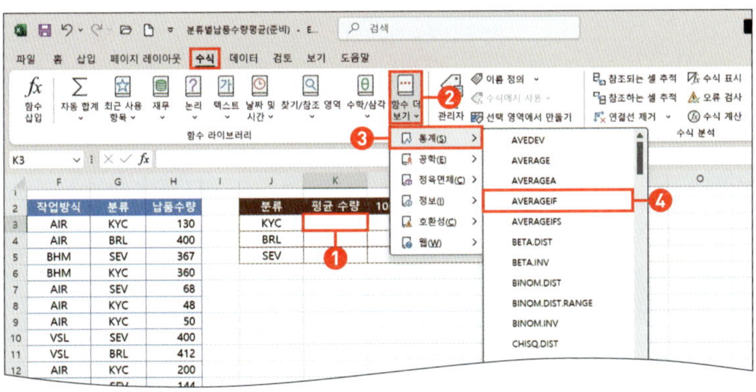

2 AVERAGEIF 함수의 [함수 인수] 대화상자가 열리면 'Range'에는 조건을 비교할 영역으로 '$G$3:$G$26'을, 'Criteria'에는 조건값으로 'J3'을, 'Average_range'에는 평균을 구할 대상 영역으로 '$H$3:$H$26'을 지정하고 [확인]을 클릭합니다.

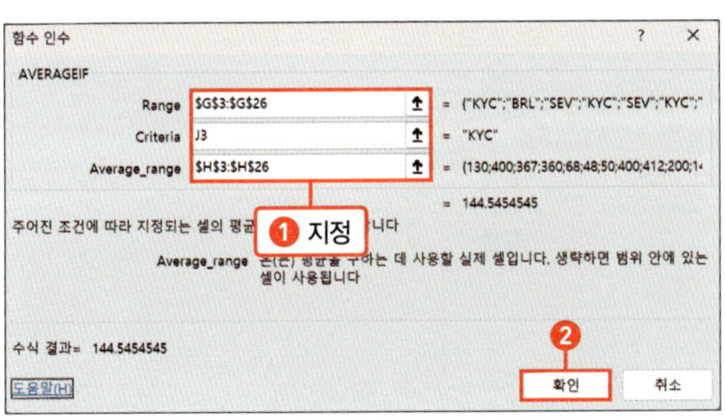

Tip
조건이 하나이면 AVERAGEIF 함수를, 조건이 2개 이상이면 AVERAGEIFS 함수를 사용하세요.

3 K3셀에 '분류'가 'KYC'인 납품 수량의 평균을 구했으면 K3셀의 자동 채우기 핸들을 더블클릭해서 나머지 셀에도 함수식을 복사합니다.

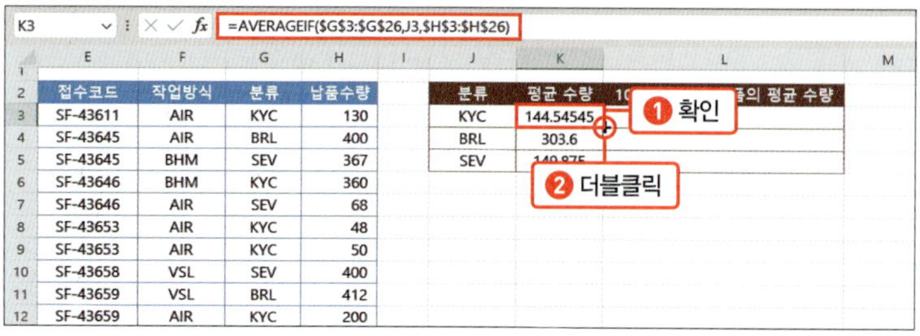

4 각 분류 방식에 따라 납품 수량이 100개 이상인 발주의 평균을 구해볼게요. L3셀에 함수식 '=AVERAGEIFS($H$3:$H$26,$G$3:$G$26,J3,$H$3:$H$26,">=100")'을 입력하고 Enter를 누르세요.

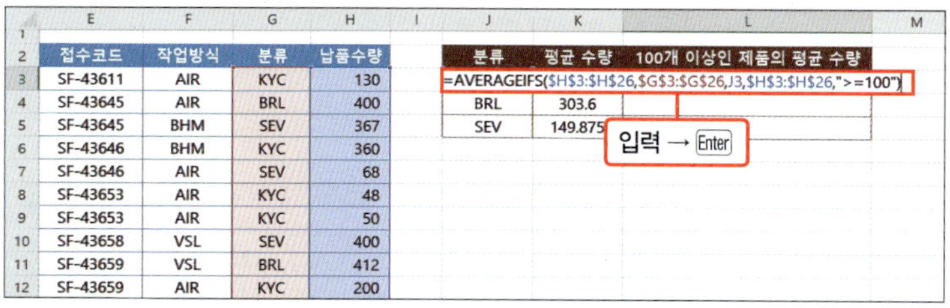

Tip

AVERAGEIF 함수나 AVERAGEIFS 함수에서 조건식을 지정할 때 비교 연산자와 함께 지정하려면 반드시 큰따옴표("")로 묶어서 입력해야 합니다.

함수식 설명

=AVERAGEIFS($H$3:$H$26,$G$3:$G$26,J3,$H$3:$H$26,">=100")

$H$3:$H$26 영역의 평균을 구하는데, 첫 번째 조건은 $G$3:$G$26 범위의 '분류'가 J3셀에 입력된 'KYC'와 같습니다. 그리고 두 번째 조건은 $H$3:$H$26 범위가 100보다 크거나 같은 조건으로, 두 가지 조건을 모두 만족하는 값만의 평균을 구합니다.

5 L3셀에 '분류'가 'KYC'이면서 납품 수량이 100개 이상인 제품의 평균 수량을 구했으면 L3셀의 자동 채우기 핸들을 더블클릭해서 나머지 셀에도 함수식을 복사합니다.

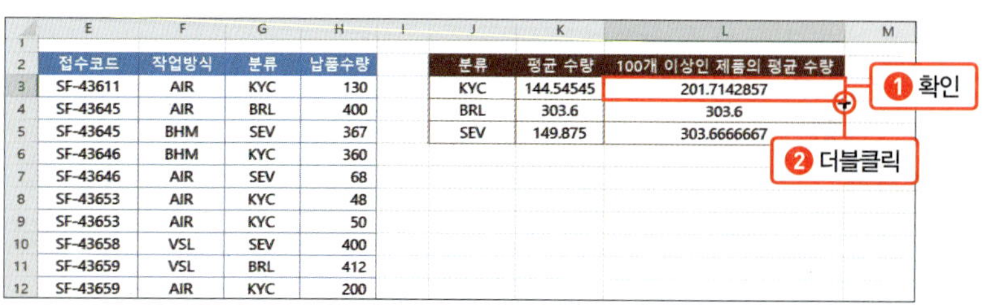

필수기능 12

텍스트에서 몇 개의 문자만 추출하기 — LEFT, RIGHT, MID 함수

함수 이해를 단숨에

형식	• =LEFT(대상 텍스트,필요 문자 개수) • =RIGHT(대상 텍스트,필요 문자 개수) • =MID(대상 텍스트,시작 위치,필요 문자 개수)
용도	• **LEFT 함수**: 특정 문자열에서 원하는 개수만큼 왼쪽에서 문자 추출 • **RIGHT 함수**: 특정 문자열에서 원하는 개수만큼 오른쪽에서 문자 추출 • **MID 함수**: 특정 문자열에서 원하는 위치에서 몇 개의 문자 추출
인수	• **대상 텍스트**: 사용할 문자열이 입력된 셀 또는 값 • **필요 문자 개수**: 필요한 문자의 개수 • **시작 위치**: 문자를 추출할 시작 위치

1 '성명' 항목에서 첫 글자에 해당하는 성만 표시해 볼게요. [Sheet1] 시트에서 G5셀을 클릭하고 [수식] 탭-[함수 라이브러리] 그룹-[텍스트]를 클릭한 후 [LEFT]를 선택하세요.

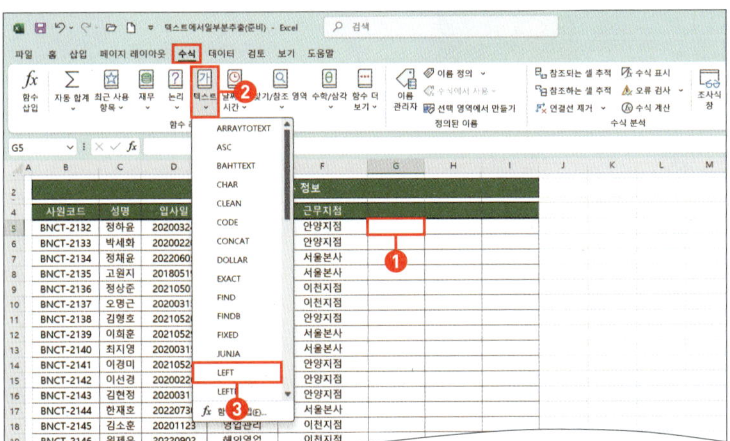

2 LEFT 함수의 [함수 인수] 대화상자가 열리면 'Text' 입력 상자에 커서를 올려놓고 C5셀을 클릭해 지정합니다. 'Num_Chars'에 '1'을 입력하고 [확인]을 클릭하세요.

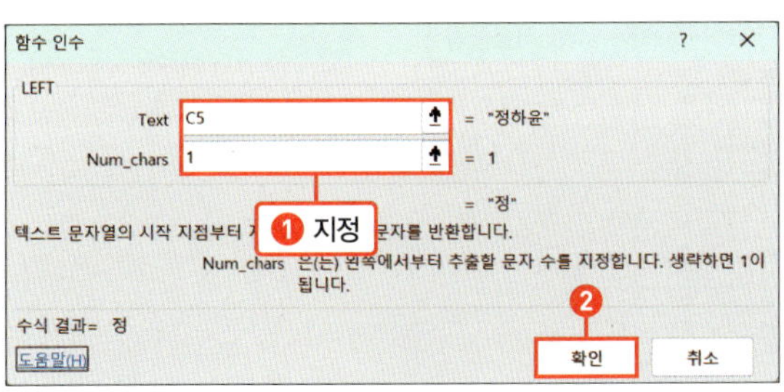

3 G5셀에 함수식 '=LEFT(C5,1)'이 완성되면 C5셀에 입력된 텍스트에서 왼쪽부터 1개의 문자열을 가져와서 '정'이 표시되었습니다. G5셀의 자동 채우기 핸들을 더블클릭해 다른 셀에도 함수식을 복사하세요.

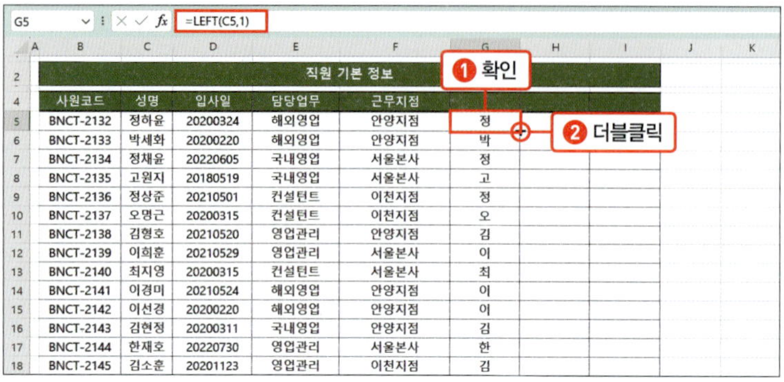

4 H5셀에 함수식 '=RIGHT(B5,4)'를 입력하고 Enter를 누릅니다. B5셀에 '사원코드' 항목의 코드값에서 오른쪽 끝에서부터 4개의 문자만 추출되어 '2132'만 표시되었으면 H5셀의 자동 채우기 핸들을 더블클릭해서 나머지 셀에도 함수식을 복사하세요.

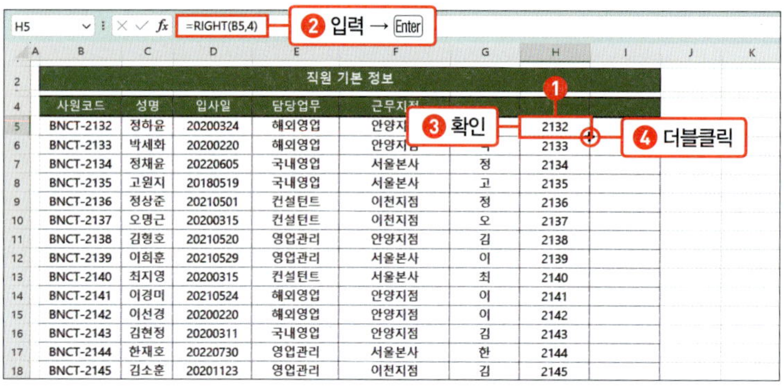

5 I5셀에 함수식 '=MID(D5,5,2)'를 입력하고 Enter를 누릅니다. D5셀에 '입사일' 항목에서 다섯 번째 있는 값부터 두 글자를 뽑아내어 월에 해당하는 '03'이 표시되면 I5셀의 자동 채우기 핸들을 더블클릭해서 나머지 셀에도 함수식을 복사하세요.

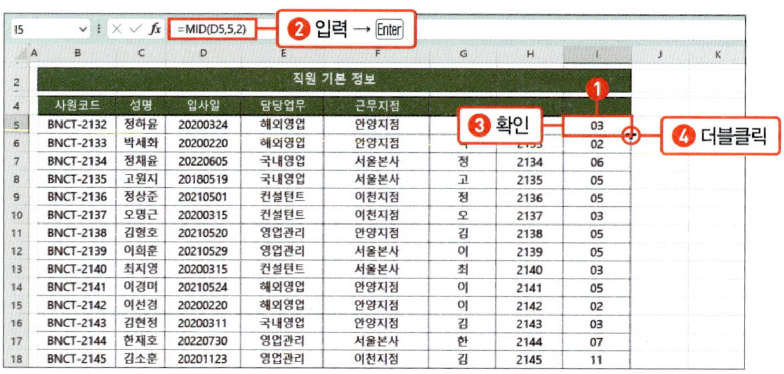

◉ **예제파일** : 특정문자위치확인(준비).xlsx ◉ **완성파일** : 특정문자위치확인(완성).xlsx

현장실무 13

문자열에서 특정 문자의 위치 표시하기 — FIND, SEARCH 함수

함수 이해를 단숨에

형식	=FIND(찾을 문자,비교 대상,시작 위치) =SEARCH(찾을 문자,비교 대상,시작 위치)
용도	지정한 문자열에서 원하는 글자가 몇 번째에 있는지 해당 위치를 알아냄 • **FIND 함수**: 영문자의 대소문자를 구분해서 찾고 와일드카드(*, ?) 사용 불가 • **SEARCH 함수**: 영문자의 대소문자를 구분하지 않고 찾고 와일드카드(*, ?) 사용 가능
인수	• **찾을 문자**: 찾으려는 문자 • **비교 대상**: 찾을 문자를 비교할 대상 텍스트가 입력된 셀 또는 문자열 • **시작 위치**: 찾을 문자를 몇 번째 위치부터 찾을지 시작 위치 지정
예시	• =FIND("(",B2,1) → B2셀에 입력된 값에서 '('가 몇 번째 위치하는지 숫자값 표시 • =SEARCH("to",A13,3) → A13셀에 세 번째 문자 이후로 'to'가 몇 번째 위치하는지 값 표시

1 제품명에서 '('가 입력된 위치를 찾아볼게요. [Sheet1] 시트에서 C2셀을 클릭하고 [수식] 탭-[함수 라이브러리] 그룹-[텍스트]를 클릭한 후 [FIND]를 선택하세요. FIND 함수의 [함수 인수] 대화상자가 열리면 다음과 같이 지정하고 [확인]을 클릭하세요.

- Find_text: 찾을 문자로 '"("' 입력
- Within_text: 비교해서 찾을 데이터로 'B2' 지정
- Start_num: 찾을 시작 위치로 '1'을 입력하여 맨 앞에서부터 찾도록 지정. 입력한 값이 1인 경우에 생략 가능

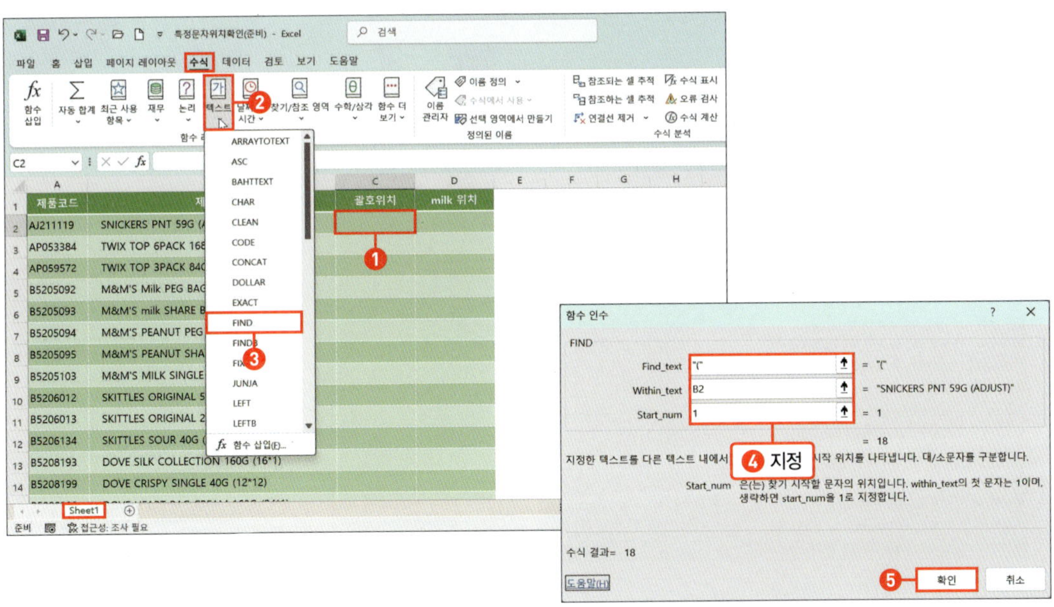

2 C2셀에 함수식 '=FIND("(",B2,1)'이 완성되면서 B2셀에 입력된 제품 이름에 '('가 있는 위치인 '18'이 표시되었으면 C2셀의 자동 채우기 핸들을 더블클릭해서 나머지 제품에도 함수식을 복사합니다. 제품명에 '('가 없으면 찾는 문자가 없다는 의미로 #VALUE! 오류가 발생합니다.

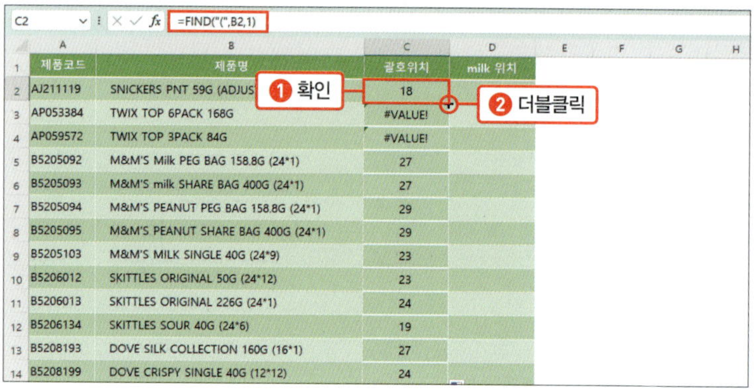

Tip
#VALUE! 오류가 발생하는 셀에 오류 메시지 대신 '괄호없음'을 표시하려면 IFERROR 함수를 이용해 '=IFERROR(FIND("(",B2,1),"괄호없음")'을 작성하세요.

3 D열의 'milk 위치' 항목에 제품명에서 단어 'milk'가 포함된 위치를 표시해 볼게요. D2셀에 '=FI'를 입력하고 함수 목록이 표시되면 [FIND]를 더블클릭하세요.

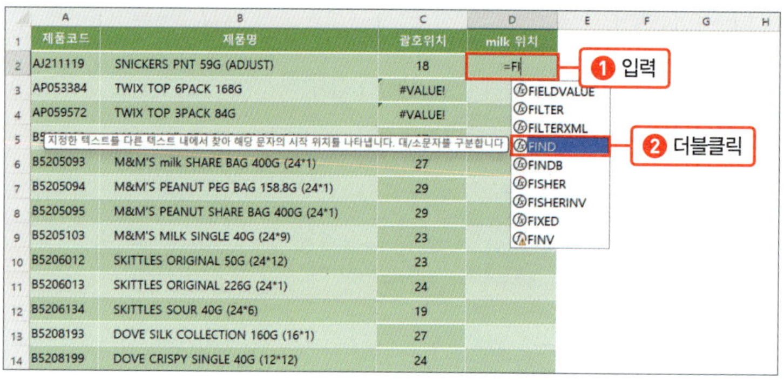

4 자동으로 '=FIND('가 표시되면 계속 이어서 '"milk",B2,1)'을 입력하고 Enter를 누릅니다.

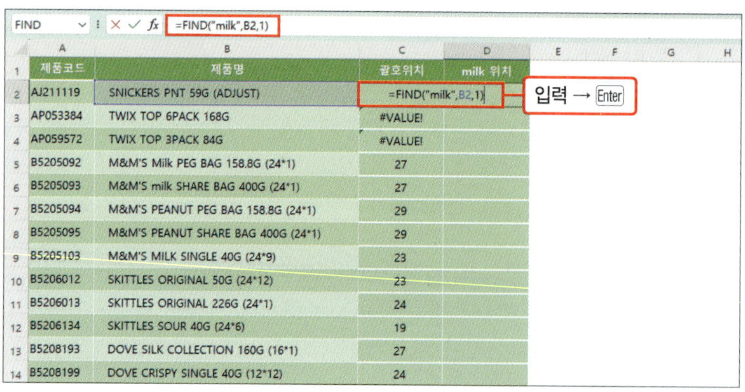

5 D2셀에 함수식 '=FIND("milk",B2,1)'이 완성되었지만 B2셀에 'milk' 단어가 없어서 #VALUE! 오류가 발생했어요. D2셀의 자동 채우기 핸들을 더블클릭해서 함수식을 복사하는데, '제품명' 항목에 'Milk'(D5셀)나 'MILK'(D9셀) 단어가 있어도 오류가 발생합니다. 왜냐하면 FIND 함수는 영문자의 대소문자를 구분하므로 소문자 'milk'만 찾기 때문입니다.

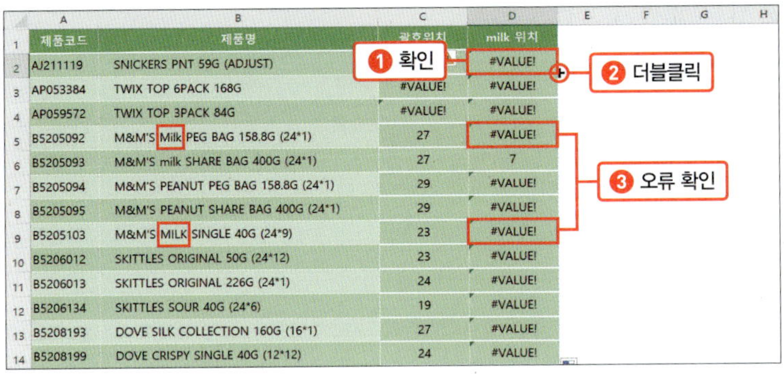

Tip
B6셀에는 일곱 번째 위치에 'milk'가 입력되어 있어서 결괏값 '7'이 표시됩니다.

6 영문자의 대소문자를 구분하지 않고 모든 'milk'를 찾아볼게요. D2셀을 더블클릭해 함수식을 표시하고 'FIND' 대신 'SEARCH'로 함수 이름을 변경한 후 Enter를 누르세요.

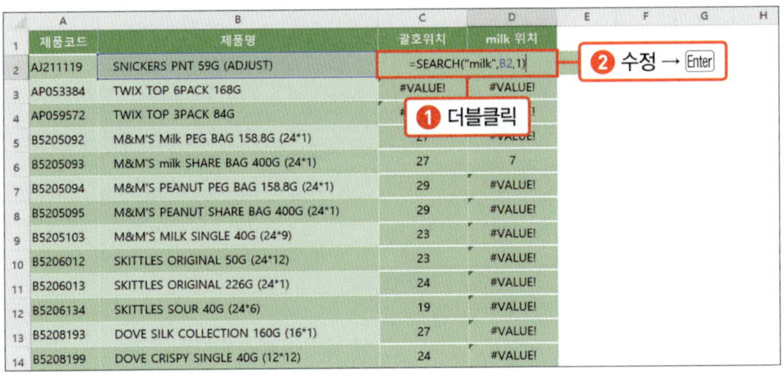

7 D2셀의 함수식을 수정했으면 D2셀의 자동 채우기 핸들을 더블클릭해서 나머지 셀에도 함수식을 복사합니다. '제품명' 항목에서 'Milk'(D5셀)나 'MILK'(D9셀)가 있는 셀에도 위치값이 표시되었는지 확인합니다.

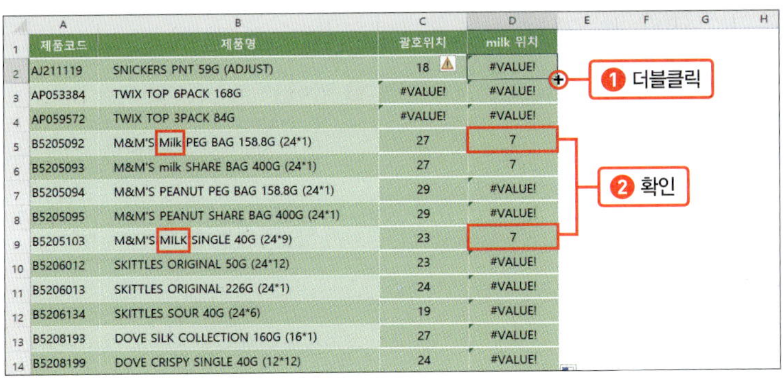

2024 M365 2021 2019 2016

◉ **예제파일** : 문자열의일부분만교체(준비).xlsx ◉ **완성파일** : 문자열의일부분만교체(완성).xlsx

현장실무 14

번호의 여덟 번째 자리부터 *** 표시하기 — REPLACE 함수

함수 이해를 단숨에	
형식	=REPLACE(기존 문자,시작 위치,바꿀 문자 개수,새로 넣을 문자)
용도	지정한 문자열에서 몇 번째부터 몇 개의 문자를 다른 문자로 대체
인수	• **기존 문자**: 문자를 바꿀 데이터가 입력된 셀 또는 문자열 • **시작 위치**: 바꿀 문자의 시작 위치 • **바꿀 문자 개수**: 바꿀 문자 개수 • **새로 넣을 문자**: 새로 넣을 문자

1 데이터를 인쇄할 때 C열에 입력된 파트 번호에서 뒷번호를 숨기고 인쇄해 볼게요. [Sheet1] 시트에서 D3셀을 클릭하고 [수식] 탭-[함수 라이브러리] 그룹-[텍스트]를 클릭한 후 [REPLACE]를 선택합니다. REPLACE 함수의 [함수 인수] 대화상자가 열리면 다음과 같이 지정하고 [확인]을 클릭하세요.

- Old_text: 현재 데이터가 입력된 셀인 C3셀 클릭
- Start_num: 바꿀 데이터가 몇 번째 위치하고 있는지 시작 위치로 '8' 입력
- Num_chars: 여덟 번째부터 4개의 문자를 바꿀 것이므로 '4' 입력
- New_text: 여덟 번째부터 4개의 문자 대신 표시할 텍스트로 "****" 입력

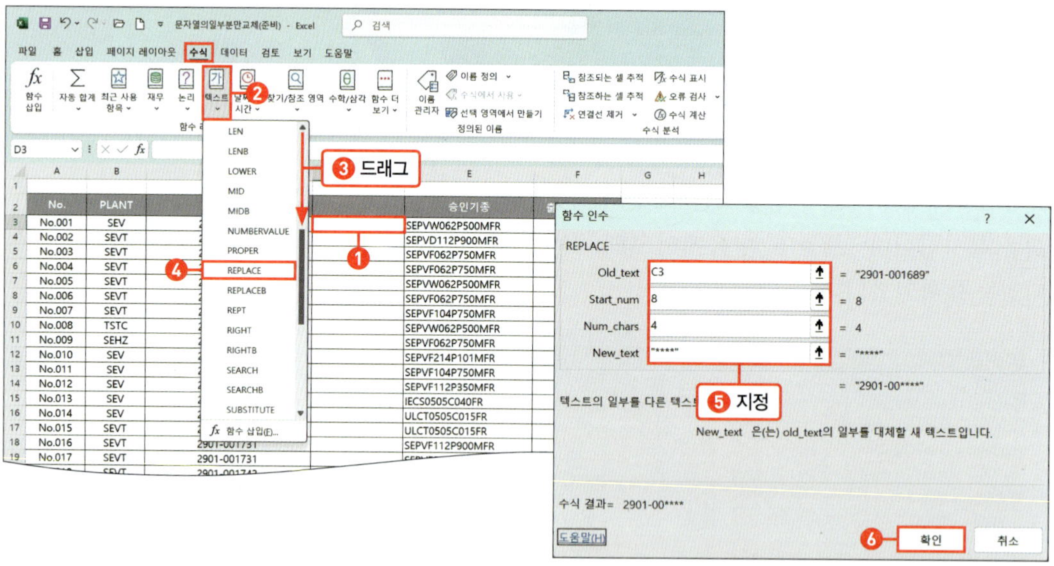

💡 **Tip**

셀에 입력된 텍스트에서 특정 위치를 다른 문자로 대체하려면 REPLACE 함수를, 특정 문자를 찾아서 다른 문자로 대체하려면 SUBSTITUTE 함수를 사용하세요.

2 D3셀에 함수식 '=REPLACE(C3,8,4,"****")'가 완성되면서 C열의 파트 번호에서 여덟 번째 자리부터 4개의 문자가 '****'로 표시되었습니다. D3셀의 자동 채우기 핸들을 더블클릭해 나머지 셀에도 함수식을 복사하고 D2셀에 '=C2'를 입력한 후 Enter를 누릅니다.

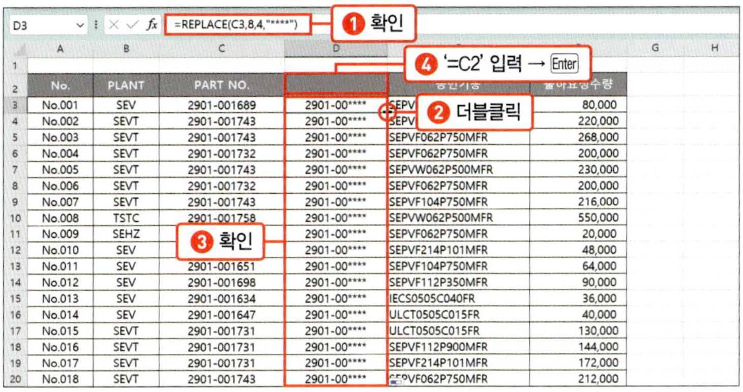

3 C2셀과 같은 필드 제목이 표시되었으면 C열 머리글을 클릭해 C열 전체를 선택하고 선택 영역에서 마우스 오른쪽 단추를 클릭한 후 [숨기기]를 선택하세요.

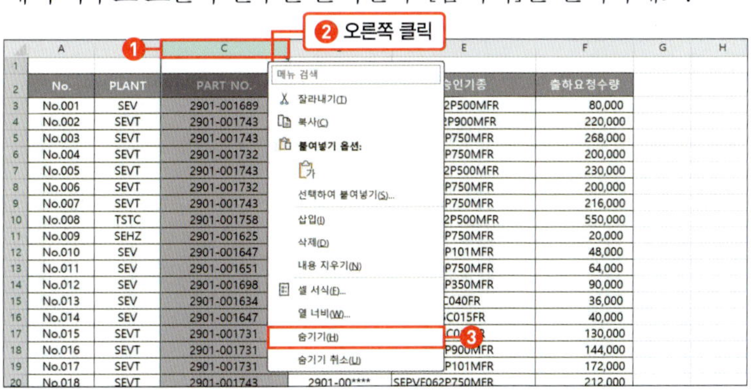

4 C열이 화면에서 숨겨졌습니다. 이 상태에서는 파트 번호의 뒷자리를 '****'와 같이 암호화해서 인쇄할 수 있습니다.

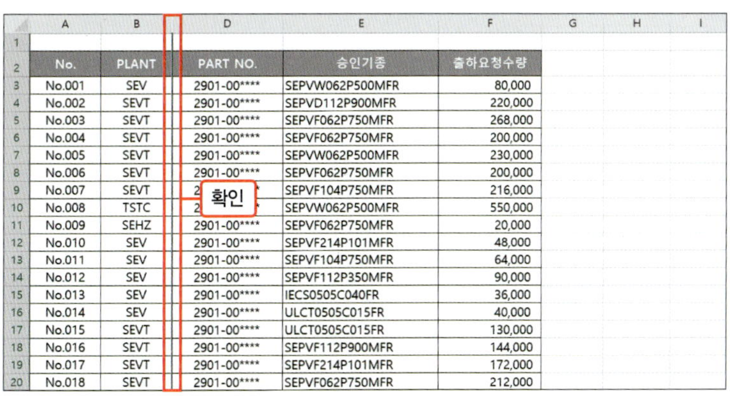

Tip

숨겨진 열을 다시 표시하려면 숨겨진 열이 포함되도록 B열 머리글부터 D열 머리글을 드래그해서 선택하고 마우스 오른쪽 단추를 클릭한 후 [숨기기 취소]를 선택하세요.

현장실무 15

문자열에서 특정 문자열을 다른 문자로 대체하기 – SUBSTITUTE 함수

함수 이해를 단숨에

형식	=SUBSTITUTE(기존 문자,찾을 문자,새로 넣을 문자,시작 위치)
용도	• 지정한 문자열에 포함된 특정 문자를 다른 문자로 바꿀 때 사용 • REPLACE 함수는 몇 번째부터 몇 개의 문자를 다른 문자로 바꾸지만, 이 함수는 원하는 문자를 찾아서 다른 문자로 대체
인수	• **기존 문자:** 문자를 바꿀 데이터가 입력된 셀 또는 문자열 • **찾을 문자:** 찾을 문자 • **새로 넣을 문자:** 찾을 문자 대신 새로 넣을 문자 • **시작 위치:** 기존 문자에서 몇 번째에 위치한 찾을 문자를 바꿀 것인지 지정

1 [Sheet1] 시트에서 D열의 '승인기종' 항목에 있는 단어 'SEPV'를 'KORP'로 변경해 볼게요. E3셀을 클릭하고 [수식] 탭-[함수 라이브러리] 그룹-[텍스트]를 클릭한 후 [SUBSTITUTE]를 선택합니다. SUBSTITUTE 함수의 [함수 인수] 대화상자가 열리면 다음과 같이 지정하고 [확인]을 클릭하세요.

- Text: 작업할 대상 셀인 D3셀 클릭
- Old_text: 찾을 문자열로 '"SEPV"' 입력
- New_text: 찾은 문자 대신 표시할 문자열로 '"KORP"' 입력
- Instance_num: 생략

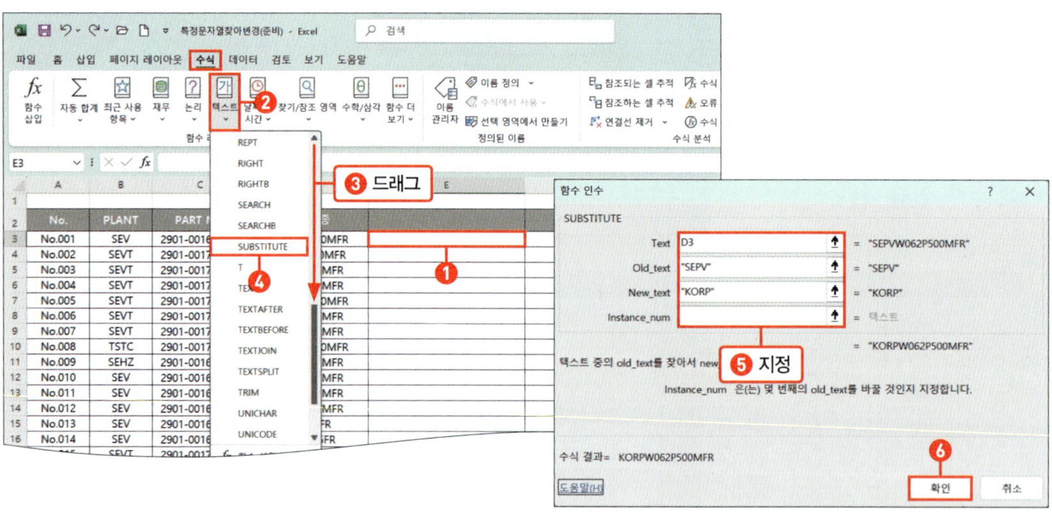

Tip
'Instance_num'에는 대상 셀에 입력된 문자열에서 찾는 문자가 여러 개 있을 경우 몇 번째에 위치한 문자를 바꿀 것인지 지정합니다. 생략하면 '1'을 지정한 것처럼 찾는 문자를 모두 찾아 바꿉니다.

2 E3셀에 함수식 '=SUBSTITUTE(D3,"SEPV","KORP")'가 완성되면서 'SEPV'가 위치한 부분이 'KORP'로 바뀌었습니다. E3셀의 자동 채우기 핸들을 더블클릭해 나머지 셀에도 함수식을 복사하세요.

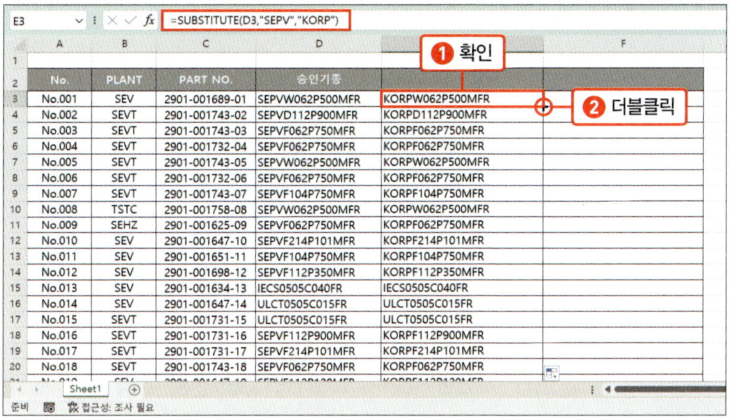

3 C열에 입력된 파트 번호에서 두 번째 위치한 - 기호를 ** 기호로 바꿔볼게요. F3셀을 클릭하고 함수식 '=SUBSTITUTE(C3,"-"," **",2)'를 입력한 후 Enter를 누릅니다. F3셀에 함수식이 완성되었으면 F3셀의 자동 채우기 핸들을 더블클릭하여 다른 셀에도 함수식을 복사하세요.

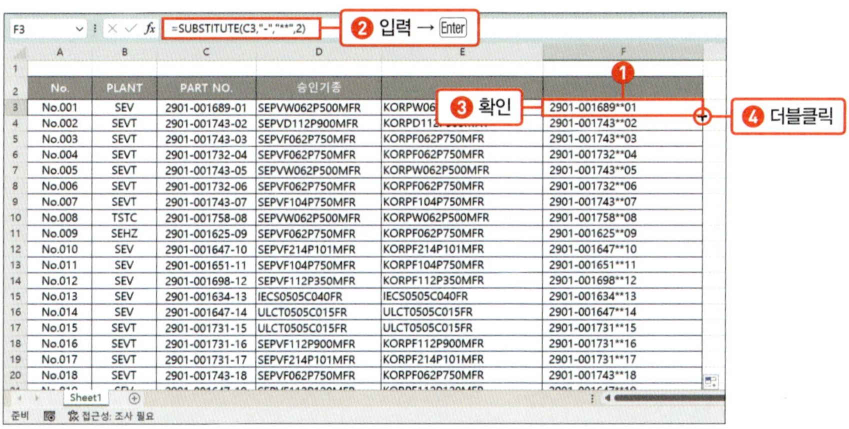

함수식 설명

=SUBSTITUTE(C3,"-","**",2)

C3셀에 입력된 텍스트에서 첫 번째에 위치한 – 기호가 아니라 두 번째에 위치한 – 기호를 ** 기호로 바꿉니다.

2024 | M365 | 2021 | 2019 | 2016

◉ **예제파일** : 특정기호반복해서표시(준비).xlsx ◉ **완성파일** : 특정기호반복해서표시(완성).xlsx

현장실무 16

실기 점수만큼 ★ 기호 반복해서 표시하기 — REPT 함수

함수 이해를 단숨에

형식	=REPT(대상 문자,반복 횟수)
용도	지정한 특정 문자를 원하는 횟수만큼 반복해서 표시
인수	• **대상 문자**: 반복해서 표시할 문자 • **반복 횟수**: 반복해서 표시할 횟수

1 실기 점수만큼 ★ 기호를 20점대는 2개, 30점대는 3개, 100점은 10개를 반복해서 표시해 볼게요. [Sheet1] 시트에서 C2셀을 클릭하고 [수식] 탭-[함수 라이브러리] 그룹-[텍스트]를 클릭한 후 [REPT]를 선택하세요.

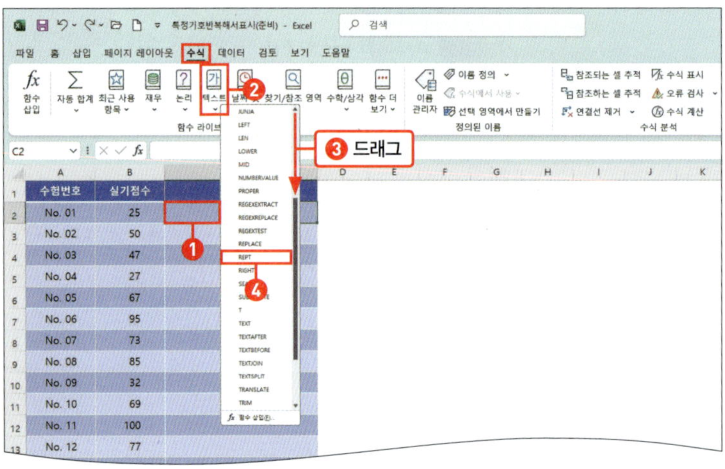

2 REPT 함수의 [함수 인수] 대화상자가 열리면 'Text'에 'ㅁ'을 입력하고 한자를 누릅니다. ㅁ에 대한 기호 목록이 표시되면 [★]를 선택하세요.

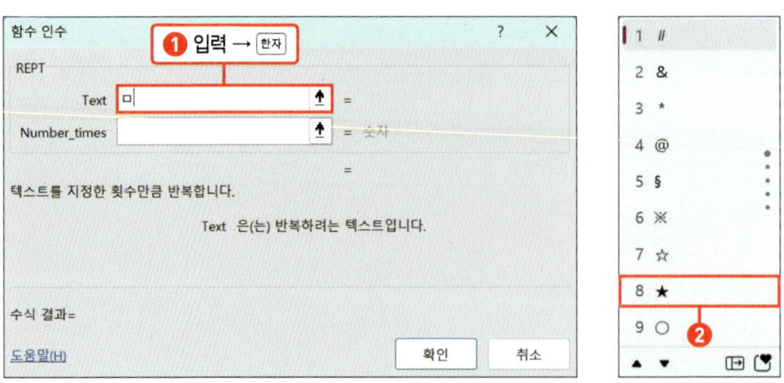

3 'Number_times'에 'B2/10'을 입력하고 [확인]을 클릭합니다.

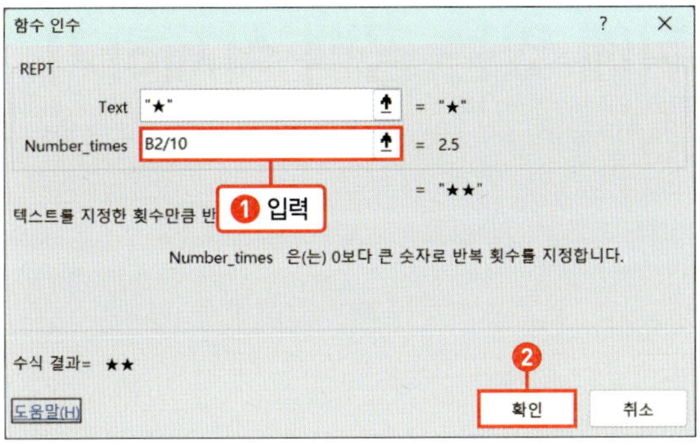

> **Tip**
> 반복 횟수를 지정할 'Number_times'에 'B2/10'을 지정하면 A1셀 값이 85일 경우에는 85를 10으로 나눠서 8을 지정한 효과를 줍니다.

4 C2셀에 B2셀에 입력된 점수를 10으로 나눈 값만큼 반복해서 ★ 기호가 표시되었습니다. C2셀의 자동 채우기 핸들을 더블클릭해 나머지 셀에도 함수식을 복사하세요.

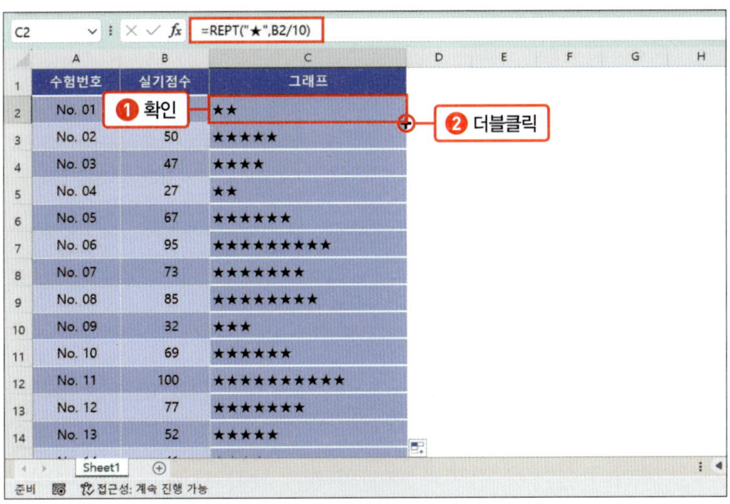

2024 | M365 | 2021 | 2019 | 2016

◉ **예제파일** : 문자열앞뒤공백삭제(준비).xlsx ◉ **완성파일** : 문자열앞뒤공백삭제(완성).xlsx

현장실무

17

문자열의 앞뒤에 있는 공백 삭제하기 — TRIM, LEN 함수

함수 이해를 단숨에		
	형식	=TRIM(대상)
	용도	지정한 문자열의 앞이나 뒤에 입력된 빈 공백 삭제
	인수	**대상**: 빈 공백을 찾을 데이터가 입력된 셀 또는 문자열

1 웹이나 서버에서 다운로드한 데이터에 공백 문자가 있으면 함수를 적용했을 때 결괏값에 문제가 발생할 수 있습니다. [Sheet1] 시트에서 E열에 입력된 출하 지역은 길이가 같은 문자가 입력되어 있는데, 이것을 확인하기 위해 F3셀에 함수식 '=LEN(E3)'을 입력하고 Enter를 누르세요.

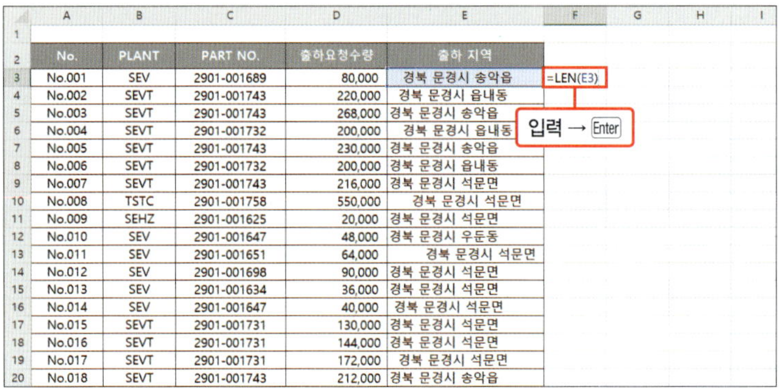

	A	B	C	D	E	F
1						
2	No.	PLANT	PART NO.	출하요청수량	출하 지역	
3	No.001	SEV	2901-001689	80,000	경북 문경시 송악읍	=LEN(E3)
4	No.002	SEVT	2901-001743	220,000	경북 문경시 읍내동	
5	No.003	SEVT	2901-001743	268,000	경북 문경시 송악읍	
6	No.004	SEVT	2901-001732	200,000	경북 문경시 읍내동	
7	No.005	SEVT	2901-001743	230,000	경북 문경시 송악읍	
8	No.006	SEVT	2901-001732	200,000	경북 문경시 읍내동	
9	No.007	SEVT	2901-001743	216,000	경북 문경시 석문면	
10	No.008	TSTC	2901-001758	550,000	경북 문경시 석문면	
11	No.009	SEHZ	2901-001625	20,000	경북 문경시 석문면	
12	No.010	SEV	2901-001647	48,000	경북 문경시 우둔동	
13	No.011	SEV	2901-001651	64,000	경북 문경시 석문면	
14	No.012	SEV	2901-001698	90,000	경북 문경시 석문면	
15	No.013	SEV	2901-001634	36,000	경북 문경시 석문면	
16	No.014	SEV	2901-001647	40,000	경북 문경시 석문면	
17	No.015	SEVT	2901-001731	130,000	경북 문경시 석문면	
18	No.016	SEVT	2901-001731	144,000	경북 문경시 석문면	
19	No.017	SEVT	2901-001731	172,000	경북 문경시 석문면	
20	No.018	SEVT	2901-001743	212,000	경북 문경시 송악읍	

> **Tip**
> 수식을 사용할 때 화면에서는 길이가 같은 문자로 보이지만, 문자열의 앞이나 뒤에 공백이 있으면 문자열의 길이가 서로 다르다고 인식해서 정확한 결과가 나오지 않을 수도 있습니다.

2 E3셀에 입력된 문자열의 개수가 F3셀에 표시되면 F3셀의 자동 채우기 핸들을 더블클릭해 다른 셀에도 함수식을 복사합니다. E3셀과 E5셀에는 '경북 문경시 송악읍'이라고 같은 텍스트가 입력되어 있지만, 문자열에 공백이 포함되어 있어서 F3셀과 F5셀의 결괏값이 서로 다르게 나타난 것을 확인하세요.

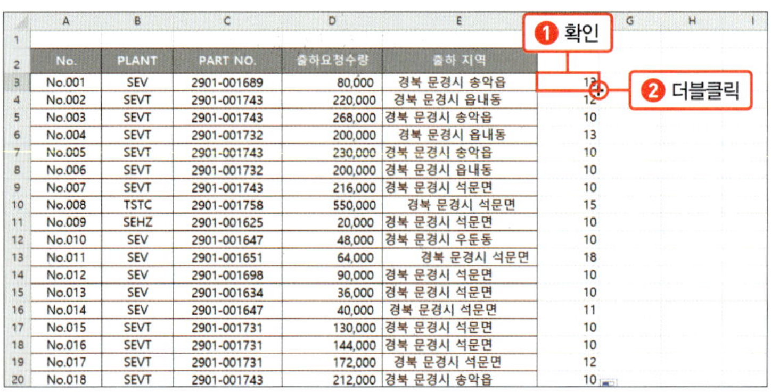

	A	B	C	D	E	F
1						
2	No.	PLANT	PART NO.	출하요청수량	출하 지역	
3	No.001	SEV	2901-001689	80,000	경북 문경시 송악읍	[illegible]
4	No.002	SEVT	2901-001743	220,000	경북 문경시 읍내동	12
5	No.003	SEVT	2901-001743	268,000	경북 문경시 송악읍	10
6	No.004	SEVT	2901-001732	200,000	경북 문경시 읍내동	13
7	No.005	SEVT	2901-001743	230,000	경북 문경시 송악읍	10
8	No.006	SEVT	2901-001732	200,000	경북 문경시 읍내동	10
9	No.007	SEVT	2901-001743	216,000	경북 문경시 석문면	10
10	No.008	TSTC	2901-001758	550,000	경북 문경시 석문면	15
11	No.009	SEHZ	2901-001625	20,000	경북 문경시 석문면	10
12	No.010	SEV	2901-001647	48,000	경북 문경시 우둔동	10
13	No.011	SEV	2901-001651	64,000	경북 문경시 석문면	18
14	No.012	SEV	2901-001698	90,000	경북 문경시 석문면	10
15	No.013	SEV	2901-001634	36,000	경북 문경시 석문면	10
16	No.014	SEV	2901-001647	40,000	경북 문경시 석문면	11
17	No.015	SEVT	2901-001731	130,000	경북 문경시 석문면	10
18	No.016	SEVT	2901-001731	144,000	경북 문경시 석문면	10
19	No.017	SEVT	2901-001731	172,000	경북 문경시 석문면	12
20	No.018	SEVT	2901-001743	212,000	경북 문경시 송악읍	10

3 셀에 입력된 문자열에서 앞이나 뒤에 입력된 공백 문자를 없애볼게요. G3셀을 클릭하고 [수식] 탭-[함수 라이브러리] 그룹-[텍스트]를 클릭한 후 [TRIM]을 선택하세요.

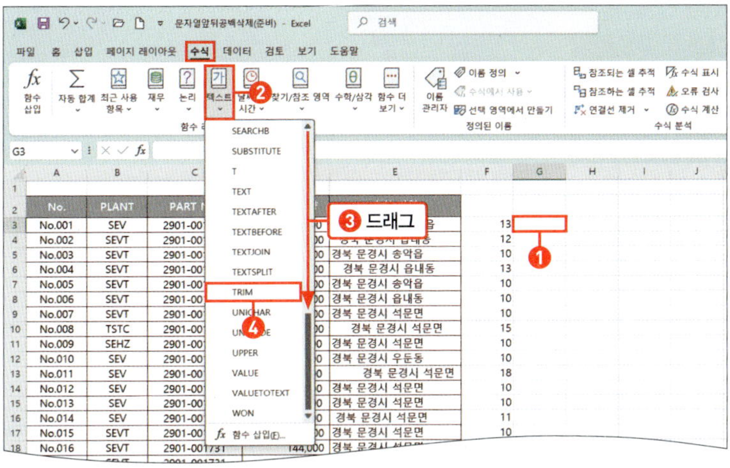

4 TRIM 함수의 [함수 인수] 대화상자가 열리면 'Text'에 E3셀을 지정하고 [확인]을 클릭합니다.

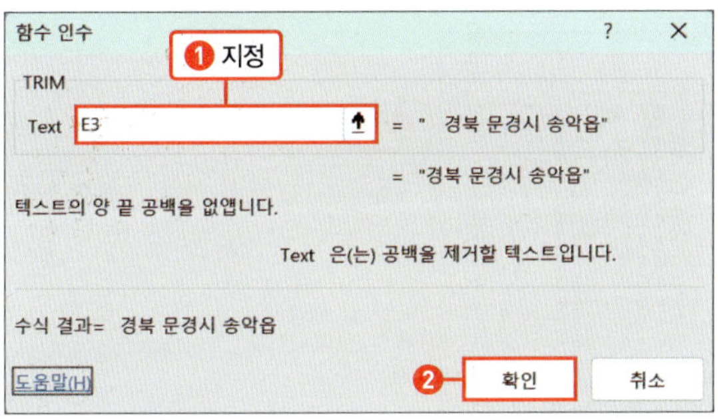

5 G3셀에 공백이 제거된 문자열이 나타나면 G3셀의 자동 채우기 핸들을 더블클릭해 나머지 셀에도 함수식을 복사합니다. G열의 너비가 좁아서 데이터가 제대로 표시되지 않으므로 G열 머리글과 H열 머리글의 사이에 마우스 포인터를 올려놓고 ✚ 모양으로 바뀌었을 때 더블클릭해 G열의 너비를 자동으로 조절하세요.

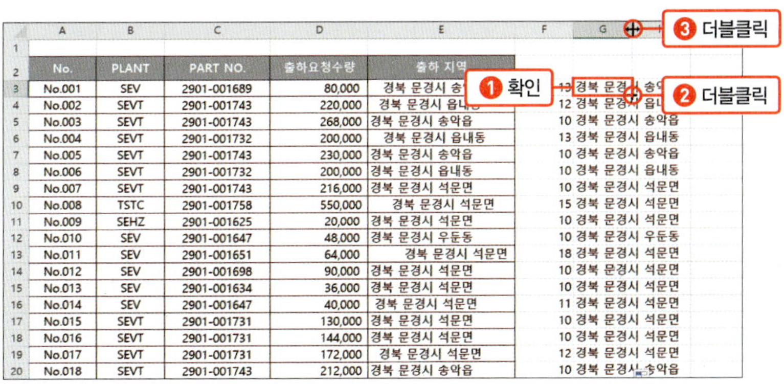

6 G열에 표시된 문자열의 앞뒤에 공백이 제거되었는지 확인하기 위해 H3셀에 함수식 '=LEN(G3)'을 입력하고 Enter를 누릅니다.

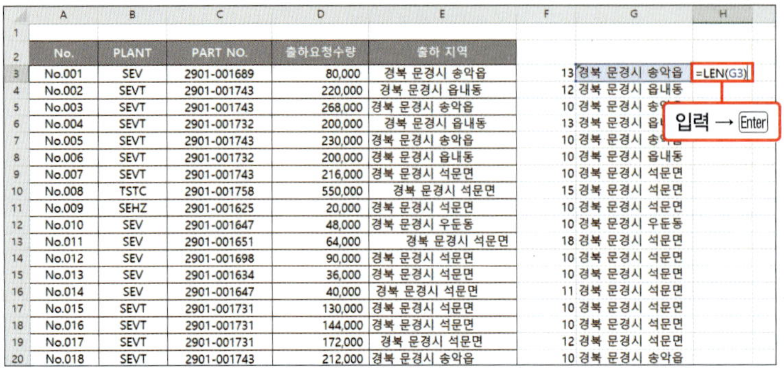

7 H3셀에 글자 수가 '10'으로 표시되었으면 H3셀의 자동 채우기 핸들을 더블클릭해 나머지 셀에도 똑같이 '10'으로 표시되었는지 확인합니다. 공백이 포함된 E열에 '출하 지역' 항목의 문자열 대신 G열의 문자열을 덮어쓰기 위해 G열 머리글을 클릭해 G열 전체를 선택하고 Ctrl+C를 눌러 복사하세요.

8 E열에 G열의 문자열을 붙여넣으면 함수식이 그대로 복사되어 문제가 발생합니다. 그러므로 E열 머리글에서 마우스 오른쪽 단추를 클릭하고 '붙여넣기 옵션'에서 [값]( )을 클릭하세요.

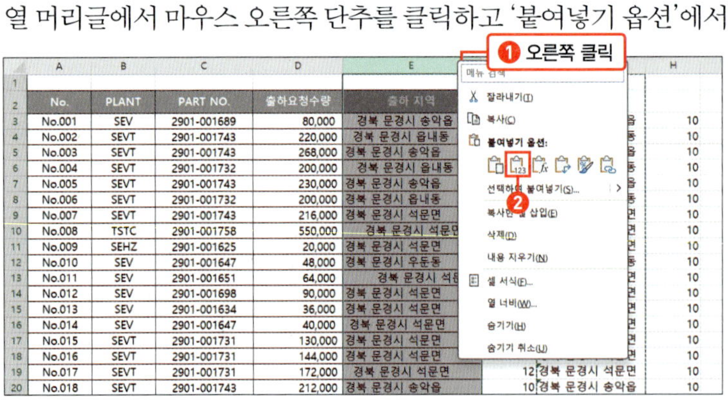

9 E열에 G열의 데이터를 값으로 변환해서 붙여넣었습니다. F열 머리글부터 H열 머리글을 드래그해서 선택하고 선택 영역에서 마우스 오른쪽 단추를 클릭한 후 [삭제]를 선택합니다.

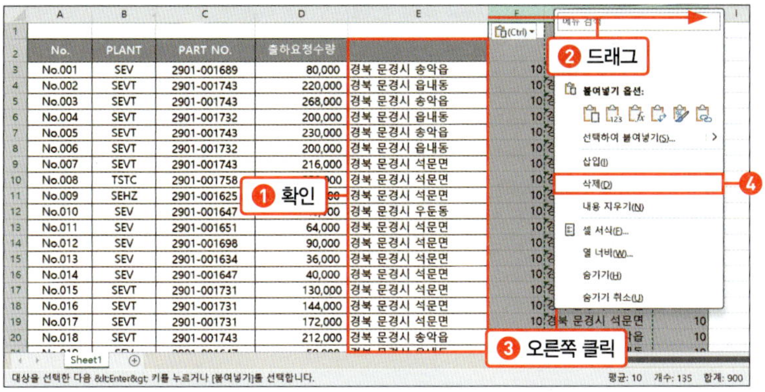

10 E열에 깔끔하게 정리된 주소를 확인하고 E2셀에 필드 제목으로 '출하지역'을 입력하여 문서를 완성합니다.

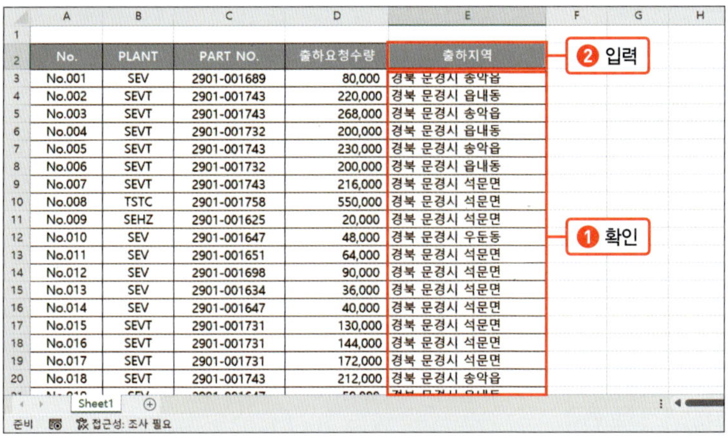

◉ **예제파일** : 문자를숫자로변환(준비).xlsx ◉ **완성파일** : 문자를숫자로변환(완성).xlsx

현장실무 **18**

문자를 숫자로 변환해 계산하기
— VALUE 함수

함수 이해를 단숨에		
	형식	=VALUE(대상)
	용도	문자 형식으로 저장된 숫자 데이터를 계산할 수 있는 숫자로 변환
	인수	**대상**: 숫자로 변환할 데이터가 입력된 셀 또는 텍스트

1 숫자와 문자가 조합되어 입력된 값에서 숫자만 빼서 계산해 볼게요. E열의 '출하요청수량' 항목에서 '수량:'이라는 세 글자를 뺀 나머지 숫자만 필요한데, 숫자의 자릿수가 일정하지 않으므로 전체 문자의 길이에서 3개를 뺀 개수만큼 추출하려고 합니다. [Sheet1] 시트에서 F3셀에 '=RIGHT(E3,LEN(E3)-3)'을 입력하고 Enter를 누르세요.

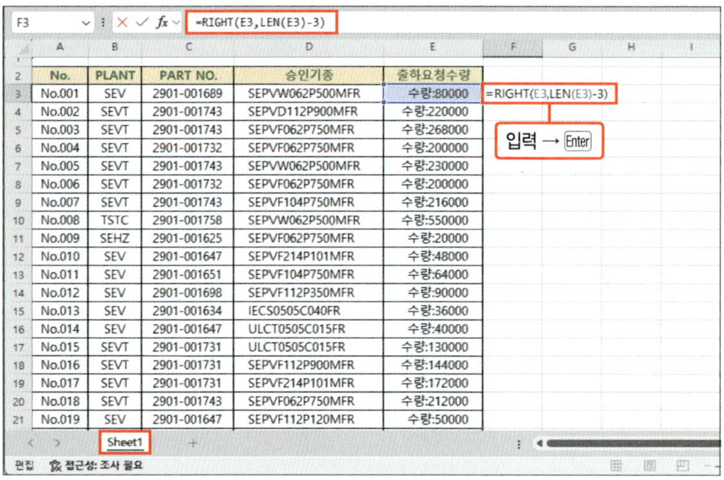

No.	PLANT	PART NO.	승인기종	출하요청수량
No.001	SEV	2901-001689	SEPVW062P500MFR	수량:80000
No.002	SEVT	2901-001743	SEPVD112P900MFR	수량:220000
No.003	SEVT	2901-001743	SEPVF062P750MFR	수량:268000
No.004	SEVT	2901-001732	SEPVF062P750MFR	수량:200000
No.005	SEVT	2901-001743	SEPVW062P500MFR	수량:230000
No.006	SEVT	2901-001732	SEPVF062P750MFR	수량:200000
No.007	SEVT	2901-001743	SEPVF104P750MFR	수량:216000
No.008	TSTC	2901-001758	SEPVW062P500MFR	수량:550000
No.009	SEHZ	2901-001625	SEPVF062P750MFR	수량:20000
No.010	SEV	2901-001647	SEPVF214P101MFR	수량:48000
No.011	SEV	2901-001651	SEPVF104P750MFR	수량:64000
No.012	SEV	2901-001698	SEPVF112P350MFR	수량:90000
No.013	SEV	2901-001634	IECS0505C040FR	수량:36000
No.014	SEV	2901-001647	ULCT0505C015FR	수량:40000
No.015	SEVT	2901-001731	ULCT0505C015FR	수량:130000
No.016	SEVT	2901-001731	SEPVF112P900MFR	수량:144000
No.017	SEVT	2901-001731	SEPVF214P101MFR	수량:172000
No.018	SEVT	2901-001743	SEPVF062P750MFR	수량:212000
No.019	SEV	2901-001647	SEPVF112P120MFR	수량:50000

함수식 설명

=RIGHT(E3,LEN(E3)–3)

(❷ = 전체 RIGHT 함수식, ❶ = LEN(E3))

❶ LEN(E3)

안쪽에 지정한 LEN(E3)을 먼저 실행합니다. 이 함수식은 E3셀에 입력된 문자열이 몇 개의 문자로 구성되어 있는지 길이를 세서 '8'이라는 결괏값을 얻습니다.

❷ =RIGHT(E3,8–3)

해당 결괏값을 반영해서 '=RIGHT(E3,8–3)'이 되므로 E3셀에 입력된 문자의 오른쪽 끝에서 '수량:'의 글자 수인 3만큼 뺀 문자를 표시합니다.

2 F3셀에 E3셀의 '수량:80000'에서 숫자인 '80000'만 추출되었으면 F3셀의 자동 채우기 핸들을 더블클릭해 나머지 셀에도 함수식을 복사합니다. 이번에는 F3셀에 입력된 값이 숫자인지 확인하기 위해 G3셀에 '=ISNUMBER(F3)'을 입력하고 Enter를 누르세요.

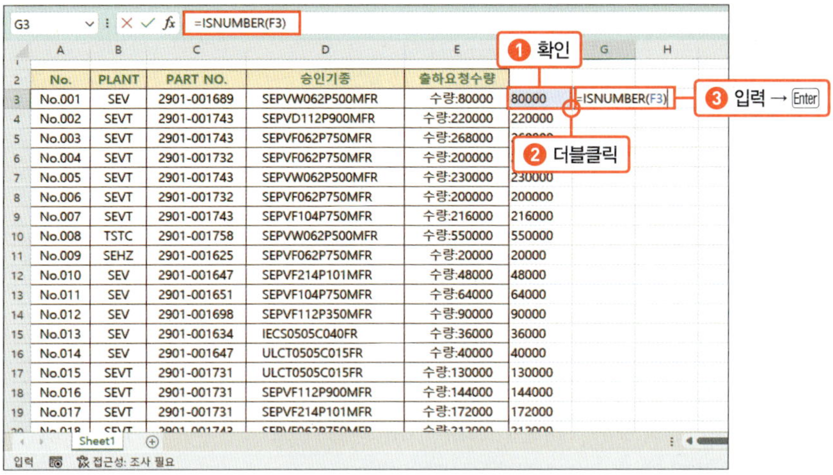

3 G3셀에 'FALSE'가 표시되었는데, 이것은 F3셀의 데이터가 숫자가 아니라는 의미입니다. 왜냐하면 텍스트 함수를 이용해서 나온 결괏값은 텍스트이기 때문입니다. G4셀에 '=SUM(F3:F47)'을 입력하고 Enter를 누르세요.

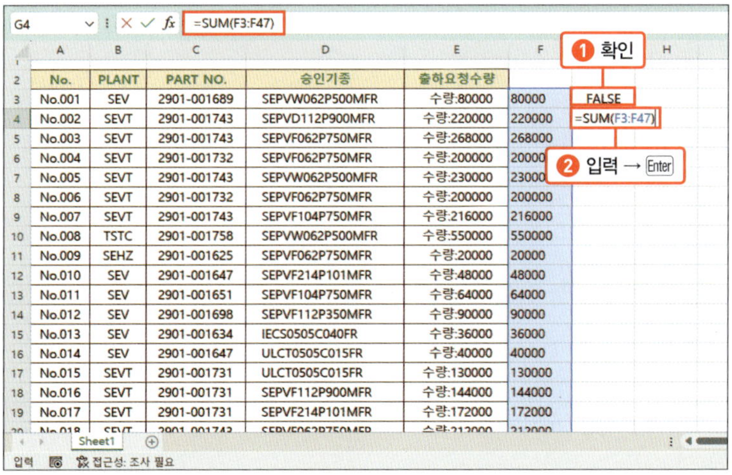

Tip

ISNUMBER 함수는 지정한 값이 숫자인지 확인하는 함수입니다. 문자인지 알아보려면 ISTEXT 함수를, 빈 셀인지 확인하려면 ISBLANK 함수를, 오류인지 확인하려면 ISERROR 함수를 이용하세요. 이와 같이 IS로 시작하는 함수에 대해서는 [수식] 탭-[함수 라이브러리] 그룹-[함수 더 보기]를 클릭하고 [정보]를 선택해서 살펴보세요.

4 F열에 표시된 값이 숫자인 것처럼 보이지만 실제 저장된 값은 문자로 인식되어 계산할 수 없으므로 합계를 구한 G4셀에 '0'이 표시되었습니다. G3:G4 범위를 선택하고 Delete 를 눌러 값을 지우세요.

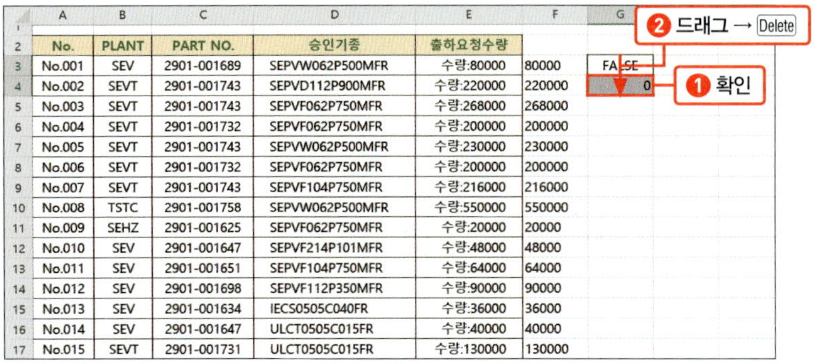

5 F열에 표시된 값을 계산하려면 숫자로 변환해야 합니다. G3셀을 클릭하고 [수식] 탭-[함수 라이브러리] 그룹-[텍스트]를 클릭한 후 [VALUE]를 선택하세요.

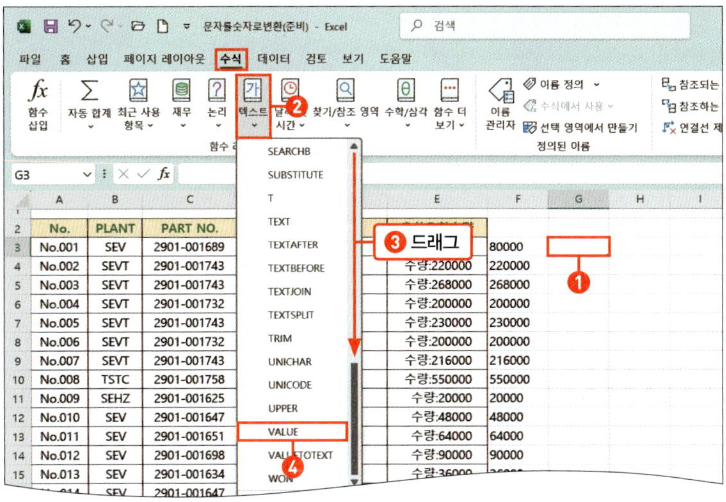

6 VALUE 함수의 [함수 인수] 대화상자가 열리면 'Text'에 숫자로 변환할 값이 저장된 F3셀을 지정하고 [확인]을 클릭합니다.

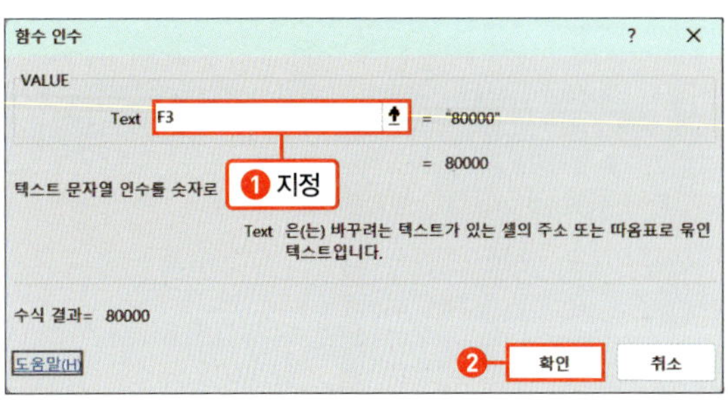

7 G3셀에 F3셀의 데이터가 숫자로 변경되었으면 G3셀의 자동 채우기 핸들을 더블클릭해 나머지 셀에도 함수식을 복사합니다. F열에 입력된 값과 G열에 입력된 값이 같아 보이지만 실제 엑셀에서 F열은 문자 데이터로, G열은 숫자 데이터로 저장되어 있습니다. G열의 결괏값을 E열에 덮어쓰기 위해 G3:G47 범위가 선택된 상태에서 Ctrl+C를 눌러 복사합니다.

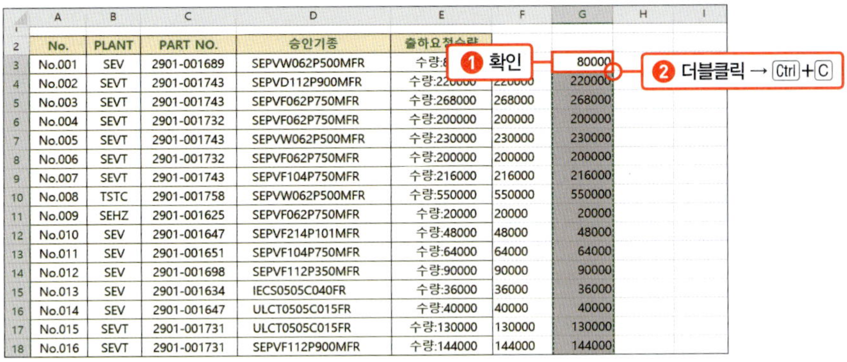

8 E3셀에서 마우스 오른쪽 단추를 클릭하고 '붙여넣기 옵션'에서 [값]( )을 클릭합니다.

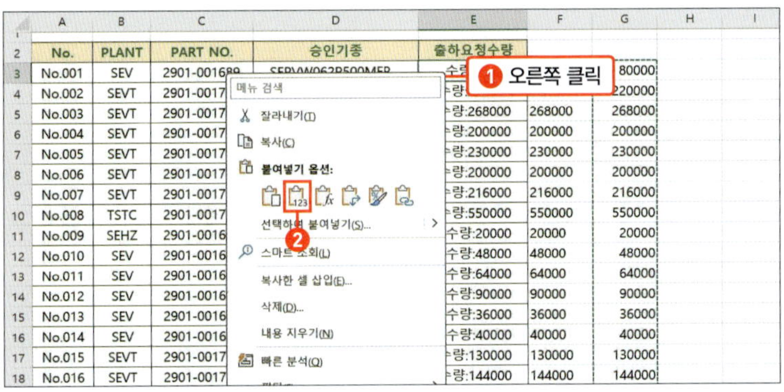

9 함수식이 작성된 G열이 결괏값으로 변환되어 E열에 복사되었습니다. F열 머리글부터 G열 머리글까지 드래그해서 선택하고 선택 영역에서 마우스 오른쪽 단추를 클릭한 후 [삭제]를 선택하세요.

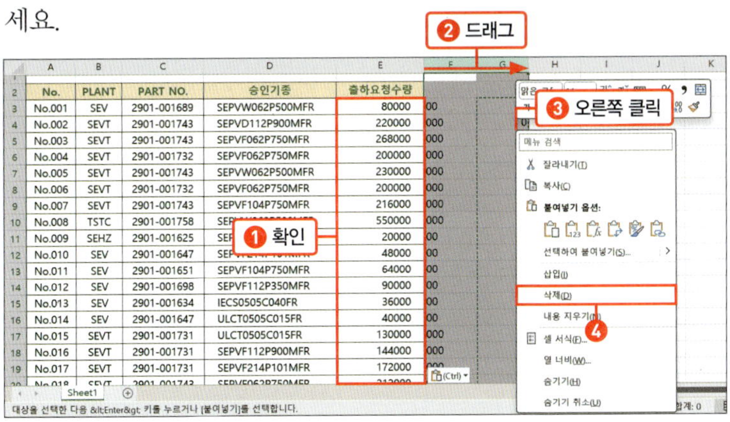

◉ **예제파일** : 숫자나날짜를문자로변환(준비).xlsx ◉ **완성파일** : 숫자나날짜를문자로변환(완성).xlsx

현장실무 **19**

숫자나 날짜, 시간을 문자로 변환하기 — TEXT 함수

함수 이해를 단숨에	
형식	=TEXT(대상,"표시할 셀 서식")
용도	특정 숫자나 문자/날짜 형식의 데이터에 원하는 셀 서식을 지정해서 문자로 변환
인수	• **대상**: 작업할 데이터가 저장된 셀 또는 수식 • **표시할 셀 서식**: 텍스트로 변환할 때 적용할 셀 서식

1 [Sheet1] 시트의 '승인기종' 항목에서 앞에 있는 3개의 글자를 출하 수량과 함께 별도로 표시해 볼게요. F4셀에 함수식 '=LEFT(D4,3)&":"&E4'를 입력하고 Enter를 누르세요.

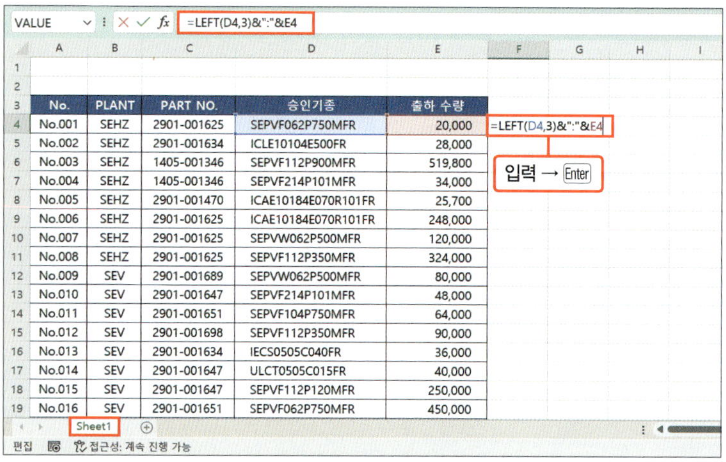

No.	PLANT	PART NO.	승인기종	출하 수량
No.001	SEHZ	2901-001625	SEPVF062P750MFR	20,000
No.002	SEHZ	2901-001634	ICLE10104E500FR	28,000
No.003	SEHZ	1405-001346	SEPVF112P900MFR	519,800
No.004	SEHZ	1405-001346	SEPVF214P101MFR	34,000
No.005	SEHZ	2901-001470	ICAE10184E070R101FR	25,700
No.006	SEHZ	2901-001625	ICAE10184E070R101FR	248,000
No.007	SEHZ	2901-001625	SEPVW062P500MFR	120,000
No.008	SEHZ	2901-001625	SEPVF112P350MFR	324,000
No.009	SEV	2901-001689	SEPVW062P500MFR	80,000
No.010	SEV	2901-001647	SEPVF214P101MFR	48,000
No.011	SEV	2901-001651	SEPVF104P750MFR	64,000
No.012	SEV	2901-001698	SEPVF112P350MFR	90,000
No.013	SEV	2901-001634	IECS0505C040FR	36,000
No.014	SEV	2901-001647	ULCT0505C015FR	40,000
No.015	SEV	2901-001647	SEPVF112P120MFR	250,000
No.016	SEV	2901-001651	SEPVF062P750MFR	450,000

함수식 설명

=LEFT(D4,3)&":"&E4

&는 문자열과 문자열을 붙여서 표시할 때 사용합니다. LEFT(D4,3)은 D4셀에 입력된 텍스트를 왼쪽에서 세 글자만 분리해서 콜론(:)을 붙인 후 E4셀 값을 나란히 붙여서 표시하라는 의미입니다.

2 D열의 '승인기종' 항목에 입력된 문자열에서 앞에 있는 3개의 글자와 출하 수량이 나란히 붙어서 F4셀에 표시되었습니다. F4셀의 자동 채우기 핸들을 더블클릭해 나머지 셀에도 함수식을 복사하세요.

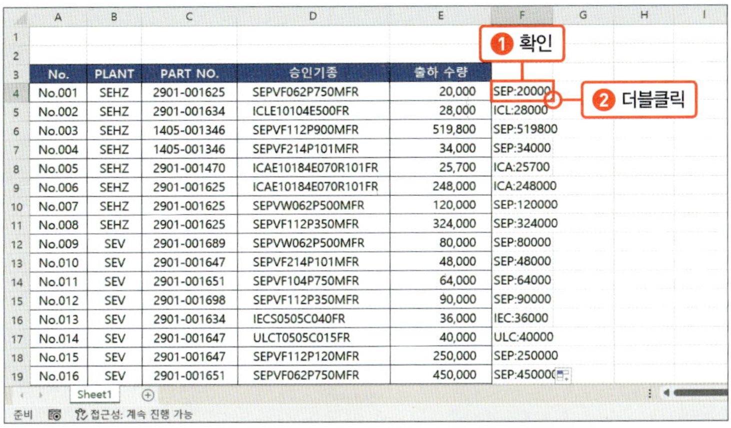

No.	PLANT	PART NO.	승인기종	출하 수량	
No.001	SEHZ	2901-001625	SEPVF062P750MFR	20,000	SEP:20000
No.002	SEHZ	2901-001634	ICLE10104E500FR	28,000	ICL:28000
No.003	SEHZ	1405-001346	SEPVF112P900MFR	519,800	SEP:519800
No.004	SEHZ	1405-001346	SEPVF214P101MFR	34,000	SEP:34000
No.005	SEHZ	2901-001470	ICAE10184E070R101FR	25,700	ICA:25700
No.006	SEHZ	2901-001625	ICAE10184E070R101FR	248,000	ICA:248000
No.007	SEHZ	2901-001625	SEPVW062P500MFR	120,000	SEP:120000
No.008	SEHZ	2901-001625	SEPVF112P350MFR	324,000	SEP:324000
No.009	SEV	2901-001689	SEPVW062P500MFR	80,000	SEP:80000
No.010	SEV	2901-001647	SEPVF214P101MFR	48,000	SEP:48000
No.011	SEV	2901-001651	SEPVF104P750MFR	64,000	SEP:64000
No.012	SEV	2901-001698	SEPVF112P350MFR	90,000	SEP:90000
No.013	SEV	2901-001634	IECS0505C040FR	36,000	IEC:36000
No.014	SEV	2901-001647	ULCT0505C015FR	40,000	ULC:40000
No.015	SEV	2901-001647	SEPVF112P120MFR	250,000	SEP:250000
No.016	SEV	2901-001651	SEPVF062P750MFR	450,000	SEP:450000

💡 **Tip**

출하 수량은 E4셀에 설정된 콤마 스타일 서식이 없어지고 숫자만 표시되는데, 숫자 서식도 함께 지정하려면 TEXT 함수를 이용하세요.

3 '출하 수량' 항목에 숫자 서식도 함께 지정해서 표시해 볼게요. F4셀을 더블클릭해서 함수식을 표시하고 '=LEFT(D4,3)&":"&TEXT(E4,"#,##0개")'로 수정한 후 Enter를 누르세요.

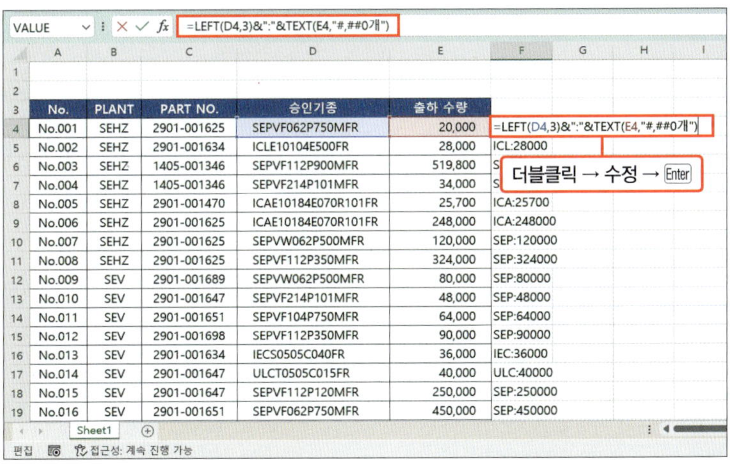

No.	PLANT	PART NO.	승인기종	출하 수량	
No.001	SEHZ	2901-001625	SEPVF062P750MFR	20,000	=LEFT(D4,3)&":"&TEXT(E4,"#,##0개")
No.002	SEHZ	2901-001634	ICLE10104E500FR	28,000	ICL:28000
No.003	SEHZ	1405-001346	SEPVF112P900MFR	519,800	S
No.004	SEHZ	1405-001346	SEPVF214P101MFR	34,000	S
No.005	SEHZ	2901-001470	ICAE10184E070R101FR	25,700	ICA:25700
No.006	SEHZ	2901-001625	ICAE10184E070R101FR	248,000	ICA:248000
No.007	SEHZ	2901-001625	SEPVW062P500MFR	120,000	SEP:120000
No.008	SEHZ	2901-001625	SEPVF112P350MFR	324,000	SEP:324000
No.009	SEV	2901-001689	SEPVW062P500MFR	80,000	SEP:80000
No.010	SEV	2901-001647	SEPVF214P101MFR	48,000	SEP:48000
No.011	SEV	2901-001651	SEPVF104P750MFR	64,000	SEP:64000
No.012	SEV	2901-001698	SEPVF112P350MFR	90,000	SEP:90000
No.013	SEV	2901-001634	IECS0505C040FR	36,000	IEC:36000
No.014	SEV	2901-001647	ULCT0505C015FR	40,000	ULC:40000
No.015	SEV	2901-001647	SEPVF112P120MFR	250,000	SEP:250000
No.016	SEV	2901-001651	SEPVF062P750MFR	450,000	SEP:450000

함수식 설명

=TEXT(E4,"#,##0개")

E4셀에 입력된 값을 문자로 변환하는데, '#,##0개' 스타일로 서식을 지정해서 변환하라는 의미입니다. '#,##0개'는 세 자리 숫자마다 콤마를 지정하고 값의 뒤에 '개'를 표시합니다.

4 F4셀의 '출하 수량' 항목이 서식이 설정된 값으로 수정되었으면 F4셀의 자동 채우기 핸들을 더블클릭해 나머지 셀에도 함수식을 복사합니다. D2셀에 작업일을 표시하기 위해 함수식 '="작업일:"&TODAY()'를 입력하고 Enter를 누르세요.

❶ 확인 ❷ 더블클릭 ❸ 입력 → Enter

D2: ="작업일:"&TODAY()

No.	PLANT	PART NO.	승인기종	출하 수량	
No.001	SEHZ	2901-001625	SEPVF062P750MFR	20,000	SEP:20,000개
No.002	SEHZ	2901-001634	ICLE10104E500FR	28,000	ICL:28,000개
No.003	SEHZ	1405-001346	SEPVF112P900MFR	519,800	SEP:519,800개
No.004	SEHZ	1405-001346	SEPVF214P101MFR	34,000	SEP:34,000개
No.005	SEHZ	2901-001470	ICAE10184E070R101FR	25,700	ICA:25,700개
No.006	SEHZ	2901-001625	ICAE10184E070R101FR	248,000	ICA:248,000개
No.007	SEHZ	2901-001625	SEPVW062P500MFR	120,000	SEP:120,000개
No.008	SEHZ	2901-001625	SEPVF112P350MFR	324,000	SEP:324,000개
No.009	SEV	2901-001689	SEPVW062P500MFR	80,000	SEP:80,000개
No.010	SEV	2901-001647	SEPVF214P101MFR	48,000	SEP:48,000개
No.011	SEV	2901-001651	SEPVF104P750MFR	64,000	SEP:64,000개
No.012	SEV	2901-001698	SEPVF112P350MFR	90,000	SEP:90,000개
No.013	SEV	2901-001634	IECS0505C040FR	36,000	IEC:36,000개
No.014	SEV	2901-001647	ULCT0505C015FR	40,000	ULC:40,000개
No.015	SEV	2901-001647	SEPVF112P120MFR	250,000	SEP:250,000개
No.016	SEV	2901-001651	SEPVF062P750MFR	450,000	SEP:450,000개

함수식 설명

=TODAY()

TODAY 함수는 셀에 작업하는 당일 날짜를 자동으로 표시합니다. 그리고 NOW 함수를 이용하면 당일 날짜와 시간을 함께 표시할 수 있습니다.

5 D2셀에 날짜가 아니라 숫자 '45859'가 나타나는데, 날짜 형식으로 변환해서 표시하려면 TEXT 함수를 이용해야 합니다. TODAY 함수는 작업 당일 날짜를 표시하므로 D2셀에 표시된 숫자가 '45859'가 아니라 다른 숫자가 나타날 수 있습니다.

확인

D2: 작업일:45859

No.	PLANT	PART NO.	승인기종	출하 수량	
No.001	SEHZ	2901-001625	SEPVF062P750MFR	20,000	SEP:20,000개
No.002	SEHZ	2901-001634	ICLE10104E500FR	28,000	ICL:28,000개
No.003	SEHZ	1405-001346	SEPVF112P900MFR	519,800	SEP:519,800개
No.004	SEHZ	1405-001346	SEPVF214P101MFR	34,000	SEP:34,000개
No.005	SEHZ	2901-001470	ICAE10184E070R101FR	25,700	ICA:25,700개
No.006	SEHZ	2901-001625	ICAE10184E070R101FR	248,000	ICA:248,000개
No.007	SEHZ	2901-001625	SEPVW062P500MFR	120,000	SEP:120,000개
No.008	SEHZ	2901-001625	SEPVF112P350MFR	324,000	SEP:324,000개
No.009	SEV	2901-001689	SEPVW062P500MFR	80,000	SEP:80,000개
No.010	SEV	2901-001647	SEPVF214P101MFR	48,000	SEP:48,000개
No.011	SEV	2901-001651	SEPVF104P750MFR	64,000	SEP:64,000개
No.012	SEV	2901-001698	SEPVF112P350MFR	90,000	SEP:90,000개
No.013	SEV	2901-001634	IECS0505C040FR	36,000	IEC:36,000개
No.014	SEV	2901-001647	ULCT0505C015FR	40,000	ULC:40,000개
No.015	SEV	2901-001647	SEPVF112P120MFR	250,000	SEP:250,000개
No.016	SEV	2901-001651	SEPVF062P750MFR	450,000	SEP:450,000개

Tip

날짜는 1900년 1월 1일을 기준으로 1부터 차례대로 저장되어 있습니다. 따라서 45859라면 1900년 1월 1일을 기준으로 45,859번째에 해당하는 날짜를 의미합니다. 이 숫자에 날짜 형식으로 서식을 지정하면 날짜값으로 바뀌고 서식을 없애면 숫자로 표시됩니다.

6 D2셀의 함수식을 '="작업일:"&TEXT(TODAY(),"YY년MM월DD일(AAA)")'로 수정하고 Enter를 누릅니다.

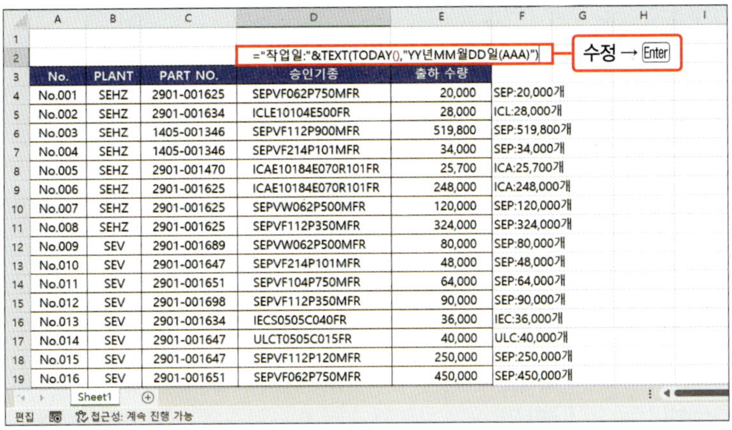

No.	PLANT	PART NO.	승인기종	출하 수량	
No.001	SEHZ	2901-001625	SEPVF062P750MFR	20,000	SEP:20,000개
No.002	SEHZ	2901-001634	ICLE10104E500FR	28,000	ICL:28,000개
No.003	SEHZ	1405-001346	SEPVF112P900MFR	519,800	SEP:519,800개
No.004	SEHZ	1405-001346	SEPVF214P101MFR	34,000	SEP:34,000개
No.005	SEHZ	2901-001470	ICAE10184E070R101FR	25,700	ICA:25,700개
No.006	SEHZ	2901-001625	ICAE10184E070R101FR	248,000	ICA:248,000개
No.007	SEHZ	2901-001625	SEPVW062P500MFR	120,000	SEP:120,000개
No.008	SEHZ	2901-001625	SEPVF112P350MFR	324,000	SEP:324,000개
No.009	SEV	2901-001689	SEPVW062P500MFR	80,000	SEP:80,000개
No.010	SEV	2901-001647	SEPVF214P101MFR	48,000	SEP:48,000개
No.011	SEV	2901-001651	SEPVF104P750MFR	64,000	SEP:64,000개
No.012	SEV	2901-001698	SEPVF112P350MFR	90,000	SEP:90,000개
No.013	SEV	2901-001634	IECS0505C040FR	36,000	IEC:36,000개
No.014	SEV	2901-001647	ULCT0505C015FR	40,000	ULC:40,000개
No.015	SEV	2901-001647	SEPVF112P120MFR	250,000	SEP:250,000개
No.016	SEV	2901-001651	SEPVF062P750MFR	450,000	SEP:450,000개

Tip

날짜 서식을 지정할 때 YY는 연도를, MM은 월을, DD는 일을, AAA는 요일을 한글로 표시합니다. 날짜 서식에 대해서는 70쪽을 참고하세요.

7 D2셀에 지정한 날짜 서식에 맞게 텍스트가 표시되었는지 확인합니다.

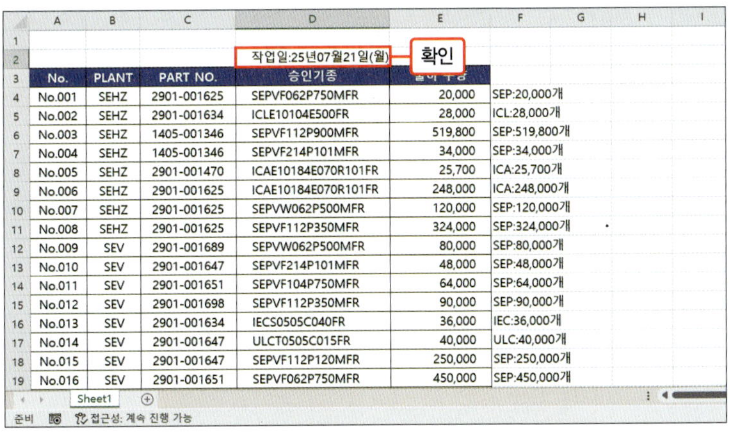

No.	PLANT	PART NO.	승인기종	출하 수량	
No.001	SEHZ	2901-001625	SEPVF062P750MFR	20,000	SEP:20,000개
No.002	SEHZ	2901-001634	ICLE10104E500FR	28,000	ICL:28,000개
No.003	SEHZ	1405-001346	SEPVF112P900MFR	519,800	SEP:519,800개
No.004	SEHZ	1405-001346	SEPVF214P101MFR	34,000	SEP:34,000개
No.005	SEHZ	2901-001470	ICAE10184E070R101FR	25,700	ICA:25,700개
No.006	SEHZ	2901-001625	ICAE10184E070R101FR	248,000	ICA:248,000개
No.007	SEHZ	2901-001625	SEPVW062P500MFR	120,000	SEP:120,000개
No.008	SEHZ	2901-001625	SEPVF112P350MFR	324,000	SEP:324,000개
No.009	SEV	2901-001689	SEPVW062P500MFR	80,000	SEP:80,000개
No.010	SEV	2901-001647	SEPVF214P101MFR	48,000	SEP:48,000개
No.011	SEV	2901-001651	SEPVF104P750MFR	64,000	SEP:64,000개
No.012	SEV	2901-001698	SEPVF112P350MFR	90,000	SEP:90,000개
No.013	SEV	2901-001634	IECS0505C040FR	36,000	IEC:36,000개
No.014	SEV	2901-001647	ULCT0505C015FR	40,000	ULC:40,000개
No.015	SEV	2901-001647	SEPVF112P120MFR	250,000	SEP:250,000개
No.016	SEV	2901-001651	SEPVF062P750MFR	450,000	SEP:450,000개

현장실무 **20**

목록 참조해 각 코드에 맞는 정보 표시하기 — VLOOKUP 함수

함수 이해를 단숨에

형식	=VLOOKUP(찾을 값,찾을 범위,가져올 열 번호[,찾을 방식])
용도	• 특정 데이터 영역에서 같은 값을 찾아 원하는 열에 입력된 값을 가져옴 • '찾을 범위' 영역에서 찾을 데이터가 세로 방향으로 입력되어 있는 경우에 사용 • '찾을 범위' 영역에서 찾을 데이터가 가로 방향으로 입력되어 있으면 HLOOKUP 함수 사용
인수	• **찾을 값**: 찾으려고 하는 값 또는 그 값이 저장된 셀 • **찾을 범위**: '찾을 값' 인수에 지정한 데이터와 같은 값이 있는지 찾아볼 비교 대상의 범위(반드시 찾을 값이 첫 열에 있어야 함) • **가져올 열 번호**: 원하는 값을 찾았으면 '찾을 범위' 인수에 지정한 영역에서 몇 번째 열에 입력된 값을 가져올 것인지 위치 지정 • **찾을 방식**: 찾을 방법에 따라 'TRUE' 또는 'FALSE' 지정 – 생략하거나 'TRUE'를 지정하면 비슷한 값을 찾아옴(반드시 '찾을 범위' 영역에서 첫 번째 열이 오름차순으로 정렬되어야 함) – 'FALSE'를 지정하면 정확히 일치하는 값만 가져오고 찾지 못하면 #N/A 오류 표시

1 제품 주문 내역을 작성할 때 지역만 입력하면 CODE, PLANT, SHIPCODE 등의 정보를 자동으로 찾아서 표시할 수 있습니다. 지역을 I3:L13 범위에서 비교해서 자동으로 찾아 표시하려면 LOOKUP 함수를 이용하는데, 비교 데이터의 지역명이 세로 방향으로 입력되어 있으므로 VLOOKUP 함수를 사용해야 합니다.

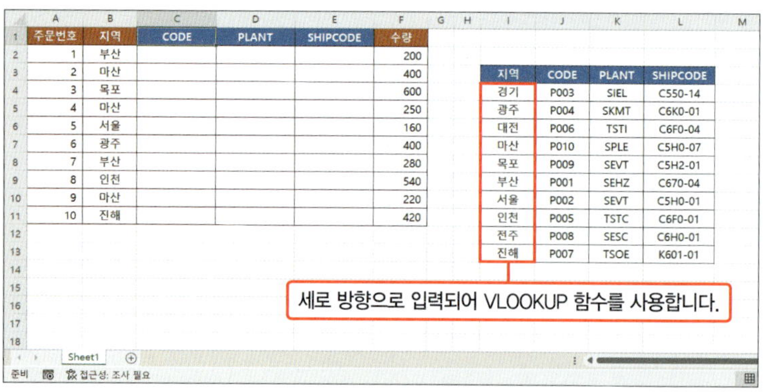

주문번호	지역	CODE	PLANT	SHIPCODE	수량
1	부산				200
2	마산				400
3	목포				600
4	마산				250
5	서울				160
6	광주				400
7	부산				280
8	인천				540
9	마산				220
10	진해				420

지역	CODE	PLANT	SHIPCODE
경기	P003	SIEL	C550-14
광주	P004	SKMT	C6K0-01
대전	P006	TSTI	C6F0-04
마산	P010	SPLE	C5H0-07
목포	P009	SEVT	C5H2-01
부산	P001	SEHZ	C670-04
서울	P002	SEVT	C5H0-01
인천	P005	TSTC	C6F0-01
전주	P008	SESC	C6H0-01
진해	P007	TSOE	K601-01

Tip

I4:I13 범위의 지역명이 가로 방향으로 입력되어 있으면 HLOOKUP 함수를 사용하세요.

2 부산 지역에 해당하는 CODE를 찾아오기 위해 [Sheet1] 시트에서 C2셀을 클릭하고 [수식] 탭-[함수 라이브러리] 그룹-[찾기/참조 영역]을 클릭한 후 [VLOOKUP]을 선택하세요. VLOOKUP 함수의 [함수 인수] 대화상자가 열리면 다음과 같이 지정하고 [확인]을 클릭하세요.

- **검색할_값:** 찾을 데이터가 입력된 B2셀 클릭
- **표_범위:** 찾을 범위를 지정하는 I4:L13 범위를 선택하고 F4를 눌러 '$I$4:$L$13'으로 지정. 찾을 값이 지역이므로 범위 영역의 첫 열이 '지역' 항목이어야 함
- **열_인덱스_번호:** I4:L13 범위에서 해당 지역을 찾았으면 몇 번째 열에 위치한 값을 가져올 것인지 지정하는데, 여기서는 '2' 입력
- **범위_검색:** 지역이 '부산'과 일치하는 경우에만 찾아오도록 'FALSE' 입력

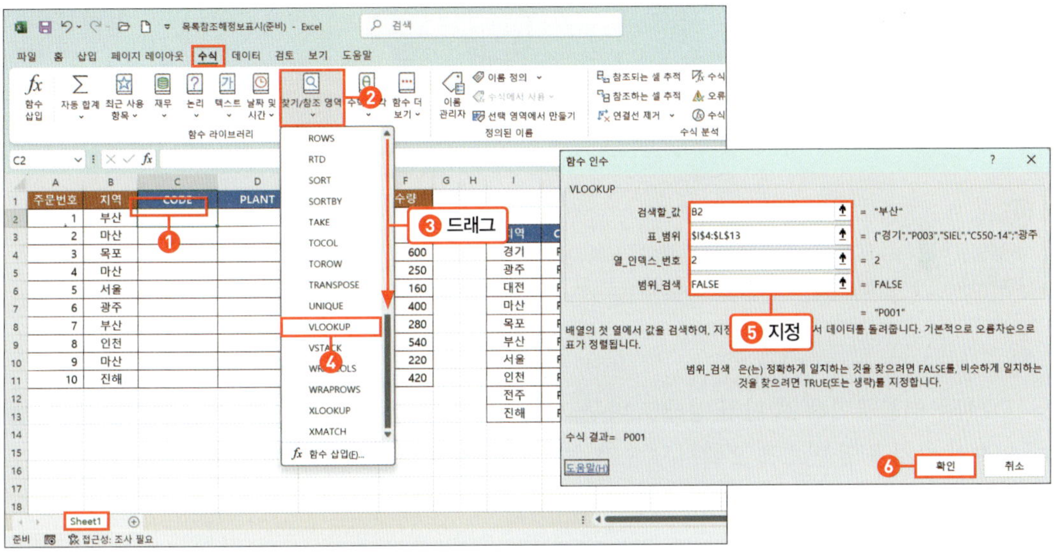

Tip

찾을 데이터가 '지역'이면 찾을 범위(I4:L13 범위)의 첫 번째 열에 반드시 지역이 있어야 합니다. 만약 'CODE'로 데이터를 찾는다면 찾을 범위(I4:L13)의 첫 번째 열에 CODE 값이 있어야 합니다.

3 I4:I13 범위에서 '부산'과 같은 지역을 찾고 I4:L13 범위에서 두 번째 열인 CODE 값에서 결괏값을 가져와 C2셀에 표시되었습니다. C2셀의 자동 채우기 핸들을 더블클릭해서 나머지 셀에도 함수식을 복사하세요.

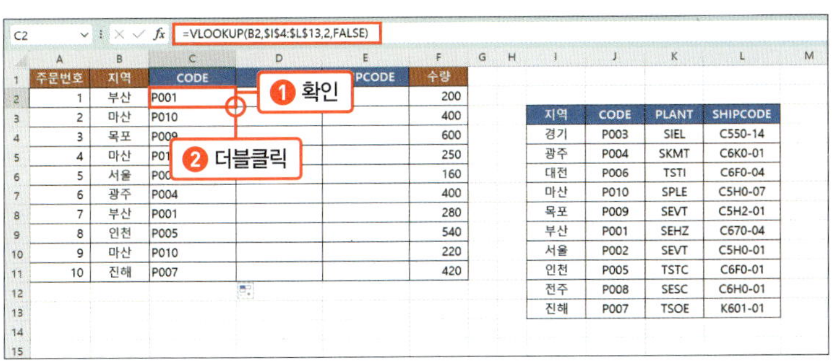

4 D열의 'PLANT' 항목과 E열의 'SHIPCODE' 항목의 함수식은 'CODE' 항목의 함수식과 같고 가져올 열 번호만 '2'에서 '3'으로 변경하면 되므로 함수식을 복사해서 사용하면 편리합니다. C2셀을 클릭하고 수식 입력줄에 표시된 함수식을 드래그해서 선택한 후 Ctrl+C를 눌러 복사하고 Esc를 눌러 함수식의 편집을 취소하세요.

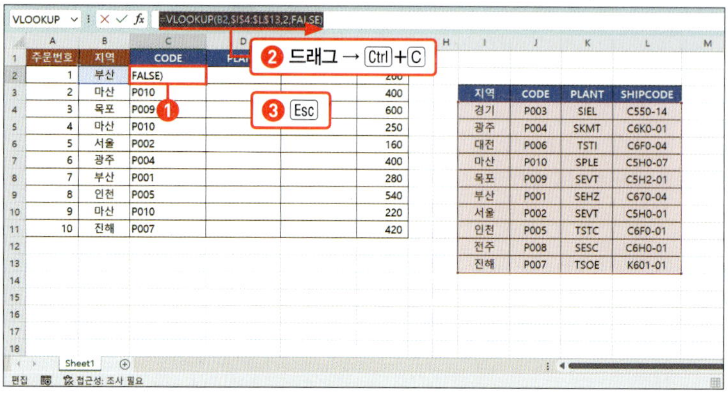

Tip

이 방법을 이용하지 않고 C2셀의 자동 채우기 핸들을 드래그해서 함수식을 복사하면 함수식에 사용된 셀 주소가 바뀌어서 오류가 발생합니다.

5 D2셀을 더블클릭해 셀 편집 상태로 바꾸고 Ctrl+V를 누릅니다. 함수식을 붙여넣었으면 세 번째 인수의 가져올 열 번호를 '2'에서 '3'으로 수정해서 함수식 '=VLOOKUP(B2,$I$4:$L$13,3,FALSE)'를 완성하고 Enter를 누르세요.

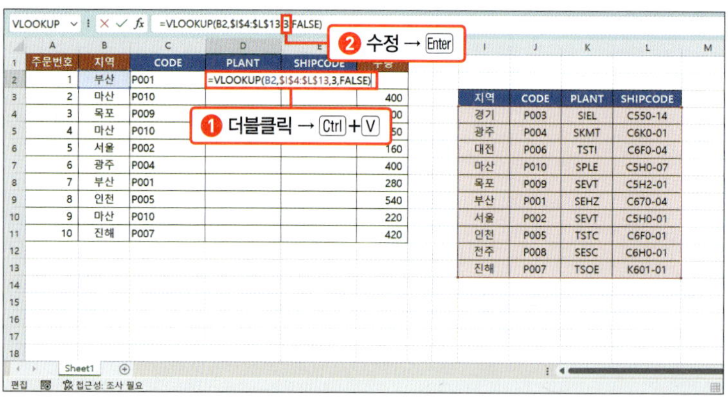

Tip

다음 함수식과 같이 엑셀 2021 버전에 추가된 XLOOKUP 함수를 이용해도 같은 결과를 얻을 수 있습니다.

- **C2셀**: =XLOOKUP(B2,$I$4:$I$13,$J$4:$J$13)
- **D2셀**: =XLOOKUP(B2,$I$4:$I$13,$K$4:$K$13)
- **E2셀**: =XLOOKUP(B2,$I$4:$I$13,$L$4:$L$13)

6 이와 같은 방법으로 E2셀을 더블클릭해서 수식 입력 상태로 바꾸고 Ctrl+V를 누릅니다. 함수식을 붙여넣었으면 세 번째 인수의 가져올 열 번호를 '2'에서 '4'로 수정해서 함수식 '=VLOOKUP(B2,$I$4:$L$13,4,FALSE)'를 완성하고 Enter를 누르세요.

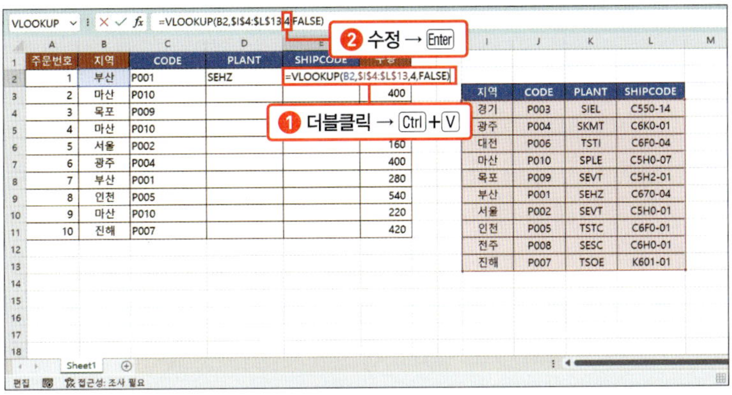

7 D2:E2 범위를 선택하고 E2셀의 자동 채우기 핸들을 E11셀까지 드래그해서 나머지 셀에도 함수식을 복사한 후 각 코드에 맞는 정보가 제대로 표시되었는지 확인합니다.

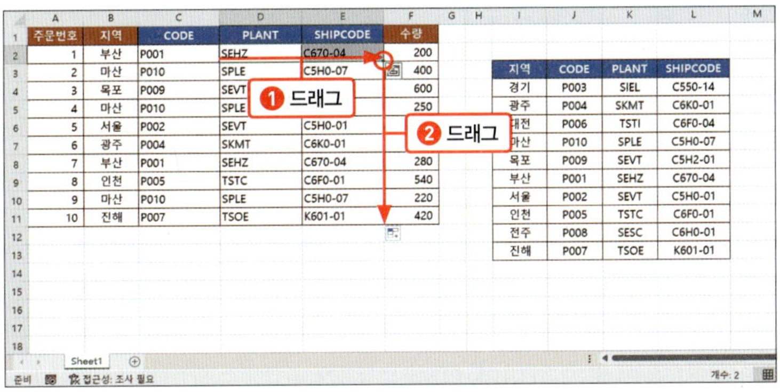

Tip

일치하는 코드가 없으면 오류 메시지가 표시됩니다. **2** 과정에서처럼 VLOOKUP 함수의 마지막 인수에 'FALSE'를 지정하면 정확히 일치하는 데이터가 있을 때만 표시되고, 그렇지 않으면 #N/A 오류가 표시됩니다. 하지만 마지막 인수를 생략하거나 'TRUE'를 지정하면 값이 정확히 일치하지 않아도 비슷한 데이터값을 가져옵니다.

◉ **예제파일** : 코드없을때비슷한값가져옴(준비).xlsx ◉ **완성파일** : 코드없을때비슷한값가져옴(완성).xlsx

현장실무 21

해당 코드가 없을 때 비슷한 값 가져오기 – VLOOKUP 함수

1 VLOOKUP 함수나 HLOOKUP 함수를 사용할 때 정확히 일치하는 데이터를 가져올 것인지, 비슷한 값을 가져올 것인지를 가장 먼저 결정해야 합니다. 마지막 인수에 FALSE를 지정하면 찾는 코드가 없을 때 #N/A 오류가 발생합니다. 데이터에 따라 없는 코드일 때 오류가 표시되는 게 맞을 수도 있고, 찾는 값이 없을 때 비슷한 값으로 대신 가져와야 할 수도 있습니다. 여기서는 [Sheet1] 시트에서 P015, P017과 같은 코드가 없어서 오류가 발생했는데, P015, P017과 같이 코드가 없을 때 찾는 코드값보다 작은(비슷한) P010 코드의 정보를 가져오기 위해 C2:C11 범위를 선택하고 Delete를 눌러 입력된 수식을 삭제하세요.

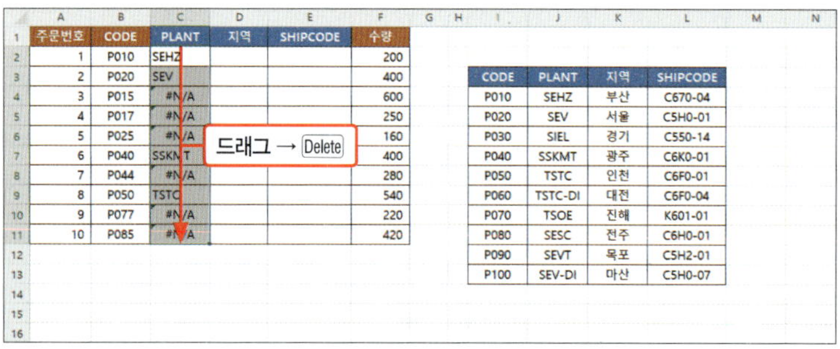

> **Tip**
> 비교 대상 영역에서 찾을 코드값이 I4:I13 범위와 같이 세로 방향으로 입력되어 있으면 VLOOKUP 함수를 사용합니다. 반면 찾을 코드값이 I4:R4 범위와 같이 가로로 입력되어 있으면 HLOOKUP 함수를 사용하세요.

2 찾는 코드가 없을 때 비슷한 근사값을 가져오려면 비교 대상의 첫 번째 열인 I4:I13 범위의 데이터가 오름차순으로 정렬되어 있는지 확인해야 합니다. C2셀을 클릭하고 [수식] 탭-[함수 라이브러리] 그룹-[찾기/참조 영역]을 클릭한 후 [VLOOKUP]을 선택하세요.

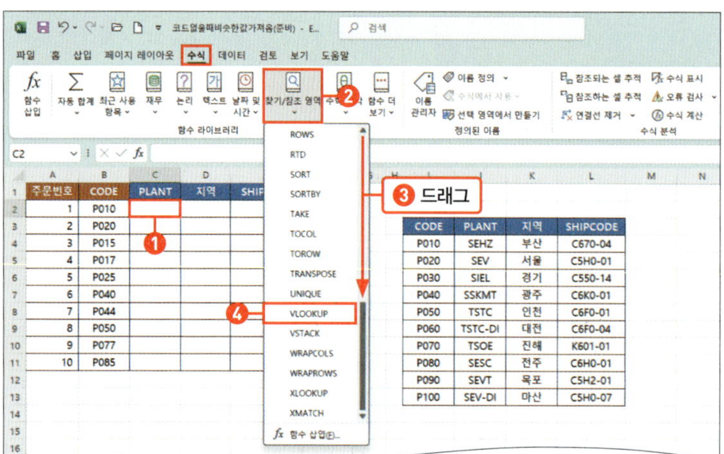

> **Tip**
> 근사값을 가져오려면(VLOOKUP 함수의 마지막 인수를 생략하거나 'TRUE' 지정) I4:I13 범위의 데이터를 오름차순으로 정렬하고 작업해야 합니다. 하지만 정확히 일치하는 데이터를 가져올 때는(VLOOKUP 함수의 마지막 인수에 'FALSE' 지정) 데이터가 정렬되지 않아도 됩니다.

3 VLOOKUP 함수의 [함수 인수] 대화상자가 열리면 다음과 같이 지정하고 [확인]을 클릭합니다.

- **검색할_값:** 찾을 데이터가 입력된 셀인 B2셀 클릭
- **표_범위:** 비교 대상을 지정하는 I4:L13 범위를 선택하고 F4를 눌러 '$I$4:$L$13'으로 지정. CODE를 찾으므로 비교 대상의 첫 열에 CODE 항목이 있어야 함
- **열_인덱스_번호:** I4:L13 범위에서 해당 코드를 찾았으면 몇 번째 열에 위치한 값을 가져올 것인지 지정하는데, 여기서는 'PLANT' 항목을 가져오기 위해 '2' 입력
- **범위_검색:** 'P010'인 코드를 찾는데, 코드가 없으면 해당 코드보다 작은 코드의 값을 가져오도록 생략하거나 'TRUE' 입력

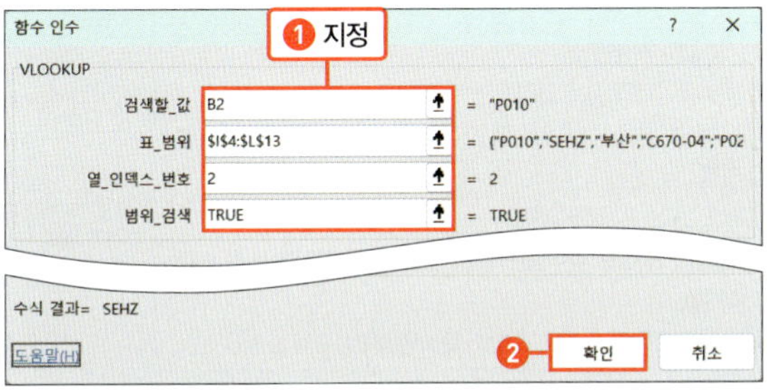

4 C2셀에 함수식 '=VLOOKUP(B2,$I$4:$L$13,2,TRUE)'가 완성되면서 결괏값이 나타나면 C2셀의 자동 채우기 핸들을 더블클릭해서 나머지 셀에도 함수식을 복사합니다. **1** 과정과 달리 I4:I13 범위에서 P010보다 크거나 같으면서 P020보다 작으면 P010 값을, P020보다 크거나 같으면서 P030보다 작으면 P020 값을 가져옵니다.

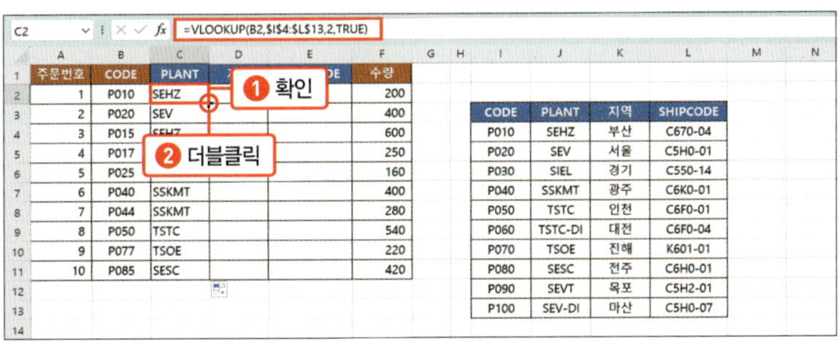

5 D2셀에는 함수식 '=VLOOKUP(B2,$I$4:$L$13,3,TRUE)'를, E2셀에는 함수식 '=VLOOKUP(B2,$I$4:$L$13,4,TRUE)'를 입력하고 나머지 셀에도 함수식을 복사하여 지역별 코드를 완성합니다.

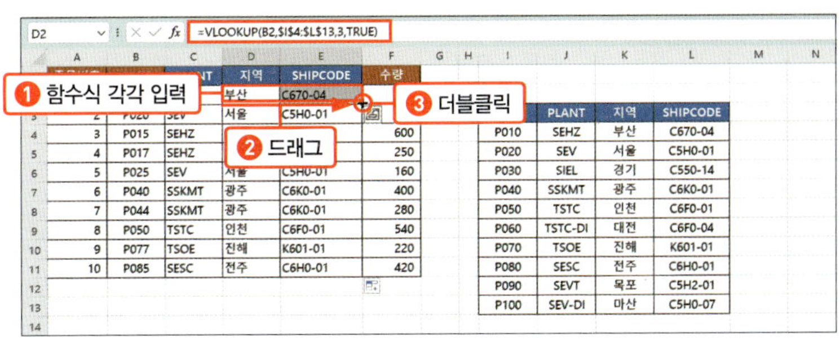

◉ **예제파일** : 가로목록에서값찾아옴(준비).xlsx ◉ **완성파일** : 가로목록에서값찾아옴(완성).xlsx

현장실무 22

가로로 표시된 목록 비교해서 값 가져오기 – HLOOKUP 함수

함수 이해를 단숨에

형식	=HLOOKUP(찾을 값,찾을 범위,가져올 행 번호[,찾을 방식])
용도	• 특정 데이터 영역에서 같은 값을 찾아 원하는 행에 입력된 값을 가져옴 • '찾을 범위' 영역에서 찾을 데이터가 가로 방향으로 입력된 경우에 사용 • '찾을 범위' 영역에서 찾을 데이터가 세로 방향으로 입력되었으면 VLOOKUP 함수 사용
인수	• **찾을 값**: 찾으려고 하는 값 또는 그 값이 저장된 셀 • **찾을 범위**: '찾을 값' 인수에 지정한 데이터와 같은 값이 있는지 찾아볼 비교 대상의 범위 • **가져올 행 번호**: 원하는 값을 찾았으면 '찾을 범위' 인수에 지정한 영역에서 몇 번째 행에 입력된 값을 가져올 것인지 위치 지정 • **찾을 방식**: 찾을 방법에 따라 'TRUE' 또는 'FALSE' 지정 – 생략하거나 'TRUE'를 지정하면 비슷한 값을 찾아옴(반드시 '찾을 범위' 영역에서 첫 번째 행이 오름차순으로 정렬되어야 함) – 'FALSE'를 지정하면 정확히 일치하는 값만 가져오고 찾지 못하면 #N/A 오류 표시

1 [Sheet1] 시트에서 2~4행에 입력된 데이터를 참조해서 아래쪽에 있는 주문 내역의 'PLANT'와 '지역'을 자동으로 찾아 표시해 볼게요. B2:K2 범위에 찾을 코드가 있으므로 가로 방향으로 데이터를 찾기 위해 HLOOKUP 함수를 이용하세요. 여기서는 정확히 일치하는 코드만 표시하고 그렇지 않으면 오류 메시지를 표시할 것이므로 B2:K2 범위의 코드가 정렬되어 있지 않아도 됩니다

CODE	P010	P020	P030	P040	P050	P060	P070	P080	P090	P100
PLANT	SEHZ	SEV	SIEL	SSKMT	TSTC	TSTC-DI	TSOE	SESC	SEVT	SEV-DI
지역	부산	서울	경기	광주	인천	대전	진해	전주	목포	마산

주문번호	CODE	PLANT	지역	수량
1	P010			200
2	P020			400
3	P015			600
4	P017			250
5	P025			160
6	P040			400
7	P044			280
8	P050			540
9	P077			220
10	P085			420

가로 방향으로 입력되어 HLOOKUP 함수를 사용합니다.

Tip

LOOKUP 함수는 실무에서 굉장히 중요한 함수로, VLOOKUP, HLOOKUP, XLOOKUP 함수를 제대로 다루기 위해서는 꼭 익혀두어야 합니다. 따라서 이 책에서는 LOOKUP 함수의 기본 사용을 202~217쪽에서 반복하여 다룹니다.

2 C9셀을 클릭하고 [수식] 탭-[함수 라이브러리] 그룹-[찾기/참조 영역]을 클릭한 후 [HLOOKUP]을 선택합니다. HLOOKUP 함수의 [함수 인수] 대화상자가 열리면 다음과 같이 지정하고 [확인]을 클릭하세요.

- **검색할_값:** 찾을 데이터가 입력된 셀인 B9셀 클릭
- **표_범위:** 찾을 범위를 지정하는 B2:K4 범위를 선택하고 F4를 눌러 '$B$2:$K$4'로 지정
- **행_인덱스_번호:** B2:K4 범위에서 해당 코드를 찾았으면 몇 번째 행에 위치한 값을 가져올 것인지 지정하는데, 여기서는 '2' 입력
- **범위_검색:** 'P010'인 코드를 찾는데, 코드가 없으면 오류 메시지를 표시하고 정확히 일치하는 데이터만 가져오도록 'FALSE' 입력

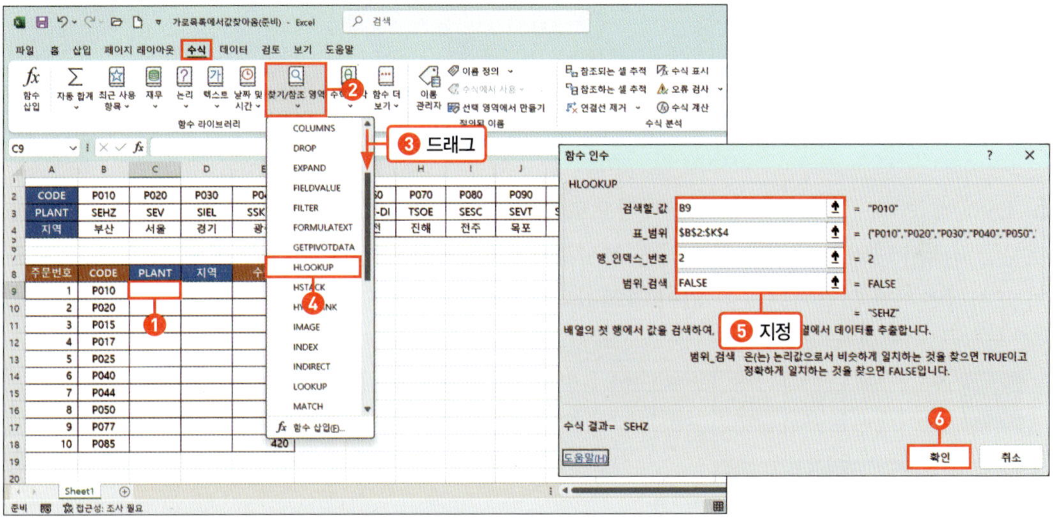

3 C9셀에 함수식 '=HLOOKUP(B9,$B$2:$K$4,2,FALSE)'가 완성되면서 결괏값이 나타나면 C9셀의 자동 채우기 핸들을 더블클릭해서 나머지 셀에도 함수식을 복사합니다. 원하는 코드값이 없으면 #N/A 오류 메시지가 표시됩니다.

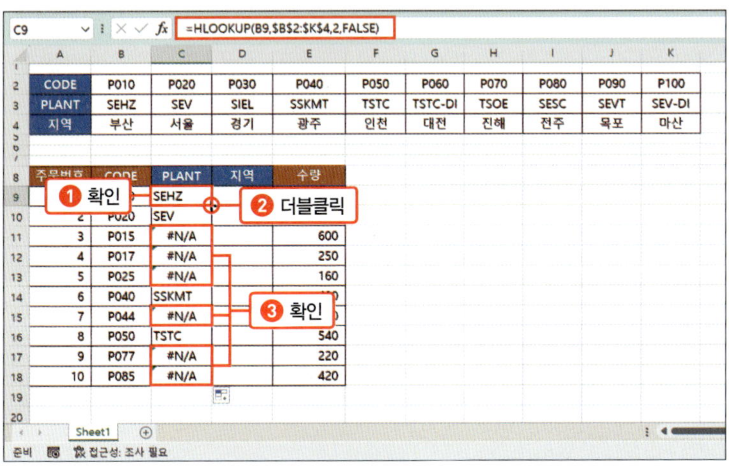

4 이와 같은 방법으로 D9셀에 '=HLOOKUP(B9,$B$2:$K$4,3)'을 입력하고 Enter 를 눌러 함수식을 완성합니다. 마지막 '범위_검색' 항목을 생략했으니 같은 CODE가 없으면 이전 값을 가져옵니다.

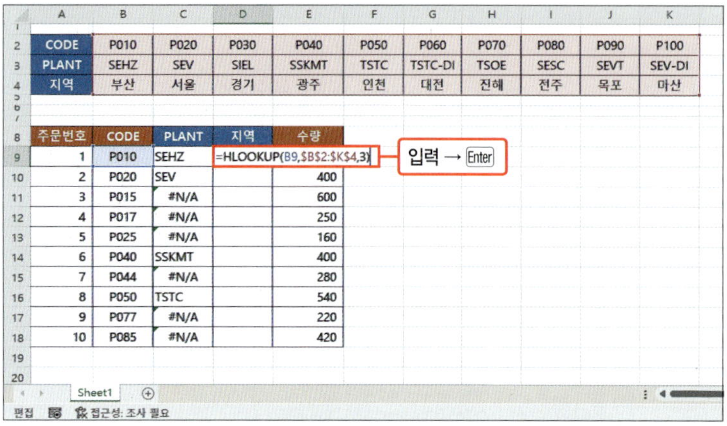

5 D9셀에 'P010' 코드에 해당하는 지역으로 '부산'이 표시되었으면 D9셀의 자동 채우기 핸들을 더블클릭해서 나머지 셀에도 함수식을 복사하세요. C열에는 원하는 코드값이 없으면 #N/A 오류가 표시되었지만, D열에는 오류 없이 결과값이 표시되었습니다.

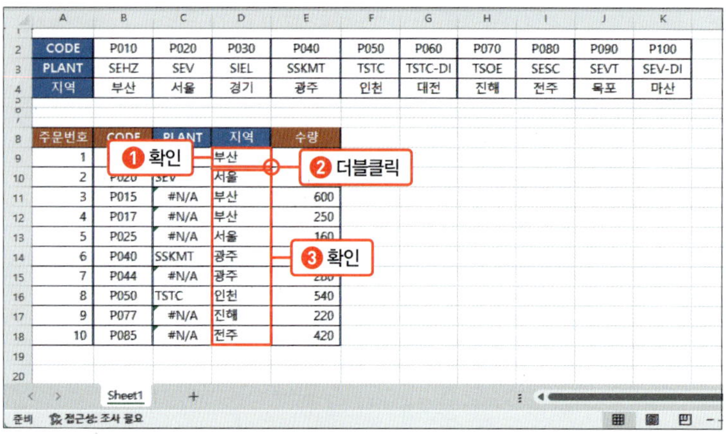

Tip

다음 함수식과 같이 엑셀 2021 버전에 추가된 XLOOKUP 함수를 이용해도 같은 결과를 얻을 수 있습니다.

- C9셀: =XLOOKUP(B9,$B$2:$K$2,$B$3:$K$3)
- D9셀: =XLOOKUP(B9,$B$2:$K$2,$B$4:$K$4)

◉ **예제파일** : 코드에맞는정보표시(준비).xlsx ◉ **완성파일** : 코드에맞는정보표시(완성).xlsx

현장실무 **23**

코드에 맞는 정보 가져오기
— XLOOKUP 함수

함수 이해를 단숨에

형식	=XLOOKUP(찾을 값,검색 범위,반환 범위,[오류일 때 표시할 내용],[일치 유형],[검색 모드])
용도	• 특정 데이터 영역에서 같은 값을 찾아 원하는 열에 입력된 값을 가져옴 • VLOOKUP 함수나 HLOOKUP 함수는 찾는 값의 왼쪽에 위치한 데이터는 가져올 수 없음 • XLOOKUP 함수는 찾는 값의 왼쪽에 위치한 데이터를 가져올 수 있음
인수	• **찾을 값**: 찾으려고 하는 값 또는 그 값이 저장된 셀 • **검색 범위**: '찾을 값' 인수에 지정한 데이터와 같은 값이 있는지 찾아볼 비교 대상의 범위(1개 열만 범위 지정) • **반환 범위**: 원하는 값을 찾았으면 이 영역에 같은 위치값을 가져옴 • **오류일 때 표시할 내용**: 원하는 값을 못 찾았을 때 표시할 텍스트, 생략하면 #N/A 오류 표시 • **일치 유형**: 어떤 방식으로 찾을지, 0, -1, 1, 2 중 하나 지정(생략하면 0으로 간주) – 0: 정확히 일치하는 값을 찾는데, 찾지 못하면 #N/A 오류 표시, 기본값 – -1: 일치하는 값을 찾는데, 찾지 못하면 찾는 값보다 작은 값 반환 – 1: 일치하는 값을 찾는데, 찾지 못하면 찾는 값보다 큰 값 반환 – 2: 와일드카드(*, ?)로 찾기 • **검색 모드**: 찾을 방향으로 1, -1, 2 중 하나 지정(생략하면 1로 간주) – 1: 첫 번째 항목부터 찾기, 기본값 – -1: 마지막 항목부터 역방향으로 찾기 – 2: 오름차순으로 정렬된 데이터에서 찾기, 정렬되지 않는 데이터일 경우 잘못된 값 반환

1 [Sheet1] 시트에서 B열에 입력된 CODE에 해당하는 지역을 I2:L11 범위에서 찾아서 표시하려고 합니다. 이때 VLOOKUP 함수를 사용하면 J열에 입력된 코드(CODE)를 찾아서 왼쪽에 있는 I열에 입력된 지역을 가져올 수 없습니다. 이때 XLOOKUP 함수를 사용하면 찾은 값의 왼쪽에 있는 항목을 가져올 수 있어요.

	A	B	C	D	E	F	G	H	I	J	K	L
1	주문번호	CODE	지역	SHIPCODE	PLANT	수량			지역	CODE	PLANT	SHIPCODE
2	1	P010				200			진해	P007	TSOE	K601-01
3	2	P007				400			전주	P008	SESC	C6H0-01
4	3	P002				600			인천	P005	TSTC	C6F0-01
5	4	P014				250			서울	P002	SEVT	C5H0-01
6	5	P300				160			부산	P001	SEHZ	C670-04
7	6	P005				400			목포	P009	SEVT	C5H2-01
8	7	P090				280			마산	P010	SPLE	C5H0-07
9	8	P007				540			대전	P006	TSTI	C6F0-04
10	9	P002				220			광주	P004	SKMT	C6K0-01
11	10	P010				420			경기	P003	SIEL	C550-14
12												
13												
14												

Tip

VLOOKUP 함수와 HLOOKUP 함수는 찾은 값의 오른쪽에 있는 항목만 가져올 수 있어요. 왼쪽에 있는 항목을 가져오려면 XLOOKUP 함수나 MATCH 함수와 INDEX 함수를 중첩해서 함수식을 만들어 찾아와야 하는데, 이것에 대해서는 262쪽을 참고하세요.

2 CODE에 해당하는 지역을 찾아오기 위해 C2셀을 클릭하고 [수식] 탭-[함수 라이브러리] 그룹-[찾기/참조 영역]을 클릭한 후 [XLOOKUP]을 선택합니다.

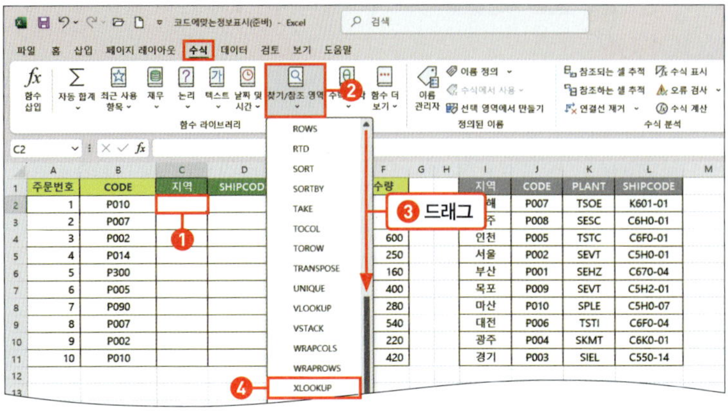

> **Tip**
> XLOOKUP 함수는 엑셀 2021 버전에 추가된 함수입니다.

3 XLOOKUP 함수의 [함수 인수] 대화상자가 열리면 다음과 같이 지정하고 [확인]을 클릭하세요.

- **검색할_값**: 찾을 데이터가 입력된 B2셀 클릭
- **검색할_범위**: 비교 대상을 지정하는 J2:J11 범위를 선택하고 F4를 눌러 '$J$2:$J$11'로 지정
- **반환할_범위**: J2:J11 범위에서 원하는 값을 찾았으면 가져올 데이터가 입력된 영역으로 I2:I11 범위를 선택하고 F4를 눌러 '$I$2:$I$11'로 지정
- **일치하는_항목이_없음**: 원하는 값을 못 찾았을 때 표시할 텍스트로 '"오류"' 입력
- **일치_모드**: 정확히 일치하는 값만 가져오도록 생략하거나 '0' 입력

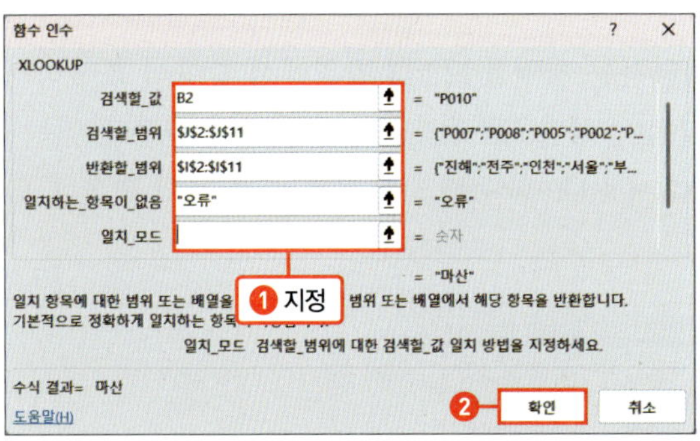

4 C2셀에 함수식 '=XLOOKUP(B2,$J$2:$J$11,$I$2:$I$11,"오류")'가 완성되면서 결괏값이 나타나면 C2셀의 자동 채우기 핸들을 더블클릭해서 나머지 셀에도 함수식을 복사합니다. 원하는 코드값이 없으면 '오류'라는 문자가 표시됩니다.

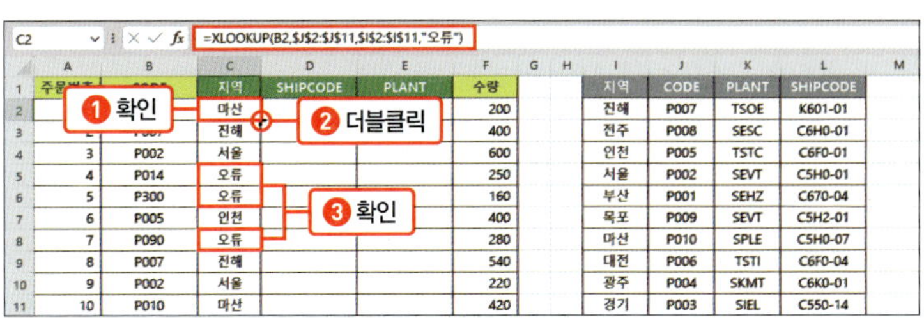

5 이번에는 C열에 표시된 지역에 해당하는 SHIPCODE와 PLANT를 한 번에 찾아오기 위해 D2셀에 '=XLOOKUP(C2,$I$2:$I$11,$K$2:$L$11,"",0)'을 입력하고 Enter를 눌러 함수식을 완성합니다.

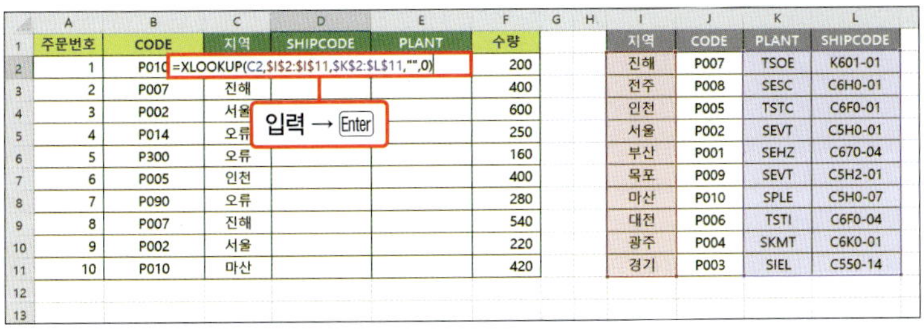

Tip
함수식 '=XLOOKUP(C2,$I$2:$I$11,$K$2:$L$11,"",0)'에서 네 번째 인수에 입력한 값은 원하는 값("")을 찾지 못했을 때 표시할 텍스트로 아무것도 표시하지 않겠다는 뜻입니다. 다섯 번째 인수에 '0'을 지정하면 정확히 일치할 때만 찾아오고 그렇지 않으면 오류가 발생합니다.

6 함수식에서 세 번째 인수에 2개의 열($K$2:$L$11)을 범위로 지정했으므로 K열과 L열을 D4셀에 한 번에 표시한 결괏값을 확인합니다. D2셀의 자동 채우기 핸들을 D11셀까지 드래그해서 함수식을 복사합니다.

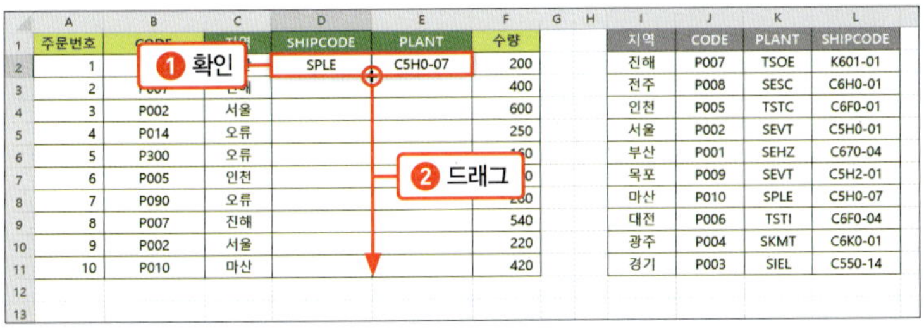

Tip
VLOOKUP 함수나 HLOOKUP 함수를 이용하면 한 번에 하나의 값만 찾아올 수 있지만, XLOOKUP 함수는 세 번째 인수에 가져오고 싶은 데이터 열을 한 번에 범위로 지정해서 가져올 수 있어요.

7 정확히 일치하는 지역에는 그 지역에 해당하는 SHIPCODE와 PLANT를 표시하고 찾지 못한 경우에는 빈 셀로 표시되었는지 확인합니다.

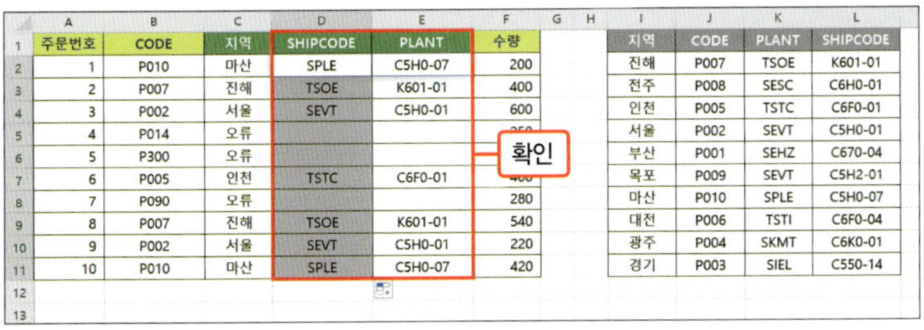

◉ **예제파일** : 납품수량에해당하는할인율찾기(준비).xlsx ◉ **완성파일** : 납품수량에해당하는할인율찾기(완성).xlsx

현장실무 24

납품 수량에 해당하는 할인율 가져오기 – XLOOKUP 함수

1 [Sheet1] 시트에서 E열에 입력된 납품수량에 해당하는 할인율을 H6:J13 범위에서 찾아서 가져와 볼게요. F2셀을 클릭하고 [수식] 탭-[함수 라이브러리] 그룹-[찾기/참조 영역]을 클릭한 후 [XLOOKUP]을 선택합니다.

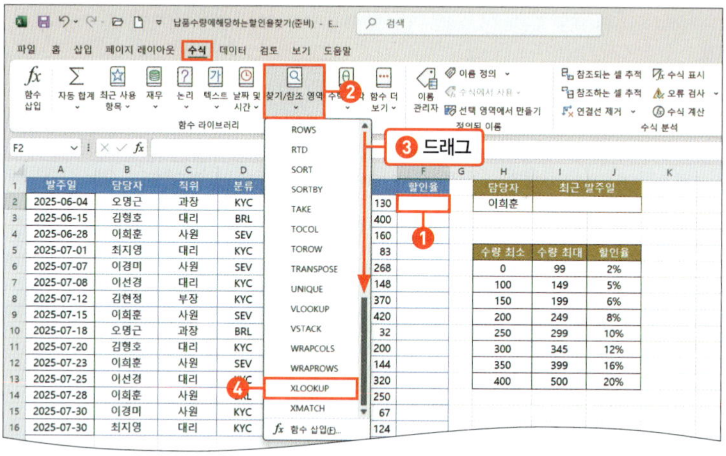

2 XLOOKUP 함수의 [함수 인수] 대화상자가 열리면 다음과 같이 지정하고 [확인]을 클릭하세요.

- **검색할_값**: 찾을 데이터가 입력된 E2셀 클릭
- **검색할_범위**: 비교 대상을 지정하는 H6:H13 범위를 선택하고 F4를 눌러 '$H$6:$H$13'으로 지정
- **반환할_범위**: H6:H13 범위에서 원하는 값을 찾았으면 가져올 데이터가 입력된 영역으로 J6:J13 범위를 선택하고 F4를 눌러 '$J$6:$J$13'으로 지정
- **일치하는_항목이_없음**: 원하는 값을 못 찾았을 때 표시할 텍스트를 입력하는데, 여기서는 생략
- **일치_모드**: 일치하는 값이 없으면 찾는 값보다 작은 값을 가져오도록 '-1' 입력

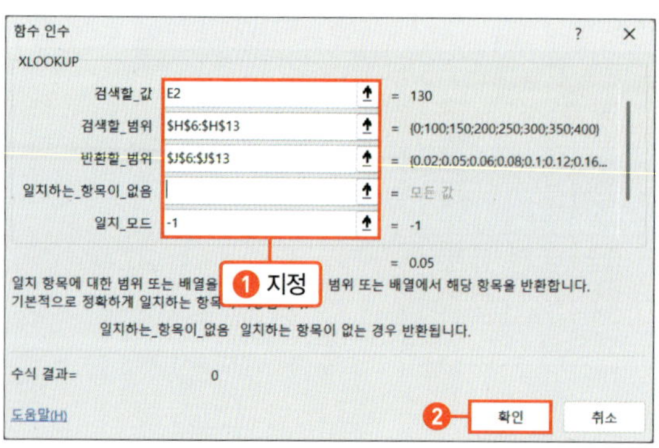

Tip

일치 유형에 '-1'을 지정하면 일치하는 값을 찾는데, 찾지 못하면 찾는 값보다 작은 값을 반환합니다. 만약 일치 유형에 '1'을 지정하면 일치하는 값이 없을 때 찾는 값보다 큰 값을 반환합니다.

3 F2셀에 함수식 '=XLOOKUP(E2,$H$6:$H$13,$J$6:$J$13,,-1)'이 완성되면서 결괏값이 '0'이 나타나면 F2셀의 자동 채우기 핸들을 더블클릭해서 나머지 셀에도 함수식을 복사합니다.

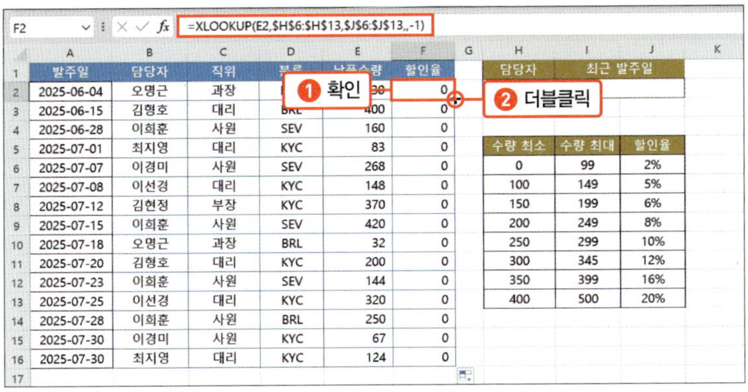

4 모두 '0'으로 표시된 값을 백분율로 변환하기 위해서 [홈] 탭-[표시 형식] 그룹-[백분율 스타일]을 클릭합니다.

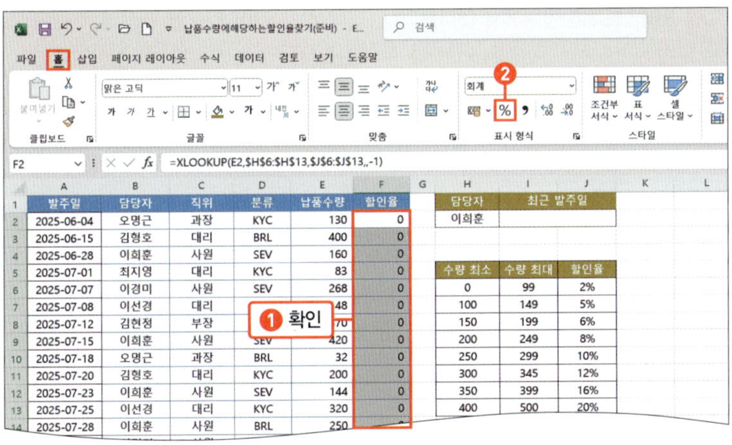

Tip

메뉴 대신 Ctrl+Shift+%를 눌러도 됩니다. 셀에 5%에 해당하는 '0.05'가 입력되는데, 기본으로 표시 형식이 정수값만 표시되도록 설정되어 있어서 '0'만 나타난 것입니다. 이 셀에 백분율 스타일 서식을 설정하면 자동으로 셀 값에 100을 곱해서 퍼센트(%)를 표시합니다.

5 할인율이 퍼센트(%)로 환산되어 표시되었으면 H2셀에 입력된 '이희훈' 담당자가 가장 최근에 발주한 날짜를 알아볼게요. '이희훈' 담당자가 여러 건을 발주했는데, A열에 입력된 발주일이 오름차순으로 표시되어 있으므로 가장 아래쪽에 입력된 발주일을 찾아와야 합니다.

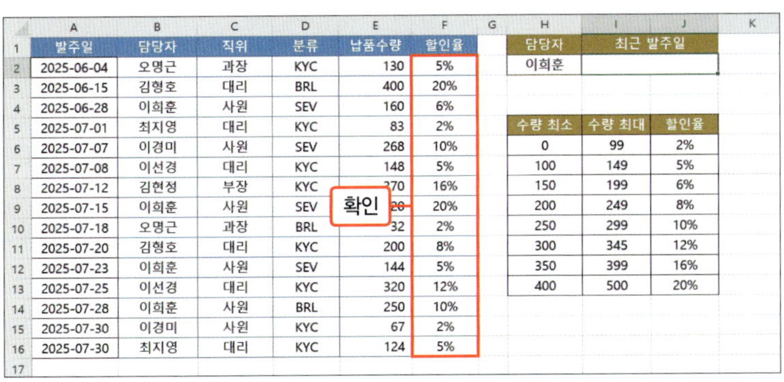

6 I2셀에 '=XLOOKUP(H2,$B$2:$B$16,$A$2:$A$16,"오류",0,-1)'을 입력하고 Enter를 눌러 함수식을 완성합니다.

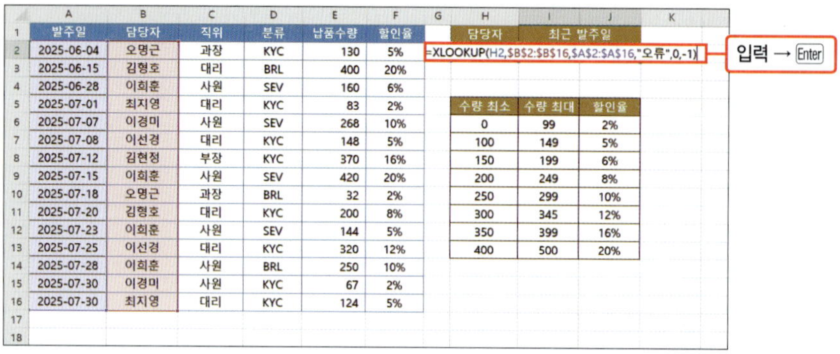

함수식 설명

=XLOOKUP(H2,$B$2:$B$16,$A$2:$A$16,"오류",0,-1)

H2셀에 입력된 '이희훈'과 같은 값을 $B$2:$B$16 범위에서 찾아봅니다. 이때 찾는 값이 있으면 해당 위치의 $A$2:$A$16 범위에 입력된 발주일을 반환하는데, 값이 없으면 '오류'라는 문자를 표시합니다. '0'은 정확히 일치하는 값만 찾겠다는 의미이고 '–1'은 찾을 때 $B$2:$B$16 범위에서 아래쪽에서부터 위쪽으로 찾습니다. 이 인수를 생략하거나 '1'을 지정하면 위쪽에서 아래쪽으로 찾을 수 있습니다.

7 I2셀에 가장 최근에 발주한 '이희훈' 담당자의 날짜가 '45866'과 같이 숫자로 표시되었습니다. 이 값을 날짜 형식으로 바꾸기 위해 [홈] 탭-[표시 형식] 그룹-[표시 형식]에서 목록 단추(⌵)를 클릭합니다.

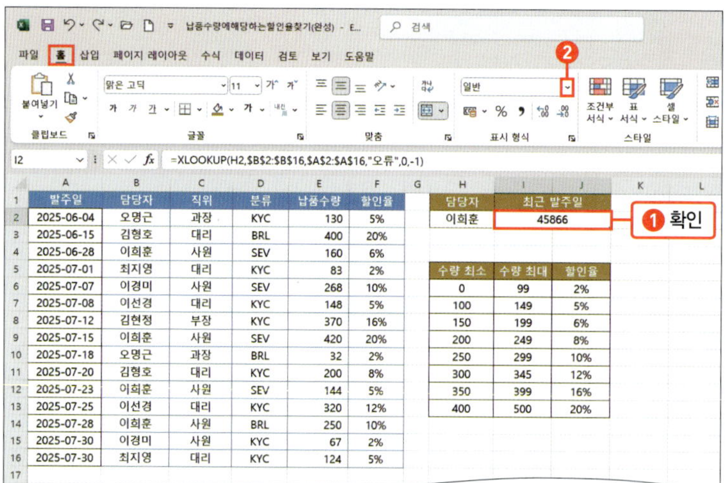

Tip

I2셀에 표시된 '45866'은 1900년 1월 1일을 기준으로 45,866번째에 해당하는 날짜이므로 현재 시점을 기준으로 바뀔 수 있습니다.

8 표시 형식 목록이 나타나면 숫자에 해당하는 날짜로 환산해서 값을 변경하기 위해 [간단한 날짜] 또는 [자세한 날짜]를 선택합니다.

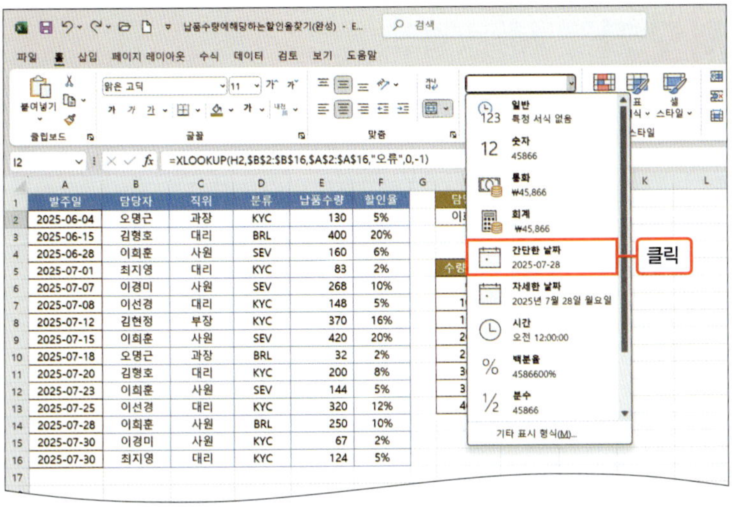

9 I2셀의 최근 발주일이 '간단한 날짜' 방식으로 표시되었는지 확인합니다.

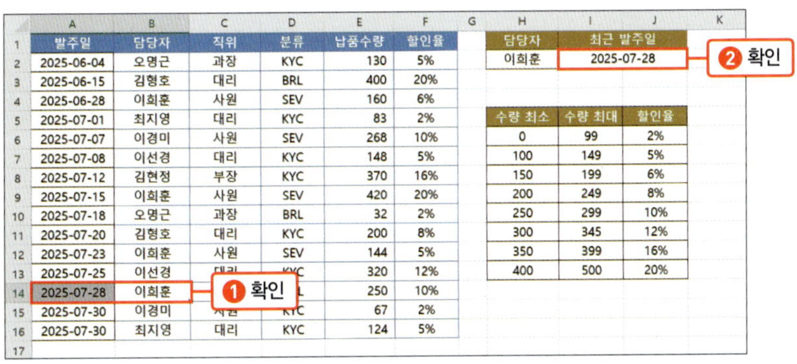

10 다른 사원의 최근 발주일을 확인하기 위해 H2셀에 '오명근'을 입력한 후 Enter를 누르세요. 왼쪽 표에서 '오명근' 담당자의 가장 아래쪽에 입력된 발주일을 찾아서 I2셀에 표시되었는지 확인합니다.

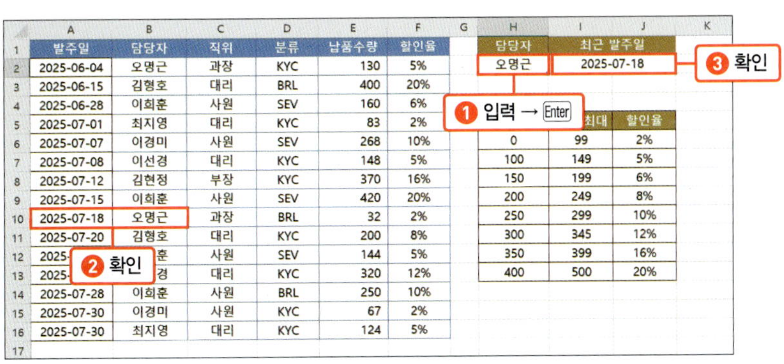

◉ **예제파일** : 원하는위치에있는값찾아옴(준비).xlsx ◉ **완성파일** : 원하는위치에있는값찾아옴(완성).xlsx

현장실무 25

목록에서 원하는 위치에 있는 값 가져오기 — INDEX 함수

함수 이해를 단숨에

형식	=INDEX(비교 대상,행 수,열 수)
용도	• 지정한 데이터 영역에서 원하는 행 수와 열 수에 위치한 셀 값을 가져옴 • VLOOKUP 함수나 HLOOKUP 함수는 같은 값을 찾아서 가져오지만, INDEX 함수는 행/열 번째에 위치한 값을 가져옴
인수	• **비교 대상**: 찾을 데이터가 입력된 데이터 영역 • **행 수**: '비교 대상'에서 찾을 데이터가 위치한 행 수 지정 • **열 수**: '비교 대상'에서 찾을 데이터가 위치한 열 수 지정

1 LOOKUP 함수는 같은 값이 있는지 비교해서 찾아올 때, INDEX 함수는 찾을 데이터가 범위 안에서 몇 번째에 위치하고 있는지 행과 열의 위치를 지정해서 값을 찾아올 때 사용합니다. [Sheet1] 시트의 G3:H12 범위에서 '경기'는 3행 1열에, 'TSOE'는 7행 2열에 위치합니다. 이러한 방법으로 B열에 지정한 행 위치에 있는 지역과 PLANT를 찾아오기 위해 C3셀을 클릭하고 [수식] 탭-[함수 라이브러리] 그룹-[찾기/참조 영역]을 클릭한 후 [INDEX]를 선택합니다. [인수 선택] 대화상자가 열리면 첫 번째 항목을 선택하고 [확인]을 클릭하세요.

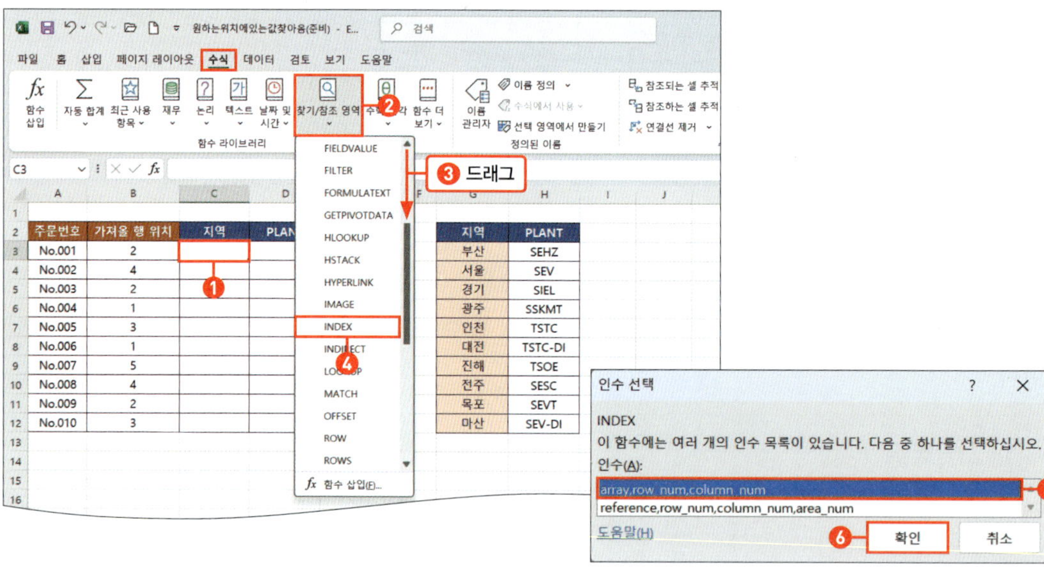

2 INDEX 함수의 [함수 인수] 대화상자가 열리면 다음과 같이 지정하고 [확인]을 클릭합니다.

- Array: 참조할 대상이 입력된 영역으로, G3:H12를 드래그해서 선택하고 F4를 눌러 절대 참조 '$G$3:$H$12'로 지정
- Row_num: G3:H12 범위에서 가져올 값이 위치한 행 수를 지정하므로 B3셀 클릭
- Column_num: 가져올 데이터가 위치한 열 수를 지정하므로 '1' 입력

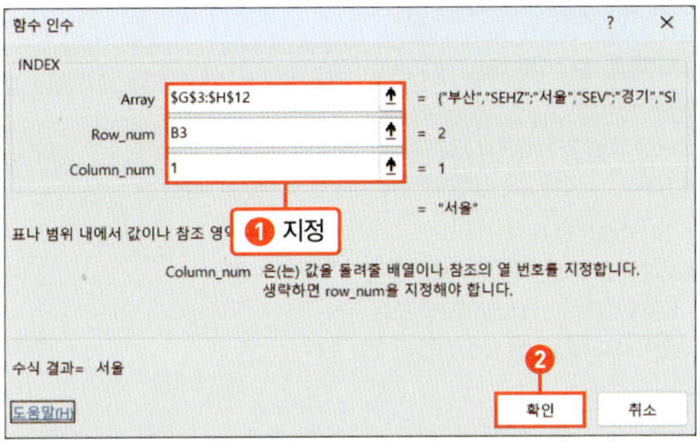

3 C3셀에 함수식 '=INDEX($G$3:$H$12,B3,1)'이 완성되면서 B3셀에 입력된 2행 1열에 있는 값인 '서울'을 가져옵니다. C3셀의 자동 채우기 핸들을 더블클릭해서 나머지 셀에도 함수식을 복사하세요.

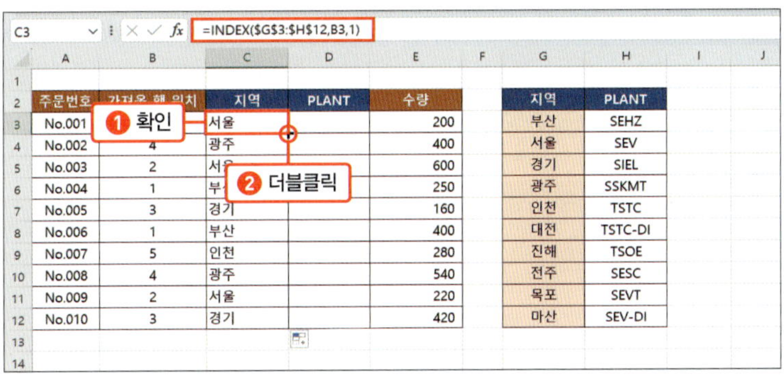

4 G3:H12 범위에 있는 데이터에서 B열에 입력된 행 위치에 있는 'PLANT' 값을 찾아오기 위해 D3셀에 함수식 '=INDEX($G$3:$H$12,B3,2)'를 입력하고 Enter를 누릅니다. B3셀에 '2'가 입력되어 있으므로 G3:H12 범위에서 2행 2열에 위치한 'SEV'가 D3셀에 표시되면 D3셀의 자동 채우기 핸들을 더블클릭해서 나머지 셀에도 함수식을 복사하세요.

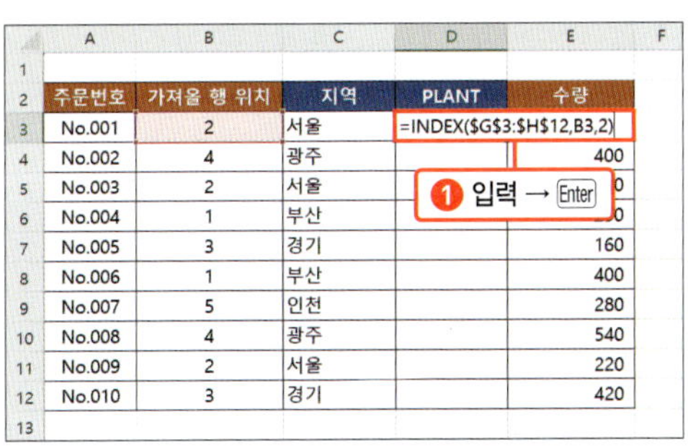

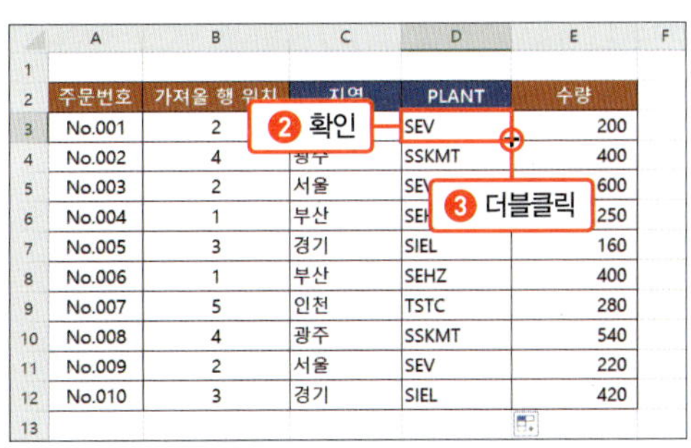

◉ **예제파일** : 지역코드로지역명표시(준비).xlsx ◉ **완성파일** : 지역코드로지역명표시(완성).xlsx

현장실무 26

지역 코드 참고해 지역명 표시하기
— SWITCH 함수

함수 이해를 단숨에

형식	=SWITCH(대상,조건 1,결괏값 1,조건 2,결괏값 2,조건 3,결괏값 3,……,반환할 값)
용도	지정한 값 또는 수식의 결과가 '조건 1'과 같으면 '결괏값 1'을, '조건 2'와 같으면 '결괏값 2'를, '조건 3'과 같으면 '결괏값 3'을 표시하고, 그 외의 모든 경우에는 반환할 값을 표시할 때 사용
인수	• **대상**: 비교할 조건에 해당하는 숫자값 또는 수식 • **조건 1, 조건 2, 조건 3**: 대상에 지정한 값이 조건과 같은지 확인할 값 • **결괏값 1, 결괏값 2, 결괏값 3**: 조건에 만족하면 표시할 결괏값 또는 수식 • **반환할 값**: 지정한 모든 조건에 만족하지 않는 값일 때 표시할 값 또는 수식

1 [Sheet1] 시트에서 지역 코드가 1일 때는 '부산'으로, 5일 때는 '대전'으로, 10일 때는 '광주'로 지역명을 표시하고 1, 5, 10 이외의 값일 때는 '보류'를 표시해 볼게요. C2셀을 클릭하고 [수식] 탭-[함수 라이브러리] 그룹-[논리]를 클릭한 후 [SWITCH]를 선택하세요.

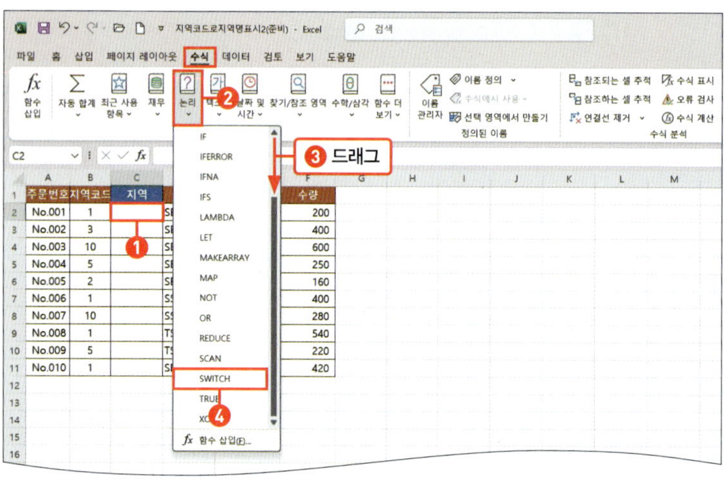

Tip
SWITCH 함수는 M365와 엑셀 2019 버전부터 지원하는 기능입니다. 이전 버전을 사용하면 다중 IF 함수를 이용해서 처리할 수 있습니다.

2 SWITCH 함수의 [함수 인수] 대화상자가 열리면 'Expression'에는 'B2'를, 'Value1'에는 '1'을, 'Result1'에는 '"부산"'을, 'Default_or_value2'에는 '5'를, 'Result2'에는 '"대전"'을, 'Default_or_value3'에는 '10'을, 'Result3'에는 '"광주"'를, 'Default_or_value4'에는 '"보류"'를 지정하고 [확인]을 클릭합니다.

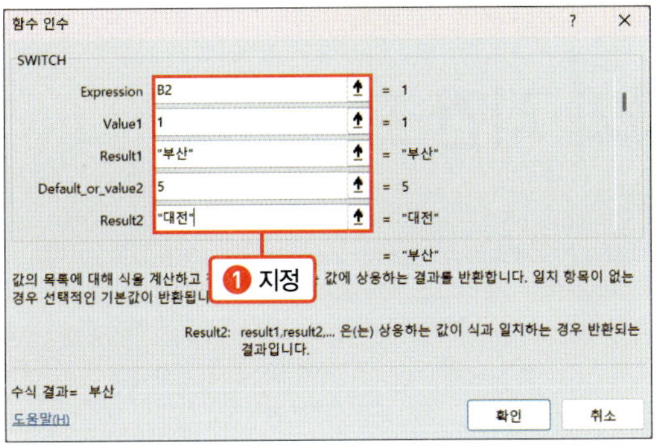

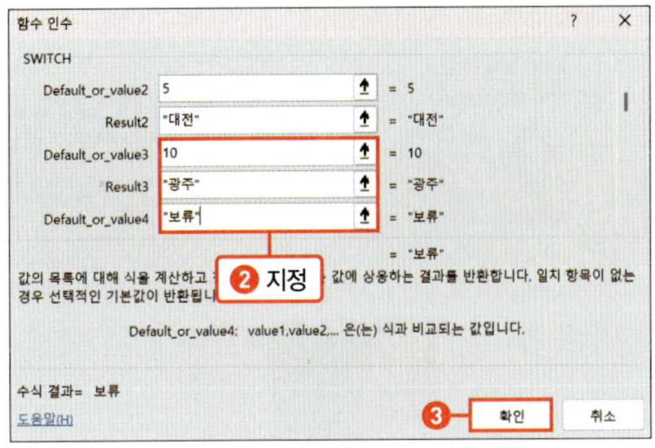

3 C2셀에 함수식 '=SWITCH(B2,1,"부산",5,"대전",10,"광주","보류")'가 완성되면서 결괏값 '부산'이 표시되면 C2셀의 자동 채우기 핸들을 더블클릭해서 나머지 셀에도 함수식을 복사합니다.

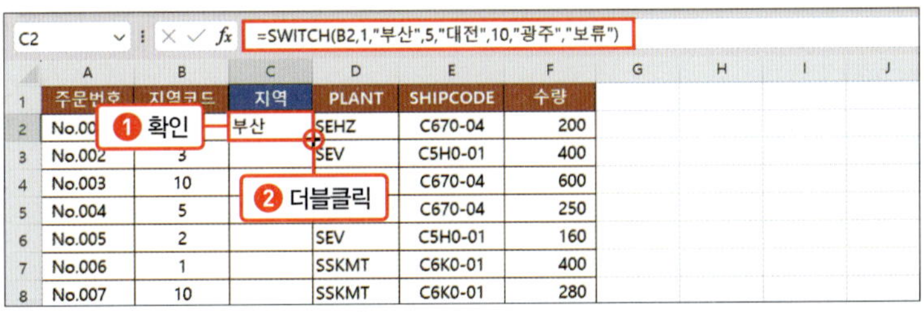

	A	B	C	D	E	F
1	주문번호	지역코드	지역	PLANT	SHIPCODE	수량
2	No.00		부산	SEHZ	C670-04	200
3	No.002	3		SEV	C5H0-01	400
4	No.003	10			C670-04	600
5	No.004	5			C670-04	250
6	No.005	2		SEV	C5H0-01	160
7	No.006	1		SSKMT	C6K0-01	400
8	No.007	10		SSKMT	C6K0-01	280

함수식 설명

=SWITCH(B2,1,"부산",5,"대전",10,"광주","보류")

B2셀에 입력된 값이 '1'이면 '부산'을, '5'이면 '대전'을, '10'이면 '광주'를 표시하고, 그 외의 나머지 값일 때는 '보류'를 표시하는 함수식입니다. CHOOSE 함수는 무조건 1일 때부터 1씩 증가하는 값에 적용할 수 있으므로 연속적인 숫자가 아니면 사용하기가 불편합니다. 그리고 SWITCH 함수는 조건에 만족하지 않는 나머지 값도 처리할 수 있습니다. 다중 IF 함수를 이용해서 같은 결괏값을 얻으려면 다음의 함수식을 사용하세요.

=IF(B2=1,"부산",IF(B2=5,"대전",IF(B2=10,"광주","보류")))

4 B열의 '지역코드' 항목에 해당하는 지역명으로 C열에 '지역' 항목의 값이 표시되었는지 확인합니다.

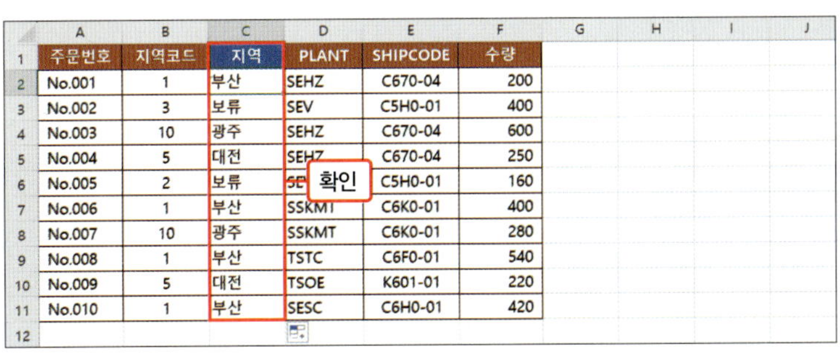

	A	B	C	D	E	F
1	주문번호	지역코드	지역	PLANT	SHIPCODE	수량
2	No.001	1	부산	SEHZ	C670-04	200
3	No.002	3	보류	SEV	C5H0-01	400
4	No.003	10	광주	SEHZ	C670-04	600
5	No.004	5	대전	SEHZ	C670-04	250
6	No.005	2	보류	SE	C5H0-01	160
7	No.006	1	부산	SSKMT	C6K0-01	400
8	No.007	10	광주	SSKMT	C6K0-01	280
9	No.008	1	부산	TSTC	C6F0-01	540
10	No.009	5	대전	TSOE	K601-01	220
11	No.010	1	부산	SESC	C6H0-01	420
12						

2024 M365 2021 2019 2016

◉ **예제파일** : 작업당일날짜와시간표시(준비).xlsx ◉ **완성파일** : 작업당일날짜와시간표시(완성).xlsx

필수기능 27

작업일의 날짜와 시간 표시하기 — TODAY, NOW 함수

함수 이해를 단숨에

형식	=TODAY( ) =NOW( )
용도	표시된 날짜와 시간은 파일을 여는 당일 날짜로 자동 변경 • **TODAY 함수**: 작업하는 당일 날짜 표시 • **NOW 함수**: 작업하는 당일 날짜와 시간을 함께 표시
인수	필요 없음

1 [Sheet1] 시트에서 작업하는 당일 날짜를 표시하기 위해 I1셀에 '=TO'를 입력하고 함수 목록이 표시되면 [TODAY]를 더블클릭합니다.

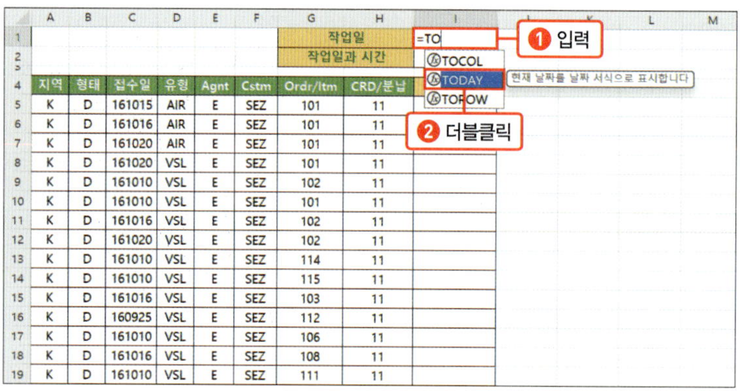

Tip

Ctrl+;을 누르거나 셀에 직접 입력한 날짜는 변하지 않는 고정된 날짜로 저장됩니다.

2 I1셀에 '=TODAY('가 표시되면 TODAY 함수는 인수를 따로 지정하지 않으므로 ')'를 입력하고 Enter를 누릅니다.

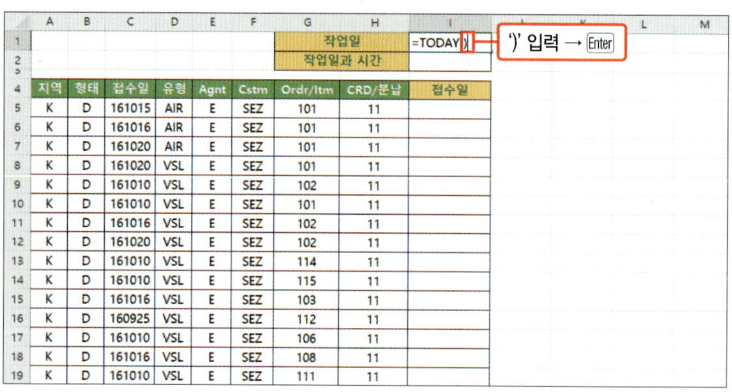

3 I1 셀에 현재 작업하는 당일 날짜가 표시되었는데, 내일 이 문서를 열면 자동으로 내일 날짜로 바뀝니다. I2 셀에는 날짜와 시간을 함께 표시하기 위해 함수식 '=NOW()'를 입력하고 Enter를 누르세요.

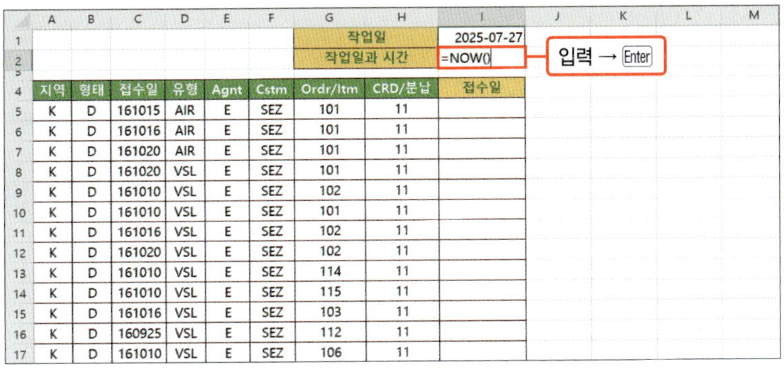

	A	B	C	D	E	F	G	H	I
1							작업일		2025-07-27
2							작업일과 시간		=NOW()
4	지역	형태	접수일	유형	Agnt	Cstm	Ordr/Itm	CRD/분납	접수일
5	K	D	161015	AIR	E	SEZ	101	11	
6	K	D	161016	AIR	E	SEZ	101	11	
7	K	D	161020	AIR	E	SEZ	101	11	
8	K	D	161020	VSL	E	SEZ	101	11	
9	K	D	161010	VSL	E	SEZ	102	11	
10	K	D	161010	VSL	E	SEZ	101	11	
11	K	D	161016	VSL	E	SEZ	102	11	
12	K	D	161020	VSL	E	SEZ	102	11	
13	K	D	161010	VSL	E	SEZ	114	11	
14	K	D	161010	VSL	E	SEZ	115	11	
15	K	D	161016	VSL	E	SEZ	103	11	
16	K	D	160925	VSL	E	SEZ	112	11	
17	K	D	161010	VSL	E	SEZ	106	11	

4 I2 셀의 너비가 좁아서 '##########'로 표시되면 I열 머리글과 J열 머리글 사이에 마우스 포인터를 올려놓고 ✛ 모양으로 변경되었을 때 더블클릭합니다.

	A	B	C	D	E	F	G	H	I
1							작업일		2025-07-27
2							작업일과 시간		##########
4	지역	형태	접수일	유형	Agnt	Cstm	Ordr/Itm	CRD/분납	접수일
5	K	D	161015	AIR	E	SEZ	101	11	
6	K	D	161016	AIR	E	SEZ	101	11	
7	K	D	161020	AIR	E	SEZ	101	11	
8	K	D	161020	VSL	E	SEZ	101	11	
9	K	D	161010	VSL	E	SEZ	102	11	
10	K	D	161010	VSL	E	SEZ	101	11	
11	K	D	161016	VSL	E	SEZ	102	11	
12	K	D	161020	VSL	E	SEZ	102	11	
13	K	D	161010	VSL	E	SEZ	114	11	
14	K	D	161010	VSL	E	SEZ	115	11	
15	K	D	161016	VSL	E	SEZ	103	11	
16	K	D	160925	VSL	E	SEZ	112	11	
17	K	D	161010	VSL	E	SEZ	106	11	

Tip
열 머리글 사이의 경계선을 더블클릭하면 I열에 입력된 데이터의 가장 긴 길이에 맞게 자동으로 열 너비가 조정되고 드래그하면 원하는 길이만큼 너비를 조정할 수 있습니다.

5 I2 셀의 너비가 자동으로 조정되면서 I2 셀에 작업 당일의 날짜와 시간까지 모두 표시되었는지 확인합니다.

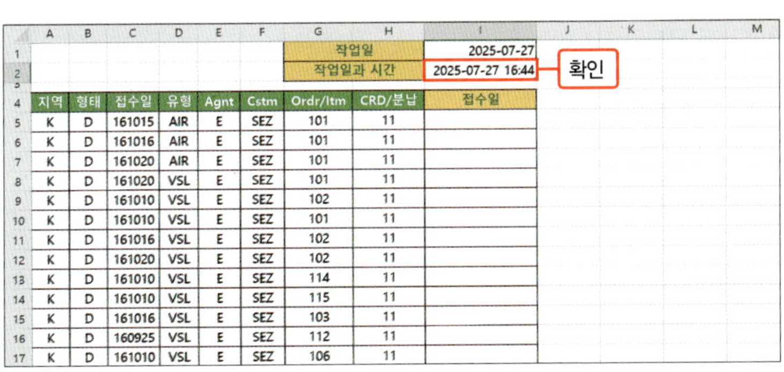

	A	B	C	D	E	F	G	H	I
1							작업일		2025-07-27
2							작업일과 시간		2025-07-27 16:44
4	지역	형태	접수일	유형	Agnt	Cstm	Ordr/Itm	CRD/분납	접수일
5	K	D	161015	AIR	E	SEZ	101	11	
6	K	D	161016	AIR	E	SEZ	101	11	
7	K	D	161020	AIR	E	SEZ	101	11	
8	K	D	161020	VSL	E	SEZ	101	11	
9	K	D	161010	VSL	E	SEZ	102	11	
10	K	D	161010	VSL	E	SEZ	101	11	
11	K	D	161016	VSL	E	SEZ	102	11	
12	K	D	161020	VSL	E	SEZ	102	11	
13	K	D	161010	VSL	E	SEZ	114	11	
14	K	D	161010	VSL	E	SEZ	115	11	
15	K	D	161016	VSL	E	SEZ	103	11	
16	K	D	160925	VSL	E	SEZ	112	11	
17	K	D	161010	VSL	E	SEZ	106	11	

2024 M365 2021 2019 2016

◉ **예제파일** : 셀에수식으로날짜넣기(준비).xlsx ◉ **완성파일** : 셀에수식으로날짜넣기(완성).xlsx

필수기능 **28**

수식 이용해 날짜 표시하기 — DATE 함수

함수 이해를 단숨에

형식	=DATE(연도값,월값,일값)
용도	셀에 수식을 이용해서 날짜 형식으로 값 입력
인수	• **연도값**: 연도로 지정할 숫자값 또는 그 값이 저장된 셀 주소 • **월값**: 월로 지정할 숫자값 또는 그 값이 저장된 셀 주소 • **일값**: 일로 지정할 숫자값 또는 그 값이 저장된 셀 주소

1 서버나 웹에서 데이터를 다운로드하거나 복사할 경우 C열에 접수일과 같이 날짜가 문자열로 저장된 경우가 많은데, 문자로 저장된 날짜는 연산이 불가능해서 날짜 함수를 적용할 수 없습니다. 문자로 저장된 값을 계산할 수 있는 날짜 형식으로 변환하기 위해 [Sheet1] 시트에서 I3셀을 클릭하고 [수식] 탭-[함수 라이브러리] 그룹-[날짜 및 시간]을 클릭한 후 [DATE]를 선택하세요.

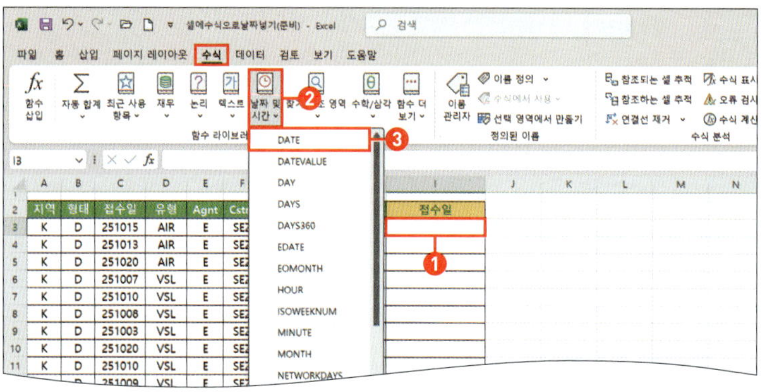

2 DATE 함수의 [함수 인수] 대화상자가 열리면 다음과 같이 지정하고 [확인]을 클릭합니다.

• **Year**: C3셀의 문자열에서 왼쪽에서 두 글자만 표시하기 위해 'LEFT(C3,2)+2000' 입력
• **Month**: C3셀의 문자열에서 세 번째부터 두 글자만 표시하기 위해 'MID(C3,3,2)' 입력
• **Day**: C3셀의 문자열에서 다섯 번째부터 두 글자만 표시하기 위해 'MID(C3,5,2)' 입력

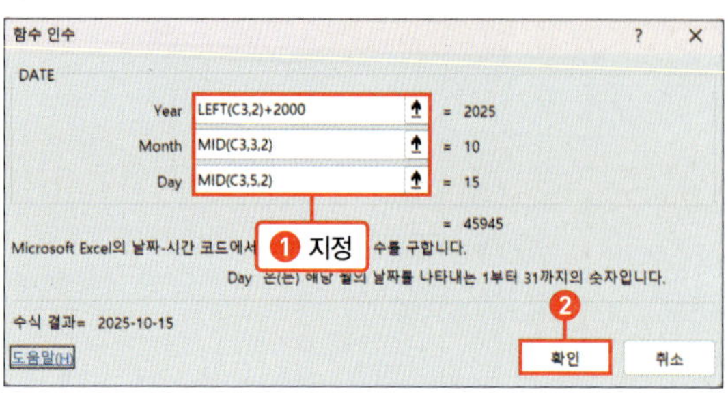

Tip
LEFT 함수와 MID 함수에 대해서는 179쪽을 참고하세요.

3 I3셀에 함수식 '=DATE(LEFT(C3,2)+2000,MID(C3,3,2),MID(C3,5,2))'가 완성되면서 C3셀의 문자로 입력된 접수일이 날짜로 변환되어 표시되었습니다. I3셀의 자동 채우기 핸들을 더블클릭해 나머지 셀에도 함수식을 복사하세요.

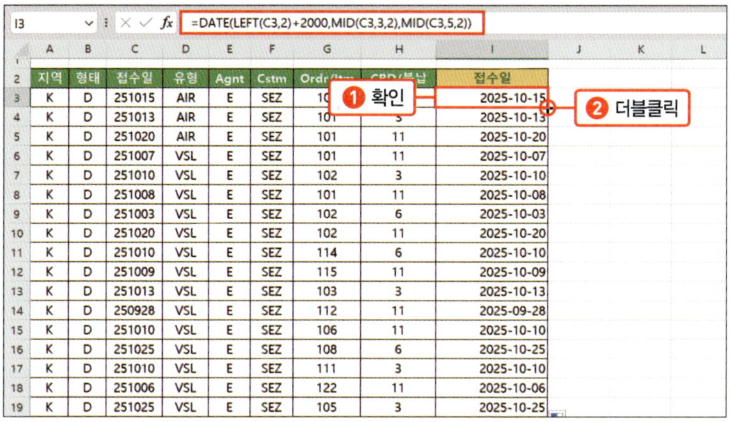

	A	B	C	D	E	F	G	H	I
2	지역	형태	접수일	유형	Agnt	Cstm	Ordr/Itm	CBD/분납	접수일
3	K	D	251015	AIR	E	SEZ	10[illegible]	[illegible]	2025-10-15
4	K	D	251013	AIR	E	SEZ	101	3	2025-10-13
5	K	D	251020	AIR	E	SEZ	101	11	2025-10-20
6	K	D	251007	VSL	E	SEZ	101	11	2025-10-07
7	K	D	251010	VSL	E	SEZ	102	3	2025-10-10
8	K	D	251008	VSL	E	SEZ	101	11	2025-10-08
9	K	D	251003	VSL	E	SEZ	102	6	2025-10-03
10	K	D	251020	VSL	E	SEZ	102	11	2025-10-20
11	K	D	251010	VSL	E	SEZ	114	6	2025-10-10
12	K	D	251009	VSL	E	SEZ	115	11	2025-10-09
13	K	D	251013	VSL	E	SEZ	103	3	2025-10-13
14	K	D	250928	VSL	E	SEZ	112	11	2025-09-28
15	K	D	251010	VSL	E	SEZ	106	11	2025-10-10
16	K	D	251025	VSL	E	SEZ	108	6	2025-10-25
17	K	D	251010	VSL	E	SEZ	111	3	2025-10-10
18	K	D	251006	VSL	E	SEZ	122	11	2025-10-06
19	K	D	251025	VSL	E	SEZ	105	3	2025-10-25

함수식 설명

=DATE(LEFT(C3,2)+2000,MID(C3,3,2),MID(C3,5,2))
❶ ❷ ❸

❶ LEFT(C3,2)+2000
C3셀에 입력된 문자 '221015'를 왼쪽에서 두 글자만 가져와서 '22'를 구하고 이 값에 '2000'을 더하면 '2022'가 되어 연도값으로 사용합니다. 만약 '2000'을 더하지 않고 곧바로 사용하면 '1922'로 인식됩니다.

❷ MID(C3,3,2)
C3셀에 입력된 문자 '221015'를 세 번째부터 두 글자만 가져와서 '10'을 구하고 이 값을 월값으로 사용합니다.

❸ MID(C3,5,2)
C3셀에 입력된 문자 '221015'를 다섯 번째부터 두 글자만 가져와서 '15'를 구하고 이 값을 일값으로 사용합니다.

Tip
시간도 시간끼리 연산할 수 있으므로 시간 함수를 이용하려면 셀 값이 시간 형태를 갖추어야 합니다. 셀에 수식으로 시간 데이터를 입력하려면 TIME 함수를 이용하세요.

- **형식:** =TIME(시간값,분값,초값)

예 =TIME(5,20,50) → '5시20분50초'로 입력
=HOUR(A10) → A10셀에 입력된 시간에서 시간만 표시(0~23 사이의 숫자값)
=MINUTE(A10) → A10셀에 입력된 시간에서 분만 표시(0~59 사이의 숫자값)
=SECOND(A10) → A10셀에 입력된 시간에서 초만 표시(0~59 사이의 숫자값)

2024 | M365 | 2021 | 2019 | 2016

◉ **예제파일** : 날짜에서연월일분리(준비).xlsx ◉ **완성파일** : 날짜에서연월일분리(완성).xlsx

필수기능 29

날짜에서 연, 월, 일 분리하기

— YEAR, MONTH, DAY 함수

함수 이해를 단숨에

형식	=YEAR(날짜값), =MONTH(날짜값), =DAY(날짜값)
용도	• **YEAR 함수**: 특정 날짜에서 연도만 분리 • **MONTH 함수**: 특정 날짜에서 월만 분리 • **DAY 함수**: 특정 날짜에서 일만 분리
인수	• **날짜값**: 날짜가 저장된 셀 또는 날짜에 해당하는 숫자값 지정 • 날짜에 해당하는 숫자값의 의미를 살펴보면 날짜는 1900/1/1을 기준으로 1을 기억하므로 10은 1900/1/1을 기준으로 10일째 되는 날인 1900/1/10을 지정하는 것과 같음

1 [Sheet1] 시트의 C열에 입력된 접수일 날짜에서 연도만, 월만, 일만 따로 분리해 볼게요. I3셀에 '=YEAR(C3)'을 입력하고 Enter를 누르세요.

2 I3셀에 C3셀에서 연도에 해당하는 '2025'가 표시되었으면 J3셀에는 '=MONTH(C3)'을, K3셀에는 '=DAY(C3)'을 입력하고 Enter를 누릅니다.

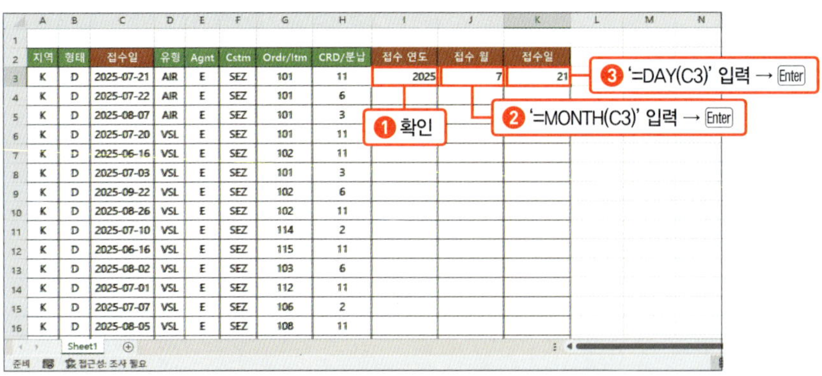

3 J3셀에는 접수일에서 월만 빼서, K3셀에는 일만 빼서 표시되었습니다. I3:K3 범위를 선택하고 K3셀의 자동 채우기 핸들을 더블클릭해서 나머지 셀에도 함수식을 복사하세요.

잠깐만요 :: 숫자가 표시되어야 할 셀에 날짜가 나와요!

함수식을 실행한 결괏값이 숫자가 나와야 하는데 날짜가 표시되거나, 반대로 날짜 대신 숫자가 표시될 때가 있습니다. 이 경우에는 대상 영역을 범위로 지정하고 [홈] 탭-[표시 형식] 그룹-[표시 형식]을 클릭한 후 [일반]을 선택하여 날짜로 표시된 값을 숫자로 변환해야 합니다. 반대로 [간단한 날짜]나 [자세한 날짜]를 선택하면 숫자를 날짜로 변환할 수 있습니다.

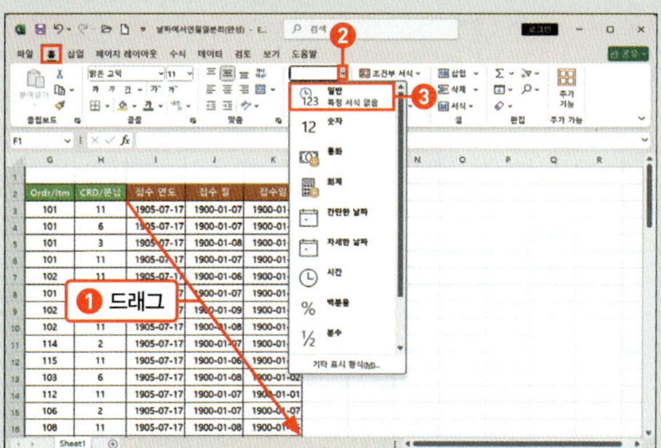

2024 | M365 | 2021 | 2019 | 2016

◉ **예제파일** : 무슨요일인지표시(준비).xlsx ◉ **완성파일** : 무슨요일인지표시(완성).xlsx

현장실무 30

접수일이 무슨 요일인지 표시하기
— WEEKDAY 함수

함수 이해를 단숨에

형식	=WEEKDAY(날짜값,유형)
용도	지정한 날짜가 무슨 요일인지 0~7 사이의 숫자로 표시
인수	• **날짜값**: 날짜가 저장된 셀 주소 또는 날짜에 해당하는 숫자값 • **유형**: 요일을 표시할 숫자값의 유형 – 1: 1(일요일)~7(토요일)을 의미하는 숫자 표시 – 2: 1(월요일)~7(일요일)을 의미하는 숫자 표시 – 3: 0(월요일)~6(일요일)을 의미하는 숫자 표시

1 [Sheet1] 시트에서 D3셀을 클릭하고 [수식] 탭–[함수 라이브러리] 그룹–[날짜 및 시간]을 클릭한 후 [WEEKDAY]를 선택합니다. WEEKDAY 함수의 [함수 인수] 대화상자가 열리면 'Serial_number'의 입력 상자에 커서가 있는 상태에서 접수일이 입력된 C3셀을 클릭하고 'Return_type'에 '1'을 입력한 후 [확인]을 클릭하세요.

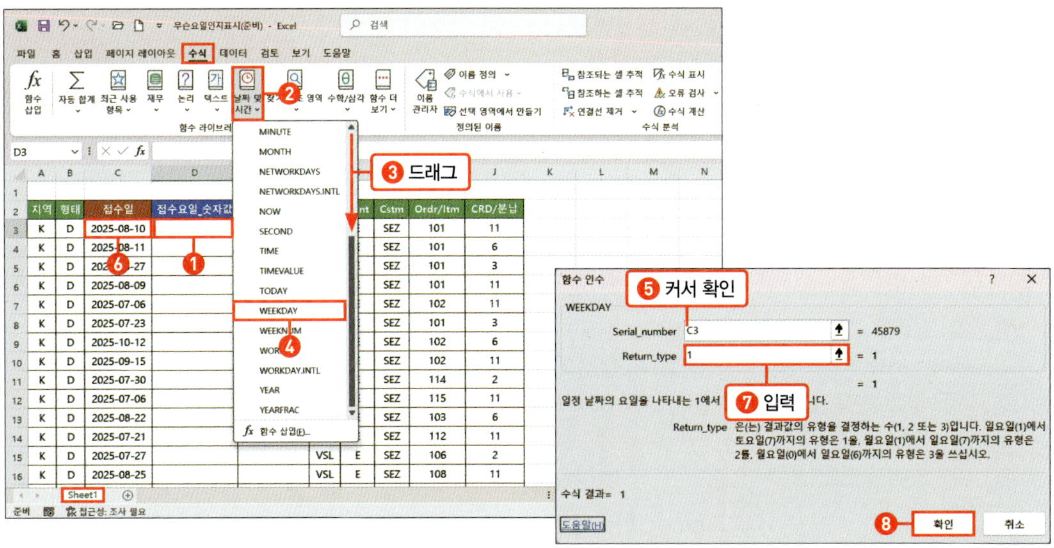

Tip
'Return_type'에 '1'을 입력하면 결괏값으로 1~7 사이의 숫자값이 표시됩니다. 이때 1이면 일요일을, 2이면 화요일을, ……, 7이면 토요일을 의미합니다.

2 D3셀에 일요일을 의미하는 '1'이 표시되었으면 D3셀의 자동 채우기 핸들을 더블클릭해서 나머지 셀에도 함수식을 복사합니다.

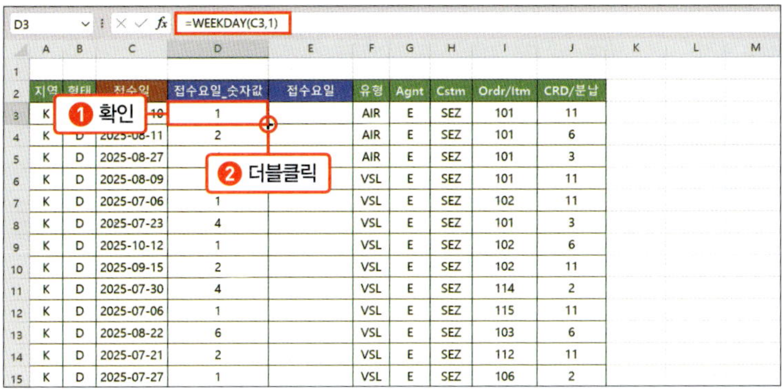

3 D열에 표시된 숫자값을 해당하는 요일로 표시해 볼게요. E3셀을 클릭하고 [수식] 탭-[함수 라이브러리] 그룹-[찾기/참조 영역]을 클릭한 후 [CHOOSE]를 선택합니다.

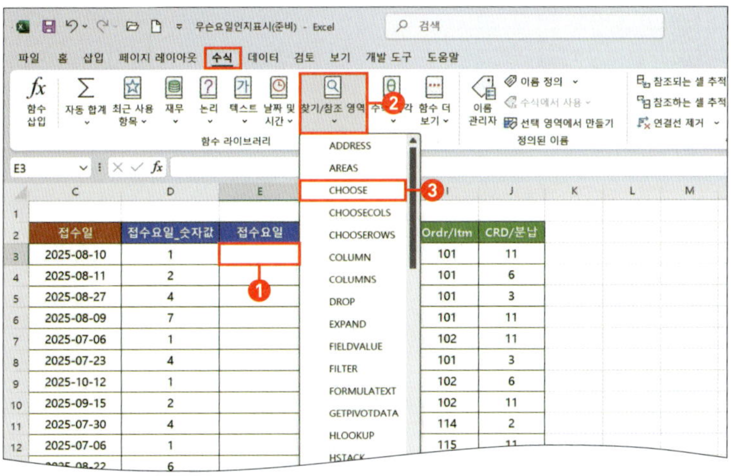

4 CHOOSE 함수의 [함수 인수] 대화상자가 열리면 다음과 같이 지정하고 [확인]을 클릭하세요.

- Index_num : D3
- Value1 : '"일요일"' 입력
- Value2 : '"월요일"' 입력
- Value3 : '"화요일"' 입력
- Value4 : '"수요일"' 입력
- Value5 : '"목요일"' 입력
- Value6 : '"금요일"' 입력
- Value7 : '"토요일"' 입력

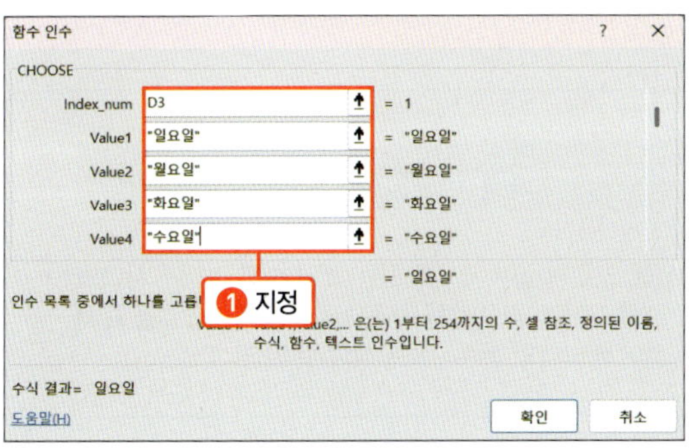

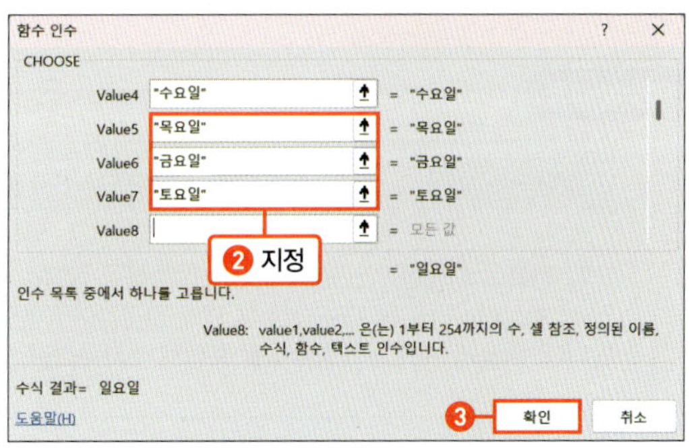

함수식 설명

=CHOOSE(D3,"일요일","월요일","화요일","수요일","목요일","금요일","토요일")

D3셀에 입력된 값이 '1'이면 '일요일'을, '2'이면 '월요일'을, '3'이면 '수요일'을 표시하는 것처럼 1일 때부터 차례대로 함수식을 적용합니다.

5 E3셀에 접수 요일이 표시되었으면 E3셀의 자동 채우기 핸들을 더블클릭해서 나머지 셀에도 함수식을 복사합니다.

	A	B	C	D	E	F	G	H	I	J
2	지역	형태	접수일	접수요일_숫자값	접수요일	유형	Agnt	Cstm	Ordr/Itm	CRD/분납
3	K	D	2025-08-10		일요일	AIR			101	11
4	K	D	2025-08-11	2	월요일	AIR			101	6
5	K	D	2025-08-27	4	수요일	AIR	E	SEZ	101	3
6	K	D	2025-08-09	7	토요일	VSL	E	SEZ	101	11
7	K	D	2025-07-06	1	일요일	VSL	E	SEZ	102	11
8	K	D	2025-07-23	4	수요일	VSL	E	SEZ	101	3
9	K	D	2025-10-12	1	일요일	VSL	E	SEZ	102	6
10	K	D	2025-09-15	2	월요일	VSL	E	SEZ	102	11
11	K	D	2025-07-30	4	수요일	VSL	E	SEZ	114	2
12	K	D	2025-07-06	1	일요일	VSL	E	SEZ	115	11
13	K	D	2025-08-22	6	금요일	VSL	E	SEZ	103	6
14	K	D	2025-07-21	2	월요일	VSL	E	SEZ	112	11
15	K	D	2025-07-27	1	일요일	VSL	E	SEZ	106	2

6 **2** 과정에서 구한 결괏값을 하나의 함수식으로 합쳐볼게요. E3셀을 더블클릭해서 함수식을 표시하고 기존의 함수식에서 'D3'을 'WEEKDAY(C3,1)'로 수정한 후 Enter를 누르세요.

	A	B	C	D	E	F	G	H	I	J
2	지역	형태	접수일	접수요일_숫자값	접수요일	유형	Agnt	Cstm	Ordr/Itm	CRD/분납
3	K	=CHOOSE(WEEKDAY(C3,1),"일요일","월요일","화요일","수요일","목요일","금요일","토요일")								
4	K									6
5	K	D	2025-08-27	4	수요일	AIR	E	SEZ	101	3
6	K	D	2025-08-09	7	토요일	VSL	E	SEZ	101	11
7	K	D	2025-07-06	1	일요일	VSL	E	SEZ	102	11
8	K	D	2025-07-23	4	수요일	VSL	E	SEZ	101	3
9	K	D	2025-10-12	1	일요일	VSL	E	SEZ	102	6
10	K	D	2025-09-15	2	월요일	VSL	E	SEZ	102	11
11	K	D	2025-07-30	4	수요일	VSL	E	SEZ	114	2
12	K	D	2025-07-06	1	일요일	VSL	E	SEZ	115	11
13	K	D	2025-08-22	6	금요일	VSL	E	SEZ	103	6
14	K	D	2025-07-21	2	월요일	VSL	E	SEZ	112	11
15	K	D	2025-07-27	1	일요일	VSL	E	SEZ	106	2

함수식 설명

=CHOOSE(WEEKDAY(C3,1),"일요일","월요일","화요일","수요일","목요일","금요일","토요일")

먼저 안쪽에 지정한 WEEKDAY(C3,1) 함수식을 실행해서 C3셀에 입력한 날짜에 해당하는 요일 숫자값(1~7 사이의 값)을 계산합니다. CHOOSE 함수에 의해 결괏값이 1이면 '일요일'을, 2이면 '월요일'을 차례대로 적용해서 요일을 표시합니다. 이렇게 여러 개의 함수식을 중첩해서 사용하면 하나의 셀에서 하나의 함수식을 완성할 수 있습니다.

7 E3셀에 완성된 함수식 '=CHOOSE(WEEKDAY(C3,1),"일요일","월요일","화요일","수요일","목요일","금요일","토요일")'과 결괏값을 확인하고 E3셀의 자동 채우기 핸들을 더블클릭해서 수정한 함수식을 복사합니다.

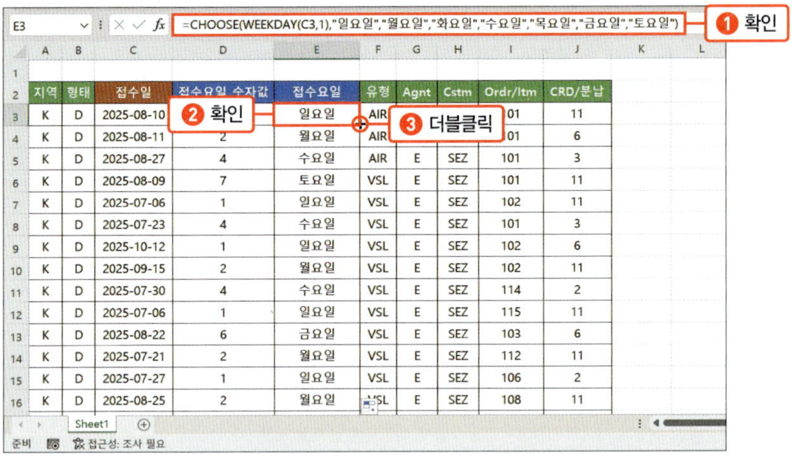

8 D열 머리글을 클릭해 D열 전체를 선택하고 선택 영역에서 마우스 오른쪽 단추를 클릭한 후 [삭제]를 선택하여 필요 없는 D열을 삭제합니다.

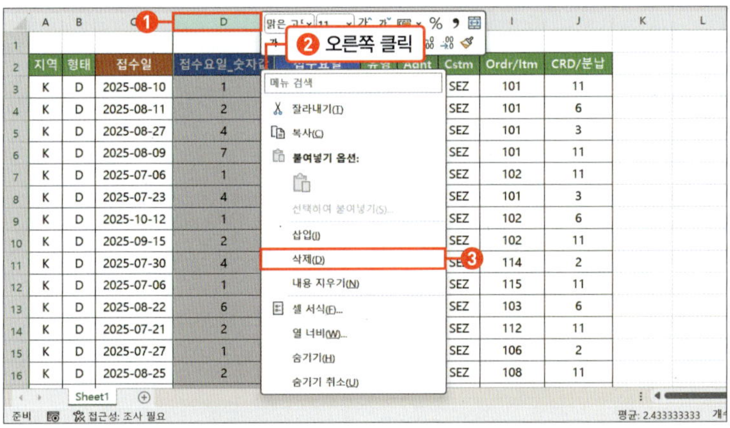

◉ **예제파일** : 날짜사이의기간계산(준비).xlsx ◉ **완성파일** : 날짜사이의기간계산(완성).xlsx

현장실무 31

출시일부터 작업일까지의 기간 계산하기 — DATEDIF 함수

함수 이해를 단숨에

형식	=DATEDIF(시작일,종료일,유형)
용도	두 날짜 사이의 기간을 연 수, 개월 수, 일 수 등으로 표시
인수	• **시작일**: 시작 날짜에 해당하는 날짜값 또는 날짜가 입력된 셀 주소 • **종료일**: 마지막 날짜에 해당하는 날짜값 또는 날짜가 입력된 셀 주소 • **유형**: 결과로 알고 싶은 값의 유형 – "Y": 두 날짜 사이의 기간을 연 수로 계산 – "M": 두 날짜 사이의 기간을 개월 수로 계산 – "D": 두 날짜 사이의 기간을 일 수로 계산 – "YM": 두 날짜 사이의 기간에서 연 수를 뺀 나머지 개월 수만 계산 – "YD": 두 날짜 사이의 기간에서 연 수를 뺀 나머지를 일 수로 계산 – "MD": 두 날짜 사이의 기간에서 개월 수를 뺀 나머지를 일 수로 계산
예시	• =DateDif(A5,Today( ),"M") → A5셀 값부터 오늘까지 몇 개월 지났는지 계산 • =DateDif(A5,Date(2025,1,1),"Y") → A5셀 값부터 2025-1-1까지 몇 년 지났는지 계산 • =DateDif(A3,B3,"Y")&"년"&DATEDIF(A3,B3,"YM")&"개월" → 두 날짜 사이에 몇 년 지났는지와 연 수를 뺀 남은 개월 수는 몇 개월인지 구해서 나란히 표시 예 3년7개월

1 [Sheet1] 시트에서 C열의 출시일부터 E1셀에 입력된 작업일까지 몇 년이 지났는지 알아볼게요. D4셀에 함수식 '=DATEDIF(C4,$E$1,"Y")'를 입력하고 Enter를 누르세요.

	A	B	C	D	E	F	G	H	I	J	K	L
1				작업일	2025-07-27							
2												
3	지역	형태	출시일	년수	개월수	일수	유형	Agnt	Cstm	Ordr/Itm	CRD/분납	
4	K	D	=DATEDIF(C4,$E$1,"Y")				AIR	E	SEZ	101	11	
5	K	D	2023-04-15				AIR	E	SEZ	101	11	
6	K	D	20[illegible]				AIR	E	SEZ	101	11	
7	K	D	[illegible]				VSL	E	SEZ	101	11	
8	K	D	2021-10-01				VSL	E	SEZ	102	11	
9	K	D	2025-03-05				VSL	E	SEZ	101	11	
10	K	D	2022-10-02				VSL	E	SEZ	102	11	
11	K	D	2023-04-08				VSL	E	SEZ	102	11	
12	K	D	2024-07-07				VSL	E	SEZ	114	11	
13	K	D	2021-10-01				VSL	E	SEZ	115	11	
14	K	D	2024-09-04				VSL	E	SEZ	103	11	
15	K	D	2021-09-02				VSL	E	SEZ	112	11	
16	K	D	2021-10-01				VSL	E	SEZ	106	11	

함수식 설명

=DATEDIF(C4,$E$1,"Y")

C4셀은 상대 참조이므로 아래쪽으로 함수식을 복사하면 C5셀, C6셀, C7셀로 대상이 바뀌면서 계산됩니다. 하지만 $E$1은 절대 참조이므로 아래쪽으로 함수식을 복사해도 항상 E1셀에 입력된 작업일로만 계산합니다.

2 D4셀에 두 날짜 사이에 몇 년의 기간이 지났는지 계산되었으면 D4셀의 자동 채우기 핸들을 더블클릭해서 나머지 셀에도 함수식을 복사합니다.

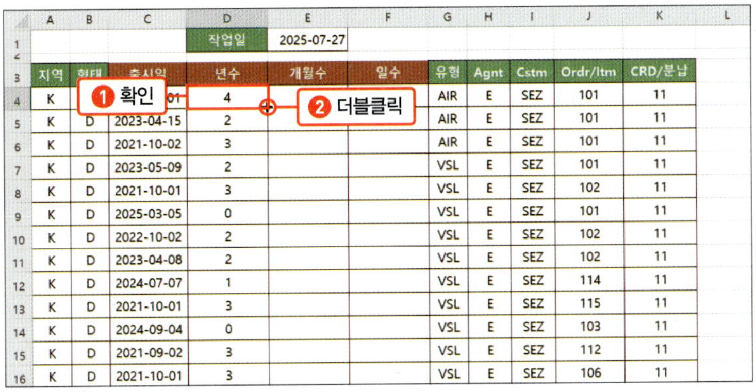

3 이와 같은 방식으로 두 날짜 사이의 기간을 총 개월 수로 표시하기 위해 E4셀에 '=DATEDIF(C4,$E$1,"M")'을 입력하고 Enter를 누릅니다.

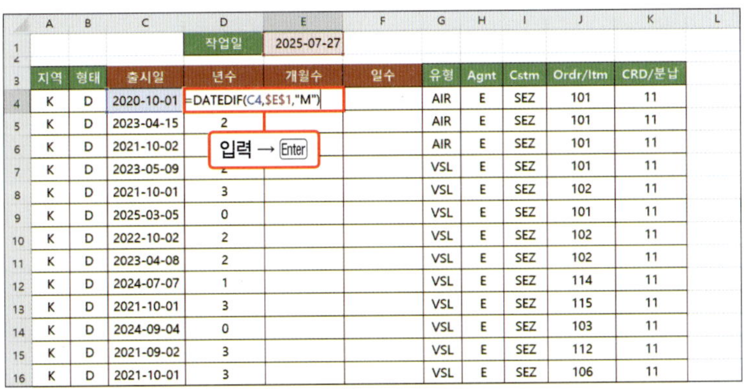

Tip
두 날짜 사이의 기간을 총 개월 수로 표시하므로 결괏값이 82이면 6년 10개월을 의미합니다. 이와 같이 연 수를 뺀 나머지 개월 수만 알아보려면 함수식을 '=DATEDIF(C4,$E$1,"YM")'으로 변경합니다.

4 F4셀에 두 날짜 사이의 기간을 총 일 수로 표시하기 위해 '=DATEDIF(C4,$E$1,"D")'를 입력하고 Enter를 누릅니다.

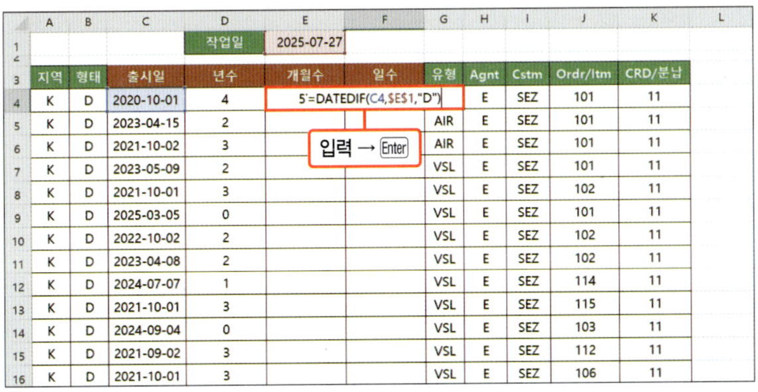

Tip
두 날짜 사이의 기간을 총 일 수로 표시하므로 개월 수를 뺀 나머지 일 수만 알아보려면 함수식을 '=DATEDIF(C4,$E$1,"MD")'로 변경하세요.

5 E4:F4 범위를 선택하고 F4셀의 자동 채우기 핸들을 더블클릭해서 나머지 셀에도 함수식을 복사합니다.

	A	B	C	D	E	F	G	H	I	J	K
1				작업일	2025-07-27						
3	지역	형태	출시일	년수	개월수	일수	유형	Agnt	Cstm	Ordr/Itm	CRD/분납
4	K	D	2020-10-01	4	57	1760	AIR	E	SEZ	101	11
5	K	D	2023-04-15	2				E	SEZ	101	11
6	K	D	2021-10-02	3					SEZ	101	11
7	K	D	2023-05-09	2					SEZ	101	11
8	K	D	2021-10-01	3			VSL	E	SEZ	102	11
9	K	D	2025-03-05	0			VSL	E	SEZ	101	11
10	K	D	2022-10-02	2			VSL	E	SEZ	102	11
11	K	D	2023-04-08	2			VSL	E	SEZ	102	11
12	K	D	2024-07-07	1			VSL	E	SEZ	114	11
13	K	D	2021-10-01	3			VSL	E	SEZ	115	11
14	K	D	2024-09-04	0			VSL	E	SEZ	103	11
15	K	D	2021-09-02	3			VSL	E	SEZ	112	11

6 접수일부터 작성일까지 총 몇 년이 지났는지, 몇 개월이 지났는지, 며칠이 지났는지 표시되었습니다.

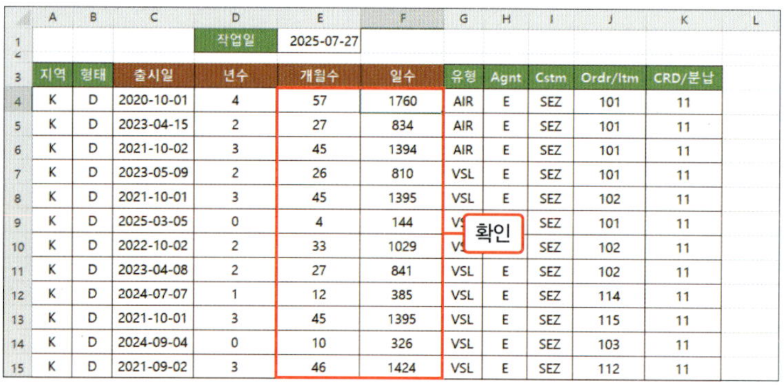

	A	B	C	D	E	F	G	H	I	J	K
1				작업일	2025-07-27						
3	지역	형태	출시일	년수	개월수	일수	유형	Agnt	Cstm	Ordr/Itm	CRD/분납
4	K	D	2020-10-01	4	57	1760	AIR	E	SEZ	101	11
5	K	D	2023-04-15	2	27	834	AIR	E	SEZ	101	11
6	K	D	2021-10-02	3	45	1394	AIR	E	SEZ	101	11
7	K	D	2023-05-09	2	26	810	VSL	E	SEZ	101	11
8	K	D	2021-10-01	3	45	1395	VSL	E	SEZ	102	11
9	K	D	2025-03-05	0	4	144			SEZ	101	11
10	K	D	2022-10-02	2	33	1029			SEZ	102	11
11	K	D	2023-04-08	2	27	841	VSL	E	SEZ	102	11
12	K	D	2024-07-07	1	12	385	VSL	E	SEZ	114	11
13	K	D	2021-10-01	3	45	1395	VSL	E	SEZ	115	11
14	K	D	2024-09-04	0	10	326	VSL	E	SEZ	103	11
15	K	D	2021-09-02	3	46	1424	VSL	E	SEZ	112	11

7 접수일부터 작성일까지 년 수를 뺀 남은 개월 수를 표시하기 위해 E4셀의 함수식을 '=DATEDIF(C4,$E$1,"YM")'으로 수정합니다. 이와 같은 방법으로 개월을 뺀 남은 일 수를 표시하기 위해 F4셀의 함수식을 '=DATEDIF(C4,$E$1,"MD")'로 수정하고 E4:F4 범위를 선택한 후 F4셀의 자동 채우기 핸들을 더블클릭해서 나머지 셀에도 함수식을 복사하세요.

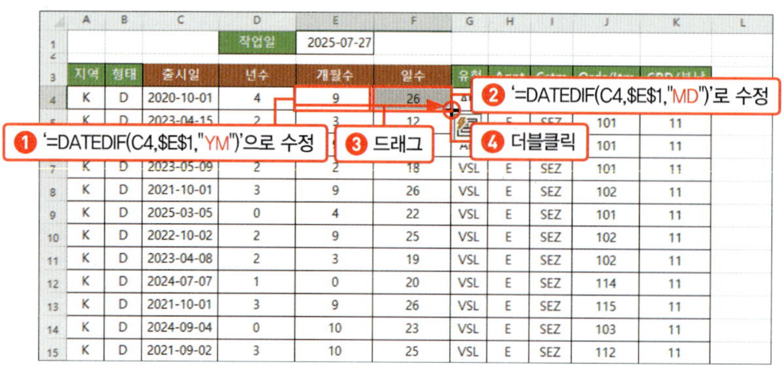

	A	B	C	D	E	F	G	H	I	J	K
1				작업일	2025-07-27						
3	지역	형태	출시일	년수	개월수	일수					
4	K	D	2020-10-01	4	9	26					
5	K	D	2023-04-15	2	3	12				101	11
6										101	11
7	K	D	2023-05-09	2	2	18	VSL	E	SEZ	101	11
8	K	D	2021-10-01	3	9	26	VSL	E	SEZ	102	11
9	K	D	2025-03-05	0	4	22	VSL	E	SEZ	101	11
10	K	D	2022-10-02	2	9	25	VSL	E	SEZ	102	11
11	K	D	2023-04-08	2	3	19	VSL	E	SEZ	102	11
12	K	D	2024-07-07	1	0	20	VSL	E	SEZ	114	11
13	K	D	2021-10-01	3	9	26	VSL	E	SEZ	115	11
14	K	D	2024-09-04	0	10	23	VSL	E	SEZ	103	11
15	K	D	2021-09-02	3	10	25	VSL	E	SEZ	112	11

◉ **예제파일** : 시간데이터관리(준비).xlsx ◉ **완성파일** : 시간데이터관리(완성).xlsx

현장실무

32 시간 데이터의 원리 이해하기

시간 데이터를 입력할 때는 '시:분:초'와 같이 시분초 사이에 콜론(:)를 지정해서 입력합니다. 이와 같이 입력한 값은 24시간제로 표시되지만, 오전/오후 방식으로 표시하려면 '시:분:초 AM' 또는 '시:분:초 PM'과 같이 입력해야 합니다.

입력된 시간은 내부적으로 0에서 1 사이의 값으로 환산해서 저장됩니다. 예를 들어 오전 3시이면 '0.125'로, 6시이면 '0.25'로, 9시이면 '0.375'로 저장됩니다. 그러면 12시이면 '0.5'가 되고, 24시가 되면 다시 '0'으로 저장됩니다. 이렇게 시간은 우리가 보기 편한 형태로 서식이 설정되어 표시되는 것뿐이고 엑셀 내부에서는 0에서 1 사이의 값으로 환산되어 저장되는 것입니다.

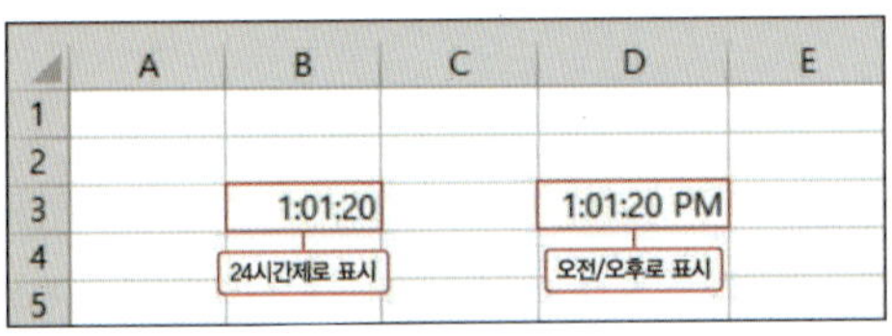

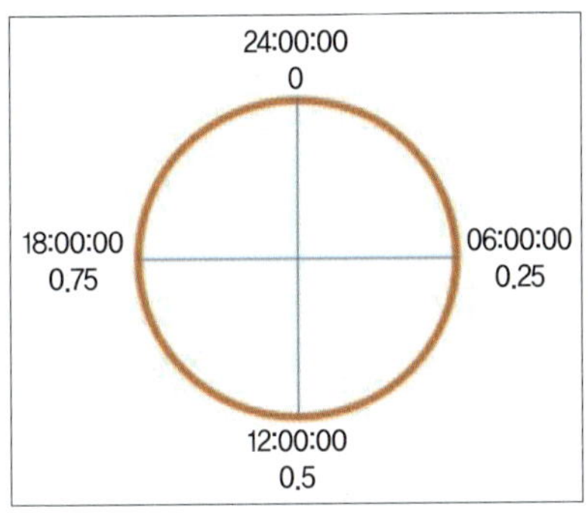

1 이미 입력된 시간 데이터에 지정된 서식을 없애면 실제 저장된 숫자값을 확인할 수 있습니다. [Sheet1] 시트에서 D열에 입력된 값을 시트에 저장된 실제 값으로 변환하기 위해 D3셀을 클릭하고 Ctrl+Shift+↓를 눌러 범위를 선택합니다. [홈] 탭-[표시 형식] 그룹-[표시 형식]을 클릭하고 [일반]을 선택하세요.

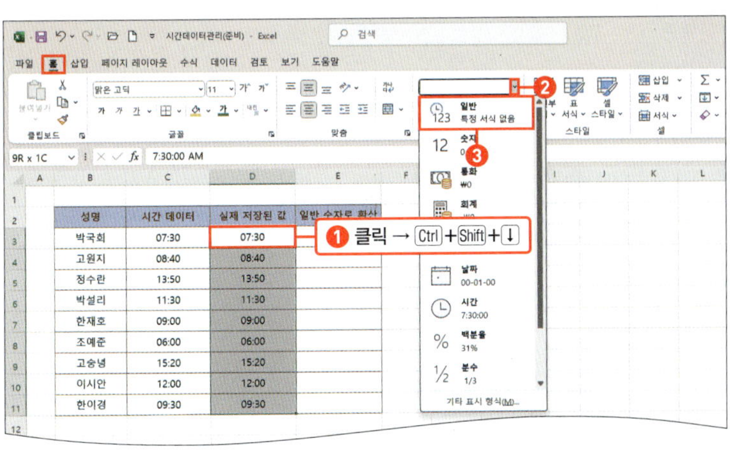

2 시간 데이터가 모두 0에서 1 미만의 소수값으로 표시된 것을 볼 수 있습니다. 이와 같이 실제 내부에서는 소수값으로 저장되어 있고 이 값에 시간 서식을 입혀서 보기 좋게 표시한 것이죠.

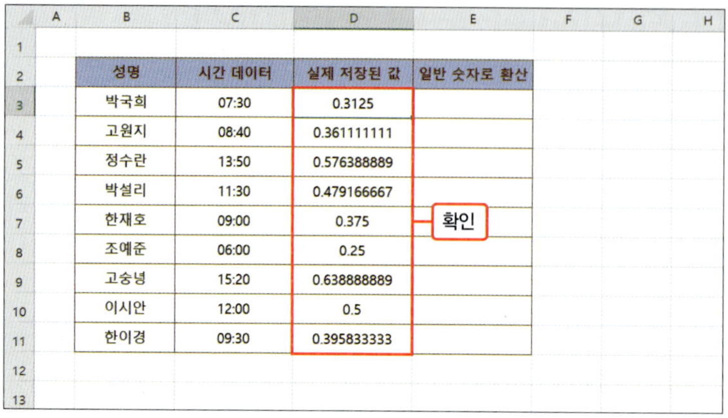

성명	시간 데이터	실제 저장된 값	일반 숫자로 환산
박국희	07:30	0.3125	
고원지	08:40	0.361111111	
정수란	13:50	0.576388889	
박설리	11:30	0.479166667	
한재호	09:00	0.375	
조예준	06:00	0.25	
고숭녕	15:20	0.638888889	
이시안	12:00	0.5	
한이경	09:30	0.395833333	

Tip

소수값으로 표시된 값을 다시 시간 형태로 표시하려면 [홈] 탭–[표시 형식] 그룹–[표시 형식]을 클릭하고 [시간]을 선택합니다.

3 셀 서식을 이용해서 표시할 경우 실제 값이 바뀌는 것은 아닙니다. 또한 시간과 시간끼리 계산하는 것도 아니므로 시간과 일반 숫자를 함께 계산하려면 시간을 일반 숫자 형태로 환산해야 합니다. 하루는 24시간이므로 기존 시간(소수값)에 24를 곱하면 일반 숫자로 변환할 수 있으므로 E3셀에 함수식 '=D3*24'를 입력하고 Enter를 누르세요.

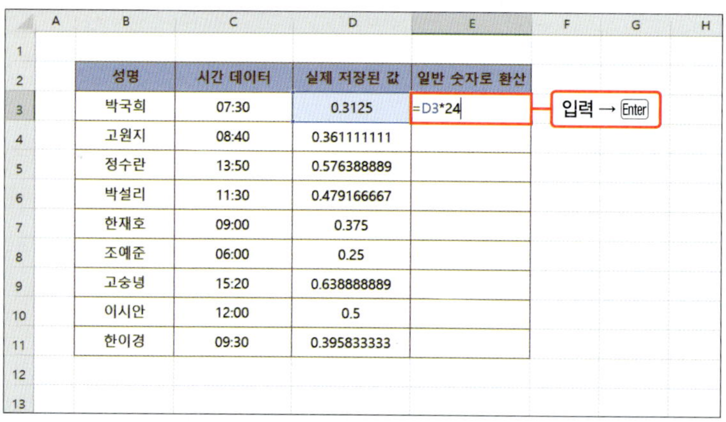

성명	시간 데이터	실제 저장된 값	일반 숫자로 환산
박국희	07:30	0.3125	=D3*24
고원지	08:40	0.361111111	
정수란	13:50	0.576388889	
박설리	11:30	0.479166667	
한재호	09:00	0.375	
조예준	06:00	0.25	
고숭녕	15:20	0.638888889	
이시안	12:00	0.5	
한이경	09:30	0.395833333	

Tip

하루가 24시간이므로 시간 소수값에 24를 곱할 경우 12시이면 내부적으로 0.5로 저장되어 있는데, 이 값에 24를 곱하면 결괏값 '12'를 얻을 수 있습니다. 수식 '=D3*24' 대신 '=D3/TIME(1,0,0)'을 사용해도 결괏값은 같습니다. TIME 함수는 수식으로 시간값을 직접 입력하여 1시간으로 나눌 때 사용합니다. 이때 1시간은 24분의 1이므로 24를 곱하는 것과 같습니다.

4 E3셀에 결괏값이 시간으로 표시되는 것은 수식에서 사용한 셀의 서식이 함께 복사되었기 때문입니다. 이러한 시간 서식을 없애기 위해 [홈] 탭-[표시 형식] 그룹-[표시 형식]을 클릭하고 [일반]을 선택하세요.

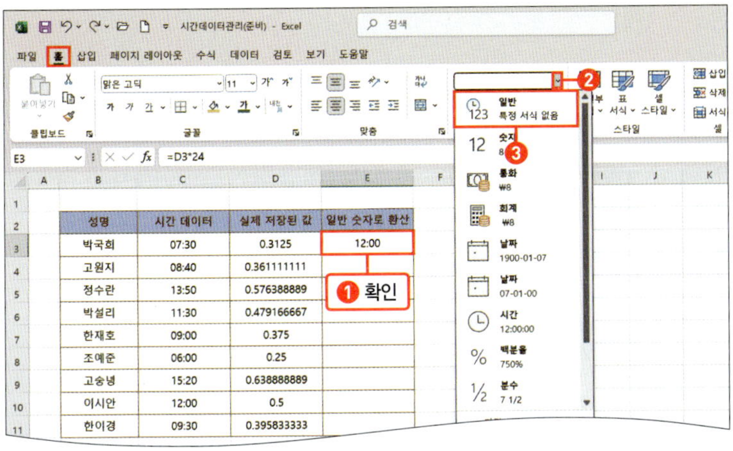

5 E3셀에 일반 숫자로 환산된 결괏값 '7.5'가 나타납니다. '정수란'의 시간 데이터가 7시 30분인데, 7시간과 나머지 30분은 절반을 의미해서 0.5로 환산되어 7.5가 표시된 것입니다.

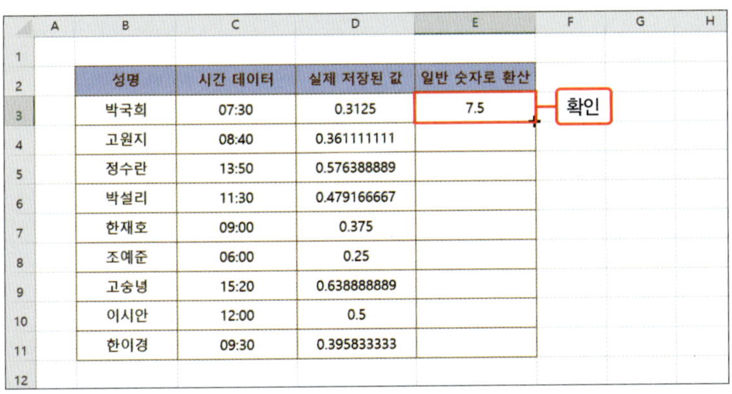

6 E3셀의 자동 채우기 핸들을 더블클릭해서 나머지 셀에도 함수식을 복사합니다.

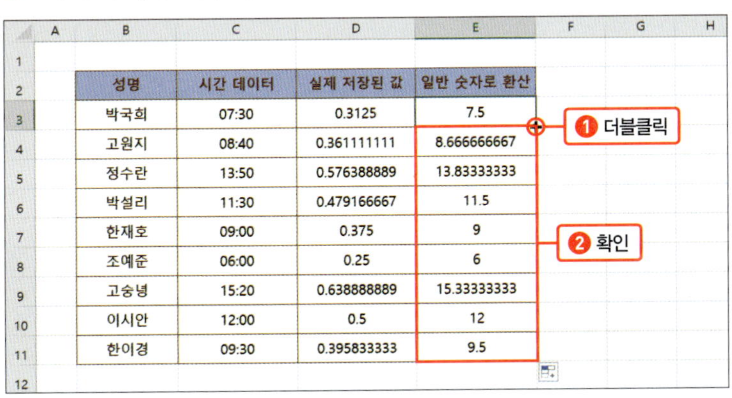

2024 M365 2021 2019 2016

◉ **예제파일** : 총근무시간계산해급여정산(준비).xlsx ◉ **완성파일** : 총근무시간계산해급여정산(완성).xlsx

현장실무

33 총 근무 시간 계산해 급여 정산하기

1 출근 시간과 퇴근 시간을 이용해 총 근무 시간을 계산해 볼게요. [비용정산] 시트에서 I5셀에 함수식 '=SUM(D5-C5,F5-E5,H5-G5)'를 입력하고 Enter를 누르세요.

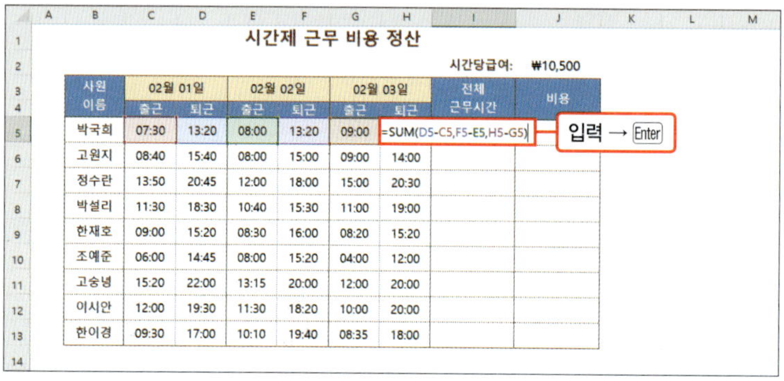

함수식 설명

=SUM(D5–C5,F5–E5,H5–G5)

퇴근 시간에서 출근 시간을 빼서 근무 시간을 구한 3개의 값을 합하는 함수식입니다.

2 I5셀에 '박국희'의 전체 근무 시간을 구했으면 I5셀의 자동 채우기 핸들을 I13셀까지 드래그해서 나머지 셀에도 함수식을 복사합니다. I10셀과 I12셀, I13셀의 경우 '00:05', '00:20', '02:25'와 같이 시간을 더한 값이 24시간을 넘으면 다시 0부터 재계산되었는데, 테두리 등의 서식을 제외하고 함수식만 복사하기 위해 [자동 채우기 옵션] 단추(田)를 클릭하고 [서식 없이 채우기]를 선택하세요.

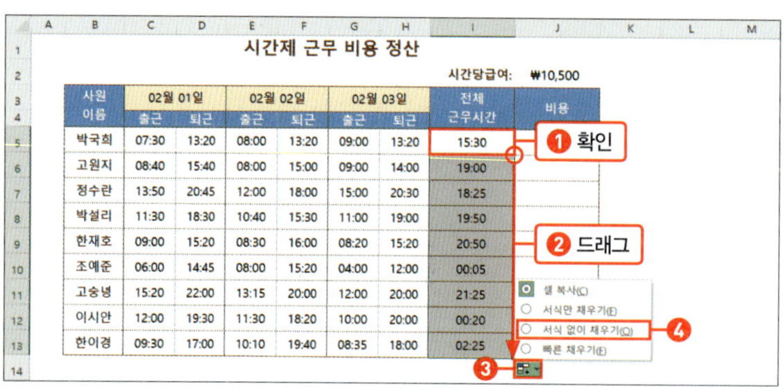

Tip
I13셀의 '02:25'분이면 1일 2시간 25분을 의미합니다.

3 원래의 테두리 서식이 그대로 나타나면 시간 데이터가 24시간을 넘어도 25시간, 27시간과 같이 계속 누적해서 표시해 볼게요. I5:I13 범위를 선택한 상태에서 [홈] 탭-[표시 형식] 그룹-[표시 형식] 아이콘(⧉)을 클릭하세요.

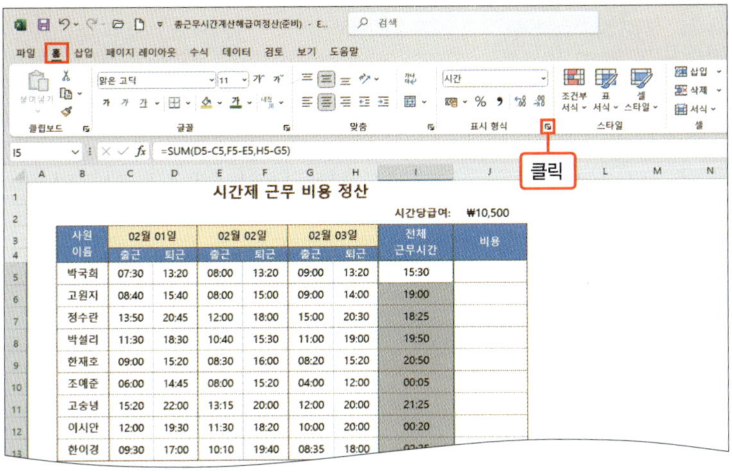

> **Tip**
> Ctrl+1을 눌러도 [셀 서식] 대화상자를 열 수 있습니다.

4 [셀 서식] 대화상자의 [표시 형식] 탭이 열리면 '범주'에서 [사용자 지정]을 선택하고 '형식'에 '[HH]:MM'을 입력한 후 [확인]을 클릭합니다.

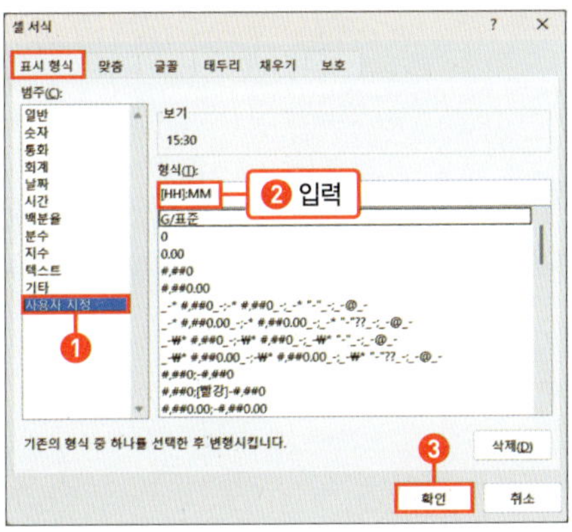

> **Tip**
> 시간 데이터에 서식을 지정하는 방법에 대해서는 74쪽을 참고하세요.

5 시간 데이터의 합이 24시간을 넘어도 '24:05', '24:20', '26:25'와 같이 표시되었습니다.

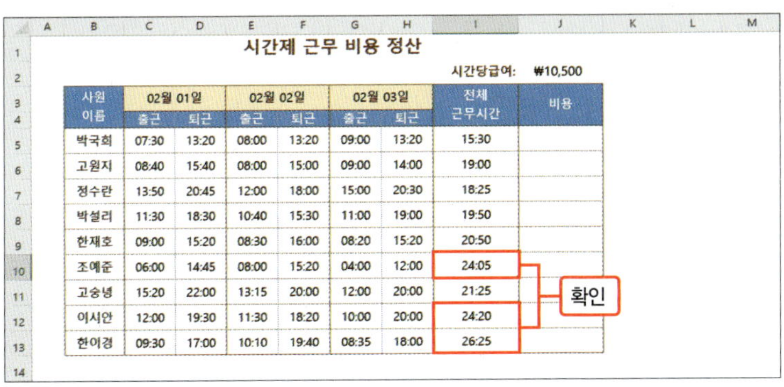

6 이번에는 총 근무 시간에 따른 총비용을 계산해 볼게요. J5셀에 함수식 '=I5*$J$2/TIME(1,0,0)'을 입력하고 Enter를 누르세요.

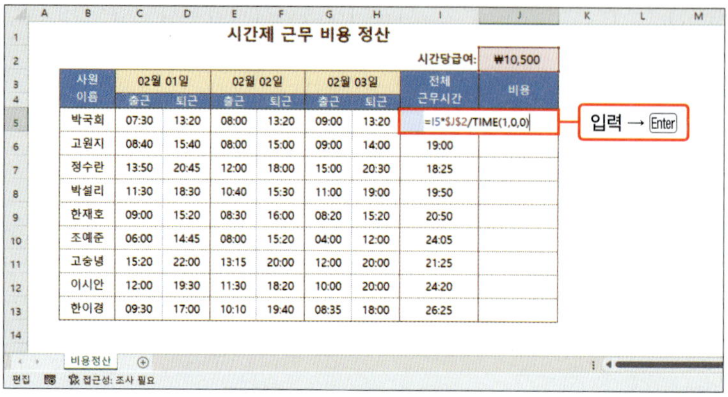

함수식 설명

=I5*$J$2/TIME(1,0,0)

I5셀의 총 근무 시간을 J2셀의 시간당 급여액으로 곱하면 총비용이 계산됩니다. 이때 I5셀의 시간을 일반적인 숫자로 환산하기 위해 'Time(1,0,0)'으로 나눈 것으로, 다음의 함수식을 적용해도 됩니다.

=I5*$J$2*24

7 J5셀에 '박병철'의 총비용을 구했으면 J5셀의 자동 채우기 핸들을 더블클릭해서 나머지 사원들의 총비용을 구합니다. [자동 채우기 옵션] 단추()를 클릭하고 [서식 없이 채우기]를 선택하세요.

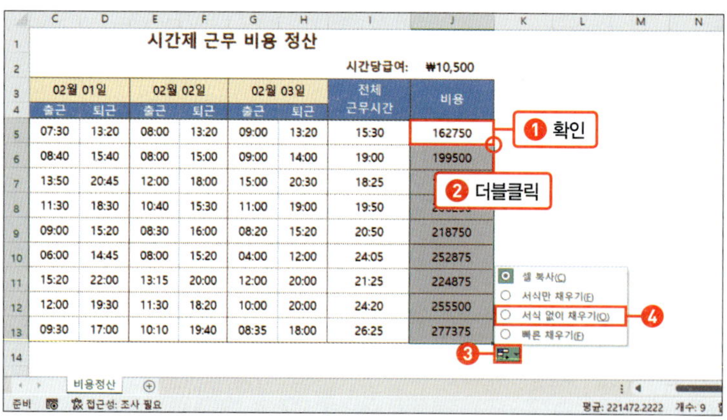

8 J5:J13 범위를 선택한 상태에서 [홈] 탭-[표시 형식] 그룹-[표시 형식]을 클릭하고 [회계]를 선택합니다.

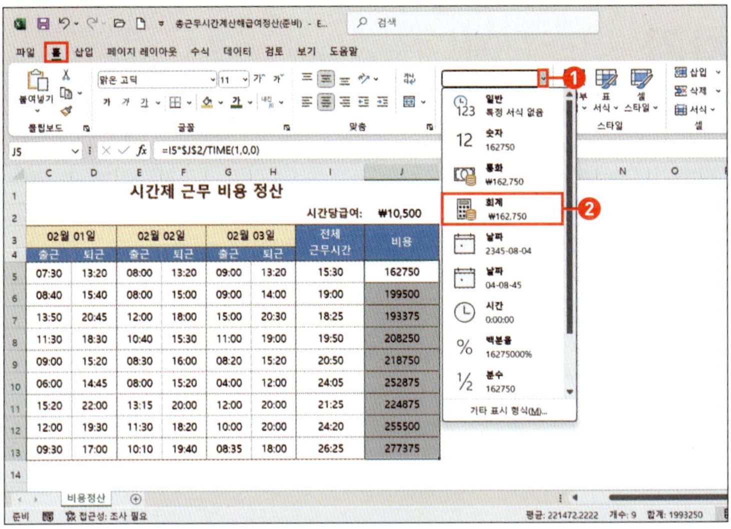

9 '비용' 항목의 금액 데이터에 통화 기호 ₩가 표시되었는지 확인합니다.

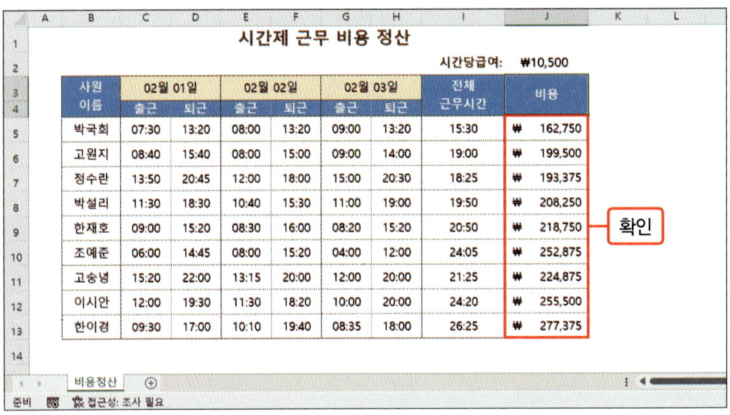

2024 M365 2021 2019 2016

◉ **예제파일** : 메일목록만들기(준비).xlsx ◉ **완성파일** : 메일목록만들기(완성).xlsx

현장실무 **34**

여러 셀의 메일 주소를 하나의 셀에 합치기 – TEXTJOIN 함수

함수 이해를 단숨에

형식	=TEXTJOIN(구분자,빈 셀 무시 여부, 대상)
용도	'대상' 영역에서 각 셀 값 사이에 구분자를 넣어 하나의 셀 값으로 결합
인수	• **구분자**: 각 셀 사이에 넣을 구분자 • **빈 셀 무시 여부**: 빈 셀을 결합 대상으로 포함할지의 여부 지정(TRUE 또는 FALSE) • **대상**: 결합할 대상 범위
예시	• =TEXTJOIN(",",TRUE,A2:A15) → A2:A15의 각 셀을 콤마(,)로 구분해서 하나의 셀로 결합 • =TEXTJOIN(";",FALSE,D2:D12) → D1:D12의 각 셀을 세미콜론(;)으로 구분하고 빈 셀도 포함해서 하나의 셀로 결합 • =TEXTJOIN(CHAR(10),TRUE,B1:B30) → B1:B30 범위의 각 셀을 줄 바꿔서 하나로 결합

1 [Sheet1] 시트에 입력된 사원들에게 메일을 보내려면 모든 메일 주소를 세미콜론(;)로 구분해서 하나의 셀에 모아야 합니다. F2셀에 함수식 '=TEXTJOIN(";",TRUE,D2:D12)'를 입력하고 Enter를 누르세요.

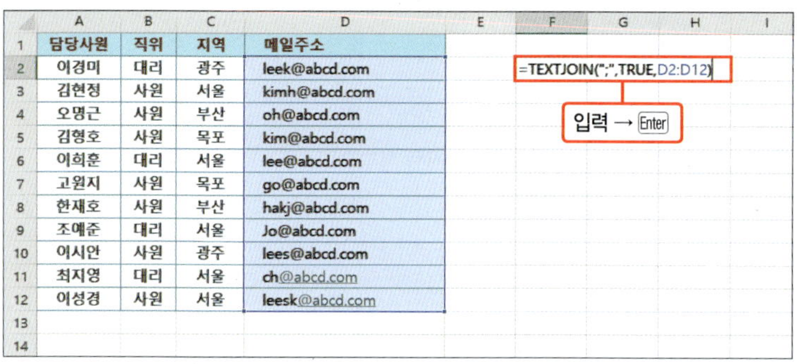

Tip

TEXTJOIN 함수는 엑셀 2019 이상 또는 M365에서 사용할 수 있고 CONCATENATE 함수나 CONCAT 함수보다 훨씬 유연하게 적용할 수 있어요.

2 D2:D12 범위에 입력된 메일을 세미콜론(;)으로 구분해서 하나의 셀에 합쳤으면 F3셀에 함수식 '=TEXTJOIN(",",TRUE,A2:A12)'를 입력하고 Enter를 누르세요.

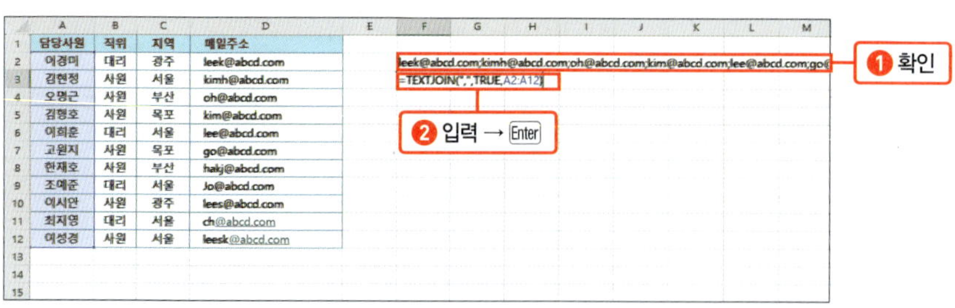

함수식 설명

=TEXTJOIN(",",TRUE,A2:A12)

A2:A12 범위에 입력된 셀 값을 콤마(,)를 구분자로 넣어서 하나의 셀에 합치는 함수식으로, 빈 셀이 있으면 빈 셀은 무시하고 합칩니다.

3 A2:A12 범위에 입력된 사원 이름을 콤마(,)로 구분해서 하나의 셀에 합쳤으면 조건을 추가해 볼게요. F4셀에 F3셀의 함수식을 복사하고 '=TEXTJOIN(",",TRUE,IF(C2:C12="서울",A2:A12,""))'로 수정하고 Enter를 누르세요.

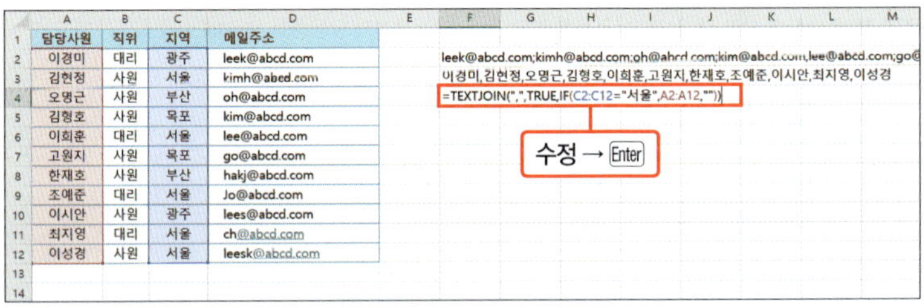

함수식 설명

=TEXTJOIN(",",TRUE,IF(C2:C12="서울",A2:A12,""))

A2:A12 범위에 입력된 셀 값을 콤마(,)를 구분자로 넣어서 하나의 셀에 합치는데, C2:C12 범위의 담당 지역이 '서울'인 데이터만 합치는 함수식입니다. 이때 IF 함수식의 대상이 하나의 셀이 아니라 여러 셀(배열)이어서 엑셀 2021 이전 버전을 사용한다면 반드시 수식을 입력한 후 Ctrl+Shift+Enter를 눌러 함수식을 중괄호({ })로 묶어야 합니다.

4 A1:A12 범위의 사원 중에서 서울 지역을 담당하는 사원들 이름만 콤마(,)로 구분해서 하나의 셀에 합쳐졌는지 확인합니다.

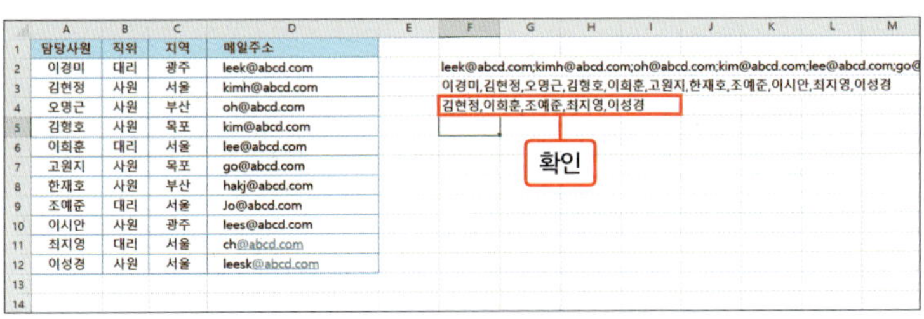

◉ **예제파일** : 데이터분리하기(준비).xlsx ◉ **완성파일** : 데이터분리하기(완성).xlsx

현장실무 35

하나의 셀에 입력된 정보를 여러 셀로 나누기 – TEXTSPILT 함수

함수 이해를 단숨에

형식	=TEXTSPILT(대상,열 구분자,[행 구분자],[빈 셀 무시 여부],[대소문자 구분 여부],[부족한 셀 대신 표시할 값])
용도	'대상' 영역에서 각 셀 값 사이에 구분자를 기준으로 여러 셀로 분리
인수	• **구분자**: 분할할 기준 기호 • **빈 셀 무시 여부**: 빈 셀을 대상으로 제외하려면 TRUE, 포함하려면 FALSE • **대소문자 구분 여부**: 대소문자를 구분하려면 0, 그렇지 않으면 1 • **부족한 셀 대신 표시할 값**: 2차원 배열을 분할할 때, 결과의 크기가 일정하지 않을 때 빈 공간을 채울 값
예시	• =TEXTSPLIT(A1, ",") → A1셀 값을 콤마(,)를 기준으로 여러 열로 분할 • =TEXTSPLIT(A1, , ";") → A1셀 값을 세미콜론(;)을 기준으로 여러 셀로 분할 • =TEXTSPLIT(A1, "=", ";") → A1셀 값을 세미콜론(;)을 기준으로 행을 나누고 등호(=)를 기준으로 열을 나누어 표 형태로 생성

1 [Sheet1] 시트에서 A2셀에 콤마(,)로 구분해서 입력된 담당자 정보를 여러 셀로 분리해 볼게요. C2셀에 함수식 '=TEXTSPLIT(A2,",")'를 입력하고 Enter를 누르세요.

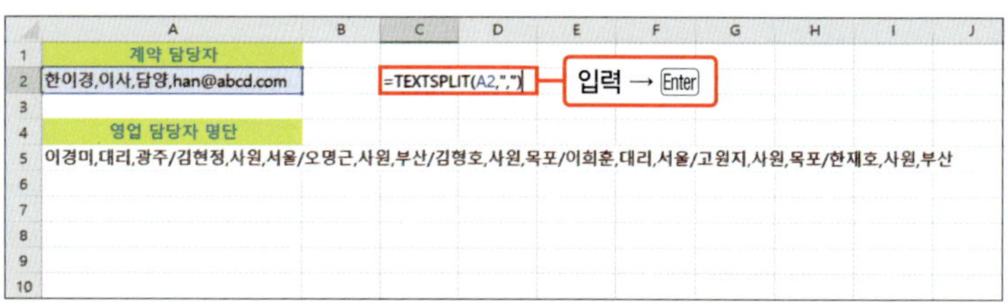

Tip
TEXTSPILT 함수는 엑셀 2024 이상 또는 M365에서 사용할 수 있어요.

2 D2:D12 범위에 입력된 메일을 세미콜론(;)으로 구분해서 하나의 셀에 합쳤으면 C7셀에 함수식 '=TEXTSPLIT(A5,",","/")'를 입력하고 Enter를 누르세요.

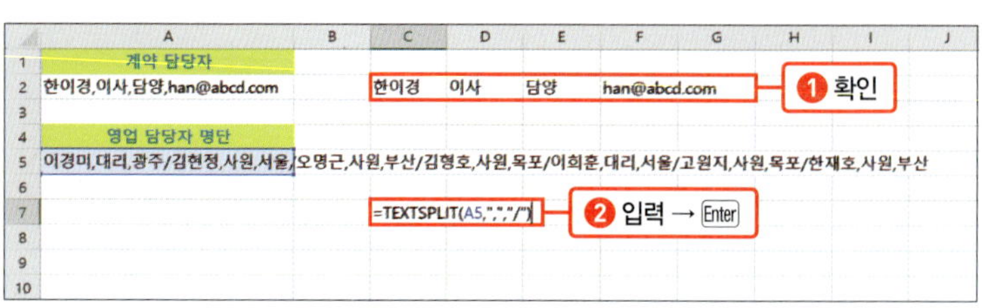

함수식 설명

=TEXTSPLIT(A5,",","/")

A5셀에 입력된 값에서 두 번째 인수에 지정한 콤마(,)를 기준으로 잘라서 열 방향으로 넣고 세 번째 인수에 넣은 슬래시(/)를 기준으로 다음 행으로(행 방향) 분리하는 방법으로 데이터를 2차원 배열(표 형식)로 배치합니다.

3 A5셀 값이 표 형식(2차원 배열)으로 분리되어 표시되었는지 확인합니다.

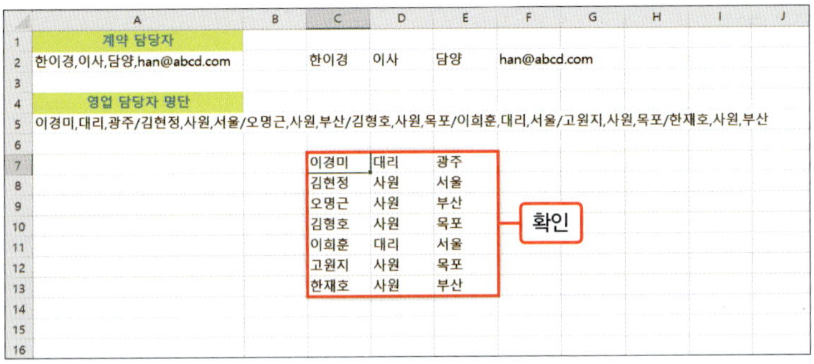

◉ **예제파일** : 조건에만족하는값만추출(준비).xlsx ◉ **완성파일** : 조건에만족하는값만추출(완성).xlsx

현장실무 **36**

조건에 만족하는 값만 추출하기

— FILTER 함수

함수 이해를 단숨에

형식	=FILTER(대상,조건,[조건에 만족하지 않을 때 표시할 값])
용도	'대상' 영역에서 원하는 조건에 만족하는 데이터만 추출
인수	• **대상**: 추출할 원본 데이터가 입력된 대상 범위 또는 배열 • **조건**: 추출할 조건 • **조건에 만족하지 않을 때 표시할 값**: 조건을 만족하는 데이터가 없을 때 표시할 값
예시	• **=FILTER(A2:F14,E2:E14="대리","해당 없음")** → E2:E14 범위에서 '대리'인 행만 추출하는데, 조건에 만족하는 값이 없을 때 '해당 없음'으로 표시 • **=FILTER(A2:F14,F2:F14=">=50000")** → F2:F14 범위의 값이 50000 이상인 행만 추출 • **=FILTER(A2:E200,A2:A200>=DATE(2025,10,1),"주문 없음")** → 2025년 10월 1일 이후에 주문한 데이터만 추출하는데, 조건에 만족하는 데이터가 없으면 '주문 없음' 표시 • **=FILTER(A2:B100,B2:B100>=LARGE(B2:B100,5),"조건 불일치")** → B2:B100 범위에서 다섯 번째로 큰 값보다 큰 매출(매출 상위 5위)인 데이터 추출 • **=FILTER(A2:A100,A2:A100<>"","빈 셀 없음")** → A2:A100 범위에서 빈 셀이 아닌 데이터 추출 [다중 조건 지정 : AND 조건] AND 조건은 두 조건을 모두 만족하는 데이터만 추출할 때 사용하며 곱하기(*)로 지정 • =FILTER(A2:C10,(B2:B10="서울")*(C2:C10>=80),"조건 불일치") → B2:B10 범위에 '서울'이면서 C2:C10 범위는 80 이상인 조건에 만족하는 데이터 행만 추출하는데, 조건에 만족하는 데이터가 없으면 '조건 불일치' 표시 [다중 조건 지정 : OR 조건] OR 조건은 두 조건 중에서 하나만 만족해도 데이터를 추출할 때 사용하며 더하기(+)로 지정 • =FILTER(A2:C10,(B2:B10="서울")+(B2:B10="부산")) → B2:B10 범위에 '서울'이거나 '부산'인 데이터 행만 추출

1 [Sheet1] 시트에서 여자 사원 데이터만 추출하기 위해 H1 셀에 함수식 '=FILTER(A2:C14,D2:D14="여")'를 입력하고 Enter를 누르세요.

	A	B	C	D	E	F	G	H
1	No	담당사원	나이	성별	직위	매출		=FILTER(A2:C14,D2:D14="여")
2	SA_01	한이경	21	여	대리	14,496		
3	SA_02	김기연	23	남	사원	60,407		입력 → Enter
4	SA_03	오명근	45	남	과장	37,702		
5	SA_04	김형호	25	남	사원	61,421		
6	SA_05	이희훈	26	여	대리	76,045		
7	SA_06	고원지	27	여	사원	44,877		
8	SA_07	한재호	41	남	과장	47,068		
9	SA_08	조예준	34	남	대리	17,503		
10	SA_09	이시안	42	여	과장	84,314		
11	SA_10	최지영	25	여	대리	32,252		
12	SA_11	이성경	35	여	사원	14,410		
13	SA_12	이경미	28	여	대리	64,646		
14	SA_13	김현정	37	여	대리	1,546		
15								
16								

Tip
FILTER 함수는 엑셀 2021 이상 또는 M365에서 사용할 수 있어요.

2 A열부터 C열 데이터 중에서 성별이 '여'인 조건에 만족하는 데이터만 추출했으면 여러 조건을 모두 만족하는 데이터를 추출해 볼게요. H10셀에 함수식 '=FILTER(A2:F14,(E2:E14="대리")*(F2:F14>=50000))'을 입력하고 Enter를 누르세요.

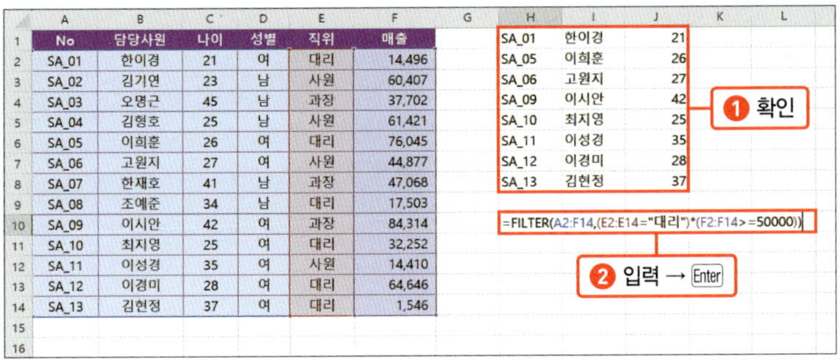

3 직위가 '대리'이면서 매출이 50000 이상인 데이터만 추출되었습니다. 이번에는 여러 조건 중 하나만 만족하는 데이터를 추출하기 위해 H13셀에 함수식 '=FILTER(A2:F14,(E2:E14="대리")+(F2:F14>=50000))'을 입력하고 Enter를 누르세요.

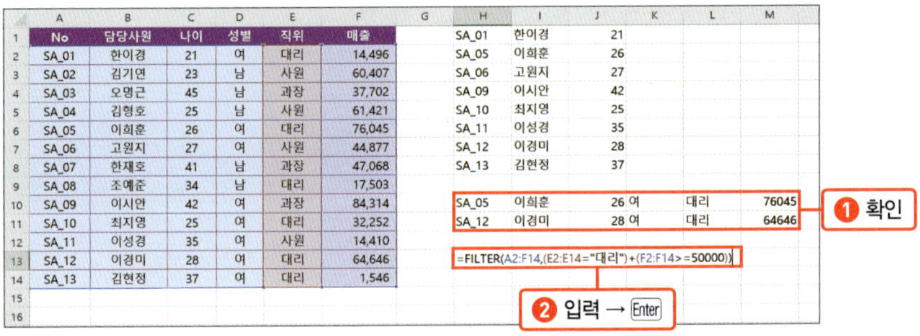

4 직위가 '대리'이거나, 매출이 50000 이상이거나, 둘 중에 하나만 만족해도 추출된 결과를 확인합니다.

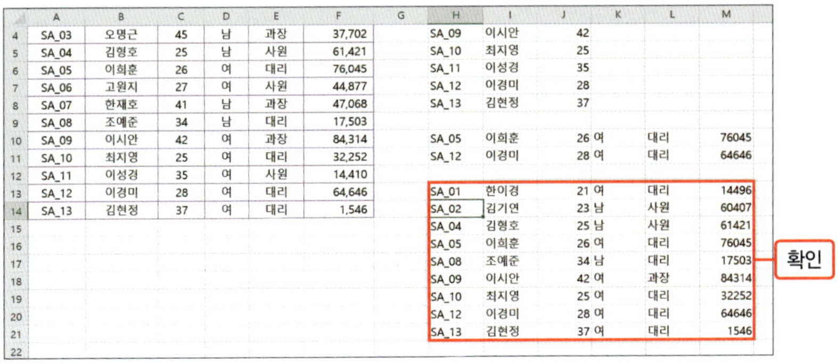

5 기존에 만든 FILTER 함수식을 수정하기 위해 H1 셀을 더블클릭해서 함수식을 표시하고 '=FILTER(A2:C14,(D2:D14="여")*(E2:E14<>"사원"))'으로 수정한 후 Enter를 누릅니다.

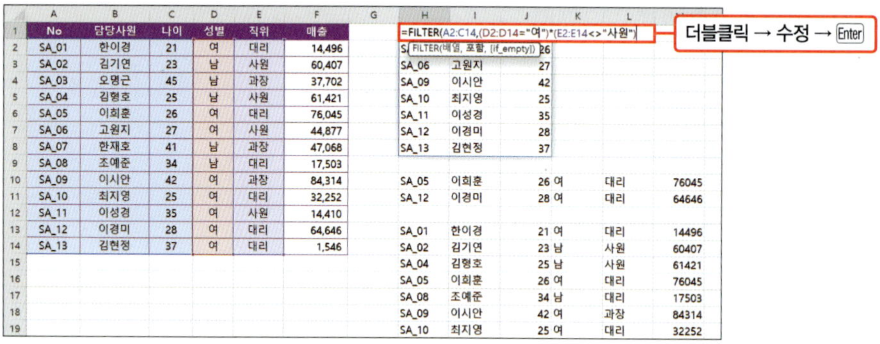

6 여자 중에서 직위가 '사원'이 아닌 데이터로 수정되어 새로 추출된 결과를 확인합니다.

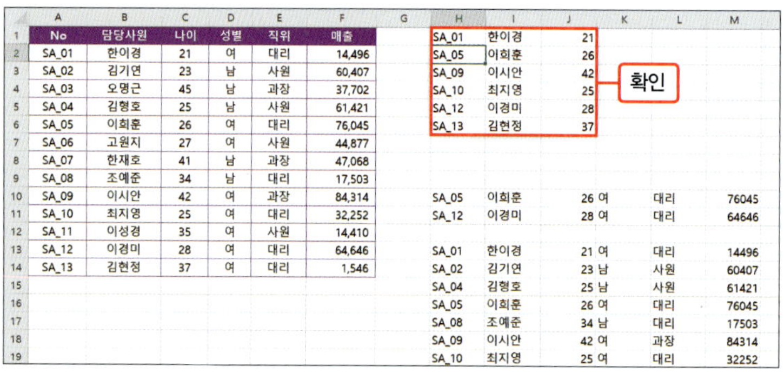

Tip

FILTER 함수의 결과로 추출된 데이터는 원본 데이터나 수식의 조건을 수정하면 변경된 데이터를 다시 적용해서 필터링합니다.

현장실무 **37**

원하는 순서대로 정렬해서 추출하기 1 — SORT 함수

함수 이해를 단숨에

형식	=SORT(대상,[기준 열],[정렬 방식],[가로 방향 정렬])
용도	데이터를 오름차순 또는 내림차순으로 정렬해서 추출
인수	• **대상**: 추출할 원본 데이터가 입력된 대상 범위 또는 배열 • **기준 열**: '대상'에서 지정한 영역에서 몇 번째 열을 기준으로 정렬할지 순번 입력. 생략하면 첫 번째 열을 기준으로 사용 • **정렬 방식**: 오름차순은 1 또는 생략, 내림차순은 –1 • **가로 방향 정렬**: 세로 방향으로 정렬이면 FALSE 또는 생략, 가로 방향 정렬이면 TRUE
예시	• =SORT(A2:B10) → A2:B10 범위의 데이터를 오름차순 정렬해서 표시 • =SORT(A1:F1, , ,TRUE) → A1:F1 범위의 데이터를 가로 방향으로 오름차순 정렬해서 표시 • =SORT(A2:C100,2,–1) → A2:C100 범위에서 두 번째에 위치한 B열을 기준으로 내림차순으로 정렬해서 표시

1 [Sheet1] 시트에서 A2:D31 범위의 데이터 중에 네 번째 열에 있는 납품 수량이 큰 값 순(내림차순)으로 정렬해서 추출해 볼게요. F2셀에 함수식 '=SORT(A2:D31,4,-1)'을 입력하고 Enter를 누르세요.

	A	B	C	D	E	F	G	H	I	J
1	담당사원	직위	지역	납품수량						
2	한이경	대리	광주	40,000		=SORT(A2:D31,4,-1)	입력 → Enter			
3	정수란	사원	부산	20,000						
4	오명근	사원	부산	12,000						
5	김형호	사원	목포	77,000						
6	이희훈	대리	목포	76,000						
7	고원지	사원	목포	33,000						
8	한재호	사원	부산	8,000						
9	조예준	대리	서울	45,000						
10	이시안	사원	광주	13,600						
11	최지영	대리	서울	20,000						
12	이성경	사원	서울	40,000						
13	이경미	대리	광주	23,000						

2 납품 수량이 큰 값 순으로 추출된 결과를 확인합니다.

	A	B	C	D	E	F	G	H	I	J
1	담당사원	직위	지역	납품수량						
2	한이경	대리	광주	40,000		원서준	부장	목포	93000	
3	정수란	사원	부산	20,000		홍길동	부장	부산	82000	
4	오명근	사원	부산	12,000		한우석	과장	부산	80000	
5	김형호	사원	목포	77,000		김형호	사원	목포	77000	
6	이희훈	대리	목포	76,000		이희훈	대리	목포	76000	
7	고원지	사원	목포	33,000		정유진	과장	부산	59200	확인
8	한재호	사원	부산	8,000		최준기	과장	목포	55000	
9	조예준	대리	서울	45,000		김현정	대리	서울	50000	
10	이시안	사원	광주	13,600		조예준	대리	서울	45000	
11	최지영	대리	서울	20,000		박국희	과장	부산	41200	
12	이성경	사원	서울	40,000		한이경	대리	광주	40000	
13	이경미	대리	광주	23,000		이성경	사원	서울	40000	

Tip
SORT 함수는 엑셀 2021 이상 또는 M365에서 사용할 수 있어요.

◉ **예제파일** : 원하는순서로정렬하기2(준비).xlsx ◉ **완성파일** : 원하는순서로정렬하기2(완성).xlsx

현장실무

38 원하는 순서대로 정렬해서 추출하기 2 — SORTBY 함수

함수 이해를 단숨에

형식	=SORTBY(추출 대상,[기준 범위],[정렬 방식])
용도	데이터를 오름차순 또는 내림차순으로 정렬해서 추출
인수	• **추출 대상**: 추출할 원본 데이터가 입력된 대상 범위 또는 배열 • **기준 범위**: 정렬할 기준 대상 • **정렬 방식**: 오름차순은 1 또는 생략, 내림차순은 −1
예시	• =SORTBY(A2:B10,C2:C10,1) → A2:B10 범위의 데이터를 C열을 기준으로 오름차순 정렬해서 표시 • =SORTBY(A1:F1,D2:D10) → A1:F1 범위의 데이터를 D열을 기준으로 오름차순 정렬해서 표시 • =SORTBY(A2:C10,B2:B10,1,C2:C10,−1) → A2:C10 범위의 데이터를 B열을 기준으로 오름차순 정렬하는데, 같은 값이 있다면 C열의 값이 큰 순으로 정렬해서 표시

1 [Sheet1] 시트에서 F1셀에 함수식 '=SORTBY(A2:B31,C2:C31)'을 입력하고 Enter를 누릅니다.

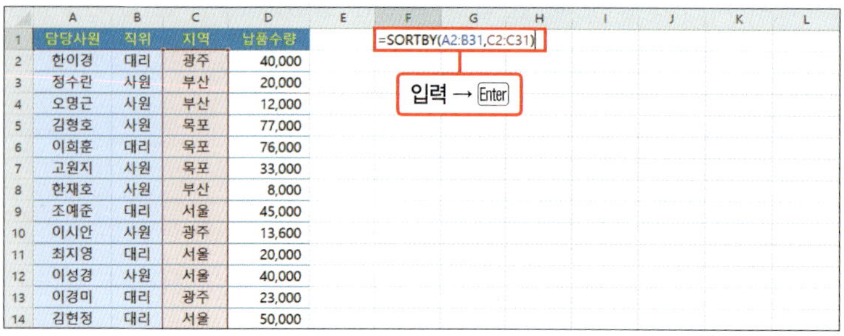

	A	B	C	D	E	F
1	담당사원	직위	지역	납품수량		=SORTBY(A2:B31,C2:C31)
2	한이경	대리	광주	40,000		
3	정수란	사원	부산	20,000		
4	오명근	사원	부산	12,000		
5	김형호	사원	목포	77,000		
6	이희훈	대리	목포	76,000		
7	고원지	사원	목포	33,000		
8	한재호	사원	부산	8,000		
9	조예준	대리	서울	45,000		
10	이시안	사원	광주	13,600		
11	최지영	대리	서울	20,000		
12	이성경	사원	서울	40,000		
13	이경미	대리	광주	23,000		
14	김현정	대리	서울	50,000		

Tip

SORT 함수는 대상 범위 안에 있는 항목으로만 정렬 기준을 설정해야 합니다. 하지만 SORTBY 함수는 정렬 기준을 추출 대상 범위 외의 영역으로 지정할 수도 있고 정렬 기준도 여러 개 설정할 수 있는데, 엑셀 2021 이상 또는 M365에서 사용할 수 있어요.

2 A2:D31 범위의 데이터가 C열에 입력된 지역을 기준으로 F1셀부터 오름차순 정렬되었으면 I1셀에 함수식 '=SORTBY(A2:D31,C2:C31,1,D2:D31,−1)'을 입력하고 Enter를 누릅니다.

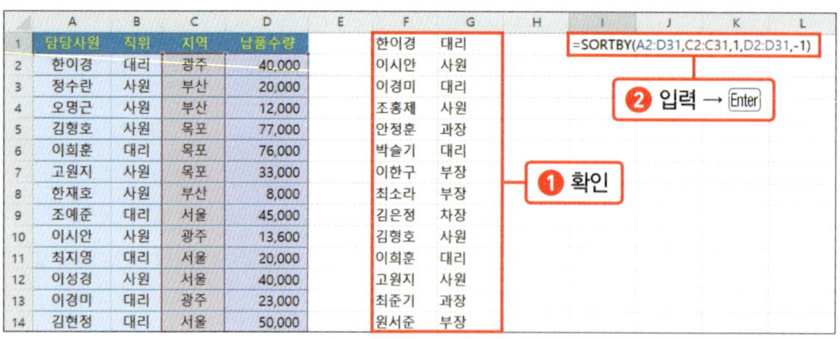

	A	B	C	D	E	F	G	H	I
1	담당사원	직위	지역	납품수량		한이경	대리		=SORTBY(A2:D31,C2:C31,1,D2:D31,-1)
2	한이경	대리	광주	40,000		이시안	사원		
3	정수란	사원	부산	20,000		이경미	대리		
4	오명근	사원	부산	12,000		조홍제	사원		
5	김형호	사원	목포	77,000		안정훈	과장		
6	이희훈	대리	목포	76,000		박슬기	대리		
7	고원지	사원	목포	33,000		이한구	부장		
8	한재호	사원	부산	8,000		최소라	부장		
9	조예준	대리	서울	45,000		김은정	차장		
10	이시안	사원	광주	13,600		김형호	사원		
11	최지영	대리	서울	20,000		이희훈	대리		
12	이성경	사원	서울	40,000		고원지	사원		
13	이경미	대리	광주	23,000		최준기	과장		
14	김현정	대리	서울	50,000		원서준	부장		

3 A2:D31 범위의 데이터가 C열의 지역 순으로 정렬되어 추출되었습니다. 같은 지역이 여러 개이면 매출이 큰 순(내림차순)으로 추출되었는지 확인합니다.

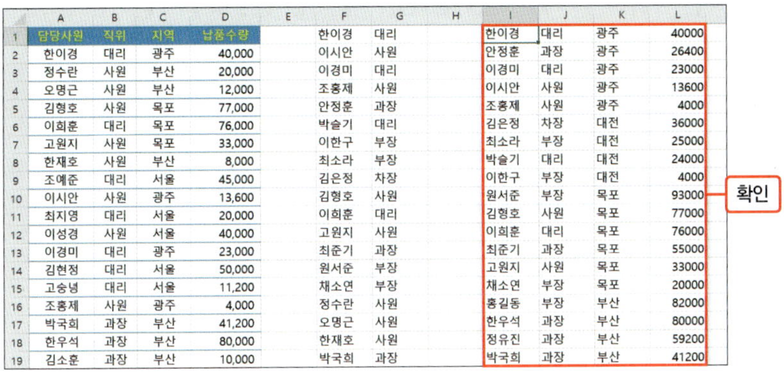

잠깐만요 :: 필요한 '열'만 빠르게 추출하는 CHOOSECOLS 함수

CHOOSECOLS 함수는 첫 번째 인수에 지정한 범위 영역에서 필요한 열만 원하는 순서대로 추출할 때 사용하는 함수로, 엑셀 2024 버전에 새로 추가되었습니다. 대량의 데이터에서 필요한 열만 빠르게 추출할 때 CHOOSECOLS 함수를 유용하게 사용할 수 있어요.

=CHOOSECOLS(배열,열 번호 1,열 번호 2,……)

사용 예 =CHOOSECOLS(A2:D31,3,1,4)

[Sheet1] 시트의 A2:D31 범위에서 세 번째('지역' 항목), 첫 번째('담당사원' 항목), 네 번째('납품수량' 항목)에 있는 열만 지정한 순서대로 추출하는 함수식입니다.

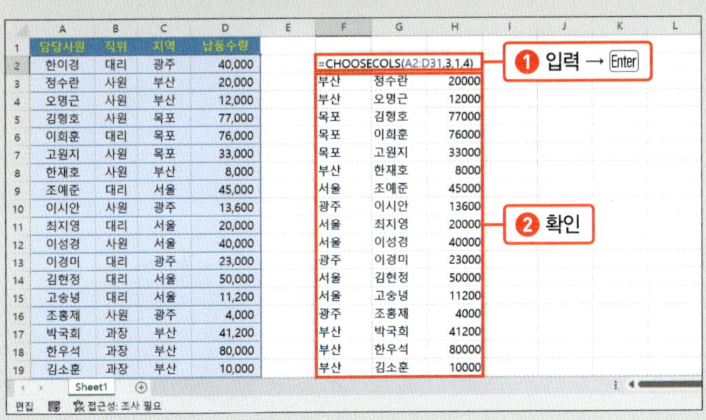

◉ **예제파일** : 중복데이터삭제하기(준비).xlsx ◉ **완성파일** : 중복데이터삭제하기(완성).xlsx

현장실무 **39**

중복 데이터 삭제해서 추출하기
— UNIQUE 함수

함수 이해를 단숨에

형식	=UNIQUE(대상,[행 기준],[중복 제거 방식])
용도	'대상' 영역에서 중복 데이터를 삭제하고 유일한 데이터만 추출
인수	• **대상**: 고유한 값을 추출할 대상 범위 • **행 기준**: 행(가로 방향) 기준으로 추출하려면 'TRUE', 열(세로) 기준으로 추출하려면 생략하거나 'FALSE' 입력 • **중복 제거 방식**: 정확히 동일한 행/열만 제거하려면 'TRUE', 각 항목별로 중복 제거하려면 생략하거나 'FALSE' 입력

1 [Sheet1] 시트에서 E2셀에 함수식 '=UNIQUE(B2:B32)'를 입력하고 Enter를 누르세요.

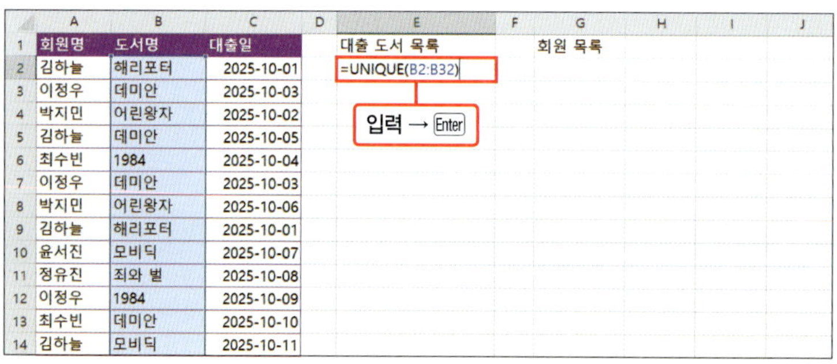

Tip

UNIQUE 함수는 엑셀 2021 이상 또는 M365에서 사용할 수 있어요.

2 도서 대출대장의 B2:B32 범위에서 도서 이름이 중복된 데이터를 삭제한 후 유일한 항목만 E2셀부터 표시되었습니다. G2셀에 함수식 '=SORT(UNIQUE(A2:A32))'를 입력하고 Enter를 누르세요.

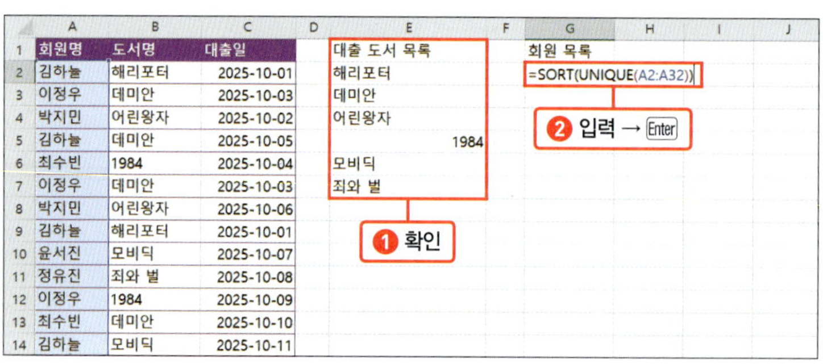

3 A2:A32 범위에서 중복된 이름을 제거하고 유일한 회원 이름을 뽑아낸 후 SORT 함수를 이용해 G2셀부터 오름차순으로 정렬되었는지 확인합니다.

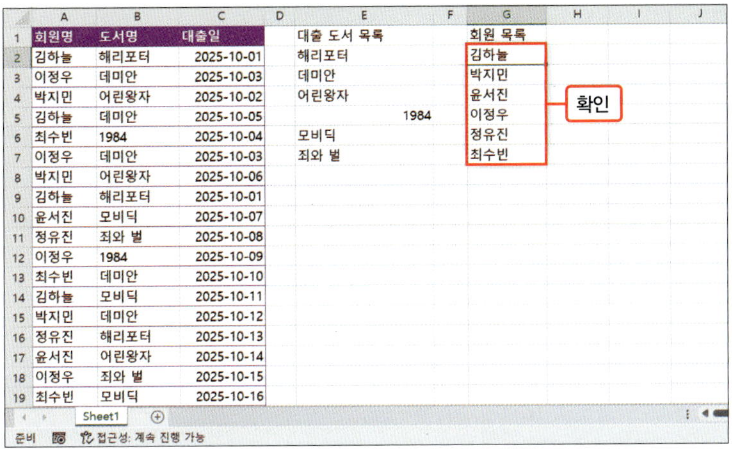

	A	B	C	D	E	F	G
1	회원명	도서명	대출일		대출 도서 목록		회원 목록
2	김하늘	해리포터	2025-10-01		해리포터		김하늘
3	이정우	데미안	2025-10-03		데미안		박지민
4	박지민	어린왕자	2025-10-02		어린왕자		윤서진
5	김하늘	데미안	2025-10-05			1984	이정우
6	최수빈	1984	2025-10-04		모비딕		정유진
7	이정우	데미안	2025-10-03		죄와 벌		최수빈
8	박지민	어린왕자	2025-10-06				
9	김하늘	해리포터	2025-10-01				
10	윤서진	모비딕	2025-10-07				
11	정유진	죄와 벌	2025-10-08				
12	이정우	1984	2025-10-09				
13	최수빈	데미안	2025-10-10				
14	김하늘	모비딕	2025-10-11				
15	박지민	데미안	2025-10-12				
16	정유진	해리포터	2025-10-13				
17	윤서진	어린왕자	2025-10-14				
18	이정우	죄와 벌	2025-10-15				
19	최수빈	모비딕	2025-10-16				

잠깐만요 :: 필요한 '행'만 빠르게 추출하는 CHOOSEROWS 함수

CHOOSEROWS 함수는 첫 번째 인수에 지정한 범위 영역에서 필요한 행만 원하는 순서대로 추출할 때 사용하는 함수로, 엑셀 2024 버전에 새로 추가되었습니다. 대량의 데이터에서 필요한 열만 빠르게 추출할 때 CHOOSEROWS 함수를 유용하게 사용할 수 있어요.

=CHOOSEROWS(배열,행 번호 1,행 번호 2,……)

사용 예 =CHOOSEROWS(A2:D31,6,9,1)

[Sheet1] 시트의 A2:D31 범위에서 여섯 번째(고원지), 아홉 번째(이시안), 첫 번째(한이경)에 있는 행만 추출하는 함수식입니다.

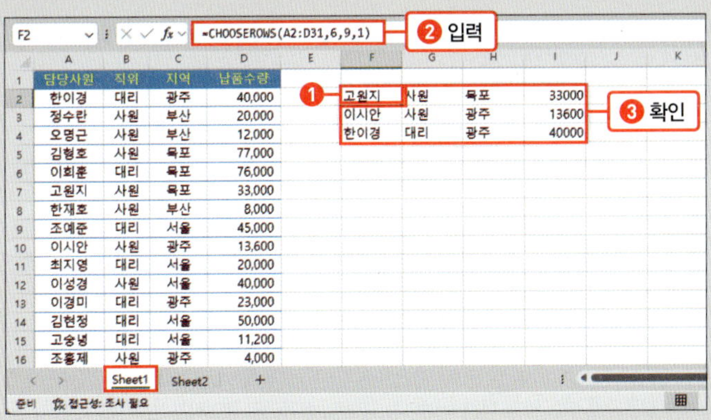

	A	B	C	D	E	F	G	H	I
1	담당사원	직위	지역	납품수량					
2	한이경	대리	광주	40,000		고원지	사원	목포	33000
3	정수란	사원	부산	20,000		이시안	사원	광주	13600
4	오명근	사원	부산	12,000		한이경	대리	광주	40000
5	김형호	사원	목포	77,000					
6	이희훈	대리	목포	76,000					
7	고원지	사원	목포	33,000					
8	한재호	사원	부산	8,000					
9	조예준	대리	서울	45,000					
10	이시안	사원	광주	13,600					
11	최지영	대리	서울	20,000					
12	이성경	사원	서울	40,000					
13	이경미	대리	광주	23,000					
14	김현정	대리	서울	50,000					
15	고승녕	대리	서울	11,200					
16	조홍제	사원	광주	4,000					

◉ **예제파일** : 원하는등급만필터(준비).xlsx ◉ **완성파일** : 원하는등급만필터(완성).xlsx

AI 실무 프로젝트 06 원하는 등급만 필터링해서 정렬하기 – 제미나이(Gemini)

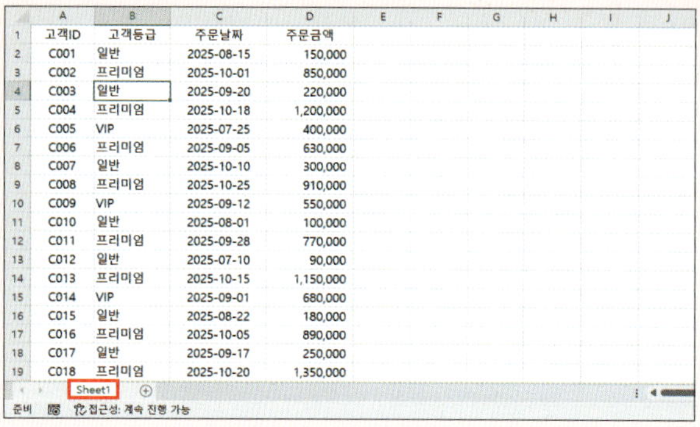

	A	B	C	D
1	고객ID	고객등급	주문날짜	주문금액
2	C001	일반	2025-08-15	150,000
3	C002	프리미엄	2025-10-01	850,000
4	C003	일반	2025-09-20	220,000
5	C004	프리미엄	2025-10-18	1,200,000
6	C005	VIP	2025-07-25	400,000
7	C006	프리미엄	2025-09-05	630,000
8	C007	일반	2025-10-10	300,000
9	C008	프리미엄	2025-10-25	910,000
10	C009	VIP	2025-09-12	550,000
11	C010	일반	2025-08-01	100,000
12	C011	프리미엄	2025-09-28	770,000
13	C012	일반	2025-07-10	90,000
14	C013	프리미엄	2025-10-15	1,150,000
15	C014	VIP	2025-09-01	680,000
16	C015	일반	2025-08-22	180,000
17	C016	프리미엄	2025-10-05	890,000
18	C017	일반	2025-09-17	250,000
19	C018	프리미엄	2025-10-20	1,350,000

1 제미나이를 이용해 [Sheet1] 시트에서 B열에 입력된 고객 등급이 '프리미엄'인 데이터만 모아 F열에 표시해 볼게요.

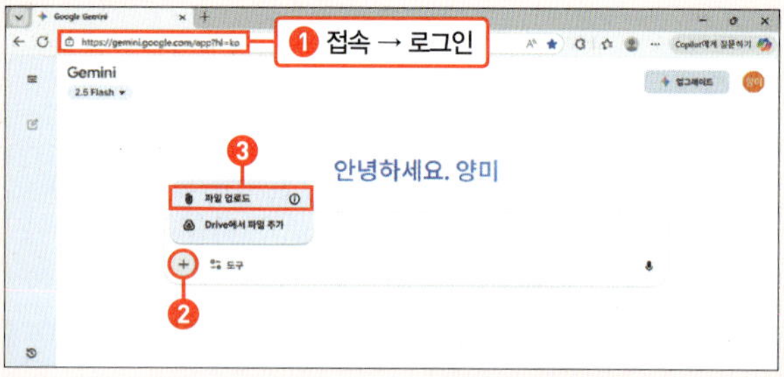

2 제미나이 사이트(gemini.google.com)에 접속해 로그인하고 채팅 창에서 ⊕ 단추를 클릭한 후 [파일 업로드]를 선택합니다.

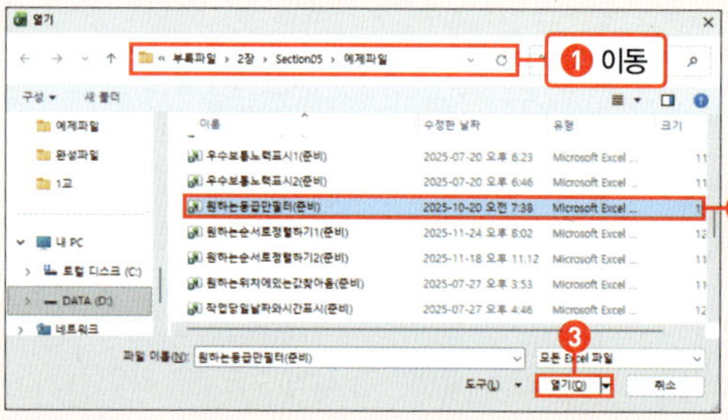

3 [열기] 대화상자가 열리면 '원하는등급만필터(준비).xlsx'를 선택하고 [열기]를 클릭합니다.

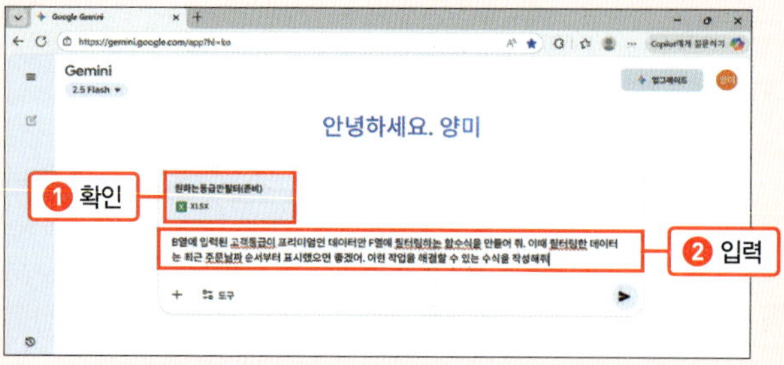

4 채팅 창에 선택한 파일이 업로드되었으면 다음과 같이 질문을 입력하고 Enter를 누릅니다.

> B열에 입력된 고객등급이 프리미엄인 데이터만 F열에 필터링하는 함수식을 만들어 줘. 이때 필터링한 데이터는 최근 주문날짜 순서부터 표시했으면 좋겠어. 이런 작업을 해결할 수 있는 수식을 작성해줘

제미나이에 로그인해야만 엑셀 파일을 업로드할 수 있습니다. 그리고 로그인한 후 작업하면 질문한 내용이 계속 기록되어 있어서 연속적인 추가 질문을 편하게 할 수 있어요. 파일을 업로드해서 질문하면 어느 열에 어떤 데이터가 있는지, 어디까지 데이터가 입력되어 있는지 등 자세하게 설명하지 않아도 간단하게 질문할 수 있습니다.

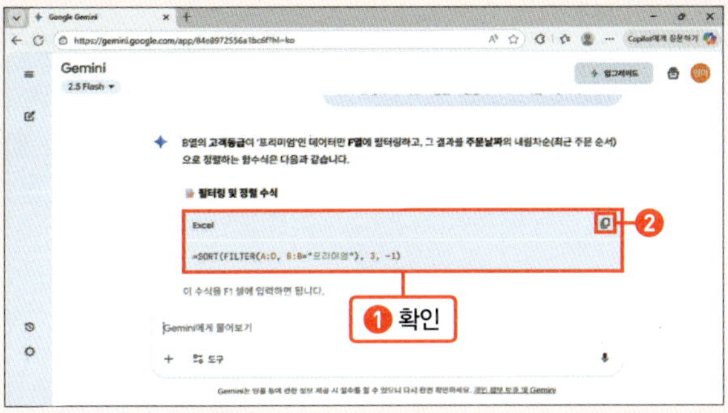

5 답변 내용에 표시된 수식에서 [코드 복사] 아이콘(⧉)을 클릭합니다.

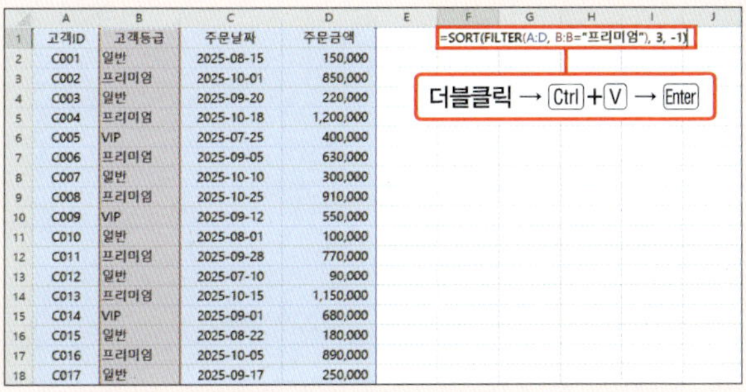

6 엑셀 창으로 되돌아와서 함수식을 넣은 F1셀을 더블클릭해 커서를 올려놓고 Ctrl + V를 눌러 함수식을 붙여넣은 후 Enter를 누릅니다.

붙여넣은 함수식

=SORT(FILTER(A:D, B:B="프리미엄"), 3, -1)

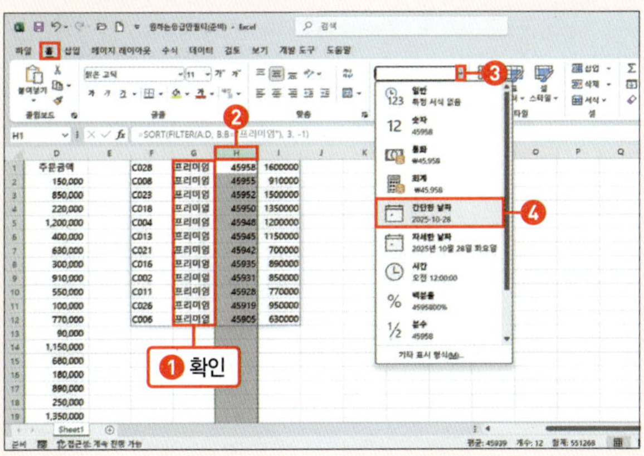

7 고객 등급이 '프리미엄'인 데이터만 필터링되었으면 H열 머리글을 클릭하고 [홈] 탭-[표시 형식] 그룹-[간단한 날짜]를 클릭하세요.

FILTER 함수와 SORT 함수는 엑셀 2021 버전에 추가된 함수여서 이전 엑셀 버전에서는 오류가 발생합니다.

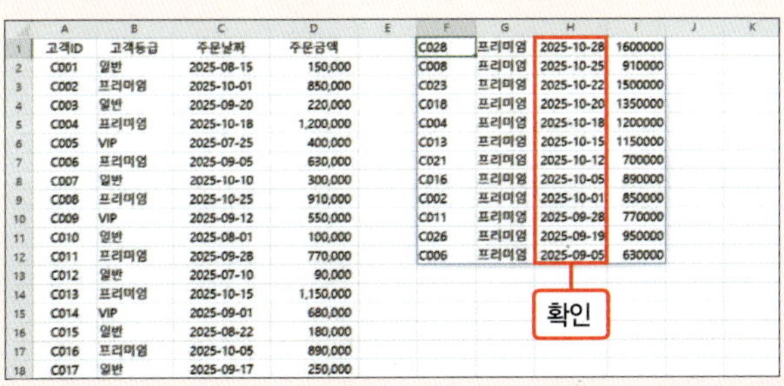

8 숫자로 표시되었던 주문 날짜가 간단한 날짜 형식으로 바뀌면서 가장 최근일 순으로 정렬되었는지 확인합니다.

F1셀에 입력된 함수식의 조건값이 '프리미엄' 대신 '일반'이나 'VIP'로 변경되면 해당 조건에 맞는 데이터로 다시 필터링되어 표시됩니다.

SECTION

06

업무에 자주 사용하는 실무 함수 익히기

이번 섹션에서는 실제 업무에 자주 사용하는 함수식과 여러 개의 함수를 중첩해서 사용하는 방법을 살펴보겠습니다. 하나의 대상이 아닌 다양한 영역을 대상으로 함수를 적용하는 배열 함수식을 이용하면 더욱 편리하게 계산식을 만들 수 있으므로 잘 익혀두세요.

◉ **예제파일** : 화폐종류에따른금액환산(준비).xlsx ◉ **완성파일** : 화폐종류에따른금액환산(완성).xlsx

현장실무 01

화폐 종류에 대한 금액 환산하기
— 배열 함수식

1 상품별 가격을 달러, 엔, 유로로 환산해서 표시해 볼게요. 배열 함수식을 이용하기 위해 [Sheet1] 시트에서 D4셀에 '=C4:C7/D3:F3'을 입력하고 Ctrl+Shift+Enter를 눌러 함수식을 완성하세요.

	A	B	C	D	E	F	G
1							
2		상품명	가격(원)	달러	엔	유로	
3				1,296	959	1,365	
4		세탁기	650,000	=C4:C7/D3:F3			
5		오디오	432,000				
6		냉장고	688,000				
7		에어컨	754,000				
8							
9							
10							

입력 → Ctrl+Shift+Enter

> **Tip**
> 엑셀 2021 이전 버전에서는 배열 함수식을 적용할 대상인 D4:F7 범위를 드래그해 선택한 후 함수식을 작성해야 합니다.

함수식 설명

{=C4:C7/D3:F3}

한 번에 여러 셀을 지정할 수 있는 배열 함수식으로, C4:C7 범위와 D3:F3 범위가 서로 교차하는 셀끼리 각각 나눠서 표시합니다. 배열 함수식을 사용하지 않고 일반 수식으로 작성하려면 '=$C4/D$3'과 같이 셀 주소에 행 고정, 열 고정 등의 혼합 참조를 활용해야 합니다.

2 원화로 표시된 금액을 달러, 엔, 유로에 해당하는 환율값으로 나누어서 구한 환산 금액이 일괄적으로 표시되었습니다. 이렇게 한 번에 입력된 배열 함수식을 삭제하려면 배열 함수식을 넣은 D4셀을 클릭하고 Delete를 누릅니다. D4셀이 아닌 다른 셀에서 Delete를 누르면 셀 값이 지워지지 않습니다.

	A	B	C	D	E	F	G
1							
2		상품명	가격(원)	달러	엔	유로	
3				1,296	959	1,365	
4		세탁기	650,000	501.54	677.79	476.19	
5		오디오	432,000	333.33	450.47	316.48	
6		냉장고	688,000	530.86	717.41	504.03	
7		에어컨	754,000	581.79	786.24	552.38	
8							
9							
10							

확인

> **Tip**
> 엑셀 2021 이전 버전에서는 배열 함수식이 적용된 범위 안에 있는 특정 셀을 클릭한 후 Delete를 누르면 배열의 일부를 변경할 수 없다는 경고 메시지 창이 열립니다. 따라서 배열 함수식이 적용된 전체(D4:F7) 범위를 드래그해서 선택한 후 Delete를 누르세요.

2024 M365 2021 2019 2016

◉ **예제파일** : 매출실적에대한성과급계산(준비).xlsx ◉ **완성파일** : 매출실적에대한성과급계산(완성).xlsx

현장실무 **02**

매출 실적에 대한 성과급 구하기

— 다중 IF, IFS, XLOOKUP 함수

1 매출 실적에 따른 성과급 지급 조건에 맞게 각 지점별 실적 평가값을 IF 함수와 VLOOKUP 함수를 이용해서 구해볼게요. 먼저 IF 함수를 이용해서 작업하기 위해 [IF함수] 시트에서 J6셀에 함수식 '=IF(I6<300,0%,IF(I6<400,50%,IF(I6<500,100%,IF(I6<600,150%, 200%))))'를 입력하고 Enter를 누르세요.

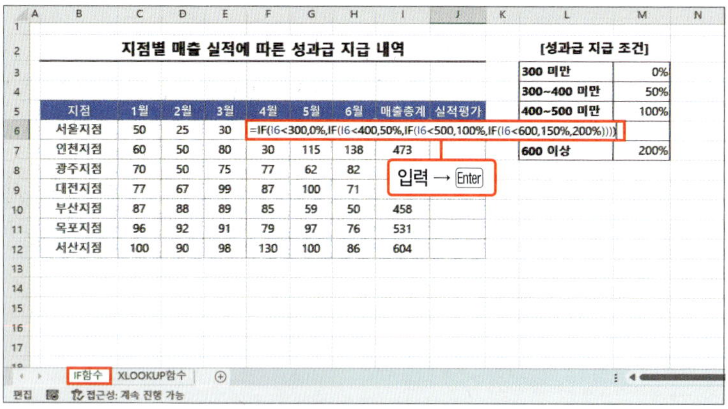

지점별 매출 실적에 따른 성과급 지급 내역

지점	1월	2월	3월	4월	5월	6월	매출총계	실적평가
서울지점	50	25	30	=IF(I6<300,0%,IF(I6<400,50%,IF(I6<500,100%,IF(I6<600,150%,200%))))				
인천지점	60	50	80	30	115	138	473	
광주지점	70	50	75	77	62	82		
대전지점	77	67	99	87	100	71		
부산지점	87	88	89	85	59	50	458	
목포지점	96	92	91	79	97	76	531	
서산지점	100	90	98	130	100	86	604	

[성과급 지급 조건]

300 미만	0%
300~400 미만	50%
400~500 미만	100%
600 이상	200%

함수식 설명

=IF(I6<300,0%,IF(I6<400,50%,IF(I6<500,100%,IF(I6<600,150%,200%))))

조건 1 / 조건 2 / 조건 3 / 조건 4 / 그 외 모든 값

- 작은 값부터 비교하기
  =IF(I6<300,0%,IF(I6<400,50%,IF(I6<500,100%,IF(I6<600,150%,200%))))
- 큰 값부터 비교하기
  =IF(I6>=600,200%,IF(I6>=500,150%,IF(I6>=400,100%,IF(I6>=300,50%,0%))))

다중 IF 함수를 이용해서 조건을 처리하는데, 경우의 수가 n개이면 n-1번의 IF 함수를 지정합니다. 큰 값부터 작은 값 순으로 차례대로 비교하거나, 반대로 작은 값부터 큰 값 순으로 비교해도 됩니다. 마지막 닫는 소괄호( ))의 개수는 IF 함수의 개수만큼 지정합니다.

2 J6셀에 서울 지점의 실적 평가가 나타나면 J6셀의 자동 채우기 핸들을 더블클릭해서 나머지 셀에도 함수식을 복사합니다. 소수점으로 표시된 결괏값을 백분율로 변경하기 위해 J6:J12 범위를 선택한 상태에서 [홈] 탭-[표시 형식] 그룹-[백분율 스타일]을 클릭하세요.

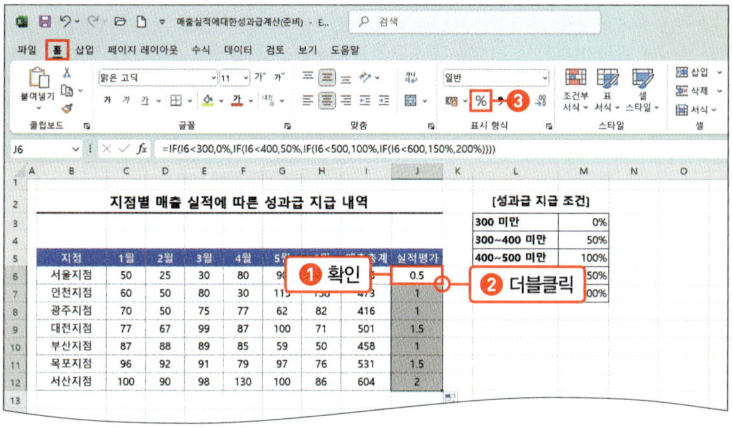

3 '실적 평가' 항목의 데이터를 백분율 스타일로 변경했으면 J열 머리글을 클릭해 J열 전체를 선택하고 Ctrl+C를 눌러 복사합니다. K열 머리글에서 마우스 오른쪽 단추를 클릭하고 [복사한 셀 삽입]을 선택하여 K열에 J열 데이터를 복사한 후 Esc를 눌러 선택을 해제하세요.

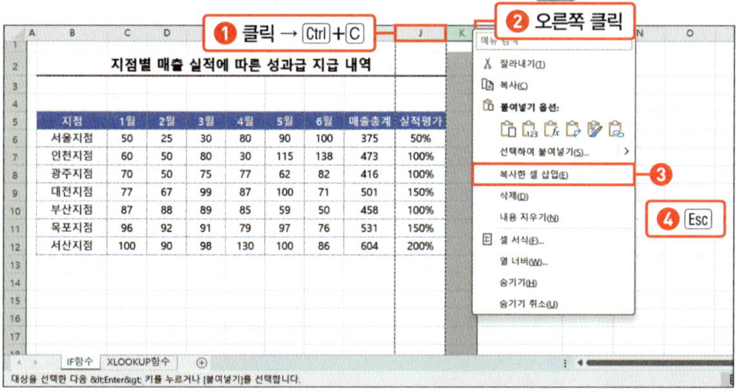

4 새로 복사한 K6:K12 범위를 선택하고 Delete를 눌러 내용을 지웁니다. K6셀에 함수식 '=IFS(I6>=600,200%,I6>=500,150%,I6>=400,100%,I6>=300,50%,1,0%)'를 입력하고 Enter를 누르세요.

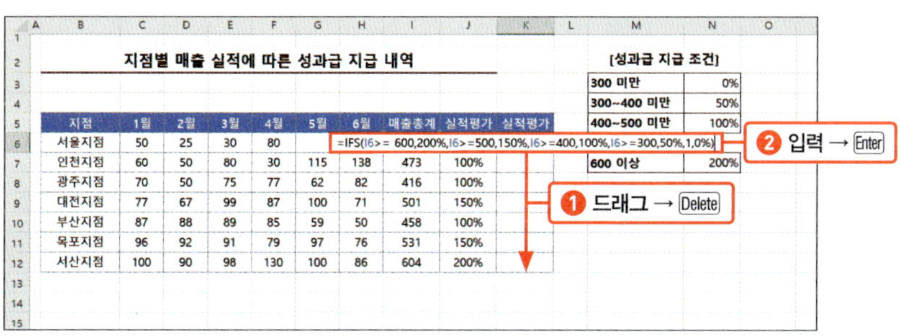

함수식 설명

=IFS(I6>=600,200%,I6>=500,150%,I6>=400,100%,I6>=300,50%,1,0%)

조건 1 / 조건 2 / 조건 3 / 조건 4 / 조건 5

IFS 함수는 엑셀 2019 버전부터 제공하므로 하위 버전을 사용한다면 다중 IF 함수를 이용하세요. IFS 함수는 조건이 여러 개인 경우에 사용하면 편리합니다. 함수식에서 마지막 '조건 5'로 지정한 '1,0%'는 앞에서 지정한 조건에 만족하지 않는 그 외의 모든 값에 '0%'를 지정한다는 의미입니다.

5 K6셀에 서울 지점의 실적 평가가 나타나면 K6셀의 자동 채우기 핸들을 K12셀까지 드래그해서 나머지 셀에도 함수식을 복사합니다. J열의 '실적평가' 항목과 K열의 '실적평가' 항목을 비교해 보면 결괏값이 같으므로 편한 함수식으로 골라 사용하면 됩니다.

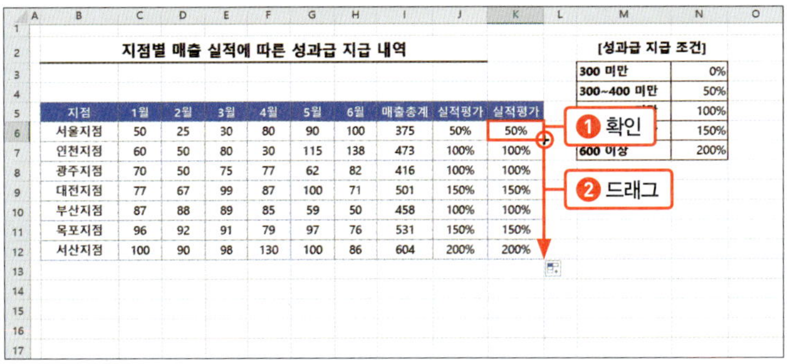

6 이번에는 XLOOKUP 함수를 이용해서 실적 평가를 구해볼게요. [XLOOKUP함수] 시트를 선택하면 L12:M16 범위에 XLOOKUP 함수에서 참조할 대상 비교표가 미리 작성되어 있습니다. J6셀에 함수식 '=XLOOKUP(I6,$L$12:$L$16,$M$12:$M$16,,-1,1)'을 입력한 후 Enter를 누르세요.

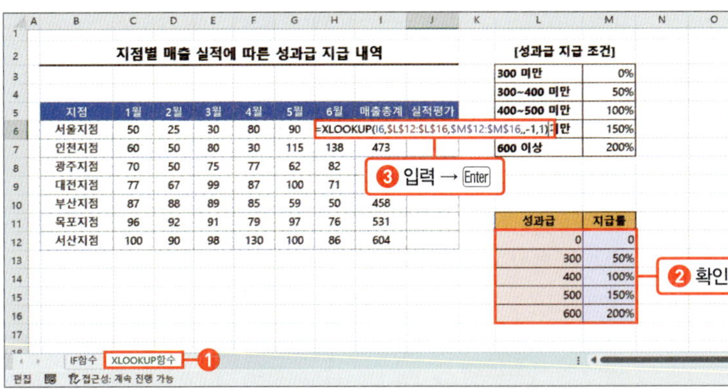

Tip

L12:M16 범위의 참조할 대상 비교표는 조건에 맞게 직접 만들어 사용해야 합니다. XLOOKUP 함수를 이용하려면 비교할 실적 평가값(L12:L16)을 입력하는데, 0~300 미만은 모두 0%이므로 비슷한 값을 찾아올 수 있도록 오름차순 정렬한 후 사용하세요. 엑셀 2021 이전 버전에서는 XLOOKUP 함수가 없으니 '=VLOOKUP(I6,$L$12:$M$16,2)'와 같이 VLOOKUP 함수를 사용하세요.

함수식 설명

=XLOOKUP(I6,$L$12:$L$16,$M$12:$M$16,,-1,1)

I6셀에 입력된 값을 L12:L16 범위에서 찾아서 M12:M16 범위에 입력된 값을 결괏값으로 가져옵니다. 이때 세 번째 인수를 생략해서 오류가 발생하면 #N/A 메시지가 그대로 표시될 것입니다. 네 번째 인수는 찾을 모드를 지정하는데, '-1'을 입력해 정확히 일치하는 값이 없으면 찾는 값보다 작은 값을 가져옵니다. 다섯 번째 인수는 검색 모드를 지정하는데, 찾을 데이터(L12:L16)가 오름차순으로 입력되어 있어서 '1'을 입력한 것입니다. XLOOKUP 함수의 사용법에 대해서는 211쪽을 참고하세요.

7 J6셀에 원하는 지급률이 소수점으로 표시되면 J6셀의 자동 채우기 핸들을 J12셀까지 드래그해서 나머지 셀에도 함수식을 복사합니다. 소수점으로 표시된 결괏값을 백분율로 변경하기 위해 J6:J12 범위를 선택한 상태에서 [홈] 탭-[표시 형식] 그룹-[백분율 스타일]을 클릭하세요.

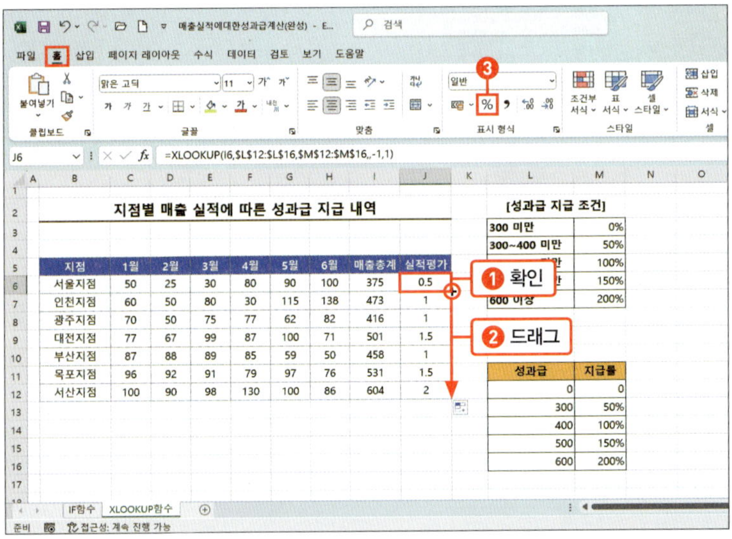

8 '실적평가' 항목의 데이터가 백분율 스타일로 보기 좋게 변경되었는지 확인합니다.

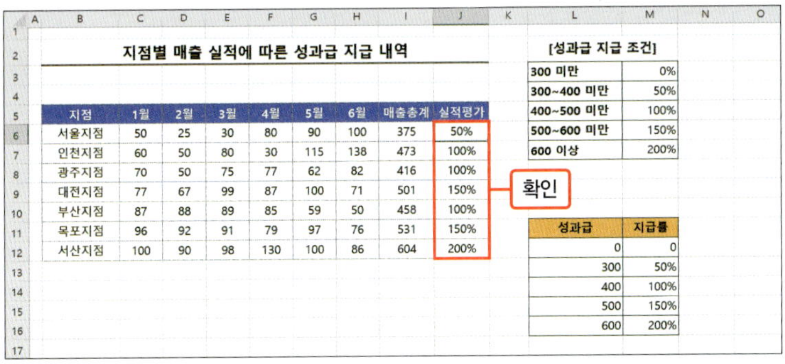

◉ **예제파일** : 매출순위에해당하는지점명찾기(준비).xlsx ◉ **완성파일** : 매출순위에해당하는지점명찾기(완성).xlsx

현장실무

03 매출 순위에 해당하는 지점명 찾기

— LARGE, MATCH, INDEX, XLOOKUP 함수

1 [Sheet1] 시트에서 F4셀에 찾을 순위를 입력해 지정 순위에 해당하는 매출 총계값을 먼저 구해 볼게요. K4셀에 '=L'을 입력하고 함수 목록이 표시되면 [LARGE]를 더블클릭하세요.

지점별 매출 실적에 따른 성과급 지급 내역

원하는 매출 순위를 입력하세요. | 2 | 순위

지점	1월	2월	3월	4월	5월	6월	매출총계	실적평가
서울지점	50	25	30	80	90	100	375	50%
인천지점	60	50	80	30	115	138	473	100%
광주지점	70	50	75	77	62	82	416	100%
대전지점	77	67	99	87	100	71	501	150%
부산지점	87	88	89	85	59	50	458	100%
목포지점	96	92	91	79	97	76	531	150%
서산지점	100	90	98	130	100	86	604	200%

2 K4셀에 '=LARGE('가 표시되면 이어서 'I7:I13,F4)'를 입력해서 함수식 '=LARGE(I7:I13,F4)'를 완성하고 Enter를 누릅니다.

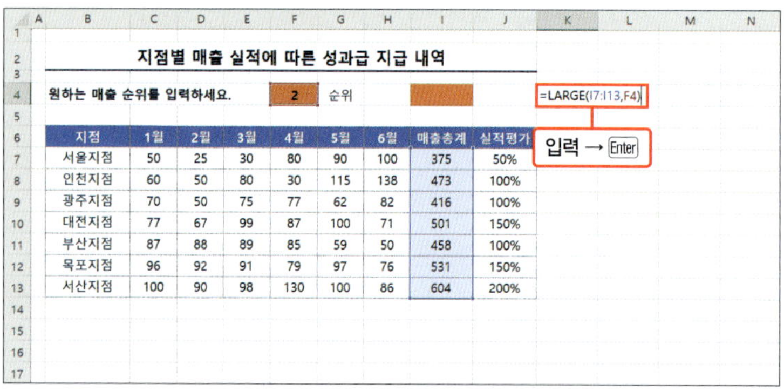

지점별 매출 실적에 따른 성과급 지급 내역

원하는 매출 순위를 입력하세요. | 2 | 순위

지점	1월	2월	3월	4월	5월	6월	매출총계	실적평가
서울지점	50	25	30	80	90	100	375	50%
인천지점	60	50	80	30	115	138	473	100%
광주지점	70	50	75	77	62	82	416	100%
대전지점	77	67	99	87	100	71	501	150%
부산지점	87	88	89	85	59	50	458	100%
목포지점	96	92	91	79	97	76	531	150%
서산지점	100	90	98	130	100	86	604	200%

함수식 설명

=LARGE(I7:I13,F4)

LARGE 함수는 지정한 범위에서 원하는 순위에 해당하는 큰 값을 표시할 때 사용합니다. I7:I13 범위에서 F4셀에 입력된 값이 2이므로 두 번째로 큰 수를 표시합니다. 반대로 원하는 순위에 해당하는 작은 값은 SMALL 함수를 사용합니다.

3 K4셀에 '매출총계' 항목에서 2순위에 해당하는 값인 '531'이 표시되었는지 확인합니다.

지점별 매출 실적에 따른 성과급 지급 내역

원하는 매출 순위를 입력하세요. | 2 | 순위 | | 531 ─ 확인

지점	1월	2월	3월	4월	5월	6월	매출총계	실적평가
서울지점	50	25	30	80	90	100	375	50%
인천지점	60	50	80	30	115	138	473	100%
광주지점	70	50	75	77	62	82	416	100%
대전지점	77	67	99	87	100	71	501	150%
부산지점	87	88	89	85	59	50	458	100%
목포지점	96	92	91	79	97	76	531	150%
서산지점	100	90	98	130	100	86	604	200%

4 F2셀에 '4'를 입력하고 Enter를 누르면 K4셀에 전체 매출 중에서 4순위에 해당하는 값인 '473'이 표시됩니다.

지점별 매출 실적에 따른 성과급 지급 내역

원하는 매출 순위를 입력하세요. | 4 | 순위 | | 473 ─ ❷ 확인

❶ 입력 → Enter

지점	1월	2월	3월	4월	5월	6월	매출총계	실적평가
서울지점	50	25				100	375	50%
인천지점	60	50	80	30	115	138	473	100%
광주지점	70	50	75	77	62	82	416	100%
대전지점	77	67	99	87	100	71	501	150%
부산지점	87	88	89	85	59	50	458	100%
목포지점	96	92	91	79	97	76	531	150%
서산지점	100	90	98	130	100	86	604	200%

5 K4셀에 구한 해당 순위의 값이 I7:I13 범위에서 몇 번째에 있는지 알아볼게요. L4셀에 함수식 '=MATCH(K4,I7:I13,0)'을 입력하고 Enter를 누르세요.

지점별 매출 실적에 따른 성과급 지급 내역

원하는 매출 순위를 입력하세요. | 4 | 순위 | | 473 | =MATCH(K4,I7:I13,0)

입력 → Enter

지점	1월	2월	3월	4월	5월	6월	매출총계	실적평가
서울지점	50	25	30	80	90	100	375	50%
인천지점	60	50	80	30	115	138	473	100%
광주지점	70	50	75	77	62	82	416	100%
대전지점	77	67	99	87	100	71	501	150%
부산지점	87	88	89	85	59	50	458	100%
목포지점	96	92	91	79	97	76	531	150%
서산지점	100	90	98	130	100	86	604	200%

함수식 설명

=MATCH(K4,I7:I13,0)

K4셀에 입력된 값과 같은 값이 I7:I13 범위에서 몇 번째에 위치하고 있는지 알아보는 함수식으로, 위치값인 숫자가 결괏값으로 표시됩니다.

6 L4셀에 '2'를 구했습니다. 매출 4순위에 해당하는 값이 '473'이고 이 값이 '매출총계' 항목에서 두 번째에 있다는 것을 알 수 있습니다.

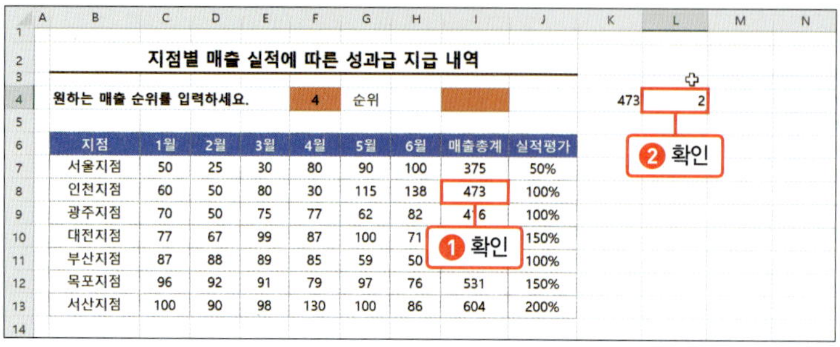

지점	1월	2월	3월	4월	5월	6월	매출총계	실적평가
서울지점	50	25	30	80	90	100	375	50%
인천지점	60	50	80	30	115	138	473	100%
광주지점	70	50	75	77	62	82	416	100%
대전지점	77	67	99	87	100	71		150%
부산지점	87	88	89	85	59	50		100%
목포지점	96	92	91	79	97	76	531	150%
서산지점	100	90	98	130	100	86	604	200%

7 이 값이 위치한 지점명을 알아내기 위해 M4셀에 함수식 '=INDEX(B7:B13,L4,1)'을 입력하고 Enter를 누르세요.

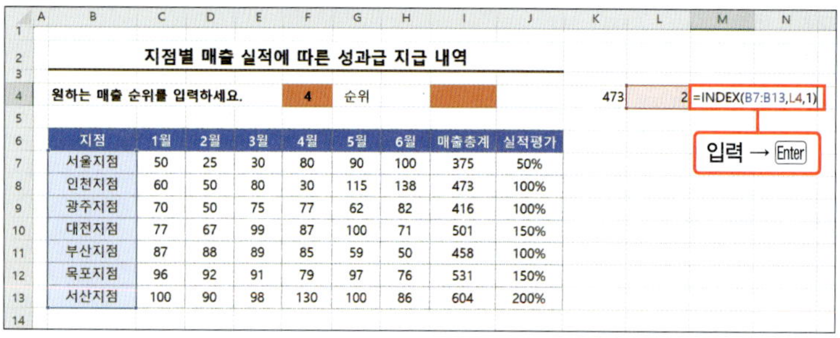

지점	1월	2월	3월	4월	5월	6월	매출총계	실적평가
서울지점	50	25	30	80	90	100	375	50%
인천지점	60	50	80	30	115	138	473	100%
광주지점	70	50	75	77	62	82	416	100%
대전지점	77	67	99	87	100	71	501	150%
부산지점	87	88	89	85	59	50	458	100%
목포지점	96	92	91	79	97	76	531	150%
서산지점	100	90	98	130	100	86	604	200%

함수식 설명

=INDEX(B7:B13,L4,1)

B7:B13 범위에서 L4셀에 입력된 행이 몇 번째 행인지와 1열에 위치한 값을 표시하는 함수식입니다. L4셀에 '2'가 입력되어 있으므로 B7:B13 범위에서 2행 1열에 위치한 값인 '인천지점'이 결괏값으로 표시됩니다.

8 M4셀에 '인천지점'이 표시되었습니다. 이와 같이 F4셀에 원하는 순위를 입력하면 K4셀에는 해당 순위의 매출 총액이, L4셀에는 해당 값이 입력된 위치가, M4셀에는 입력 위치에 대한 해당 지점이 표시됩니다.

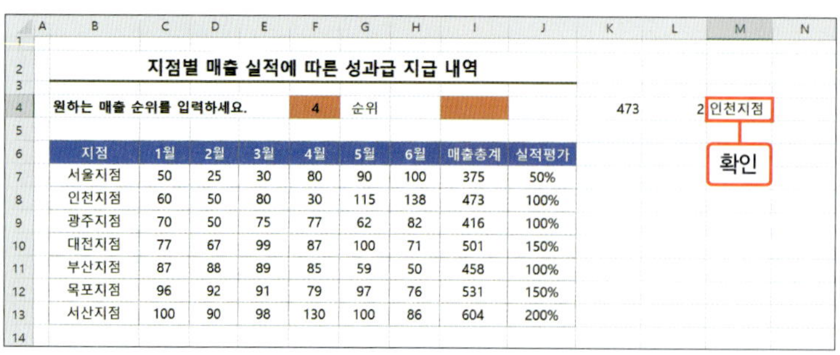

지점	1월	2월	3월	4월	5월	6월	매출총계	실적평가
서울지점	50	25	30	80	90	100	375	50%
인천지점	60	50	80	30	115	138	473	100%
광주지점	70	50	75	77	62	82	416	100%
대전지점	77	67	99	87	100	71	501	150%
부산지점	87	88	89	85	59	50	458	100%
목포지점	96	92	91	79	97	76	531	150%
서산지점	100	90	98	130	100	86	604	200%

9 이 함수식을 하나로 중첩해서 사용하기 위해 I4셀에 함수식 '=INDEX(B7:B13,MATCH(LARGE(I7:I13,F4),I7:I13,0),1)'을 입력하고 Enter를 누릅니다.

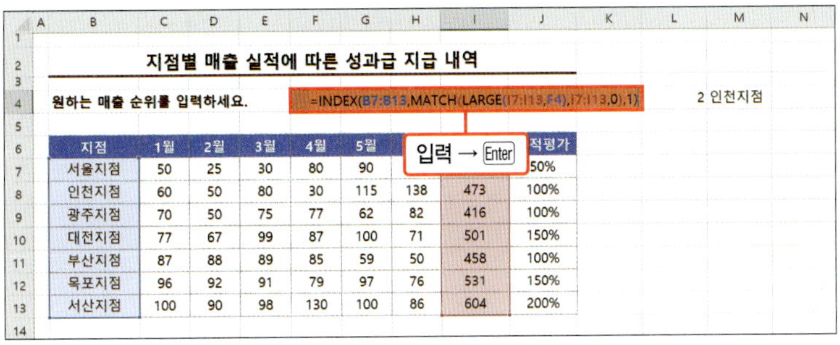

함수식 설명

=INDEX(B7:B13,MATCH(LARGE(I7:I13,F4),I7:I13,0),1)

① LARGE(I7:I13,F4) ② MATCH(LARGE(I7:I13,F4),I7:I13,0) ③ INDEX(B7:B13,MATCH(LARGE(I7:I13,F4),I7:I13,0),1)

여러 개의 함수를 중첩해서 작성할 때는 가장 나중에 적용할 함수부터 차례대로 지정해야 합니다. ❶ LARGE 함수를 실행한 결과로 ❷ MATCH 함수에 적용하고 그 결과값으로 다시 ❸ INDEX 함수를 실행합니다.

10 F4셀에 '1'을 입력하고 Enter를 누르면 I4셀에 해당 지점명이 표시됩니다.

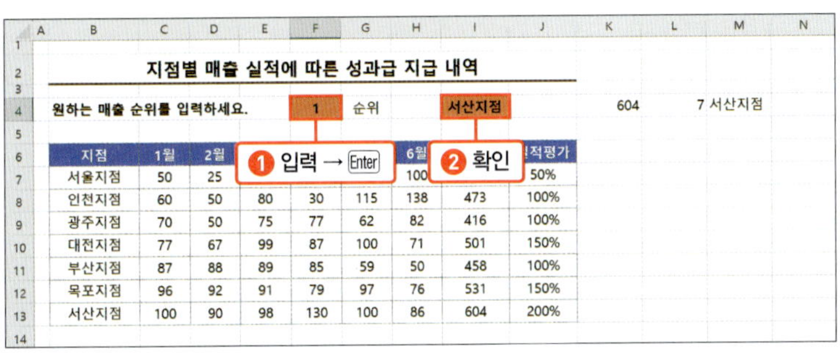

11 K열 머리글부터 M열 머리글까지 드래그해서 범위를 지정하고 선택한 영역에서 마우스 오른쪽 단추를 클릭한 후 [삭제]를 선택하세요.

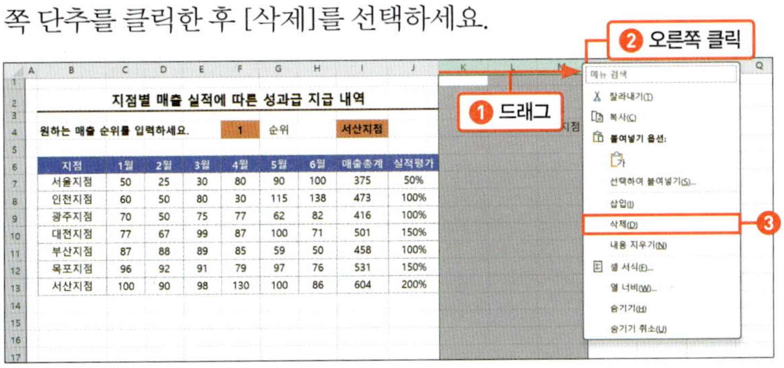

12 이번에는 XLOOKUP 함수를 이용해서 같은 결과를 만들기 위해 K4셀에 함수식 '=XLOOKUP(LARGE(I7:I13,F4),I7:I13,B7:B13,,0)'을 입력하고 Enter를 누릅니다.

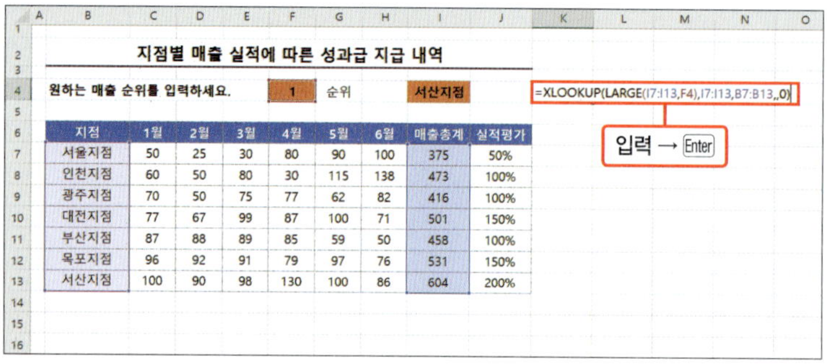

지점	1월	2월	3월	4월	5월	6월	매출총계	실적평가
서울지점	50	25	30	80	90	100	375	50%
인천지점	60	50	80	30	115	138	473	100%
광주지점	70	50	75	77	62	82	416	100%
대전지점	77	67	99	87	100	71	501	150%
부산지점	87	88	89	85	59	50	458	100%
목포지점	96	92	91	79	97	76	531	150%
서산지점	100	90	98	130	100	86	604	200%

Tip

XLOOKUP 함수는 엑셀 2021 버전에 추가된 함수여서 이전 버전에서는 사용할 수 없습니다. VLOOKUP 함수나 HLOOKUP 함수는 찾는 값(매출총계)의 왼쪽에 위치한 값(지점)은 가져올 수 없어서 XLOOKUP 함수만 사용할 수 있어요.

함수식 설명

=XLOOKUP(LARGE(I7:I13,F4),I7:I13,B7:B13,,0)

① LARGE(I7:I13,F4)

② XLOOKUP(LARGE(I7:I13,F4),I7:I13,B7:B13,,0)

첫 번째 인수에 지정한 LARGE 함수로 원하는 순위에 해당하는 매출총계 값을 알아내서 두 번째 인수에 지정한 I7:I13 범위에서 찾아냅니다. 세 번째 인수는 찾은 값과 같은 행 번째에 있는 B7:B13 범위의 값을 가져옵니다. 이때 네 번째 인수는 찾은 값이 없을 때 표시할 메시지를 지정하는데, 여기서는 생략해서 #N/A 오류가 발생할 것입니다. 다섯 번째 인수는 정확히 일치하는 값만 가져오도록 '0'을 지정합니다.

13 F4셀에 '3'을 입력하고 Enter를 누르면 I4셀과 K4셀에 해당 지점명이 똑같이 표시됩니다.

지점	1월	2월	3월	4월	5월	6월	매출총계	실적평가
서울지점	50	25				100	375	50%
인천지점	60	50	80	30	115	138	473	100%
광주지점	70	50	75	77	62	82	416	100%
대전지점	77	67	99	87	100	71	501	150%
부산지점	87	88	89	85	59	50	458	100%
목포지점	96	92	91	79	97	76	531	150%
서산지점	100	90	98	130	100	86	604	200%

◉ **예제파일** : 근속연수에대한휴가일수찾기(준비).xlsx ◉ **완성파일** : 근속연수에대한휴가일수찾기(완성).xlsx

현장실무 04

입사일 기준으로 근속연수 구하기

— VLOOKUP, DATEDIF, TODAY 함수

1 [휴가일수] 시트의 A열에 입력된 사원 번호를 이용해 [사원정보] 시트에서 해당 사원의 이름과 입사일을 표시해 볼게요. [휴가일수] 시트에서 B3셀을 클릭하고 [수식] 탭-[함수 라이브러리] 그룹-[찾기/참조 영역]을 클릭한 후 [VLOOKUP]을 선택하세요.

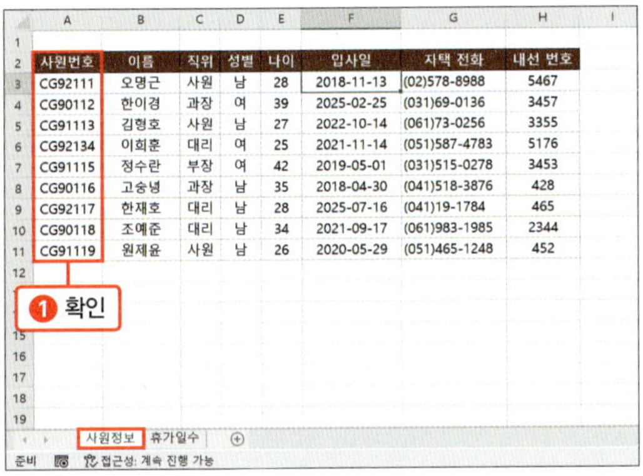

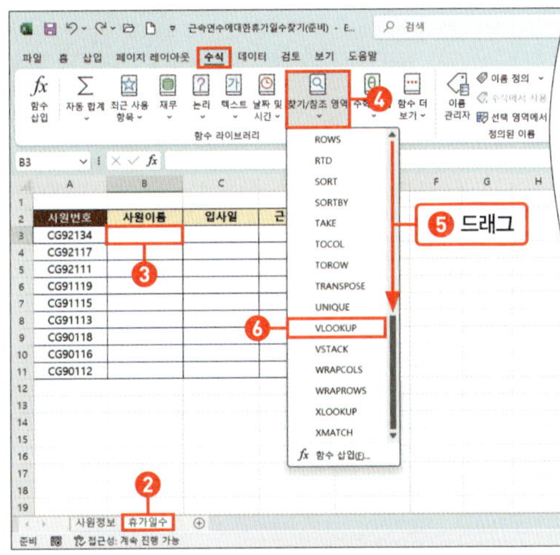

2 VLOOKUP 함수의 [함수 인수] 대화상자가 열리면 다음과 같이 지정합니다.

- **검색할_값**: 찾을 값을 지정하는 인수로, 여기서는 워크시트에서 A3셀 클릭
- **표_범위**: 비교 대상을 지정하는 인수로, 여기서는 [사원정보] 시트의 A3셀을 클릭하고 Ctrl+Shift+End를 눌러 데이터가 입력된 끝까지 범위 지정 → '사원정보!A3:H11'이 표시되면 F4를 눌러 절대 참조 형태인 '사원정보!$A$3:$H$11'로 변경

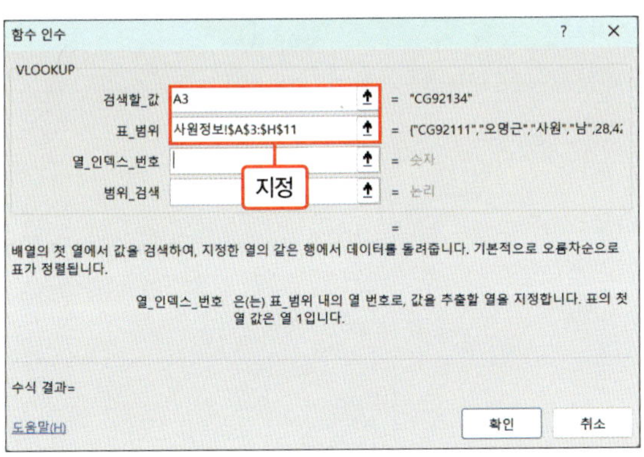

3 '열_인덱스_번호'에는 가져올 데이터가 입력된 열 번호를 지정하는 인수로, 여기서는 '2'를 입력합니다. '범위_검색'은 찾을 방식을 지정하는 인수로, 여기서는 정확히 일치하는 데이터만 찾아오도록 'FALSE'를 입력하고 [확인]을 클릭하세요.

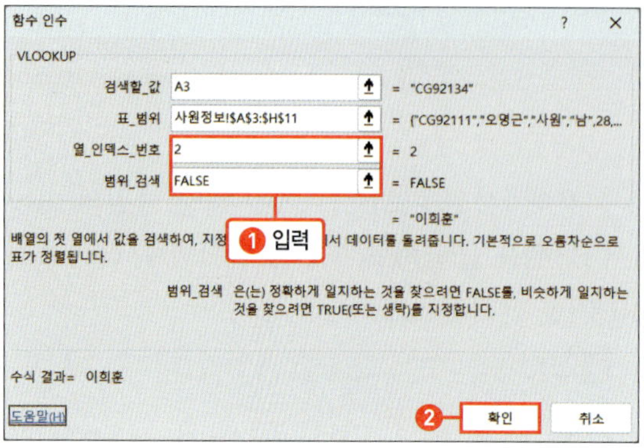

4 B3셀에 함수식 '=VLOOKUP(A3,사원정보!$A$3:$H$11,2,FALSE)'가 완성되면서 A3셀과 같은 값을 [사원정보] 시트에서 찾아 두 번째 열인 사원 이름을 가져옵니다. B3셀의 자동 채우기 핸들을 더블클릭해서 나머지 셀에도 함수식을 복사하세요.

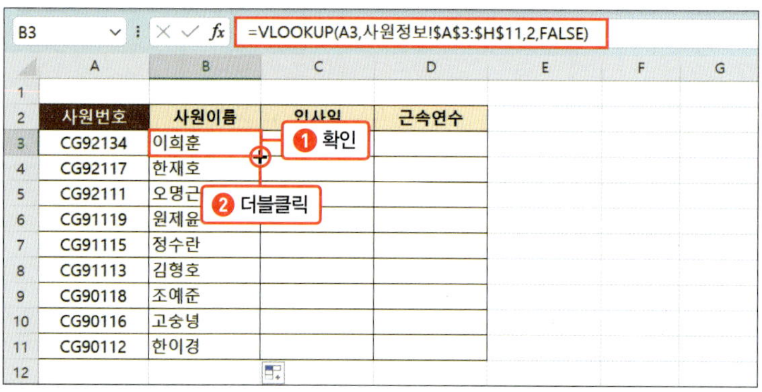

5 B3셀을 클릭하고 수식 입력줄에 표시된 함수식을 드래그해서 선택한 후 Ctrl+C를 눌러 함수식을 복사합니다. Esc를 눌러 함수식의 편집을 끝내세요.

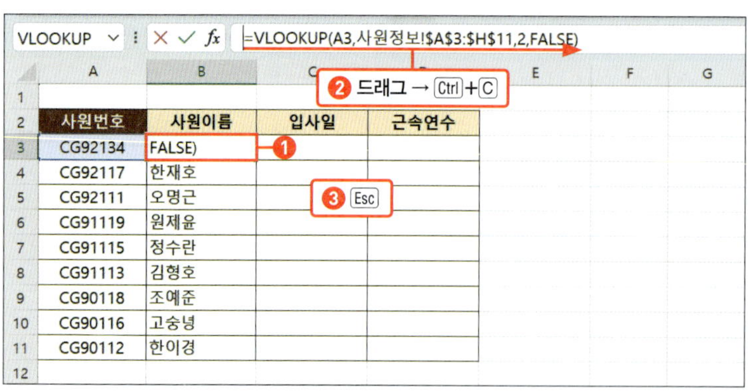

6 C3셀을 더블클릭해서 커서를 올려놓고 Ctrl+V를 눌러 복사한 함수식을 붙여넣습니다. 함수식에서 가져올 열 번호를 '2'에서 '6'으로 수정하고 Enter를 누르세요.

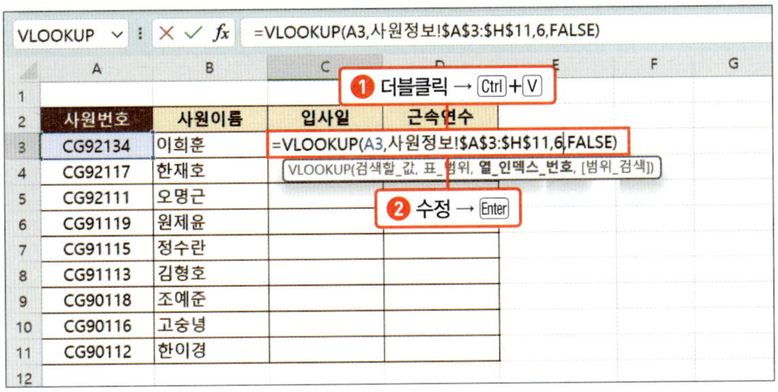

함수식 설명

=VLOOKUP(A3,사원정보!$A$3:$H$11,6,FALSE)

가져올 열 번호에 '2'를 지정하면 [사원정보] 시트의 A3:H11 범위에서 두 번째 위치한 '사원이름' 열의 사원 이름 데이터를 가져옵니다. 따라서 '2'에서 '6'으로 수정하면 여섯 번째 위치한 '입사일' 항목의 데이터를 가져옵니다.

7 C3셀에 함수식 '=VLOOKUP(A3,사원정보!$A$3:$H$11,6,FALSE)'가 완성되면서 '이희훈'의 입사일을 구했으면 C3셀의 자동 채우기 핸들을 더블클릭해 다른 사원들의 입사일도 구합니다. C열에 표시된 값을 날짜 형식으로 바꾸기 위해 C3:C11 범위를 선택한 상태에서 [홈] 탭-[표시 형식] 그룹-[표시 형식]을 클릭하고 [간단한 날짜]를 선택하세요.

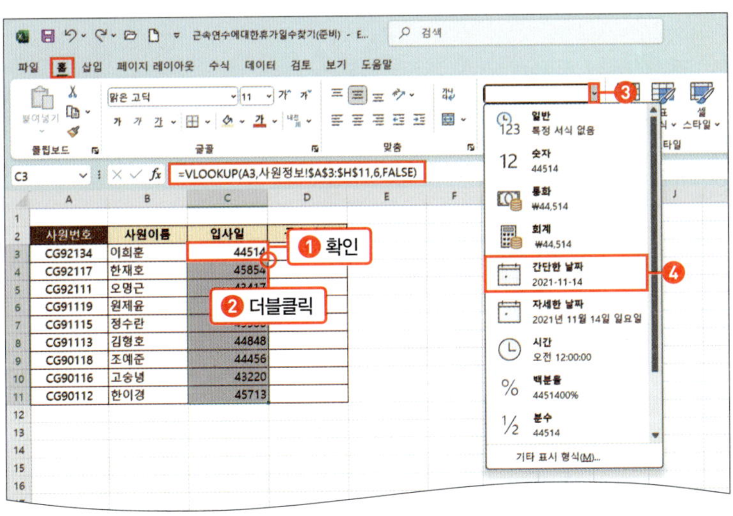

8 숫자로 표시된 '입사일' 항목의 값이 날짜 형식으로 변경되었습니다. 입사일을 기준으로 오늘까지 정확히 몇 년째 근무하고 있는지 알아보기 위해 D3셀에 함수식 '=DATEDIF(C3, TODAY(), "Y")'를 입력하고 Enter를 누르세요.

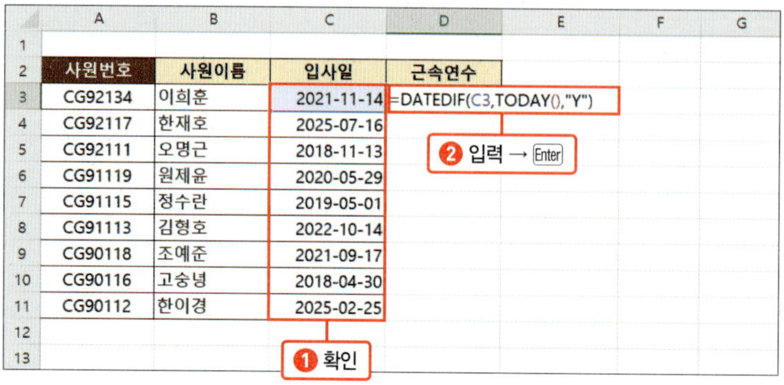

사원번호	사원이름	입사일	근속연수
CG92134	이희훈	2021-11-14	=DATEDIF(C3,TODAY(),"Y")
CG92117	한재호	2025-07-16	
CG92111	오명근	2018-11-13	
CG91119	원제윤	2020-05-29	
CG91115	정수란	2019-05-01	
CG91113	김형호	2022-10-14	
CG90118	조예준	2021-09-17	
CG90116	고승녕	2018-04-30	
CG90112	한이경	2025-02-25	

함수식 설명

=DATEDIF(C3,TODAY(),"Y")

DATEDIF 함수는 날짜와 날짜 사이의 기간을 구하는 함수입니다. C3셀의 입사일부터 오늘(TODAY 함수)까지 기간이 얼마나 차이나는지 알고 싶을 때 "Y"는 연 수를, "M"은 개월 수를, "D"는 일 수를 구할 수 있습니다. 여기에서 오늘까지(TODAY 함수)가 아니라 지정한 특정일(2025년 1월 1일)까지 구하려면 '=DATEDIF(C3,DATE(2025,1,1),"Y")'로 날짜를 지정해야 합니다. DATEDIF 함수에 대해서는 232쪽을 참고하세요.

9 D3셀에 '이희훈'의 근속연수가 표시되었으면 D3셀의 자동 채우기 핸들을 D11셀까지 드래그해서 나머지 셀에도 함수식을 복사합니다. 근속연수에 '년'을 함께 표시하려면 D3:D11 범위를 선택한 상태에서 Ctrl+1을 누르세요.

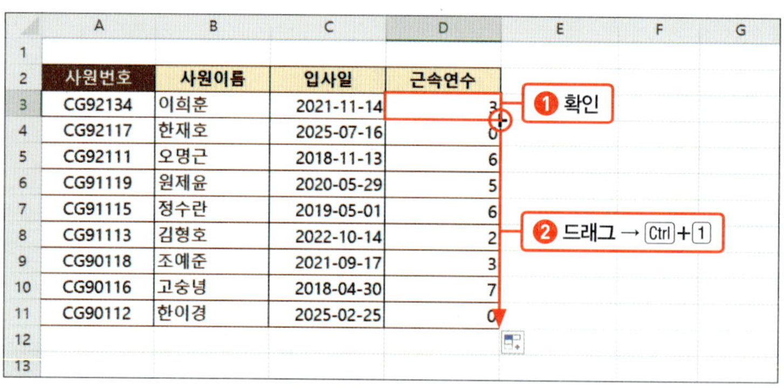

사원번호	사원이름	입사일	근속연수
CG92134	이희훈	2021-11-14	3
CG92117	한재호	2025-07-16	0
CG92111	오명근	2018-11-13	6
CG91119	원제윤	2020-05-29	5
CG91115	정수란	2019-05-01	6
CG91113	김형호	2022-10-14	2
CG90118	조예준	2021-09-17	3
CG90116	고승녕	2018-04-30	7
CG90112	한이경	2025-02-25	0

Tip

표시된 근속연수는 항상 작업하는 당일 날짜(TODAY 함수)까지 기준이 설정되어 있어서 표시된 근속연수 값이 그림과 조금씩 다를 수 있습니다.

10 [셀 서식] 대화상자의 [표시 형식] 탭이 열리면 '범주'에서 [사용자 지정]을 선택하고 '형식'에 '0년_-'을 입력한 후 [확인]을 선택합니다.

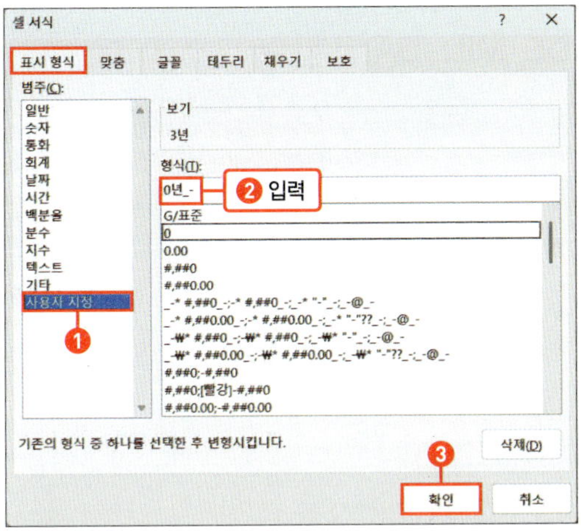

Tip

'형식'에 사용한 0 기호는 숫자를 표시할 위치를 의미하므로 0의 위치에 숫자를 표시하고 뒤에 '년'을 붙이기 위해 '0년'을 지정했습니다. 그리고 '_-'에 의해서 오른쪽에 공백을 1칸 지정하게 됩니다. 표시 형식으로 설정할 수 있는 기호에 대해서는 63쪽을 참고하세요.

11 '근속연수' 항목의 숫자 뒤에 '년'이라는 문자가 표시되었는지 확인합니다.

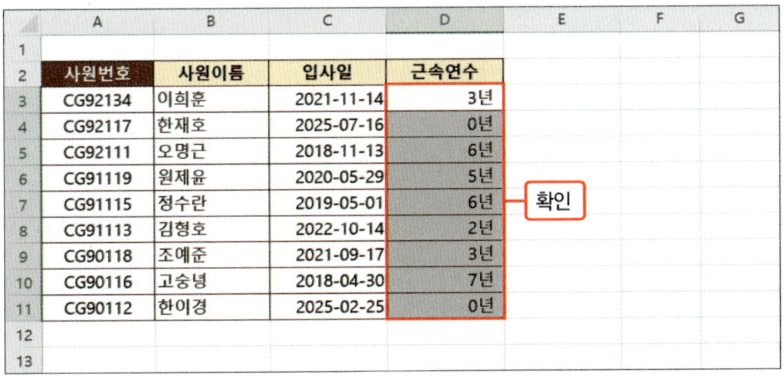

	A	B	C	D
2	사원번호	사원이름	입사일	근속연수
3	CG92134	이희훈	2021-11-14	3년
4	CG92117	한재호	2025-07-16	0년
5	CG92111	오명근	2018-11-13	6년
6	CG91119	원제윤	2020-05-29	5년
7	CG91115	정수란	2019-05-01	6년
8	CG91113	김형호	2022-10-14	2년
9	CG90118	조예준	2021-09-17	3년
10	CG90116	고승녕	2018-04-30	7년
11	CG90112	한이경	2025-02-25	0년

2024 M365 2021 2019 2016

◉ **예제파일** : 주민번호로성별나이계산(준비).xlsx ◉ **완성파일** : 주민번호로성별나이계산(완성).xlsx

현장실무 05

주민등록번호 이용해 성별과 나이 구하기 – REPLACE, MID, DATE 함수

1 주민등록번호의 뒷자리를 보이지 않게 숨겨볼게요. [사원정보] 시트에서 I3셀에 함수식 '=REPLACE(C3,9,6,"******")'를 입력하고 Enter 를 누르세요.

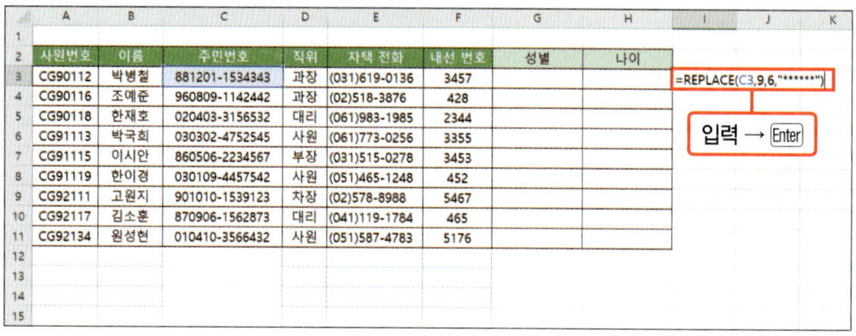

함수식 설명

=REPLACE(C3,9,6,"******")

C3셀에 입력된 문자열에서 아홉 번째부터 6개 문자를 '******'로 대체하는 함수식입니다.

2 I3셀에 '박병철'의 주민번호 뒷자리가 '******'로 나타났으면 I3셀의 자동 채우기 핸들을 더블클릭해서 나머지 셀에도 함수식을 복사하고 I3:I11 범위를 선택한 상태에서 Ctrl + C 를 누르세요. C3셀을 클릭하고 마우스 오른쪽 단추를 클릭한 후 '붙여넣기 옵션'에서 [값]( )을 클릭합니다.

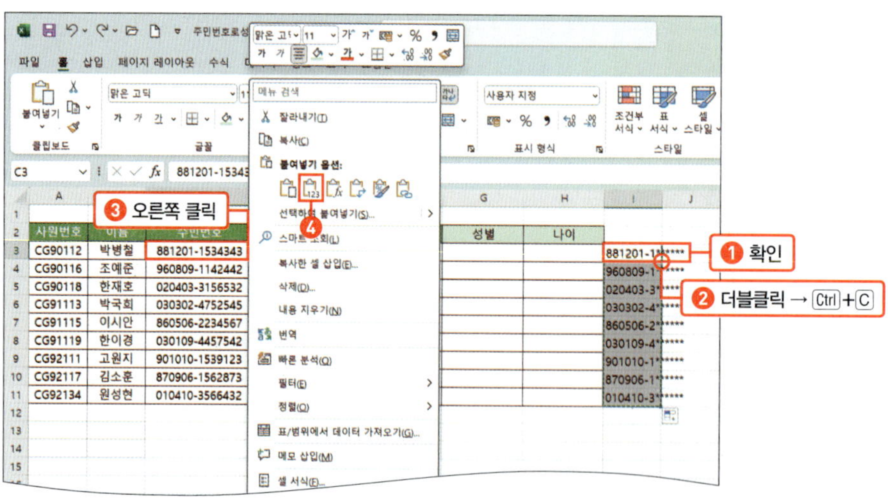

3 C3:C11 범위에 함수식을 결괏값으로 변환해서 붙여넣었으면 I3:I11 범위를 선택하고 Delete를 눌러 지웁니다.

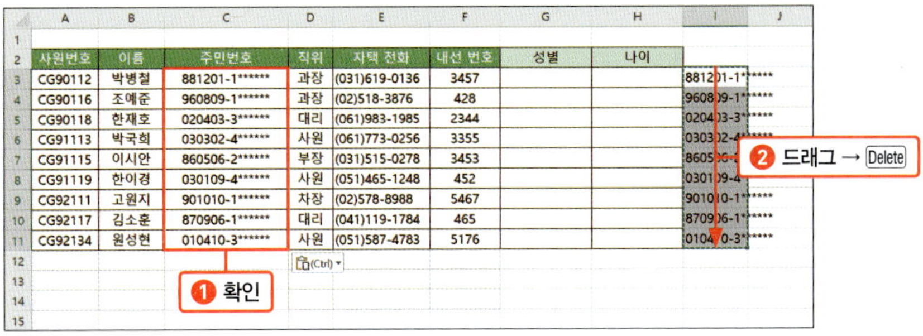

4 G3셀에 함수식 '=MID(C3,8,1)'을 입력하고 Enter를 누릅니다.

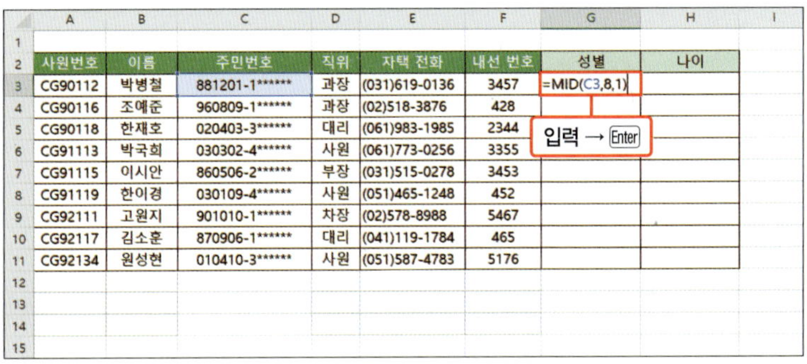

5 G3셀에 '박병철'의 주민번호에서 여덟 번째부터 1개의 숫자를 뺀 결괏값이 나타납니다. G3셀의 자동 채우기 핸들을 더블클릭해서 나머지 셀에도 함수식을 복사하면 '1', '2', '3', '4' 중에서 하나가 표시됩니다.

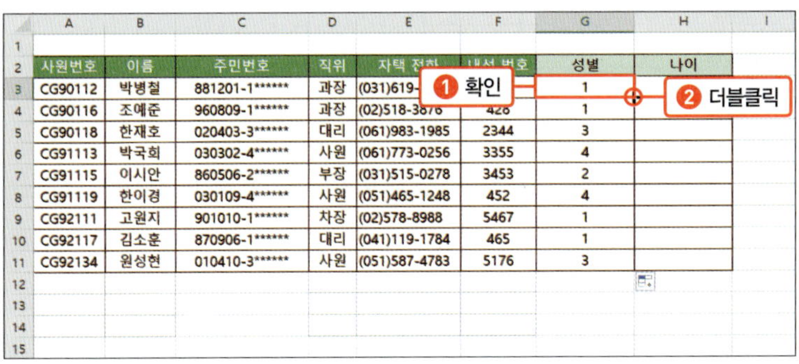

Tip

주민등록번호의 앞자리는 여섯 자리이고 그 뒤에 나오는 하이픈은 일곱 번째 자리입니다. 그리고 성별을 구분하는 1이나 2는 여덟 번째 자리이므로 여덟 번째부터 하나의 숫자를 뺀 것입니다.

6 '성별' 항목의 값이 '1'일 때는 '남자'를, '2'일 때는 '여자'를 표시해 볼게요. G3셀을 더블클릭해 함수식을 나타내고 '=IF(MID(C3,8,1)=1,"남자","여자")'로 수정한 후 Enter를 누르세요.

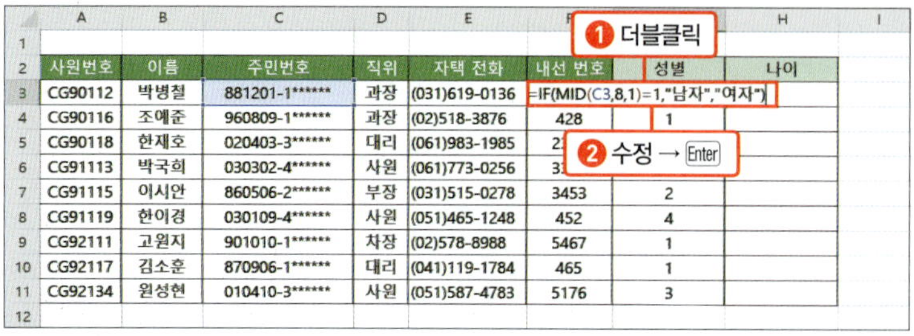

	A	B	C	D	E	F	G	H
1								
2	사원번호	이름	주민번호	직위	자택 전화	내선 번호	성별	나이
3	CG90112	박병철	881201-1******	과장	(031)619-0136	=IF(MID(C3,8,1)=1,"남자","여자")		
4	CG90116	조예준	960809-1******	과장	(02)518-3876	428	1	
5	CG90118	한재호	020403-3******	대리	(061)983-1985	2		
6	CG91113	박국희	030302-4******	사원	(061)773-0256	3		
7	CG91115	이시안	860506-2******	부장	(031)515-0278	3453	2	
8	CG91119	한이경	030109-4******	사원	(051)465-1248	452	4	
9	CG92111	고원지	901010-1******	차장	(02)578-8988	5467	1	
10	CG92117	김소훈	870906-1******	대리	(041)119-1784	465	1	
11	CG92134	원성현	010410-3******	사원	(051)587-4783	5176	3	
12								

함수식 설명

=IF(MID(C3,8,1)=1,"남자","여자")

IF 함수의 조건식으로 지정한 'MID(C3,8,1)=1'에 의해 C3셀에 입력된 주민등록번호에서 여덟 번째부터 1개의 글자를 빼서 1과 같으면 '남자'를, 그렇지 않으면 '여자'를 표시합니다.

7 G3셀에 '여자'가 표시되었으면 G3셀의 자동 채우기 핸들을 더블클릭해서 다른 사원들의 성별도 표시합니다. 이 경우 MID 함수로 얻는 결괏값은 문자이므로 IF 함수에서 숫자 1과 같은지 확인할 경우 숫자 1과 문자 1은 다르므로 모두 '여자'가 표시되었습니다.

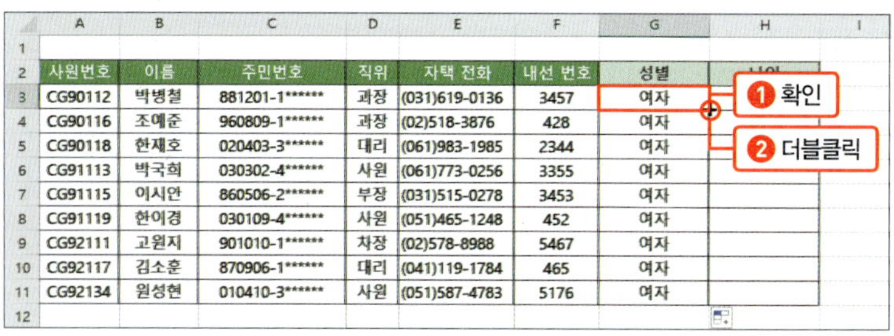

	A	B	C	D	E	F	G	H
1								
2	사원번호	이름	주민번호	직위	자택 전화	내선 번호	성별	나이
3	CG90112	박병철	881201-1******	과장	(031)619-0136	3457	여자	
4	CG90116	조예준	960809-1******	과장	(02)518-3876	428	여자	
5	CG90118	한재호	020403-3******	대리	(061)983-1985	2344	여자	
6	CG91113	박국희	030302-4******	사원	(061)773-0256	3355	여자	
7	CG91115	이시안	860506-2******	부장	(031)515-0278	3453	여자	
8	CG91119	한이경	030109-4******	사원	(051)465-1248	452	여자	
9	CG92111	고원지	901010-1******	차장	(02)578-8988	5467	여자	
10	CG92117	김소훈	870906-1******	대리	(041)119-1784	465	여자	
11	CG92134	원성현	010410-3******	사원	(051)587-4783	5176	여자	
12								

8 값을 비교하려면 유형이 같은 문자 데이터여야 합니다. G3셀을 더블클릭해 함수식을 나타내고 숫자 1을 문자 1인 '"1"'로 수정하여 '=IF(MID(C3,8,1)="1","남자","여자")'로 완성한 후 Enter를 누르세요.

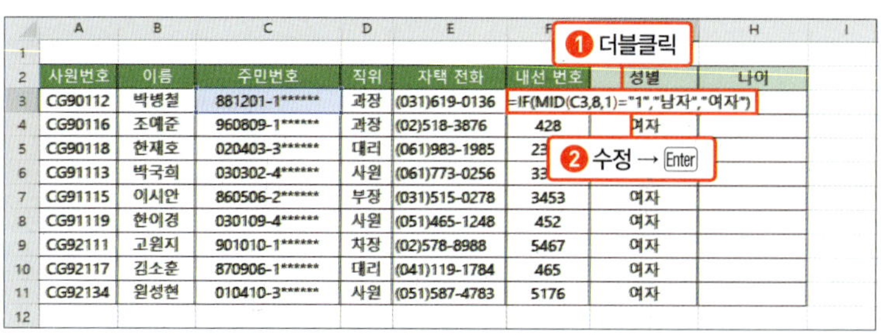

	A	B	C	D	E	F	G	H
1								
2	사원번호	이름	주민번호	직위	자택 전화	내선 번호	성별	나이
3	CG90112	박병철	881201-1******	과장	(031)619-0136	=IF(MID(C3,8,1)="1","남자","여자")		
4	CG90116	조예준	960809-1******	과장	(02)518-3876	428	여자	
5	CG90118	한재호	020403-3******	대리	(061)983-1985	23		
6	CG91113	박국희	030302-4******	사원	(061)773-0256	33		
7	CG91115	이시안	860506-2******	부장	(031)515-0278	3453	여자	
8	CG91119	한이경	030109-4******	사원	(051)465-1248	452	여자	
9	CG92111	고원지	901010-1******	차장	(02)578-8988	5467	여자	
10	CG92117	김소훈	870906-1******	대리	(041)119-1784	465	여자	
11	CG92134	원성현	010410-3******	사원	(051)587-4783	5176	여자	
12								

Tip

6 과정에서 작성한 함수식에서 숫자 1에 큰따옴표를 붙여서 문자로 변환했습니다.

함수식 설명

=IF(MID(C3,8,1)="1","남자","여자") 또는 =IF(VALUE(MID(C3,8,1))=1,"남자","여자")

MID 함수와 같은 텍스트 함수(LEFT 함수, RIGHT 함수 등)를 실행해서 얻은 결괏값은 무조건 문자입니다. 따라서 텍스트 함수를 실행한 결괏값과 비교해서 처리해야 하면 비교 데이터의 형식을 똑같이 맞춰서 작업해야 합니다. 이때 숫자 1을 문자 1로 바꾸기 위해 '"1"'로 표시하거나 반대로 문자를 숫자로 바꾸는 VALUE 함수를 이용할 수 있습니다.

9 G3셀에 '박병철'의 성별을 구했으면 G3셀의 자동 채우기 핸들을 더블클릭해 나머지 사원들의 성별도 표시합니다.

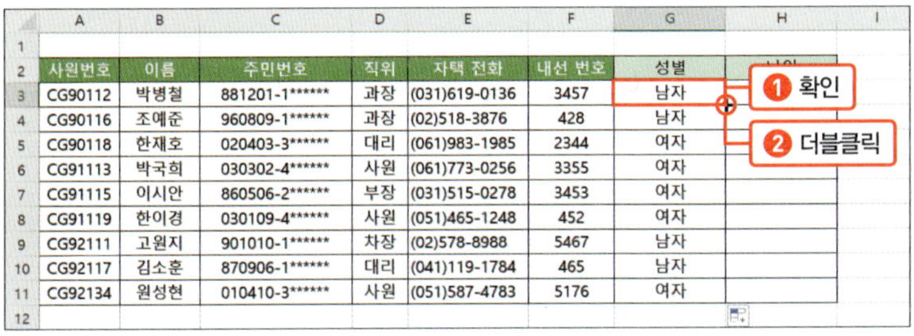

	A	B	C	D	E	F	G	H
1								
2	사원번호	이름	주민번호	직위	자택 전화	내선 번호	성별	나이
3	CG90112	박병철	881201-1******	과장	(031)619-0136	3457	남자	
4	CG90116	조예준	960809-1******	과장	(02)518-3876	428	남자	
5	CG90118	한재호	020403-3******	대리	(061)983-1985	2344	여자	
6	CG91113	박국희	030302-4******	사원	(061)773-0256	3355	여자	
7	CG91115	이시안	860506-2******	부장	(031)515-0278	3453	여자	
8	CG91119	한이경	030109-4******	사원	(051)465-1248	452	여자	
9	CG92111	고원지	901010-1******	차장	(02)578-8988	5467	남자	
10	CG92117	김소훈	870906-1******	대리	(041)119-1784	465	남자	
11	CG92134	원성현	010410-3******	사원	(051)587-4783	5176	여자	
12								

10 성별이 '1'이나 '3'이면 '남자'이고 '2'나 '4'일 때는 '여자'로 함수식을 수정해 볼게요. G3셀을 더블클릭해 함수식을 나타내고 '=IF(OR(MID(C3,8,1)="1",MID(C3,8,1)="3"),"남자","여자")'로 수정한 후 Enter를 누르세요.

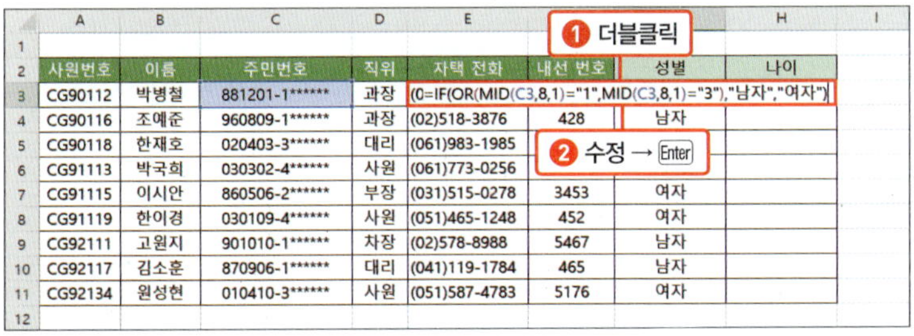

	A	B	C	D	E	F	G	H
1								
2	사원번호	이름	주민번호	직위	자택 전화	내선 번호	성별	나이
3	CG90112	박병철	881201-1******	과장	(0=IF(OR(MID(C3,8,1)="1",MID(C3,8,1)="3"),"남자","여자")			
4	CG90116	조예준	960809-1******	과장	(02)518-3876	428	남자	
5	CG90118	한재호	020403-3******	대리	(061)983-1985			
6	CG91113	박국희	030302-4******	사원	(061)773-0256			
7	CG91115	이시안	860506-2******	부장	(031)515-0278	3453	여자	
8	CG91119	한이경	030109-4******	사원	(051)465-1248	452	여자	
9	CG92111	고원지	901010-1******	차장	(02)578-8988	5467	남자	
10	CG92117	김소훈	870906-1******	대리	(041)119-1784	465	남자	
11	CG92134	원성현	010410-3******	사원	(051)587-4783	5176	여자	
12								

함수식 설명

=IF(OR(MID(C3,8,1)="1",MID(C3,8,1)="3"),"남자","여자")

OR 함수는 여러 조건 중에 하나만 만족해도 TRUE를 얻을 수 있어서 '1'이거나 '3'이거나 둘 중 하나라도 만족하면 '남자'를, 그렇지 않으면 '여자'를 표시합니다.

=CHOOSE(MID(C3,8,1),"남자","여자","남자","여자")

CHOOSE 함수식을 이용해도 같은 결과를 얻을 수 있습니다. CHOOSE 함수는 첫 번째 인수에 지정한 대상이 '1'이면 두 번째 인수값을, '2'이면 세 번째 인수값을, '3'이면 네 번째 인수값을 결괏값으로 얻을 수 있어서 1부터 차례대로 1씩 증가하는 값을 이용한 조건을 처리할 때 편리합니다.

11 G3셀에 '박병철'의 성별을 구했으면 G3셀의 자동 채우기 핸들을 더블클릭해 나머지 사원들의 성별도 표시합니다.

	A	B	C	D	E	F	G	H
1								
2	사원번호	이름	주민번호	직위	자택 전화	내선 번호	성별	나이
3	CG90112	박병철	881201-1******	과장	(031)619-0136	3457	남자	
4	CG90116	조예준	960809-1******	과장	(02)518-3876	428	남자	
5	CG90118	한재호	020403-3******	대리	(061)983-1985	2344	남자	
6	CG91113	박국희	030302-4******	사원	(061)773-0256	3355	여자	
7	CG91115	이시안	860506-2******	부장	(031)515-0278	3453	여자	
8	CG91119	한이경	030109-4******	사원	(051)465-1248	452	여자	
9	CG92111	고원지	901010-1******	차장	(02)578-8988	5467	남자	
10	CG92117	김소훈	870906-1******	대리	(041)119-1784	465	남자	
11	CG92134	원성현	010410-3******	사원	(051)587-4783	5176	남자	
12								

❶ 확인

❷ 더블클릭

12 이번에는 주민번호를 이용해서 나이를 구해볼게요. H3셀에 함수식 '=DATE(LEFT(C3,2),MID(C3,3,2),MID(C3,5,2))'를 입력하고 Enter를 누르세요.

	A	B	C	D	E	F	G	H
1								
2	사원번호	이름	주민번호	직위	자택 전화	내선 번호	성별	나이
3	CG90112	박병철	881201-1******	과장	(031)619-0136	3457	=DATE(LEFT(C3,2),MID(C3,3,2),MID(C3,5,2))	
4	CG90116	조예준	960809-1******	과장	(02)518-3876	428	남자	
5	CG90118	한재호	020403-3******	대리	(061)983-1985	2344	남자	
6	CG91113	박국희	030302-4******	사원	(061)773-0256	3355	여자	
7	CG91115	이시안	860506-2******	부장	(031)515-0278	3453	여자	
8	CG91119	한이경	030109-4******	사원	(051)465-1248	452	여자	
9	CG92111	고원지	901010-1******	차장	(02)578-8988	5467	남자	
10	CG92117	김소훈	870906-1******	대리	(041)119-1784	465	남자	
11	CG92134	원성현	010410-3******	사원	(051)587-4783	5176	남자	
12								

입력 → Enter

함수식 설명

=DATE(LEFT(C3,2),MID(C3,3,2),MID(C3,5,2))

❶ =DATE(LEFT(C3,2),MID(C3,3,2),MID(C3,5,2)) ❷ LEFT(C3,2) ❸ MID(C3,3,2) ❹ MID(C3,5,2)

❶ **=DATE(연도값, 월값, 일값)**
지정한 연도값, 월값, 일값을 이용해서 날짜 형식으로 변환합니다.

❷ **LEFT(C3,2)**
C3셀의 주민번호에서 왼쪽에 있는 2개의 글자를 가져옵니다.

❸ **MID(C3,3,2)**
C3셀의 주민번호에서 세 번째 글자부터 2개의 글자를 가져옵니다.

❹ **MID(C3,5,2)**
C3셀의 주민번호에서 다섯 번째 글자부터 2개의 글자를 가져옵니다.

13 H3셀에 G3셀의 주민번호에서 필요한 부분만 가져와서 생년월일이 날짜 형식으로 표시되었습니다. 이 날짜를 이용해서 나이를 구하기 위해 H3셀을 더블클릭하세요.

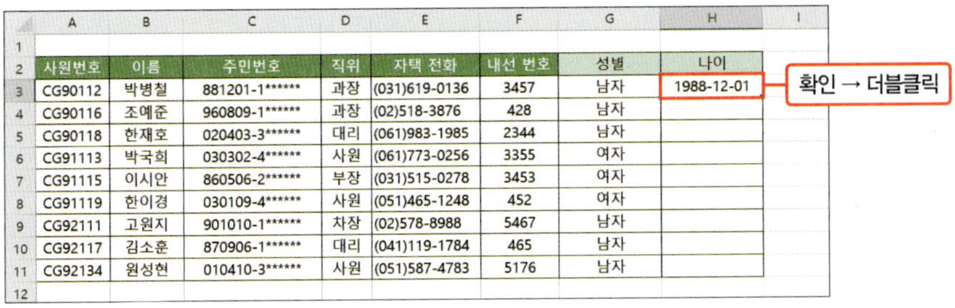

	A	B	C	D	E	F	G	H
2	사원번호	이름	주민번호	직위	자택 전화	내선 번호	성별	나이
3	CG90112	박병철	881201-1******	과장	(031)619-0136	3457	남자	1988-12-01
4	CG90116	조예준	960809-1******	과장	(02)518-3876	428	남자	
5	CG90118	한재호	020403-3******	대리	(061)983-1985	2344	남자	
6	CG91113	박국희	030302-4******	사원	(061)773-0256	3355	여자	
7	CG91115	이시안	860506-2******	부장	(031)515-0278	3453	여자	
8	CG91119	한이경	030109-4******	사원	(051)465-1248	452	여자	
9	CG92111	고원지	901010-1******	차장	(02)578-8988	5467	남자	
10	CG92117	김소훈	870906-1******	대리	(041)119-1784	465	남자	
11	CG92134	원성현	010410-3******	사원	(051)587-4783	5176	남자	

14 H3셀에 함수식이 나타나면 '=DATEDIF(DATE(LEFT(C3,2),MID(C3,3,2),MID(C3,5,2)),TODAY(),"Y")'로 수정하고 Enter를 누릅니다.

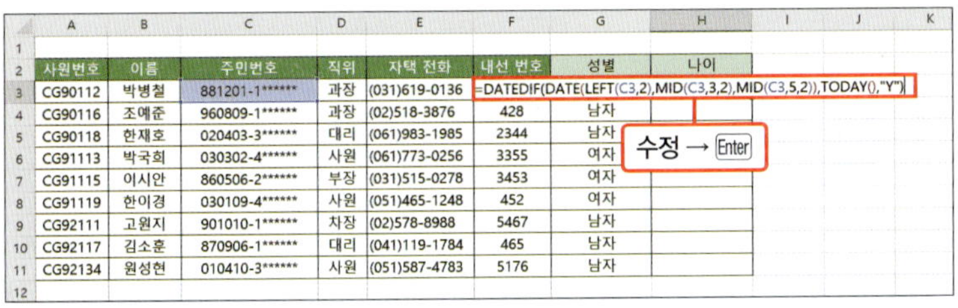

	A	B	C	D	E	F	G	H
2	사원번호	이름	주민번호	직위	자택 전화	내선 번호	성별	나이
3	CG90112	박병철	881201-1******	과장	(031)619-0136	=DATEDIF(DATE(LEFT(C3,2),MID(C3,3,2),MID(C3,5,2)),TODAY(),"Y")		
4	CG90116	조예준	960809-1******	과장	(02)518-3876	428	남자	
5	CG90118	한재호	020403-3******	대리	(061)983-1985	2344	남자	
6	CG91113	박국희	030302-4******	사원	(061)773-0256	3355	여자	
7	CG91115	이시안	860506-2******	부장	(031)515-0278	3453	여자	
8	CG91119	한이경	030109-4******	사원	(051)465-1248	452	여자	
9	CG92111	고원지	901010-1******	차장	(02)578-8988	5467	남자	
10	CG92117	김소훈	870906-1******	대리	(041)119-1784	465	남자	
11	CG92134	원성현	010410-3******	사원	(051)587-4783	5176	남자	

함수식 설명

=DATEDIF(DATE(LEFT(C3,2),MID(C3,3,2),MID(C3,5,2)),TODAY(),"Y")

주민번호를 이용해서 구한 생일부터 작업 당일(오늘)까지 몇 년이 지났는지 알아보려면 '"타입"'에 '"Y"'를, 몇 개월이 지났는지 알아보려면 '"M"'을, 며칠이 지났는지 알아보려면 '"D"'를 지정합니다.

형식 =DATEDIF(시작일,종료일,"타입")
날짜와 날짜 사이의 기간을 구합니다.

15 H3셀에 '박병철'의 생일부터 오늘 날짜까지 얼마의 기간이 지났는지 구했으면 H3셀의 자동 채우기 핸들을 더블클릭해서 나머지 셀에도 함수식을 복사합니다.

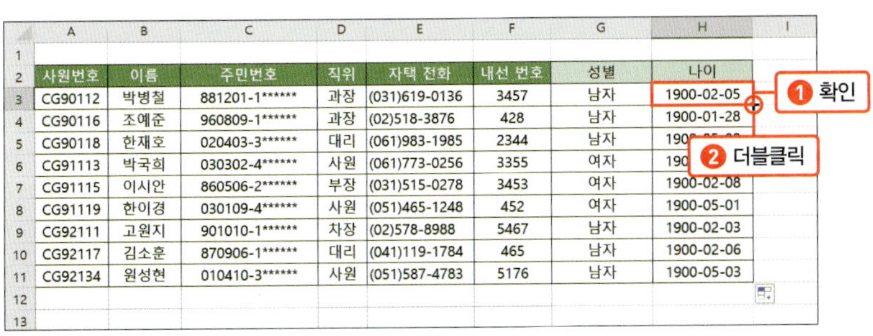

	A	B	C	D	E	F	G	H
2	사원번호	이름	주민번호	직위	자택 전화	내선 번호	성별	나이
3	CG90112	박병철	881201-1******	과장	(031)619-0136	3457	남자	1900-02-05
4	CG90116	조예준	960809-1******	과장	(02)518-3876	428	남자	1900-01-28
5	CG90118	한재호	020403-3******	대리	(061)983-1985	2344	남자	190[illegible]
6	CG91113	박국희	030302-4******	사원	(061)773-0256	3355	여자	190[illegible]
7	CG91115	이시안	860506-2******	부장	(031)515-0278	3453	여자	1900-02-08
8	CG91119	한이경	030109-4******	사원	(051)465-1248	452	여자	1900-05-01
9	CG92111	고원지	901010-1******	차장	(02)578-8988	5467	남자	1900-02-03
10	CG92117	김소훈	870906-1******	대리	(041)119-1784	465	남자	1900-02-06
11	CG92134	원성현	010410-3******	사원	(051)587-4783	5176	남자	1900-05-03

16 나이가 날짜 형태로 나타나면 숫자로 바꿔볼게요. H3:H11 범위를 선택한 상태에서 [홈] 탭-[표시 형식] 그룹-[표시 형식]을 클릭하고 [일반]을 선택합니다.

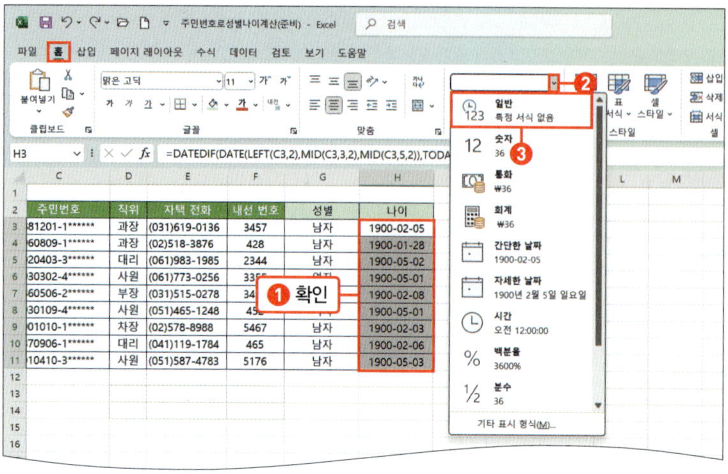

17 구해진 나이를 보면 H5셀, H6셀, H8셀에 '123', '122', '122'로 표시되었습니다. DATEDIF 함수에서 첫 번째 인수에 지정하는 연도값에 주민번호에서 왼쪽 두 글자를 떼면 '88', '96' 등이 추출되어서 이 값에 무조건 1900을 더한 '1988', '1996'으로 연도가 지정됩니다. 하지만 주민번호가 0으로 시작하는 값인 '02', '03' 등인 경우에는 1900이 아니라 2000을 더한 '2002', '2003'과 같이 표시해야 합니다.

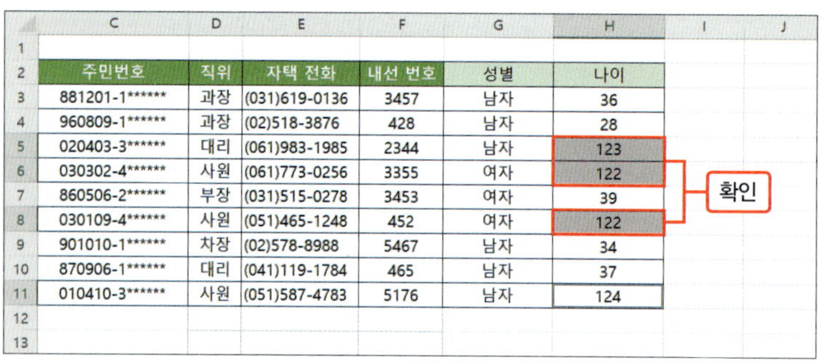

18 I3셀에 함수식 '=IF(LEFT(C3,1)="0",2000,1900)'을 입력하고 Enter를 누릅니다.

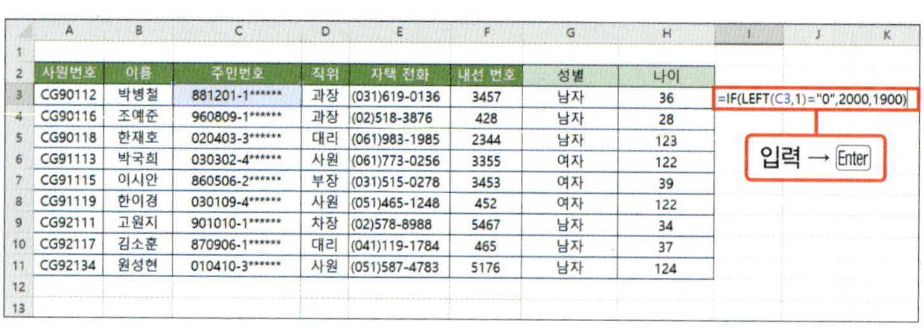

19 I3셀에 주민번호에서 왼쪽 한 글자가 '0'이면 '2000'을, 그렇지 않으면 '1900'이 표시되었으면 I3셀을 자동 채우기 핸들을 더블클릭해서 나머지 셀에도 함수식을 복사합니다.

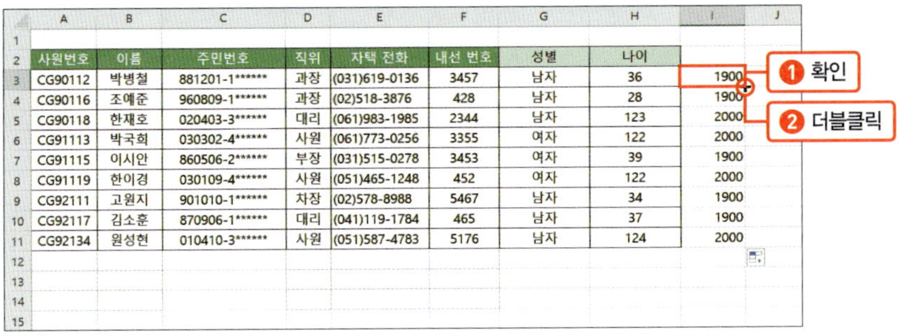

20 H3셀을 더블클릭해서 함수식이 나타나면 '=DATEDIF(DATE(LEFT(C3,2)+I3,MID(C3,3,2),MID(C3,5,2)),TODAY(),"Y")'로 수정하고 Enter를 누릅니다.

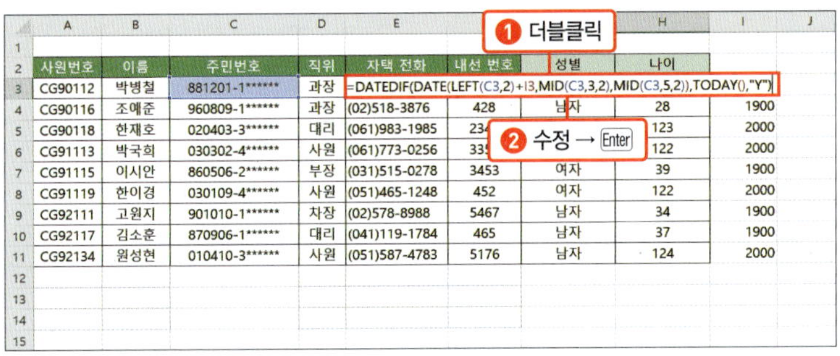

21 H3셀에 '박병철'의 나이를 구했으면 H3셀의 자동 채우기 핸들을 더블클릭해서 나머지 셀에도 함수식을 복사하고 H5셀, H6셀, H8셀에 나이가 '23', '22', '22'로 수정되었는지 확인합니다.

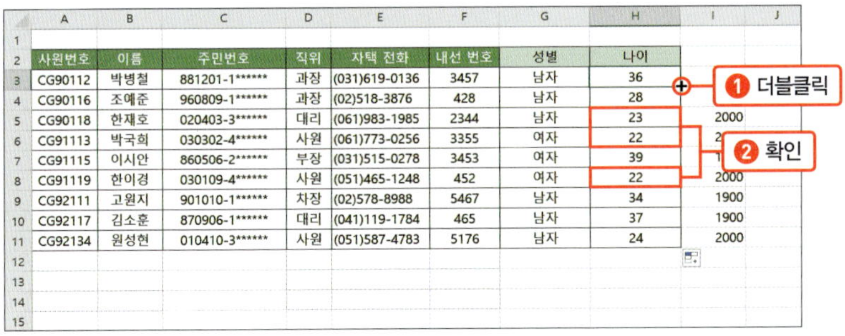

Tip

항상 작업 당일(TODAY 함수)까지 계산된 결괏값이 표시되므로 현재 작업하는 날짜에 따라 결괏값이 조금씩 다르게 나타날 수 있습니다.

2024 | M365 | 2021 | 2019 | 2016

◉ **예제파일** : 숫자에텍스트포함((준비).xlsx ◉ **완성파일** : 숫자에텍스트포함((완성).xlsx

현장실무 06

숫자에 텍스트 포함해서 표시하기 — SUMPRODUCT, TEXT 함수

1 구매발주서에서 총 발주금액을 표시해 볼게요. [발주서] 시트에서 B7셀에 함수식 '=SUMPRODUCT(F17:F31,H17:H31)'을 입력하고 Enter를 누르세요.

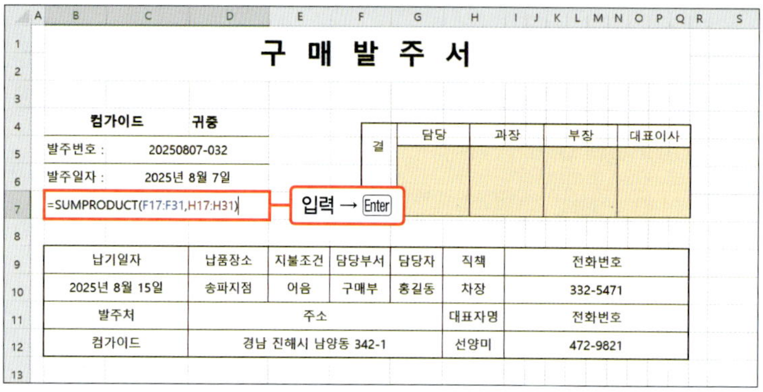

함수식 설명

=SUMPRODUCT(F17:F31,H17:H31)

SUMPRODUCT 함수는 지정한 배열(영역)에 대응하는 셀끼리 곱하고 그 값의 합을 구할 때 사용합니다. 여기서는 F17:F31 범위에 입력된 수량과 H17:H31 범위에 입력된 단가를 서로 대응하는 셀끼리(F17*H17, F18*H18) 먼저 곱하고 결과를 합해서 총금액을 구합니다.

2 숫자 데이터의 앞에 문자열 '총 발주금액은 '을 표시하기 위해 B7셀을 더블클릭합니다.

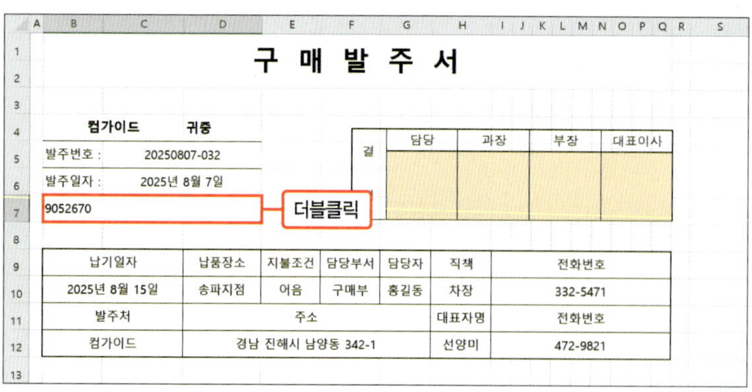

3 함수식이 나타나면 '="총 발주금액은 "&SUMPRODUCT(F17:F31,H17:H31)&"입니다"'로 수정하고 Enter를 누릅니다.

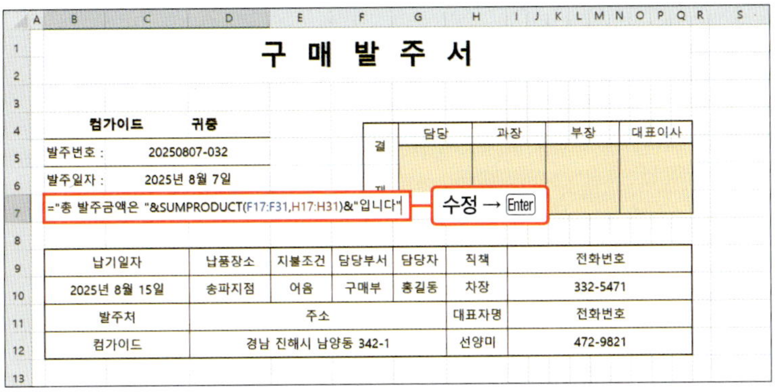

4 B7셀에 지정한 텍스트와 함께 숫자가 표시되었습니다. 이때 & 기호로 붙여넣기한 데이터는 문자로 변환되므로 숫자 표시 형식을 함께 지정하기 위해 B7셀을 더블클릭하세요.

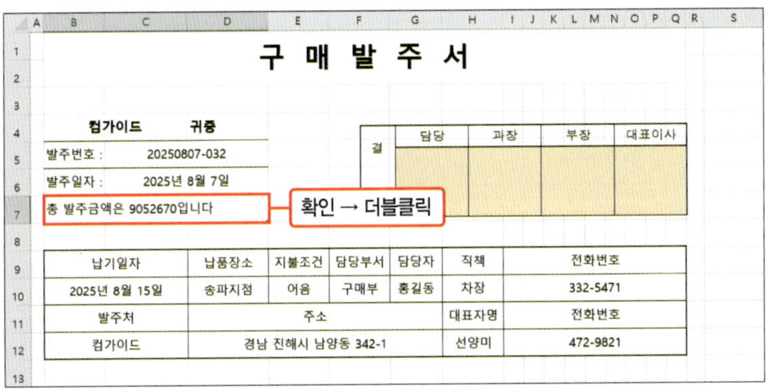

5 B7셀에 함수식이 나타나면 '="총 발주금액은 "&TEXT(SUMPRODUCT(F17:F31,H17:H31),"₩#,##0원")&"입니다"'로 수정하고 Enter를 누릅니다.

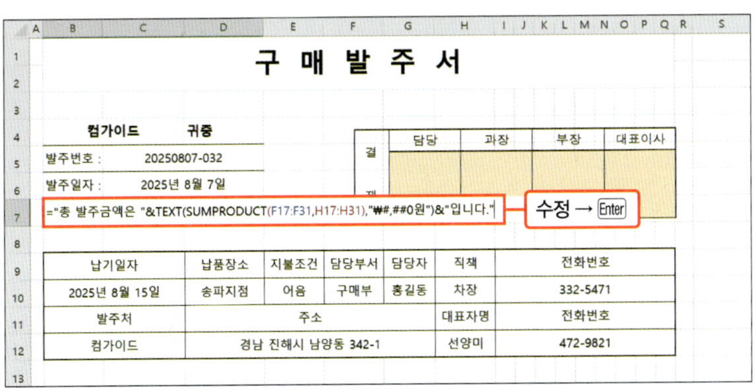

함수식 설명

="총 발주금액은 "&TEXT(SUMPRODUCT(F17:F31,H17:H31),"₩#,##0원")&"입니다"

❶ =TEXT(SUMPRODUCT(F17:F31,H17:H31),"₩#,##0원")
TEXT 함수는 숫자, 문자, 날짜 등의 다양한 값을 원하는 모양의 서식을 지정한 텍스트로 변환할 때 사용합니다. 여기서는 SUMPRODUCT 함수를 이용해서 구한 총 금액을 '₩#,##0원' 서식을 적용한 문자 형태로 변환합니다.

❷ & 연산자
문자와 문자를 나란히 옆으로 붙여서 표시할 때 사용합니다.

6 B7셀에 텍스트와 원화 기호(₩)가 지정된 숫자가 함께 표시되었으면 [보기] 탭-[표시] 그룹-[눈금선]의 체크 표시를 해제합니다.

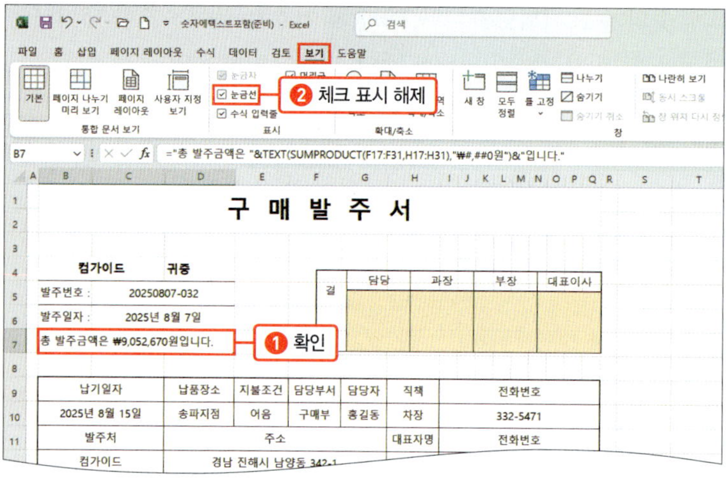

7 화면에 표시된 셀 구분선이 사라지면서 구매발주서를 더욱 깔끔하게 작성할 수 있습니다. 이 문서를 한 페이지에 맞춰서 인쇄하기 위해 [파일]-[인쇄]를 선택하세요.

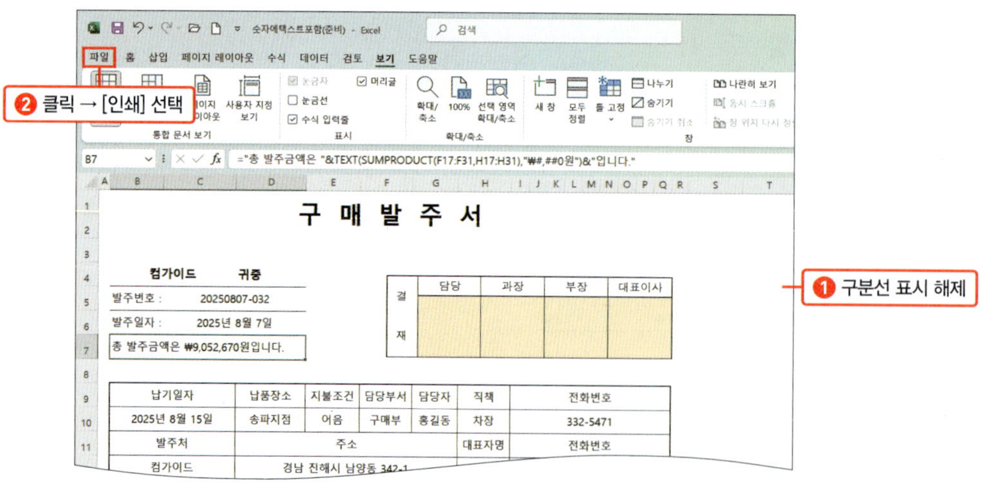

8 현재 문서는 4페이지로 구성되어 있으므로 한 페이지로 맞추기 위해 [페이지 설정]을 클릭합니다.

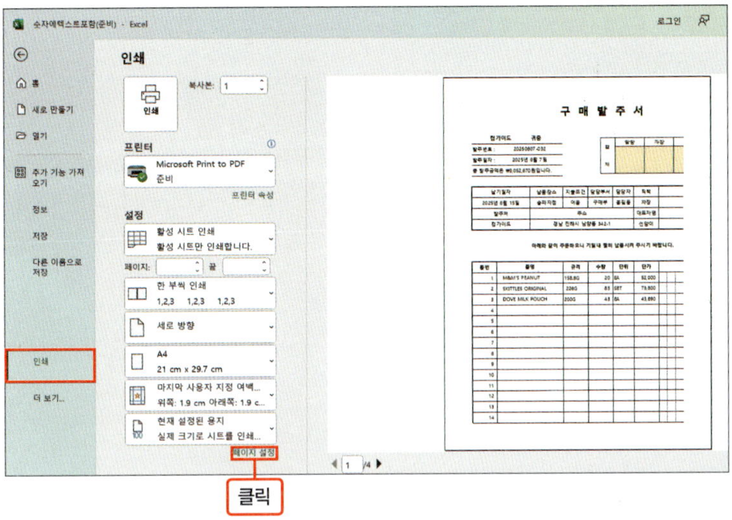

9 [페이지 설정] 대화상자의 [페이지] 탭이 열리면 '배율'에서 [자동 맞춤]을 선택합니다. 그러면 '용지 너비'와 '용지 높이'에 '1'이 설정되면서 문서 내용이 무조건 한 페이지에 인쇄되도록 자동 배율이 설정됩니다.

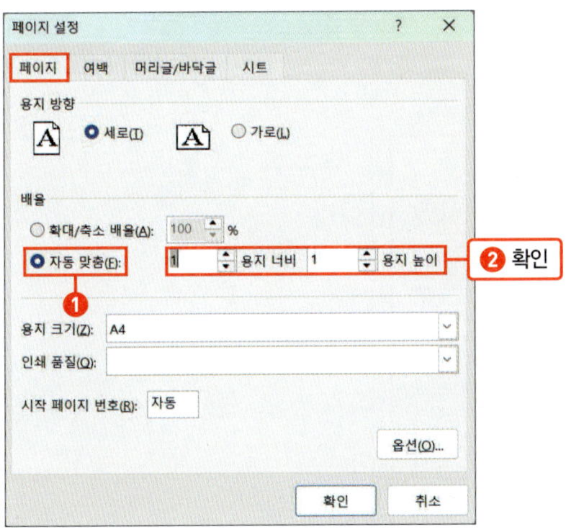

10 [여백] 탭을 클릭해서 '왼쪽'과 '오른쪽' 여백을 '1'로 수정하고 '페이지 가운데 맞춤'에서 '가로'에 체크 표시한 후 [확인]을 클릭합니다. 그러면 페이지를 기준으로 데이터 내용을 가로 방향의 가운데에 맞출 수 있어요.

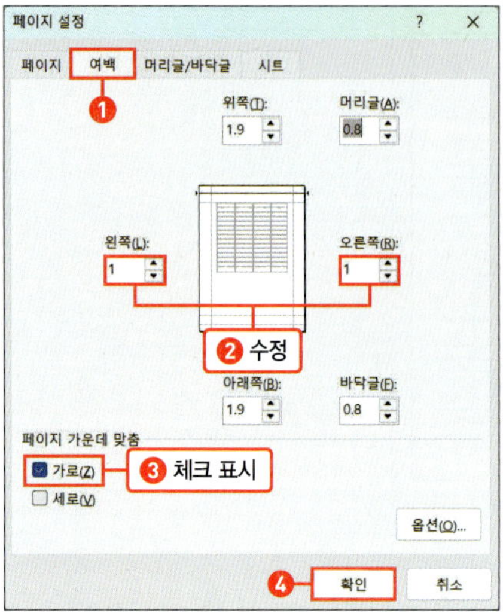

11 오른쪽 미리 보기 화면에서 페이지의 좌우 방향에 데이터가 가운데에 배치되고 한 페이지에 맞게 자동으로 배율이 설정되었는지 확인합니다.

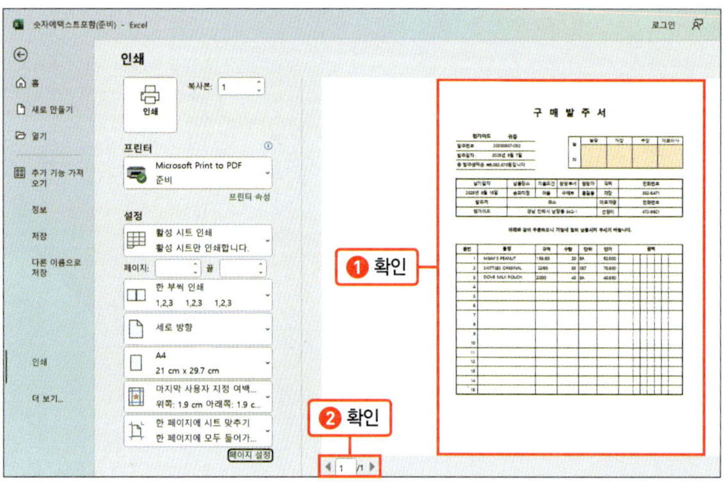

◉ **예제파일** : 숫자를한자리씩가져오기(준비).xlsx ◉ **완성파일** : 숫자를한자리씩가져오기(완성).xlsx

현장실무 07

숫자를 한 자리씩 가져와서 표시하기

— TEXT, MID, COLUMN 함수

1 [발주서] 시트에서 F17셀의 수량과 H17셀의 단가를 곱한 금액을 I열부터 Q열에 한 자리씩 나눠서 표시해 볼게요. R17셀에 함수식 '=TEXT(F17*H17,"?????????")'를 입력하고 Enter를 누르세요.

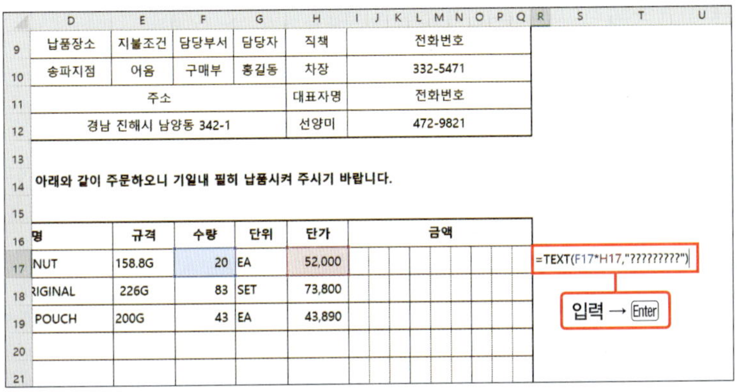

> **Tip**
> 숫자가 전체 아홉 자리이므로 함수식에서 물음표 기호(?)도 9개를 입력하세요.

함수식 설명

=TEXT(F17*H17,"?????????")

'F17*H17'을 구한 금액을 문자 형태로 변환하기 위해 표시하는 서식은 "?????????"입니다. 이때 ?는 숫자를 표시할 자릿수를 의미하는데, 전체 아홉 자리 중에서 오른쪽 끝에서부터 숫자를 채워넣습니다. 예를 들어 표시할 숫자가 '123456'이면 전체 아홉 자리에서 뒤쪽(오른쪽)부터 채우고 남은 자리는 공백으로 표시되어 'BBB123456'으로 표시됩니다. 이때 B는 공백을 의미합니다.

2 R17셀에서 수량과 단가를 곱한 금액을 확인했으면 R17셀의 자동 채우기 핸들을 R31셀까지 드래그해서 나머지 셀에도 함수식을 복사합니다.

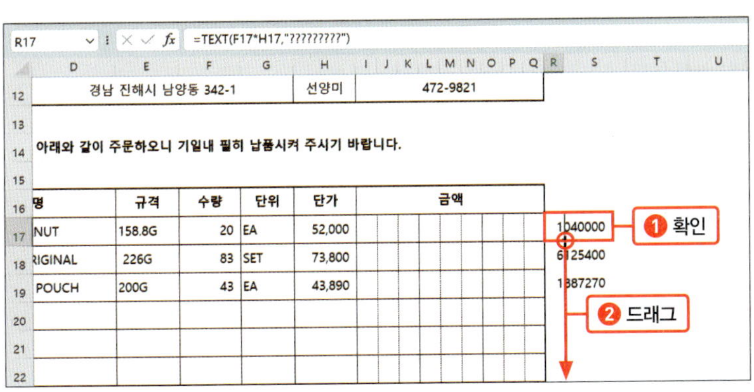

3 '금액' 항목에서 I열부터 Q열의 범위가 아홉 자리이므로 R17셀에 표시한 값을 왼쪽부터 하나씩 추출해서 각 자리에 표시해 볼게요. I17셀에 함수식 '=MID($R17,COLUMN()-8,1)'을 입력하고 Enter를 누르세요.

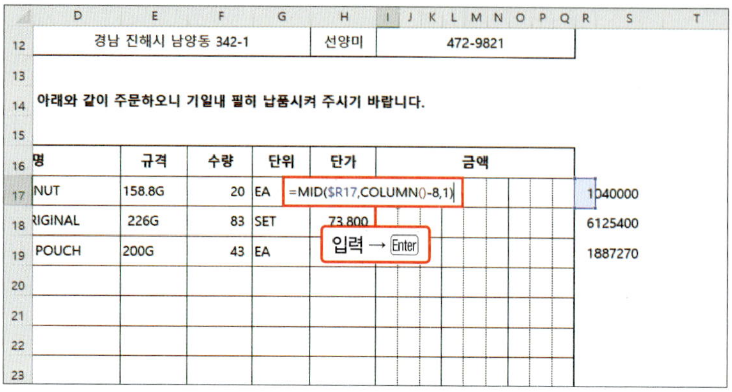

함수식 설명

$$\overset{❷}{\overline{=\text{MID(\$R17,}\underset{❶}{\underline{\text{COLUMN()-8}}}\text{,1)}}}$$

❶ COLUMN()-8

COLUMN 함수는 지정한 셀이 위치한 열 수를 알아볼 때 사용합니다. 예를 들어 '=COLUMN(D3)'을 지정했으면 D3셀이 워크시트에서 몇 번째 열에 위치하는지 구하므로 결괏값 '4'를 얻을 수 있습니다. '=COLUMN( )'과 같이 대상을 지정하지 않으면 현재 수식이 입력된 셀을 대상으로 값을 구합니다. 따라서 '=COLUMN( )-8'은 현재 함수식이 작성된 I17셀의 열 번호인 '9'를 얻을 수 있고 그 값에서 8을 뺀 결괏값 '1'을 얻습니다. 이 함수식을 오른쪽으로 복사하면 열 수가 하나씩 증가하면서 결괏값은 '2', '3', '4'로 바뀝니다.

❷ MID($R17,1,1)

R17셀의 값에서 첫 번째부터 1개를 가져온 결괏값을 표시합니다. 오른쪽으로 함수식을 복사하면 두 번째 인수에 지정한 COLUMN 값이 '2'로 또는 '3'으로 바뀌므로 두 번째부터 1개, 세 번째부터 1개와 같이 한 자리씩 가져와서 결괏값을 표시합니다.

4 I17셀의 자동 채우기 핸들을 Q17셀까지 드래그해서 함수식을 복사합니다.

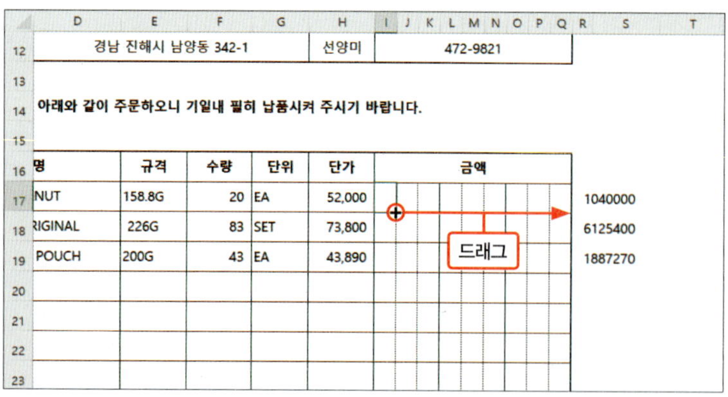

5 복사한 결괏값을 살펴보면 함수식뿐만 아니라 서식까지 함께 복사되어 테두리가 깔끔하지 않으므로 [자동 채우기 옵션] 단추(▣)를 클릭하고 [서식 없이 채우기]를 선택합니다.

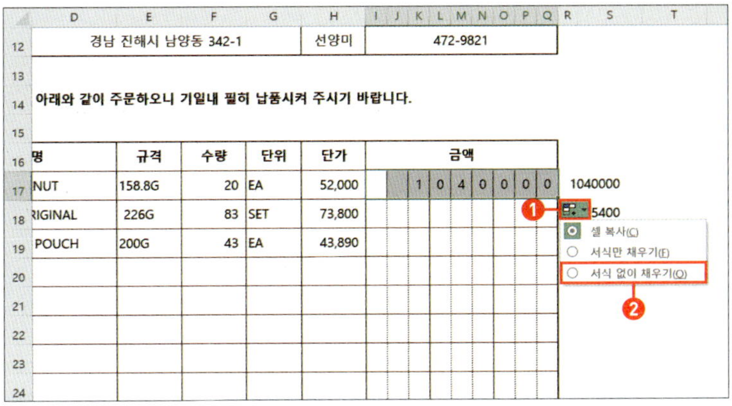

6 셀에 설정된 서식은 제외되고 함수식만 복사되었으면 Q17셀의 자동 채우기 핸들을 더블클릭합니다.

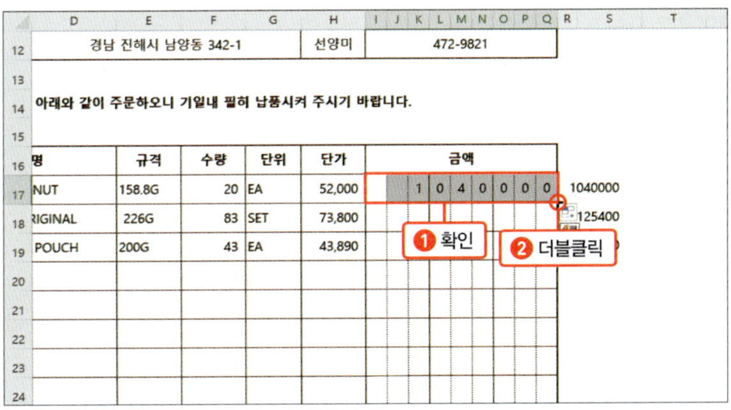

7 마지막 행까지 수식이 복사되었으면 [자동 채우기 옵션] 단추(▣)를 클릭하고 [서식 없이 채우기]를 선택합니다.

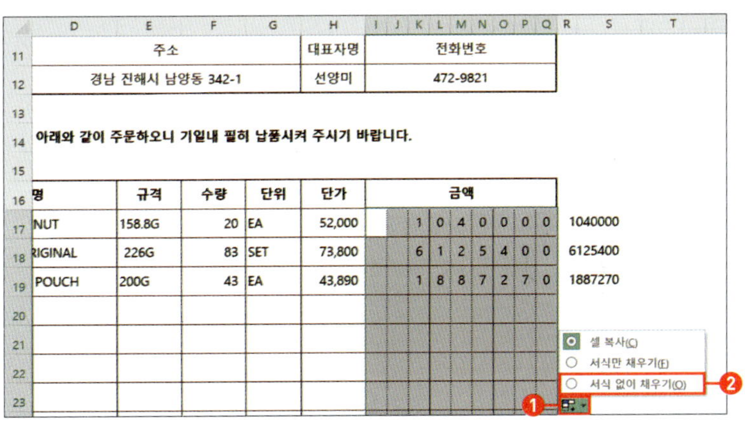

8 F17셀의 수량을 '5'로 수정하면 I17셀 값부터 Q17셀 값까지 숫자 자릿수의 위치에 맞게 금액이 재계산되어 변경됩니다.

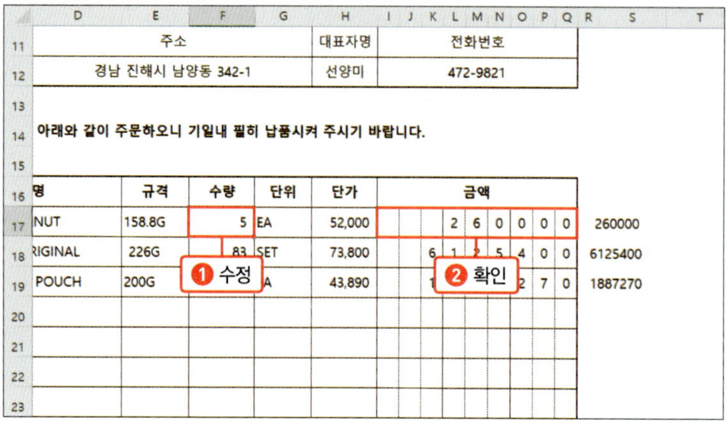

9 R열 머리글에서 마우스 오른쪽 단추를 클릭하고 [숨기기]를 선택하여 R열을 숨깁니다.

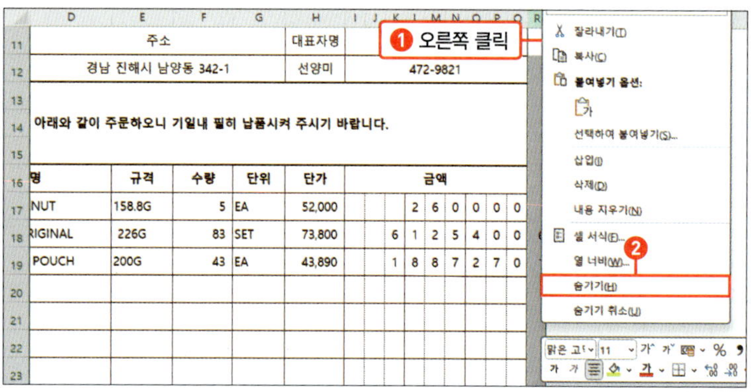

Tip

R열에 표시된 금액이 보이면 복잡해 보이므로 숨기는 것이 좋습니다.

10 F18셀의 '수량'은 '90'으로, H18셀의 '단가'는 '83800'으로 수정하고 I18셀부터 Q18셀에 자동으로 금액이 변경되었는지 확인합니다.

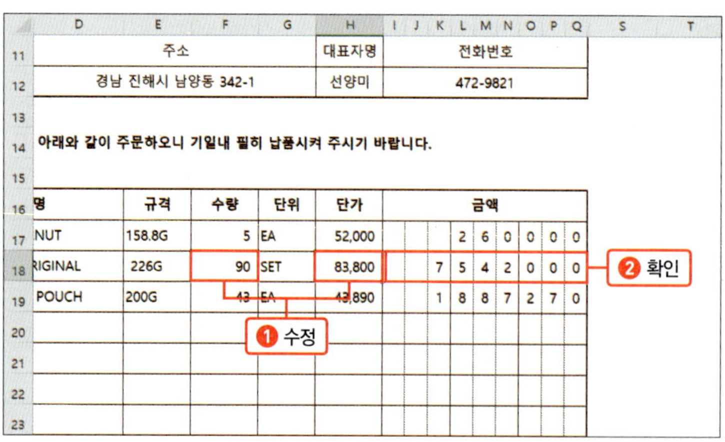

◉ **예제파일** : 출고일이주말이면월요일로변경(준비).xlsx ◉ **완성파일** : 출고일이주말이면월요일로변경(완성).xlsx

현장실무 08

출고일이 토/일요일이면 월요일로 변경하기 — WEEKDAY, IFS, SWITCH 함수

1 [Sheet1] 시트에서 출고일이 토요일이나 일요일이면 다음 날인 월요일을 출고일로 표기해 볼게요. B3셀에 '=W'를 입력하고 함수 목록이 표시되면 [WEEKDAY]를 더블클릭하세요.

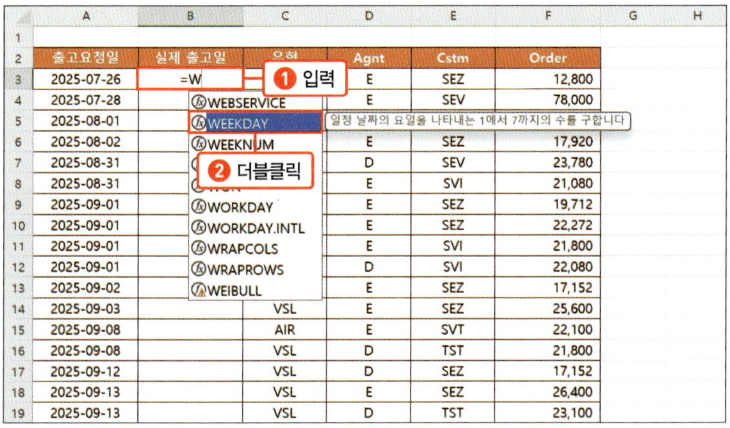

2 B3셀에 '=WEEKDAY('가 표시되면 이 상태에서 A3셀을 클릭하고 이어서 ','를 입력합니다. 숫자 인수 목록이 표시되면 두 번째 항목을 더블클릭하세요.

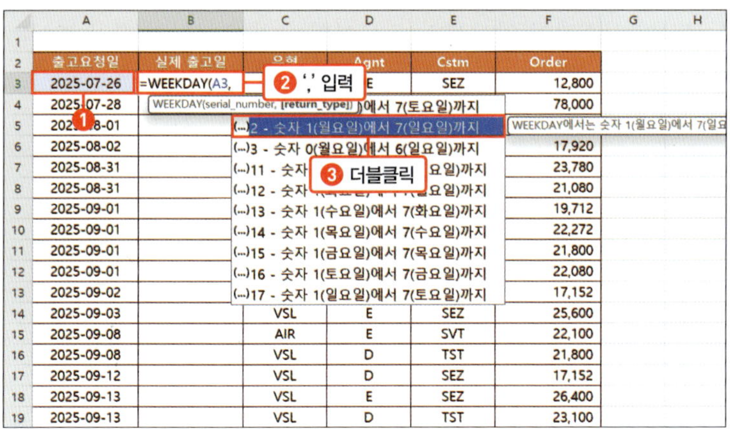

함수식 설명

=WEEKDAY(A3,2)

지정한 날짜(A3셀)의 요일에 해당하는 숫자를 표시합니다. 예를 들어, 두 번째 인수에 '1'을 지정하면 1~7 사이의 값이 표시되는데, 1이면 일요일을, 2이면 화요일을, 3이면 수요일과 같은 의미를 갖습니다. 이와 같이 두 번째 인수에 무엇을 지정하느냐에 따라 표시된 숫자의 의미가 달라집니다. 여기서는 두 번째 인수에 '2'를 지정했으므로 1이면 월요일을, 2이면 화요일을, …, 6이면 토요일을, 7이면 일요일을 의미합니다.

3 B3셀에 함수식 '=WEEKDAY(A3,2'가 완성되면 Enter를 눌러 실제 출고일을 계산합니다.

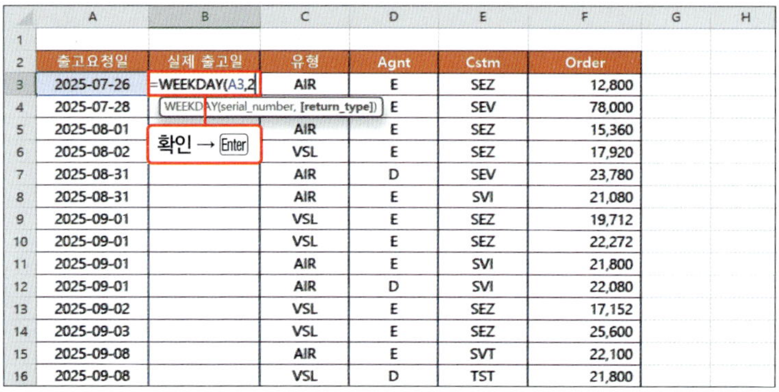

Tip

B3셀에 닫는 소괄호( ))를 입력하지 않은 상태에서 Enter를 눌러도 함수식 '=WEEKDAY(A3,2)'가 완성되면서 결괏값을 구할 수 있어요.

4 B3셀에 결괏값을 구했으면 B3셀의 자동 채우기 핸들을 더블클릭해서 나머지 셀에도 함수식을 복사합니다. 기존 셀에 날짜 서식이 설정되어 있어서 1~7 사이의 숫자가 아닌 날짜가 표시되므로 '실제 출고일' 항목을 선택한 상태에서 [홈] 탭-[표시 형식] 그룹-[표시 형식]을 클릭하고 [일반]을 선택하세요.

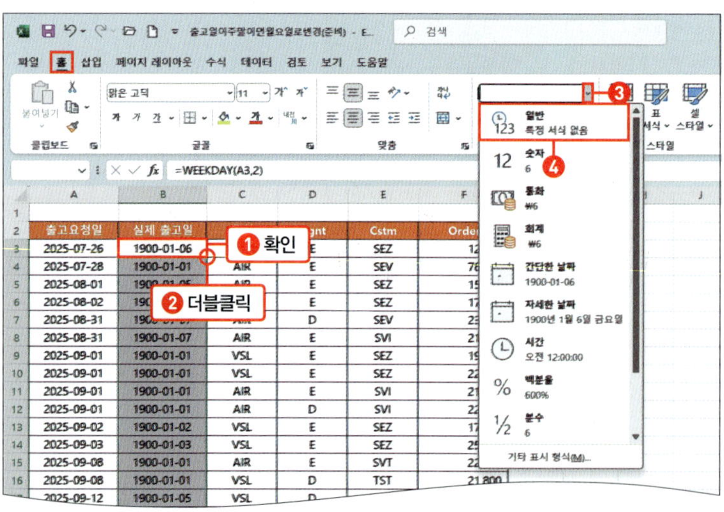

5 날짜였던 데이터가 숫자로 변경되었는데, 이 값이 6이면 토요일을, 7이면 일요일을 의미합니다. 출고 요청일이 토요일이면 2일을 더한 월요일로, 일요일이면 1일을 더한 월요일로 변경하기 위해 B3셀을 더블클릭하세요.

	A	B	C	D	E	F
1						
2	출고요청일	실제 출고일	유형	Agnt	Cstm	Order
3	2025-07-26	6			SEZ	12,800
4	2025-07-28	1	AIR	E	SEV	78,000
5	2025-08-01	5	AIR	E	SEZ	15,360
6	2025-08-02	6	VSL	E	SEZ	17,920
7	2025-08-31	7	AIR	D	SEV	23,780
8	2025-08-31	7	AIR	E	SVI	21,080
9	2025-09-01	1		E	SEZ	19,712
10	2025-09-01	1		E	SEZ	22,272
11	2025-09-01	1	AIR	E	SVI	21,800
12	2025-09-01	1	AIR	D	SVI	22,080
13	2025-09-02	2	VSL	E	SEZ	17,152
14	2025-09-03	3	VSL	E	SEZ	25,600
15	2025-09-08	1	AIR	E	SVT	22,100

6 B3셀에 함수식이 나타나면 '=IF(WEEKDAY(A3,2)=6,A3+2,IF(WEEKDAY(A3,2)=7,A3+1,A3))'으로 수정하고 Enter를 누릅니다.

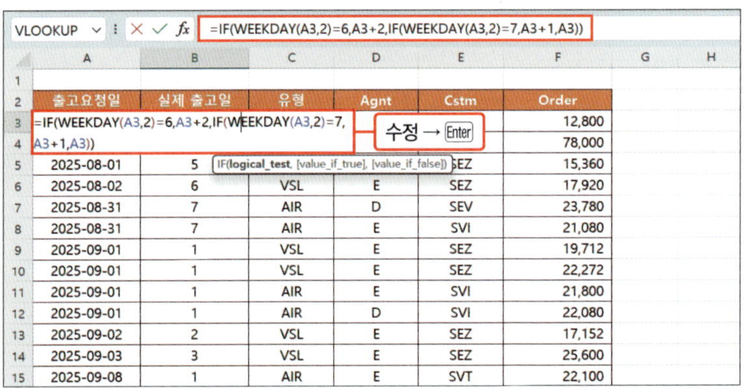

	A	B	C	D	E	F
1						
2	출고요청일	실제 출고일	유형	Agnt	Cstm	Order
3	=IF(WEEKDAY(A3,2)=6,A3+2,IF(WEEKDAY(A3,2)=7,					12,800
4	A3+1,A3))					78,000
5	2025-08-01	5			EZ	15,360
6	2025-08-02	6	VSL	E	SEZ	17,920
7	2025-08-31	7	AIR	D	SEV	23,780
8	2025-08-31	7	AIR	E	SVI	21,080
9	2025-09-01	1	VSL	E	SEZ	19,712
10	2025-09-01	1	VSL	E	SEZ	22,272
11	2025-09-01	1	AIR	E	SVI	21,800
12	2025-09-01	1	AIR	D	SVI	22,080
13	2025-09-02	2	VSL	E	SEZ	17,152
14	2025-09-03	3	VSL	E	SEZ	25,600
15	2025-09-08	1	AIR	E	SVT	22,100

함수식 설명

=IF(WEEKDAY(A3,2)=6,A3+2,IF(WEEKDAY(A3,2)=7,A3+1,A3))
❶ ❷ ❸

❶ WEEKDAY 함수를 실행한 결괏값이 '6'이면 2일을 더합니다.
❷ WEEKDAY 함수를 실행한 결괏값이 '7'이면 1일을 더합니다.
❸ 그 외의 나머지 값은 A3셀 값을 그대로 표시합니다.

A3셀의 날짜에 해당하는 요일을 확인해서 6이면 A3셀의 날짜에 2를, 7이면 A3셀의 날짜에 1을 더하고, 그 외의 다른 값일 때는 A3셀의 날짜를 그대로 사용하는 함수식입니다. 다음과 같은 함수식으로 수정해도 결괏값은 같습니다. SWITCH 함수와 IFS 함수는 엑셀 2019 버전에 새로 추가된 함수입니다.

=SWITCH(WEEKDAY(A3,2),6,A3+2,7,A3+1,A3)

=IFS(WEEKDAY(A3,2)=6,A3+2,WEEKDAY(A3,2)=7,A3+1,1,A3)

7 B3셀에 숫자가 나타나면 B3셀의 자동 채우기 핸들을 더블클릭해서 나머지 셀에도 함수식을 복사합니다. 이 숫자를 날짜 형식으로 표시하기 위해 '실제 출고일' 항목을 선택한 상태에서 [홈] 탭-[표시 형식] 그룹-[표시 형식]을 클릭하고 [간단한 날짜]를 선택하세요.

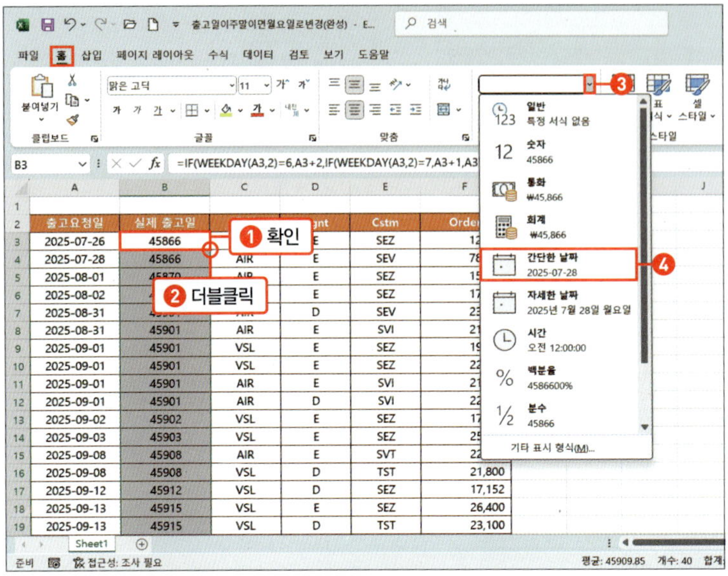

8 B열에 표시된 숫자가 해당하는 날짜로 변경되었으면 A열 머리글을 클릭해 A열 전체를 선택합니다. [홈] 탭-[표시 형식] 그룹-[표시 형식]을 클릭하고 [자세한 날짜]를 선택하세요.

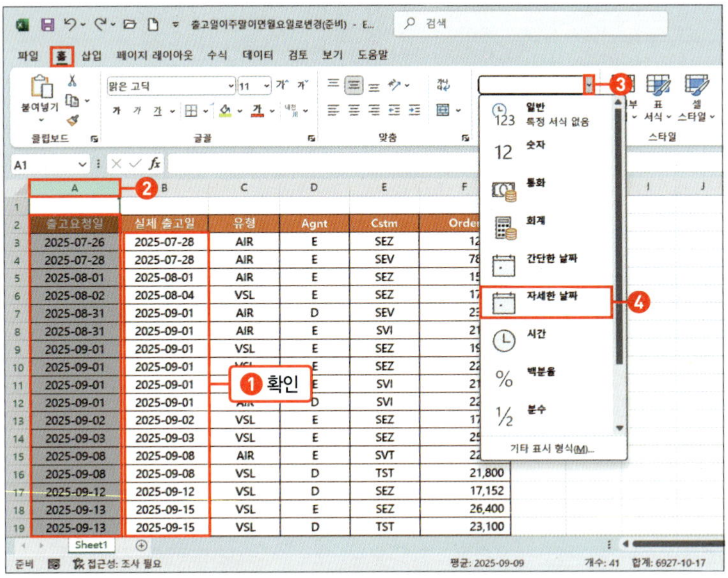

9 '출고요청일' 항목에 자세한 날짜가 표시되었지만, 셀 너비가 좁아서 '########'으로 표시되었으면 A열 머리글과 B열 머리글 사이의 경계선에 마우스 포인터를 올려놓고 ✛ 모양으로 변경된 상태에서 더블클릭합니다.

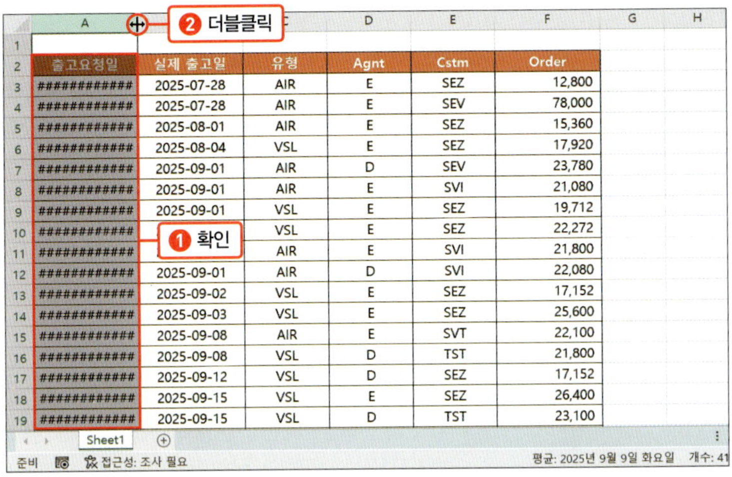

	A	B	C	D	E	F
2	출고요청일	실제 출고일	유형	Agnt	Cstm	Order
3	############	2025-07-28	AIR	E	SEZ	12,800
4	############	2025-07-28	AIR	E	SEV	78,000
5	############	2025-08-01	AIR	E	SEZ	15,360
6	############	2025-08-04	VSL	E	SEZ	17,920
7	############	2025-09-01	AIR	D	SEV	23,780
8	############	2025-09-01	AIR	E	SVI	21,080
9	############	2025-09-01	VSL	E	SEZ	19,712
10	############		VSL	E	SEZ	22,272
11	############		AIR	E	SVI	21,800
12	############	2025-09-01	AIR	D	SVI	22,080
13	############	2025-09-02	VSL	E	SEZ	17,152
14	############	2025-09-03	VSL	E	SEZ	25,600
15	############	2025-09-08	AIR	E	SVT	22,100
16	############	2025-09-08	VSL	D	TST	21,800
17	############	2025-09-12	VSL	D	SEZ	17,152
18	############	2025-09-15	VSL	E	SEZ	26,400
19	############	2025-09-15	VSL	D	TST	23,100

10 셀 너비가 넓게 조정되면서 A열의 '출고요청일' 항목에 요일까지 함께 표시되었으면 출고 요청일이 '토요일'이나 '일요일'인 날짜가 '실제 출고일' 항목에서는 '월요일'에 해당하는 날짜로 바뀌었는지 확인하세요.

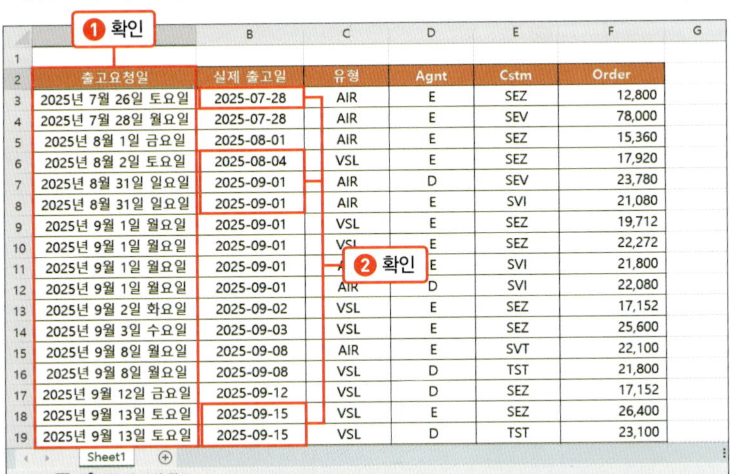

	A	B	C	D	E	F
2	출고요청일	실제 출고일	유형	Agnt	Cstm	Order
3	2025년 7월 26일 토요일	2025-07-28	AIR	E	SEZ	12,800
4	2025년 7월 28일 월요일	2025-07-28	AIR	E	SEV	78,000
5	2025년 8월 1일 금요일	2025-08-01	AIR	E	SEZ	15,360
6	2025년 8월 2일 토요일	2025-08-04	VSL	E	SEZ	17,920
7	2025년 8월 31일 일요일	2025-09-01	AIR	D	SEV	23,780
8	2025년 8월 31일 일요일	2025-09-01	AIR	E	SVI	21,080
9	2025년 9월 1일 월요일	2025-09-01	VSL	E	SEZ	19,712
10	2025년 9월 1일 월요일	2025-09-01	VSL	E	SEZ	22,272
11	2025년 9월 1일 월요일	2025-09-01	A	E	SVI	21,800
12	2025년 9월 1일 월요일	2025-09-01	AIR	D	SVI	22,080
13	2025년 9월 2일 화요일	2025-09-02	VSL	E	SEZ	17,152
14	2025년 9월 3일 수요일	2025-09-03	VSL	E	SEZ	25,600
15	2025년 9월 8일 월요일	2025-09-08	AIR	E	SVT	22,100
16	2025년 9월 8일 월요일	2025-09-08	VSL	D	TST	21,800
17	2025년 9월 12일 금요일	2025-09-12	VSL	D	SEZ	17,152
18	2025년 9월 13일 토요일	2025-09-15	VSL	E	SEZ	26,400
19	2025년 9월 13일 토요일	2025-09-15	VSL	D	TST	23,100

Tip

A3셀의 경우 출고 요청일은 '2025년 7월 26일 토요일'이지만, B3셀의 실제 출고일은 '2022-07-28'인 '월요일'로 바뀐 것을 알 수 있습니다.

◉ **예제파일** : 등급별가장최근에주문한고객찾기(준비).xlsx ◉ **완성파일** : 등급별가장최근에주문한고객찾기(완성).xlsx

AI 실무 프로젝트 07 선택한 등급 중 가장 최근에 주문한 내역 알아내기 – 제미나이(Gemini)

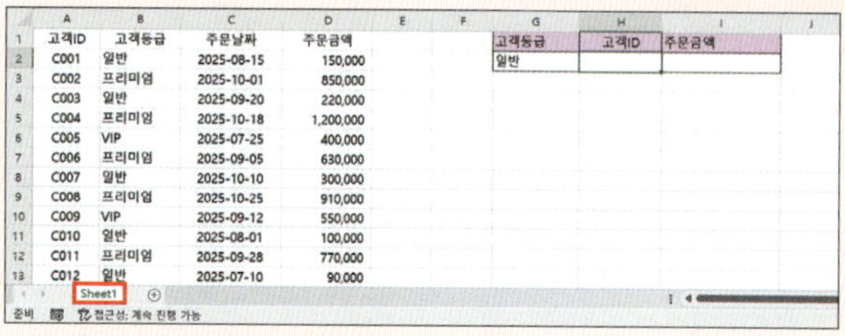

1 제미나이를 이용해 [Sheet1] 시트에서 B열 고객 등급이 '프리미엄'인 데이터만 모아서 F열에 표시해 볼게요.

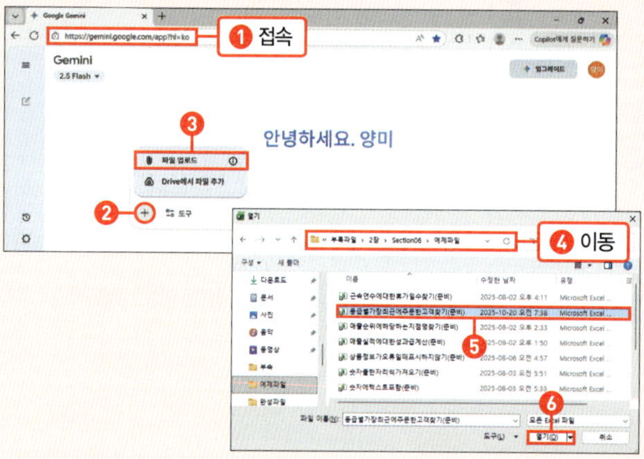

2 제미나이 사이트(gemini.google.com)에 접속해 로그인하고 채팅 창에서 ⊕ 단추를 클릭한 후 [파일 업로드]를 선택합니다. [열기] 대화상자가 열리면 '등급별가장최근에주문한고객찾기(준비).xlsx'를 선택하고 [열기]를 클릭합니다.

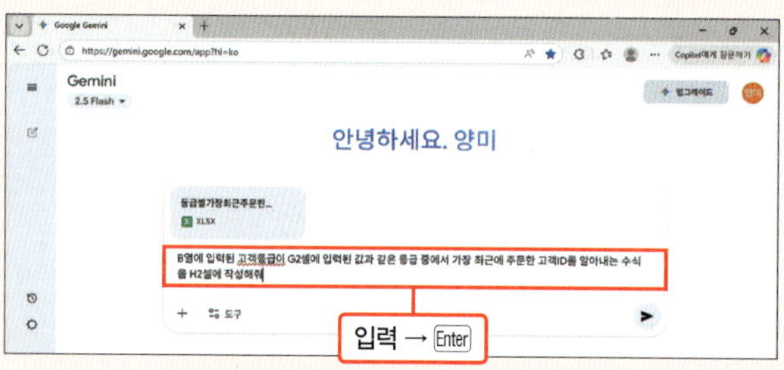

3 채팅 창에 선택한 파일이 업로드되었으면 다음과 같이 질문을 입력하고 Enter를 누릅니다.

> B열에 입력된 고객등급이 G2셀에 입력된 값과 같은 등급 중에서 가장 최근에 주문한 고객ID를 알아내는 수식을 H2셀에 작성해줘

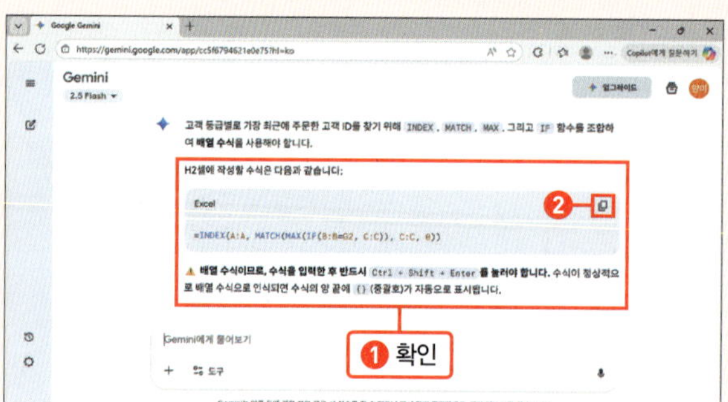

4 답변 내용으로 표시한 수식을 보면 배열 수식이 작성되어 있고 배열 수식은 입력한 후 반드시 Ctrl+Shift+Enter를 눌러서 완성해야 한다고 표시되어 있습니다. 수식이 표시된 창에서 수식을 드래그하여 선택한 후 복사하거나 [코드 복사] 아이콘(⧉)을 클릭합니다.

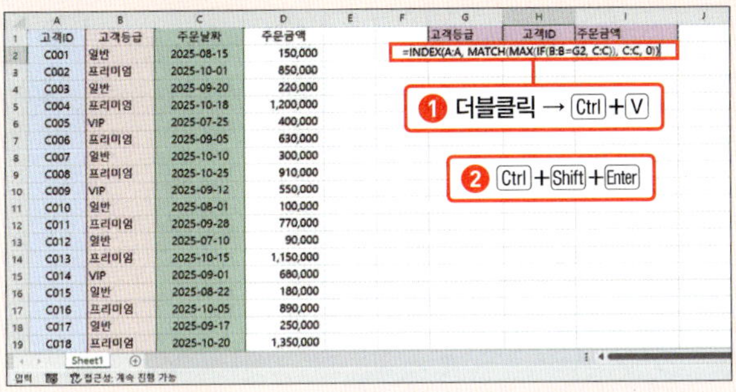

5 엑셀 창으로 되돌아와서 H2셀을 더블클릭해 커서를 올려놓고 Ctrl+V를 눌러 함수식을 붙여넣은 후 Ctrl+Shift+Enter를 눌러 함수식을 완성합니다.

> 엑셀 2021 버전부터는 Ctrl+Shift+Enter를 누르지 않고 Enter만 눌러도 배열 수식이 작동합니다. 하지만 엑셀 2021 이전 버전에서는 반드시 Ctrl+Shift+Enter를 눌러 수식을 완성해야 결괏값을 얻을 수 있어요.

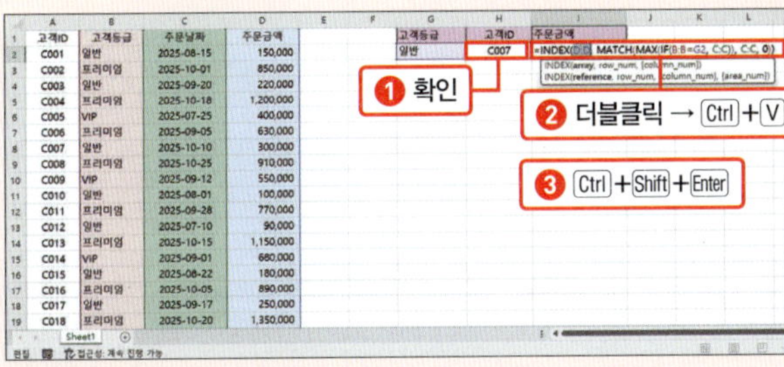

6 H2셀에 일반 등급 중에서 가장 최근에 주문한 고객 ID가 표시되었지 확인합니다. I2셀을 더블클릭해 커서를 올려놓고 Ctrl+V를 눌러 함수식을 붙여넣은 후 다음과 같이 수정하고 Ctrl+Shift+Enter를 눌러 완성합니다.

함수식 설명

=INDEX(A:A, MATCH(MAX(IF(B:B=G2, C:C)), C:C, 0)) → =INDEX(D:D, MATCH(MAX(IF(B:B=G2, C:C)), C:C, 0))

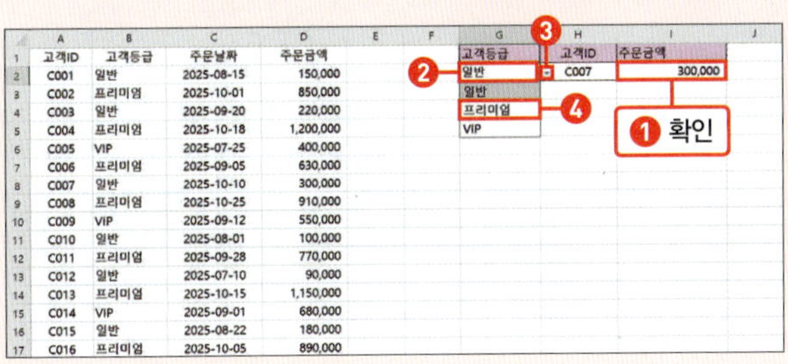

7 I2셀에 일반 등급 고객 중에 가장 최근에 주문한 실제 금액이 얼마인지 표시되었으면 G2셀을 클릭하고 목록 단추(▾)를 클릭한 후 [프리미엄]을 선택합니다.

> F1셀에 입력된 함수식의 조건값이 '프리미엄' 대신 '일반'이나 'VIP'로 변경되면 해당 조건의 데이터로 다시 필터링되어 표시됩니다.

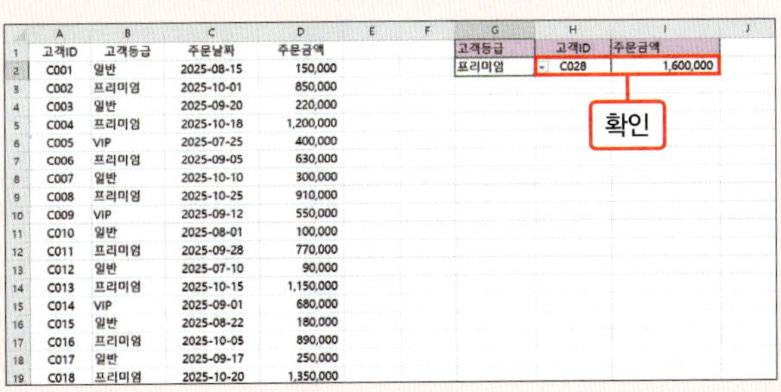

8 H2셀과 I2셀 값이 '프리미엄' 등급에 해당하는 고객 ID와 주문 금액으로 바뀌었는지 확인합니다.

많은 양의 데이터가 쌓이면 다양한 형태의 분석 자료를 만들 수 있으므로 그것만으로도 엄청난 재산이 됩니다. 이번 장에서는 데이터 분석을 위한 필터와 부분합, 피벗 테이블, 파워 쿼리 등을 활용하는 방법에 대해 알아보겠습니다.

CHAPTER 03

정확하고 효율적인 분석 데이터 작성하기

SECTION

07

데이터를 분석해 미래값 예측하기

미래를 예측하려면 그동안 지나온 과정을 알 수 있는 데이터가 필요한데, 데이터를 잘 분석해 보면 발생할 가능성이 있는 변수까지 앞으로 어떻게 진행될 것인지 예측할 수 있습니다. 이러한 데이터는 비슷한 흐름과 주기로 일이 처리되므로 적절한 시점에서 반영할 수 있으면 훌륭한 예측 자료를 만들 수 있습니다. 이번 섹션에서는 많은 양의 정보를 분석하기 위해 사용할 수 있는 데이터베이스 관리 기능에 대해 살펴보겠습니다.

◉ **예제파일** : 작업데이터정리(준비).xlsx ◉ **완성파일** : 작업데이터정리(완성).xlsx

현장실무 01 작업하기 좋은 데이터로 정리하기

1 [Sheet1] 시트에서 C6:E12 범위를 드래그해 선택하면 D5:F5 범위가 셀 병합되어 있어서 정확하게 선택할 수 없습니다. A5:A6, B5:B6, C5:C6 범위도 셀 병합되어 있어서 5행만 또는 6행만 범위를 선택할 수 없으므로 셀을 병합하지 않고 제목을 2행이 아닌 1행으로 작성해야 합니다.

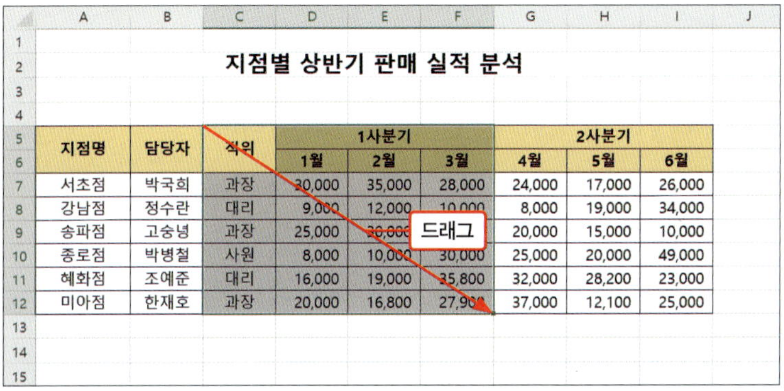

2 A5:C6 범위를 선택하고 [홈] 탭-[맞춤] 그룹-[병합하고 가운데 맞춤]을 클릭해 기존에 설정된 셀 병합을 해제합니다.

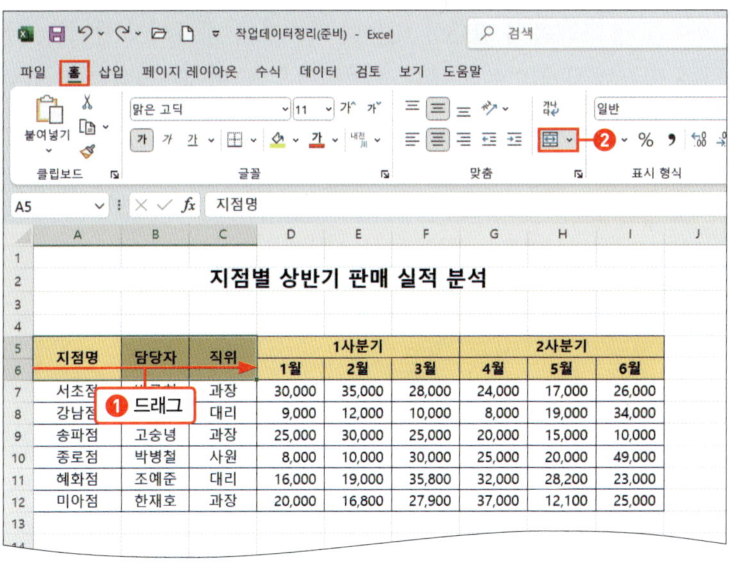

3 제목은 데이터의 바로 위쪽 행에 있어야 범위를 선택할 때 편리하므로 A5:C5 범위를 선택하고 Ctrl+C를 눌러 복사합니다. A6셀에서 마우스 오른쪽 단추를 클릭하고 '붙여넣기 옵션'에서 [값]( )을 클릭합니다.

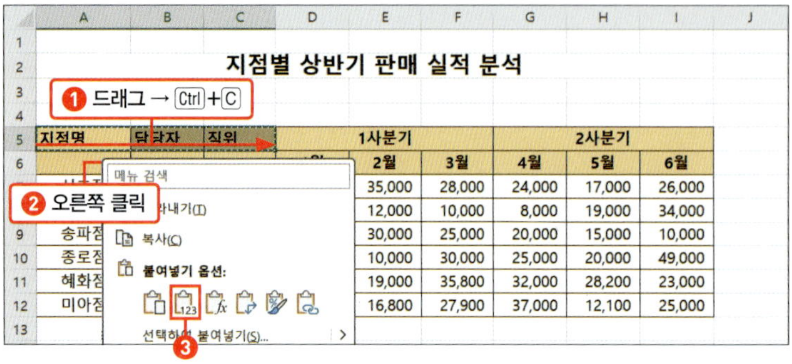

Tip

Ctrl+V를 눌러 붙여넣으면 테두리 등의 서식이 함께 복사되어 수정하기 불편하므로 입력된 값만 붙여넣습니다.

4 A5:C5 범위를 선택하고 Delete를 눌러 기존에 입력되었던 제목을 삭제합니다.

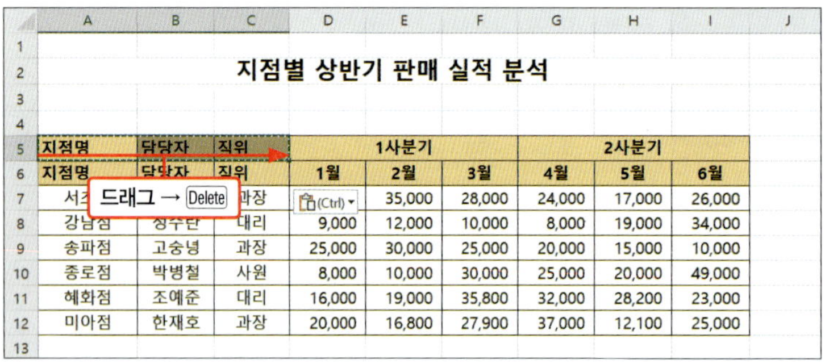

5 제목이 여러 행으로 구성되었으면 맨 아래쪽에 필요한 내용의 텍스트를 배치해야 합니다. 여기서는 5~6행이 제목이므로 6행에 필요한 내용으로 제목을 구성했어요. 이번에는 6행 머리글에서 마우스 오른쪽 단추를 클릭하고 [삽입]을 선택하세요.

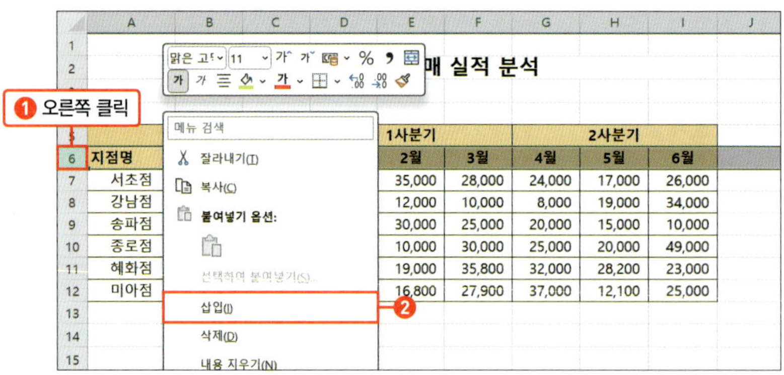

6 제목 행을 한 행만 인식하도록 제목 행과 제목 행 사이에 빈 행을 삽입했지만, 화면에 보이지 않게 숨겨볼게요. 6행 머리글에서 마우스 오른쪽 단추를 클릭하고 [숨기기]를 선택하세요.

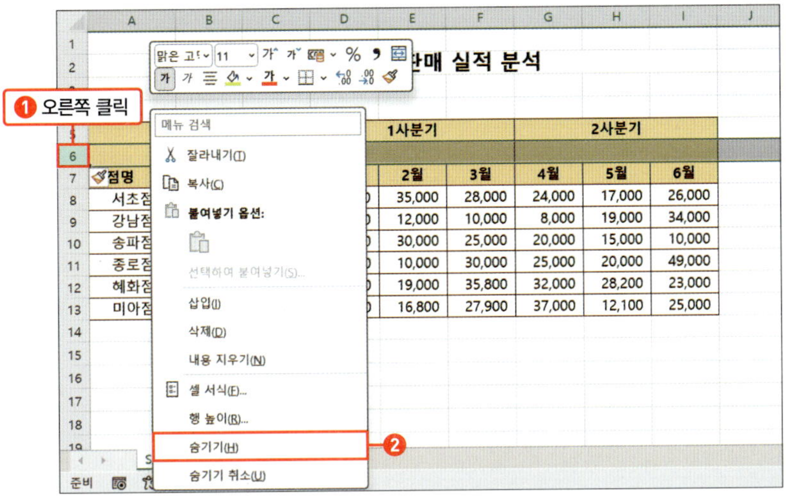

7 데이터 영역에 있는 하나의 셀을 클릭하고 Ctrl+A를 누르면 연속해서 데이터가 입력된 7행부터 범위가 선택되는데, 이것은 6행에 삽입하고 숨겨둔 빈 행이 있어서 연속된 데이터가 구분되기 때문입니다. 이와 같이 데이터 메뉴를 사용하거나 차트 데이터를 지정할 때 자동으로 제목이 한 행만 선택되므로 편리하게 작업할 수 있습니다.

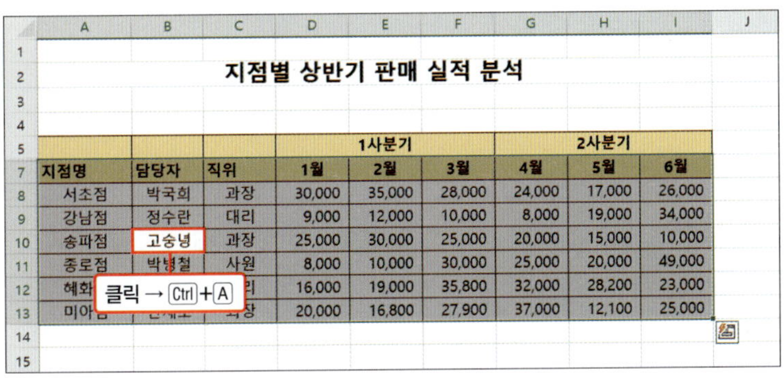

◉ **예제파일** : 원하는순서대로정렬(준비).xlsx ◉ **완성파일** : 원하는순서대로정렬(완성).xlsx

필수기능 **02**

원하는 순서대로 지역 데이터 정렬하기 — 정렬

1 [발주내역] 시트에서 전체 데이터 중 J열의 박스 수가 큰 값부터 정렬해 볼게요. J열의 '박스 수' 항목에 있는 하나의 셀을 클릭하고 [데이터] 탭-[정렬 및 필터] 그룹-[숫자 내림차순 정렬]을 클릭하세요.

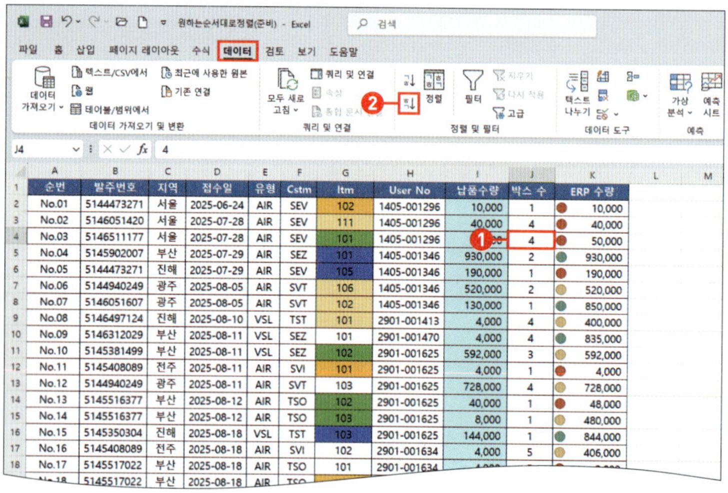

> **Tip**
> 정렬할 때 범위를 따로 지정하지 않고 곧바로 명령을 선택하면 현재 셀 포인터가 위치한 셀을 기준으로 데이터가 입력된 전체 범위가 자동으로 설정되면서 정렬됩니다. 하지만 워크시트에 입력된 데이터의 중간에 빈 행이나 빈 열이 있으면 정렬할 대상 범위를 직접 선택한 후 정렬해야 합니다.

2 '박스 수' 항목의 숫자 데이터가 큰 값부터 작은 값 순으로 정렬되었으면 지역을 원하는 순서대로 정렬해 볼게요. C열의 '지역' 항목에 있는 하나의 셀을 클릭하고 [데이터] 탭-[정렬 및 필터] 그룹-[텍스트 오름차순 정렬]을 클릭합니다.

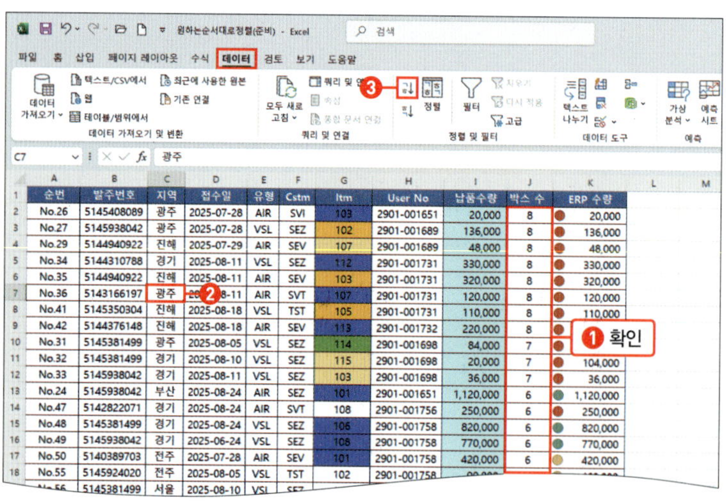

3 '지역' 항목의 지역명이 가나다 순으로 정렬되었습니다. 이것을 '서울', '부산', '경기', '광주', '진해', '전주' 순으로 정렬하기 위해 [데이터] 탭-[정렬 및 필터] 그룹-[정렬]을 클릭하세요.

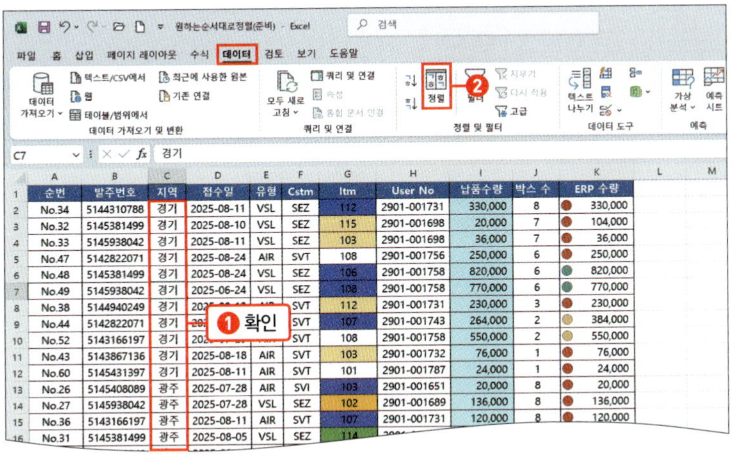

Tip
문자 데이터를 대상으로 텍스트 오름차순 정렬 또는 텍스트 내림차순 정렬을 이용하면 무조건 가나다순 또는 역순으로만 정렬됩니다. 사용자가 원하는 순서대로 마음대로 지정하려면 [사용자 지정 목록] 대화상자에서 정렬 방식을 직접 지정해야 합니다.

4 [정렬] 대화상자가 열리면 '세로 막대형'의 '정렬 기준'에서 [지역], [셀 값]이 지정된 것을 확인하고 '정렬'에서 [사용자 지정 목록]을 선택합니다.

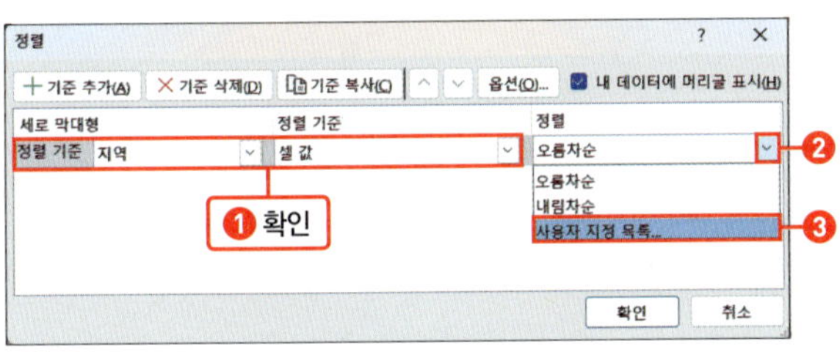

5 [사용자 지정 목록] 대화상자가 열리면 '목록 항목'에 '서울'을 입력하고 Enter를 누릅니다. 이와 같은 방법으로 '부산' Enter, '경기' Enter, '광주' Enter, '진해' Enter, '전주'를 입력하고 [추가]를 클릭해서 '사용자 지정 목록'에 추가한 후 [확인]을 클릭하세요.

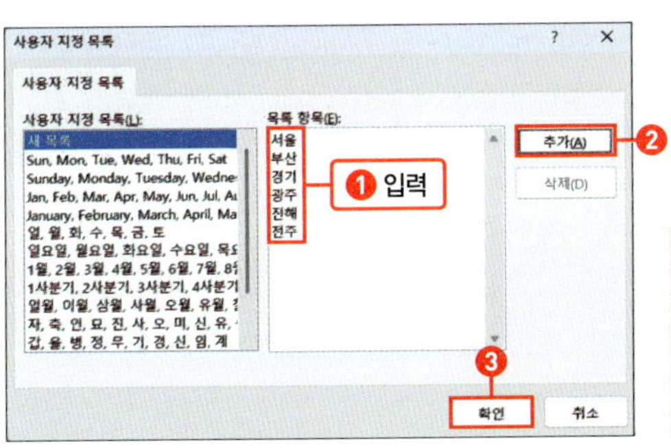

Tip
새로운 목록을 추가할 때는 항목과 항목 사이에서 Enter를 누르거나 쉼표(,)를 입력해서 구분합니다. '사용자 지정 목록'에 이미 [서울, 부산, 경기, 광주, 진해, 전주]가 있으면 새로 입력할 필요 없이 이 목록을 선택하고 [확인]을 클릭하세요.

6 [정렬] 대화상자로 되돌아오면 '정렬'에 지정된 순서를 확인하고 [확인]을 클릭합니다.

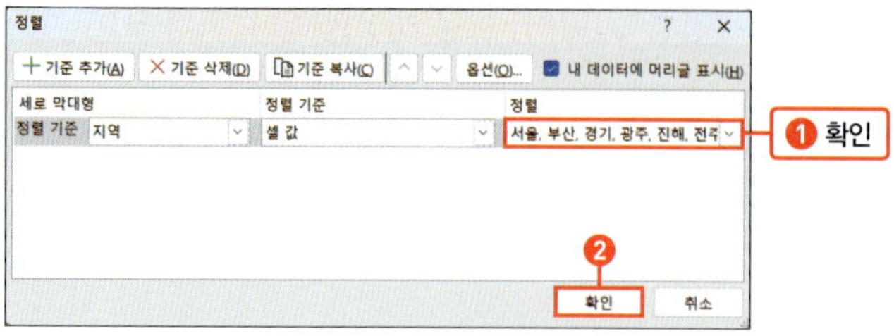

7 '지역' 항목에 '서울', '부산', '경기', '광주', '진해', '전주' 순으로 데이터가 정렬되었는지 확인합니다.

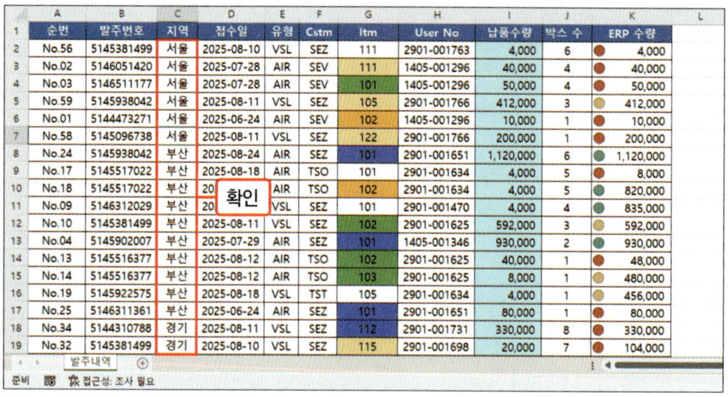

잠깐만요 :: 셀에 지정한 아이콘 모양 순으로 정렬하기

특정 열에 여러 종류의 글자 색이나 배경색을 지정했거나 조건부 서식으로 지정한 셀 아이콘이 있으면 색상 순으로 정렬하거나 아이콘 모양 순으로 정렬할 수 있습니다. [정렬] 대화상자의 '정렬 기준'에서 [셀 색]이나 [글꼴 색], [조건부 서식 아이콘]과 같이 원하는 종류를 선택하고 '정렬'의 목록 단추(▾)를 클릭하면 셀에 지정된 색상이나 아이콘 종류가 표시됩니다.

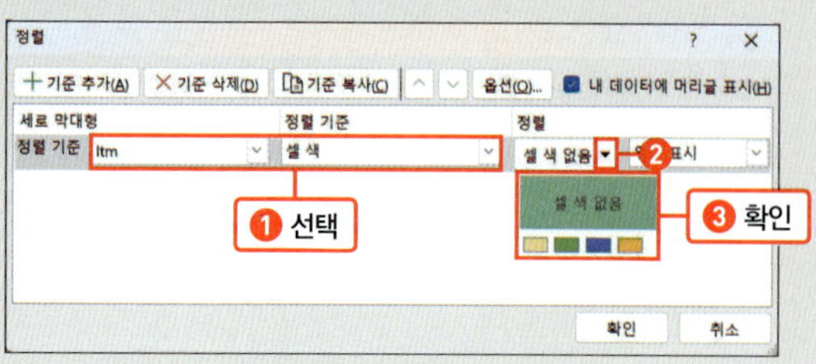

◉ **예제파일** : 조건에만족하는데이터추출(준비).xlsx ◉ **완성파일** : 조건에만족하는데이터추출(완성).xlsx

필수기능 03

특정 조건에 만족하는 데이터만 추출하기 – 자동 필터

1 많은 양의 데이터 중에서 원하는 조건에 만족하는 데이터만 추출할 때 자동 필터 기능으로 손쉽게 해결할 수 있습니다. [발주내역] 시트에서 '광주'와 '부산' 지역에 'Item' 항목의 값이 '101'인 데이터만 추출해 볼게요. 데이터 영역에 있는 하나의 셀을 클릭하고 [데이터] 탭-[정렬 및 필터] 그룹-[필터]를 클릭하세요.

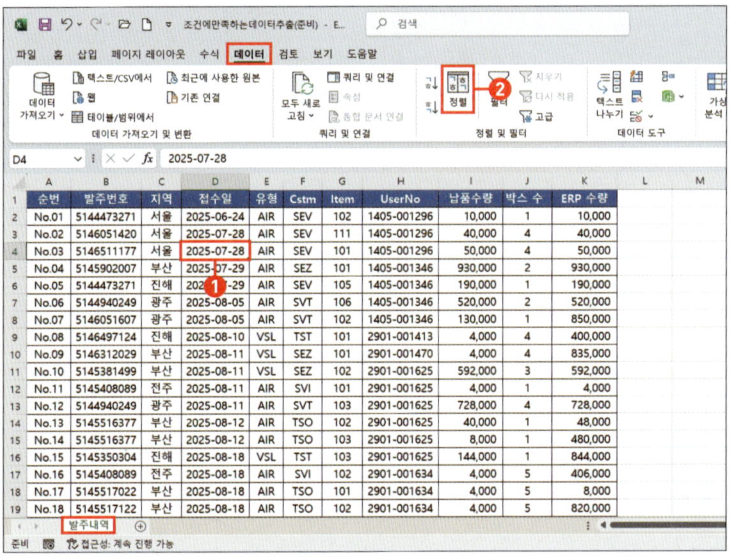

2 데이터의 첫 행인 필드 제목마다 필터 단추(▾)가 표시되면 '지역' 필드의 필터 단추(▾)를 클릭하고 [(모두 선택)]의 체크 표시를 해제합니다. [광주]와 [부산]에만 체크 표시하고 [확인]을 클릭하세요.

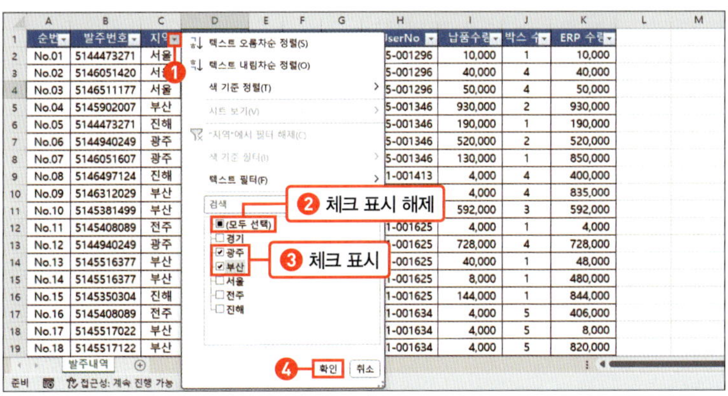

3 필터 조건이 설정된 '지역' 필드(항목)의 필터 단추(⏷)가 ⏷ 모양으로 바뀌고 왼쪽의 행 번호가 파란색으로 변경되면서 지정한 조건에 만족하는 데이터만 표시되고 나머지 행은 숨겨졌습니다. 새로운 조건을 추가하기 위해 'Item' 필드의 필터 단추(⏷)를 클릭하고 [(모두 선택)]의 체크 표시를 해제한 후 [101]에만 체크 표시하고 [확인]을 클릭하세요.

Tip
자동 필터가 실행중이면 전체 레코드 중에서 몇 개의 레코드가 필터링되었는지 상태 표시줄에 표시됩니다.

4 이전 단계에서 지정한 '부산'과 '광주' 지역 중에서 'Item' 필드가 '101'인 데이터만 다시 필터링되었습니다. 이와 같이 여러 개의 필드에 조건을 지정하면 필드와 필드 사이에는 AND 조건이 성립되면서 지정한 조건에 모두 만족하는 데이터만 추출됩니다.

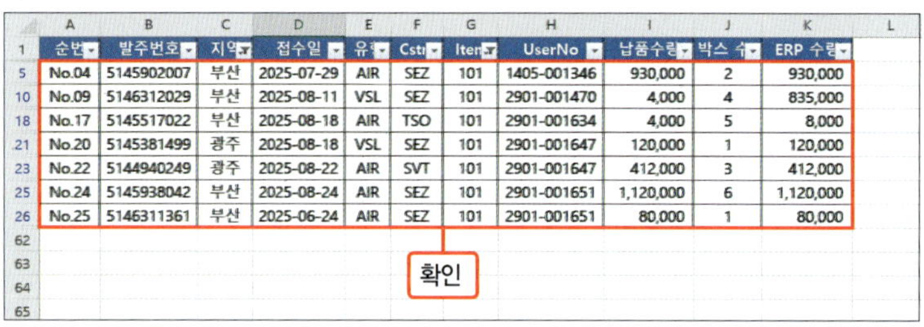

Tip
필터링한 데이터만 이용해서 합계, 평균, 개수 등의 함수를 적용하려면 SUBTOTAL 함수를 이용합니다. 일반적인 SUM 함수, AVERAGE 함수, COUNT 함수 등은 숨겨진 행도 포함되어 계산되므로 필터와 연계해서 사용할 수 없기 때문입니다.

5 여러 개의 필터링된 필드 중에서 원하는 하나의 조건만 필터링을 해제해 볼게요. 'Item' 필드의 필터 단추(⏷)를 클릭하고 ["Item에서 필터 해제"]를 선택하세요.

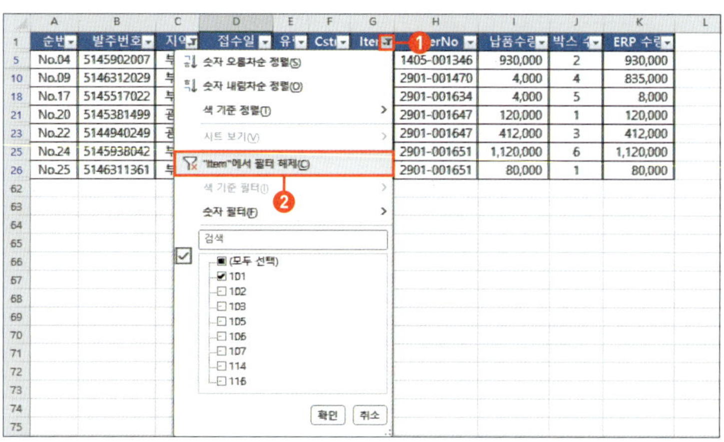

Tip
자동 필터를 이용하면 '부산'과 '광주' 지역 중에서 'item' 필드가 '101'인 데이터를 추출하는 것처럼 2개의 필드에 지정한 조건을 모두 만족하는(AND 조건) 데이터를 추출합니다. 하지만 두 가지 조건 중에서 하나만 만족해도(OR 조건) 추출하고 싶을 때 자동 필터로 처리할 수 없으므로 고급 필터를 이용해야 합니다.

6 'Item' 필드에 지정한 조건만 해제되었으면 [데이터] 탭-[정렬 및 필터] 그룹-[필터]를 클릭하세요.

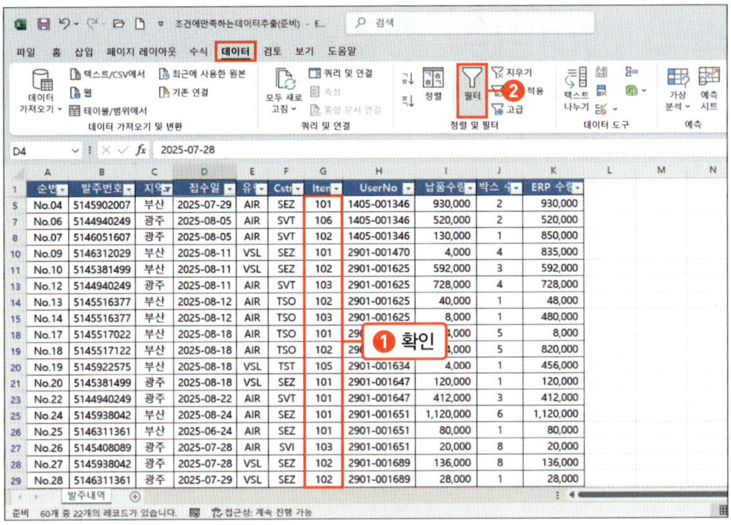

7 지정한 모든 조건을 해제하고 'Item' 필드의 자동 필터가 제거되었습니다.

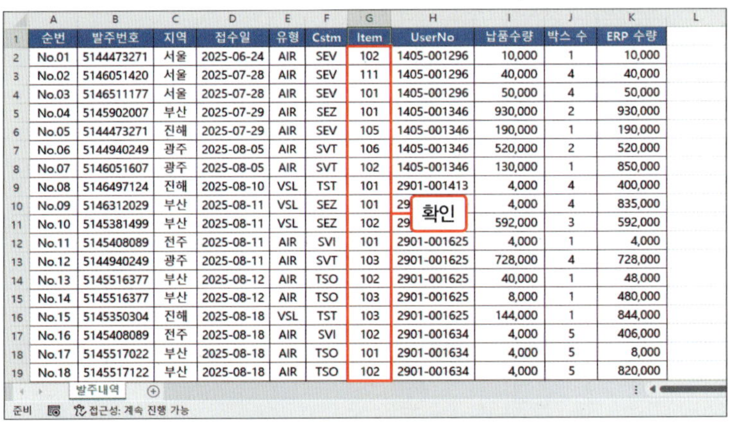

잠깐만요 :: 셀 색상이나 아이콘 모양으로 데이터 필터링하기

특정 열에 여러 종류의 배경색을 지정했거나 조건부 서식으로 지정한 셀 아이콘이 있으면 원하는 색상이나 아이콘 모양을 지정한 레코드만 필터링할 수 있습니다. 해당 필드의 필터 단추(▾)를 클릭하고 [색 기준 필터]를 선택하면 필드에 지정된 색상이나 아이콘 모양이 표시됩니다.

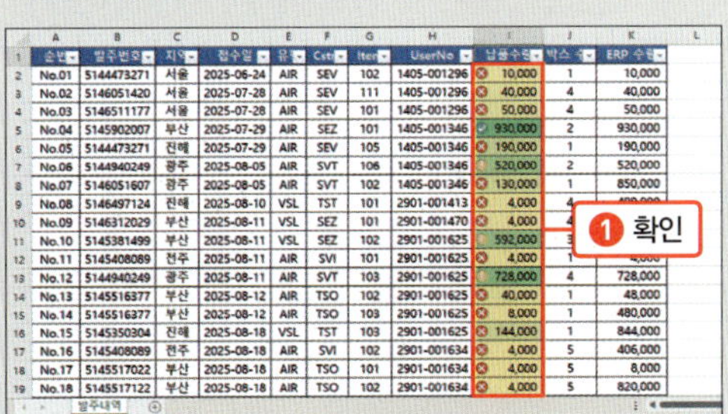

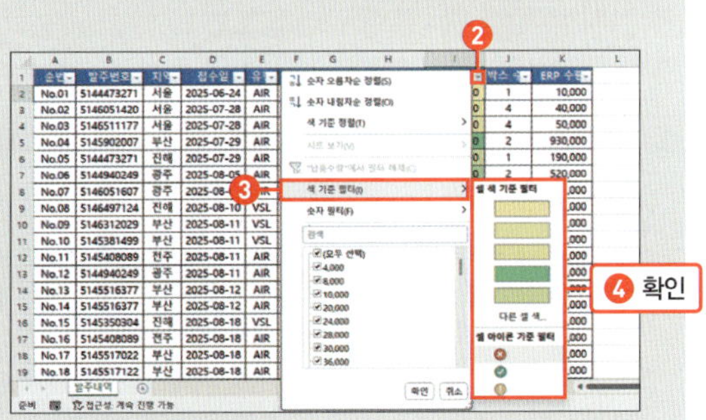

◉ **예제파일** : 세부조건지정한필터(준비).xlsx ◉ **완성파일** : 세부조건지정한필터(완성).xlsx

현장실무 04

특정 문자로 시작하거나 10월에 접수된 데이터만 추출하기 – 자동 필터

1 자동 필터가 적용된 데이터에는 다양한 조건을 설정할 수 있는데, 데이터가 문자인지, 숫자인지, 날짜인지에 따라 설정할 조건이 다르게 나타납니다. [발주내역] 시트에서 'UserNo' 필드의 값이 'SP'로 시작하는 값만 추출하기 위해 데이터 영역에 있는 하나의 셀을 클릭하고 [데이터] 탭-[정렬 및 필터] 그룹-[필터]를 클릭하세요.

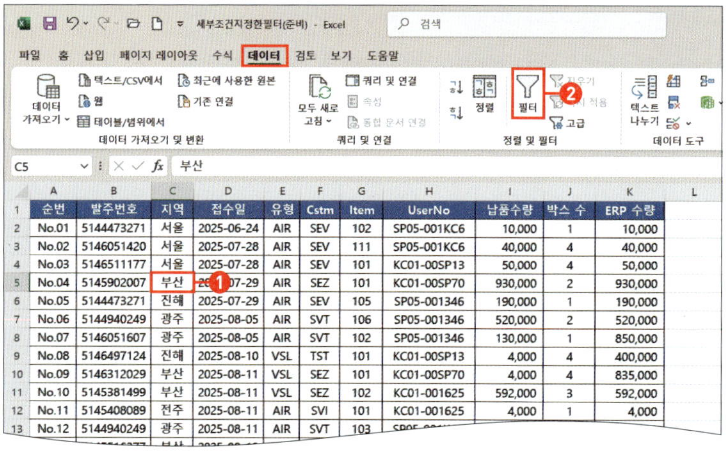

2 'UserNo' 필드의 필터 단추(▾)를 클릭하고 [텍스트 필터]-[시작 문자]를 선택합니다.

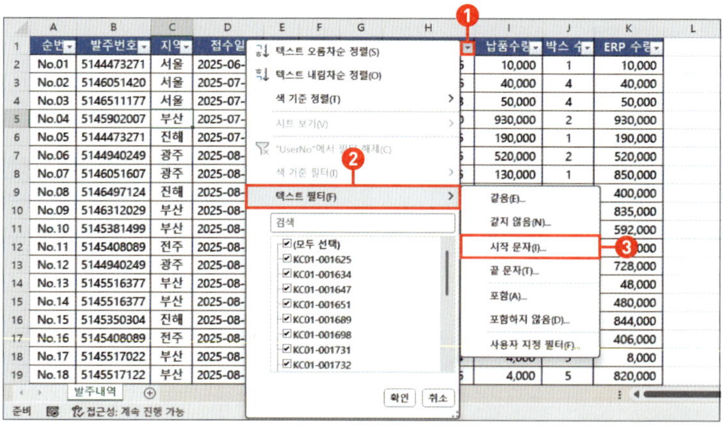

Tip

선택한 'UserNo' 필드의 값이 문자 데이터여서 [텍스트 필터]가 표시되고 문자 데이터에 설정할 수 있는 조건이 나타난 것입니다. [시작 문자]를 선택하면 문자열의 앞부분이 같은 데이터를 추출할 수 있습니다. '1625'로 끝나는 데이터를 추출하려면 [끝 문자]를, '1625'가 있는 데이터를 추출하려면 [포함]을 선택합니다.

3 [사용자 지정 자동 필터] 대화상자가 열리면 '찾을 조건'에 [시작 문자]가 선택되어 있는지 확인하고 'SP'를 입력한 후 [확인]을 클릭합니다.

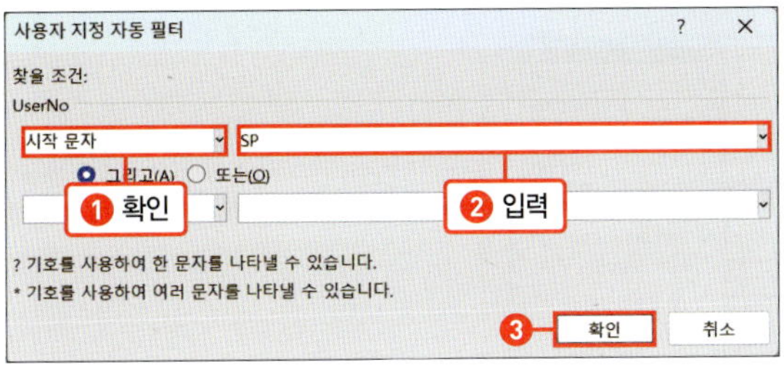

4 'UserNo' 필드의 값이 'SP'로 시작하는 레코드만 추출되었습니다.

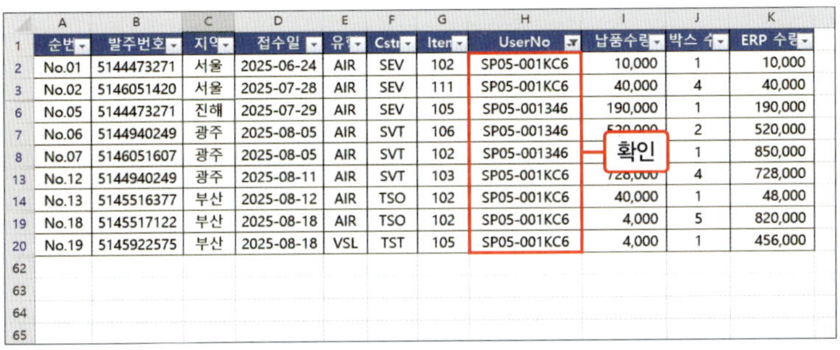

5 'UserNo' 필드의 필터 단추(▼)를 클릭하고 ["UserNo"에서 필터 해제]를 선택해서 설정한 필터를 해제합니다.

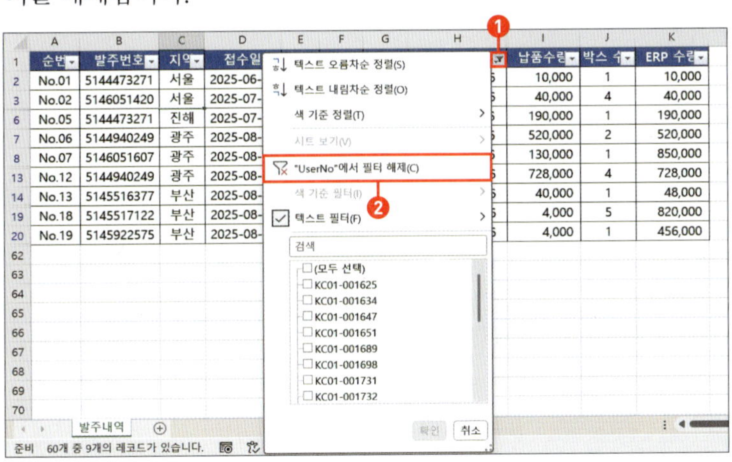

6 이번에는 '납품수량' 필드가 20,000에서 30,000 사이인 레코드만 추출해 볼게요. '납품수량' 필드의 필터 단추(▾)를 클릭하고 [숫자 필터]-[해당 범위]를 선택합니다.

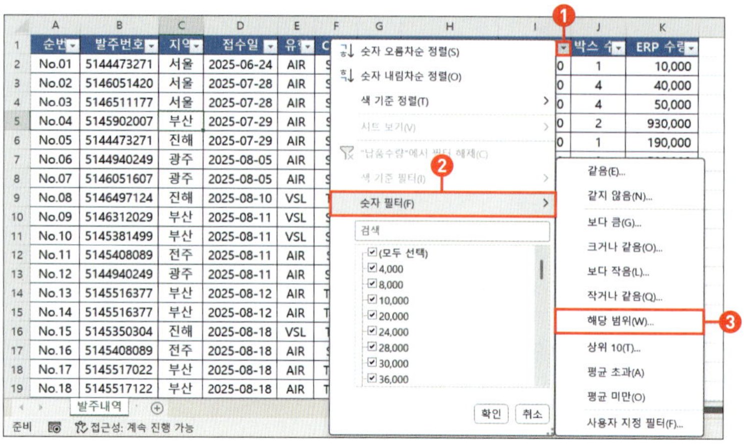

> **Tip**
> 선택한 '납품수량' 필드의 값이 숫자 데이터여서 [숫자 필터]가 표시되고 숫자 데이터에 설정할 수 있는 조건이 나타납니다. [해당 범위]를 선택하면 얼마에서 얼마 사이에 해당하는 데이터를 추출할 수 있습니다.

7 [사용자 지정 자동 필터] 대화상자가 열리면 '찾을 조건'에서 '납품수량'의 첫 번째 항목에는 '20000'을, 두 번째 항목에는 '30000'을 입력하고 [확인]을 클릭합니다.

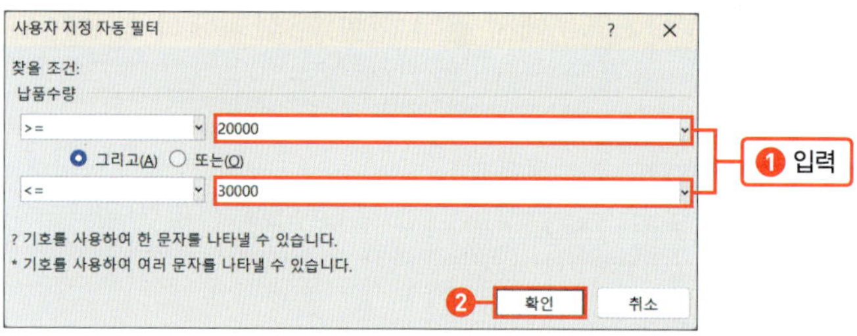

8 납품 수량이 20,000에서 30,000 사이에 해당하는 데이터만 추출되었습니다.

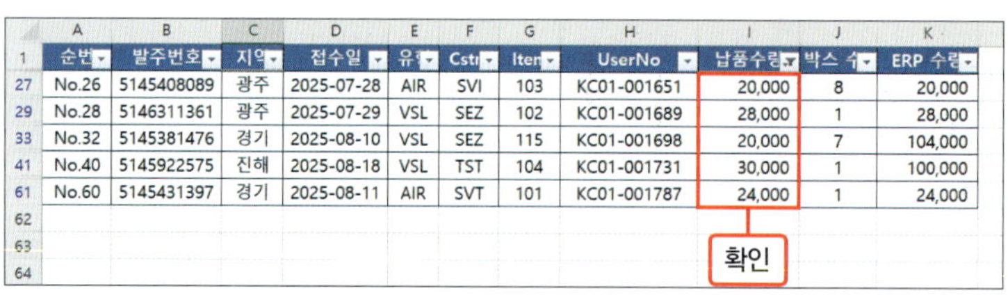

9 '납품수량' 필드의 필터 단추(▼)를 클릭하고 ["납품수량"에서 필터 해제]를 선택합니다.

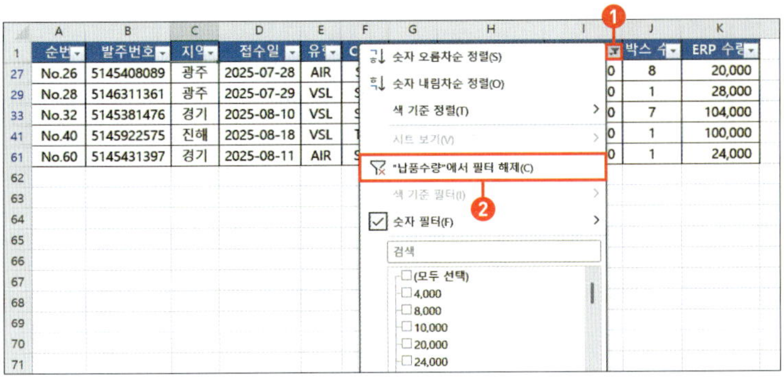

10 '납품수량' 필드의 필터가 해제되면 접수일이 7월에 해당하는 데이터만 추출해 볼게요. '접수일' 필드의 필터 단추(▼)를 클릭하고 [날짜 필터]-[해당 기간의 모든 날짜]-[7월]을 선택합니다.

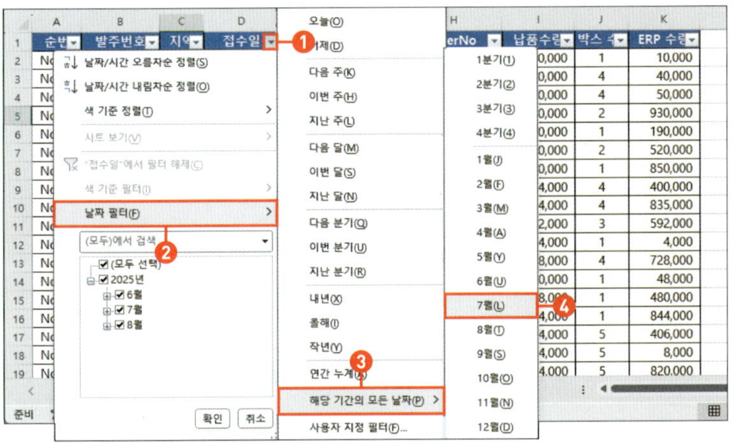

> **Tip**
> 선택한 '접수일' 필드에는 날짜 데이터가 입력되어 있으므로 자동으로 [날짜 필터]가 표시되고 날짜에 설정할 수 있는 다양한 유형의 조건이 제시되어 있습니다. 이와 같이 선택한 필드가 어떤 데이터 유형(날짜, 숫자, 문자 등)인지에 따라 사용할 수 있는 조건 목록이 자동으로 표시됩니다.

11 전체 데이터 중에서 접수일이 7월인 데이터만 추출되었는지 확인합니다.

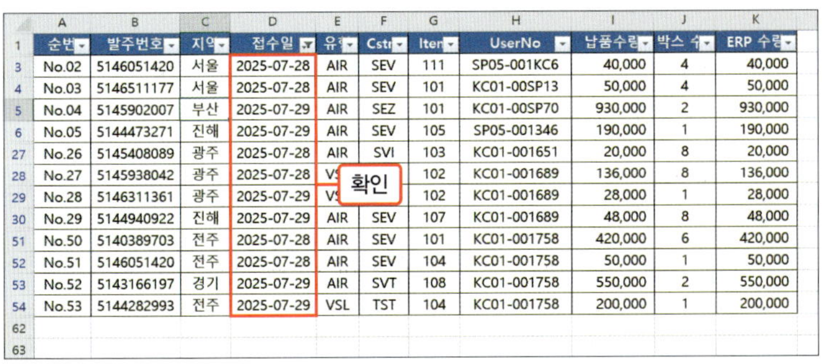

	순번	발주번호	지역	접수일	유	Cstr	Iten	UserNo	납품수량	박스 수	ERP 수량
3	No.02	5146051420	서울	2025-07-28	AIR	SEV	111	SP05-001KC6	40,000	4	40,000
4	No.03	5146511177	서울	2025-07-28	AIR	SEV	101	KC01-00SP13	50,000	4	50,000
5	No.04	5145902007	부산	2025-07-29	AIR	SEZ	101	KC01-00SP70	930,000	2	930,000
6	No.05	5144473271	진해	2025-07-29	AIR	SEV	105	SP05-001346	190,000	1	190,000
27	No.26	5145408089	광주	2025-07-28	AIR	SVI	103	KC01-001651	20,000	8	20,000
28	No.27	5145938042	광주	2025-07-28	[illegible]	[illegible]	102	KC01-001689	136,000	8	136,000
29	No.28	5146311361	광주	2025-07-29	[illegible]	[illegible]	102	KC01-001689	28,000	1	28,000
30	No.29	5144940922	진해	2025-07-29	AIR	SEV	107	KC01-001689	48,000	8	48,000
51	No.50	5140389703	전주	2025-07-28	AIR	SEV	101	KC01-001758	420,000	6	420,000
52	No.51	5146051420	전주	2025-07-28	AIR	SEV	104	KC01-001758	50,000	1	50,000
53	No.52	5143166197	경기	2025-07-29	AIR	SVT	108	KC01-001758	550,000	2	550,000
54	No.53	5144282993	전주	2025-07-29	VSL	TST	104	KC01-001758	200,000	1	200,000

◉ **예제파일** : OR조건으로데이터추출(준비).xlsx ◉ **완성파일** : OR조건으로데이터추출(완성).xlsx

현장실무 05

두 가지 조건 중 하나만 만족해도 데이터 추출하기 – 고급 필터

1 필터는 필드에 지정한 모든 조건을 만족하는 데이터만 추출할 수 있고 2개의 필드 중에서 하나라도 만족하는 데이터를 추출하거나 하나의 필드에 3개 이상의 조건을 지정하려면 고급 필터를 사용해야 합니다. [발주내역] 시트에서 1~3행에 준비된 조건에 만족하는 데이터를 추출하기 위해 데이터 영역에 있는 하나의 셀을 클릭하고 [데이터] 탭-[정렬 및 필터] 그룹-[고급]을 클릭하세요.

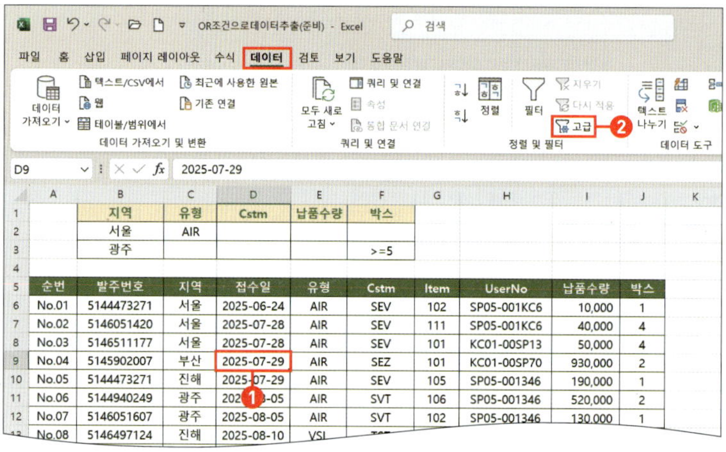

Tip

고급 필터에 사용할 조건은 첫 행에 필드 이름을 입력하고 아래쪽 셀에 조건값을 지정합니다. 여기서는 '서울' 지역의 'AIR' 유형이거나 '광주' 지역에서 박스가 5개 이상인 데이터를 추출하기 위한 조건입니다. 이와 같이 같은 행에 조건을 입력하면 지정한 조건을 모두 만족(AND 조건)하는 경우에 결괏값이 추출되고 서로 다른 행에 지정하면 둘 중에 하나만 만족(OR 조건)해도 결괏값이 추출됩니다.

2 [고급 필터] 대화상자가 열리면 '목록 범위'에 자동으로 '$A$5:$J$65' 범위가 설정되어 있는지 확인합니다. '조건 범위'에는 워크시트에서 B1:F3 범위를 선택하여 '발주내역!$B$1:$F$3' 범위를 지정하고 [확인]을 클릭하세요.

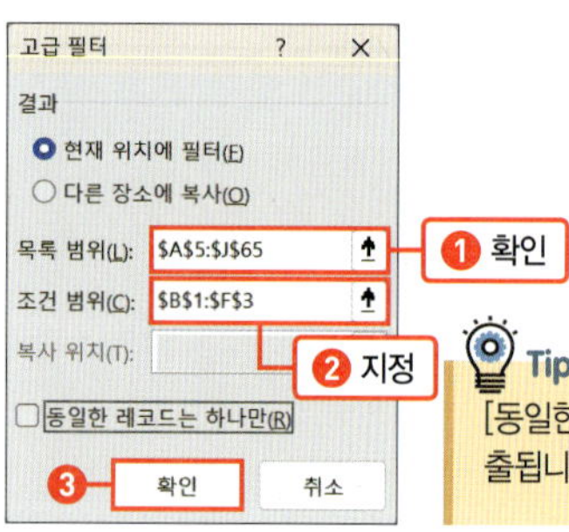

Tip

[동일한 레코드는 하나만]에 체크 표시하면 같은 데이터를 가진 행이 여러 개인 경우에는 하나만 추출됩니다. 이것은 [데이터] 탭-[데이터 도구] 그룹-[중복된 항목 제거]를 클릭한 결과와 같습니다.

3 지역이 '서울'이면서 유형이 'AIR'이거나, 지역이 '광주'이면서 박스가 5개 이상인 레코드가 검색되었습니다. [데이터] 탭-[정렬 및 필터] 그룹-[지우기]를 클릭하면 원래의 데이터로 되돌아갈 수 있어요.

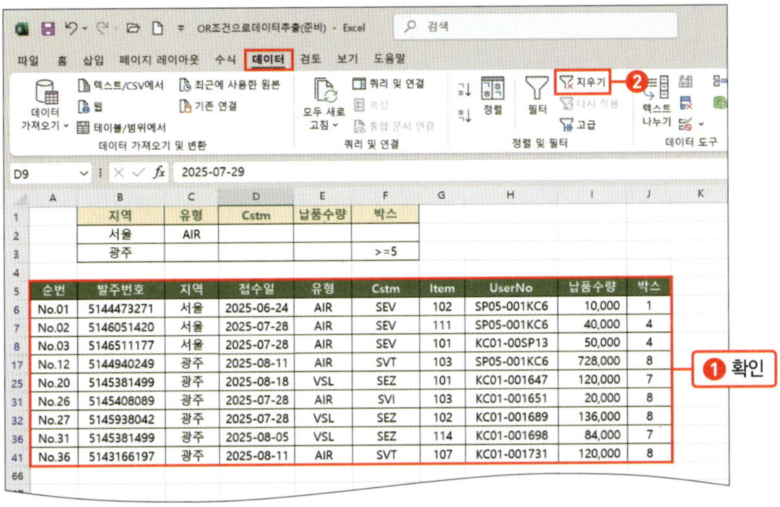

순번	발주번호	지역	접수일	유형	Cstm	Item	UserNo	납품수량	박스
No.01	5144473271	서울	2025-06-24	AIR	SEV	102	SP05-001KC6	10,000	1
No.02	5146051420	서울	2025-07-28	AIR	SEV	111	SP05-001KC6	40,000	4
No.03	5146511177	서울	2025-07-28	AIR	SEV	101	KC01-00SP13	50,000	4
No.12	5144940249	광주	2025-08-11	AIR	SVT	103	SP05-001KC6	728,000	8
No.20	5145381499	광주	2025-08-18	VSL	SEZ	101	KC01-001647	120,000	7
No.26	5145408089	광주	2025-07-28	AIR	SVI	103	KC01-001651	20,000	8
No.27	5145938042	광주	2025-07-28	VSL	SEZ	102	KC01-001689	136,000	8
No.31	5145381499	광주	2025-08-05	VSL	SEZ	114	KC01-001698	84,000	7
No.36	5143166197	광주	2025-08-11	AIR	SVT	107	KC01-001731	120,000	8

잠깐만요 :: AND 조건과 OR 조건 지정하기

자동 필터는 1개의 필드에 3개 이상의 세부 조건을 지정할 수 없고 필드와 필드 사이에는 AND 조건만 성립하는 단점이 있으므로 좀 더 다양한 형태의 조건을 처리하려면 고급 필터를 활용해야 합니다. 고급 필터는 시트에 조건 영역을 따로 준비해야 하는데, 조건을 설정할 때는 반드시 데이터 영역에 있는 필드 이름과 같은 이름을 사용해야 합니다. 이때 조건을 같은 행에 지정하면 AND 조건으로, 서로 다른 행에 지정하면 OR 조건으로 실행됩니다.

예시 1 같은 행에 지정한 조건이므로 AND 조건으로 처리됩니다. 따라서 지역이 '서울'이면서 박스가 5개 이상인 데이터가 추출됩니다. 즉 2개의 조건을 모두 만족할 때만 추출됩니다.

지역	유형	Cstm	납품수량	박스
서울				>=5

예시 2 서로 다른 행에 조건이 설정되어 있으므로 OR 조건으로 처리됩니다. 지역이 '서울'이거나, 박스가 5개 이상이거나, 두 가지 조건 중에서 하나의 조건만 만족해도 추출됩니다.

지역	유형	Cstm	납품수량	박스
서울				
				>=5

예시 3 지역이 '서울'이면서 유형이 'AIR'이거나, 지역이 '광주'이면서 박스가 5개 이상인 데이터가 추출됩니다.

지역	유형	Cstm	납품수량	박스
서울	AIR			
광주				>=5

2024 M365 2021 2019 2016 ◉ **예제파일** : 범위이름정의해데이터추출(준비).xlsx ◉ **완성파일** : 범위이름정의해데이터추출(완성).xlsx

현장실무 06

범위에 이름 정의해 데이터 추출하기
— 고급 필터

1 1~2행에 지정한 조건에 만족하는 데이터를 고급 필터로 추출할 때 자주 사용할 '조건 범위'와 '목록 범위'에 지정할 범위의 이름을 정의해 볼게요. [발주내역] 시트에서 조건 범위로 사용할 B1:F2 범위를 선택하고 이름 상자에 '조건'을 입력한 후 Enter 를 누르세요.

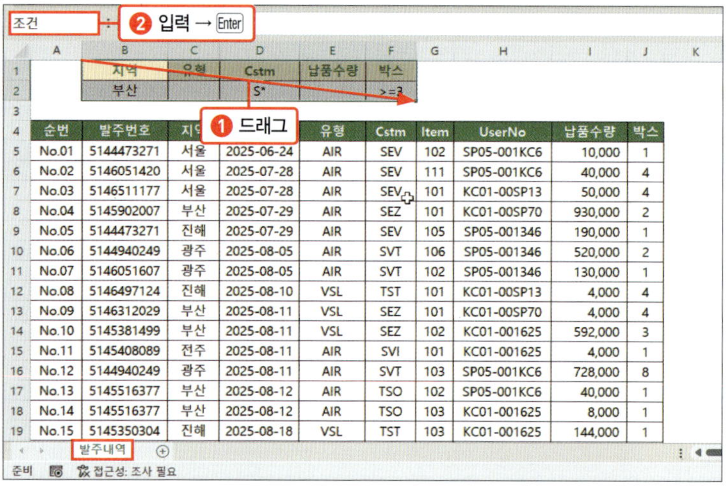

> **Tip**
> 1~2행에 지정한 조건을 살펴보면 지역은 '부산'이고 'Cstm'은 'S'로 시작하는 모든 데이터 중에서 박스의 수가 3개 이상인 데이터를 추출합니다. 이때 조건이 모두 같은 행에 입력되어 있으므로 세 가지 조건을 모두 만족하는 데이터를 추출합니다.

2 데이터 영역에 있는 하나의 셀을 클릭하고 Ctrl+A를 눌러 전체 데이터 범위(A4:J64)를 선택합니다. 이름 상자에 '데이터'를 입력하고 Enter 를 누르세요.

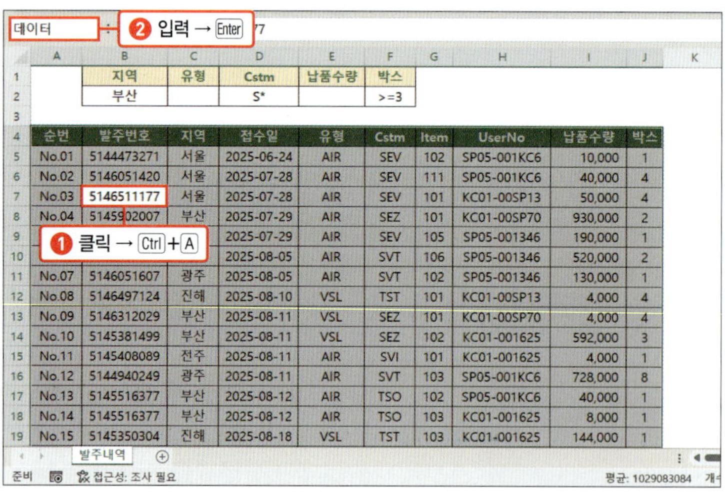

> **Tip**
> [수식] 탭–[정의된 이름] 그룹–[이름 정의]를 클릭해 이름을 정의해도 됩니다. 정의한 이름은 [수식] 탭–[정의된 이름] 그룹–[이름 관리자]를 클릭해서 확인하세요.

3 1~2행에 지정한 세 가지 조건에 만족하는 데이터만 필터링하기 위해 데이터 영역에 있는 하나의 셀을 클릭하고 [데이터] 탭-[정렬 및 필터] 그룹-[고급]을 클릭합니다. [고급 필터] 대화상자가 열리면 '목록 범위'에는 '데이터'를, '조건 범위'에는 '조건'을 입력하고 [확인]을 클릭하세요.

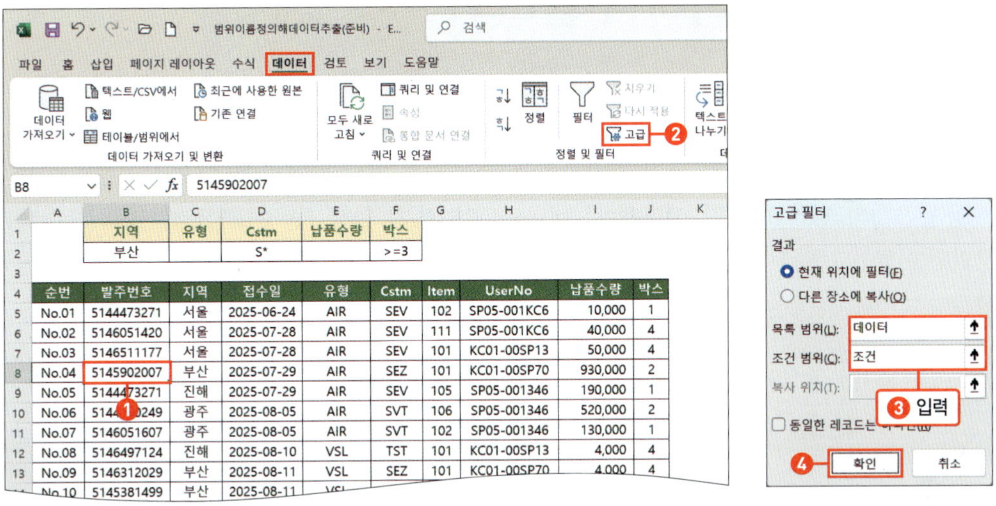

> **Tip**
> 이름 정의된 '데이터'의 범위는 A4:J64 범위이고, '조건'의 범위는 B1:F2 범위입니다. 이름 정의에 대해서는 141쪽을 참고하세요.

4 '지역'은 '부산'이고, 'Cstm'은 'S'로 시작하며, 박스가 3개 이상인 데이터가 추출되었습니다. 이와 같이 조건을 수정해서 다시 고급 필터를 적용할 때 한 번 정의한 이름은 계속 사용할 수 있어서 매번 범위를 지정할 필요가 없습니다.

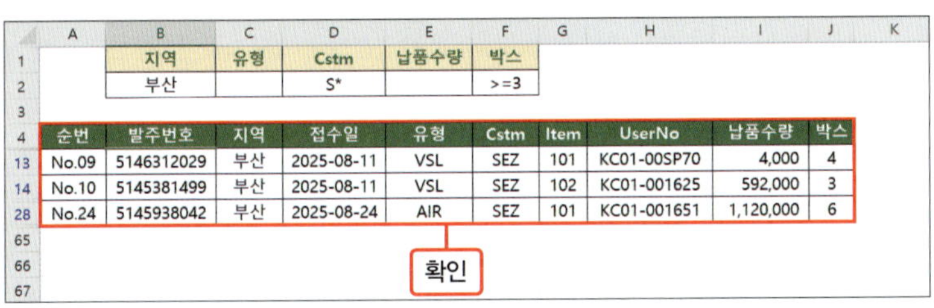

> **Tip**
> 고급 필터를 실행한 후 다시 원래의 전체 데이터로 되돌아가려면 [데이터] 탭-[정렬 및 필터] 그룹-[지우기]를 클릭합니다.

잠깐만요 :: 와일드카드 기호로 조건 지정하기

문자열 데이터에 조건값으로 와일드카드인 * 기호와 ? 기호를 사용할 수 있습니다. * 기호는 글자 수와 상관없이 검색하지만, ? 기호는 하나당 한 문자를 의미하므로 글자 수를 제한해서 좀 더 자세하게 조건을 지정할 수 있습니다.

검색 조건	결과	결괏값
S*	S로 시작하는 모든 값 찾기	sound, snow, standard
*S	S로 끝나는 모든 값 찾기	access, bugs, pass
S	S가 포함된 모든 값 찾기	say, glass, person
S??	S로 시작하면서 뒤에 두 글자로 구성된 모든 값	sad, saw, sea

◉ **예제파일** : 다른시트에데이터추출(준비).xlsx ◉ **완성파일** : 다른시트에데이터추출(완성).xlsx

현장실무 07

다른 시트에 조건에 만족하는 데이터 추출하기 – 고급 필터

1 고급 필터를 이용하면 원하는 조건에 만족하는 데이터를 별도의 시트에 추출할 수 있습니다. 자주 사용할 3개의 영역에 미리 정의해 둔 이름을 확인하기 위해 [발주내역] 시트에서 [수식] 탭-[정의된 이름] 그룹-[이름 관리자]를 클릭하세요.

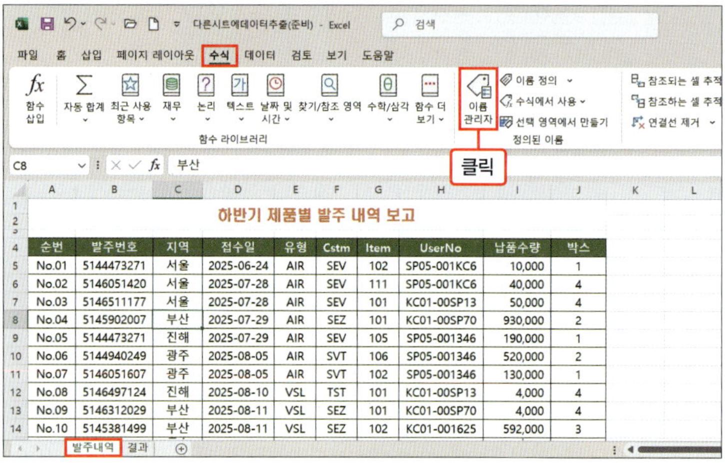

순번	발주번호	지역	접수일	유형	Cstm	Item	UserNo	납품수량	박스
No.01	5144473271	서울	2025-06-24	AIR	SEV	102	SP05-001KC6	10,000	1
No.02	5146051420	서울	2025-07-28	AIR	SEV	111	SP05-001KC6	40,000	4
No.03	5146511177	서울	2025-07-28	AIR	SEV	101	KC01-00SP13	50,000	4
No.04	5145902007	부산	2025-07-29	AIR	SEZ	101	KC01-00SP70	930,000	2
No.05	5144473271	진해	2025-07-29	AIR	SEV	105	SP05-001346	190,000	1
No.06	5144940249	광주	2025-08-05	AIR	SVT	106	SP05-001346	520,000	2
No.07	5146051607	광주	2025-08-05	AIR	SVT	102	SP05-001346	130,000	1
No.08	5146497124	진해	2025-08-10	VSL	TST	101	KC01-00SP13	4,000	4
No.09	5146312029	부산	2025-08-11	VSL	SEZ	101	KC01-00SP70	4,000	4
No.10	5145381499	부산	2025-08-11	VSL	SEZ	102	KC01-001625	592,000	3

Tip

고급 필터를 실행하면 내부적으로 'Criteria'와 'Extract'라는 범위 이름이 자동으로 생성되어 기능이 실행됩니다. Criteria는 조건으로 사용할 영역을, Extract는 추출할 시작 영역을 저장하고 있습니다. 고급 필터를 실행하고 [수식] 탭-[정의된 이름] 그룹-[이름 관리자]를 클릭해서 [이름 관리자] 대화상자를 열면 정의된 이름 목록을 확인할 수 있습니다.

2 [이름 관리자] 대화상자가 열리면 [발주], [추출위치], [추출조건]의 범위를 확인하고 [닫기]를 클릭합니다. [발주]는 사용할 전체 데이터가 저장된 영역이고, [추출조건]은 조건으로 사용할 영역이며, [추출위치]는 결과를 별도의 영역에 따로 추출할 시작 셀입니다.

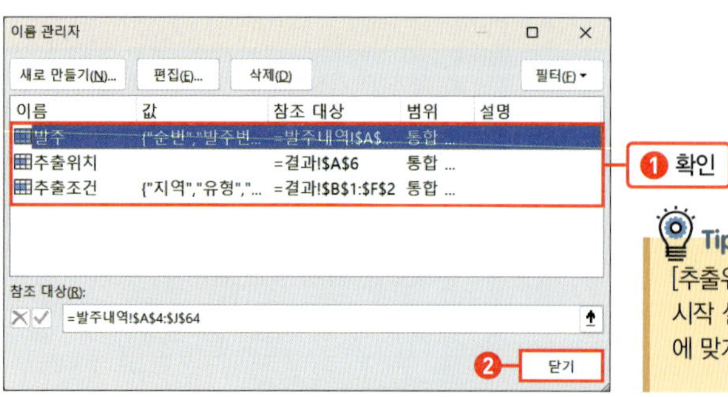

Tip

[추출위치]는 여러 개의 셀을 지정할 필요 없이 데이터가 추출될 시작 셀 하나만 지정합니다. 이렇게 하면 추출될 데이터의 개수에 맞게 자동으로 데이터가 아래쪽으로 추출됩니다.

3 [결과] 시트를 클릭하면 부산 지역에서 'Cstm' 항목 중 'S'로 시작하고 박스가 3개 이상인 데이터가 추출되도록 지정되어 있습니다. [데이터] 탭-[정렬 및 필터] 그룹-[고급]을 클릭하세요.

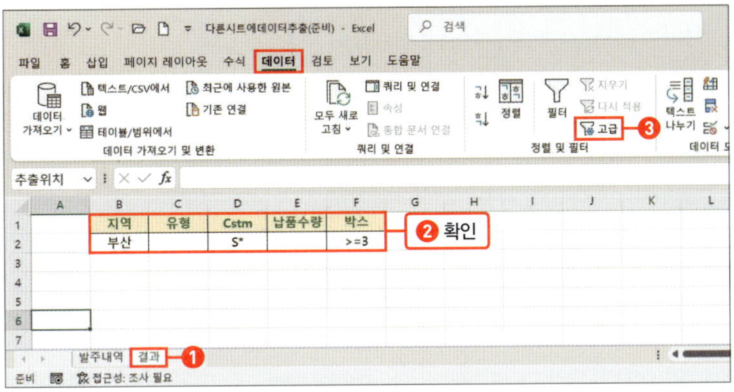

> **Tip**
> 고급 필터로 다른 시트에 결과를 추출하려면 반드시 먼저 추출 결과를 넣을 시트에 셀 포인터가 위치한 상태에서 고급 필터를 지정해야 합니다.

4 [고급 필터] 대화상자가 열리면 '결과'에서 [다른 장소에 복사]를 선택하고 '목록 범위'에는 '발주'를, '조건 범위'에는 '추출조건'을, '복사 위치'에는 '추출위치'를 입력한 후 [확인]을 클릭합니다.

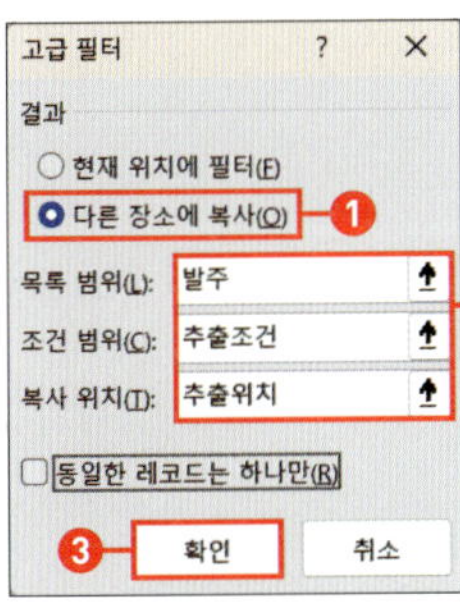

> **Tip**
> '발주' 대신 [발주내역] 시트의 A4:J64 범위를, '추출조건' 대신 B1:F2 범위를, '추출위치' 대신 [결과] 시트의 A6셀을 지정해도 됩니다.

5 [발주내역] 시트의 데이터 중에서 **3** 과정에서 지정한 세 가지 조건을 모두 만족하는 데이터만 [결과] 시트의 A6셀부터 추출되었습니다. 이번에는 새로운 조건으로 데이터를 추출하기 위해 추출된 데이터 영역에 있는 하나의 셀을 클릭하고 Ctrl+A를 눌러 전체 범위를 선택합니다. [홈] 탭-[편집] 그룹-[지우기]를 클릭하고 [모두 지우기]를 선택하세요.

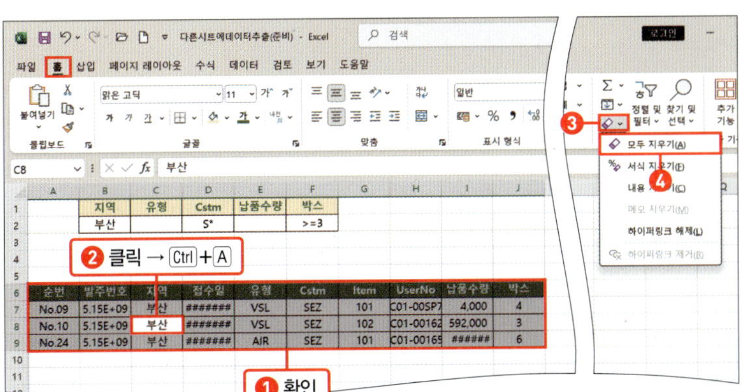

> **Tip**
> 기존에 추출된 데이터를 지우지 않고 새로운 데이터를 그냥 추출하면 첫 번째 열인 '순번'만 추출되고 나머지 항목은 표시되지 않습니다. 그리고 추출된 데이터를 삭제하기 위해 6~9행까지 범위를 지정해서 행 전체를 삭제하면 A6셀에 '추출위치'라고 이름 정의한 것까지 함께 삭제되므로 주의해야 합니다.

6 B2셀에는 '서울'을, C2셀에는 'AIR'를, D2셀에는 'S*'를 입력합니다. F2셀의 데이터를 삭제하고 [데이터] 탭-[정렬 및 필터] 그룹-[고급]을 클릭하세요.

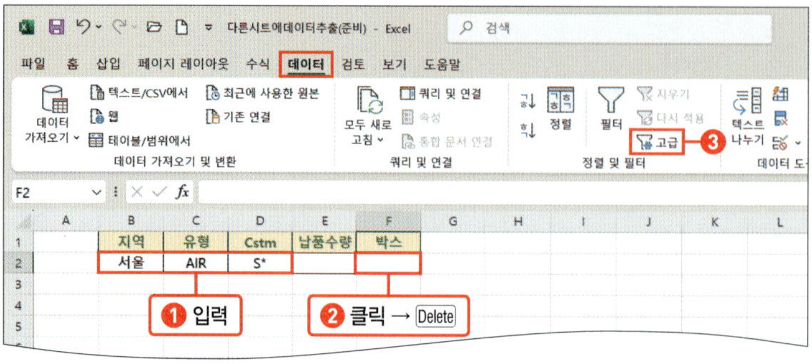

7 [고급 필터] 대화상자가 열리면 '결과'에서 [다른 장소에 복사]를 선택하고 '목록 범위'에는 '발주'를, '조건 범위'에는 '추출조건'을, '복사 위치'에는 '추출위치'를 입력한 후 [확인]을 클릭합니다.

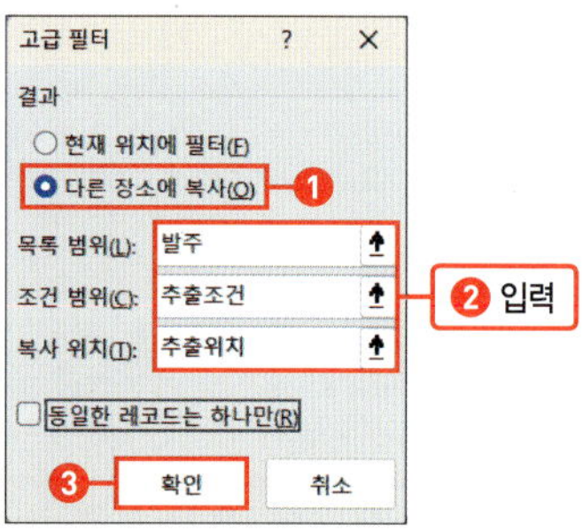

Tip
조건으로 사용하는 값은 6 과정에서 수정했지만, 사용할 데이터 영역, 조건 영역, 추출 위치는 변하지 않았으므로 기존에 이름 정의한 영역을 그대로 사용하면 됩니다. 이렇게 반복해서 사용할 범위에 미리 이름을 정의한 후 해당 범위 대신 사용하면 편리합니다.

8 '서울' 지역에 'AIR' 유형이고 'Cstm' 항목이 'S'로 시작하는 데이터가 A6셀부터 추출되었으면 '발주번호'와 '접수일' 항목 등의 너비를 조절하여 데이터를 모두 표시합니다.

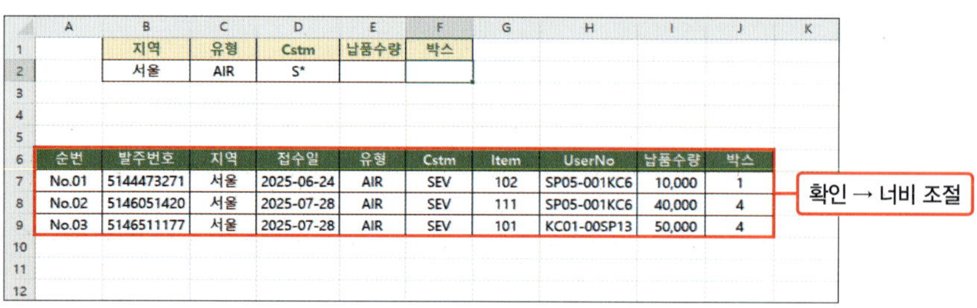

Tip
2행의 조건을 새롭게 수정한 후 5~7 과정을 반복해서 처리하면 다양한 조건으로 데이터를 쉽게 추출할 수 있습니다. '발주번호' 항목의 너비가 좁으면 '5.15E+09'와 같이 표시되므로 너비를 조절하여 데이터를 모두 표시하세요.

◉ **예제파일** : 특정열에서유일한항목추출(준비).xlsx ◉ **완성파일** : 특정열에서유일한항목추출(완성).xlsx

필수기능 08

특정 열에서 유일한 항목만 추출하기

— 중복된 항목 제거

1 [Sheet1] 시트에서 G열의 '영업분야' 항목 중 유일한 항목만 하나씩 추출해 볼게요. G열 머리글을 클릭해 G열 전체를 선택하고 Ctrl+C를 눌러 복사한 후 K열 머리글을 클릭한 후 Enter를 누르세요.

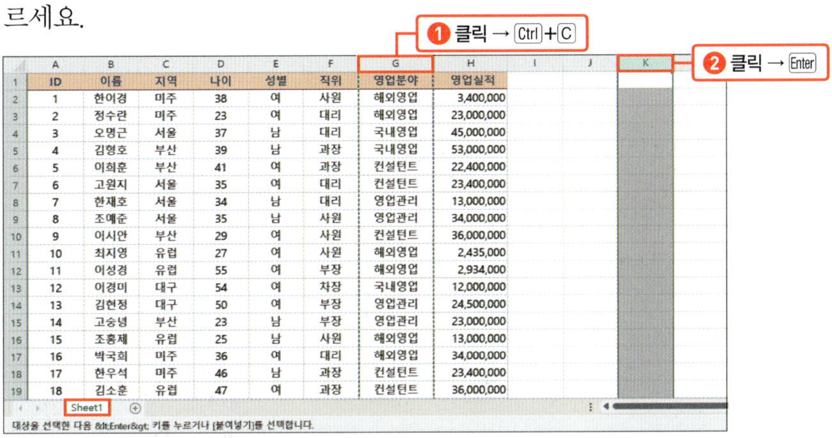

2 K열에 복사한 데이터 중에서 중복된 데이터를 지우고 유일한 데이터만 남기기 위해 [데이터] 탭-[데이터 도구] 그룹-[중복된 항목 제거]를 클릭합니다.

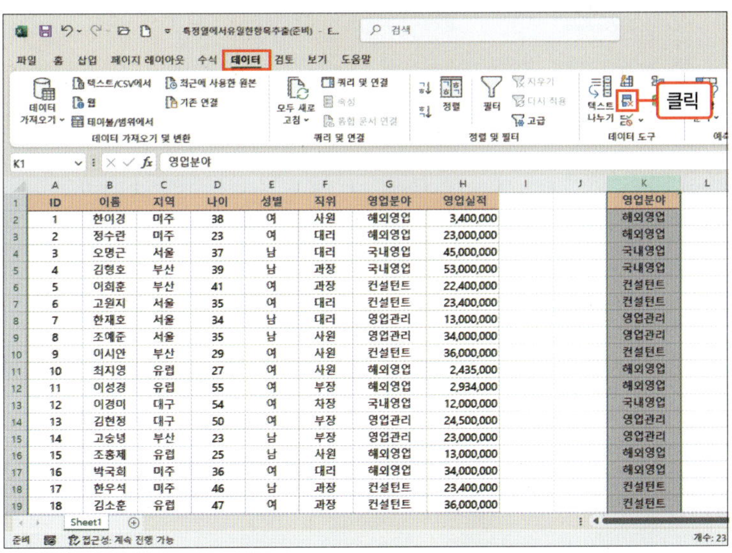

3 [중복 값 제거] 대화상자가 열리면 중복된 데이터를 지울 대상 항목인 [영업분야]에 체크 표시되어 있는지 확인하고 [확인]을 클릭합니다.

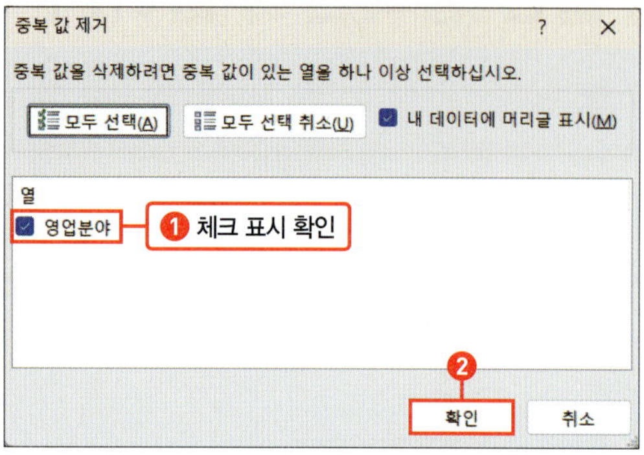

4 18개의 중복된 값이 검색되어 제거했고 4개의 고유한 값은 그대로 유지된다고 알려주는 메시지 창이 열리면 [확인]을 클릭합니다.

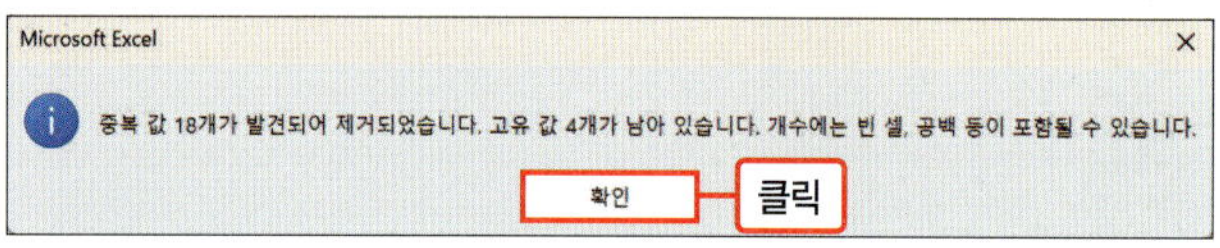

5 전체 데이터 중에서 중복된 항목이 모두 제거되면서 K열의 '영업분야' 항목에서 유일한 항목만 남겨졌는지 확인합니다.

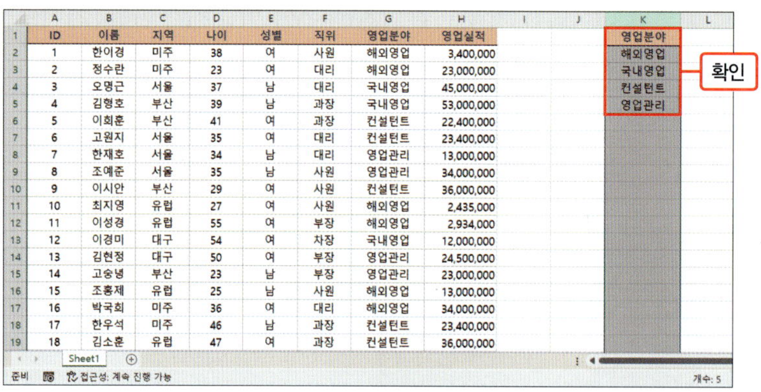

ID	이름	지역	나이	성별	직위	영업분야	영업실적	K: 영업분야
1	한이경	미주	38	여	사원	해외영업	3,400,000	해외영업
2	정수란	미주	23	여	대리	해외영업	23,000,000	국내영업
3	오명근	서울	37	남	대리	국내영업	45,000,000	컨설턴트
4	김형호	부산	39	남	과장	국내영업	53,000,000	영업관리
5	이희훈	부산	41	여	과장	컨설턴트	22,400,000	
6	고원지	서울	35	여	대리	컨설턴트	23,400,000	
7	한재호	서울	34	남	대리	영업관리	13,000,000	
8	조예준	서울	35	남	사원	영업관리	34,000,000	
9	이시안	부산	29	여	사원	컨설턴트	36,000,000	
10	최지영	유럽	27	여	사원	해외영업	2,435,000	
11	이성경	유럽	55	여	부장	해외영업	2,934,000	
12	이경미	대구	54	여	차장	국내영업	12,000,000	
13	김현정	대구	50	여	부장	영업관리	24,500,000	
14	고승녕	부산	23	남	부장	영업관리	23,000,000	
15	조홍제	유럽	25	남	사원	해외영업	13,000,000	
16	박국희	미주	36	여	대리	해외영업	34,000,000	
17	한우석	미주	46	남	과장	컨설턴트	23,400,000	
18	김소훈	유럽	47	여	과장	컨설턴트	36,000,000	

◉ **예제파일** : 중복된데이터삭제(준비).xlsx ◉ **완성파일** : 중복된데이터삭제(완성).xlsx

필수기능 09

중복된 데이터 찾아 지우기

– 중복된 항목 제거

1 하나의 시트에서 같은 사원에 여러 개의 데이터가 입력되었으면 중복된 데이터를 하나씩만 남기고 모두 삭제해 볼게요. [Sheet1] 시트에서 A열의 'ID' 항목은 중복된 데이터가 아니므로 B1셀을 클릭하고 Ctrl+Shift+End를 누릅니다. 연속해서 데이터가 입력된 범위의 끝까지 선택되면 [데이터] 탭-[데이터 도구] 그룹-[중복된 항목 제거]를 클릭하세요.

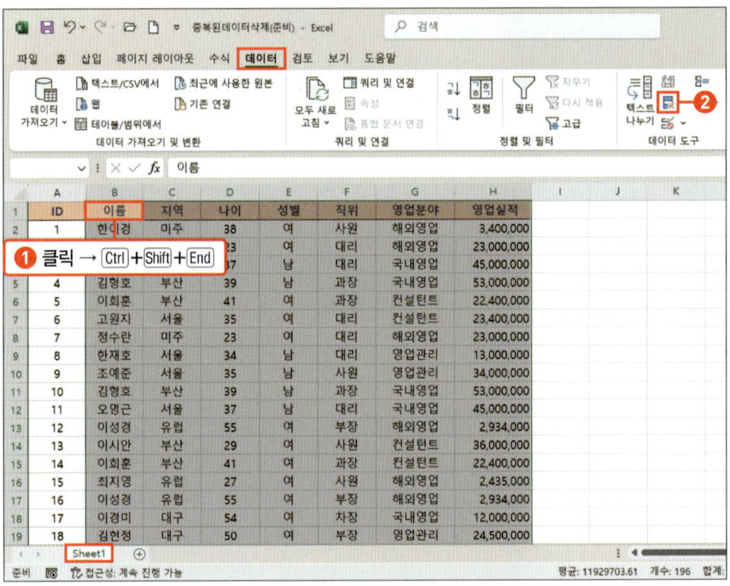

2 [중복 값 제거] 대화상자가 열리면 지정한 범위에 있는 항목 이름이 '열'에 모두 표시되었습니다. 전체 열의 모든 항목에서 같은 데이터가 있으면 하나만 남기고 삭제하기 위해 '열'의 모든 항목에 체크되어 있는지 확인하고 [확인]을 클릭하세요.

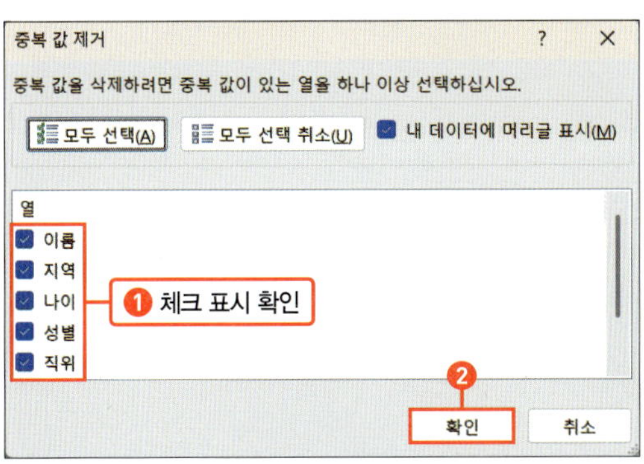

Tip
모든 열에 체크 표시하지 않고 특정 항목에 중복된 데이터가 있는지 확인하려면 [모두 선택 취소]를 클릭해 체크 표시를 해제한 후 원하는 열에만 체크 표시해서 삭제합니다.

3 5개의 중복된 값이 검색되어 제거했고 22개의 고유한 값은 그대로 유지된다고 알려주는 메시지 창이 열리면 [확인]을 클릭합니다.

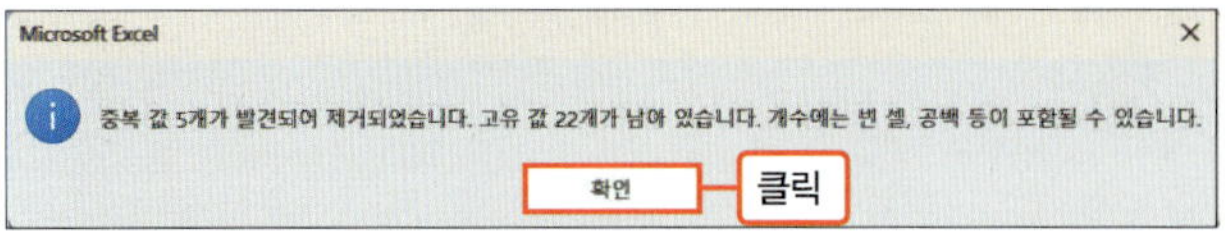

4 중복된 데이터가 모두 삭제되었는지 확인합니다. 만약 중복된 데이터가 5개이면 가장 위쪽에 위치한 데이터만 남기고 나머지 5개의 데이터가 모두 삭제됩니다.

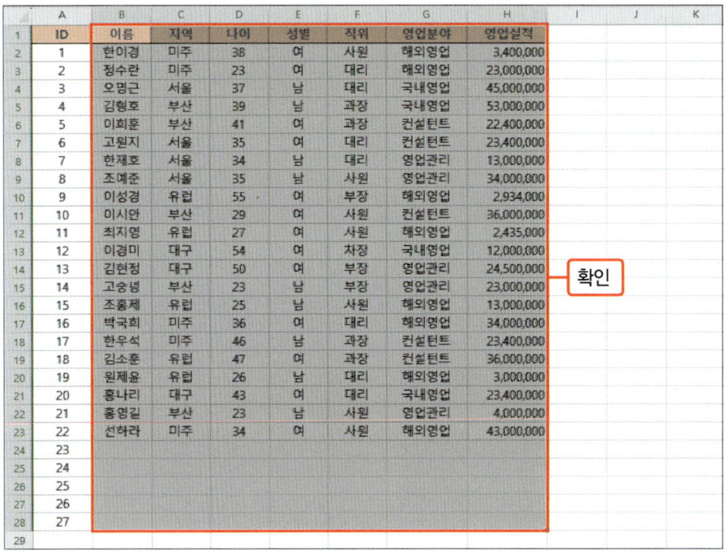

	A	B	C	D	E	F	G	H
1	ID	이름	지역	나이	성별	직위	영업분야	영업실적
2	1	한이경	미주	38	여	사원	해외영업	3,400,000
3	2	정수란	미주	23	여	대리	해외영업	23,000,000
4	3	오명근	서울	37	남	대리	국내영업	45,000,000
5	4	김형호	부산	39	남	과장	국내영업	53,000,000
6	5	이희훈	부산	41	여	과장	컨설턴트	22,400,000
7	6	고원지	서울	35	여	대리	컨설턴트	23,400,000
8	7	한재호	서울	34	남	대리	영업관리	13,000,000
9	8	조예준	서울	35	남	사원	영업관리	34,000,000
10	9	이성경	유럽	55	여	부장	해외영업	2,934,000
11	10	이시안	부산	29	여	사원	컨설턴트	36,000,000
12	11	최지영	유럽	27	여	사원	해외영업	2,435,000
13	12	이경미	대구	54	여	차장	국내영업	12,000,000
14	13	김현정	대구	50	여	부장	영업관리	24,500,000
15	14	고승녕	부산	23	남	부장	영업관리	23,000,000
16	15	조홍제	유럽	25	남	사원	해외영업	13,000,000
17	16	박국희	미주	36	여	대리	해외영업	34,000,000
18	17	한우석	미주	46	남	과장	컨설턴트	23,400,000
19	18	김소훈	유럽	47	여	과장	컨설턴트	36,000,000
20	19	원제윤	유럽	26	남	대리	해외영업	3,000,000
21	20	홍나리	대구	43	여	대리	국내영업	23,400,000
22	21	홍명길	부산	23	남	사원	영업관리	4,000,000
23	22	선하라	미주	34	여	사원	해외영업	43,000,000
24	23							
25	24							
26	25							
27	26							
28	27							
29								

현장실무 10

영업 실적이 가장 좋은 사원만 표시하기 – 중복된 항목 제거

1 [Sheet1] 시트에서 H열의 '영업실적' 항목 중 각 영업 분야별로 가장 실적이 좋은 한 사람씩만 남기고 나머지 사원을 삭제해 볼게요. '영업실적' 항목에 있는 하나의 셀을 클릭하고 [데이터] 탭-[정렬 및 필터] 그룹-[숫자 내림차순 정렬]을 클릭하세요.

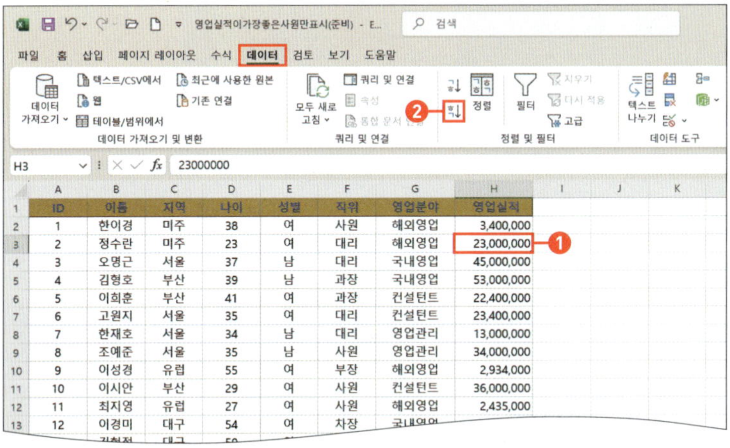

💡 Tip
중복된 데이터를 제거하면 위쪽 데이터를 남기고 나머지 데이터를 삭제합니다. 그러므로 원하는 조건이 있으면 해당 조건에 만족하는 순서대로 데이터를 정렬한 후 중복 데이터를 제거합니다.

2 영업 실적이 가장 높은 사람부터 정렬되었으면 [데이터] 탭-[데이터 도구] 그룹-[중복된 항목 제거]를 클릭합니다.

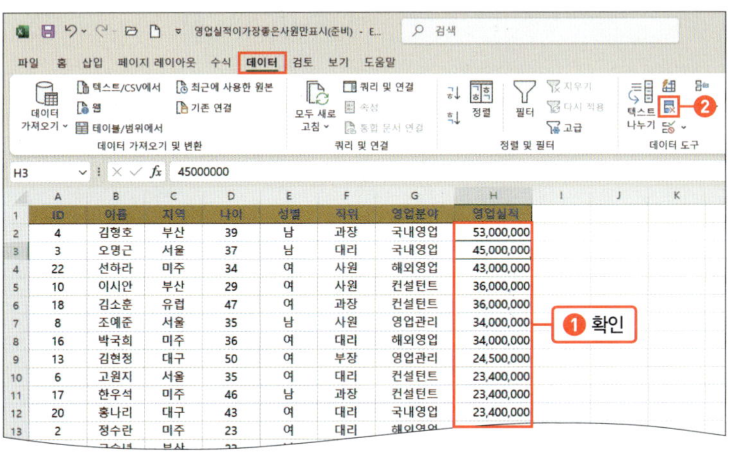

3 [중복 값 제거] 대화상자가 열리면 [모두 선택 취소]를 클릭해 '열'의 체크 표시를 모두 해제하고 [영업분야]에만 체크 표시한 후 [확인]을 클릭합니다.

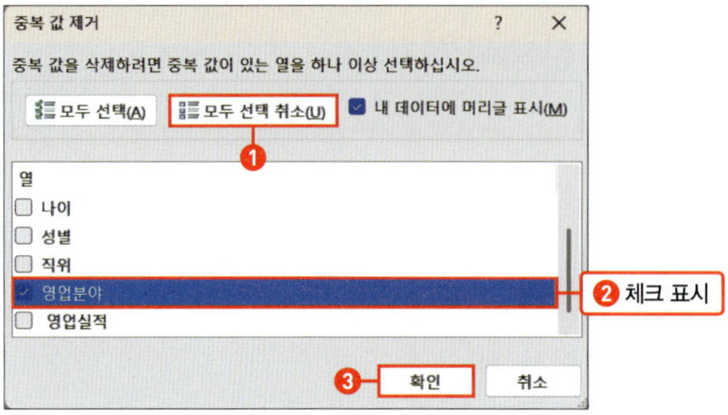

4 18개의 중복된 값이 검색되어 제거했고 4개의 고유한 값은 그대로 남아있다고 알려주는 메시지 창이 열리면 [확인]을 클릭합니다.

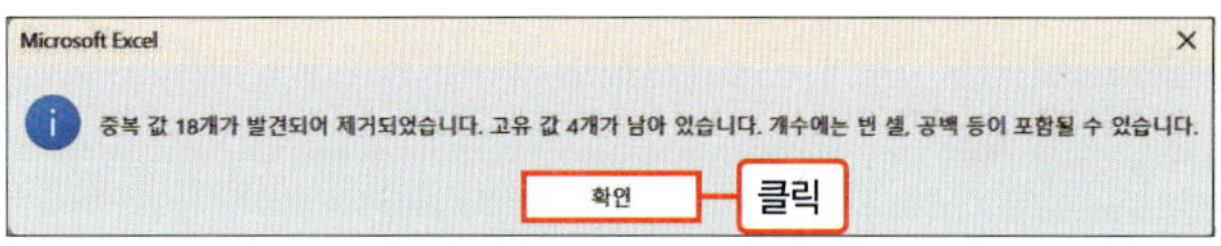

5 영업 분야가 같으면 한 분야에 한 사람씩만 남겨지고 모두 삭제되었습니다. 이때 **1** 과정에서 영업 실적이 좋은 사원 순서로 정렬했으므로 실적이 좋은 위쪽에 있던 사원이 남겨진 것입니다.

ID	이름	지역	나이	성별	직위	영업분야	영업실적
4	김형호	부산	39	남	과장	국내영업	53,000,000
22	선하라	미주	34	여	사원	해외영업	43,000,000
10	이시안	부산	29	여	사원	컨설턴트	36,000,000
8	조예준	서울	35	남	사원	영업관리	34,000,000

현장실무 11

셀에 원하는 목록 표시해 선택하기

— 데이터 유효성 검사

1 셀에 성별을 입력할 때 '남자' 또는 '여자' 중에서 하나만 입력할 수 있도록 입력할 값을 제한해 볼게요. [Sheet1] 시트에서 D3:D17 범위를 선택하고 [데이터] 탭-[데이터 도구] 그룹-[데이터 유효성 검사]를 클릭하세요.

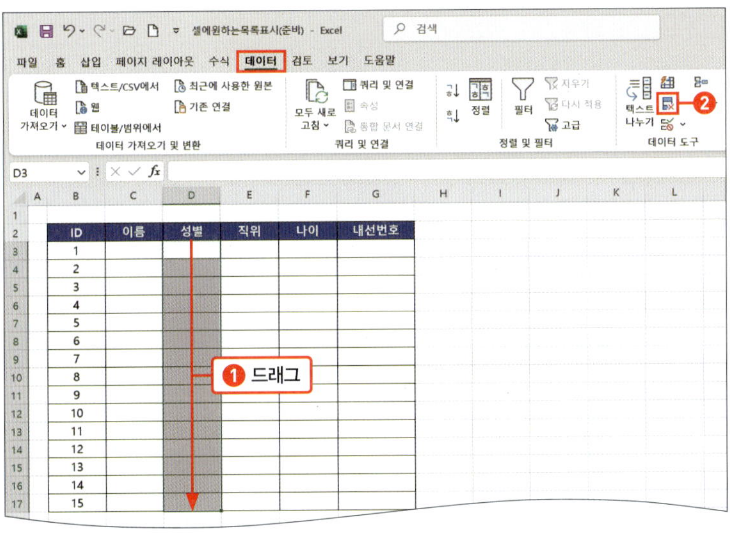

2 [데이터 유효성] 대화상자의 [설정] 탭이 열리면 '제한 대상'에서 [목록]을 선택하고 '원본'에 셀에 표시할 목록값으로 '남자,여자'를 입력한 후 [확인]을 클릭합니다.

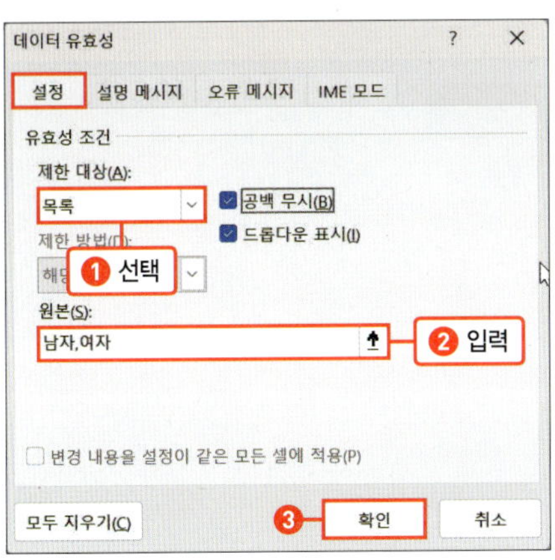

3 D3:D17 범위에 있는 하나의 셀을 클릭합니다. 여기에서는 D3셀을 클릭하고 셀의 오른쪽에 나타나는 목록 단추(▾)를 클릭한 후 [남자]와 [여자] 목록이 표시되면 입력할 성별을 선택하세요.

4 D4셀에 [남자] 또는 [여자]가 아닌 다른 값 '미래'를 입력합니다. 셀에 입력할 수 있는 값이 제한되어 있다는 메시지 창이 열리면 [취소]를 클릭하세요. '성별' 항목에서는 [남자]와 [여자] 중 하나만 선택할 수 있어요.

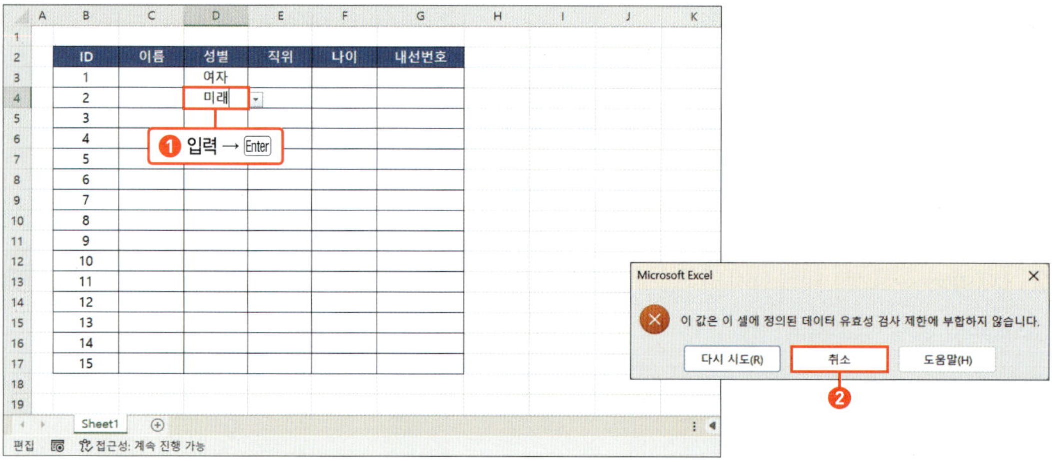

◉ **예제파일** : 다른시트데이터를목록으로표시(준비).xlsx ◉ **완성파일** : 다른시트데이터를목록으로표시(완성).xlsx

현장실무 12

다른 시트의 데이터를 목록으로 표시하기 — 데이터 유효성 검사

1 [직위목록] 시트에 입력된 데이터를 '직위' 항목의 데이터 목록으로 표시해 볼게요. [신청서] 시트에서 '직위' 항목인 E3:E17 범위를 선택하고 [데이터] 탭-[데이터 도구] 그룹-[데이터 유효성 검사]를 클릭합니다.

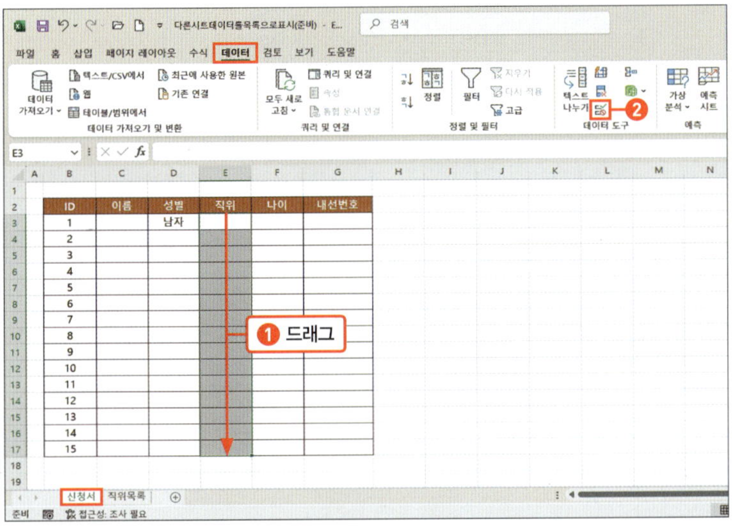

2 [데이터 유효성] 대화상자의 [설정] 탭이 열리면 '제한 대상'에서 [목록]을 선택하고 '원본'의 입력 상자에 커서를 올려놓은 후 [직위목록] 시트를 클릭하세요.

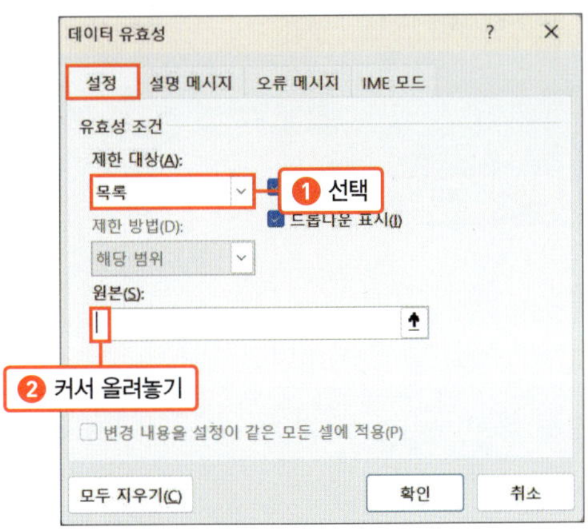

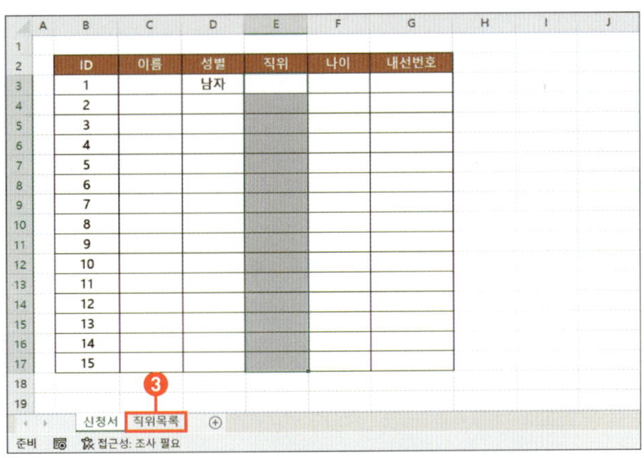

Tip

엑셀 2010 이전 버전에서는 같은 시트의 데이터만 참조할 수 있으므로 다른 시트의 데이터를 지정하려면 범위 이름을 정의한 후 사용해야 합니다.

3 [직위목록] 시트에서 A2:A7 범위를 선택하여 [데이터 유효성] 대화상자의 '원본'에 '=직위목록!$A$2:$A$7'을 작성합니다.

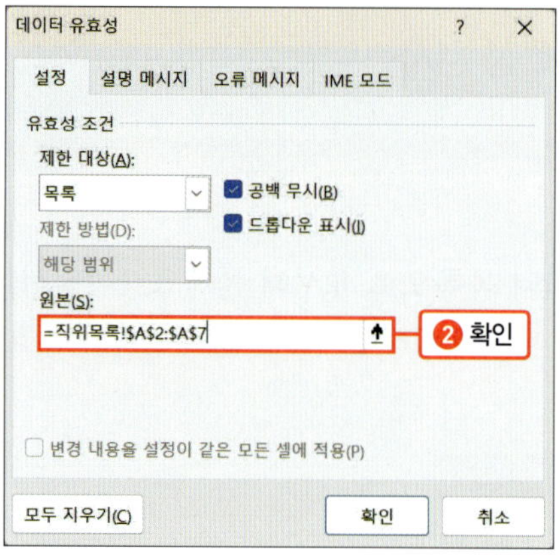

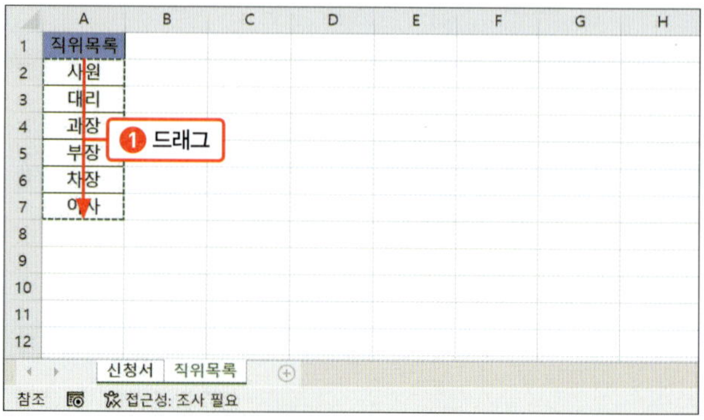

Tip

'직위' 항목에 표시할 목록으로 [직위목록] 시트에서 A2:A7 범위의 데이터를 사용하도록 설정한 것입니다.

4 [설명 메시지] 탭을 클릭하고 '제목'에는 '입력 주의'를, '설명 메시지'에는 '목록 단추를 눌러 표시된 값 중에 하나를 선택하세요.'를 입력합니다. [오류 메시지] 탭을 클릭하고 '제목'에는 '입력 오류'를, '오류 메시지'에는 '사원, 대리, 과장, 차장, 부장, 이사 중에 하나를 입력하세요.'를 입력한 후 [확인]을 클릭하세요.

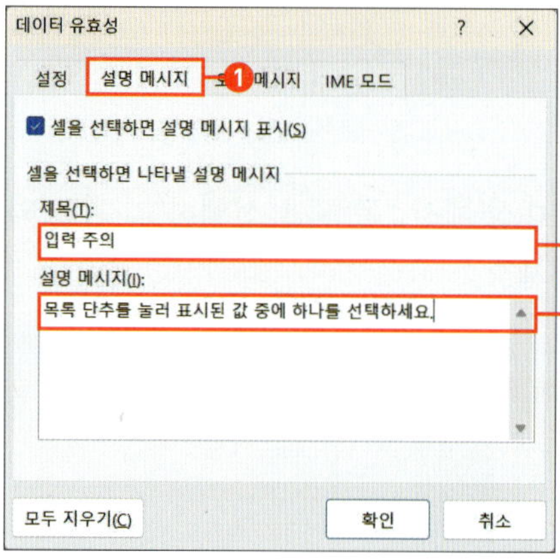

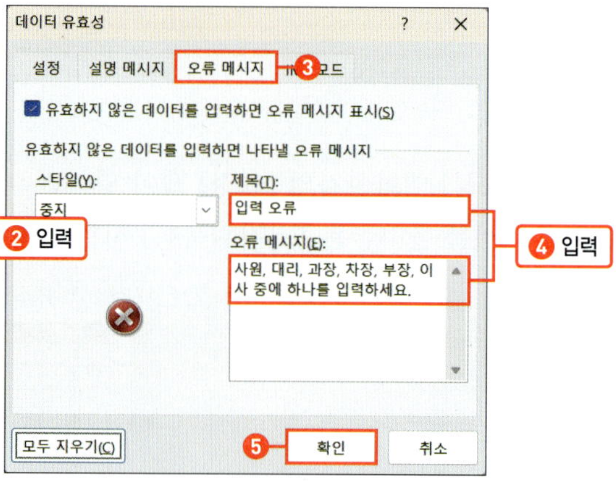

5 E3:E17 범위에 있는 하나의 셀을 클릭하고 셀의 아래쪽에 팁상자의 내용을 확인한 후 셀의 오른쪽에 표시된 목록 단추(▾)를 클릭합니다. [직위목록] 시트의 A2:A7 범위에 있는 데이터가 목록으로 표시되면 원하는 직위를 선택하세요.

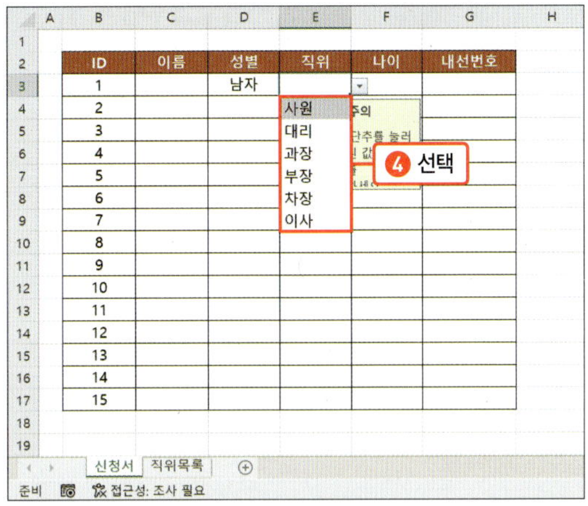

6 E4셀에 '상무'를 입력하고 Enter를 누릅니다.

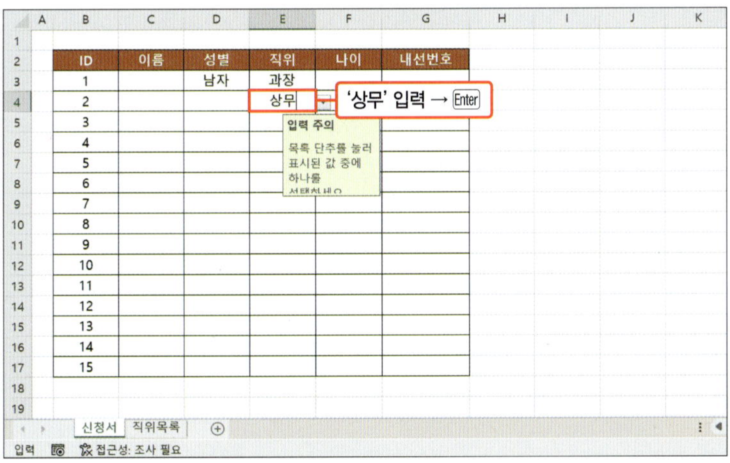

7 [입력 오류] 메시지 창이 열리면서 **4** 과정에서 지정한 오류 메시지가 표시되면 [취소]를 클릭하세요.

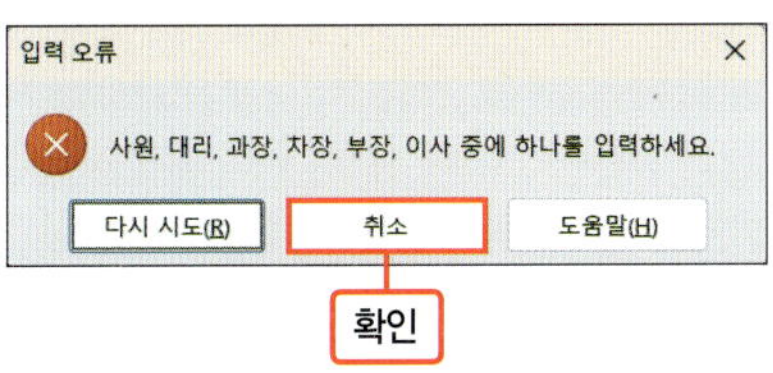

2024 | M365 | 2021 | 2019 | 2016

◉ **예제파일** : 지정한범위안의숫자만입력(준비).xlsx ◉ **완성파일** : 지정한범위안의숫자만입력(완성).xlsx

현장실무 13

지정한 범위 안의 숫자만 입력하도록 제한하기 — 데이터 유효성 검사

1 [신청서] 시트에서 '나이' 항목에 18~62 사이의 소수점이 없는 정수값만 입력할 수 있도록 제한해 볼게요. '나이' 항목의 F3:F17 범위를 선택하고 [데이터] 탭-[데이터 도구] 그룹-[데이터 유효성 검사]를 클릭합니다.

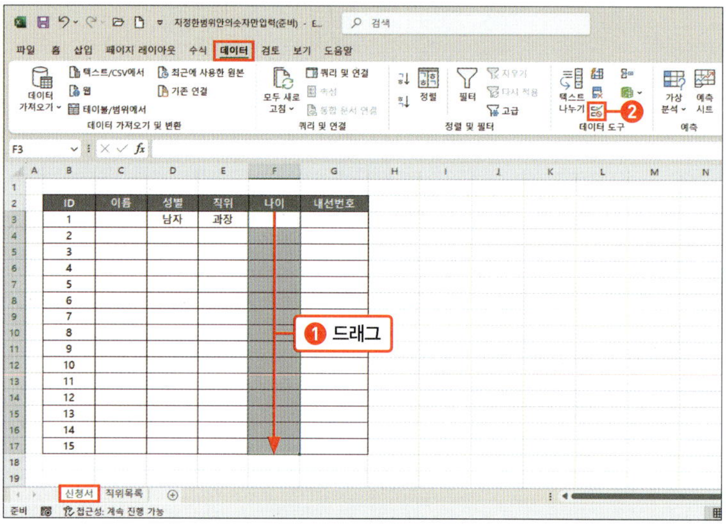

2 [데이터 유효성] 대화상자의 [설정] 탭이 열리면 '제한 대상'에는 [정수]를, '제한 방법'에는 [해당 범위]를 선택하고 '최소값'에는 '18'을, '최대값'에는 '62'를 입력하세요.

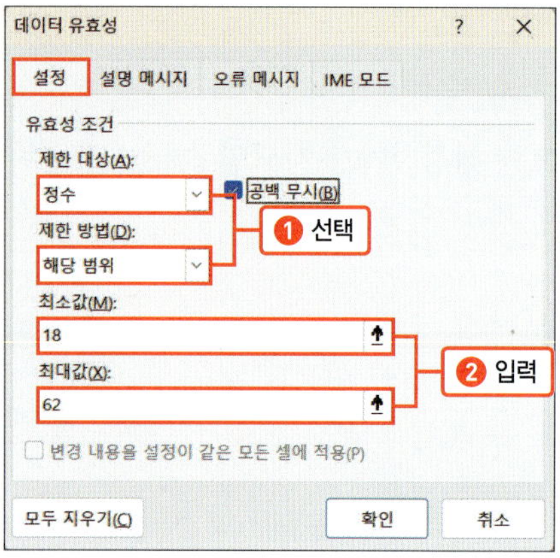

3 [설명 메시지] 탭을 클릭하고 '제목'에는 '입력 주의'를, '설명 메시지'에는 '나이는 18세부터 62세까지만 넣으세요.'를 입력합니다.

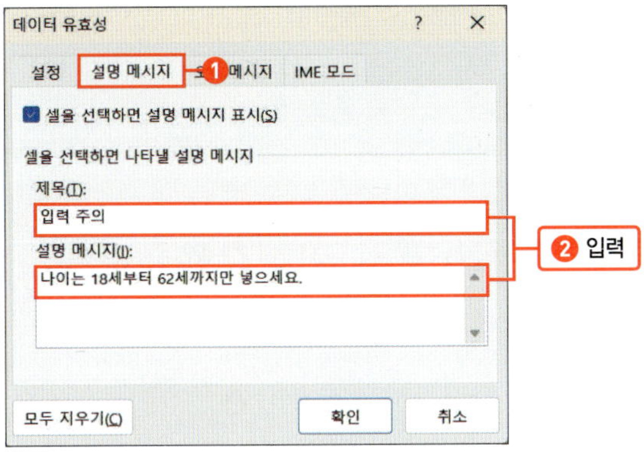

4 [오류 메시지] 탭을 클릭하고 '제목'에는 '입력 오류'를, '오류 메시지'에는 '나이에 18에서 62 사이의 정수가 아닌 다른 값을 넣을 수 없습니다.'를 입력한 후 [확인]을 클릭하세요.

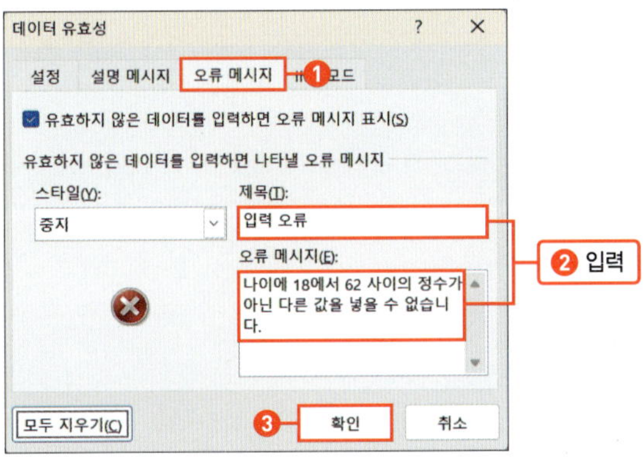

5 F3:F17 범위에 있는 하나의 셀을 클릭하고 **3** 과정의 [설명 메시지] 탭에서 지정한 '입력 주의' 팁상자가 나타나는지 확인합니다.

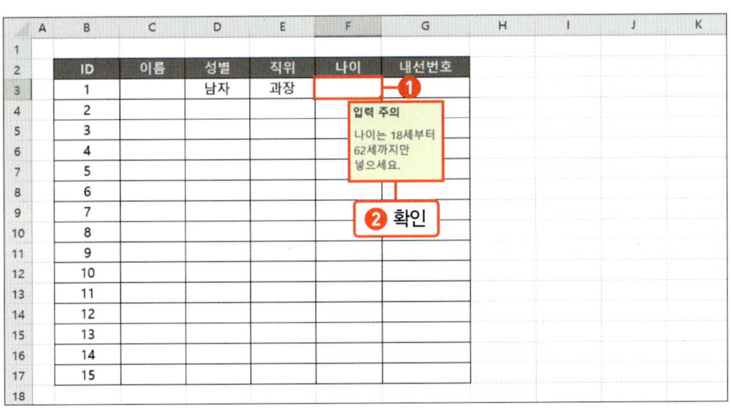

6 F3셀에 18~62 사이를 벗어난 값인 '600'을 입력하고 Enter를 누릅니다. [입력 오류] 메시지 창이 열리면서 **4** 과정에서 지정한 오류 메시지가 표시되면 [취소]를 클릭하세요.

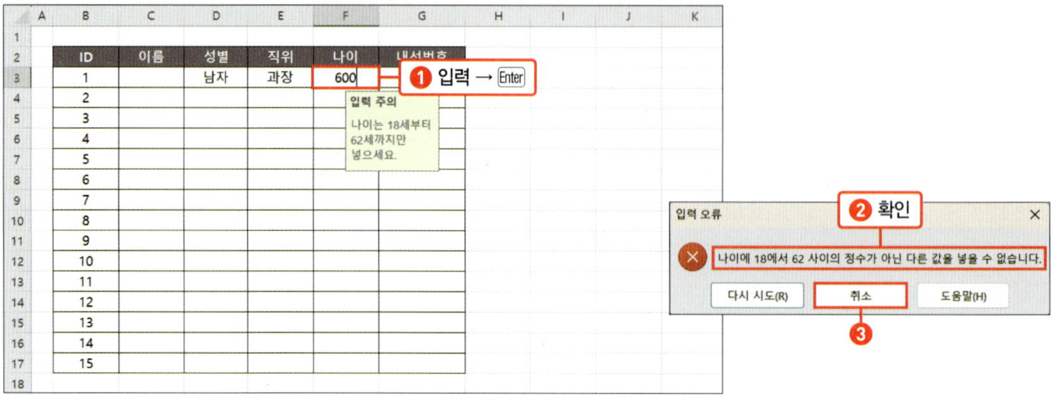

잠깐만요 :: 데이터 유효성 검사의 제한 대상 지정하기

[데이터 유효성 검사] 대화상자의 [설정] 탭에 있는 '제한 대상'에서는 셀의 입력값을 제한하는 방법을 지정할 수 있습니다.

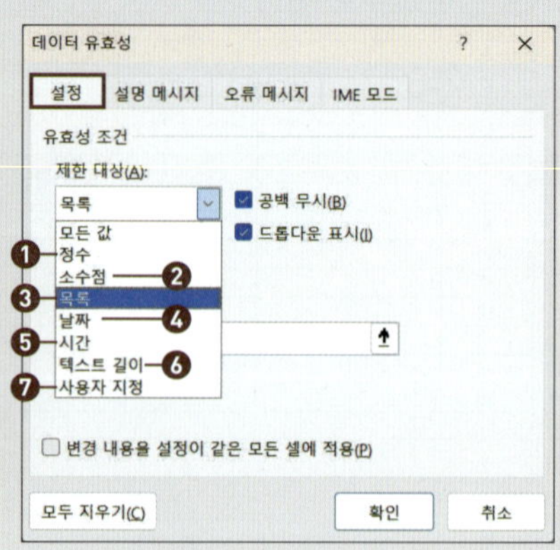

❶ **정수**: 정수값만 입력할 수 있게 제한
❷ **소수점**: 소수점이 포함된 값을 입력할 수 있게 제한
❸ **목록**: 정해진 항목을 지정해서 그중 하나만 입력할 수 있게 제한
❹ **날짜**: 날짜 데이터만 입력할 수 있게 제한
❺ **시간**: 시간 데이터만 입력할 수 있게 제한
❻ **텍스트 길이**: 원하는 길이에 맞는 데이터만 입력할 수 있게 제한
❼ **사용자 지정**: 원하는 제한 조건을 직접 수식으로 작성해서 제한

◉ **예제파일** : 중복거래처입력제한(준비).xlsx ◉ **완성파일** : 중복거래처입력제한(완성).xlsx

현장실무 14

중복된 거래처가 입력되지 않게 제한하기 – 데이터 유효성 검사

1 B열에 업체명을 입력할 때 같은 업체명이 이미 입력되어 있으면 오류 메시지를 표시하면서 입력되지 않게 제한해 볼게요. [프로젝트] 시트에서 B4:B18 범위를 선택하고 [데이터] 탭-[데이터 도구] 그룹-[데이터 유효성 검사]를 클릭하세요.

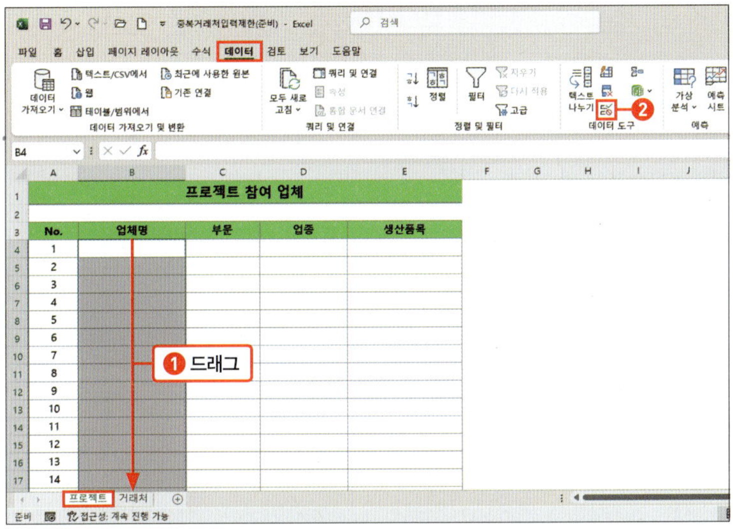

2 [데이터 유효성] 대화상자의 [설정] 탭이 열리면 '제한 대상'에서 [사용자 지정]을 선택하고 '수식'에 '=COUNTIF($B$4:$B$18,B4)=1'을 입력한 후 [확인]을 클릭합니다.

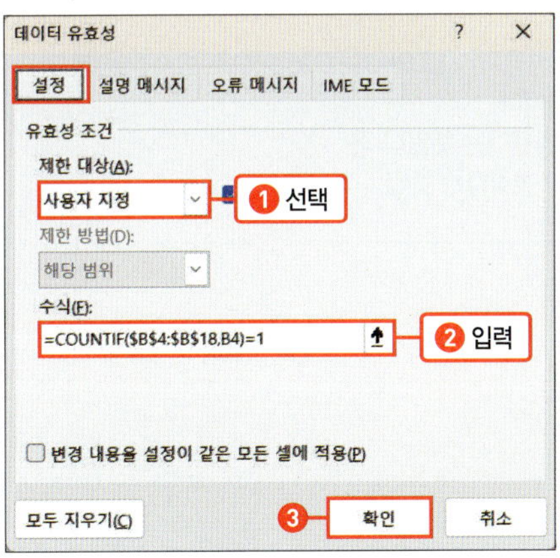

함수식 설명

=COUNTIF($B$4:$B$18,B4)=1

COUNTIF 함수는 조건에 만족하는 개수를 셀 때 사용하는데, 첫 번째 인수에 지정한 $B$4:$B$18 범위 안에서 B4셀에 입력된 값과 같은 값이 몇 개나 있는지 세서 그 값이 1보다 큰 값이 나오면 같은 값이 여러 개 있다는 의미이고 1이면 혼자만 있다는 뜻입니다. 여기서는 중복된 값이 없을 때만(1일 때) 입력하고 그렇지 않고 같은 값이 여러 개 나오면(1보다 큰 값) 오류가 발생합니다.

3 B4셀에 '만도'를 입력하고 Enter를 누릅니다. 이와 같은 방법으로 B5셀에는 '덕은테크'를, B6셀에는 '만도'를 입력하고 Enter를 누릅니다. '만도' 거래처가 이미 입력되어 있어서 오류가 발생하면 [취소]를 클릭하세요.

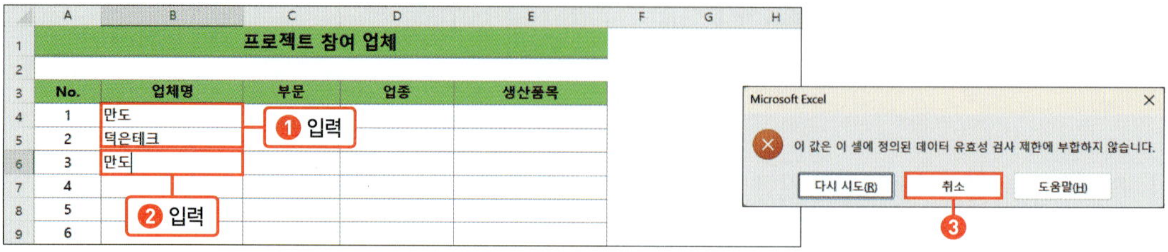

4 B열에 입력한 거래처를 [거래처] 시트에서 찾은 후 '부문', '업종', '생산품목' 정보를 찾아서 표시해 볼게요. [프로젝트] 시트에서 C4셀을 클릭한 후 함수식 '=XLOOKUP($B4,거래처!$B$2:$B$51,거래처!C$2:C$51,"",0)'을 입력하고 Enter를 누르세요.

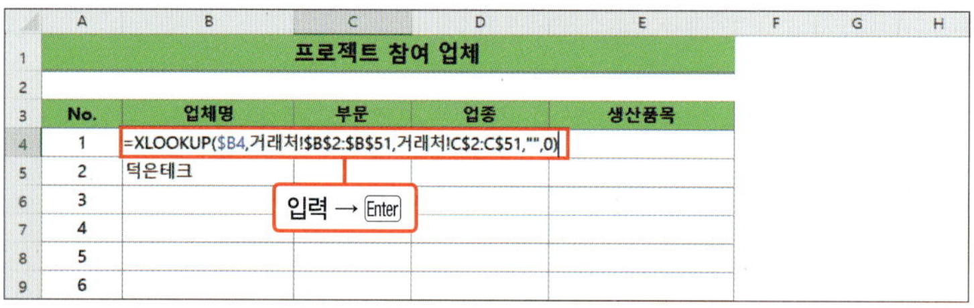

함수식 설명

=XLOOKUP($B4,거래처!$B$2:$B$51,거래처!C$2:C$51,"",0)

❶ $B4 ❷ 거래처!$B$2:$B$51 ❸ 거래처!C$2:C$51 ❹ "" ❺ 0

❶ B4셀과 같은 값을 찾는데, $B4이므로 수식을 복사했을 때 열은 항상 B열로 고정하고, 행은 3행이 4행, 5행, 6행 등으로 바뀝니다.
❷ 찾을 데이터 영역으로 [거래처] 시트의 $B$2:$B$51 영역에서 찾습니다. 절대 참조이므로 수식을 복사해도 절대 바뀌지 않습니다.
❸ 원하는 값을 찾았으면 가져올 데이터 영역을 지정합니다. 여기서는 [거래처] 시트의 C$2:C$51이므로 함수식을 복사하면 행은 바뀌지 않고 항상 2~51행인데, 열은 C열이 D열, E열로 바뀝니다.
❹ 원하는 값을 찾지 못했을 때 표시할 값으로 ""은 아무것도 표시하지 않겠다는 뜻입니다.
❺ 데이터를 찾을 방식을 지정하는데, '0'을 입력하면 정확히 일치할 때만 찾겠다는 뜻입니다.

Tip

XLOOKUP 함수는 엑셀 2021 이전 버전에는 사용할 수 없으므로 다음과 같이 VLOOKUP 함수와 IFNA 함수를 사용해 보세요.

- **C4셀**: =IFNA(VLOOKUP(B4,거래처!$B$2:$E$51,2,FALSE),"")
- **D4셀**: =IFNA(VLOOKUP(B4,거래처!$B$2:$E$51,3,FALSE),"")
- **E4셀**: =IFNA(VLOOKUP(B4,거래처!$B$2:$E$51,4,FALSE),"")

IFNA 함수는 첫 번째 인수에 지정한 함수식에서 #N/A 오류가 발생했을 때 두 번째 인수에 지정한 값을 표시합니다. IFERROR 함수는 오류의 종류에 상관없이 실행되지만, IFNA 함수는 #N/A 오류일 때만 실행되고 엑셀 2013 버전부터 제공하는 함수입니다.

5 C4셀에 부문을 표시했으면 C4셀의 자동 채우기 핸들을 C18셀까지 드래그해서 나머지 셀에도 같은 함수식을 복사합니다.

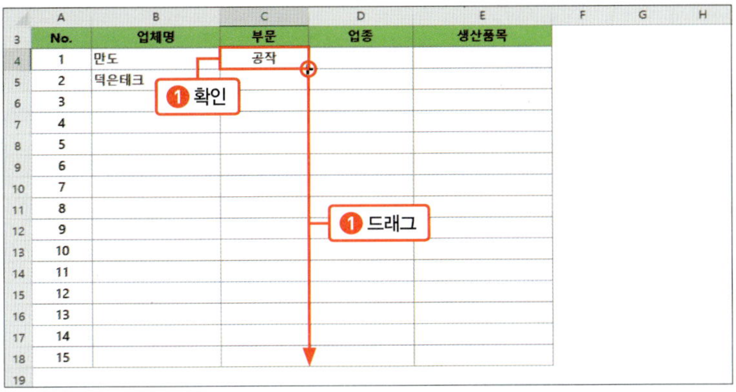

6 C4:C18 범위를 선택한 상태에서 C18셀의 자동 채우기 핸들을 E18셀까지 드래그해서 함수식을 복사합니다.

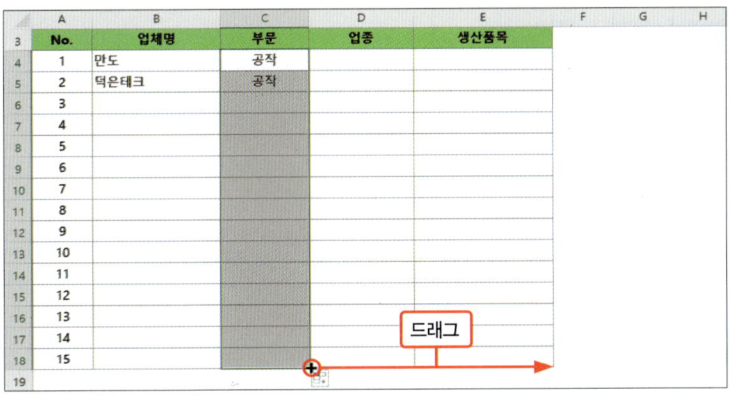

7 B6셀에 '부국금속'을 입력하고 Enter를 누릅니다. C6:E6 범위에 자동으로 해당 거래처의 정보가 매칭되어 표시되는 것을 확인하세요.

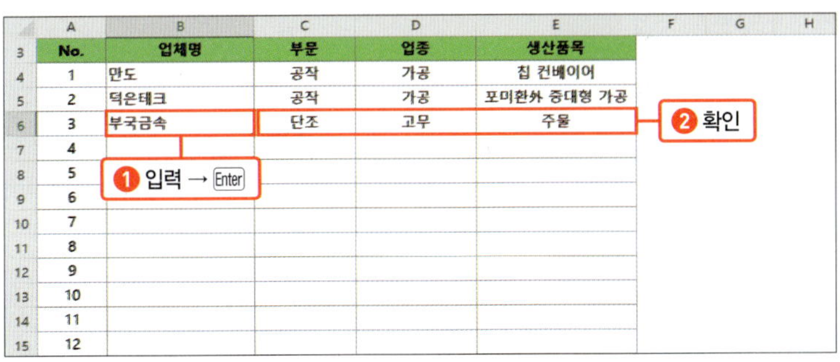

AI 실무 프로젝트 08 매출 자료로 마케팅 전략 세우기 – 코파일럿(Copilot)

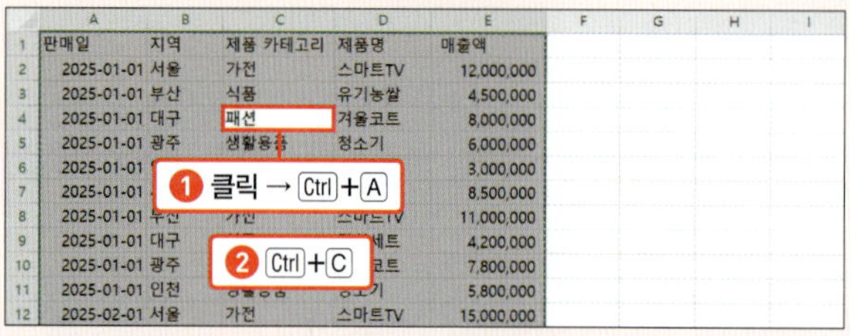

1 이 데이터를 이용해서 무엇을 해야 할지, 어떻게 할지 잘 모르겠으면 AI와 함께 대화해 볼까요? [Sheet1] 시트에서 데이터 영역에 있는 하나의 셀을 클릭하고 Ctrl+A를 누른 후 Ctrl+C를 눌러 전체 데이터 범위를 복사합니다.

2 윈도우 10이나 11 버전을 사용하고 있으면 작업 표시줄에서 코파일럿(Copilot)( )을 클릭합니다. 또는 코파일럿 웹 사이트(copilot.microsoft.com)에 접속해서 로그인하세요.

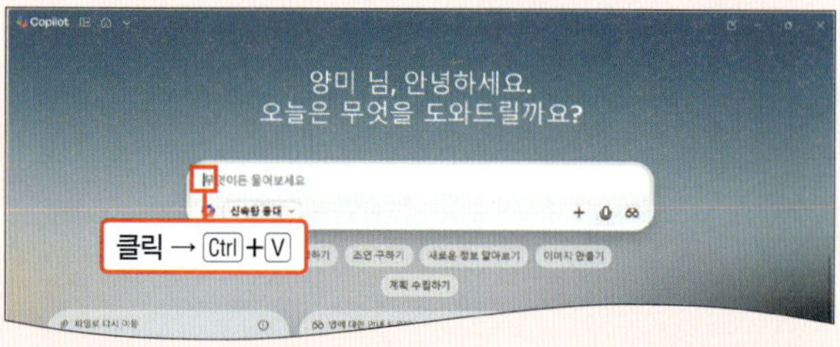

3 코파일럿의 채팅 창을 클릭하고 Ctrl+V를 눌러 엑셀 자료를 붙여넣습니다.

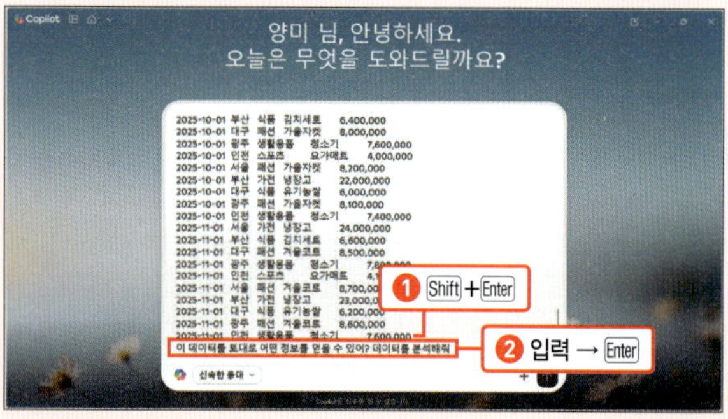

4 Shift+Enter를 눌러 다음 행으로 이동하고 다음 질문을 입력한 후 Enter를 누르세요.

> 이 데이터를 토대로 어떤 정보를 얻을 수 있어?
> 데이터를 분석해줘

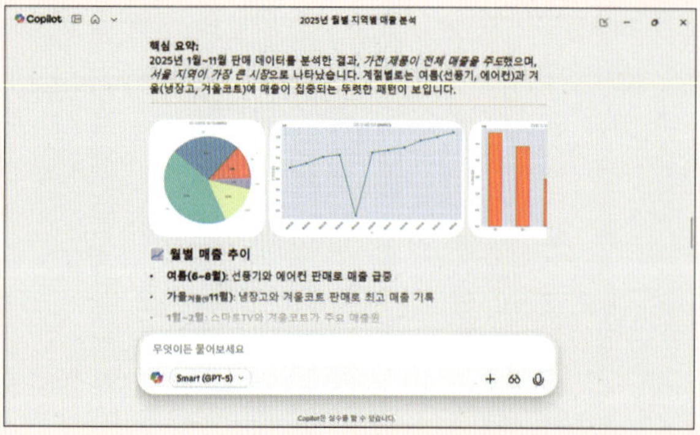

5 코파일럿이 알아서 데이터를 분석한 후 다양한 유형의 분석 자료를 보여줍니다. 이때 나타나는 내용이 조금씩 다를 수 있어요.

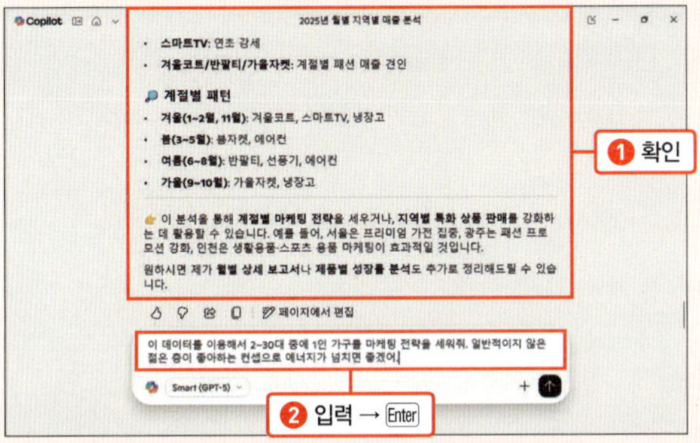

6 추가로 이 데이터를 이용한 마케팅 전략을 세우기 위해 다음 질문을 입력하고 Enter를 누릅니다.

> 이 데이터를 이용해서 2~30대 중에 1인 가구를 마케팅 전략을 세워줘. 일반적이지 않은 젊은 층이 좋아하는 컨셉으로 에너지가 넘치면 좋겠어.

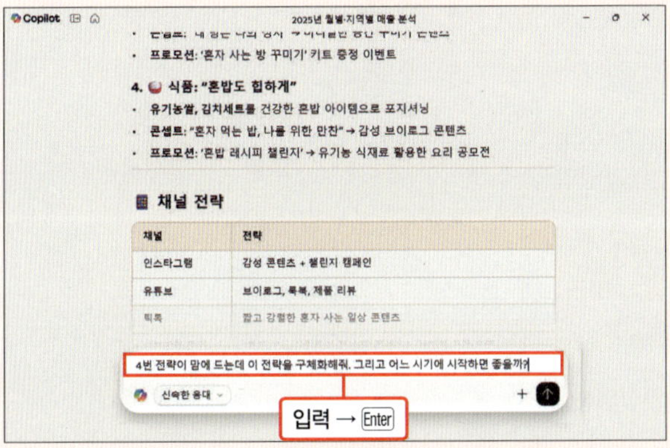

7 제안해 준 전략을 확인하고 계속해서 마음에 드는 전략에 대한 추가 전략을 입력한 후 Enter를 누릅니다.

> 4번 전략이 맘에 드는데 이 전략을 구체화해줘. 그리고 어느 시기에 시작하면 좋을까?

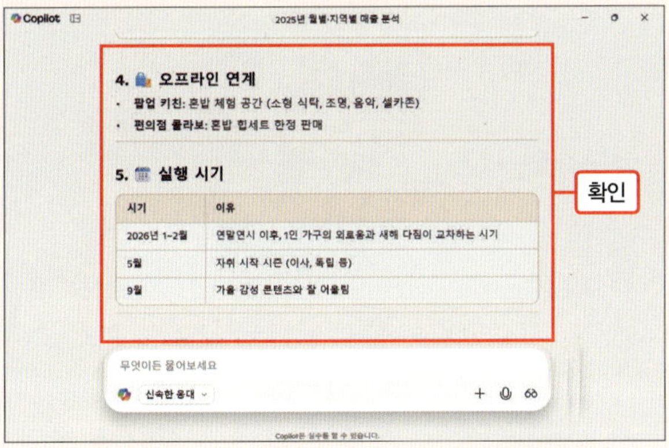

8 좀 더 구체적인 전략을 제안해 주고 물어보았던 마케팅 실행 시기까지 알려주면서 왜 그때가 좋은지도 알려줍니다. 이처럼 좀 더 구체적으로 심도 있게 질문을 추가하면서 원하는 마케팅 전략을 도출해 보세요.

SECTION

08

업무 효율성을 높이는 피벗 테이블 작성하기

데이터 분석을 위한 최적의 기능인 피벗 테이블은 행 방향과 열 방향으로 자유롭게 원하는 항목을 배치하면 여기에 맞게 자동으로 함수가 적용되어 간단하게 요약 자료를 만들 수 있습니다. 이번 섹션에서는 크로스탭 형식의 데이터를 만들 때 유용한 피벗 테이블이 가지고 있는 강력한 기능에 대해 자세히 살펴보겠습니다.

◉ **예제파일** : 지역과성별에따른인원수(준비).xlsx ◉ **완성파일** : 지역과성별에따른인원수(완성).xlsx

필수기능 01

지역과 성별에 따른 인원 분포 알아보기

1 영업 실적 데이터를 이용해서 지역과 성별을 구분한 후 각각 몇 명씩 배정되어 있는지 알아볼게요. [매출정보] 시트에서 데이터 영역에 있는 하나의 셀을 클릭하고 [삽입] 탭-[표] 그룹-[피벗 테이블]을 클릭하세요.

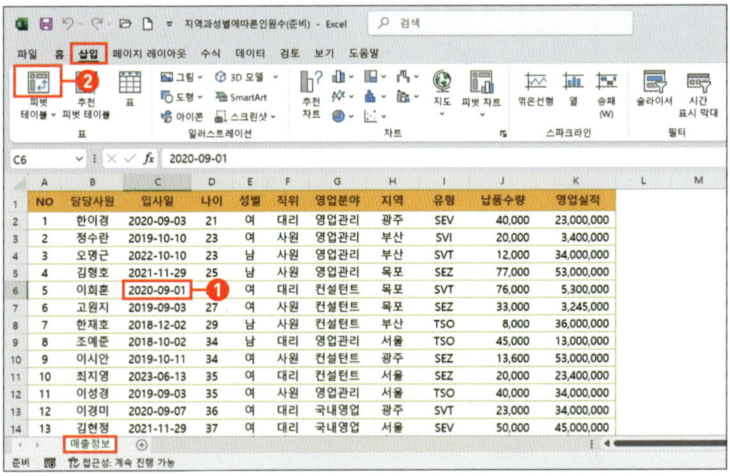

2 [표 또는 범위의 피벗 테이블] 대화상자가 열리면 '테이블 또는 범위 선택'의 '표/범위'에 데이터 영역이 자동으로 전체 데이터로 지정되었는지 확인합니다. '피벗 테이블을 배치할 위치를 선택합니다.'에서 [새 워크시트]를 선택하고 [확인]을 클릭하세요.

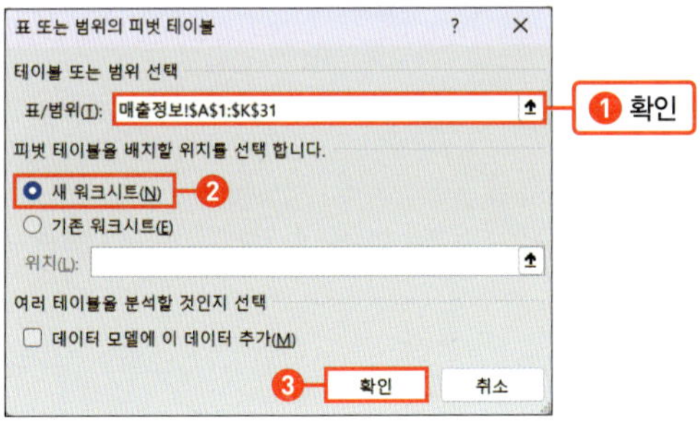

3 새로운 [Sheet1] 시트가 삽입되면서 화면의 오른쪽에 [피벗 테이블 필드] 창이 열리면 '보고서에 추가할 필드 선택'에서 [성별] 필드는 '열' 영역으로, [지역] 필드는 '행' 영역으로 드래그합니다. 세로 방향인 '행' 영역에 지역이 중복 제거되어 자동으로 표시되고 가로 방향인 '열' 영역에 성별이 중복 제거되어 표시되었습니다.

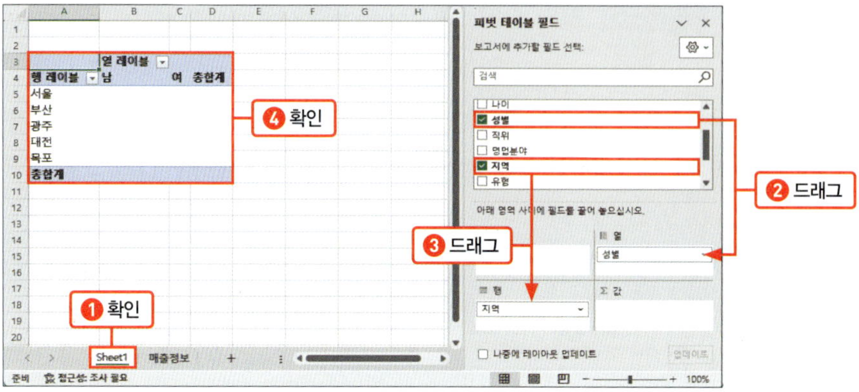

4 이런 레이아웃으로 몇 명씩 분포되어 있는지 인원수를 계산하기 위해 [피벗 테이블 필드] 창의 '보고서에 추가할 필드 선택'에서 [담당사원] 필드를 '값' 영역으로 드래그하세요. 가로 방향(열)과 세로 방향(행)이 만나는 곳에 각 지역과 성별에 해당하는 인원수가 구해졌는지 확인합니다.

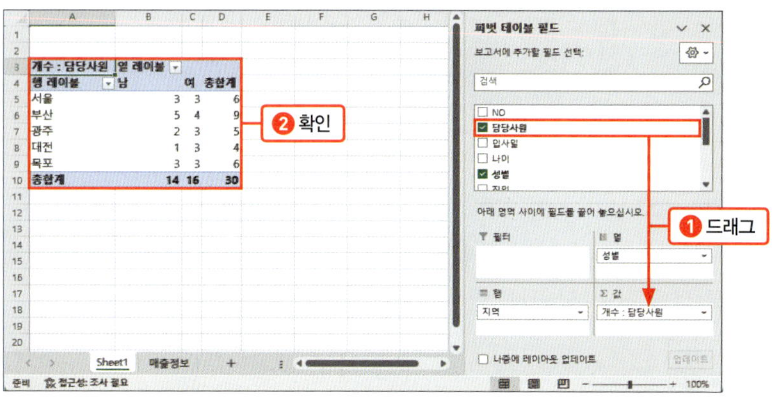

Tip

'값' 영역으로 드래그한 필드가 [납품수량], [영업실적] 필드처럼 숫자 필드이면 기본적으로 합계가, [담당사원]처럼 텍스트 필드이면 개수(인원수)가 구해집니다. 하지만 이때 적용된 함수를 합계, 평균, 최대값 등 다른 함수로 자유롭게 변경할 수 있는데, 이것에 대해서는 345쪽을 참고하세요.

2024 | M365 | 2021 | 2019 | 2016

◉ **예제파일** : 피벗테이블레이아웃변경(준비).xlsx ◉ **완성파일** : 피벗테이블레이아웃변경(완성).xlsx

필수기능 **02**

피벗 테이블의 레이아웃과 디자인 변경하기

1 기존에 작성한 피벗 테이블의 레이아웃을 변경해 볼게요. [Sheet1] 시트에서 피벗 테이블에 있는 하나의 셀을 클릭하고 [피벗 테이블 필드] 창의 '열' 영역에 배치된 [성별] 필드를 '행' 영역의 [지역] 필드 위로 드래그하세요.

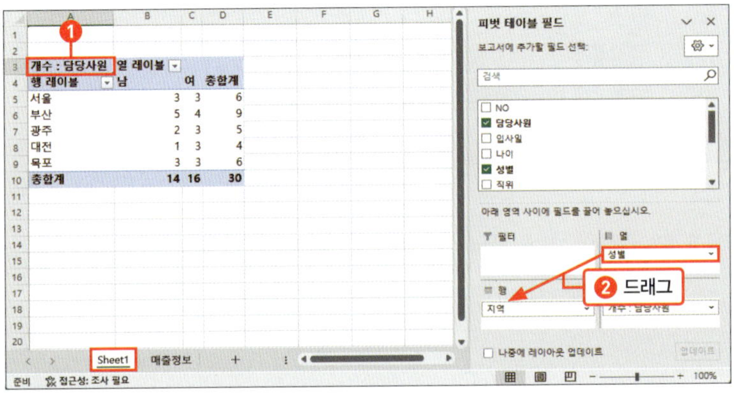

Tip
피벗 테이블 데이터를 클릭해도 [피벗 테이블 필드] 창이 화면의 오른쪽에 나타나지 않으면 [피벗 테이블 분석] 탭-[표시] 그룹-[필드 목록]을 클릭합니다. 사용자가 임의로 [피벗 테이블 필드] 창을 닫으면 이후부터는 자동으로 표시되지 않습니다.

2 세로 방향으로 성별이 표시되고 그 안에 소그룹으로 지역이 표시된 성별별, 지역별 데이터를 확인합니다. 인원수 대신 매출 실적의 합계를 표시하기 위해 '값' 영역에 배치된 [개수 : 담당사원] 필드를 클릭하고 [필드 제거]를 선택해서 지운 후 [피벗 테이블 필드] 창의 '보고서에 추가할 필드 선택'에서 [영업분야] 필드는 '열' 영역으로, [영업실적] 필드는 '값' 영역으로 드래그합니다.

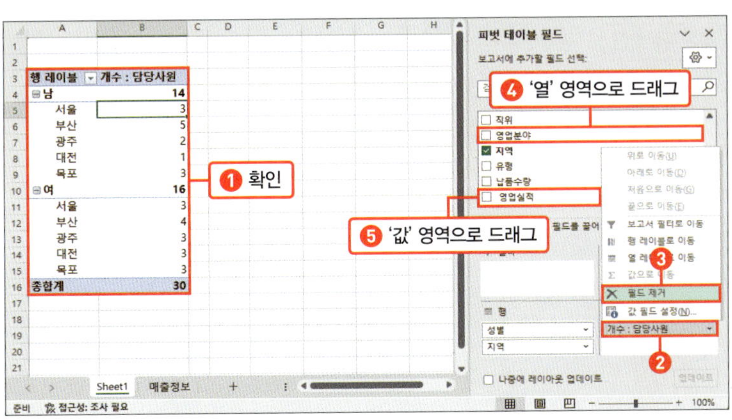

Tip
'행' 영역 또는 '열' 영역에 배치된 필드가 위에 있으면 대그룹으로, 그 아래에 배치하면 소그룹으로 설정됩니다. 그리고 언제든지 배치 순서만 바꾸면 레이아웃이 다시 자동으로 변경됩니다.

3 피벗 테이블에 각 영역에 배치된 필드에 맞게 자동으로 피벗 테이블의 레이아웃이 다시 설정되면서 데이터값이 재계산되어 영업 실적의 합계가 표시되었습니다. 디자인을 설정하기 위해 [디자인] 탭-[피벗 테이블 스타일] 그룹-[자세히] 단추(⊡)를 클릭하고 스타일 목록에서 '밝게'의 [연한 주황, 피벗 스타일 밝게 17]을 클릭합니다.

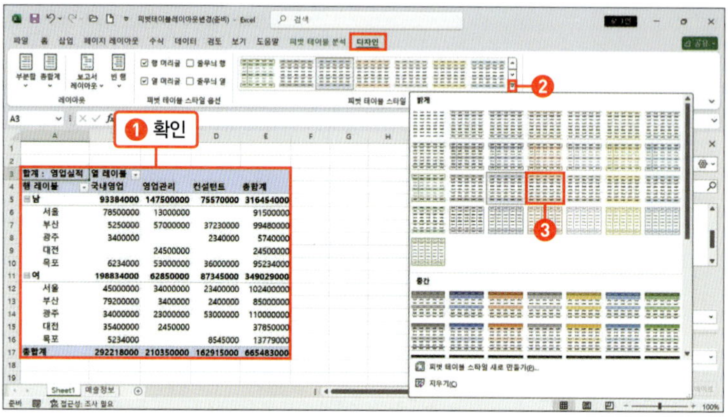

Tip

'값' 영역에 숫자 필드를 배치하면 자동으로 합계가 구해지고 텍스트 필드를 배치하면 기본적으로 개수가 구해집니다. 하지만 기본으로 표시된 합계나 개수에서 마우스 오른쪽 단추를 클릭하고 [값 요약 기준]을 클릭하면 언제든지 평균, 최댓값, 최솟값 등으로 변경할 수 있습니다. 엑셀 2021 이전 버전에서는 [피벗 테이블 도구]의 [디자인] 탭에서 피벗 스타일을 선택하세요.

4 피벗 테이블에 새로운 디자인이 적용되었으면 [디자인] 탭-[피벗 테이블 스타일 옵션] 그룹-[줄무늬 행]에 체크 표시하여 보기 좋게 피벗 테이블을 완성합니다.

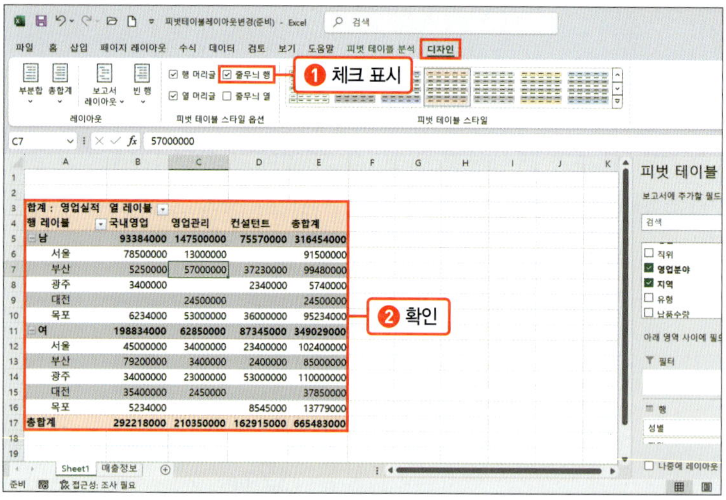

◉ **예제파일** : 적용할함수와표시형식지정(준비).xlsx ◉ **완성파일** : 적용할함수와표시형식지정(완성).xlsx

필수기능 03 피벗 테이블에 적용할 함수와 값 표시 형식 지정하기

1 피벗 테이블에 표시된 값에 적용할 함수를 변경해 볼게요. [Sheet1] 시트의 피벗 테이블에서 납품 수량의 합계가 구해진 '합계 : 영업실적' 항목에 있는 하나의 셀에서 마우스 오른쪽 단추를 클릭하고 [값 요약 기준]-[평균]을 선택하세요.

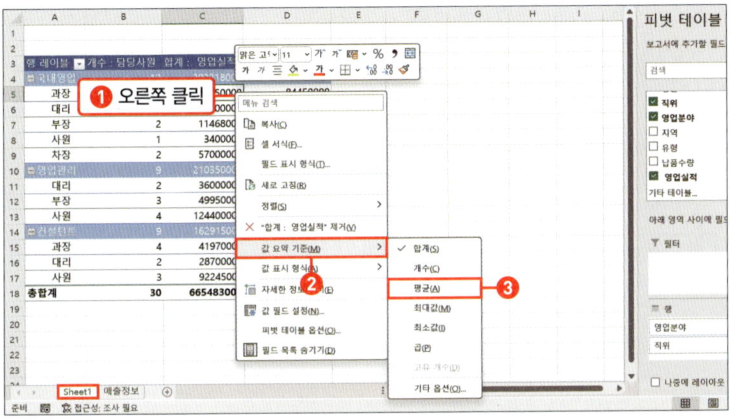

Tip

[합계], [개수], [평균], [최대값], [최소값] 중에서 적용할 함수를 선택하면 조건에 만족하는 값만 이용한 결괏값으로 손쉽게 바꿀 수 있습니다.

2 이전에 합계가 구해진 C열의 '영업실적' 항목의 데이터가 모두 평균으로 변경되었으면 값 표시 형식을 변경해 볼게요. '평균 : 영업실적' 항목에 있는 하나의 셀에서 마우스 오른쪽 단추를 클릭하고 [필드 표시 형식]을 선택하세요.

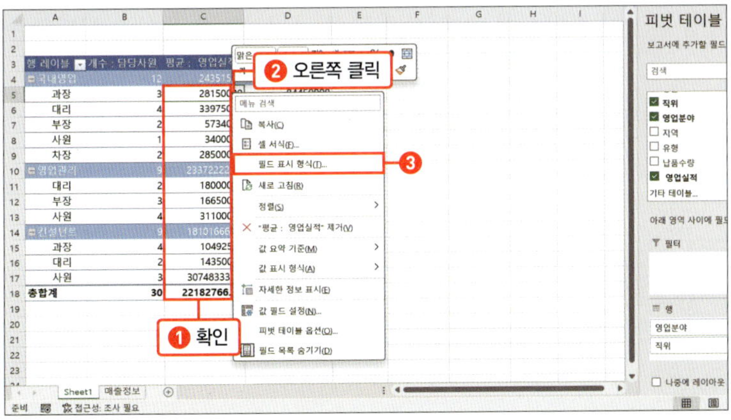

3 [셀 서식] 대화상자의 [표시 형식] 탭이 열리면 '범주'에서 [사용자 지정]을 선택하고 '형식'에 '#,##0_-'을 입력한 후 [확인]을 클릭합니다.

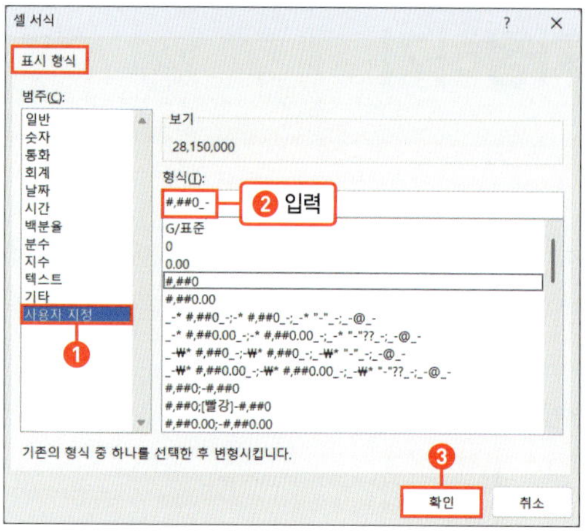

Tip

'형식' 목록에서 [#,##0]을 선택하고 그 뒤에 '_-'을 입력해도 됩니다. 사용자 지정 표시 형식에 대해서는 63쪽을 참고하세요.

4 '평균 : 영업실적' 항목의 데이터에 천 단위마다 콤마가 표시되고 숫자값 뒤에 공백이 1칸 표시되었습니다. D열의 '합계 : 영업실적2' 항목에 있는 하나의 셀에서 마우스 오른쪽 단추를 클릭하고 [값 표시 형식]-[총합계 비율]을 선택하세요.

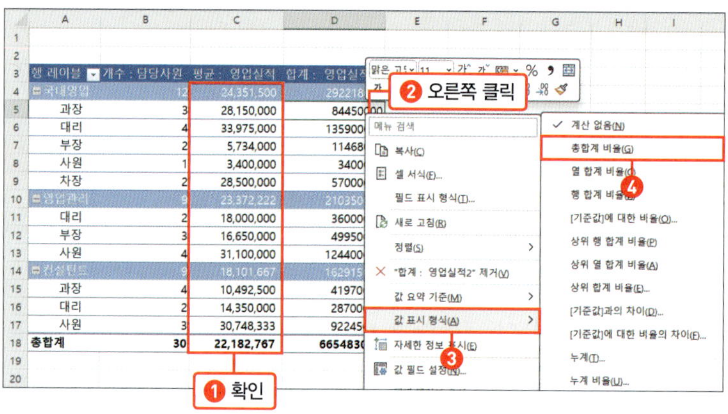

5 '합계 : 영업실적2' 항목에 영업 실적의 총합계에 따라 각 항목이 차지하는 비율이 표시되었는지 확인합니다.

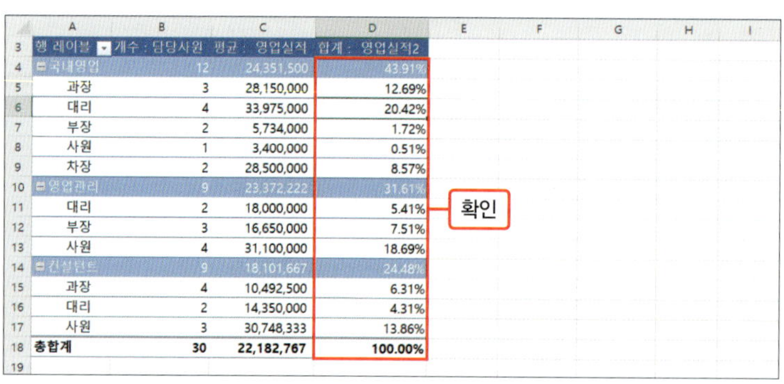

◉ **예제파일** : 부분합위치변경(준비).xlsx ◉ **완성파일** : 부분합위치변경(완성).xlsx

필수기능 04

부분합의 위치와 사용할 함수 변경하기

1 [Sheet1] 시트에 작성된 피벗 테이블에서 5행과 9행에 표시된 부분합(소계)에만 다른 함수를 적용해 볼게요. 부분합이 표시된 A5셀이나 A9셀을 클릭하고 [피벗 테이블 분석] 탭-[활성 필드] 그룹-[필드 설정]을 클릭하세요.

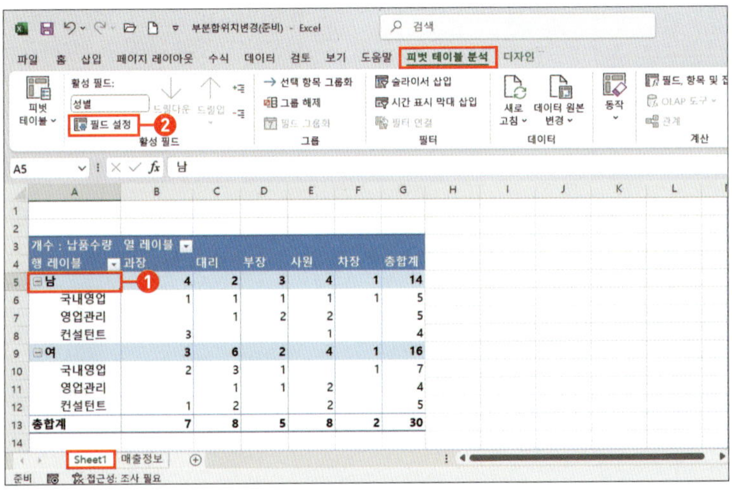

Tip
엑셀 2021 이전 버전에서는 [피벗 테이블 도구]의 [디자인] 탭에서 선택하세요.

2 [필드 설정] 대화상자가 열리면 [부분합 및 필터] 탭에서 '소계'의 [사용자 지정]을 선택하고 사용할 함수로 [합계]를 선택한 후 [확인]을 클릭하세요.

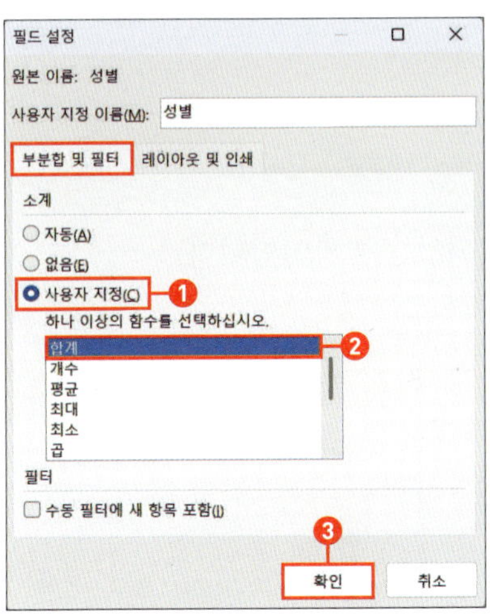

Tip
[부분합 및 필터] 탭의 '소계'에서 [없음]을 선택하면 피벗 테이블에 표시된 부분합 값을 없앨 수 있습니다.

3 이전에 피벗 테이블의 부분합에 표시되었던 개수 대신 합계로 바뀌었는지 확인합니다. 부분합으로 여러 함수를 적용하기 위해 부분합이 표시된 A5셀이나 A9셀을 클릭하고 [피벗 테이블 분석] 탭-[활성 필드] 그룹-[필드 설정]을 클릭하세요.

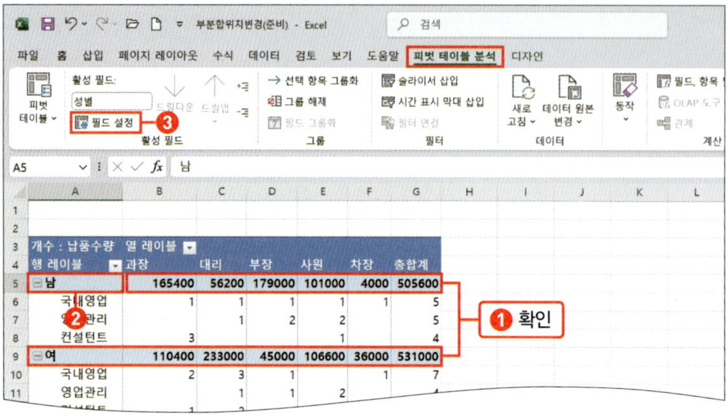

> **Tip**
> 엑셀 2021 이전 버전에서는 [피벗 테이블 도구]의 [디자인] 탭에서 선택하세요. 그리고 A5셀이나 A10셀에서 마우스 오른쪽 단추를 클릭하고 [필드 설정]을 선택해도 됩니다.

4 [필드 설정] 대화상자가 열리면 [부분합 및 필터] 탭에서 '소계'의 [사용자 지정]에 적용할 함수를 하나 이상 선택해 볼게요. 여기서는 [평균]을 선택해서 [합계]와 [평균]이 선택되었는지 확인하고 [확인]을 클릭하세요.

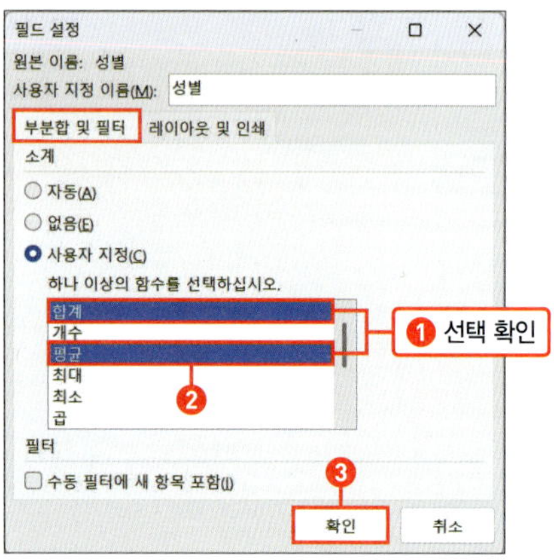

5 피벗 테이블에 표시된 부분합으로 합계와 평균이 모두 표시되었는지 확인합니다.

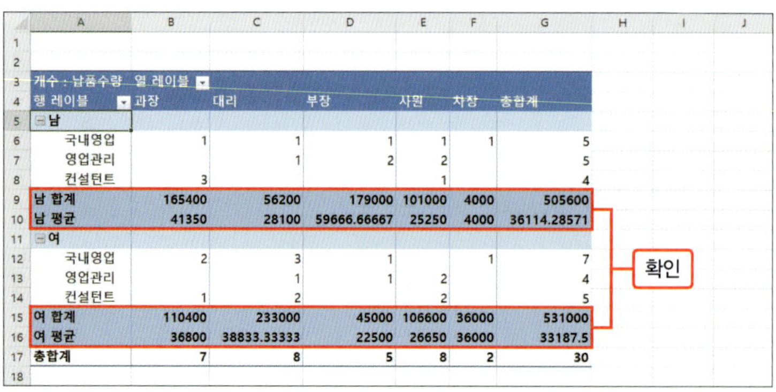

> **Tip**
> A5셀이나 A11셀에서 마우스 오른쪽 단추를 클릭하고 ["성별" 부분합]을 선택하면 표시된 모든 부분합 함수를 제거할 수 있습니다.

◉ **예제파일** : 값없는항목도표시(준비).xlsx ◉ **완성파일** : 값없는항목도표시(완성).xlsx

필수기능

05 값이 없는 항목도 목록에 표시하기

1 [Sheet1] 시트에 작성된 피벗 테이블에서 '영업분야'별로 '지역'이 표시된 행 영역의 데이터를 살펴볼게요. 지역으로는 서울, 대전, 광주, 부산, 목포가 있는데, '국내영업'에 해당하는 지역으로 '서울'에는 항목이 없어서 표시가 안 된 것입니다. 값이 없어도 항목이 표시되도록 설정하려면 지역이 표시된 B5:B8 범위나 B10:B12 범위, B14:B17 범위에 있는 하나의 셀을 클릭하고 [피벗 테이블 분석] 탭-[활성 필드] 그룹-[필드 설정]을 클릭하세요.

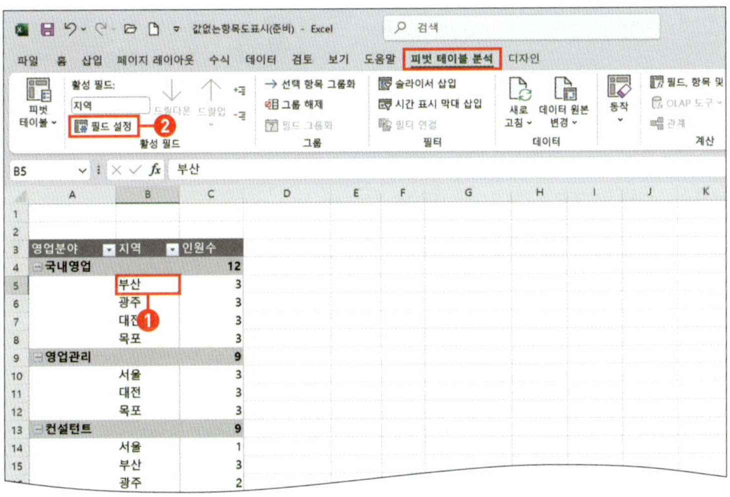

Tip
엑셀 2021 이전 버전에서는 [피벗 테이블 도구]의 [디자인] 탭에서 선택하세요.

2 [필드 설정] 대화상자가 열리면 [레이아웃 및 인쇄] 탭에서 '레이아웃'의 [데이터가 없는 항목 표시]에 체크 표시하고 [확인]을 선택하세요.

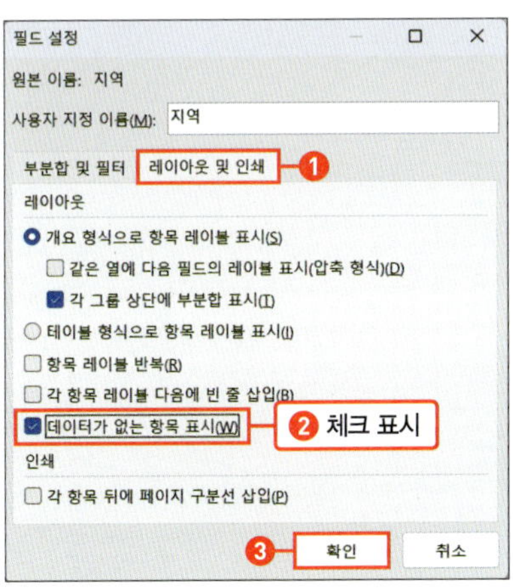

3 '국내영업'에 해당하는 지역 목록 중 이전에는 표시되지 않았던 '서울'이 표시되고 '영업관리'에도 이전에 표시되지 않았던 '부산'과 '광주'가 해당하는 값이 없어도 표시되면서 '인원수' 항목에는 빈 셀로 표시되었습니다. 빈 셀에 '0'을 표시하기 위해 피벗 테이블에 있는 하나의 셀에서 마우스 오른쪽 단추를 클릭하고 [피벗 테이블 옵션]을 선택하세요.

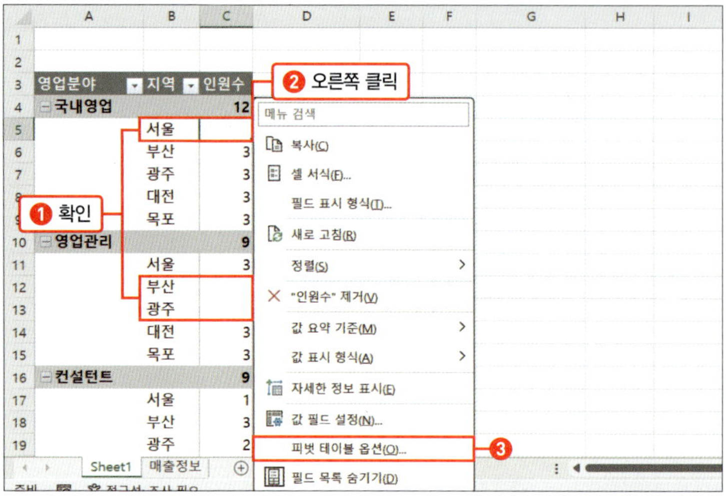

Tip
[피벗 테이블 분석] 탭-[피벗 테이블] 그룹-[옵션]을 클릭해도 됩니다.

4 [피벗 테이블 옵션] 대화상자가 열리면 [레이아웃 및 서식] 탭의 '서식'에서 [빈 셀 표시]의 체크 표시를 해제하고 [확인]을 선택하세요.

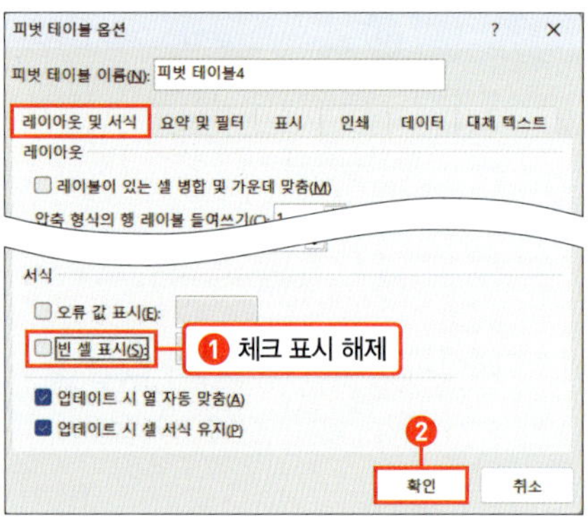

Tip
[빈 셀 표시]에 체크 표시한 상태에서 왼쪽의 입력 상자에 직접 표시할 값으로 '0'을 입력해도 됩니다. 또는 '없음'을 입력하면 빈 셀일 때 '없음'이라는 텍스트를 표시할 수도 있어요.

5 빈 셀로 표시되었던 인원수에 '0'이 채워졌는지 확인하세요.

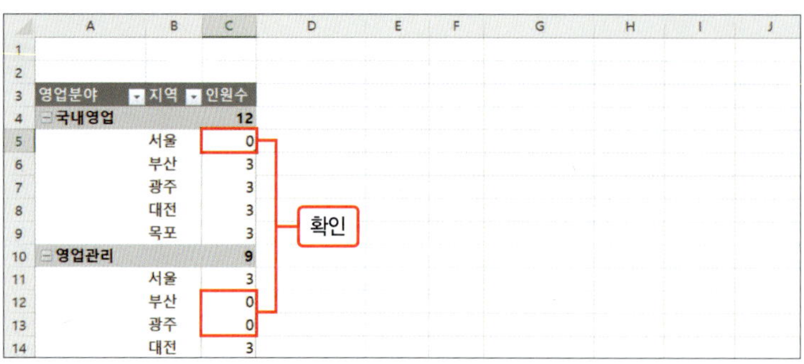

◉ **예제파일** : 피벗테이블에사용된데이터추출(준비).xlsx ◉ **완성파일** : 피벗테이블에사용된데이터추출(완성).xlsx

필수기능 06

피벗 테이블의 결괏값에 사용된 데이터만 추출하기

1 각 지역에 따라 직위별로 인원수를 피벗 테이블로 요약했는데, [Sheet1] 시트의 C7셀을 살펴보면 '서울' 지역의 '대리'가 4명인 것을 알 수 있습니다. 이 4명의 서울 지역 대리가 누구인지 확인하기 위해 피벗 테이블에서 결괏값이 표시된 C7셀을 더블클릭하세요.

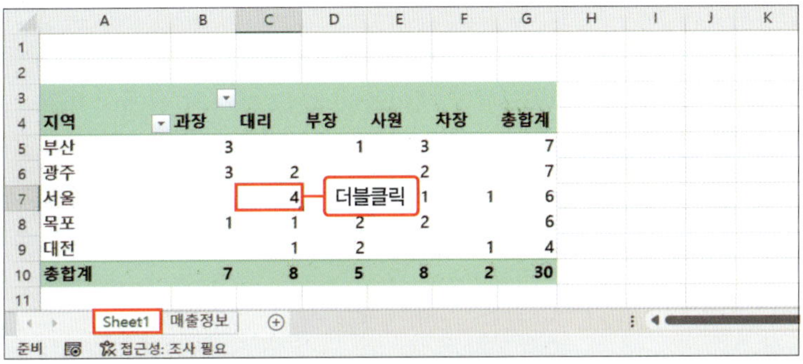

2 새로운 시트가 삽입되면서 원본 데이터 테이블에서 C7셀의 결괏값에 해당하는 '서울' 지역에서 직위가 '대리'인 데이터만 자동으로 추출되었습니다.

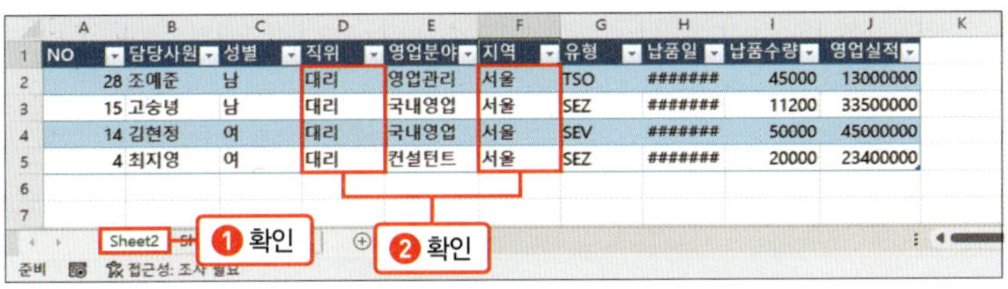

3 [Sheet1] 시트를 클릭하고 피벗 테이블에서 '광주' 지역을 담당하는 사원들을 모두 알아보기 위해 '광주' 지역의 총합계가 표시된 G6셀을 더블클릭합니다.

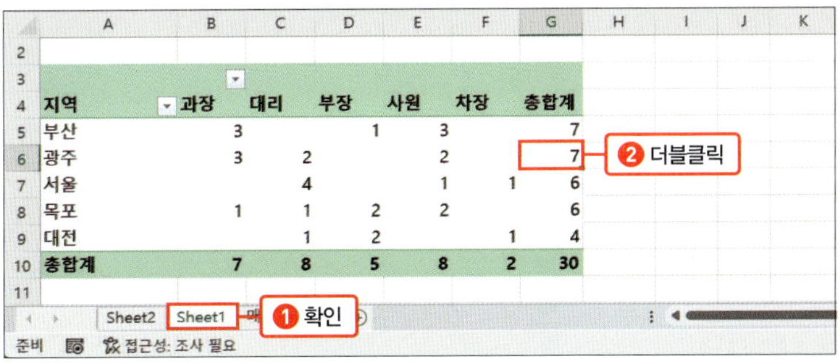

4 새로운 시트가 삽입되면서 G6셀에 값을 계산하기 위해 사용한 광주 지역 데이터를 추출해서 자동으로 표시된 결과를 확인합니다.

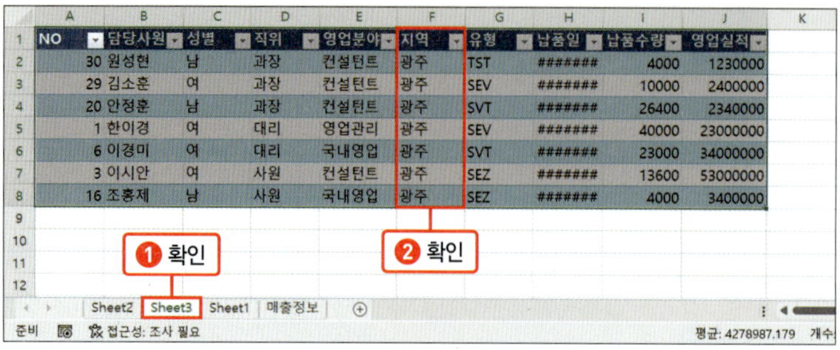

5 피벗 테이블의 값을 더블클릭할 때마다 새로운 시트에 데이터가 추출되는 것이 불편하면 이 기능을 해제할 수 있습니다. [Sheet1] 시트를 클릭하고 피벗 테이블에 있는 하나의 셀에서 마우스 오른쪽 단추를 클릭한 후 [피벗 테이블 옵션]을 선택하세요.

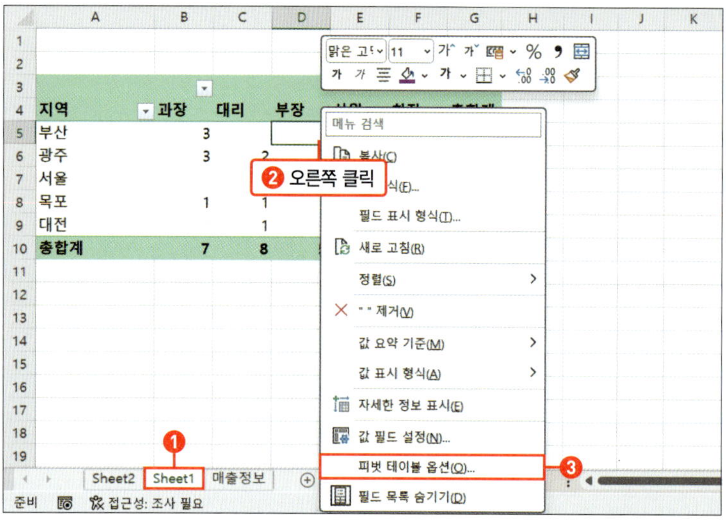

Tip
[피벗 테이블 분석] 탭–[피벗 테이블] 그룹–[옵션]을 클릭해도 됩니다.

6 [피벗 테이블 옵션] 대화상자가 열리면 [데이터] 탭을 선택하고 '피벗 테이블 데이터'에서 [하위 수준 표시 사용]의 체크 표시를 해제한 후 [확인]을 클릭합니다.

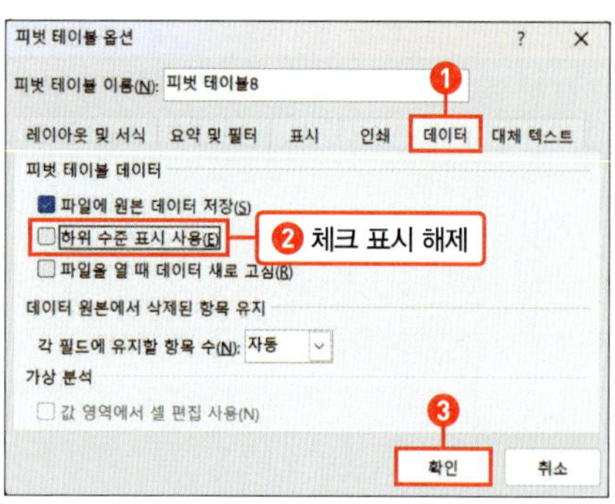

7 이전과 같이 '광주' 지역을 담당하는 사원들을 모두 알아보기 위해 '광주' 지역의 총합계가 표시된 G6셀을 더블클릭합니다.

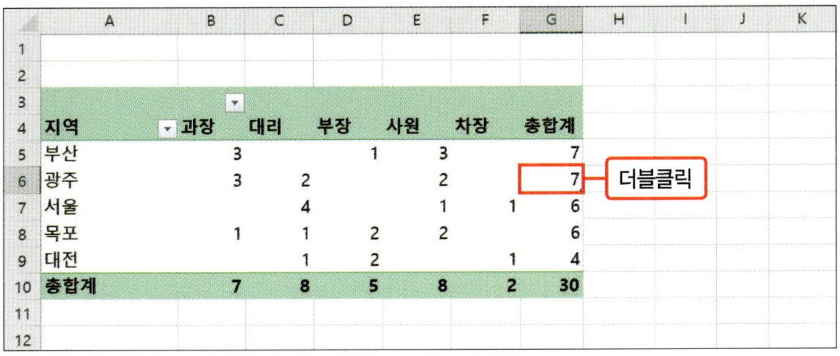

8 새로운 시트에 데이터가 추출되지 않고 피벗 테이블에서 이 부분을 변경할 수 없다는 경고 메시지 창이 열리면 확인한 후 [확인]을 클릭합니다.

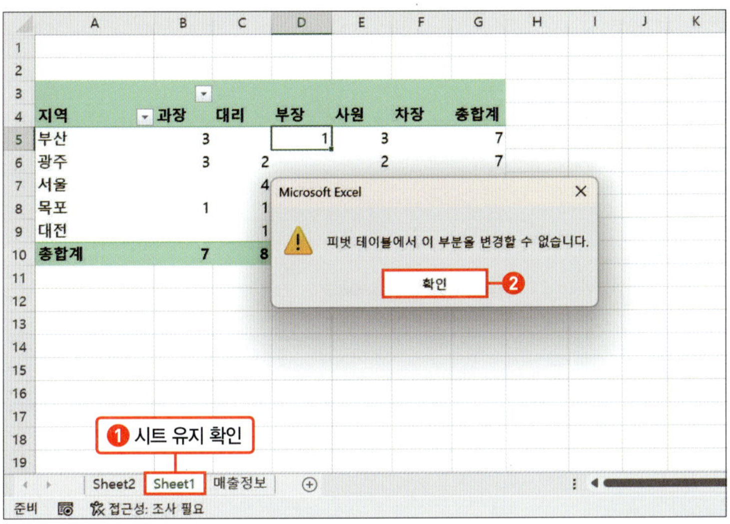

2024 M365 2021 2019 2016

◉ **예제파일** : 원하는순서대로정렬(준비).xlsx ◉ **완성파일** : 원하는순서대로정렬(완성).xlsx

필수기능

07 원하는 순서대로 목록 정렬하기

1 [Sheet1] 시트에 작성된 피벗 테이블에서 '행' 영역이나 '열' 영역에 표시된 목록을 원하는 순서대로 정렬해 볼게요. '서울', '부산', '광주' 등이 표시된 하나의 셀에서 마우스 오른쪽 단추를 클릭하고 [정렬]에서 [텍스트 내림차순 정렬]이나 [텍스트 오름차순 정렬]을 선택하세요.

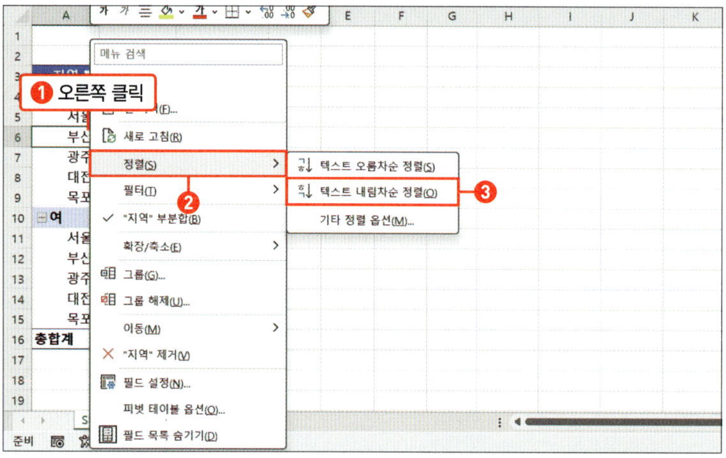

2 지역 목록을 내림차순으로 정렬한 결과입니다. 이때 내림차순 또는 오름차순이 아니라 원하는 순서대로 직접 지정해서 표시하려면 [파일] 탭-[옵션]을 선택하세요.

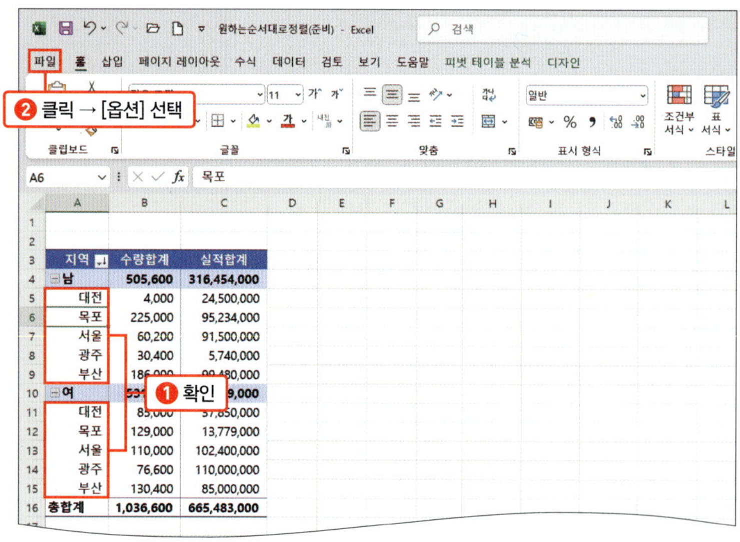

3 [Excel 옵션] 대화상자가 열리면 [고급] 범주를 선택하고 아래쪽으로 이동한 후 '일반'의 [사용자 지정 목록 편집]을 클릭하세요.

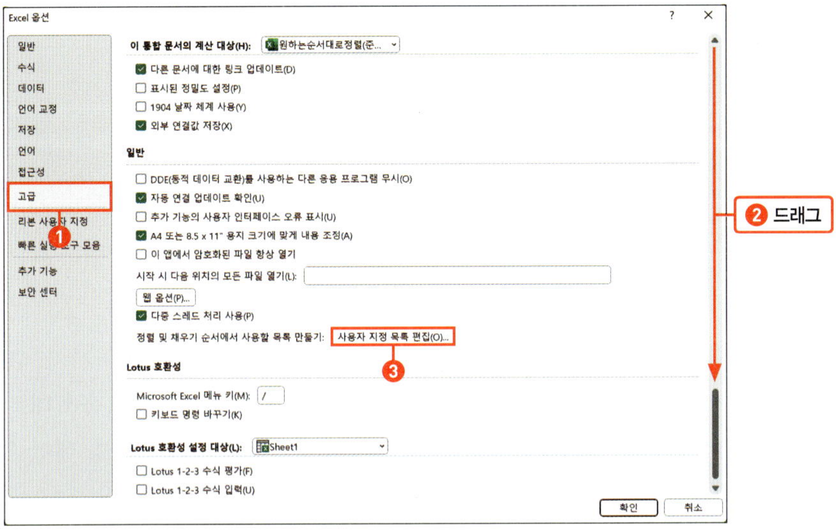

4 [사용자 지정 목록] 대화상자가 열리면 [사용자 지정 목록] 탭의 '목록 항목'에 원하는 정렬 순서인 '부산', '광주', '서울', '목포', '대전'을 차례대로 입력하고 [추가]를 선택합니다. '사용자 지정 목록'에 추가된 목록을 확인하고 [확인]을 클릭하세요.

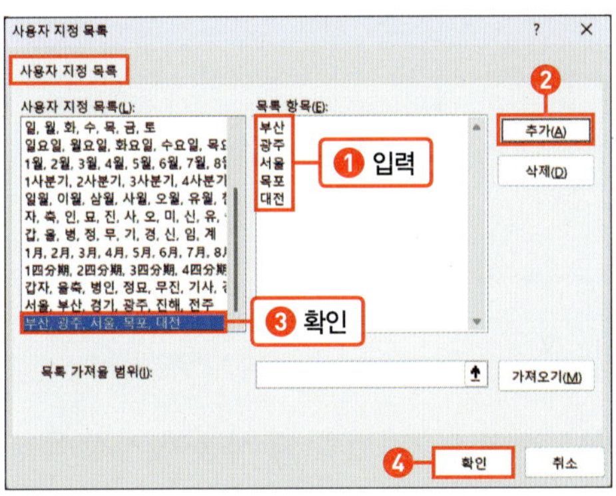

5 [Excel 옵션] 대화상자로 되돌아오면 [확인]을 클릭하세요.

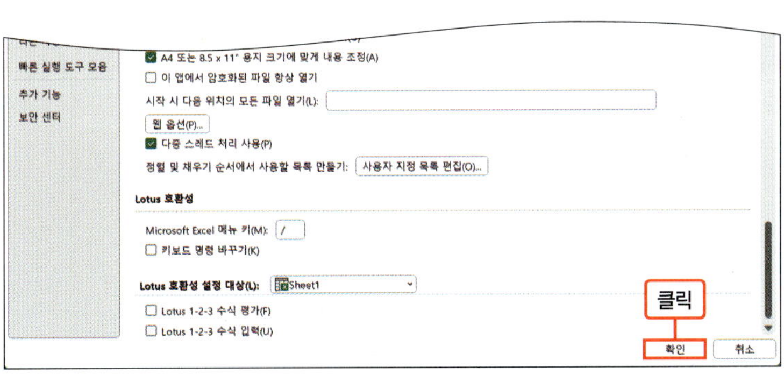

6 피벗 테이블에 표시된 지역에서 마우스 오른쪽 단추를 클릭하고 [정렬]-[텍스트 오름차순 정렬]을 선택하세요.

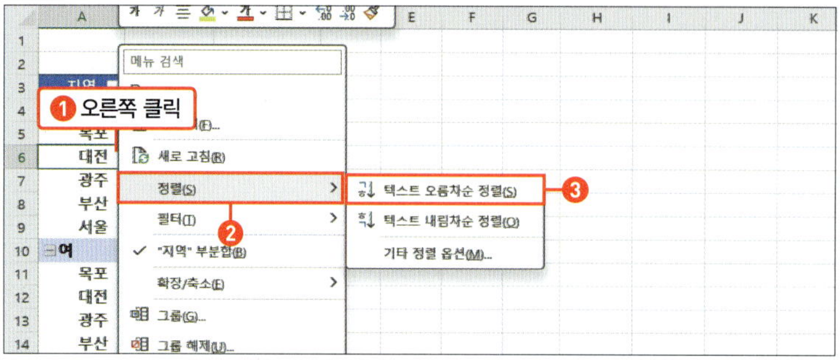

7 이제 **4** 과정에서 입력했던 지역 순으로 목록이 정렬되었습니다. 만약 목록이 원하는 순서대로 정렬되지 않았거나 사용자 지정 목록 순서가 아닌 단순한 오름차순으로 정렬하려면 피벗 테이블에 있는 하나의 셀에서 마우스 오른쪽 단추를 클릭하고 [피벗 테이블 옵션]을 선택하세요.

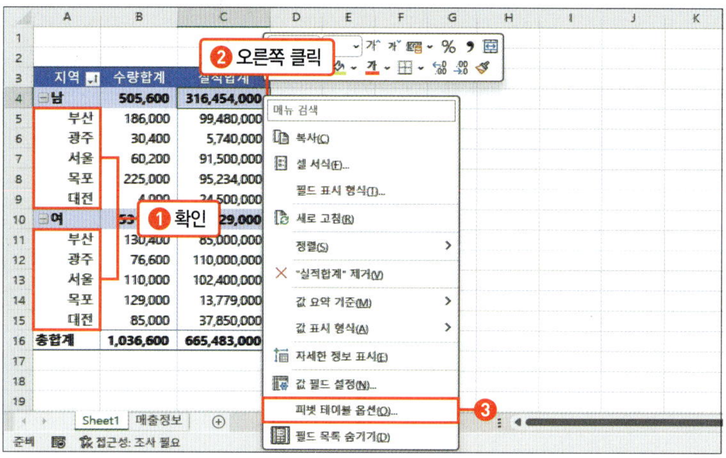

Tip

[피벗 테이블 분석] 탭-[피벗 테이블] 그룹-[옵션]을 클릭해도 됩니다.

8 [피벗 테이블 옵션] 대화상자의 [요약 및 필터] 탭에서 '정렬'의 [정렬할 때 사용자 지정 목록 사용]에 체크 표시되어 있으면 **4** 과정에서 지정한 목록 순서대로 정렬됩니다. 반면 체크 표시를 해제하면 단순히 오름차순이나 내림차순으로 정렬됩니다.

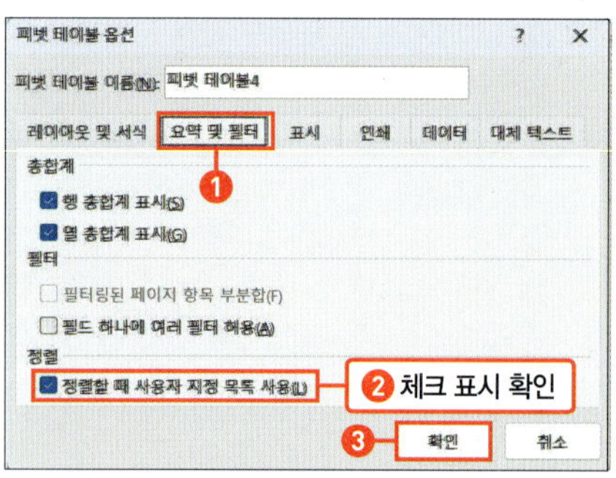

◉ **예제파일** : 새로운계산필드추가(준비).xlsx ◉ **완성파일** : 새로운계산필드추가(완성).xlsx

현장실무 08

피벗 테이블에 새로운 계산 필드 추가하기

1 원본 데이터에 없는 필드를 피벗 테이블에서 추가해 볼게요. [Sheet1] 시트에서 피벗 테이블에 있는 하나의 셀을 클릭하고 [피벗 테이블 분석] 탭-[계산] 그룹-[필드, 항목 및 집합]을 클릭한 후 [계산 필드]를 선택하세요.

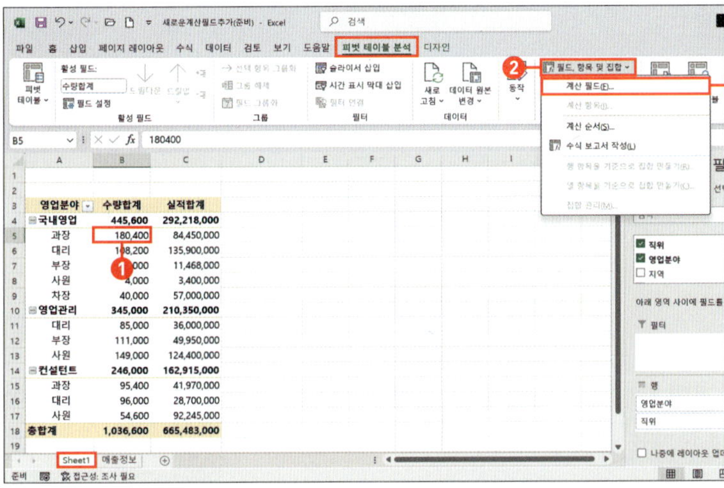

💡 **Tip**

엑셀 2021 이전 버전에서는 [피벗 테이블 도구]의 [디자인] 탭에서 선택하세요.

2 [계산 필드 삽입] 대화상자가 열리면 '이름'에 새로 추가할 필드 이름으로 '단가'를 입력하고 '수식'의 입력 상자에 있는 데이터를 지운 후 '필드'에서 [영업실적]을 더블클릭합니다. '=영업실적'이 표시되면 뒤에 '/'를 입력하고 다시 '필드'에서 [납품수량]을 더블클릭합니다. '수식'에 '=영업실적/납품수량'이 입력되었으면 [확인]을 클릭하세요.

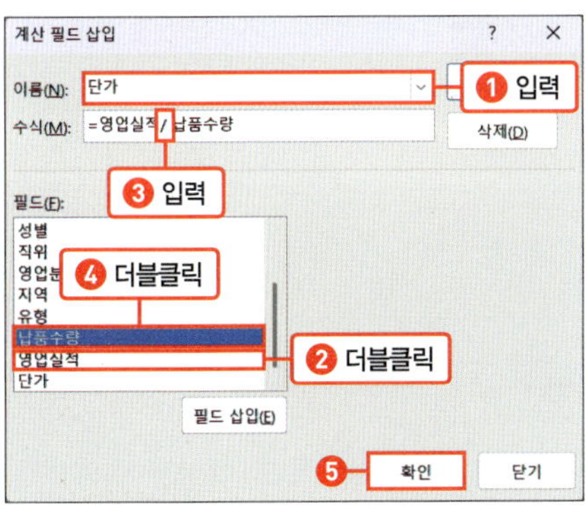

3 D열에 계산 필드인 '합계 : 단가' 필드가 새롭게 추가되면서 '영업실적' 필드값을 '납품수량' 필드값으로 나눈 결괏값이 표시되었습니다. [피벗 테이블 분석] 탭-[계산] 그룹-[필드, 항목 및 집합]을 클릭하고 [수식 보고서 작성]을 선택하세요.

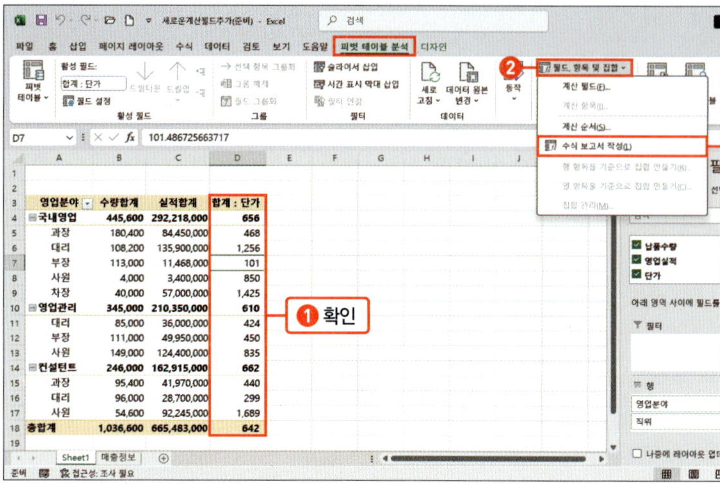

Tip
엑셀 2021 이전 버전에서는 [피벗 테이블 도구]의 [디자인] 탭에서 선택하세요.

4 새로운 시트가 삽입되면서 피벗 테이블에 삽입된 계산 필드 목록이 표시되어 어떤 필드가 어떤 수식으로 사용되었는지 쉽게 살펴볼 수 있습니다.

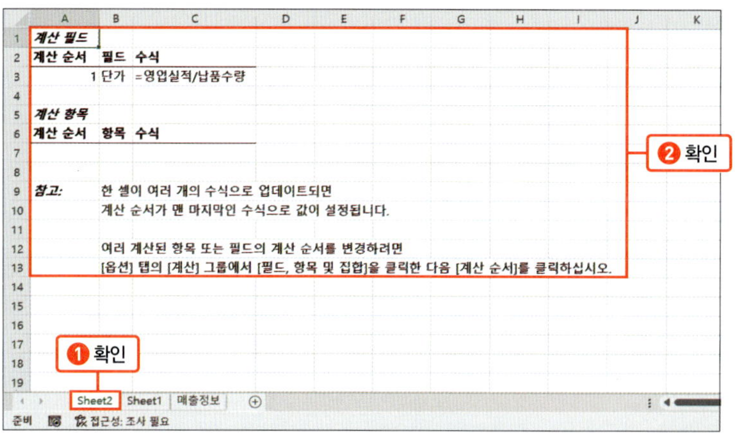

◉ **예제파일** : 슬라이서로데이터필터링(준비).xlsx ◉ **완성파일** : 슬라이서로데이터필터링(완성).xlsx

현장실무

09 슬라이서로 데이터 필터링하기

1 슬라이서를 활용해 피벗 테이블의 '필터' 영역에 필드를 배치하여 전체 데이터 중에서 원하는 데이터만 필터링해 볼게요. [Sheet1] 시트에서 피벗 테이블에 있는 하나의 셀을 클릭하고 [피벗 테이블 분석] 탭-[필터] 그룹-[슬라이서 삽입]을 클릭하세요.

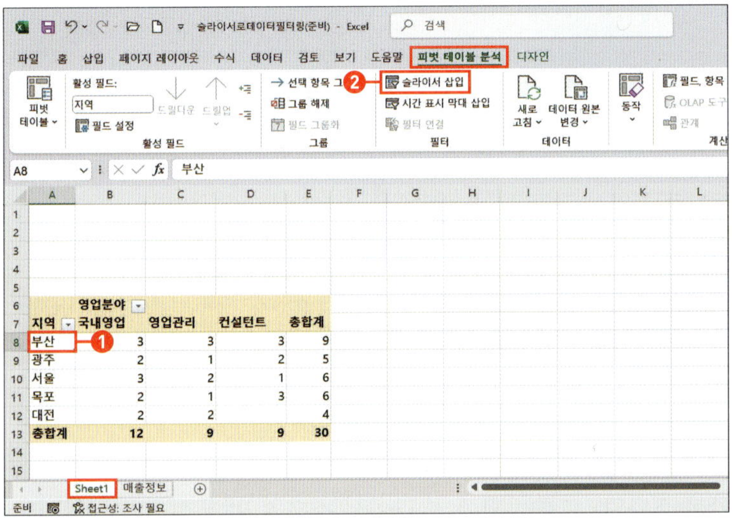

Tip
엑셀 2021 이전 버전에서는 [피벗 테이블 도구]의 [디자인] 탭에서 선택하세요.

2 [슬라이서 삽입] 대화상자가 열리면 필드 목록에서 필터링에 사용할 필드에 체크 표시합니다. 여기서는 [성별]과 [직위]에 체크 표시하고 [확인]을 클릭하세요.

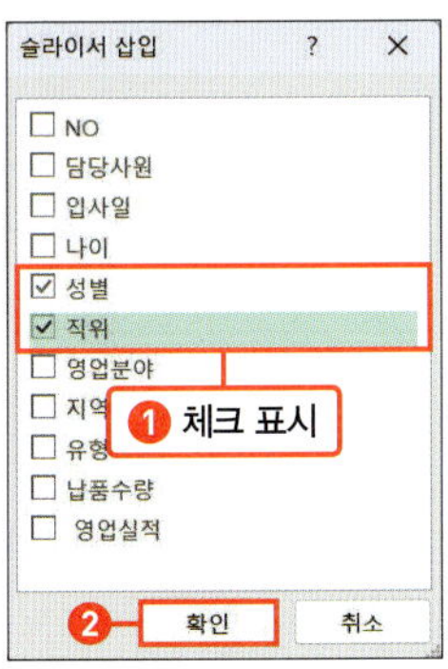

3 [성별] 슬라이서와 [직위] 슬라이서가 표시되었으면 [성별] 슬라이서를 선택하고 [슬라이서] 탭-[단추] 그룹-'열'에 '2'를 입력한 후 [슬라이서] 탭-[슬라이서 스타일] 그룹-[연한 녹색, 슬라이서 스타일 밝게 6]을 클릭합니다. [성별] 슬라이서에 표시된 항목값이 보이게 너비와 높이를 조절하고 피벗 테이블의 왼쪽 위에 있는 1~5행으로 드래그해 위치를 이동하세요.

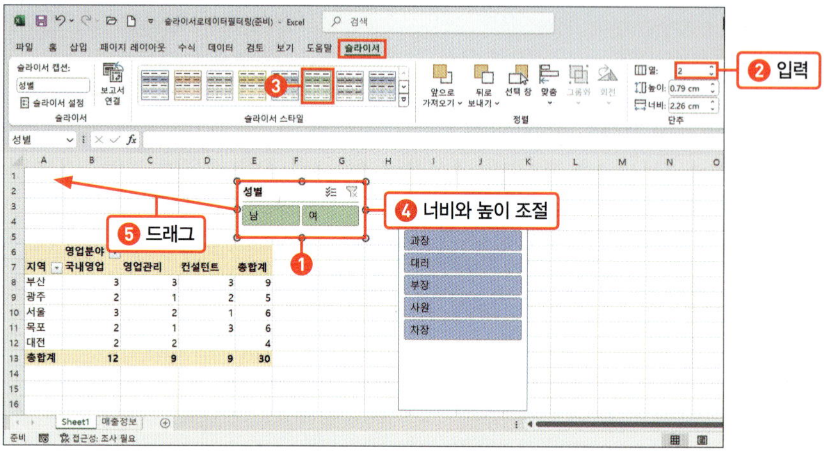

Tip

슬라이서에서 표시된 성별이나 직위 목록의 순서는 각자 사용하고 있는 엑셀 프로그램의 설정된 상태에 따라 다르게 나타날 수 있습니다. 만약 [사용자 지정 목록] 대화상자의 '사용자 지정 목록'에 원하는 순서를 지정했으면 그 순서대로 목록이 나타납니다. '사용자 지정 목록'에 대해서는 303쪽과 353쪽을 참고하세요.

4 이와 같은 방법으로 [직위] 슬라이서를 선택하고 [슬라이서] 탭-[단추] 그룹-'열'에 '5'를 입력한 후 [슬라이서] 탭-[슬라이서 스타일] 그룹-[흰색, 슬라이서 스타일 밝게 3]을 클릭합니다. [직위] 슬라이서에 표시된 항목값이 보이게 너비는 넓히고 높이는 줄인 후 [성별] 슬라이서의 옆쪽으로 드래그하세요.

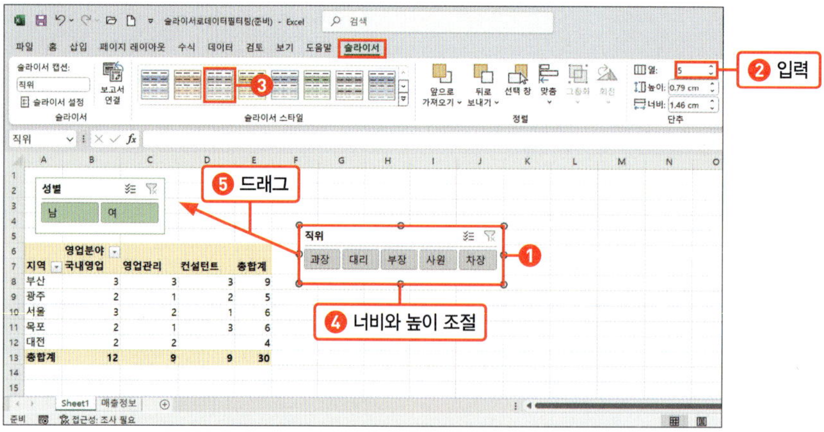

5 [성별] 슬라이서에서 [남]을 클릭하고 [직위] 슬라이서에서 [다중 선택] 단추(☰)를 클릭한 후 [대리], [부장], [사원]만 선택하여 해당 데이터만 필터링합니다. 이때 [직위] 슬라이서의 필터링만 해제하기 위해 [직위] 슬라이서에서 [필터 해제] 단추(⊠)를 클릭하세요.

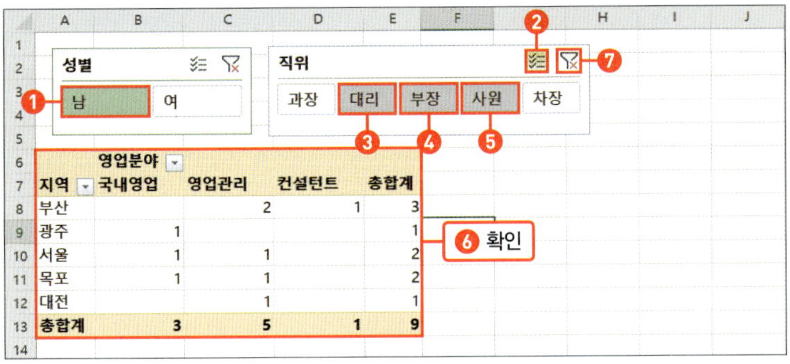

> **Tip**
> [다중 선택]은 엑셀 2016 버전부터 지원하는 기능으로, 슬라이서에서 [다중 선택] 단추(☰)를 클릭하면 슬라이서에 표시된 여러 개의 항목 값을 동시에 선택할 수 있습니다. [다중 선택] 단추(☰)를 다시 클릭해서 선택을 해제하면 한 번에 하나의 항목만 선택할 수 있어요.

6 [직위] 슬라이서에 설정된 필터링은 해제되고 '성별'이 [남자]인 데이터만 필터링되어 피벗 테이블이 다시 계산되었습니다. 슬라이서를 이용하면 시트에 항목을 펼쳐놓고 직관적으로 선택할 수 있어서 피벗 테이블의 '필터' 영역을 사용하는 것보다 편리합니다.

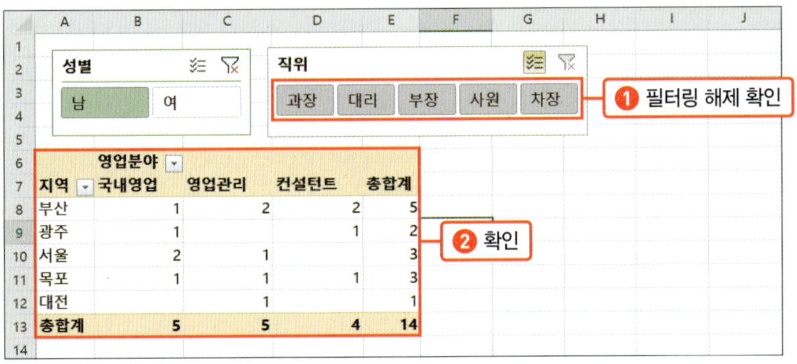

7 [직위] 슬라이서를 삭제하려면 [직위] 슬라이서에서 마우스 오른쪽 단추를 클릭하고 ["직위" 제거]를 선택하세요.

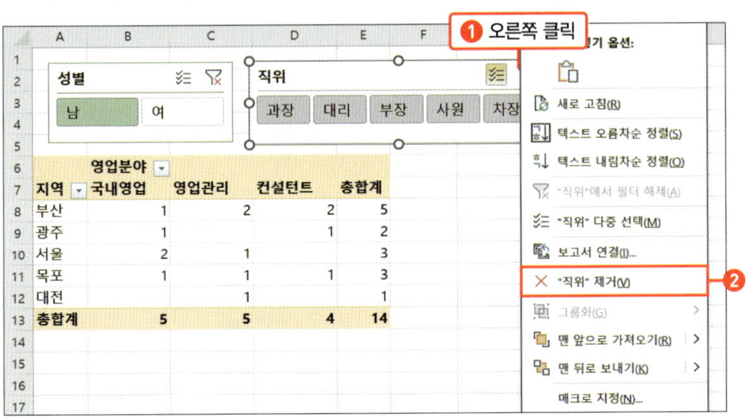

◉ **예제파일** : 시간표시막대로데이터필터링(준비).xlsx ◉ **완성파일** : 시간표시막대로데이터필터링(완성).xlsx

현장실무

10 시간 표시 막대로 데이터 필터링하기

1 [Sheet1] 시트에서 피벗 테이블에 있는 하나의 셀을 클릭하고 [피벗 테이블 분석] 탭-[필터] 그룹-[시간 표시 막대 삽입]을 클릭합니다. [시간 표시 막대 삽입] 대화상자가 열리면 [납품일]에 체크 표시하고 [확인]을 클릭하세요.

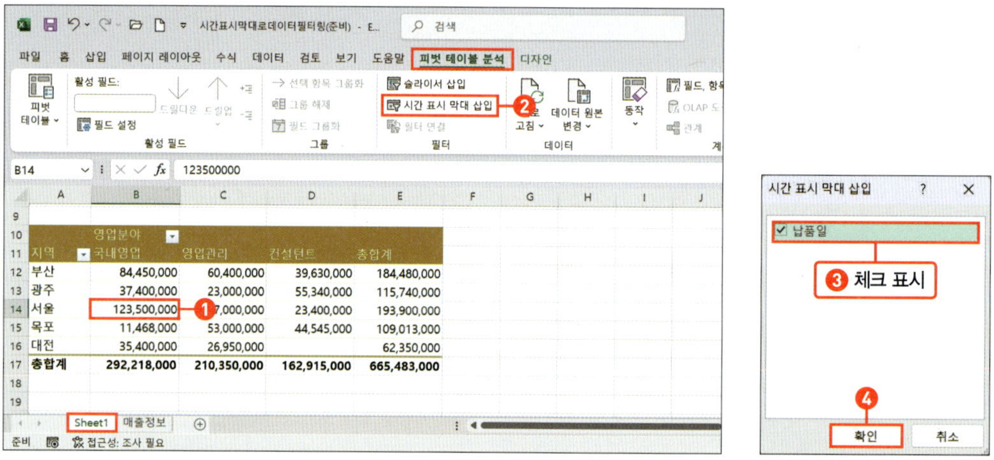

Tip
엑셀 2021 이전 버전에서는 [피벗 테이블 도구]의 [디자인] 탭에서 선택하세요.

2 [납품일] 시간 표시 막대가 나타나면 1~8행 영역으로 드래그해 배치하고 아래쪽에 있는 피벗 테이블의 크기에 맞게 크기를 조절합니다. [타임라인] 탭-[시간 표시 막대 스타일] 그룹-[연한 노랑, 시간 표시 막대 스타일 밝게 4]를 클릭하세요.

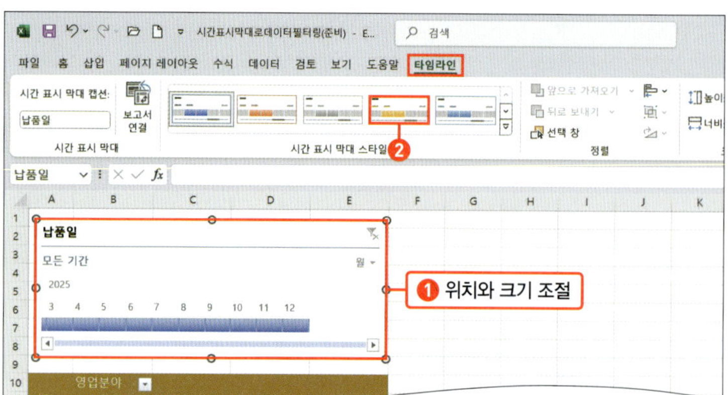

Tip
엑셀 2021 이전 버전에서는 [시간 표시 막대 도구]의 [옵션] 탭에서 선택하세요.

3 [납품일] 시간 표시 막대에서 원하는 월을 클릭하거나 드래그하면 해당 달에 납품한 데이터만으로 재계산된 결과가 나타납니다. 월별로 표시되는 값을 바꾸기 위해 Alt+C를 눌러 기존에 설정된 필터를 해제한 후 [납품일] 시간 표시 막대에서 [월]을 클릭하고 [분기]를 선택하세요.

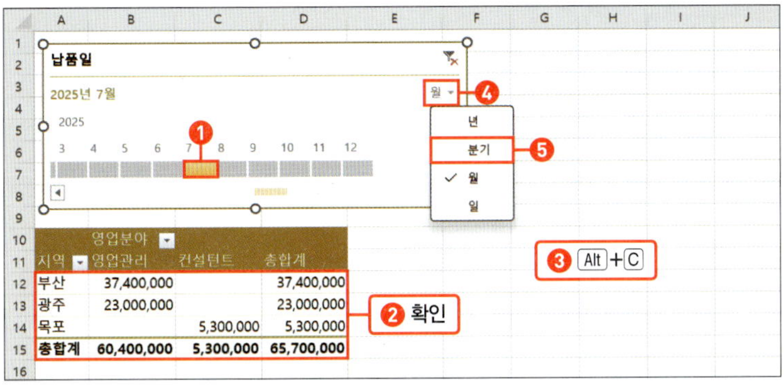

4 시간 표시 막대의 기간이 [월] 대신 [분기]로 바뀌었으면 [2분기] 막대를 클릭해 피벗 테이블에 2분기 데이터만 필터링합니다. 시간 표시 막대의 오른쪽 위에 있는 [필터 해제] 단추(⊠)를 클릭해 설정된 필터 조건을 해제하세요.

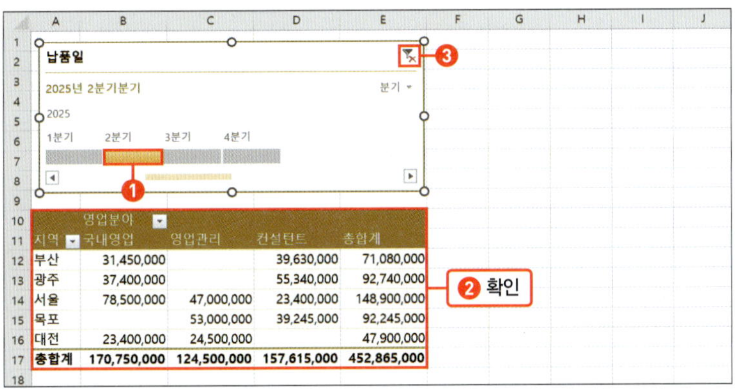

5 시간 표시 막대에서 마우스 오른쪽 단추를 클릭하고 [시간 표시 막대 제거]를 선택하여 시간 표시 막대를 삭제합니다.

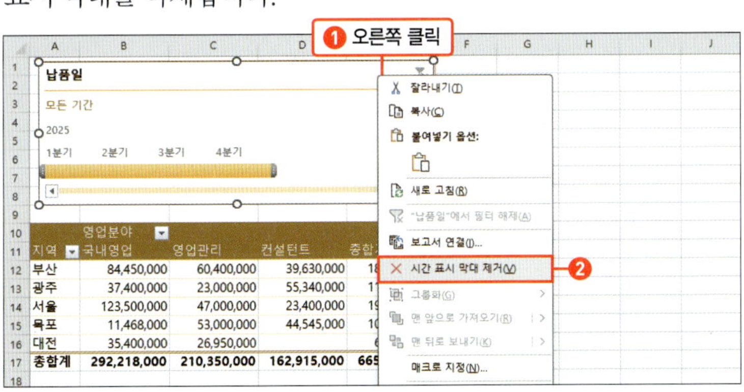

현장실무 11

피벗 테이블에서 분기별로 납품일을 그룹으로 묶기

1 [Sheet1] 시트에서 피벗 테이블의 '행' 영역에 배치된 '납품수량' 데이터를 수량 단위별로 묶어서 표시해 볼게요. 피벗 테이블의 '납품수량' 데이터 영역에 있는 하나의 셀에서 마우스 오른쪽 단추를 클릭하고 [그룹]을 선택합니다. [그룹화] 대화상자가 열리면 '시작'에는 '0'을, '끝'에는 '100000'을 입력하고 '단위'에 '10000'이 설정된 상태에서 [확인]을 클릭하세요.

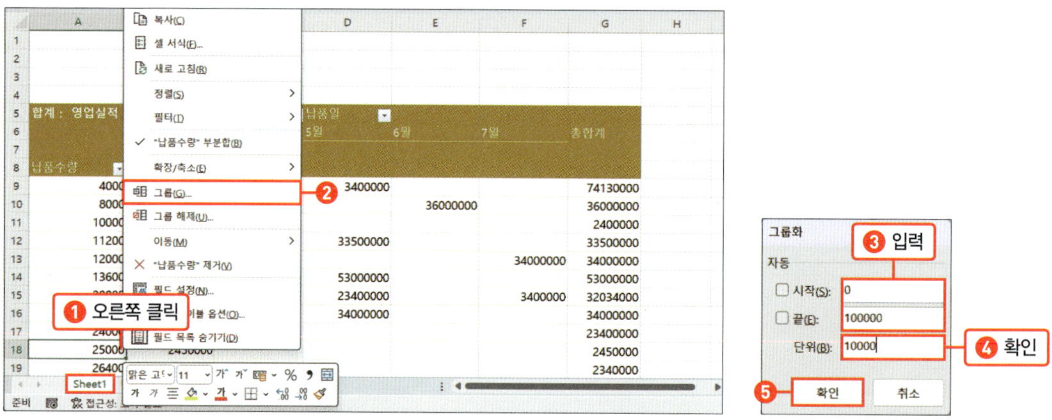

Tip

선택한 필드값이 숫자 데이터이면 [그룹화] 대화상자가 열리는데, 납품수량을 10,000 단위로 묶어서 100,000일 때까지 그룹으로 묶는 과정입니다. 선택한 필드가 날짜나 시간이면 날짜와 시간에 설정할 수 있는 내용으로 대화상자가 바뀝니다.

2 납품 수량을 10,000 단위로 묶어서 그룹으로 지정했으면 '열' 영역에 표시된 납품일의 날짜를 분기별로 묶어서 표시해 볼게요. 피벗 테이블에 배치된 날짜 데이터 영역에 있는 하나의 셀에서 마우스 오른쪽 단추를 클릭하고 [그룹]을 선택하세요.

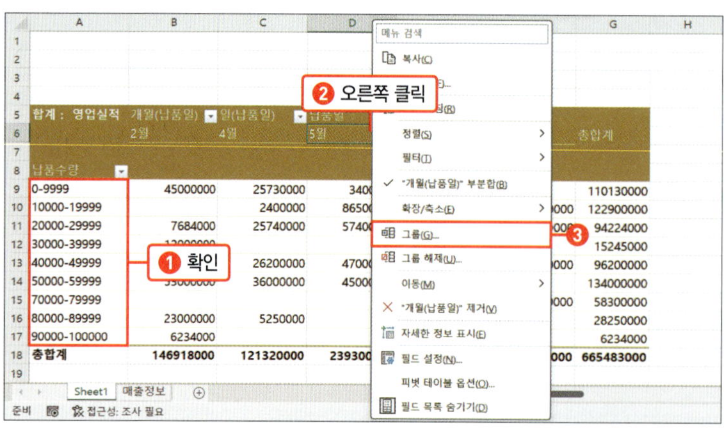

3 [그룹화] 대화상자가 열리면 '시작'과 '끝'에 표시된 날짜값은 그대로 두고 '단위'에서 [일]과 [월]을 클릭해 선택을 취소한 후 [분기]를 선택하고 [확인]을 클릭합니다. 그러면 납품일이 분기별로 묶이면서 그룹으로 지정되어 표시되면 '1사분기'부터 '3사분기' 중 하나의 셀에서 마우스 오른쪽 단추를 클릭하고 [그룹]을 선택합니다.

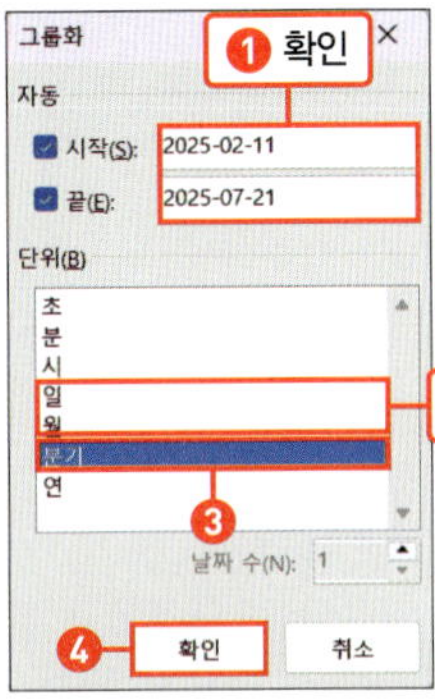

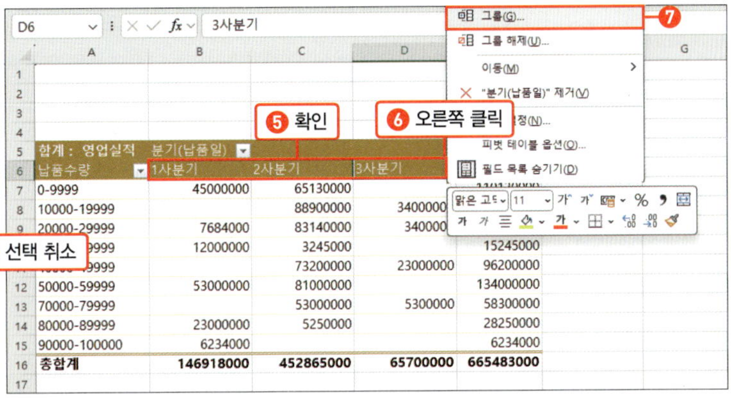

Tip
[그룹화] 대화상자에 표시되는 값은 그룹화될 필드가 숫자인지, 날짜인지에 맞게 자동으로 구성되어 표시됩니다.

4 [그룹화] 대화상자가 열리면 '단위'에서 [월]을 추가 선택하고 [확인]을 클릭합니다.

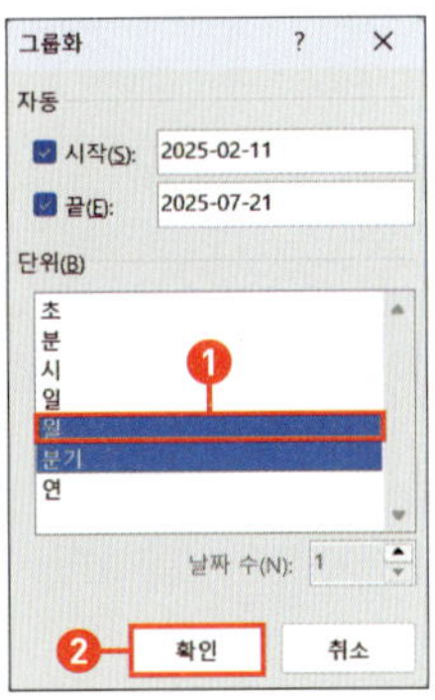

5 '단위'에서 [월]과 [분기]를 함께 선택했으므로 납품일이 분기별로 묶이고 그 안에서 다시 월별로 그룹 지정되어 표시되었습니다.

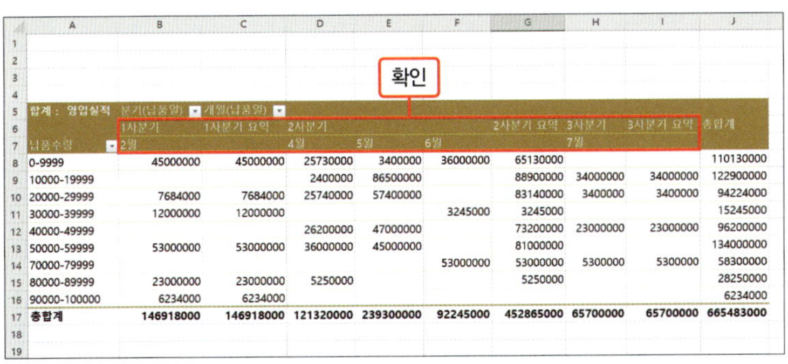

6 피벗 테이블에 표시된 분기별 요약 항목을 화면에서 지우려면 피벗 테이블에 있는 하나의 셀을 클릭하고 [디자인] 탭-[레이아웃] 그룹-[부분합]-[부분합 표시 안 함]을 선택합니다.

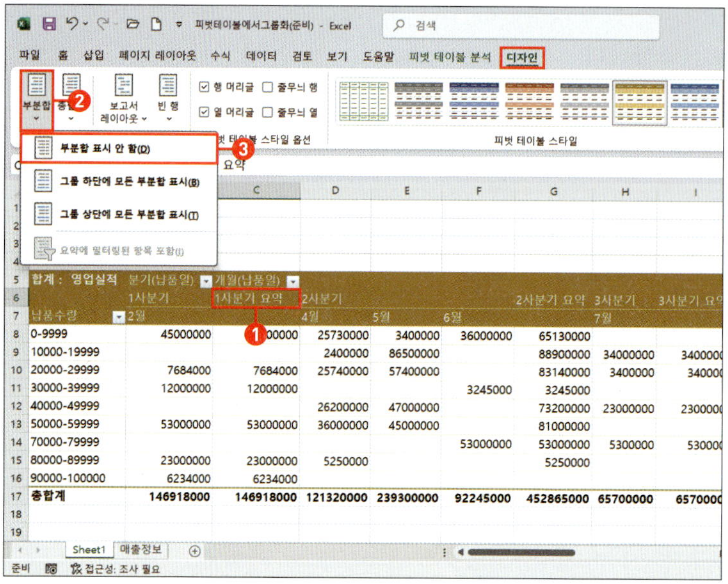

7 분기별 요약 항목이 사라졌는지 확인합니다. 반대로 [디자인] 탭-[레이아웃] 그룹-[부분합]-[그룹 상단에 모든 부분합 표시]를 선택하면 항목 분기별 요약 자료를 추가할 수 있습니다.

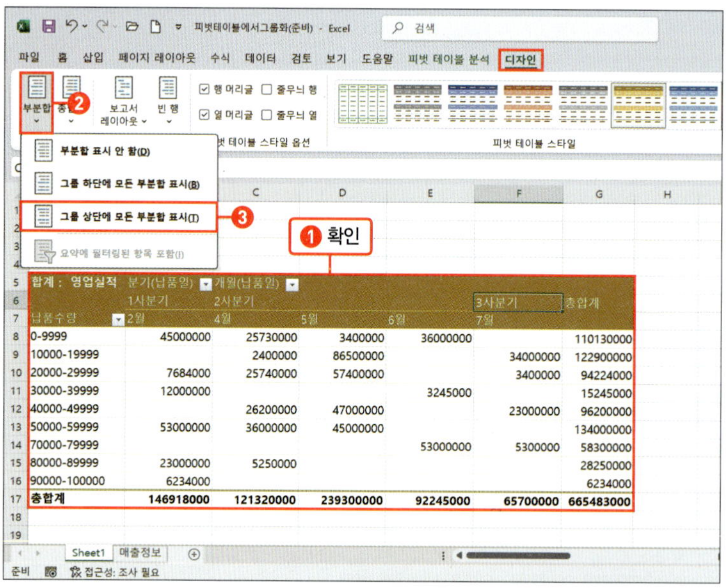

◉ **예제파일** : 피벗테이블에변경된값적용(준비).xlsx ◉ **완성파일** : 피벗테이블에변경된값적용(완성).xlsx

필수기능

12 피벗 테이블에 원본 데이터의 변경된 값 적용하기

1 피벗 테이블은 원본 데이터를 참조해서 결과가 작성되지만, 작업 중간에 원본 데이터를 수정하면 자동으로 인식하지 못하므로 반드시 [새로 고침]을 실행해야 합니다. [Sheet1] 시트의 피벗 테이블에는 각 직위별로 남녀 사원의 인원수가 표시되어 있습니다.

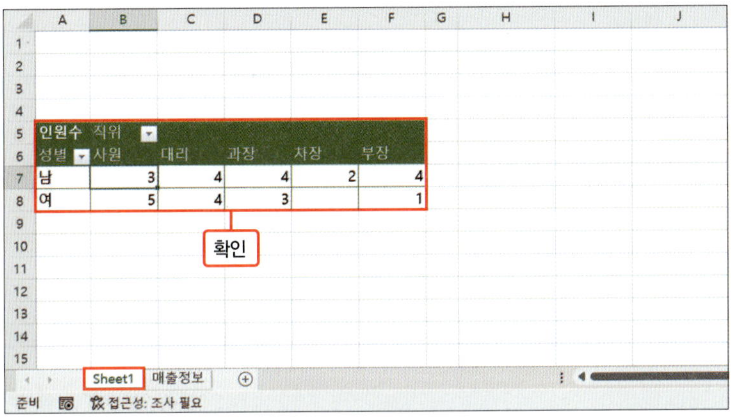

2 [매출정보] 시트에서 D열의 '성별' 항목은 모두 '여'로, E열의 '직위' 항목은 모두 '사원'으로 이미 수정되어 있습니다. 이처럼 피벗 테이블을 작성한 후 [매출정보] 시트의 원본 데이터를 수정해도 [Sheet1] 시트의 피벗 테이블에는 수정 데이터가 자동으로 반영되지 않습니다.

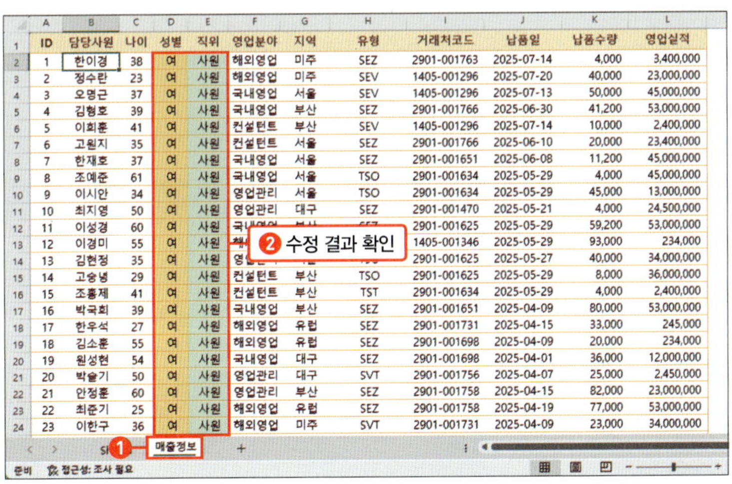

3 [Sheet1] 시트를 클릭하고 피벗 테이블에 있는 하나의 셀을 클릭합니다. 원본 데이터에서 변경된 사항을 적용하기 위해 [피벗 테이블 분석] 탭-[데이터] 그룹-[새로 고침]을 클릭하세요.

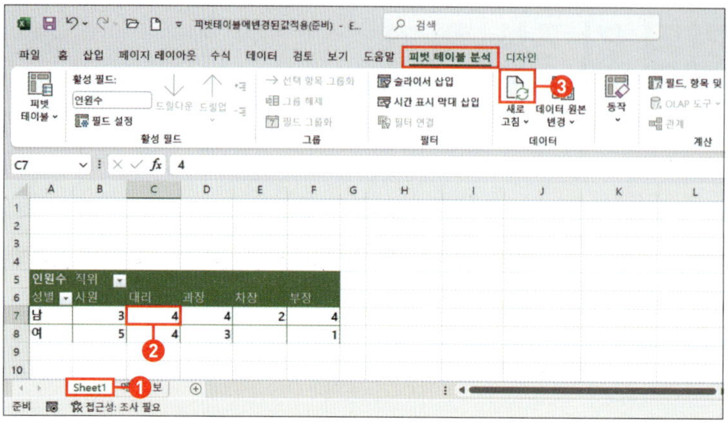

Tip
엑셀 2013 이전 버전에서는 [피벗 테이블 도구]의 [옵션] 탭에서, 엑셀 2021 이전 버전에서는 [피벗 테이블 도구]의 [분석] 탭에서 선택하세요. Alt+F5를 눌러도 데이터를 새로 고칠 수 있으므로 피벗 테이블에서 작업하는 도중에 Alt+F5를 자주 눌러 새로 변경된 데이터를 반영하는 습관을 갖는 게 좋습니다.

4 새로 수정된 데이터가 반영되면서 '여자' 데이터 중 '사원'만 있는 피벗 테이블로 결과가 변경되었습니다.

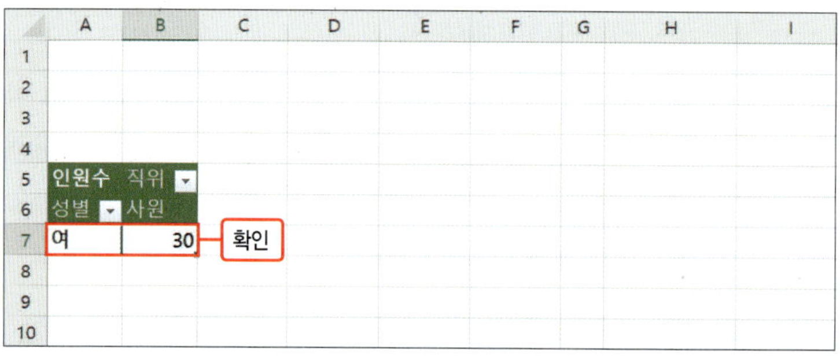

잠깐만요 :: 파일을 열 때마다 피벗 테이블을 자동으로 업데이트하기

[피벗 테이블 분석] 탭-[데이터] 그룹-[새로 고침]을 클릭하지 않아도 피벗 테이블이 작성된 파일을 열 때마다 자동으로 업데이트되도록 옵션을 지정할 수 있습니다. 하지만 파일을 연 후 작업 도중에 변경된 데이터는 자동으로 반영되지 않고 다시 파일을 닫고 열 때 반영됩니다.

1. 피벗 테이블에서 마우스 오른쪽 단추를 클릭하고 [피벗 테이블 옵션]을 선택합니다.
2. [피벗 테이블 옵션] 대화상자가 열리면 [데이터] 탭에서 '피벗 테이블 데이터'의 [파일을 열 때 데이터 새로 고침]에 체크 표시하고 [확인]을 클릭합니다.

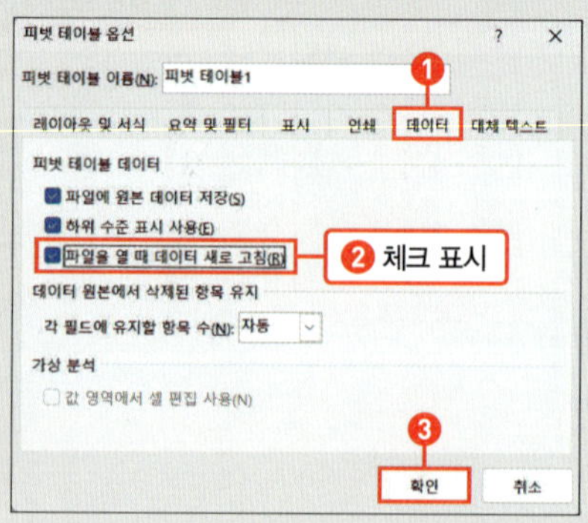

◉ **예제파일** : 추가한데이터피벗테이블에반영(준비).xlsx ◉ **완성파일** : 추가한데이터피벗테이블에반영(완성).xlsx

현장실무 13

피벗 테이블에 범위 밖에 추가한 원본 데이터 적용하기

1 [Sheet1] 시트의 피벗 테이블은 [매출정보] 시트의 데이터를 원본으로 사용해서 만든 것입니다. 이때 B6셀의 광주 지역의 과장이 1명인 것을 확인하고 새로운 실적 데이터를 추가하기 위해 [추가데이터] 시트를 클릭하세요.

2 새롭게 추가할 데이터인 A2셀을 클릭하고 Ctrl+Shift+End를 눌러 전체 범위를 설정한 후 Ctrl+C를 눌러 복사합니다.

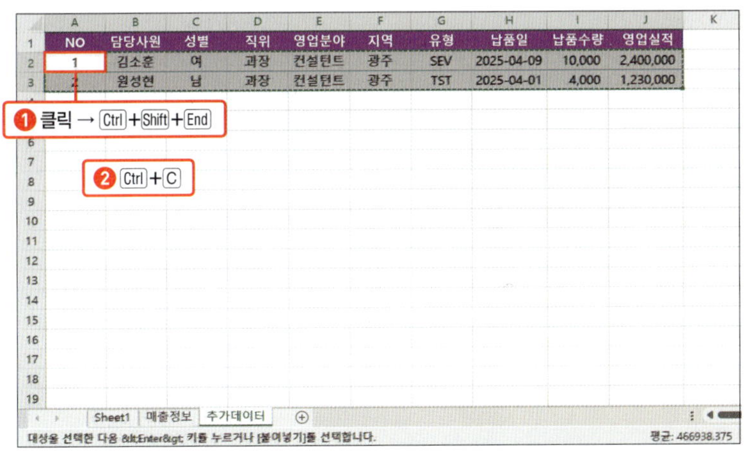

3 [매출정보] 시트를 클릭하고 데이터 중에서 특정 셀을 클릭한 후 Ctrl+↓를 눌러 데이터가 입력된 마지막 행으로 이동합니다. A30셀을 클릭하고 Enter를 눌러 **2** 과정에서 복사한 데이터를 붙여넣으세요.

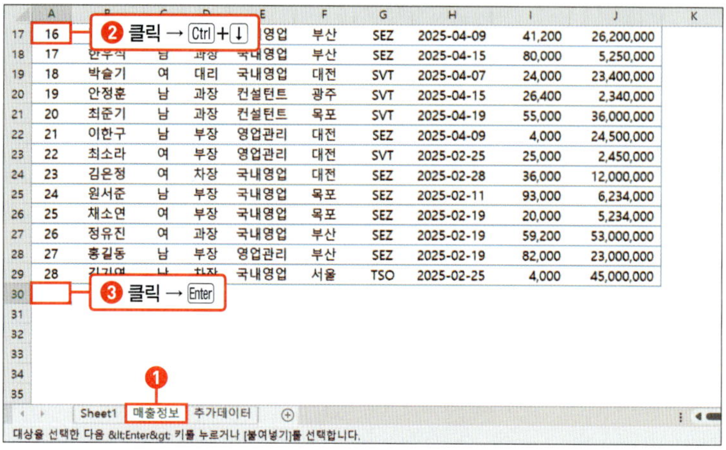

4 새로 추가한 2건의 데이터는 광주 지역을 담당하는 과장인 것을 확인합니다. 이 데이터가 피벗 테이블에 반영되었는지 확인하기 위해 [Sheet1] 시트를 클릭하세요.

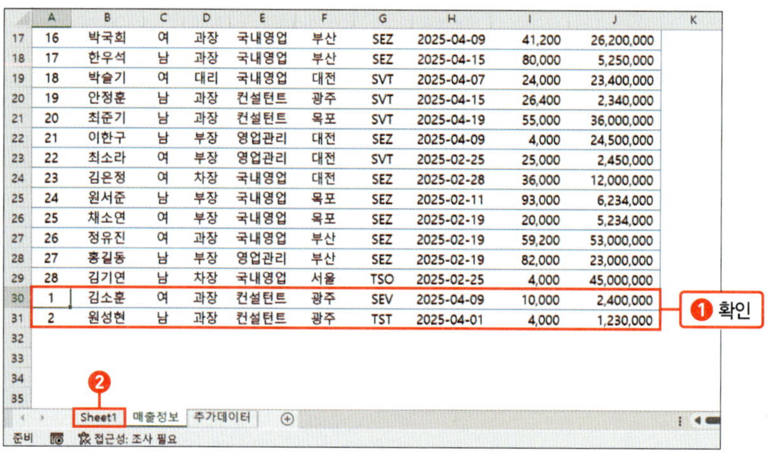

5 변경된 데이터가 피벗 테이블에 반영되도록 피벗 테이블에 있는 하나의 셀을 클릭하고 [피벗 테이블 분석] 탭-[데이터] 그룹-[새로 고침]을 클릭합니다. 하지만 B6셀에 아직도 광주 지역의 과장이 '1'로 표시되어 추가한 데이터가 인식되지 않은 것을 알 수 있습니다. 이처럼 원본 데이터에 새로운 데이터를 추가해도 자동으로 피벗 테이블에 반영되지 않으므로 수동으로 원본 데이터 영역을 수정해야 합니다. [Sheet1] 시트에서 피벗 테이블에 있는 하나의 셀을 클릭한 상태에서 [피벗 테이블 분석] 탭-[데이터] 그룹-[데이터 원본 변경]을 클릭하세요.

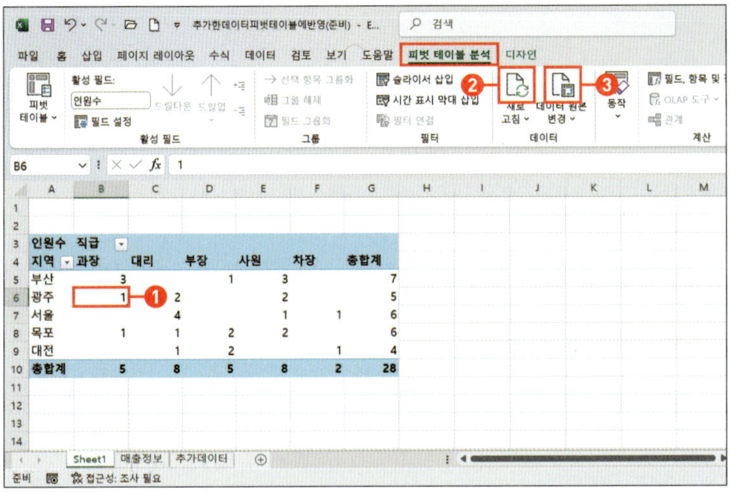

Tip

엑셀 2013 이전 버전에서는 [피벗 테이블 도구]의 [옵션] 탭에서, 엑셀 2021 이전 버전에서는 [피벗 테이블 도구]의 [분석] 탭에서 선택하세요. 그리고 [피벗 테이블 분석] 탭-[데이터] 그룹-[새로 고침]을 클릭하면 피벗 테이블을 만들 때 지정한 원본 데이터 영역 안에서 수정하거나 삽입한 데이터는 인식하여 반영되지만, 원본 데이터 영역의 바깥쪽에 추가한 항목이나 행은 반영되지 않습니다. 이 경우에는 [피벗 테이블 분석] 탭-[데이터] 그룹-[데이터 원본 변경]을 클릭해서 추가한 데이터까지 다시 설정해야 합니다.

6 [피벗 테이블 데이터 원본 변경] 대화상자가 열리면 [매출정보] 시트에서 기존에 설정된 영역의 아래쪽에 새로 추가한 30~31행의 데이터가 인식되지 못한 것을 확인합니다.

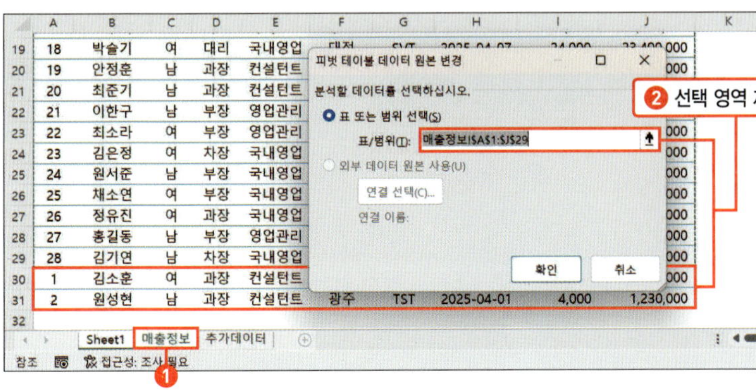

Tip

[피벗 테이블 데이터 원본 변경] 대화상자가 열리면서 자동으로 [매출정보] 시트의 데이터 영역이 표시됩니다.

7 [매출정보] 시트에서 데이터 영역에 있는 하나의 셀을 클릭하고 Ctrl+A를 누릅니다. 31행까지 전체 데이터가 선택되었으면 [피벗 테이블 데이터 원본 변경] 대화상자에서 '표/범위'의 범위를 확인하고 [확인]을 클릭하세요.

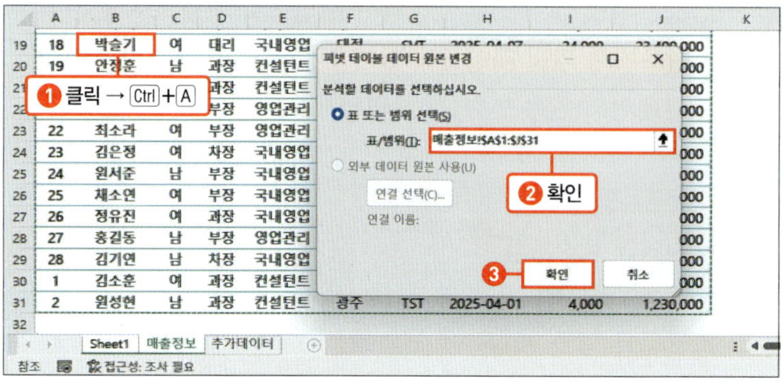

8 [Sheet1] 시트에서 B6셀에 표시된 광주 지역의 과장이 이전에는 '1'이었는데 '3'으로 바뀌었으면 데이터를 확인하기 위해 B6셀을 더블클릭하세요.

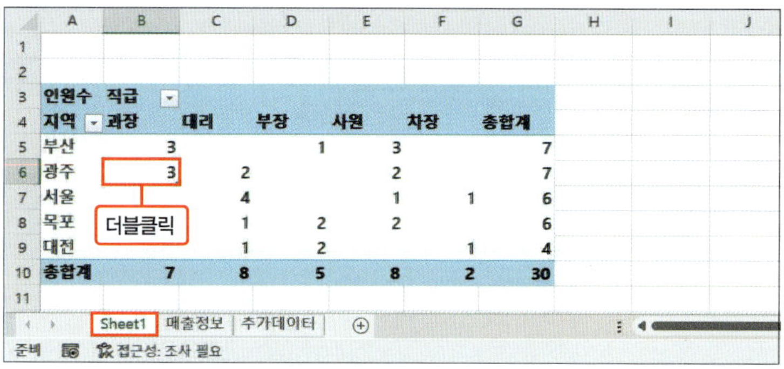

9 새로운 시트가 삽입되면서 B6셀 값에 해당하는 원본 데이터가 추출되었습니다. 이것은 [매출정보] 시트에서 30~31행에 입력된 데이터가 인식되어 추출된 것입니다.

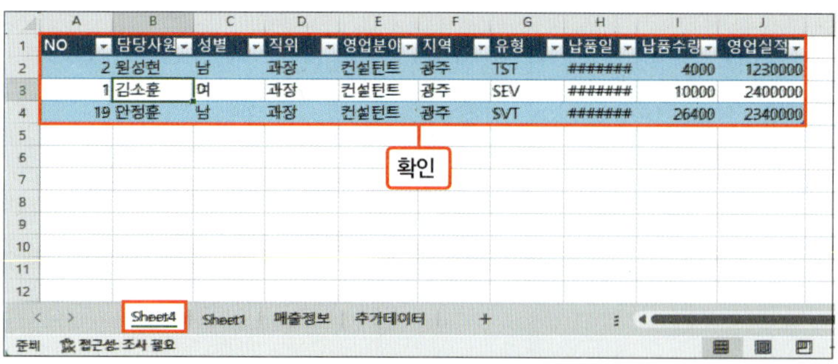

◉ **예제파일** : 추가한원본데이터자동반영(준비).xlsx ◉ **완성파일** : 추가한원본데이터자동반영(완성).xlsx

현장실무 14

추가한 데이터 영역을 피벗 테이블에 자동으로 반영하기

1 피벗 테이블의 원본 데이터가 추가되었을 때 자동으로 변경된 데이터를 반영하기 위해 [표] 기능을 활용해 볼게요. [Sheet1] 시트에 만들어진 피벗 테이블은 지역별, 성별로 구분한 인원수를 구한 결과인데, 이 피벗 테이블에 사용한 원본 데이터 영역을 확인하기 위해 피벗 테이블에 있는 하나의 셀을 클릭하고 [피벗 테이블 분석] 탭–[데이터] 그룹–[데이터 원본 변경]을 클릭하세요.

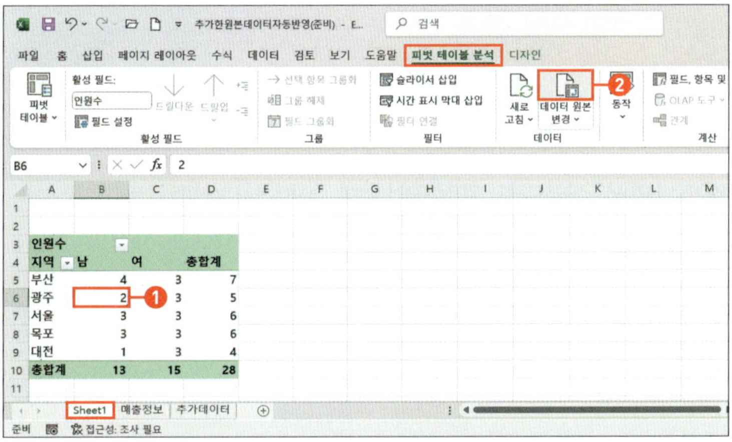

Tip

[피벗 테이블 분석] 탭–[데이터] 그룹–[새로 고침]을 클릭하면 피벗 테이블을 만들 때 지정한 원본 데이터 영역 안에서 수정하거나 삽입한 데이터는 인식하여 반영되지만, 원본 데이터 영역의 바깥쪽에 추가한 항목이나 행은 반영되지 않습니다. 이 경우에는 [피벗 테이블 분석] 탭–[데이터] 그룹–[데이터 원본 변경]을 클릭해서 추가한 데이터까지 범위를 다시 설정해야 합니다.

2 [피벗 테이블 데이터 원본 변경] 대화상자가 열리면 [매출정보] 시트에서 기존에 설정된 영역의 아래쪽에 새로 추가한 30~31행의 데이터가 인식되지 못한 것을 확인하고 [확인]을 클릭합니다.

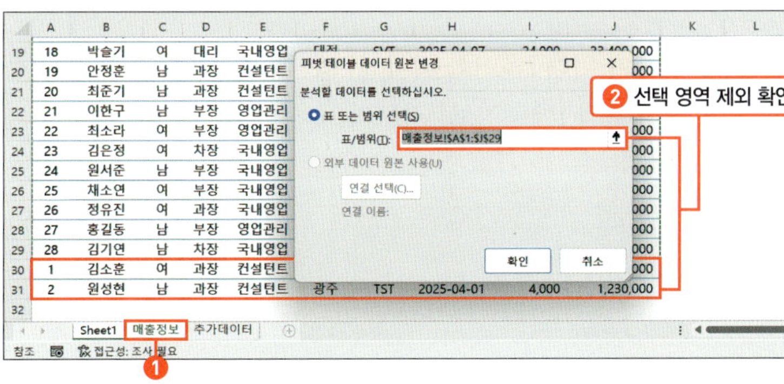

Tip

피벗 테이블에서 [피벗 테이블 분석] 탭–[데이터] 그룹–[새로 고침]을 클릭하거나 Alt+F5를 눌러 최신 정보로 원본 데이터를 업데이트해도 원본 데이터 영역의 바깥쪽에 추가한 데이터는 인식되지 않습니다.

3 피벗 테이블의 원본 데이터에 새로운 데이터가 추가되었을 때 자동으로 반영하기 위해 [매출정보] 시트를 클릭합니다. 데이터 영역에 있는 하나의 셀을 클릭하고 [삽입] 탭-[표] 그룹-[표]를 클릭하세요. [표 만들기] 대화상자가 열리면 셀이 위치한 곳을 기준으로 데이터가 입력된 전체 영역이 표를 적용할 영역으로 자동 설정되어 있는지 확인하고 [확인]을 클릭합니다.

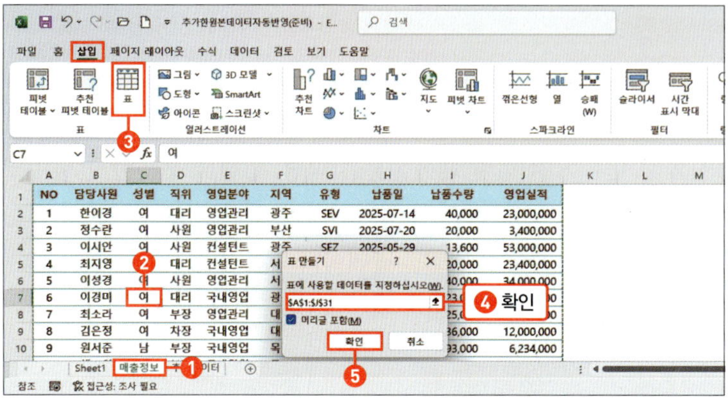

> **Tip**
> [홈] 탭-[스타일] 그룹-[표 서식]을 클릭해도 됩니다. [머리글 포함]을 체크 표시하면 범위 영역의 첫 행을 데이터의 제목으로 사용합니다. 이때 제목이 여러 줄로 구성되어 있으면 299쪽을 참고해서 한 줄로 정리한 후 사용하면 편리합니다.

4 데이터 전체에 표 서식이 적용되면서 스타일도 설정되었으면 [테이블 디자인] 탭-[표 스타일] 그룹에서 원하는 디자인을 클릭해서 스타일을 변경할 수 있어요. 여기서는 표 서식만 적용하고 디자인을 없애기 위해 [자세히] 단추(⊽)를 클릭하고 [없음]이나 [지우기]를 선택합니다.

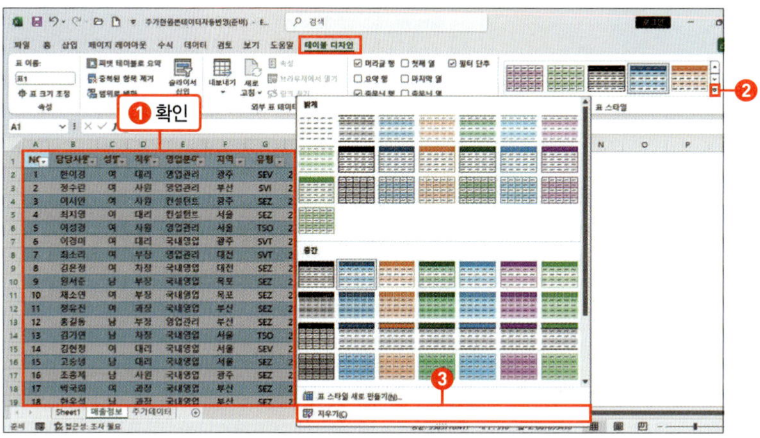

5 표 서식이 적용된 영역의 이름을 변경하기 위해 [테이블 디자인] 탭-[속성] 그룹-[표 이름]을 '데이터'로 수정하고 Enter를 누릅니다. 이제부터 [매출정보] 시트의 표 서식이 적용된 영역을 '데이터'로 부르겠다고 이름을 정의한 것입니다.

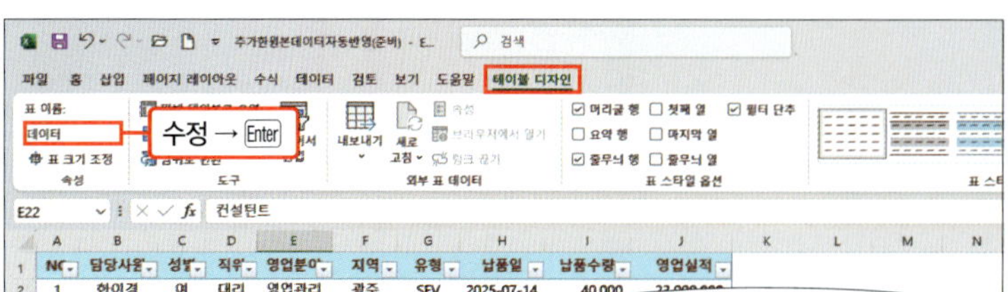

6 [Sheet1] 시트를 클릭한 후 피벗 테이블에 구해진 결괏값이 광주 지역의 남자가 2명, 여자가 3명인 것을 확인합니다. 이제 추가한 데이터를 피벗 테이블에 반영하기 위해 피벗 테이블에 있는 하나의 셀을 클릭하고 [피벗 테이블 분석] 탭-[데이터] 그룹-[데이터 원본 변경]을 클릭하세요.

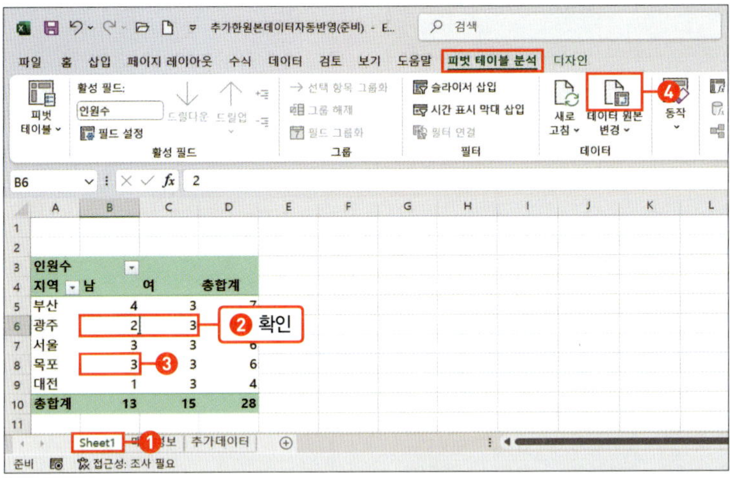

> **Tip**
> 엑셀 2013 이전 버전에서는 [피벗 테이블 도구]의 [옵션] 탭에서, 엑셀 2021 이전 버전에서는 [피벗 테이블 도구]의 [분석] 탭에서 선택하세요.

7 [피벗 테이블 데이터 원본 변경] 대화상자가 열리면 피벗 테이블에서 사용할 데이터를 변경합니다. '표/범위'에 **5** 과정에서 표 서식을 적용한 영역으로 정의한 이름인 '데이터'로 수정하고 [확인]을 클릭하세요.

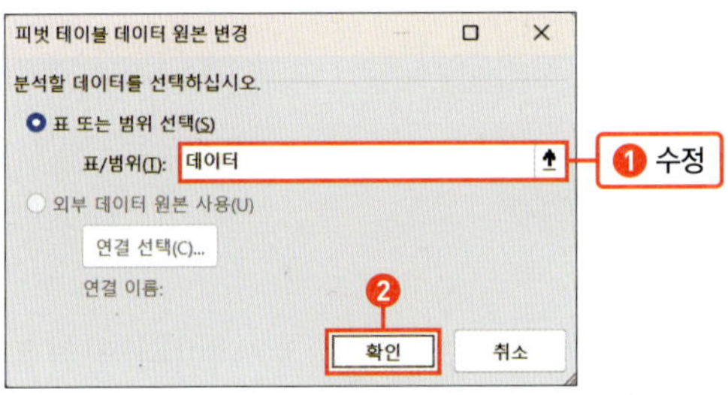

8 [매출정보] 시트의 30~31행에 추가했지만 인식하지 못했던 광주 지역의 남녀 데이터에 각 1명씩 추가되어 남자 3, 여자 4로 바뀌었는지 확인합니다.

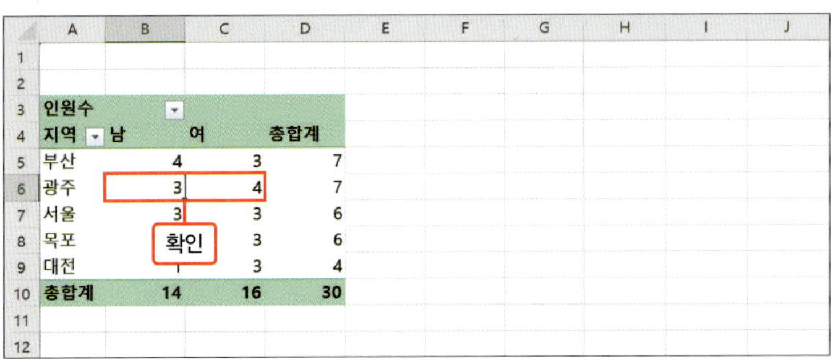

9 누락된 대구 지역 데이터를 [매출정보] 시트에 추가하기 위해 [추가데이터] 시트를 클릭합니다. A2셀을 클릭하고 Ctrl+Shift+End를 눌러 범위를 지정한 후 Ctrl+C를 눌러 복사하세요.

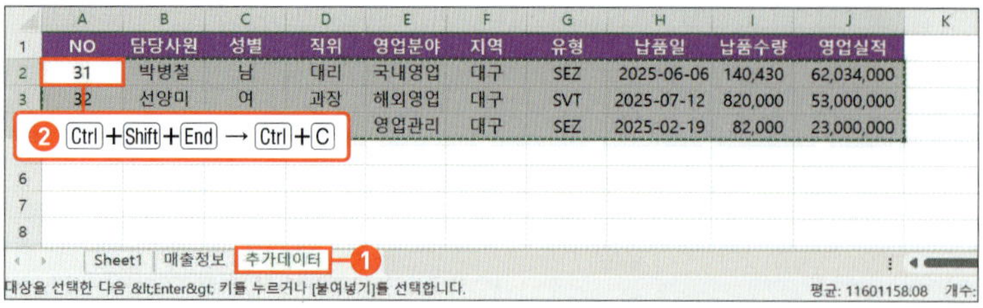

10 [매출정보] 시트를 클릭하고 데이터 영역에 있는 하나의 셀을 클릭한 후 Ctrl+↓를 눌러 데이터가 입력된 마지막 행으로 이동한 상태에서 A32셀을 클릭하고 Enter를 눌러 복사한 데이터를 붙여넣으세요.

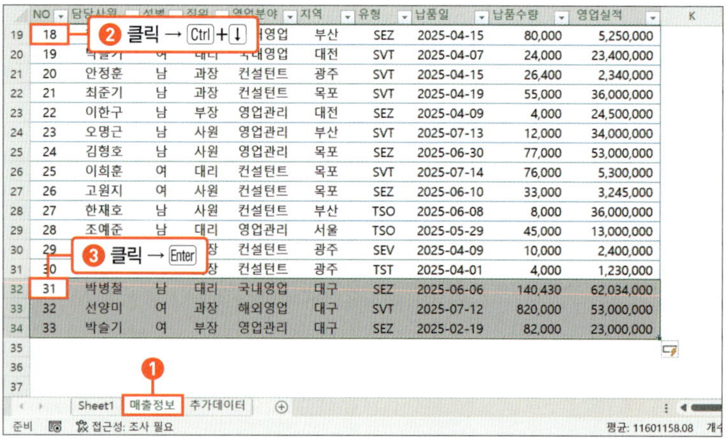

11 표 서식이 적용된 영역에 새로운 데이터를 추가하거나 삭제하면 자동으로 데이터 영역을 인식합니다. 표 서식이 적용된 영역을 정확하게 확인하기 위해 [테이블 디자인] 탭-[속성] 그룹-[표 크기 조정]을 클릭하세요.

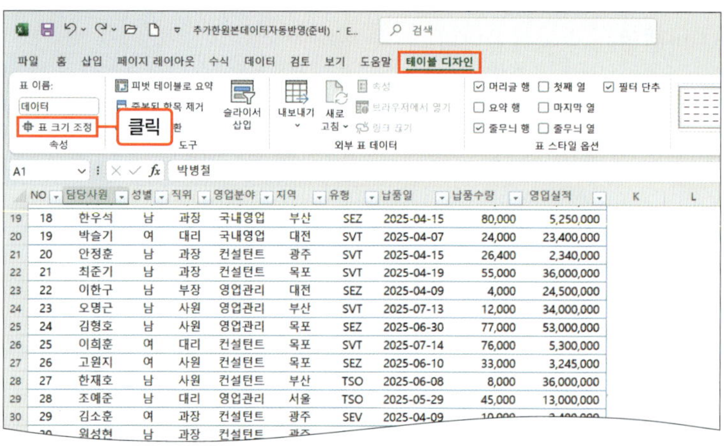

12 [표 크기 조정] 대화상자가 열리면 [표의 새 데이터 범위 선택]에 지정된 영역을 확인합니다. 추가된 데이터인 32~34행까지 영역이 반영된 것을 확인했으면 [확인]을 클릭하세요.

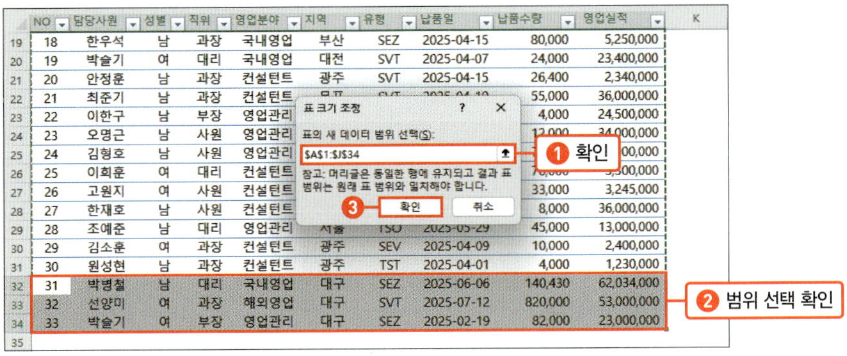

13 [Sheet1] 시트를 클릭한 후 피벗 테이블의 데이터를 살펴보면 **10** 과정에서 추가한 3명의 대구 지역 데이터가 아직 반영되지 않았습니다. 대구 지역 데이터를 적용하기 위해 [피벗 테이블 분석] 탭-[데이터] 그룹-[새로 고침]을 클릭하세요.

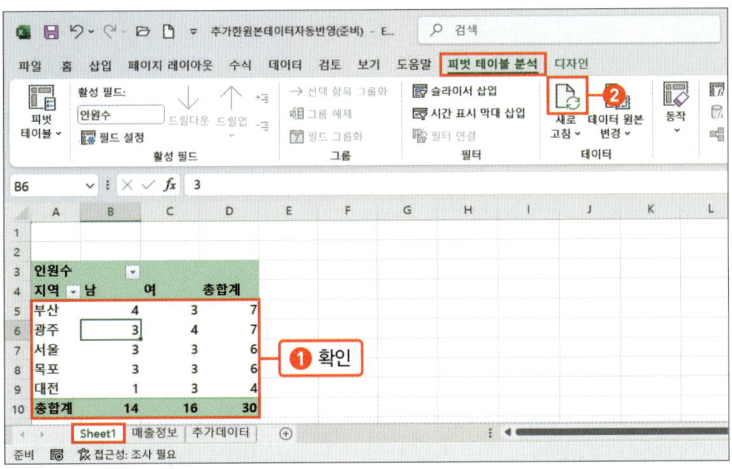

> **Tip**
> 피벗 테이블에서 Alt + F5 를 눌러도 최신 정보로 업데이트할 수 있어요.

14 피벗 테이블에 새로운 대구 지역이 추가되고 남자 1명, 여자 2명으로 표시된 결과를 확인합니다. 이제부터는 새로운 데이터를 [매출정보] 시트에 추가한 후 Alt + F5 만 누르면 추가된 데이터도 반영된 피벗 테이블을 확인할 수 있어요. 피벗 테이블을 만들 때 먼저 원본 데이터에 표 서식을 적용한 후 피벗 테이블을 만들면 원본 데이터를 변경하는 작업을 할 필요가 없어서 작업이 더 간편해집니다.

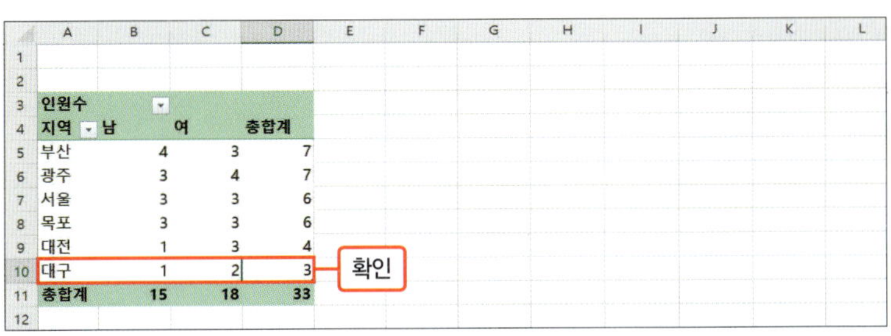

> **Tip**
> 실제 데이터를 확인하려면 대구 지역의 총합계를 표시한 D10셀을 더블클릭해 보세요. 새로운 시트가 추가되면서 D10셀의 결괏값으로 사용한 데이터를 [매출정보] 시트에서 추출한 결과를 확인할 수 있어요.

2024 | M365 | 2021 | 2019 | 2016

◉ **예제파일** : 이름정의로추가데이터자동반영(준비).xlsx ◉ **완성파일** : 이름정의로추가데이터자동반영(완성).xlsx

현장실무 15

피벗 테이블에 이름 정의한 데이터 영역 자동으로 반영하기 — OFFSET 함수

1 피벗 테이블에 사용한 원본 데이터가 추가되었을 때 매번 [데이터 원본 변경]을 하지 않아도 자동으로 인식하도록 [이름 정의] 기능을 활용해 볼게요. [Sheet1] 시트에서 원본 데이터가 변경되면 자동으로 데이터 개수를 인식해서 반영하도록 [수식] 탭-[정의된 이름] 그룹-[이름 정의]를 클릭하세요.

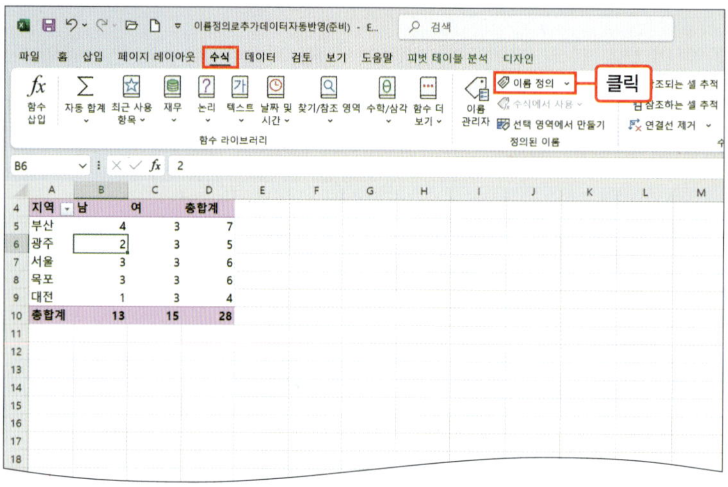

2 [이름 정의] 대화상자가 열리면 '이름'에는 '전체'를, '참조 대상'에는 '=OFFSET(매출정보!$A$1,0,0,COUNTA(매출정보!$A:$A),COUNTA(매출정보!$1:$1))'을 입력하고 [확인]을 클릭합니다.

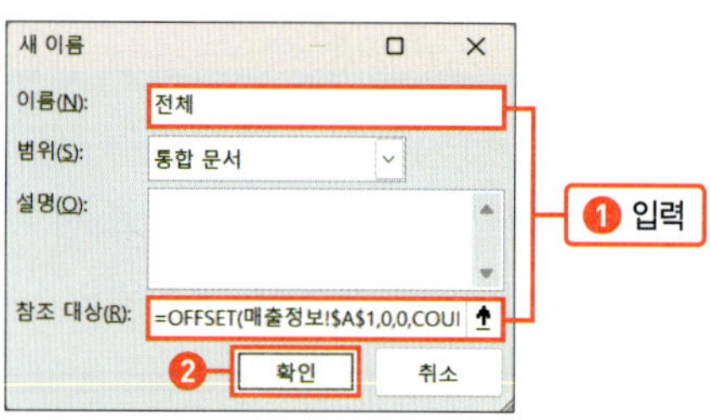

Tip

정의한 이름은 [수식] 탭-[정의된 이름] 그룹-[이름 관리자]를 클릭해 [이름 관리자] 대화상자를 열고 확인할 수 있습니다.

함수식 설명

=OFFSET(매출정보!$A$1,0,0,COUNTA(매출정보!$A:$A),COUNTA(매출정보!$1:$1))

[매출정보] 시트의 A1셀을 기준으로 0,0은 행과 열을 모두 이동하지 않겠고 A1셀을 그대로 사용하겠다는 의미입니다. 해당 셀인 A1셀부터 시작해서 COUNTA(매출정보!$A:$A) 개수만큼의 행이므로 [매출정보] 시트의 A열 전체에 입력된 데이터 개수만큼 범위로 지정할 행 개수를 설정하고 COUNTA(매출정보!$1:$1)의 열 개수를 설정하므로 1행에 입력된 데이터 개수만큼 열의 범위를 설정합니다. 새로운 데이터 행이 추가되면 A열의 데이터 개수가 추가될 것이므로 자동으로 행 영역이 변경됩니다. 반면 새로운 열이 추가되면 1행의 데이터 개수가 달라질 것이므로 이것도 자동으로 열 영역이 인식됩니다.

형식 =OFFSET(기준 셀,행 수,열 수,행 영역 개수,열 영역 개수)
기준으로 설정한 셀을 중심으로 몇 행, 몇 열 떨어진 위치부터 시작해서 몇 개의 행과 몇 개의 열의 범위를 설정할 때 사용하는 함수입니다.

사용 예 =OFFSET(A5,1,2,4,3)
A5셀을 기준으로 아래쪽으로는 1개의 행이, 오른쪽으로는 2개의 열이 떨어진 곳인 C6셀로 기준 셀을 변경합니다. C6셀부터 시작해서 아래쪽으로 4개의 행과 오른쪽으로 3개의 열을 범위로 설정하므로 C6:E9 범위를 결괏값으로 얻을 수 있습니다.

3 이름 정의한 데이터 영역을 피벗 테이블에 적용해 볼게요. 피벗 테이블에 있는 하나의 셀을 클릭하고 [피벗 테이블 분석] 탭–[데이터] 그룹–[데이터 원본 변경]을 클릭하세요.

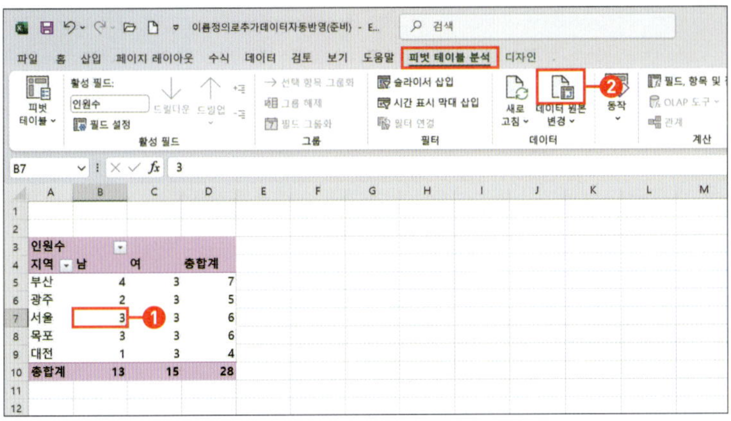

Tip
엑셀 2013 이전 버전에서는 [피벗 테이블 도구]의 [옵션] 탭에서, 엑셀 2021 이전 버전에서는 [피벗 테이블 도구]의 [분석] 탭에서 선택하세요.

4 [피벗 테이블 데이터 원본 변경] 대화상자가 열리면 '표/범위'에 지정된 값을 지우고 **2** 과정에서 이름 정의한 '전체'를 입력한 후 [확인]을 클릭합니다.

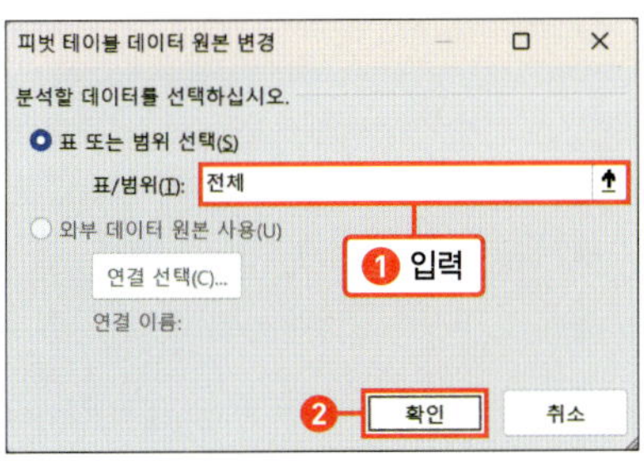

5 **2** 과정에서 인식하지 못했던 추가된 데이터가 반영되었는지 확인해 볼게요. 처음 피벗 테이블에서 광주 지역에 남자 2명, 여자 3명이었던 값이 남자 3명, 여자 4명으로 2명이 추가되었습니다. 이후로 추가하는 행이나 열은 Alt + F5 만 누르면 언제든지 피벗 테이블에 자동으로 반영됩니다.

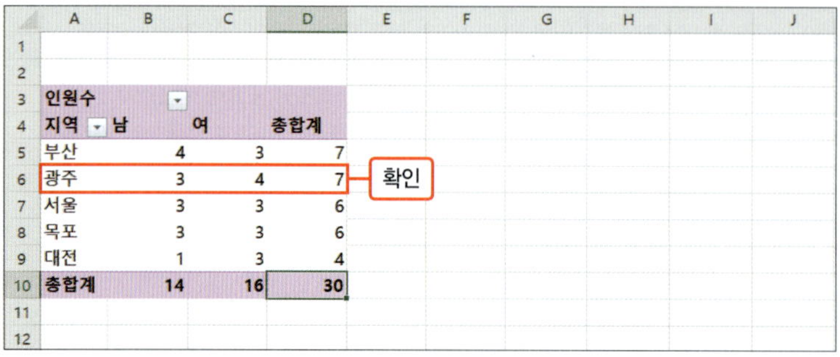

인원수			
지역	남	여	총합계
부산	4	3	7
광주	3	4	7
서울	3	3	6
목포	3	3	6
대전	1	3	4
총합계	14	16	30

Tip

피벗 테이블에 있는 하나의 셀을 클릭한 상태에서 [피벗 테이블 분석] 탭–[데이터] 그룹–[데이터 원본 변경]을 클릭하면 데이터 영역이 정확하게 설정되었는지 확인할 수 있어요.

◉ **예제파일** : 기준값대비차이와비율(준비).xlsx ◉ **완성파일** : 기준값대비차이와비율(완성).xlsx

현장실무

16 기준 값 대비 차이와 비율 표시하기

1 [Sheet1] 시트의 피벗 테이블에 지역별 납품수량의 합계가 표시되어 있는데, 여기에 전체 납품 수량 합계 대비 차지하는 비율을 추가해 볼게요. 먼저 수량 합계 순으로 정렬하기 위해 수량 합계 데이터가 있는 하나의 셀에서 마우스 오른쪽 단추를 클릭하고 [정렬]-[숫자 내림차순 정렬]을 선택하세요.

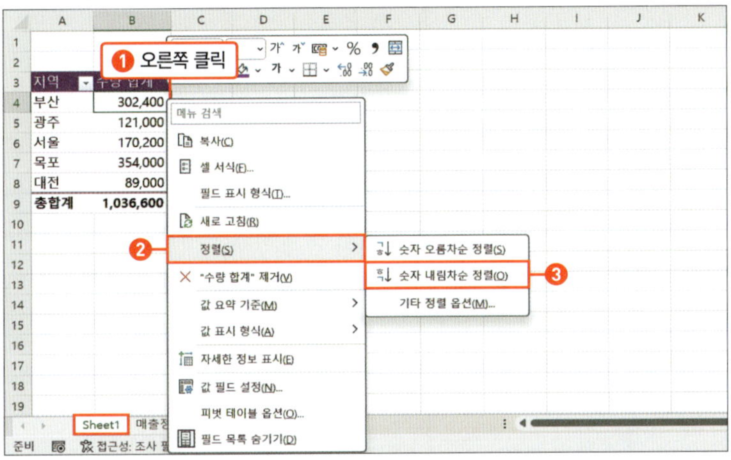

2 B열에 표시된 수량 합계가 큰 값부터 표시되었으면 [피벗 테이블 필드] 창에서 '보고서에 추가할 필드 선택'의 [납품수량] 필드를 '값' 영역의 [수량 합계] 필드의 아래쪽으로 드래그하세요.

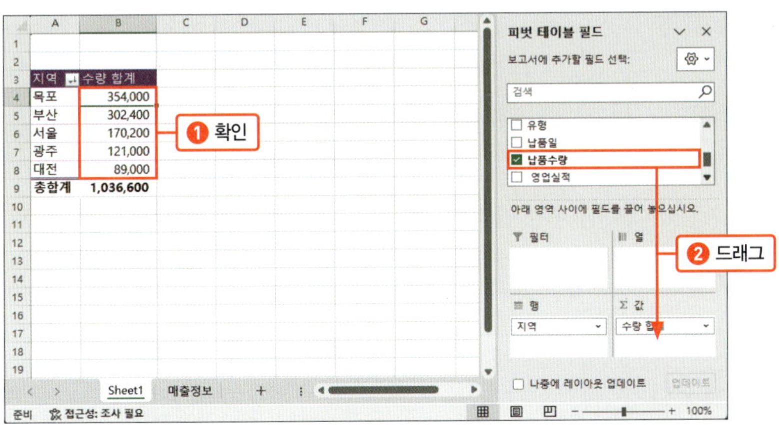

3 B열에 표시된 '수량 합계' 항목과 값이 동일한 항목이 하나 더 추가되었으면 C열에 표시된 수량이 있는 하나의 셀에서 마우스 오른쪽 단추를 클릭하고 [값 표시 형식]-[총합계 비율]을 선택하세요.

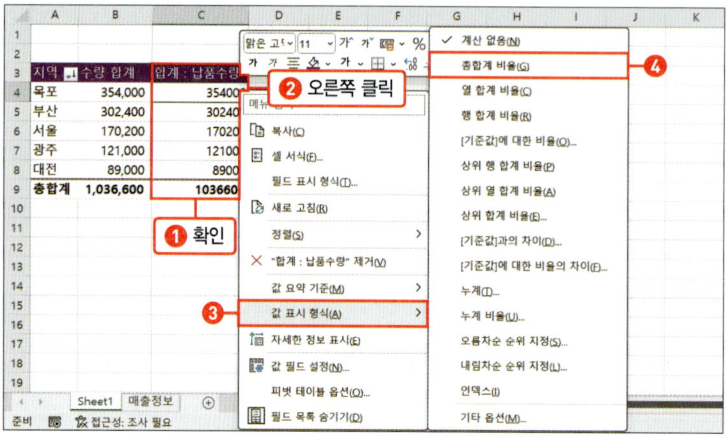

4 C열에 전체 납품 수량 합계를 기준으로 차지하는 비율이 표시되었으면 이번에는 목포 지역을 기준으로 다른 지역의 수량을 비율로 표시해 볼게요. C열에 표시된 수량이 있는 하나의 셀에서 마우스 오른쪽 단추를 클릭하고 [값 표시 형식]-[[기준값]에 대한 비율]을 선택하세요.

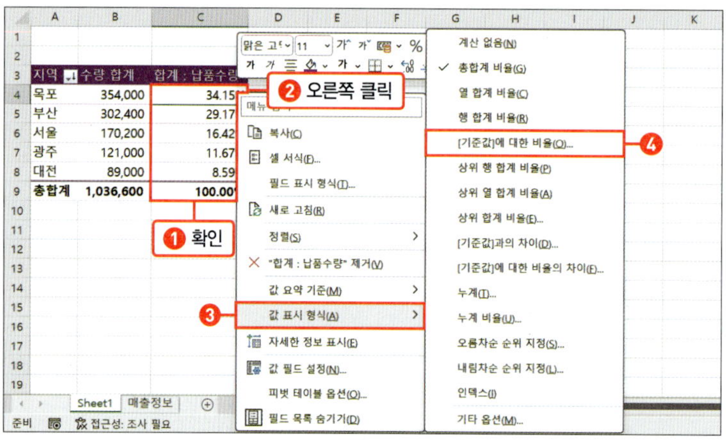

5 [값 표시 형식 (합계 : 납품수량)] 대화상자가 열리면 '기준 필드'에서는 [지역]을, '기준 항목'에서는 [목포]를 선택하고 [확인]을 클릭하세요.

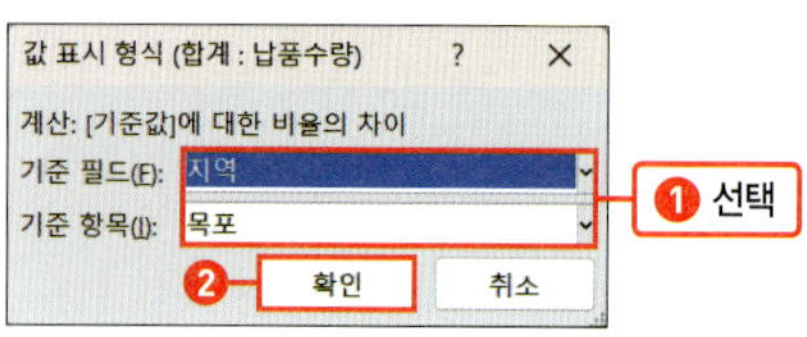

6 C열에 목포 지역을 기준으로 어느 정도 목표를 달성했는지 비율로 표시되었으면 이번에는 서울 지역을 기준으로 다른 지역과 수량이 어느 정도 차이가 나는지 표시해 볼게요. C열에 표시된 수량이 있는 하나의 셀에서 마우스 오른쪽 단추를 클릭하고 [값 표시 형식]-[[기준값]과의 차이]를 선택하세요.

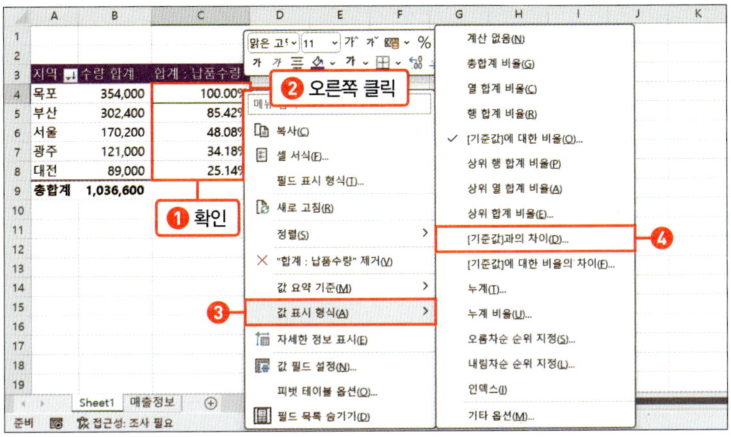

7 [값 표시 형식 (합계 : 납품수량)] 대화상자가 열리면 '기준 필드'에서는 [지역]을, '기준 항목'에서는 [서울]을 선택하고 [확인]을 클릭하세요.

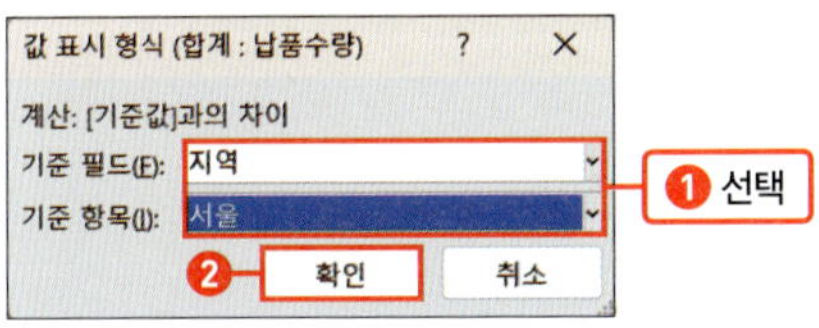

8 C열에 서울 지역을 기준으로 어느 정도의 수량 차이가 있는지 숫자로 표시되었으면 이번에는 서울 지역을 기준으로 다른 지역과 수량이 어느 정도 차이가 나는지 비율로 표시해 볼게요. C열에 표시된 수량이 있는 하나의 셀에서 마우스 오른쪽 단추를 클릭하고 [값 표시 형식]-[[기준값]에 대한 비율의 차이]를 선택하세요.

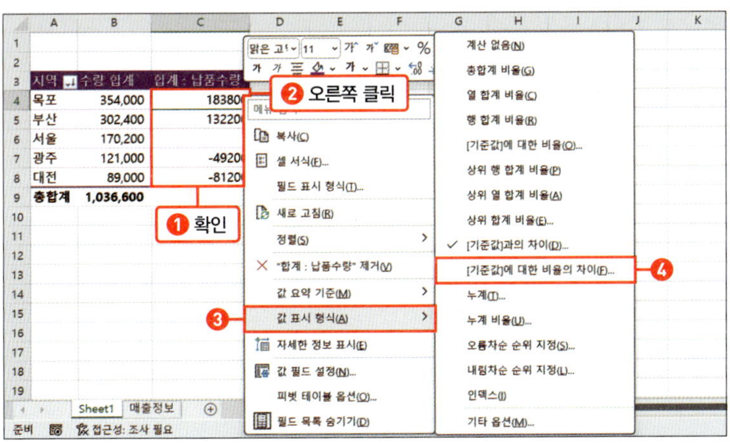

9 [값 표시 형식 (합계 : 납품수량)] 대화상자가 열리면 '기준 필드'에서는 [지역]을, '기준 항목'에서는 [서울]을 선택하고 [확인]을 클릭하세요.

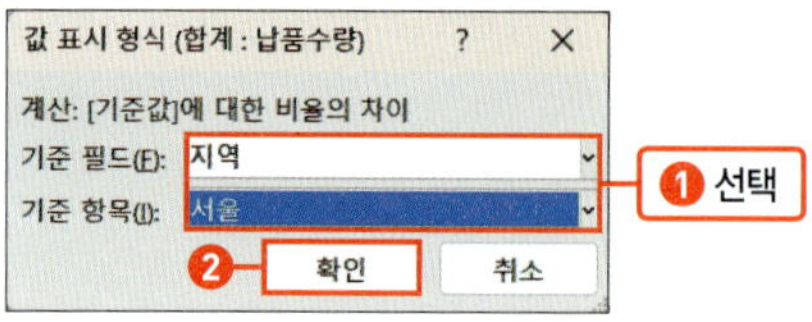

10 C열에 서울 지역을 기준으로 수량이 어느 정도 차이가 나는지 비율로 표시된 결과를 확인하세요.

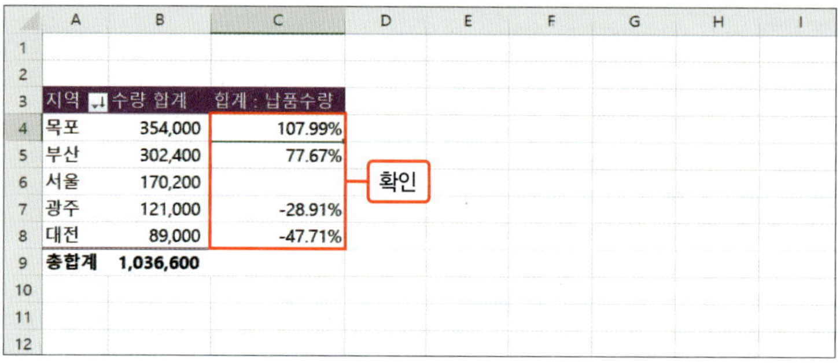

◉ **예제파일** : 누계와누계비율(준비).xlsx ◉ **완성파일** : 누계와누계비율(완성).xlsx

현장실무 17

분기별 누계와 누계 비율 표시하기

1 [Sheet1] 시트에 작성된 피벗 테이블을 살펴보면 성별에 따른 납품월별로 납품 수량의 합계가 작성되었는데, B열과 C열, D열에 모두 같은 납품 수량의 합계가 표시되어 있습니다. 이 값을 수정해서 C열에는 분기별로 값이 누적된 납품 수량의 합계를, D열에는 분기별로 누적된 납품 수량의 합계를 비율로 표시해 볼게요.

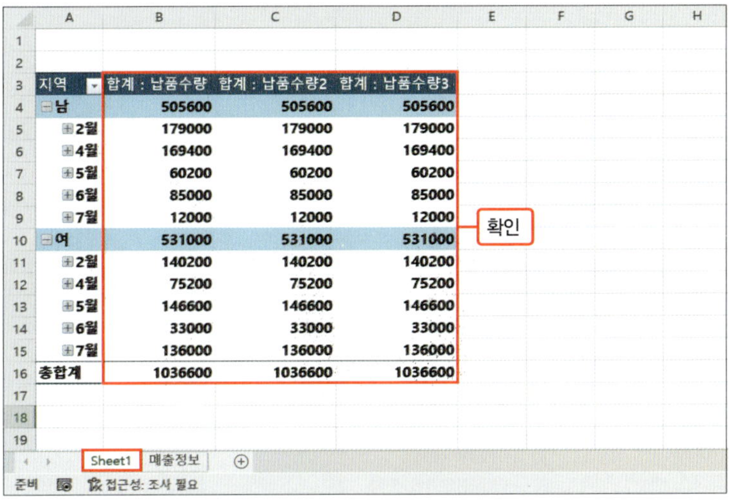

2 납품월을 분기별로 바꾸기 위해서 납품월이 표시된 영역([A5:A9], [A11:A15])에 있는 하나의 셀에서 마우스 오른쪽 단추를 클릭하고 [그룹]을 선택하세요.

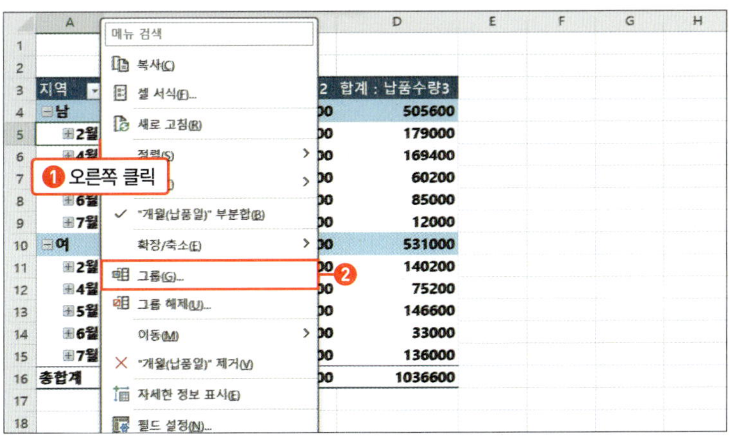

3 [그룹화] 대화상자가 열리면 '단위'에서 기존에 선택되어 있던 [월]과 [일]을 클릭해서 선택을 해제하고 [분기]를 선택한 후 [확인]을 클릭하세요.

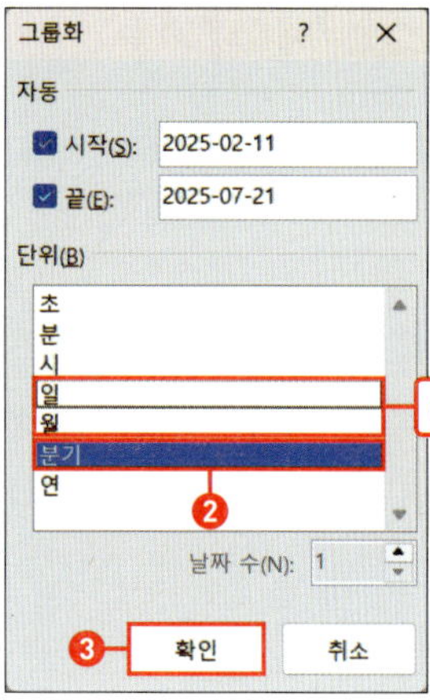

4 납품일이 분기별로 그룹화되었으면 C열에서 납품 수량의 합이 표시된 값 중 하나의 셀에서 마우스 오른쪽 단추를 클릭하고 [값 표시 형식]-[누계]를 선택하세요.

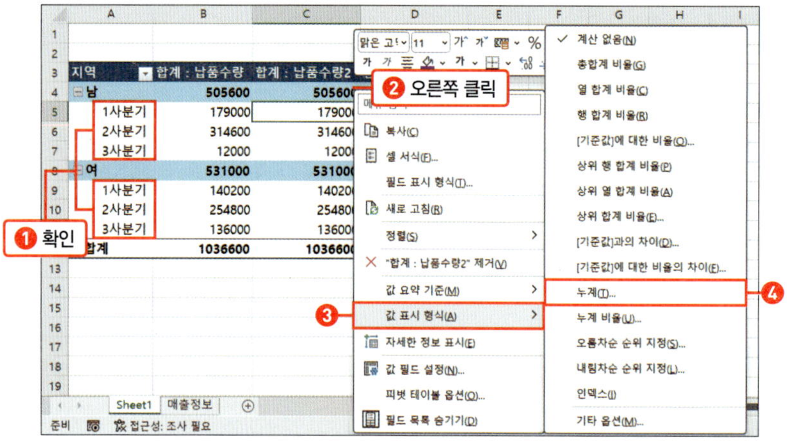

5 [값 표시 형식 (합계 : 납품수량2)] 대화상자가 열리면 '기준 필드'에서 [분기(납품일)]을 선택하고 [확인]을 클릭하세요.

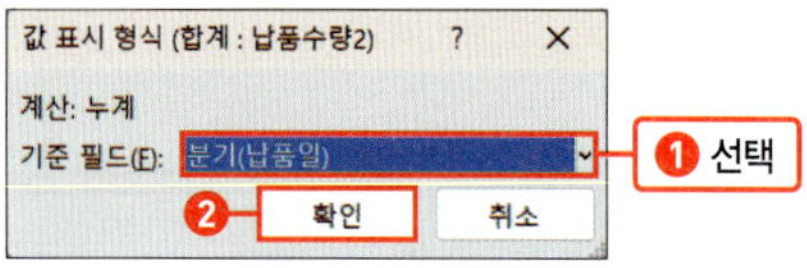

6 C열에 표시된 납품 수량이 단순한 항목의 합계가 아니라 분기별로 값이 누적된 누계로 표시되었습니다. D열에서 납품 수량의 합이 표시된 값 중 하나의 셀에서 마우스 오른쪽 단추를 클릭하고 [값 표시 형식]-[누계 비율]을 선택하세요.

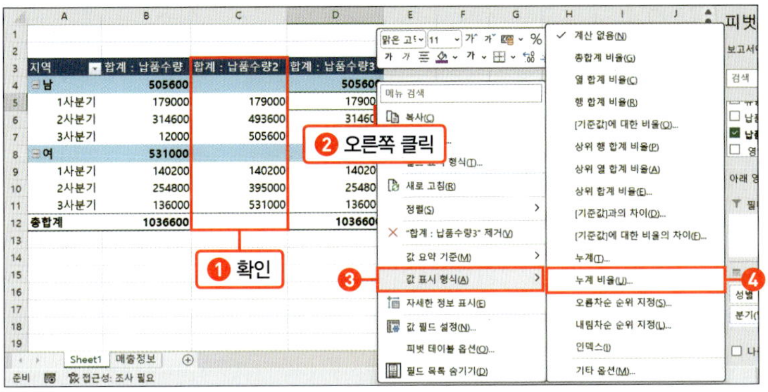

7 [값 표시 형식 (합계 : 납품수량3)] 대화상자가 열리면 '기준 필드'에서 [분기(납품일)]을 선택하고 [확인]을 클릭하세요.

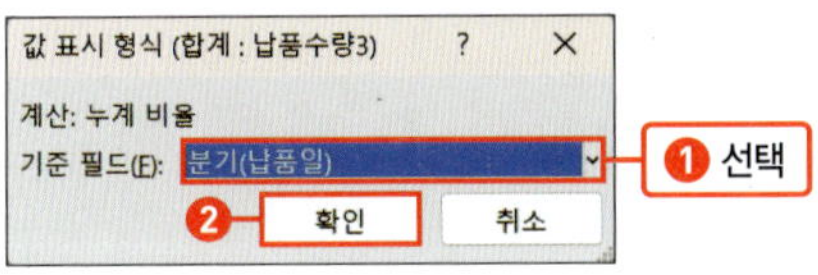

8 D열에 분기별로 납품 수량이 누적되어 합계에 대한 비율로 표시되었는지 확인합니다.

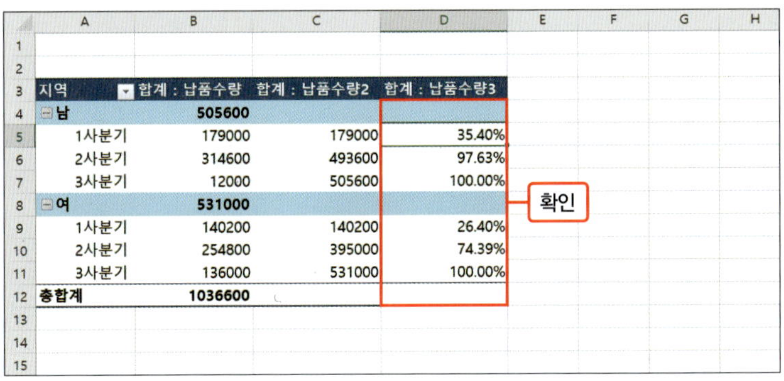

◉ **예제파일** : 피벗테이블과연동되는피벗차트(준비).xlsx ◉ **완성파일** : 피벗테이블과연동되는피벗차트(완성).xlsx

현장실무 **18**

피벗 테이블과 연동되는 피벗 차트 작성하기

1 피벗 테이블을 대상으로 피벗 차트를 만들면 서로 연동되어 차트에서 조건을 바꿀 경우 피벗 테이블에도 똑같이 변경되고 피벗 테이블에서 조건이 바뀌어도 차트에 바로 반영됩니다. [Sheet1] 시트에서 피벗 테이블에 있는 하나의 셀을 클릭하고 [피벗 테이블 분석] 탭-[도구] 그룹-[피벗 차트]를 클릭하세요. [차트 삽입] 대화상자가 열리면 [모든 차트] 탭에서 [세로 막대형] 범주를 선택하고 오른쪽에 표시된 차트 유형에서 [누적 세로 막대형]을 클릭한 후 [확인]을 클릭하세요.

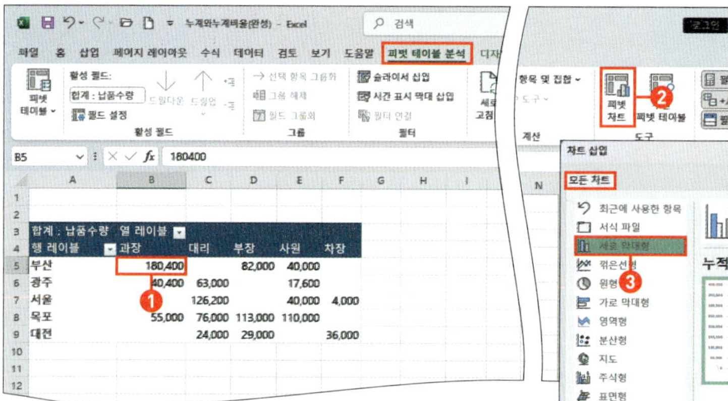

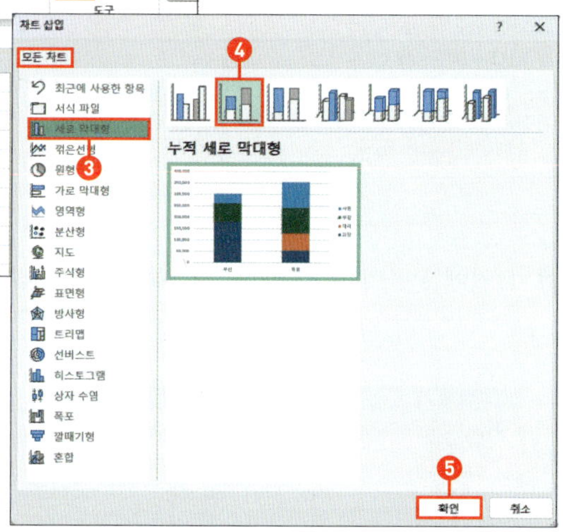

Tip

엑셀 2013 이전 버전에서는 [피벗 테이블 도구]의 [옵션] 탭에서, 엑셀 2021 이전 버전에서는 [피벗 테이블 도구]의 [분석] 탭에서 선택하세요.

2 누적 세로 막대형 피벗 차트가 삽입되었으면 차트의 왼쪽 아래에 있는 [지역]을 클릭하고 [부산]과 [목포]에만 체크 표시한 후 [확인]을 클릭합니다.

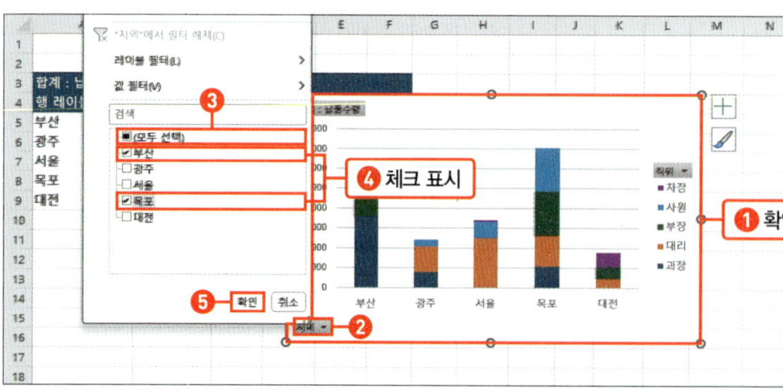

Tip

피벗 테이블에 변경 사항이 있으면 피벗 차트에도 그대로 반영됩니다.

3 지역이 부산과 목포 데이터만 표시된 차트가 다시 작성되면서 차트의 뒤쪽에 있는 피벗 테이블에도 결과가 반영되어 부산과 목포만 표시되었습니다. 피벗 차트가 선택된 상태에서 [디자인] 탭-[차트 스타일] 그룹-[색 변경]을 클릭하고 '단색형'에서 [단색 색상표 4]를 클릭해 차트에 표시된 막대 그래프의 색상을 변경하세요.

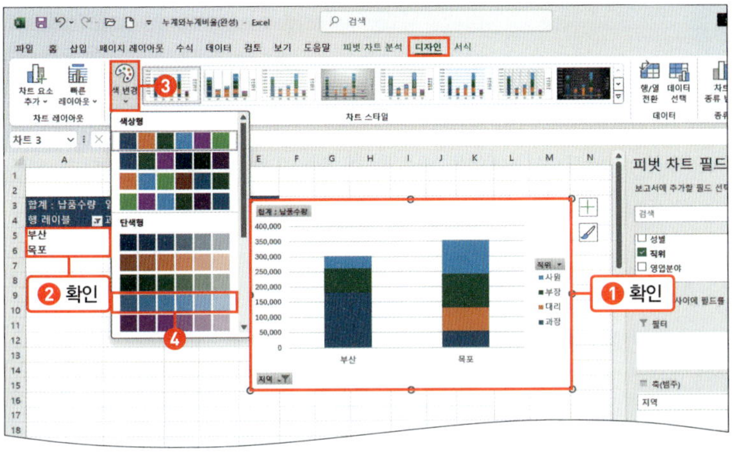

Tip

엑셀 2021 이전 버전에서는 [피벗 차트 도구]의 [디자인] 탭에서 선택하세요. [색 변경] 기능은 엑셀 2013 버전부터 지원합니다.

4 차트의 크기를 보기 좋게 조절하고 [디자인] 탭-[차트 스타일] 그룹-[스타일 2]를 클릭해서 피벗 차트의 전체 스타일을 변경합니다.

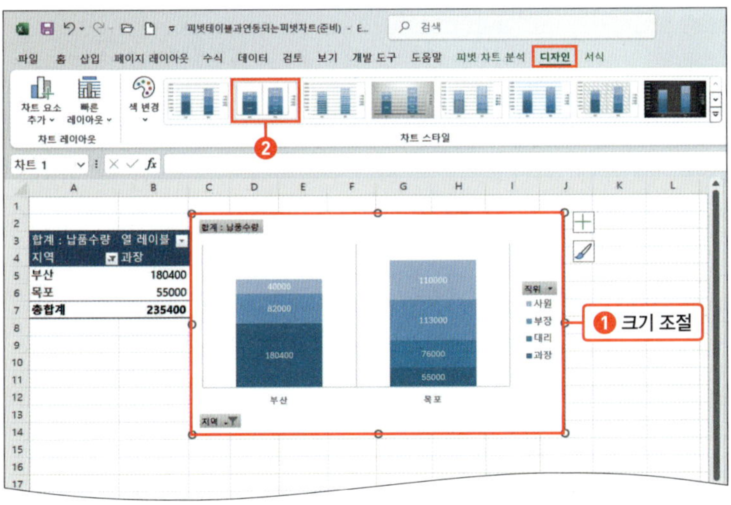

Tip

피벗 차트를 피벗 테이블과 함께 표시하지 않고 다른 시트에 별도로 표시할 수 있습니다.

① 시트에 삽입된 피벗 차트를 클릭하고 [디자인] 탭-[위치] 그룹-[차트 이동]을 클릭합니다.
② [차트 이동] 대화상자가 열리면 [새 시트]를 선택하고 시트 이름을 지정한 후 [확인]을 클릭합니다.

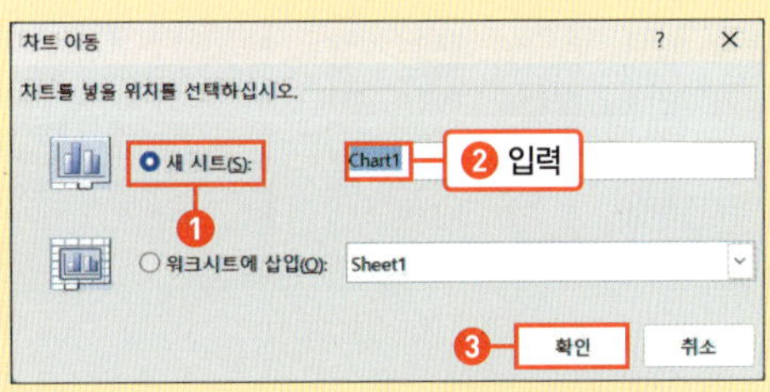

◉ **예제파일** : 피벗테이블을셀과연동(준비).xlsx ◉ **완성파일** : 피벗테이블을셀과연동(완성).xlsx

현장실무 19

셀에 피벗 테이블의 데이터 연결하기 — GETPIVOTDATA 함수

1 [보고자료] 시트에 [매출정보] 시트의 데이터를 이용한 지역별 영업 분야에 대한 통계를 구해볼게요. SUMIF, COUNTIF, AVERAGEIF 등의 함수를 사용하지 않고 피벗 테이블을 만들어서 GETPIVOTDATA 함수로 빠르게 함수식을 완성할 수 있어요.

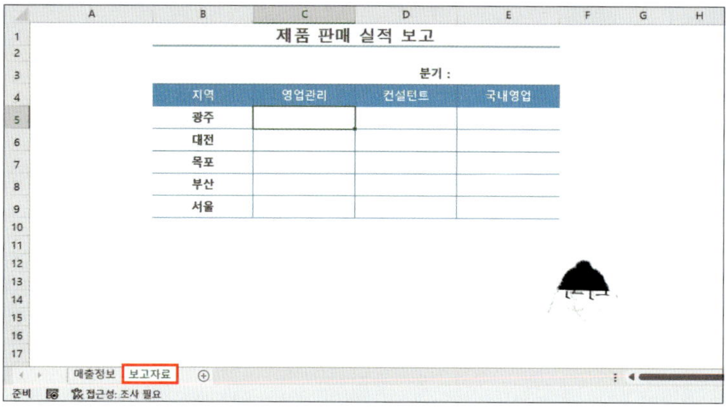

2 피벗 테이블을 만들 원본 데이터에 먼저 표 서식을 적용해 볼게요. [매출정보] 시트에서 데이터 영역에 있는 하나의 셀을 클릭하고 [삽입] 탭-[표] 그룹-[표]를 클릭하세요. [표 만들기] 대화상자가 열리면 '표에 사용할 데이터를 지정하십시오.'에 전체 데이터 영역이 설정되었는지 확인하고 [확인]을 클릭합니다.

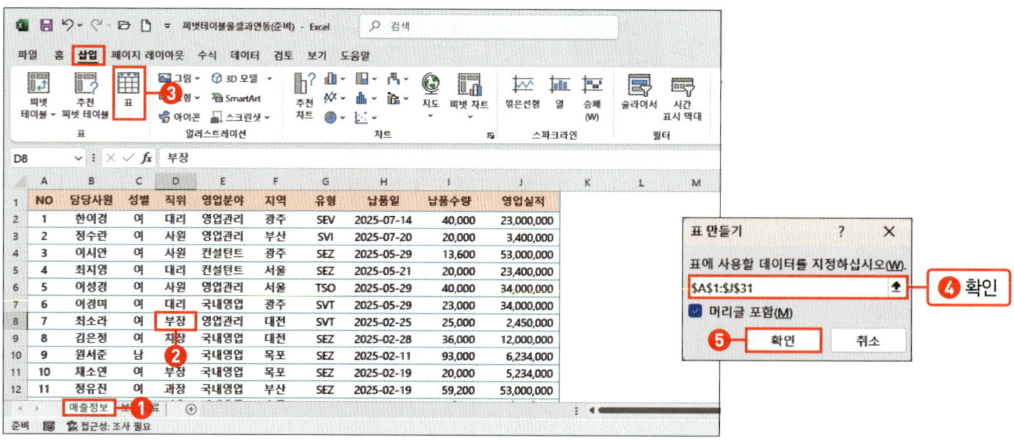

3 데이터에 표 서식이 적용되었으면 [테이블 디자인] 탭-[속성] 그룹-'표 이름'에 '데이터'를 입력해서 표 서식이 적용된 영역의 이름을 설정합니다. 표 서식이 적용된 영역을 이용해 피벗 테이블을 만들기 위해 [테이블 디자인] 탭-[도구] 그룹-[피벗 테이블로 요약]을 클릭하세요.

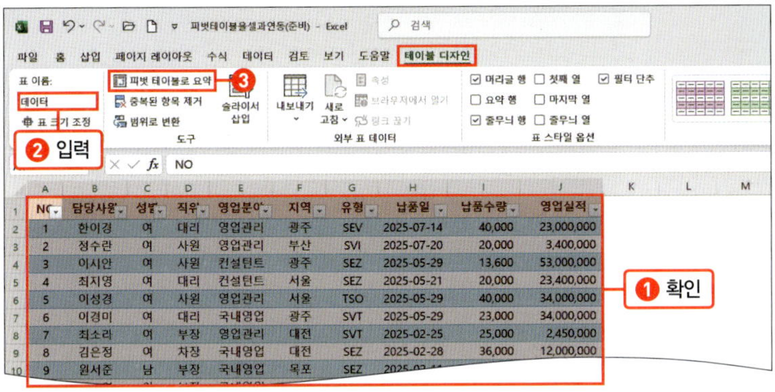

Tip
[삽입] 탭-[표] 그룹-[피벗 테이블]을 클릭해도 됩니다.

4 [표 또는 범위의 피벗 테이블] 대화상자가 열리면 '테이블 또는 범위 선택'의 '표/범위'에 데이터 영역이 자동으로 '데이터'로 지정되었는지 확인합니다. '피벗 테이블을 배치할 위치를 선택합니다.'에서 [새 워크시트]가 선택되어 있는지 확인하고 [확인]을 클릭하세요.

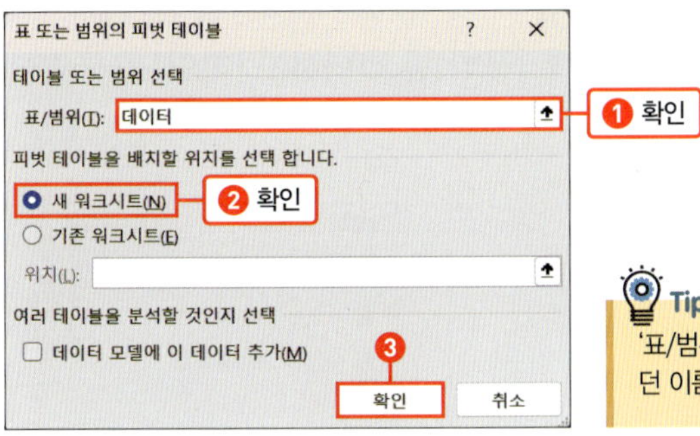

Tip
'표/범위'에 지정한 '데이터'는 **3** 과정에서 표 서식을 적용한 영역에 정의했던 이름입니다.

5 새로운 [Sheet1] 시트가 삽입되면서 화면의 오른쪽에 [피벗 테이블 필드] 창이 열리면 '보고서에 추가할 필드 선택'에서 [지역] 필드는 '행' 영역으로, [영업분야] 필드는 '열' 영역으로 드래그합니다.

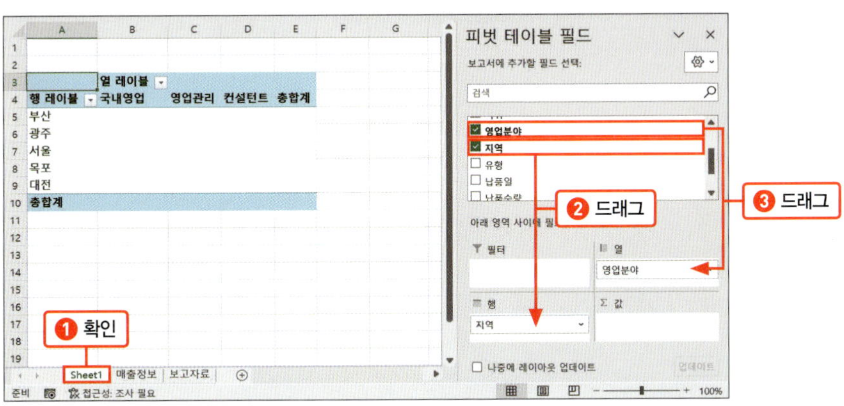

6 계속 이어서 [납품일] 필드는 '행' 영역에 배치된 [지역] 필드의 위로, [영업실적] 필드는 '값' 영역으로 드래그합니다.

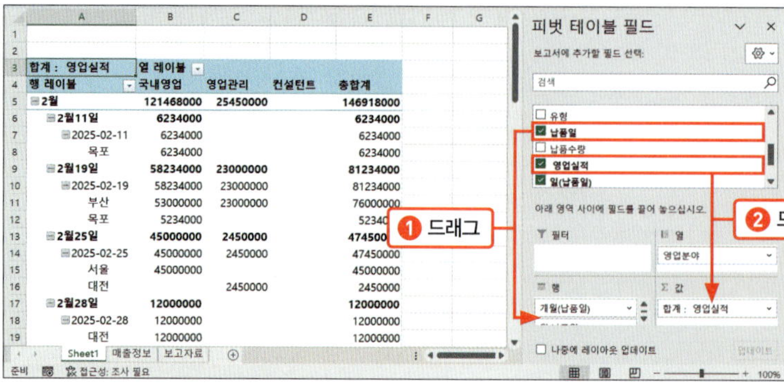

Tip

엑셀 버전에 따라 날짜 형식이 표시되는 방식이 달라서 납품일이 표시된 상태가 다를 수 있습니다. 하지만 다음 **7** 과정을 거치면 같은 형태로 변경할 수 있어요.

7 피벗 테이블이 완성되었으면 날짜가 표시된 데이터 중 하나의 셀에서 마우스 오른쪽 단추를 클릭하고 [그룹]을 선택합니다. [그룹화] 대화상자가 열리면 '시작'과 '끝'에 표시된 날짜값은 그대로 두고 '단위'에서 [월]과 [일]을 클릭해 선택을 취소한 후 [분기]를 선택하고 [확인]을 클릭합니다.

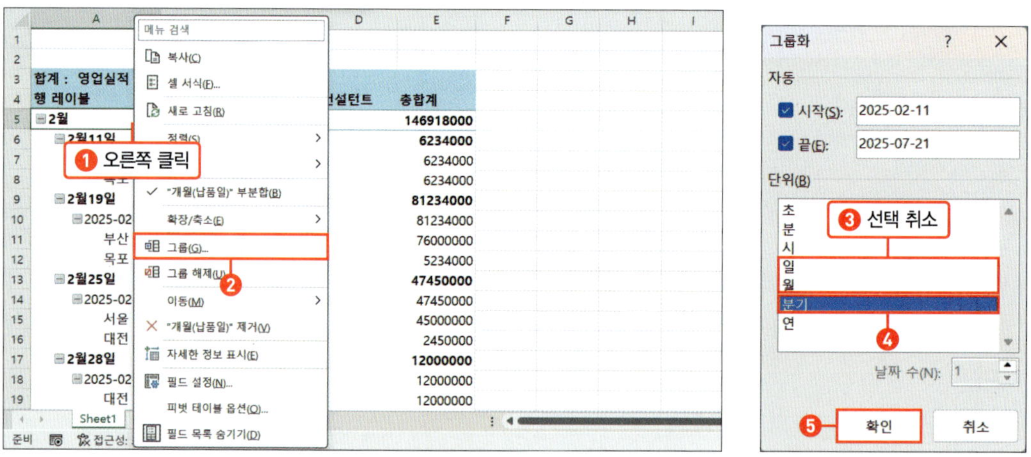

8 납품일이 분기별로 묶이면서 그룹으로 지정되어 표시되고 하위 수준으로 지역이 나타나는데, 이 값을 영업 분야별로 나누고 영업 실적의 합계를 구한 데이터가 표시되었습니다. [보고자료] 시트에서 필요한 분기, 지역, 영업 분야 항목이 모두 있고 영업 실적의 합계를 구한 것입니다.

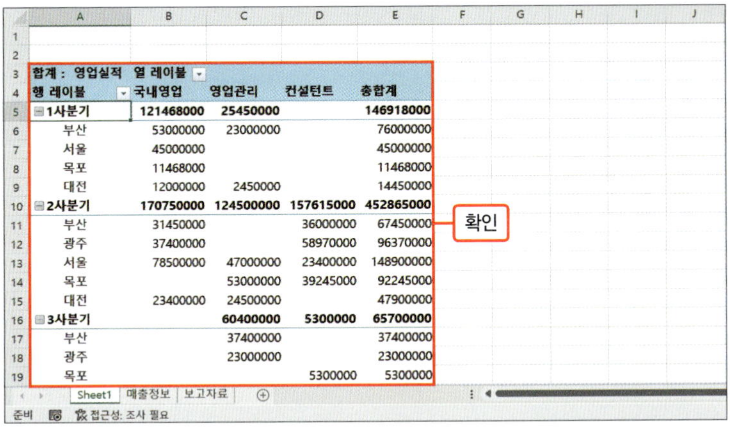

합계 : 영업실적	열 레이블			
행 레이블	국내영업	영업관리	컨설턴트	총합계
⊟1사분기	121468000	25450000		146918000
부산	53000000	23000000		76000000
서울	45000000			45000000
목포	11468000			11468000
대전	12000000	2450000		14450000
⊟2사분기	170750000	124500000	157615000	452865000
부산	31450000		36000000	67450000
광주	37400000		58970000	96370000
서울	78500000	47000000	23400000	148900000
목포		53000000	39245000	92245000
대전	23400000	24500000		47900000
⊟3사분기		60400000	5300000	65700000
부산		37400000		37400000
광주		23000000		23000000
목포			5300000	5300000

Tip

[보고자료] 시트에서 필요한 분기, 지역, 영업 분야 항목이 반드시 있어야 하는데, 행과 열 배치는 바뀌어도 상관없습니다.

9 [보고자료] 시트에서 E3셀을 클릭하고 [데이터] 탭-[데이터 도구] 그룹-[데이터 유효성 검사]를 클릭합니다.

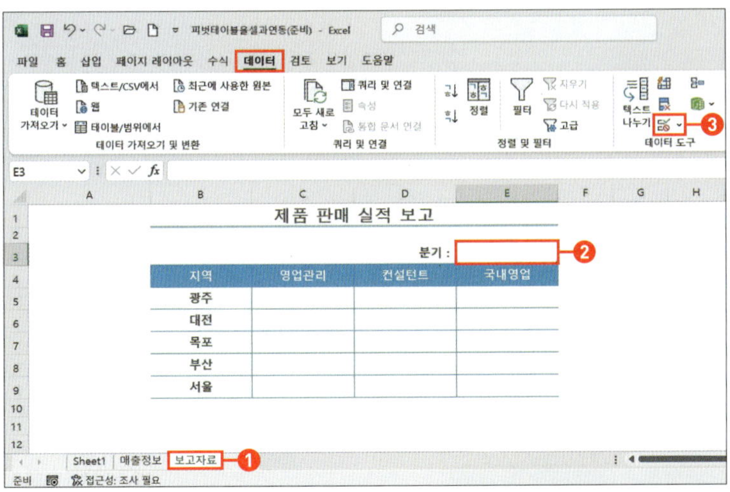

10 [데이터 유효성] 대화상자의 [설정] 탭이 열리면 '유효성 조건'의 [제한 대상]에서 [목록]을 선택합니다. 목록으로 지정할 값을 설정하기 위해 [원본]에 '1,2,3,4'를 입력하고 [확인]을 클릭하세요.

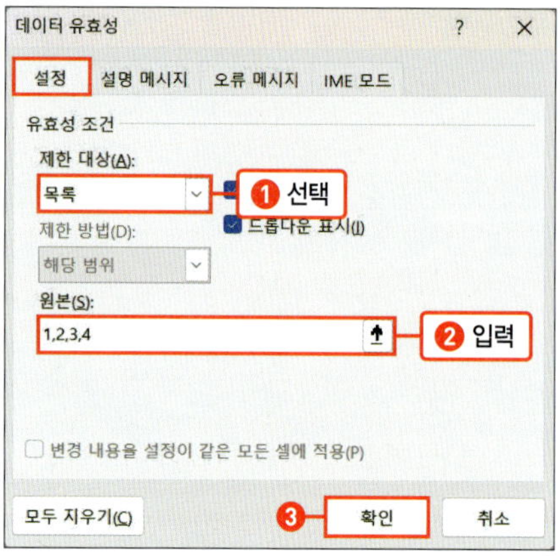

11 E3셀을 클릭하고 오른쪽에 목록 단추(▾)가 나타나면 클릭한 후 목록에서 [2]를 선택합니다.

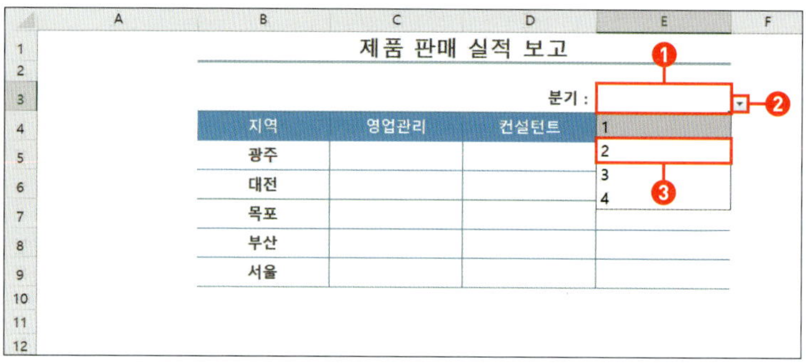

12 E3셀에서 실적 보고 자료를 확인할 분기를 선택하면 C5:E9 범위에 해당 지역별 영업 분야에 해당하는 매출 실적의 합계를 표시해 볼게요. C5셀에 '='를 입력하고 피벗 테이블이 작성된 [Sheet1] 시트를 클릭하세요.

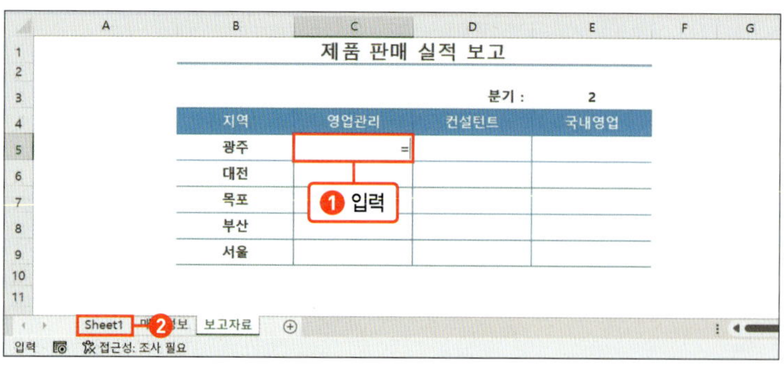

13 피벗 테이블에서 매출 실적의 합계가 표시된 값 중 하나(여기서는 B6셀)를 클릭하고 함수식 '=GETPIVOTDATA("영업실적",Sheet1!$A$3,"영업분야","국내영업","지역","부산","분기(납품일)",1)'이 표시되었는지 확인한 후 Enter를 눌러 [보고자료] 시트의 C5셀에 함수식을 완성합니다.

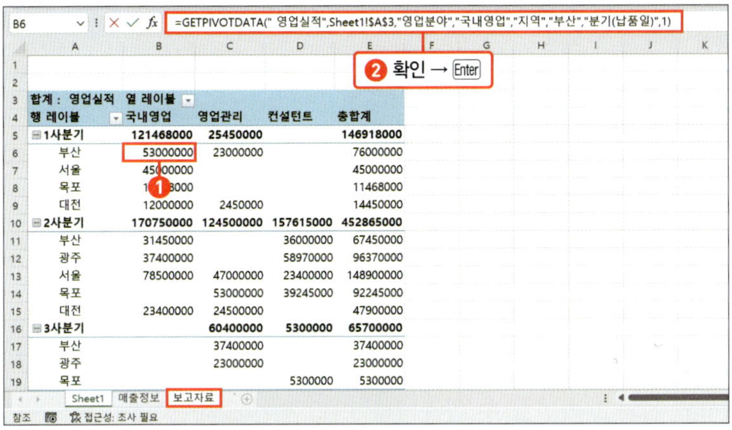

Tip

분기별 부분합을 표시한 5행, 10행, 16행 등의 데이터 셀을 제외한 B6:D9 범위나 B11:D15 범위 등의 분기, 지역, 영업 분야가 모두 사용된 셀을 클릭해야 합니다.

14 함수식이 완성된 C5셀을 더블클릭하고 함수식 '=GETPIVOTDATA("영업실적",Sheet1!$A$3,"영업분야","국내영업","지역","부산","분기(납품일)",1)'을 '=GETPIVOTDATA("영업실적",Sheet1!$A$3,"영업분야",C$4,"지역",$B5,"분기(납품일)",$E$3)'으로 수정한 후 Enter를 누릅니다.

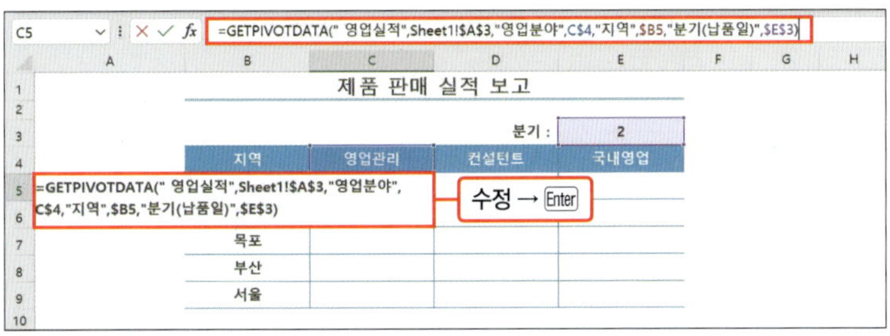

함수식 설명

기존 함수식

=GETPIVOTDATA("영업실적",Sheet1!$A$3,"영업분야","국내영업","지역","부산","분기(납품일)",1)

수정 함수식

=GETPIVOTDATA("영업실적",Sheet1!$A$3,"영업분야",C$4,"지역",$B5,"분기(납품일)",$E$3)

❶ 첫 번째로 피벗 테이블에 작성된 데이터값 중 '영업분야' 필드가 '국내영업'인 값을 'C$4'로 수정해서 오른쪽으로 함수식을 복사했을 때 C4셀(영업관리)이 D4셀(컨설턴트), E4셀(국내영업)로 열이 바뀌고 행은 변하지 않은 상태에서 그대로 4행을 유지하라는 뜻입니다.

❷ 두 번째로 피벗 테이블에 작성된 데이터값 중 '지역' 필드가 '부산'인 값을 '$B5'로 수정해서 아래쪽으로 함수식을 복사했을 때 B5셀(광주)이 B6셀(대전), B7셀(목포)로 행이 바뀌고 열은 변하지 않은 상태에서 그대로 B열을 유지하라는 뜻입니다.

❸ 세 번째로 피벗 테이블에 작성된 데이터값 중 '분기(납품일)' 필드가 '1'인 값을 '$E$3'으로 수정해서 항상 E3셀과 같은 값으로 찾아오라는 뜻입니다.

15 C5셀의 자동 채우기 핸들을 C9셀까지 드래그해 셀에도 함수식을 복사하고 다시 C9셀의 자동 채우기 핸들을 E9셀까지 드래그합니다. 다른 분기로 데이터를 확인하기 위해 E3셀을 클릭하고 E3셀의 오른쪽에 나타난 목록 단추(▾)를 클릭한 후 목록에서 [3]을 선택하세요.

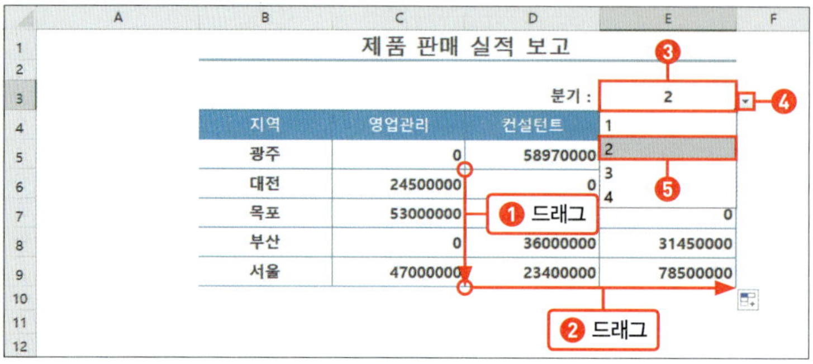

16 3분기 데이터로 바뀌어 계산된 결과를 확인할 수 있습니다. 만약 조건에 해당하는 값이 없으면 오류가 발생합니다.

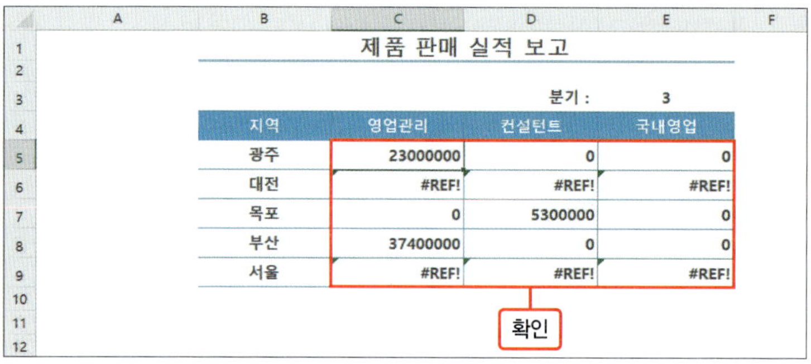

17 오류가 나타나는 값을 '0'으로 바꾸기 위해 C5셀을 클릭하고 '=IFERROR(GETPIVOTDATA("영업실적",Sheet1!$A$3,"영업분야",C$4,"지역",$B5,"분기(납품일)",$E$3),0)'으로 함수식을 수정한 후 Enter를 누릅니다.

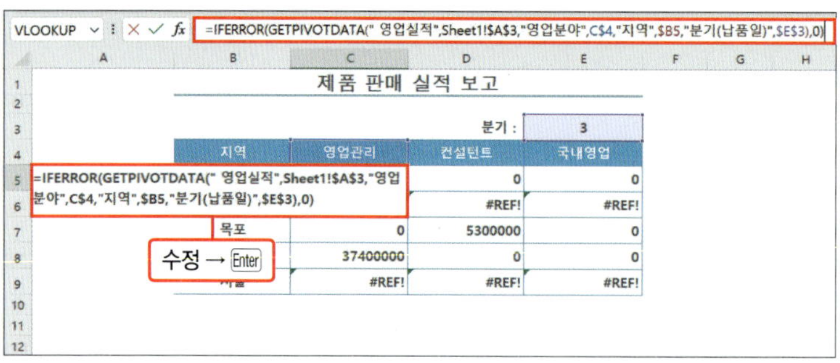

Tip

IFERROR 함수는 오류가 발생했을 때 오류 메시지를 원하는 다른 값으로 대체할 수 있습니다. 이것에 대해서는 165쪽을 참고하세요.

18 C5셀의 자동 채우기 핸들을 더블클릭해서 데이터가 입력된 마지막 행까지 함수식을 복사한 후 다시 C9셀의 자동 채우기 핸들을 E9셀까지 드래그합니다. 그러면 이전에 오류가 나타났던 셀에 '0'으로 바뀐 값이 표시됩니다.

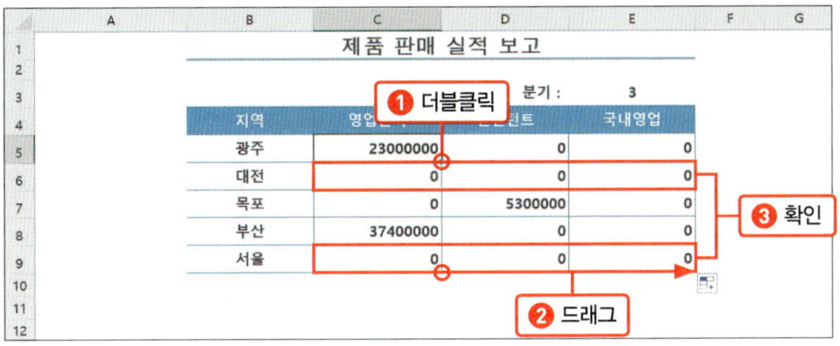

19 [Sheet1] 시트에서 피벗 테이블에 있는 하나의 셀을 클릭하고 [피벗 테이블 분석] 탭-[필터] 그룹-[슬라이서 삽입]을 클릭합니다.

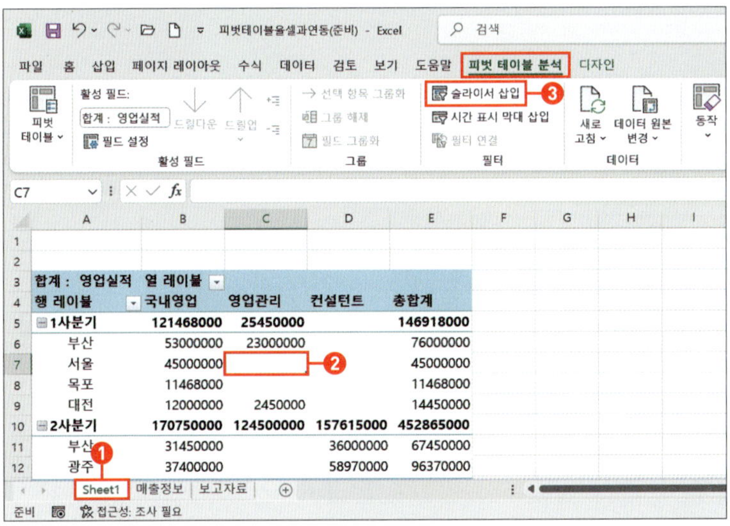

20 [슬라이서 삽입] 대화상자가 열리면 필드 목록에서 필터링에 사용할 [유형] 필드에 체크 표시하고 [확인]을 클릭합니다.

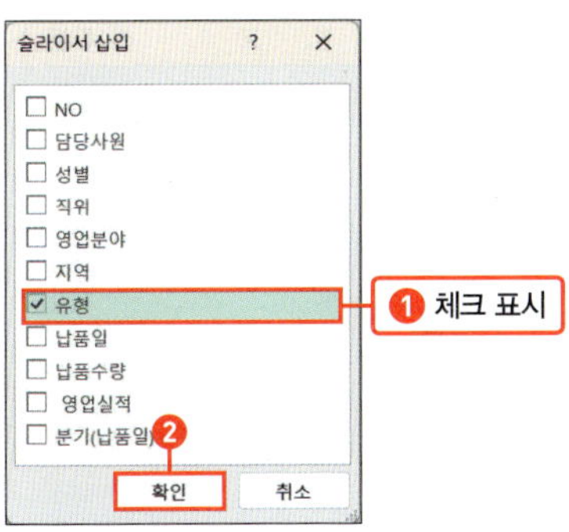

21 [유형] 슬라이서가 표시되었으면 [슬라이서] 탭-[슬라이서 스타일] 그룹-[연한 주황, 슬라이서 스타일 밝게 2]를 클릭합니다. [유형] 슬라이서가 완성되면 Ctrl+X를 눌러 잘라내세요.

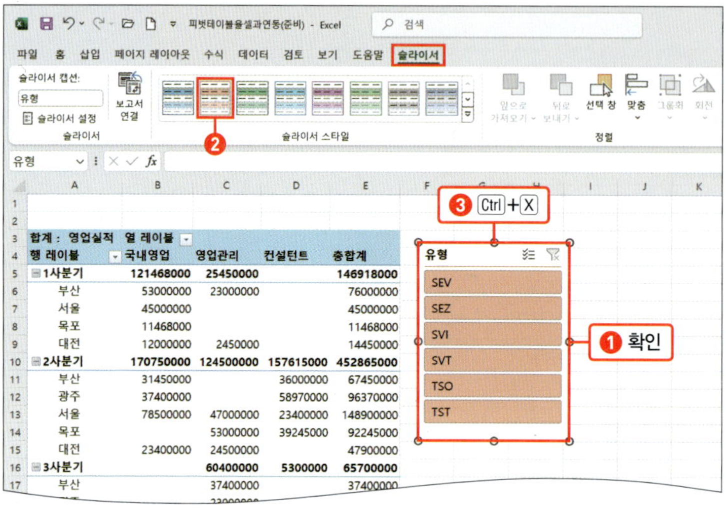

22 [보고자료] 시트를 클릭하고 Ctrl+V를 눌러 [유형] 슬라이서를 붙여넣은 후 A열의 빈 공간으로 드래그해서 배치합니다.

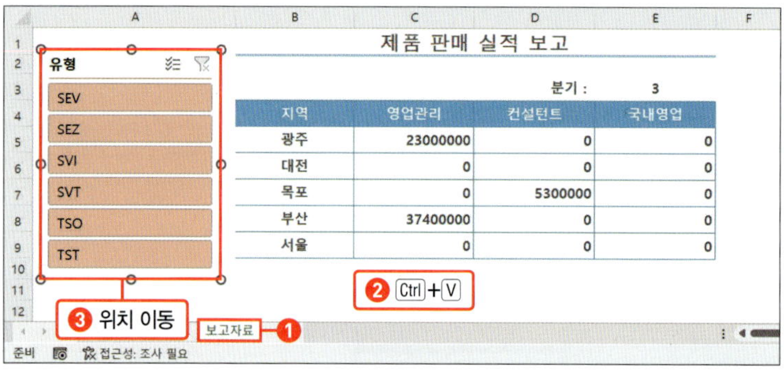

23 E3셀에서 원하는 분기를 선택하고 [유형] 슬라이서에서 원하는 유형을 선택하면 모든 조건에 만족하는 데이터로 재계산되어 표시됩니다. [유형] 슬라이서의 필터링을 해제하기 위해 [필터 해제] 단추( )를 클릭하세요.

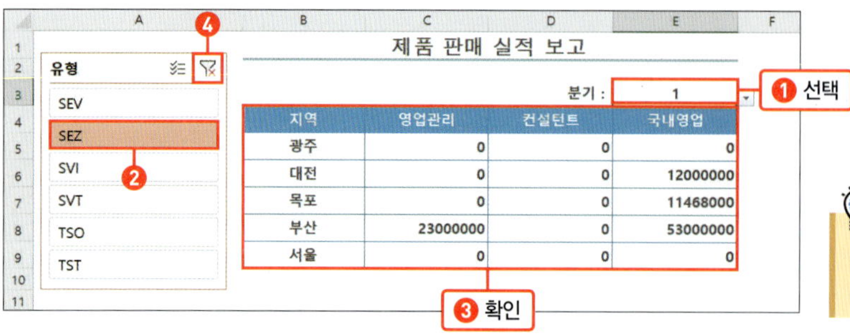

Tip
슬라이서의 사용 방법에 대해서는 89쪽, 357쪽을 참고하세요.

◉ **예제파일** : 반복작업자동화하기(준비).xlsx ◉ **완성파일** : 반복작업자동화하기(완성).xlsx

AI 실무 프로젝트 09

VBA 코드로 반복 작업 자동화하기 – 챗GPT(ChatGPT)

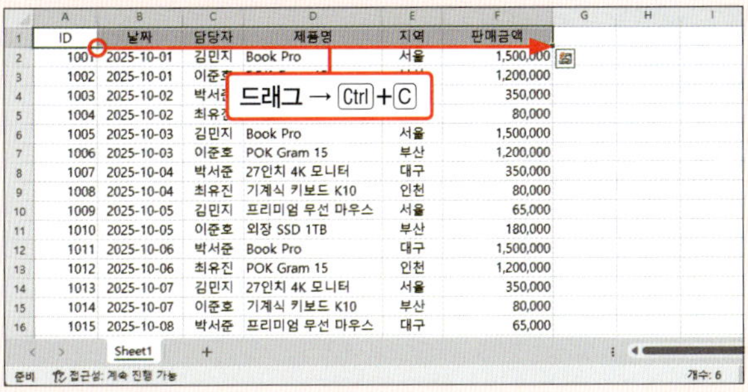

1 제품별로 판매 지역과 매출 자료에서 각 지역별로 시트를 만들어 데이터를 분리하는 반복 작업을 VBA 소스 코드를 생성한 후 ChatGPT의 도움을 받아 자동화해 볼게요. [Sheet1] 시트에서 A1:F1 범위를 드래그해 선택하고 Ctrl+C를 눌러 복사하세요.

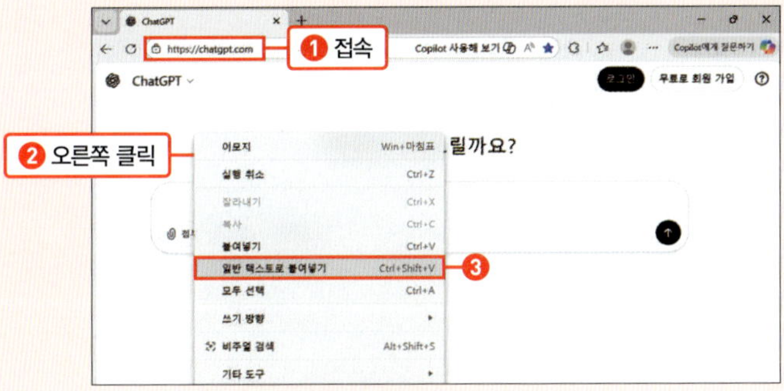

2 챗GPT 사이트(chatgpt.com)에 접속한 후 채팅 창에서 마우스 오른쪽 단추를 클릭하고 [일반 텍스트로 붙여넣기]를 선택합니다.

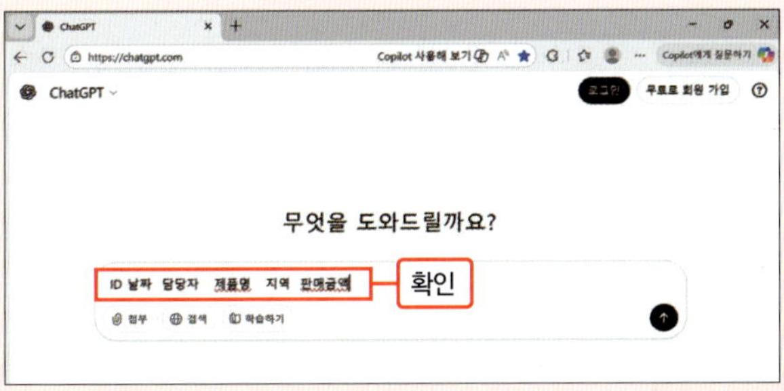

3 엑셀에서 복사한 데이터가 채팅 창에 그대로 텍스트만 붙여넣어진 결과를 확인합니다.

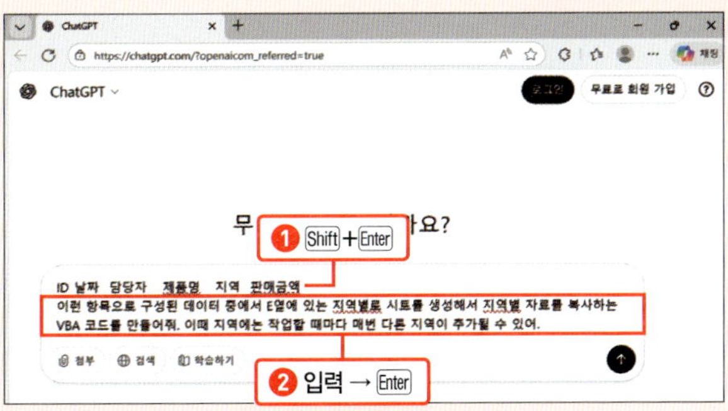

4 계속 이어서 Shift+Enter를 눌러 다음 행에서 다음과 같이 추가 질문을 입력하고 Enter를 누릅니다.

> 이런 항목으로 구성된 데이터 중에서 E열에 있는 지역별로 시트를 생성해서 지역별 자료를 복사하는 VBA 코드를 만들어줘. 이때 지역에는 작업할 때마다 매번 다른 지역이 추가될 수 있어.

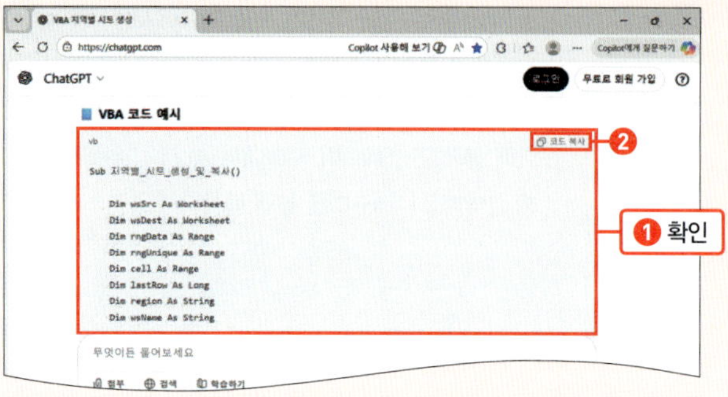

5 VBA 코드가 작성되면 [코드 복사]를 클릭합니다.

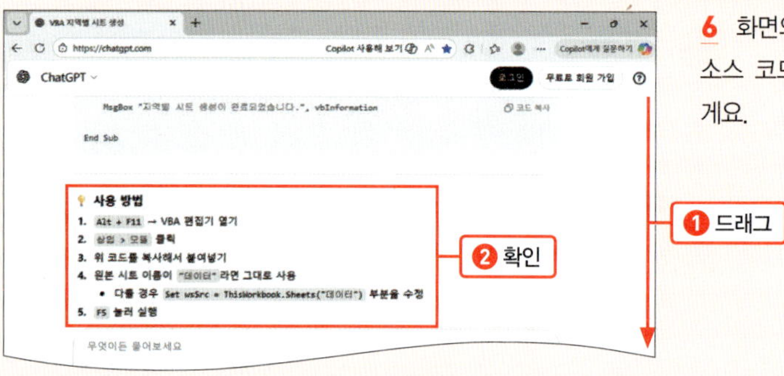

6 화면의 아래쪽으로 내려간 후 표시되어 있는 VBA 소스 코드의 사용 방법에 따라 차례대로 실행해 볼게요.

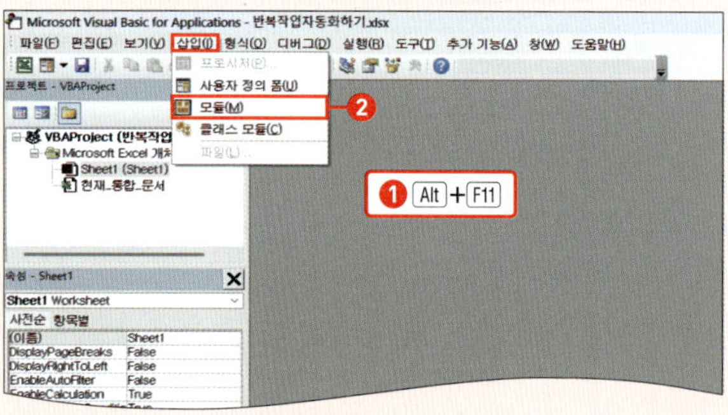

7 엑셀 창으로 되돌아와서 Alt+F11를 누릅니다. [Microsoft Visual Basic for Applications] 편집기 창이 열리면 [삽입]-[모듈] 메뉴를 선택하세요.

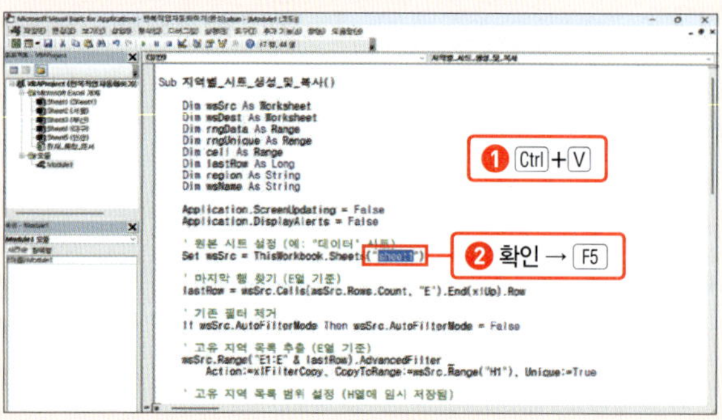

8 오른쪽에 코드 창이 열리면 Ctrl+V를 눌러 복사한 코드 내용을 붙여넣습니다. 코드 내용에서 사용할 원본 데이터가 저장된 시트 이름을 지정하는 부분에 현재 작업 중인 시트 이름인 'Sheet1'로 표시되었는지 확인하고 다른 이름이면 'Sheet1'로 수정한 후 F5를 눌러 실행합니다.

작성한 소스 코드 내용이 질문할 때마다 조금씩 다를 수 있지만, 실행하면 결과는 같게 나타날 겁니다.

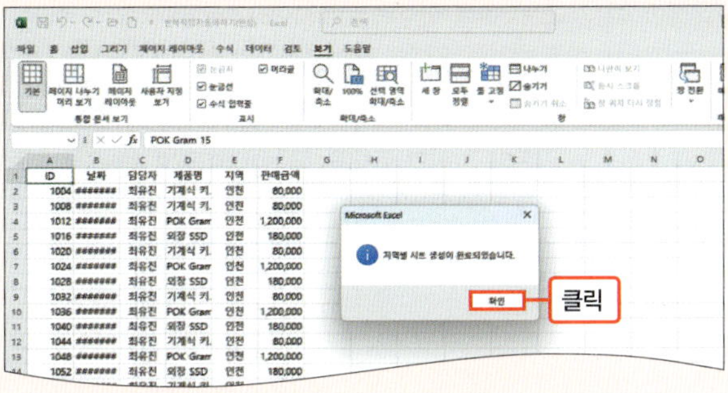

9 작업이 완료되었다는 메시지 창이 열리면 [확인]을 클릭합니다.

> 프로그램을 실행했을 때 오류 메시지 창이 열리면 [확인]을 클릭하세요. 그런 다음 챗Gpt에게 해당 오류 메시지를 그대로 전달해서 어떤 문제 때문에 오류가 발생했는지 물어보고 대처하면 됩니다.

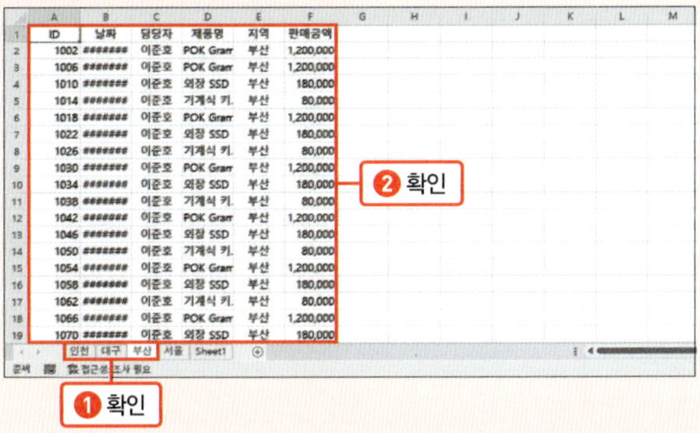

10 지역별로 새로운 시트가 생성되면서 해당 지역 데이터가 복사되었는지 확인합니다. 이제 이 데이터를 지역별로 매출 건수와 총 판매 금액을 보여주는 피벗 테이블을 생성하는 VBA 소스에 추가해 볼게요.

> 프로그램을 실행한 후 나타나는 메시지나 새로 추가된 시트의 위치는 프로그램 소스 코드의 내용에 따라 조금씩 다를 수 있습니다.

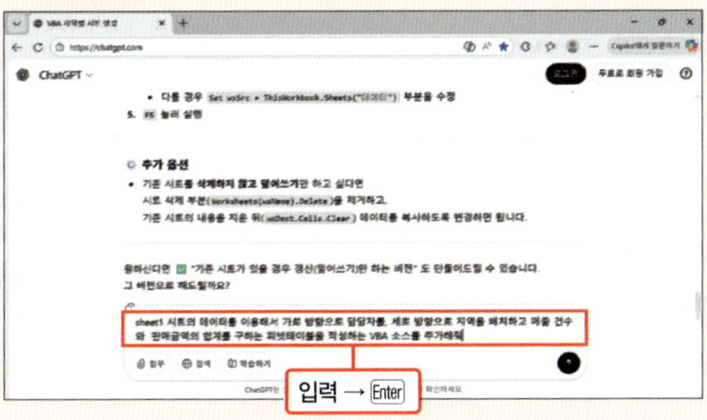

11 챗GPT에게 다음과 같이 추가 질문을 입력하고 Enter를 누르세요.

> sheet1 시트의 데이터를 이용해서 가로 방향으로 담당자를, 세로 방향으로 지역을 배치하고 매출 건수와 판매금액의 합계를 구하는 피벗테이블을 작성하는 VBA 소스를 추가해줘

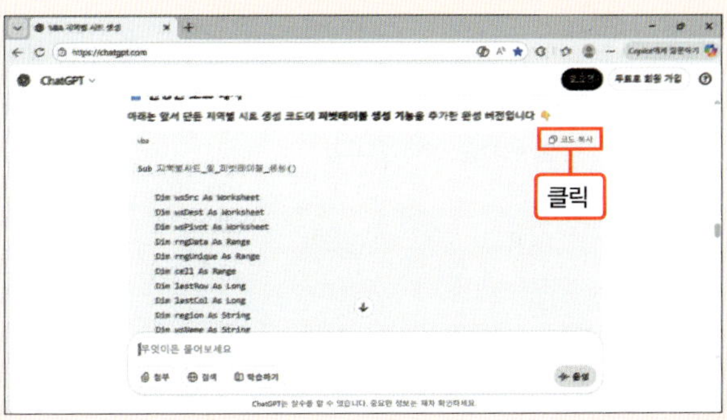

12 [코드 복사]를 클릭해서 새로 작성한 VBA 소스 코드를 복사합니다.

> 결과 화면에서 VBA 소스 코드 내용이 매번 조금씩 다르게 나타날 수 있고 실행했을 때도 결과가 조금씩 다르게 나타날 겁니다.

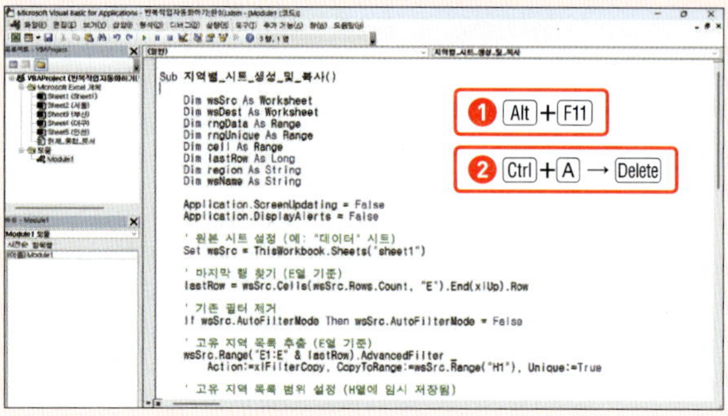

13 엑셀 창으로 되돌아와서 Alt+F11을 누릅니다. [Microsoft Visual Basic for Applications] 편집기 창이 열리면 오른쪽의 코드 창을 클릭하고 Ctrl+A를 눌러 기존에 작성한 코드를 모두 선택한 후 Delete를 누르세요.

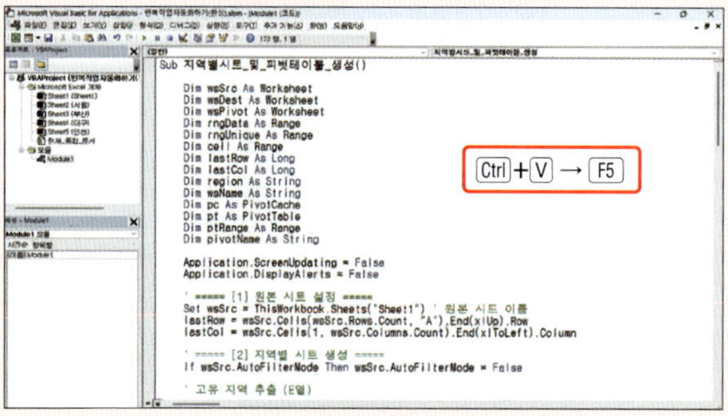

14 코드 창에서 코드를 모두 지웠으면 Ctrl+V를 눌러 새로운 소스로 붙여넣은 후 F5를 눌러 코드를 실행합니다.

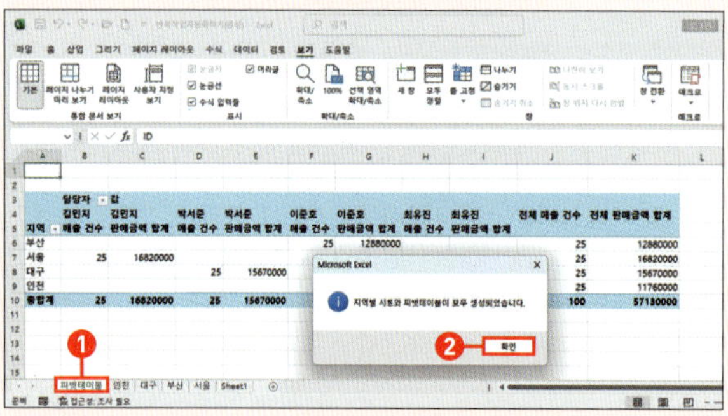

15 이전과 같이 지역별로 새로운 시트가 생성되면서 [피벗테이블] 시트까지 추가되었다는 메시지 창이 열리면 [확인]을 클릭합니다.

Alt+F11을 눌러 [Microsoft Visual Basic for Applications] 편집기 창과 엑셀 창을 전환하면서 데이터 시트를 확인해 보세요. 이처럼 매번 같은 형식의 자료를 다운로드해서 [Sheet1] 시트에 덮어쓰기한 후 소스를 실행하면 언제든지 자동으로 이러한 작업 결과를 얻을 수 있어요.

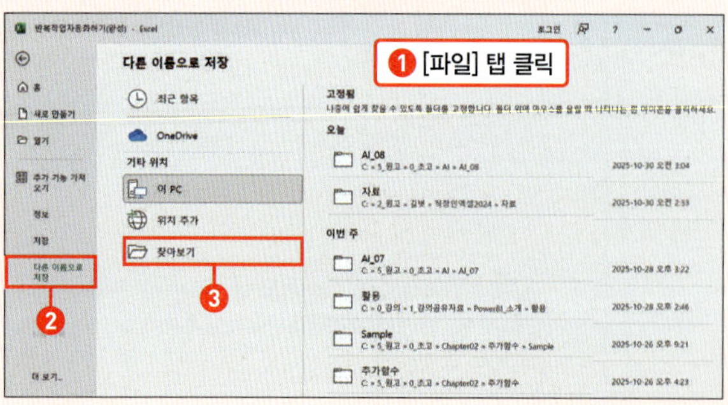

16 VBA 소스 코드가 작성된 파일을 저장하기 위해 [파일]-[다른 이름으로 저장]을 선택하고 파일을 저장할 위치를 선택합니다.

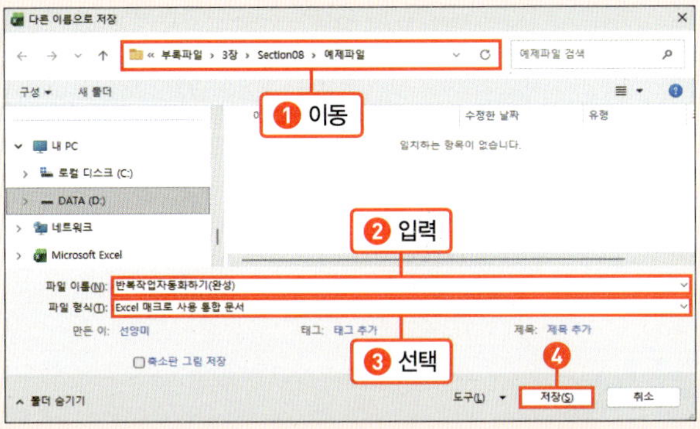

17 [다른 이름으로 저장] 대화상자가 열리면 저장할 이름을 입력하고 '파일 형식'에서 [Excel 매크로 사용 통합 문서]를 선택한 후 [저장]을 클릭합니다.

> 일반 'Excel 통합 문서' 형식을 선택하면 확장자 XLSX로 저장됩니다. 다만 이렇게 저장하면 시트에 입력된 데이터값만 저장되어 소스 코드는 사라집니다. 엑셀에서 작성한 소스 코드를 함께 저장하려면 반드시 [매크로 사용 통합 문서] 형식으로 저장해야 확장자가 XLSM으로 설정됩니다.

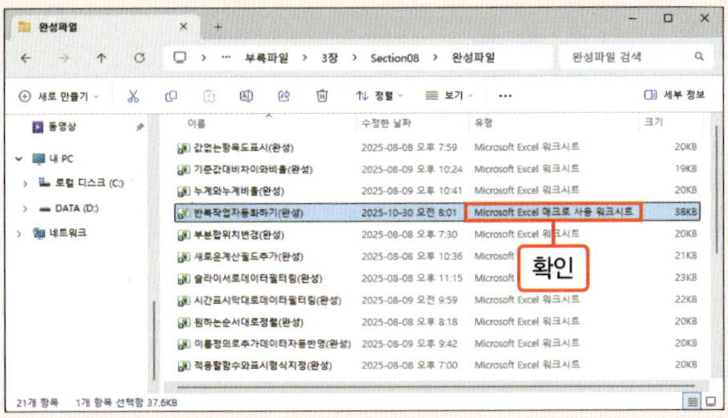

18 열린 엑셀 창을 닫고 저장한 파일을 찾아보세요. 파일 유형이 [Microsoft Excel 매크로 사용 워크시트]로 설정되었는지 확인하고 더블클릭해서 파일을 엽니다.

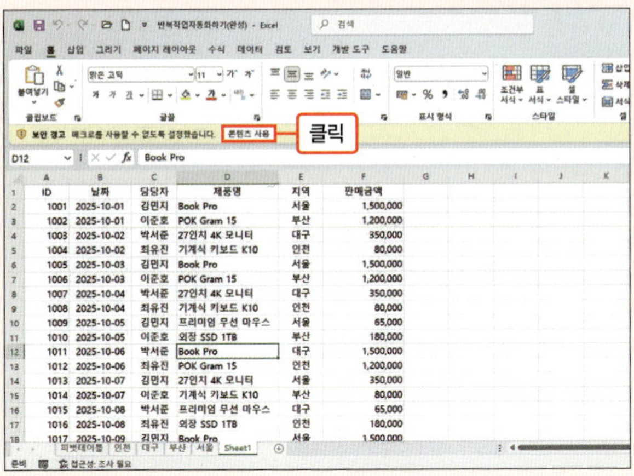

19 엑셀 창에 선택한 파일이 열리면서 화면 위쪽에 보안 경고 메시지가 표시되면 [콘텐츠 사용]을 클릭해서 VBA 소스 코드를 함께 엽니다. [콘텐츠 사용]을 클릭하지 않으면 데이터만 열리고 VBA 소스가 실행되지 않으므로 반드시 클릭해야 합니다. 새로운 매출 데이터가 있으면 [Sheet1] 시트에 작성된 기존 데이터에 덮어쓰고 코드를 실행하세요. 그러면 언제든지 반복되는 작업을 쉽게 실행할 수 있습니다.

SECTION

09

엑셀을 뛰어넘는 데이터 정리 마법사, 파워 쿼리

파워 쿼리(Power Query)는 엑셀만으로는 처리하기 어려운 대량의 데이터 통합과 반복적인 데이터 정리 작업을 자동화하는 데 특화된 강력한 도구입니다. 이번 섹션에서는 단순한 데이터 정리를 넘어서 업무 효율화와 전략 수립에 큰 역할을 할 수 있는 파워 쿼리에 대해 살펴볼게요.

필수기능 01

파워 쿼리에 대해 알아보기

엑셀이 주로 개별 데이터의 계산과 분석에 초점을 맞춘다면 파워 쿼리(Power Query)는 여러 곳에 흩어져 있는 데이터를 한 곳으로 불러와서 필요한 형태로 가공하고 정리하는 데이터 전처리 과정을 효과적으로 처리할 수 있어요. 예를 들어 매달 여러 파일에 분산된 영업 실적 데이터를 합치거나, 웹에서 최신 환율 정보를 자동으로 가져와서 업데이트하는 등의 작업을 파워 쿼리를 사용하면 손쉽게 자동화할 수 있습니다. 엑셀로는 더 많은 노력과 시간을 들여야 하는 일을 파워 쿼리로 간단하게 해결할 수 있어서 매우 편리합니다.

1 | 파워 쿼리를 사용하는 이유

❶ 반복 작업 자동화

매달 비슷한 형태의 보고서를 여러 개 합쳐서 정리해야 하는 경우가 많아요. 이때 파워 쿼리에서 한 번만 작업 방식을 저장해 두면 다음 달에는 [새로 고침]을 한 번만 클릭해서 모든 과정을 자동으로 반복할 수 있습니다.

❷ 여러 데이터 소스 통합

엑셀은 보통 한 시트나 테이블을 대상으로 하지만, 파워 쿼리는 여러 파일(엑셀, CSV)뿐만 아니라 데이터베이스, 웹 API까지 불러와서 통합할 수 있습니다.

❸ 간단한 데이터 정제 능력

불필요한 열 제거, 문자열 분리, 공백 제거, 결측치 채우기, 피벗 열/열 피벗 해제와 같은 전처리 작업을 할 때 파워 쿼리를 이용해 보세요. 그러면 VBA 코드를 작성하지 않고 단순한 클릭만으로도 구현할 수 있습니다.

❹ 데이터 안정성

피벗 테이블은 구조가 조금만 바뀌어도 레이아웃이 깨지기 쉽지만, 파워 쿼리는 원본이 달라져도 일관성을 유지할 수 있습니다.

❺ 대용량 데이터 처리

엑셀의 행 제한(약 100만 행)을 넘어선 대용량 데이터도 안정적으로 처리할 수 있습니다.

❻ 데이터 병합

웹, 폴더, 데이터베이스 등 다양한 원본 데이터에서 원하는 자료를 쉽게 가져와서 병합할 수 있습니다.

2 | 파워 쿼리에서 사용하면 좋은 기능

❶ 다양한 원본 데이터 연결

엑셀 파일뿐만 아니라 웹페이지, CSV, 폴더, 데이터베이스 등 다양한 곳에 흩어져 있는 데이터를 손쉽게 불러와 한 번에 편리하게 통합할 수 있습니다.

❷ 간단한 폴더 안의 파일 결합

수십, 수백 개의 엑셀 파일(예 월별 매출 현황)을 단 몇 번의 클릭으로 하나의 표로 합칠 수 있습니다. 이 기능을 이용하면 반복되는 데이터 통합 작업을 자동화하여 시간을 크게 절약할 수 있어요.

❸ [피벗 열] 기능과 [열 피벗 해제] 기능

데이터를 분석하기 쉽게 만들기 위해 표의 구조를 재구성할 수 있습니다. 예를 들어 가로 방향과 세로 방향으로 나열된 데이터(피벗 테이블처럼 구성된 데이터, 크로스탭 형태)를 세로로 변환하는 [열 피벗 해제] 기능을 이용하면 피벗 테이블이나 차트를 쉽게 만들 수 있어요. 그 반대로 [피벗 열] 기능은 세로 방향으로 나열된 데이터를 크로스탭 형식으로 쉽게 가공할 수 있습니다.

❹ 열 분할 및 결합

하나의 열에 있는 데이터를 특정 구분자(예 쉼표, 공백)를 기준으로 여러 개의 열로 나누거나, 반대로 여러 개의 열을 합치는 기능으로, 주소나 이름 정보를 정리할 때 유용합니다.

2024 M365 2021 2019 2016

필수기능

02 엑셀 버전별로 파워 쿼리 사용하기

엑셀 버전별로 파워 쿼리를 사용하는 방법은 주로 파워 쿼리에 접근하는 방식과 기능의 통합 여부에서 차이가 납니다. 엑셀 2016 이전 버전에서는 추가 기능 설치와 별도의 탭을 사용해야 했지만, 최신 버전일수록 엑셀에 자연스럽게 통합되어 [데이터] 탭에서 모든 기능을 사용할 수 있습니다. 즉 최신 버전일수록 기능이 더 풍부하고 사용자 편의성이 향상되었습니다.

1 | 엑셀 2024 버전

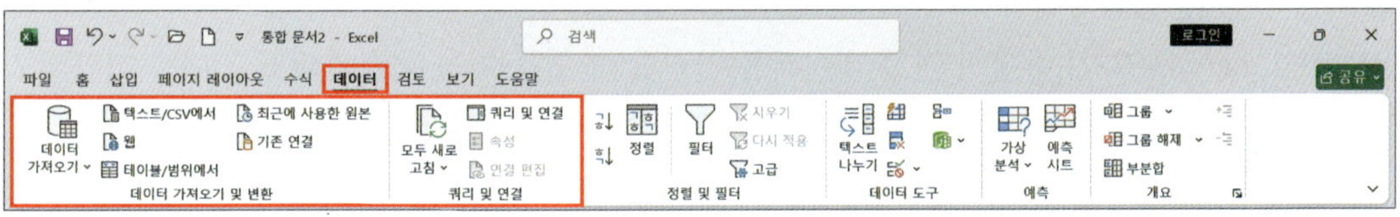

❶ [데이터] 탭에서 완전히 통합

[데이터] 탭의 [데이터 가져오기 및 변환] 그룹을 통한 파워 쿼리 접근 방식이 엑셀 2016 버전부터 시작되었는데, 이 방식이 그대로 유지되었습니다. 사용자는 추가 기능을 별도로 설치할 필요 없이 파워 쿼리를 바로 사용할 수 있습니다.

❷ 성능 향상

대용량 데이터를 처리하고 여러 통합 문서를 동시에 열 때 발생하는 지연 현상이 개선되어 전반적인 속도와 안정성이 향상되었습니다. 그 결과, 파워 쿼리로 가져온 대규모 데이터를 더욱 효율적으로 작업할 수 있어요.

❸ 새로운 함수와의 시너지 향상

파워 쿼리 자체의 기능은 아니지만, 엑셀 2024에 추가된 동적 배열(Dynamic Arrays)을 활용한 새로운 함수들(예 TEXTSPLIT 함수, XLOOKUP 함수 등)과 시너지 효과를 낼 수 있습니다. 파워 쿼리로 데이터를 정리하고 가져온 후 이러한 최신 함수들을 활용하여 더욱 쉽고 동적으로 분석할 수 있습니다.

❹ 사용 편의성 개선

[Power Query 편집기] 창에서 인터페이스의 직관성이 높아지고 사용자가 더욱 쉽게 데이터를 변환할 수 있도록 개선되었습니다.

2 | 마이크로소프트 365(M365) 버전

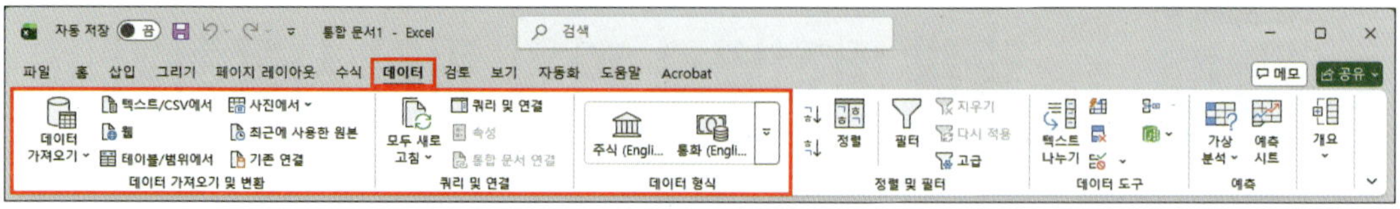

❶ 완전한 통합 및 지속적인 업데이트

마이크로소프트 365는 클라우드 기반 구독 서비스로, 파워 쿼리가 엑셀에 가장 깊게 통합되어 있으며, 가장 최신 기능이 정기적으로 업데이트됩니다.

❷ [데이터] 탭 강화

엑셀 2016, 엑셀 2019 버전처럼 [데이터] 탭을 통해 접근하지만, [데이터 형식] 그룹과 같이 최신 버전에서만 사용할 수 있는 기능이 추가되었습니다.

❸ 사용자 편의성 향상

[Power Query 편집기] 창에서 직접 데이터를 입력할 수 있는 기능이 추가되었고 더욱 직관적으로 인터페이스가 개선되는 등 사용 편의성이 지속적으로 강화되고 있습니다.

3 | 엑셀 2021 버전

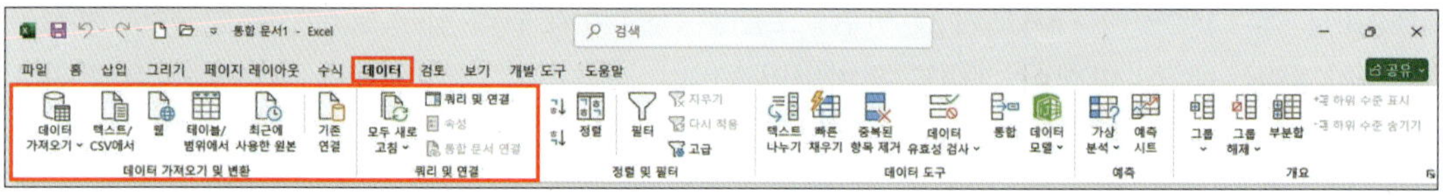

❶ 사용 방식의 큰 틀 유지

엑셀 2021과 엑셀 2024 버전의 파워 쿼리는 기능적인 차이보다 접근성과 사용자 편의성 측면에서 미묘하게 개선되었습니다. 그리고 엑셀 2016 버전부터 파워 쿼리가 [데이터] 탭에 통합되면서 사용 방식의 큰 틀은 변하지 않았습니다.

❷ 기본 기능 통합

엑셀 2016 버전처럼 별도의 추가 기능 설치 없이 [데이터] 탭-[가져오기 및 변환] 그룹에서 파워 쿼리 기능을 사용할 수 있습니다.

❸ 사용자 편의성 강화

[Power Query 편집기] 창에서 데이터를 직접 입력할 수 있는 기능이 추가되는 등 사용 편의성이 개선되었습니다.

4 | 엑셀 2016, 엑셀 2019 버전

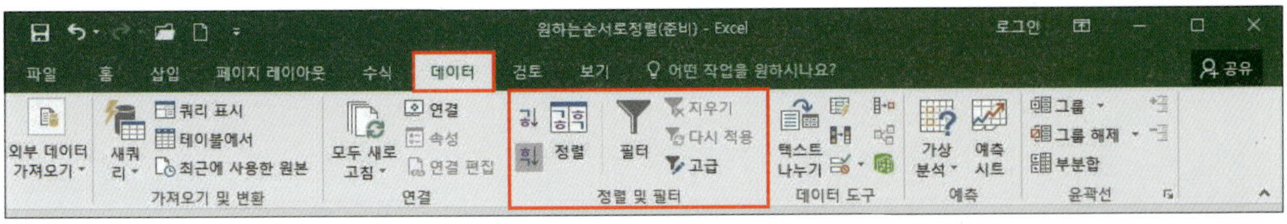

▲ 엑셀 2016 버전

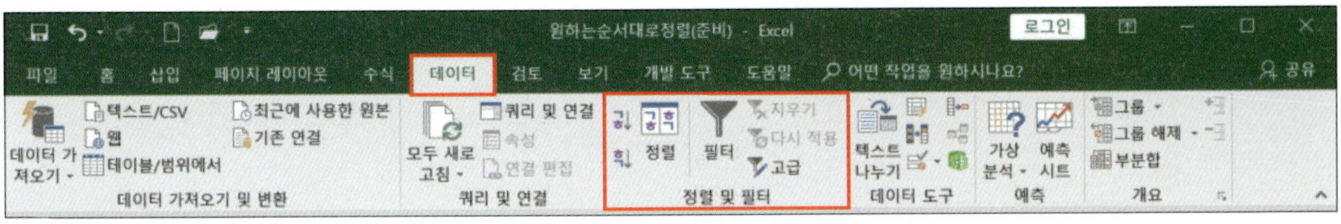

▲ 엑셀 2019 버전

❶ 기본 기능 내장

이 버전부터 파워 쿼리가 엑셀에 기본 기능으로 포함되기 시작해서 별도로 설치할 필요가 없습니다.

❷ [데이터] 탭에 통합

파워 쿼리 관련 메뉴는 더 이상 별도의 탭이 아닌 [데이터] 탭-[가져오기 및 변환] 그룹에 통합되었습니다. 이러한 변화를 통해 엑셀 사용자가 데이터를 좀 더 자연스럽게 가져오고 변환할 수 있게 설계되었습니다.

❸ 기능 확장

엑셀 2013 버전보다 기능이 더 많아졌고 인터페이스가 개선되었습니다.

5 | 엑셀 2010, 엑셀 2013 버전

❶ 추가 기능 설치 필요

엑셀 2010, 엑셀 2013 버전은 파워 쿼리가 기본으로 내장되어 있지 않아 마이크로소프트 웹 사이트에서 별도의 추가 기능을 다운로드해서 설치해야 합니다. 윈도우 7 이상의 운영체제와 인터넷 익스플로러 9 이상의 환경에서 사용할 수 있고 오피스 2010인 경우에는 프로페셔널 플러스(Professional Plus) 이상이어야 합니다.

❷ 독립적인 탭

엑셀 2010, 엑셀 2013 버전을 설치한 후에는 리본 메뉴에 [파워 쿼리]라는 별도의 탭이 생성되면서 이 탭을 통해 모든 파워 쿼리 기능에 접근할 수 있습니다.

❸ 제한적인 기능

일부 최신 기능이 없거나 M365(마이크로소프트 365) 버전에 비해 기능이 제한적일 수 있습니다.

잠깐만요 :: 현재 사용중인 오피스 버전 확인하기

1. [파일] 탭-[계정]을 선택하고 표시된 계정 정보를 확인한 후 [Excel 정보]를 클릭합니다.

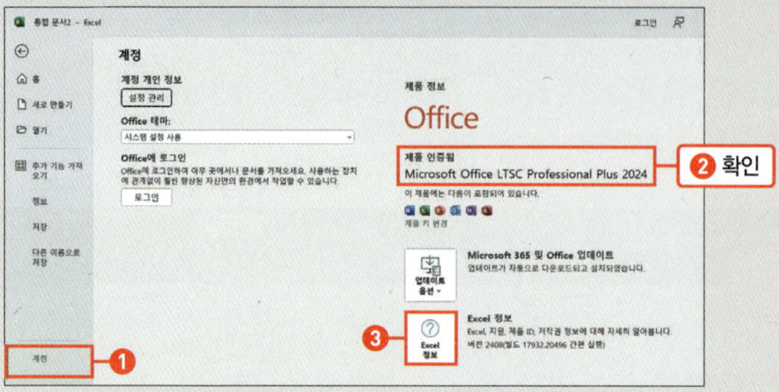

2. 계정 정보가 표시된 창이 열리면 설치된 엑셀 버전이 32비트인지, 64비트인지 확인합니다.

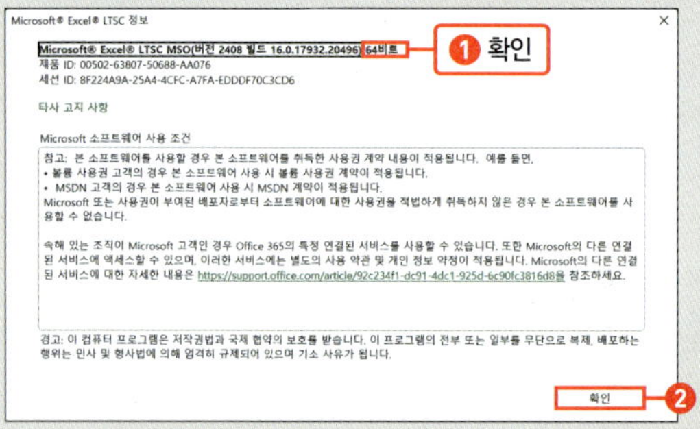

3. 설치된 엑셀 버전이 2013 또는 2010 버전에서는 파워 쿼리를 추가로 설치해 볼게요. 웹 브라우저를 실행해서 마이크로소프트 홈페이지(www.microsoft.com/ko-kr)에 접속한 후 '파워쿼리'를 검색합니다.

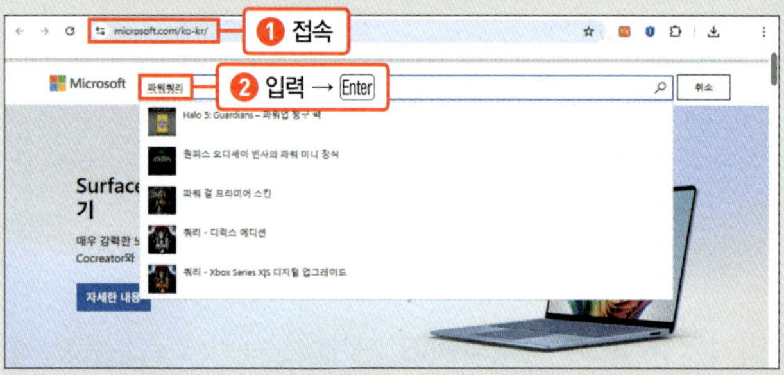

4. 파워 쿼리와 관련된 사이트가 검색되면 파워 쿼리를 다운로드할 수 있는 링크를 클릭합니다.

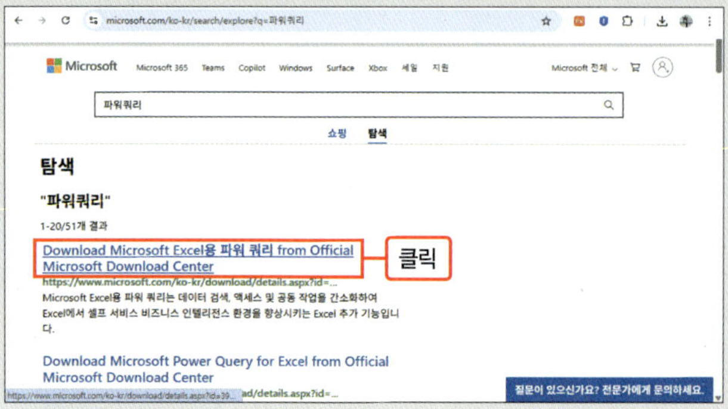

5. '언어 선택'에서 [한국어]가 선택되어 있는지 확인하고 [다운로드]를 클릭하세요.

6. 설치된 엑셀 버전에 맞는 프로그램에 체크 표시하고 [다운로드]를 클릭합니다.

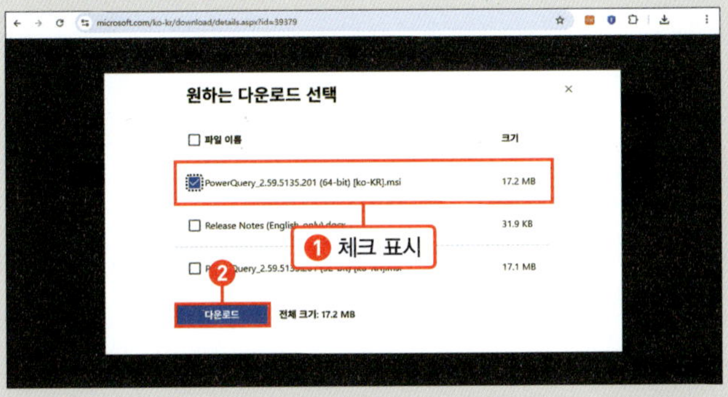

7. 사용하던 엑셀을 종료하고 윈도우 탐색기를 실행한 후 다운로드한 파일을 찾아 더블클릭해서 파워 쿼리를 설치합니다. 파워 쿼리의 설치가 끝나면 엑셀을 실행한 후 리본 메뉴의 오른쪽 끝에 [파워 쿼리] 탭이 추가되었는지 확인하세요.

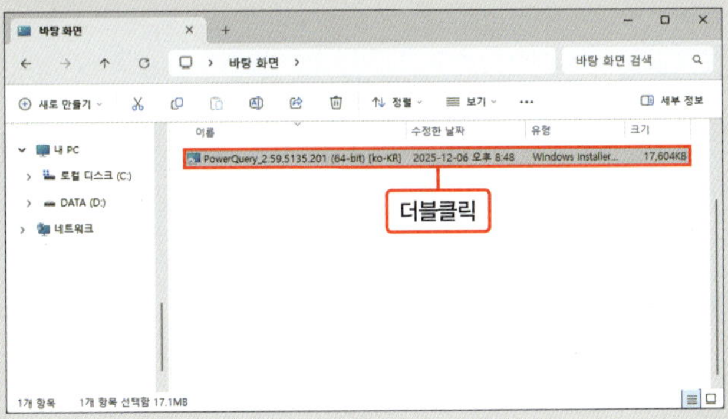

◉ **예제파일** : 월별매출내역(준비).xlsx, 년도별매출추가분.xlsx ◉ **완성파일** : 월별매출내역(완성).xlsx

필수기능 03

파워 쿼리로 반복되는 데이터 자동으로 정리하기

1 매일, 매월, 매년 같은 유형의 자료를 받아서 작업하는 일이 있을 거예요. 이런 작업은 기초 자료가 잘 만들어져 있으면 좋지만, 그렇지 않고 그림처럼 보고서 형태로 받게 되는 경우가 많죠. 이 경우 자료의 레이아웃을 변경하거나 데이터값을 수정하면 바뀐 값으로 매번 합계 등을 수정해야 해서 매우 번거롭습니다.

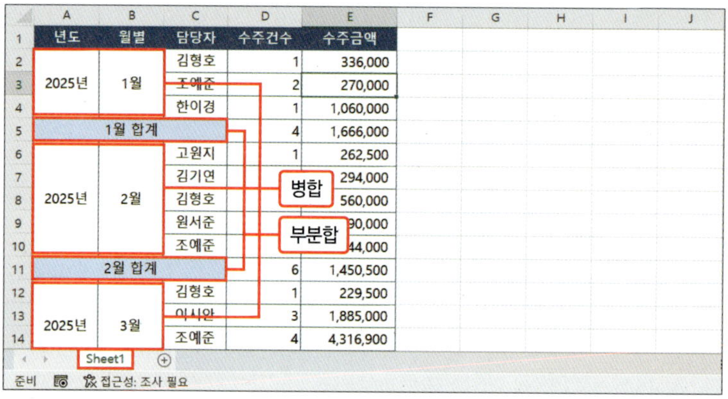

2 이런 상황에서는 셀 병합을 해제하고 각 셀에 값을 채운 후 월별로 사원마다 서로 다른 행에 값을 표시한 형태로 데이터를 가공하는 전처리 작업을 거쳐야 엑셀의 데이터 기능을 활용해 원하는 결과물을 빠르게 만들 수 있습니다. 이번에는 이런 전처리 작업을 파워 쿼리를 활용해서 자동으로 처리해 볼게요.

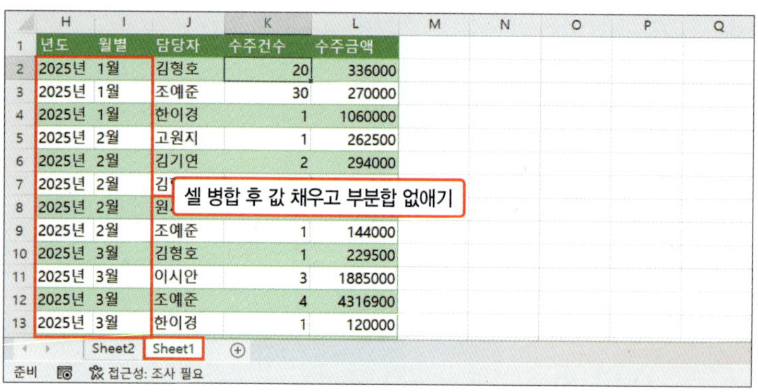

3 [Sheet1] 시트에서 데이터 영역 안에 있는 병합되지 않은 하나의 셀을 클릭하고 [데이터] 탭-[데이터 가져오기 및 변환] 그룹-[테이블/범위에서]를 클릭하세요. [표 만들기] 대화상자가 열리면 표 서식을 적용할 데이터 영역이 자동으로 표시되어 있는지와 [머리글 포함]에 체크 표시되어 있는지 확인하고 [확인]을 클릭하세요.

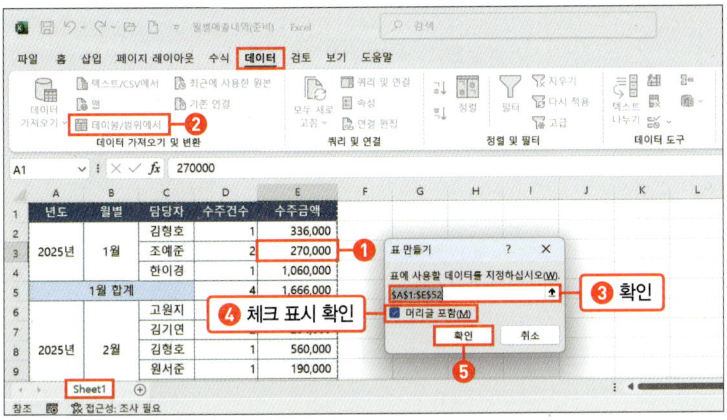

> **Tip**
> 메뉴를 선택하기 전에 병합된 셀이라면 전체 범위가 아니라 병합된 일부 범위만 표시되므로 다시 범위를 지정해서 데이터 전체 영역을 설정해야 합니다.

4 엑셀 데이터에 표 서식이 적용되고 병합되어 있던 연도와 월별 데이터의 병합이 해제되었는지 확인합니다.

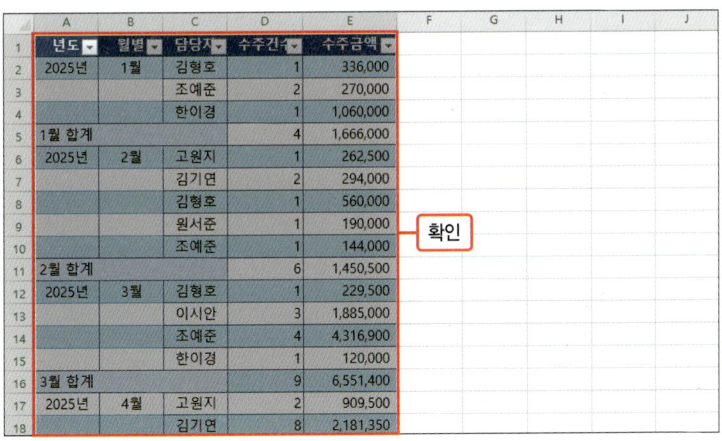

잠깐만요 :: 이전 엑셀 버전에서 파워 쿼리 설정하기

파워 쿼리를 설정하려면 먼저 데이터에 표 서식을 적용한 후 사용해야 하는데, 엑셀 2021 버전부터는 자동으로 표 서식이 적용되면서 파워 쿼리가 실행됩니다. 하지만 엑셀 2021 이전 버전이라면 직접 [삽입] 탭-[표] 그룹-[표]를 클릭해서 데이터에 표 서식을 지정하고 [데이터] 탭-[데이터 가져오기 및 변환] 그룹-[테이블/범위에서]를 클릭하세요. 그리고 엑셀 2010과 엑셀 2013 버전에서는 [파워 쿼리] 탭-[Excel 데이터] 그룹-[테이블에서]를, 엑셀 2016 버전에서는 [데이터] 탭-[가져오기 및 변환] 그룹-[테이블에서]를 클릭하세요.

5 엑셀 작업 창 위에 [Power Query 편집기] 창이 열리면서 엑셀 시트의 데이터가 미리 보기 화면에 표시되면 '년도' 필드의 필터 단추(▾)를 클릭합니다. 목록이 표시되면 '년도' 필드의 값 중에서 '1월 합계', '2월 합계' 등을 보이지 않게 숨기고 나머지 행들만 표시하기 위해 [텍스트 필터]-[끝 문자]를 선택합니다.

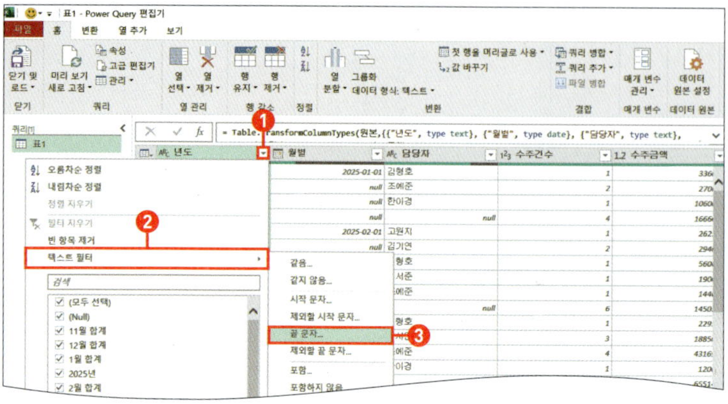

6 [행 필터] 대화상자가 열리면 "년도"인 경우 행 유지'에서 첫 번째 조건으로 [끝 문자]에는 '년'을 지정하고 [또는]을 선택합니다. 두 번째 조건으로 [같음], [null]을 지정하고 [확인]을 클릭하세요.

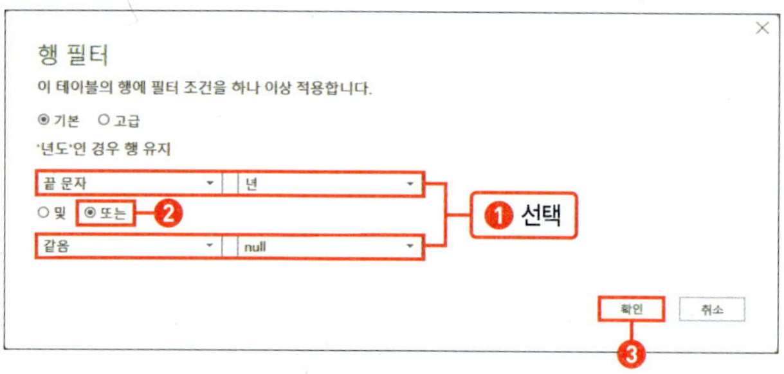

7 월별 소계가 표시된 행이 숨겨졌으면 '년도' 필드에 첫 행에 표시된 '2005년' 값을 나머지 빈 셀에 똑같이 채우고 '월별' 필드에도 날짜가 표시된 첫 번째 위치한 행 값을 나머지 빈 셀마다 채워 볼게요. '년도' 필드를 클릭하고 Ctrl을 누른 상태에서 '월별' 필드를 클릭해서 2개의 필드를 함께 선택한 후 [변환] 탭-[열] 그룹-[채우기]를 클릭하고 [아래로]를 선택하세요.

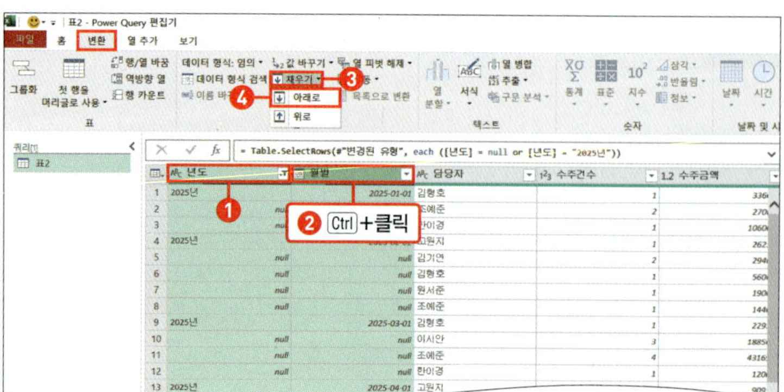

8 선택한 2개의 필드에서 값이 입력된 행을 기준으로 아래쪽에 있는 빈 셀에 같은 값이 채워졌습니다. '월별' 필드에 채워진 날짜를 '1월', '2월', '3월'과 같이 월만 표시하도록 변경하기 위해 '월별' 필드의 열 머리글을 클릭하여 '월별' 필드를 모두 선택하고 [변환] 탭-[날짜 및 시간] 그룹-[날짜]를 클릭한 후 [월]-[월]을 선택하세요.

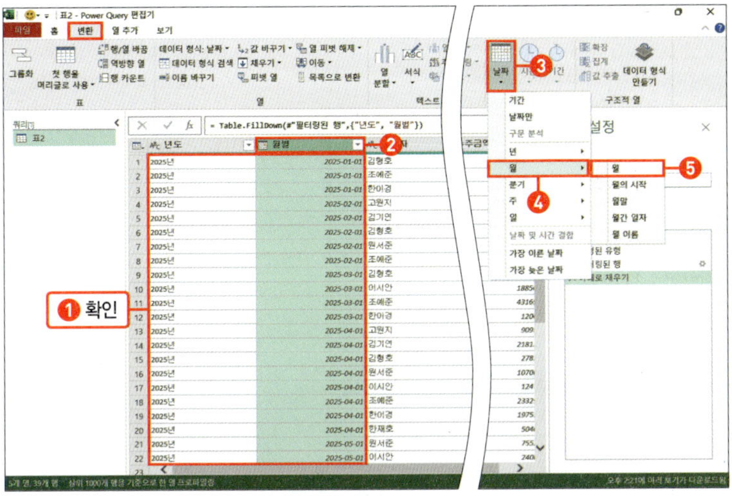

9 '월별' 필드의 값이 모두 날짜의 월만 표시되었는데 '1', '2', '3' 등의 값을 '1월', '2월', '3월'과 같은 형식으로 표시하고 싶어졌어요. 파워 쿼리는 데이터가 아니라 작업 방법을 저장하는데, 이제까지 작업한 내용이 오른쪽에 표시된 [쿼리 설정] 창의 '적용된 단계'에 작업 순서대로 기록되어 있습니다. 이 작업 중 마지막에 작업한 [추출된 월] 항목의 ☒ 부분을 클릭해서 작업을 취소한 후 월을 추출한 이전 단계로 되돌아갑니다.

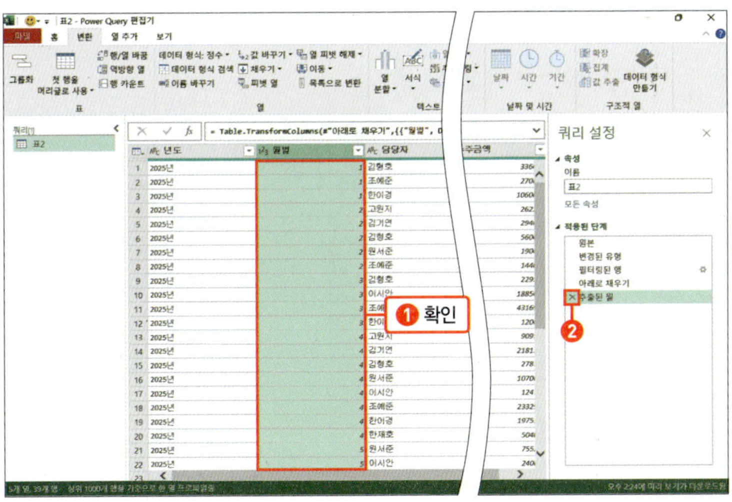

10 '월별' 필드의 값이 다시 날짜로 표시되었으면 [변환] 탭-[날짜 및 시간] 그룹-[날짜]를 클릭하고 [월]-[월 이름]을 선택합니다.

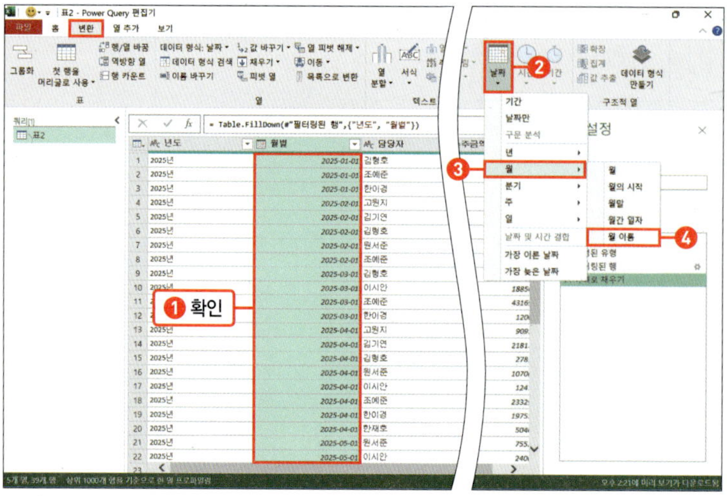

Tip

파워 쿼리는 오른쪽에 표시된 [쿼리 설정] 창의 '적용된 단계'에 표시된 항목처럼 작업 방법과 순서를 기록해서 다음에 같은 작업을 실행할 때는 데이터만 바꾸고 기록된 단계를 차례대로 다시 실행하는 방식으로 반복되는 작업을 자동화할 수 있어요. 따라서 지금 파워 쿼리에서 진행한 작업을 한 번만 처리해서 저장해 두면 다음에는 엑셀 시트에서 데이터만 바꾸고 [새로 고침]을 실행하여 여기에 기록된 내용을 차례대로 처리하면서 자동으로 바뀐 데이터의 결과를 얻을 수 있답니다.

11 '월별' 필드에 '1월', '2월', '3월'과 같이 표시되었으면 기록한 내용을 엑셀 시트의 데이터에 적용하기 위해 [홈] 탭-[닫기] 그룹-[닫기 및 로드]를 클릭하고 [닫기 및 다음으로 로드]를 선택하세요.

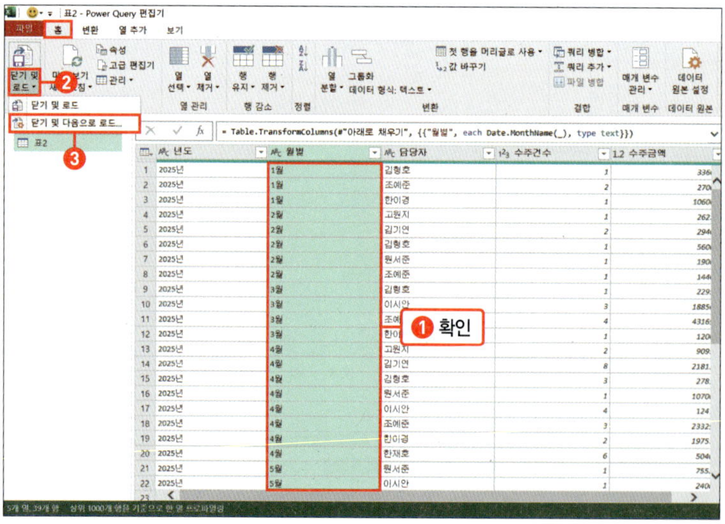

12 [데이터 가져오기] 대화상자가 열리면 '데이터가 들어갈 위치를 선택하십시오.'에서 [기존 워크시트]를 선택합니다. 엑셀 창의 [Sheet1] 시트에서 파워 쿼리를 실행한 결과 데이터를 넣을 시작 위치로 H1셀을 클릭하고 [확인]을 클릭하세요.

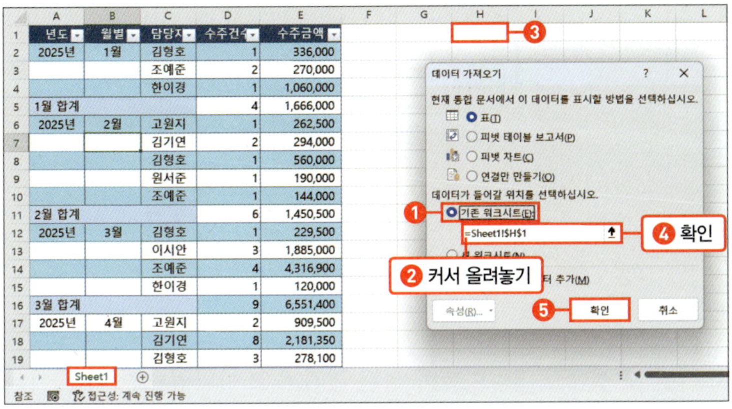

13 H1셀부터 파워 쿼리에서 작업한 내용이 적용된 결과 데이터가 표시되었습니다. H1셀을 클릭하고 [테이블 디자인] 탭-[속성] 그룹-[표 이름]에 '데이터'를 입력해서 현재 데이터 영역에 적용할 표 이름을 수정합니다.

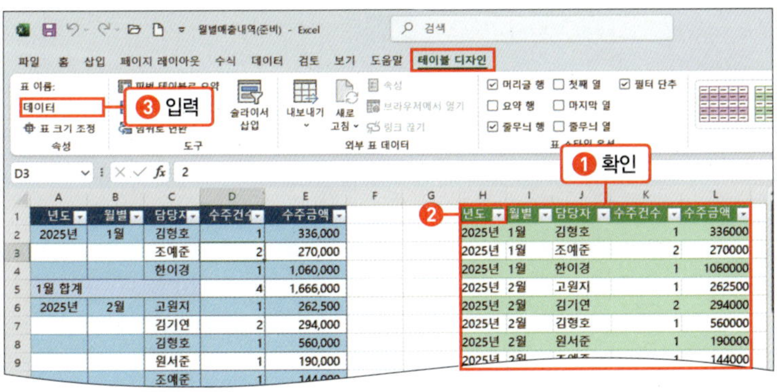

> **Tip**
> 표 서식이 적용된 데이터 영역의 이름은 '표1', '표2' 등과 같이 자동으로 지정되는데, 여러 개의 표를 사용할 경우에는 어떤 데이터인지 확인하기 불편합니다. 이 경우 데이터 영역에 데이터를 확인하기 쉬운 이름으로 설정하면 편리하게 선택할 수 있습니다. 이 작업은 파워 쿼리 작업 창에서도 수정할 수 있어요.

14 이제는 A1셀 영역에 입력된 데이터값 중에서 하나라도 수정하면 자동으로 파워 쿼리에서 작업한 내용이 다시 적용되어 H1셀 영역에 데이터가 수정됩니다. 이것을 확인하기 위해 D3셀에 입력된 '조예준'의 1월 데이터값 '2'를 '30'으로 수정하세요.

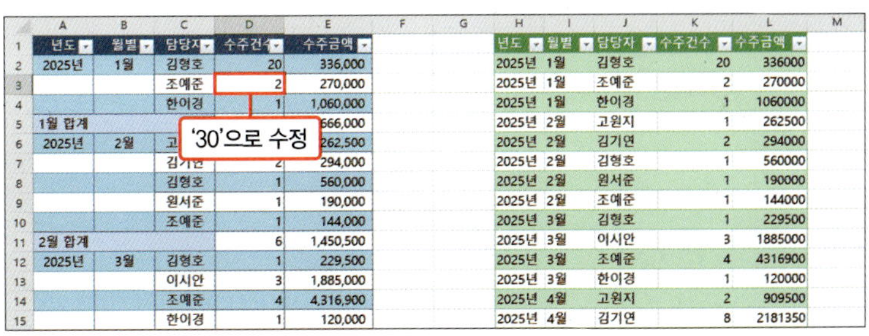

15 변경된 데이터값을 H1셀에 표시된 데이터 영역에서 K3셀에 반영하려면 새로 파워 쿼리를 작성할 필요 없이 H1셀이 포함된 데이터 영역에 있는 하나의 셀을 클릭합니다. 화면의 오른쪽에 [쿼리 및 연결] 창이 표시되면 마우스 오른쪽 단추를 클릭하고 [새로 고침]을 선택하세요.

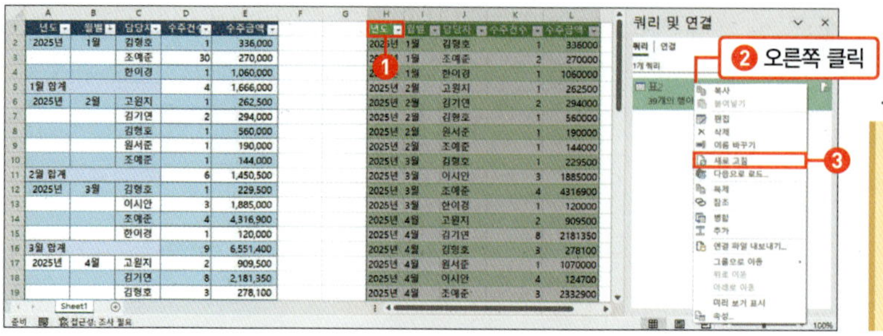

> **Tip**
> H1셀이 포함된 데이터 영역에 있는 하나의 셀에서 마우스 오른쪽 단추를 클릭하고 [새로 고침]을 선택하거나 [쿼리] 탭-[로드] 그룹-[새로 고침]을 클릭해도 됩니다.

16 '조예준'의 1월 데이터가 표시된 K3셀에도 '30'으로 수정된 결과가 표시되었으면 이 데이터를 이용해서 통계 자료를 쉽게 만들기 위해 피벗 테이블을 작성해 볼게요. H1셀이 포함된 데이터 영역에 있는 하나의 셀을 클릭하고 [테이블 디자인] 탭-[도구] 그룹-[피벗 테이블로 요약]을 클릭하세요.

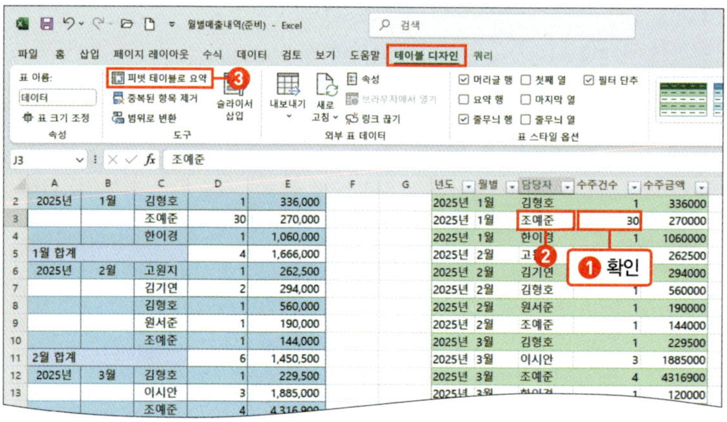

> **Tip**
> [삽입] 탭-[표] 그룹-[피벗 테이블]을 클릭해도 됩니다.

17 [표 또는 범위의 피벗 테이블] 대화상자가 열리면 '테이블 또는 범위 선택'의 '표/범위'에 데이터 영역이 자동으로 '데이터'로 지정되었는지 확인합니다. '피벗 테이블을 배치할 위치를 선택합니다.'에서 [새 워크시트]를 선택하고 [확인]을 클릭하세요.

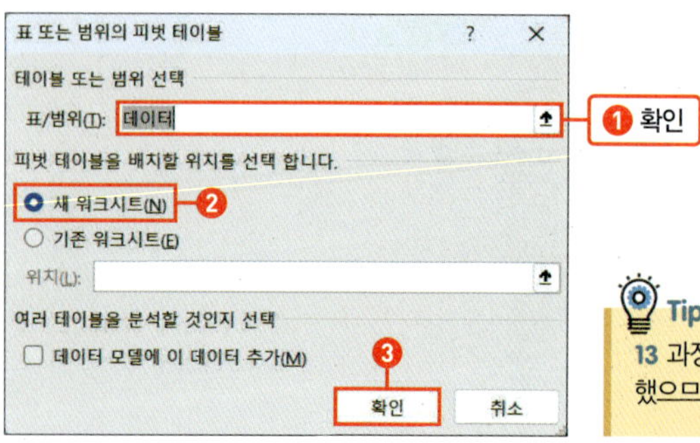

> **Tip**
> 13 과정에서 H1셀 영역에 표 서식을 적용한 영역의 이름을 '데이터'로 수정했으므로 여기서 그 이름이 자동으로 표시됩니다.

18 새로운 [Sheet2] 시트가 삽입되면서 화면의 오른쪽에 [피벗 테이블 필드] 창이 열리면 '보고서에 추가할 필드 선택'에서 '담당자' 필드는 '행' 영역으로, '수주건수' 필드는 '값' 영역으로 드래그해 담당자별로 총 수주건수를 표시한 후 [피벗 테이블 분석] 탭-[필터] 그룹-[슬라이서 삽입]을 클릭하세요. [슬라이서 삽입] 대화상자가 열리면 필드 목록에서 필터링에 사용할 필드로 [월별]에 체크 표시하고 [확인]을 클릭합니다.

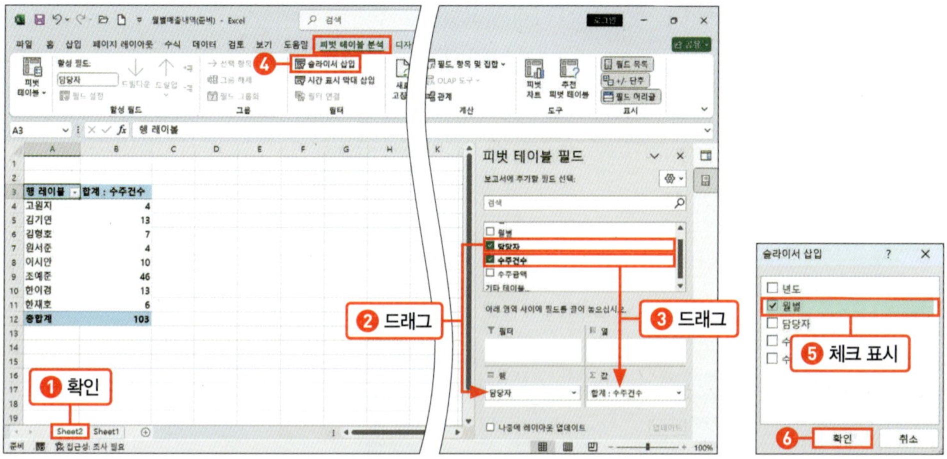

Tip

추가된 시트의 이름은 [Sheet2], [Sheet3] 등으로 상황에 따라 다를 수 있습니다.

19 [월별] 슬라이서가 나타나면 [월별] 슬라이서를 선택한 상태에서 [슬라이서] 탭-[단추] 그룹-'열'에 '2'를 입력하고 슬라이서의 너비와 높이를 적당하게 조절합니다. 전체 데이터 중에서 4월 수주에 해당하는 데이터만 필터링하기 위해 [월별] 슬라이서에서 [4월]을 클릭하세요.

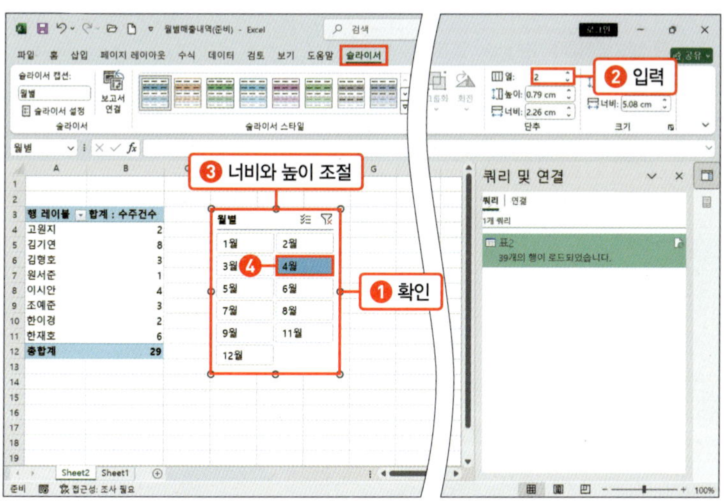

Tip

피벗 테이블과 슬라이서에 대해서는 357쪽을 참고하세요.

20 파워 쿼리는 매번 새로운 데이터를 받아서 작업할 때마다 지금과 같은 복잡한 단계를 다시 실행하지 않고 한 번만 만들어두고 저장한다는 것이 가장 큰 장점입니다. 따라서 다음에 새로운 데이터를 받으면 해당 파일을 열고 기존에 입력된 데이터 대신 새로 받은 데이터로 바꾸거나 추가만 하면 됩니다. 이 작업을 테스트하기 위해 [Sheet1] 시트에서 E2셀을 클릭하고 Ctrl+Shift+↓와 Ctrl+Shift+←를 차례대로 눌러 기존에 입력된 데이터를 모두 선택한 후 선택 영역에서 마우스 오른쪽 단추를 클릭하고 [삭제]-[표 행]을 선택하세요.

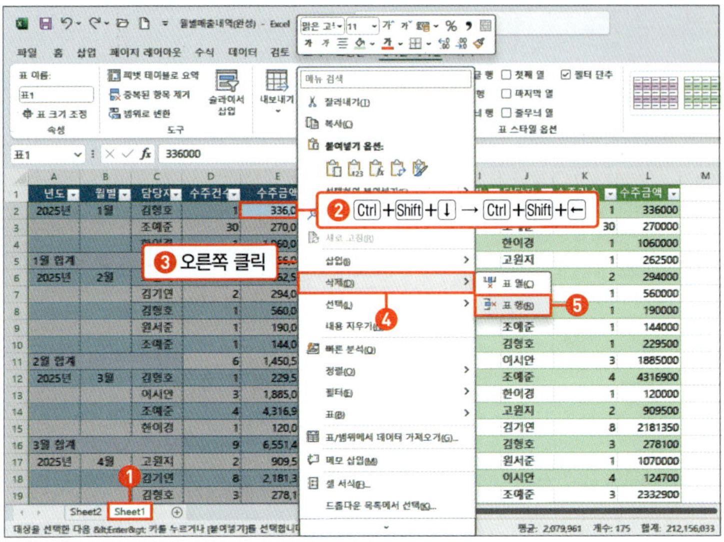

21 새롭게 사용할 '년도별매출추가분.xlsx'를 열고 [Sheet1] 시트에서 A2셀을 클릭한 후 Ctrl+Shift+End를 누릅니다. 데이터가 입력된 마지막 셀까지 범위를 선택했으면 Ctrl+C를 눌러 복사하세요.

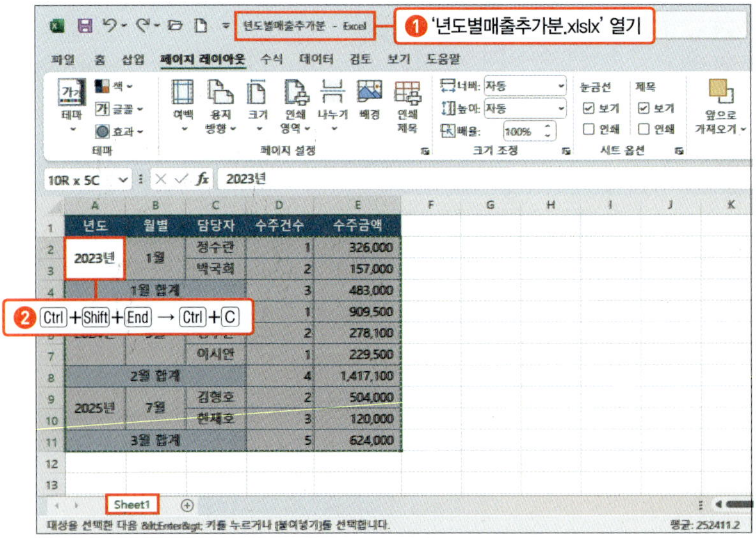

22 이전에 작업하던 '월별매출내역.xlsx'로 되돌아와서 A2셀을 클릭하고 Enter를 눌러 붙여넣습니다. 복사한 데이터에 병합된 셀이 있으며 병합이 해제된 형태로 표에 붙여넣어진다는 경고 메시지 창이 열리면 [확인]을 클릭하세요.

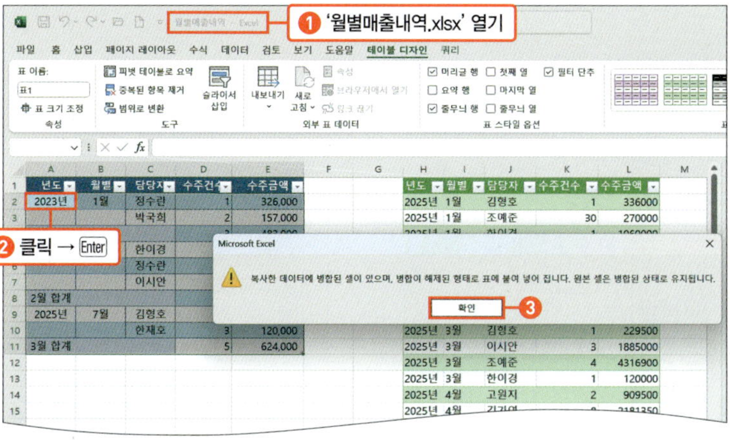

23 파워 쿼리로 데이터를 작업하기 좋은 형태로 수정하도록 미리 작업했으므로 H1셀 영역 안에 있는 하나의 셀에서 마우스 오른쪽 단추를 클릭하고 [새로 고침]을 선택해 수정한 데이터로 바꿉니다.

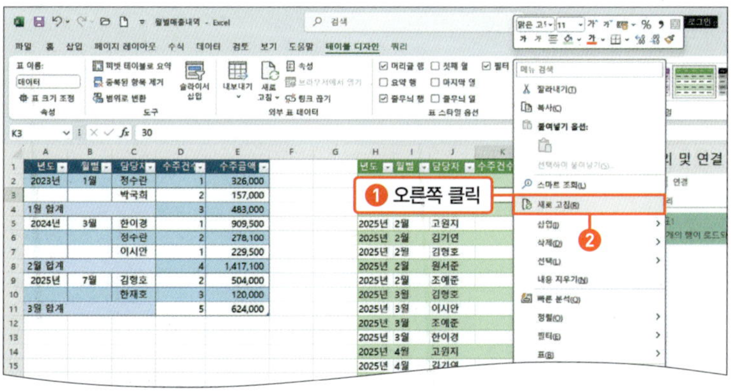

> **Tip**
> [쿼리] 탭-[로드] 그룹-[새로 고침]을 클릭해도 됩니다.

24 H1셀 영역의 데이터가 자동으로 연도와 월이 같은 값으로 채워지고 각 담당자에 해당하는 데이터가 한 행씩 정리되었는지 확인합니다.

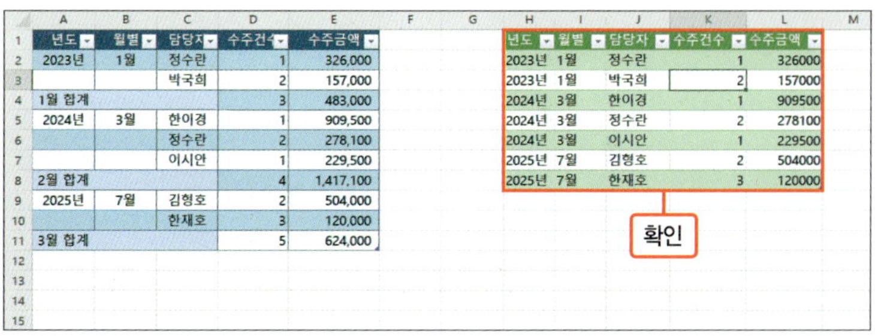

25 피벗 테이블이 작성된 [Sheet2] 시트를 클릭하고 피벗 테이블에 있는 하나의 셀을 클릭합니다. 피벗 테이블에도 변경된 데이터로 통계 데이터를 수정하기 위해 [피벗 테이블 분석] 탭-[데이터] 그룹-[새로 고침]을 클릭합니다.

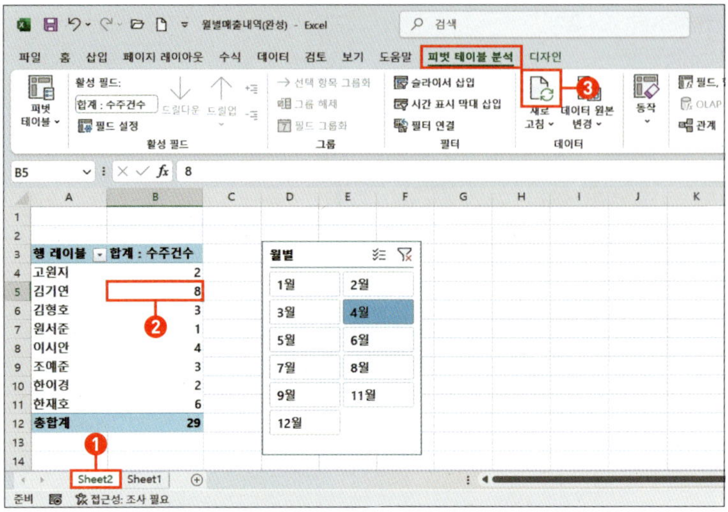

26 피벗 테이블에 수정된 데이터가 반영되었는지 확인합니다. 이처럼 파워 쿼리를 활용하면 새로운 데이터를 받아서 **20~24** 과정까지만 수행하면 매번 번거로운 전처리 과정을 손쉽게 해결하고 원하는 통계 데이터를 빠르게 만들 수 있어요.

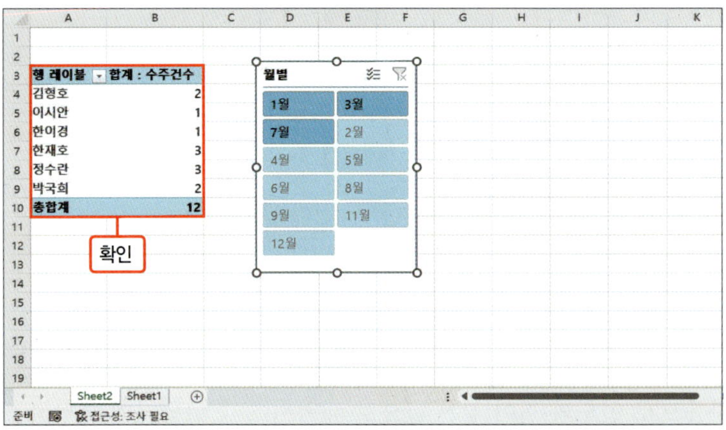

◉ 새로운 통합 문서에서 실습하세요. ◉ **완성파일** : 증시현황(완성).xlsx

현장실무

04 매일 증시 현황 데이터 가져오기

1 하루에도 여러 번 증시 사이트에 접속해서 증시 현황을 리서치한다면 엑셀에서 클릭 한 번으로 해결할 수 있어요. 작업 방식을 파워 쿼리에 기록해 두고 [새로 고침]만 클릭하면 새로운 현재 데이터로 바뀌는 작업을 실행해 볼게요. 새 통합 문서를 열고 [Sheet1] 시트에서 [데이터] 탭-[데이터 가져오기 및 변환] 그룹-[웹]을 클릭하세요. [웹에서] 창이 열리면 'URL'에 'https://finance.naver.com/sise/sise_rise.naver'를 입력하고 [확인]을 클릭합니다.

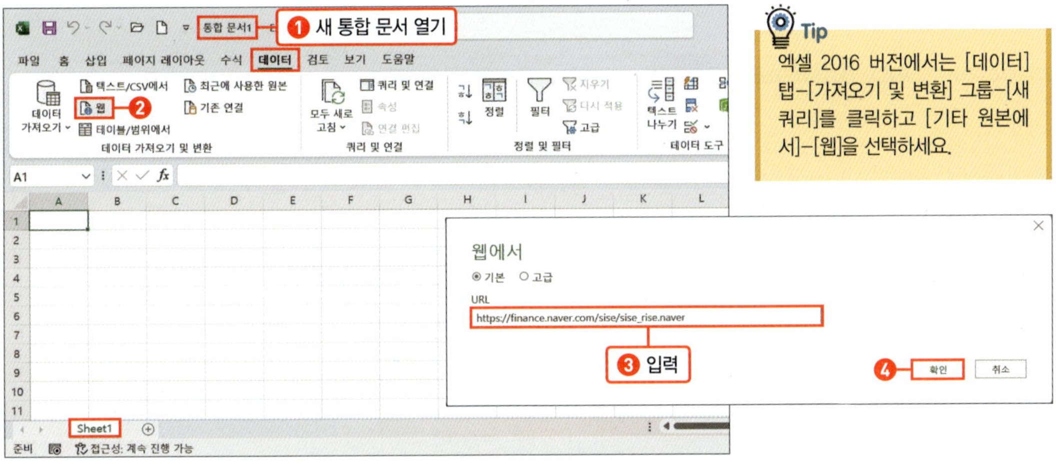

Tip
엑셀 2016 버전에서는 [데이터] 탭-[가져오기 및 변환] 그룹-[새 쿼리]를 클릭하고 [기타 원본에서]-[웹]을 선택하세요.

2 [탐색 창]이 열리면 '표시 옵션'에서 특정 항목을 클릭해 창의 오른쪽에 해당 테이블의 내용을 미리 확인할 수 있습니다. 여기서는 증시 상승 종목이 표시된 [테이블 1]을 선택하고 [데이터 변환]을 클릭하세요.

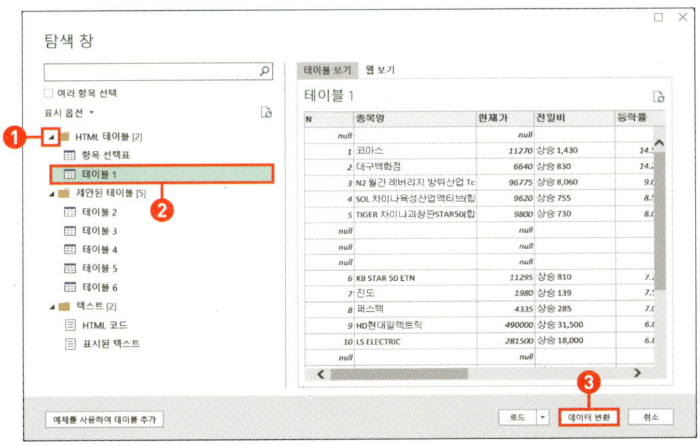

3 [Power Query 편집기] 창이 열리면서 웹 사이트의 정보가 표시되면 첫 번째 열에 표시된 순위 항목에 'null'인 항목을 제외하기 위해 'N' 필드의 필터 단추(▾)를 클릭합니다.

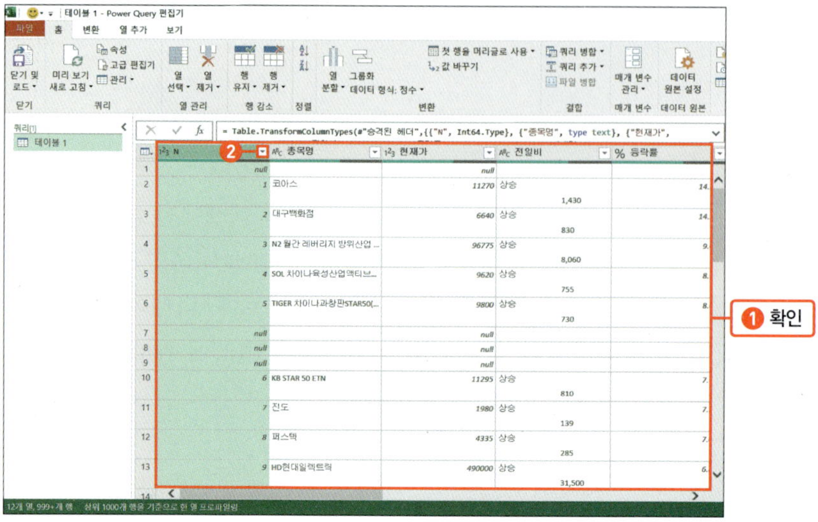

4 목록이 표시되면 [null] 항목의 체크 표시를 해제하고 [확인]을 클릭합니다.

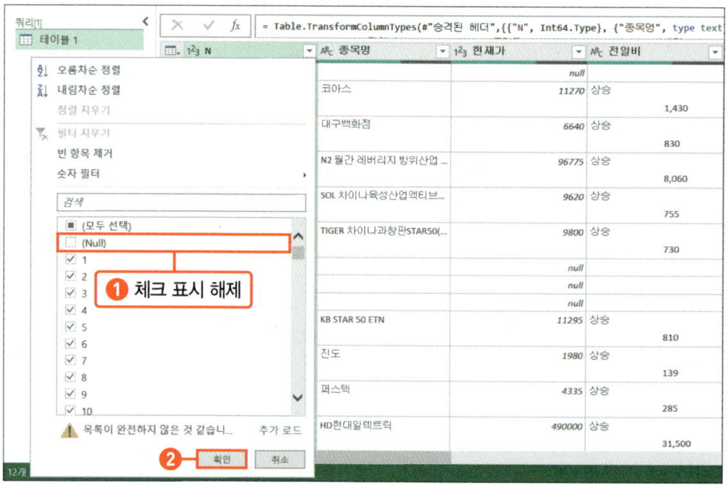

5 전체 데이터 중에서 중간에 빈 행이 숨겨지고 숫자값이 표시된 행만 나타났습니다. '전일비' 필드에는 '상승', '상한가' 등의 문자와 함께 증가값이 입력되어서 문자로 처리되므로 숫자값으로 바꾸기 위해 '상승' 문자를 일괄적으로 없애볼게요. '전일비' 필드의 열 머리글을 클릭해 '전일비' 필드 전체를 선택하고 [홈] 탭-[변환] 그룹-[값 바꾸기]를 클릭하세요.

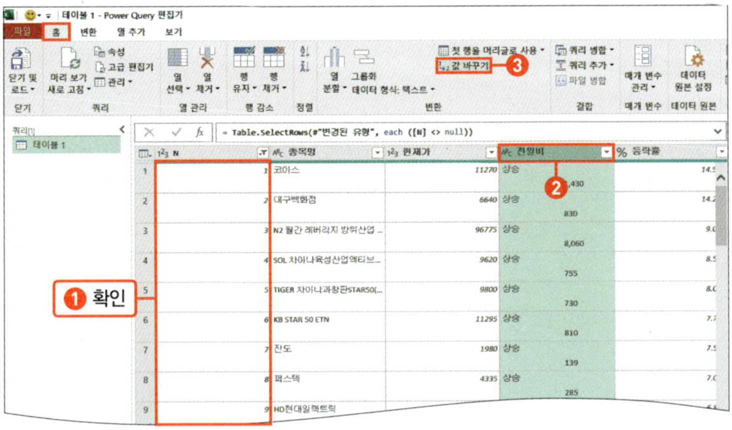

6 [값 바꾸기] 창이 열리면 '찾을 값'에는 '상승'을 입력하고 '바꿀 항목'에는 아무것도 입력하지 않은 상태에서 [확인]을 클릭합니다. 이렇게 바꿀 항목에 아무것도 입력하지 않으면 '상승' 문자를 지우는 효과를 낼 수 있어요.

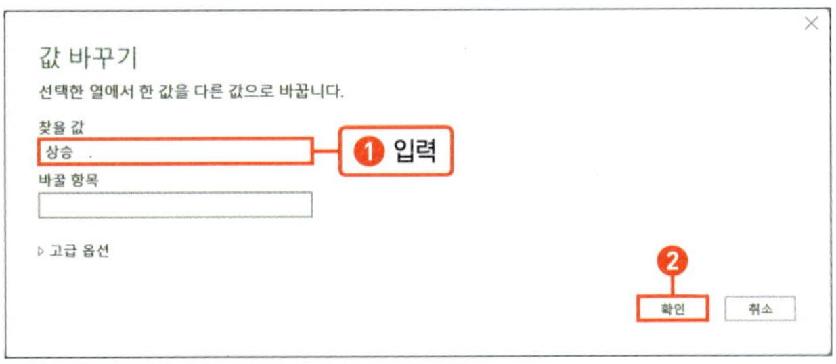

Tip
'상한가'도 표시되어 있다면 같은 방법으로 5~6 과정을 거쳐 '상한가'도 없애보세요.

7 '전일비' 필드의 각 행마다 입력되어 있던 '상승'이라는 문자가 사라졌으면 이 필드의 형식을 숫자로 바꾸기 위해 필드 이름 앞에 있는 ABC를 클릭합니다.

8 데이터 형식 목록이 표시되면 [정수]를 선택해서 문자로 표시된 값을 숫자 정수 형식을 바꿉니다.

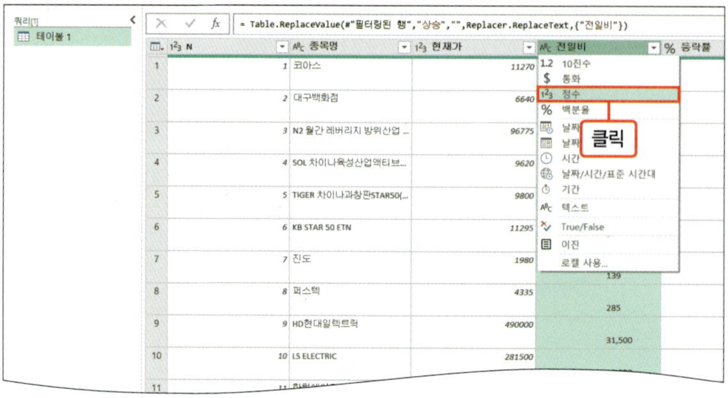

9 '전일비' 필드 이름 앞에 표시된 데이터 형식이 ABC에서 123으로 바뀌었으면 숫자 형식으로 데이터 형식이 바뀌었다는 뜻입니다.

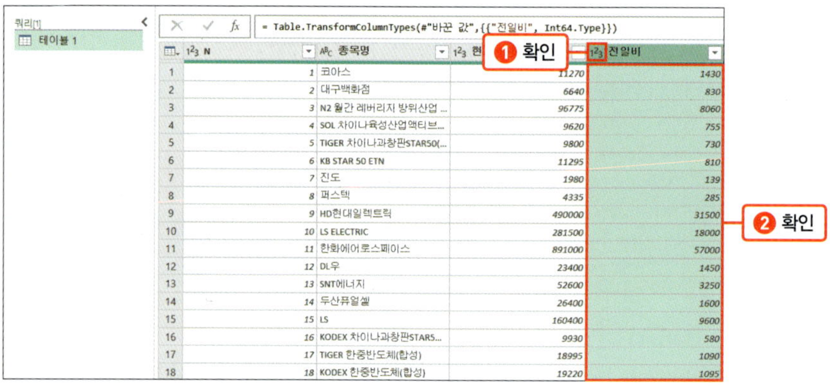

10 오른쪽에 표시된 '매도호가' 필드의 열 머리글을 클릭하고 Shift를 누른 상태에서 'ROE' 필드의 열 머리글에서 클릭해 마지막 열까지 모두 선택합니다. 선택 영역에서 마우스 오른쪽 단추를 클릭하고 [열 제거]를 선택합니다.

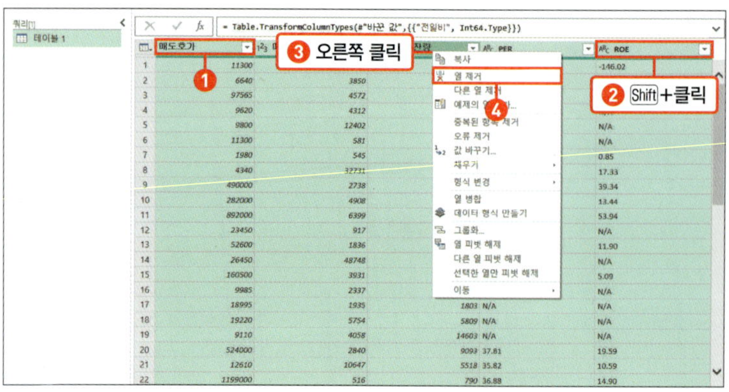

11 필요 없는 열을 모두 제거했고 지금까지 작업한 내용이 [쿼리 설정] 창의 [적용된 단계]에 차례대로 기록되었는지 확인합니다. 명령을 실행했는데 그 작업이 잘못되었으면 [적용된 단계]에서 해당 작업의 ⊠ 단추를 클릭해서 실행을 취소할 수 있습니다. [홈] 탭-[닫기] 그룹-[닫기 및 로드]를 클릭하세요.

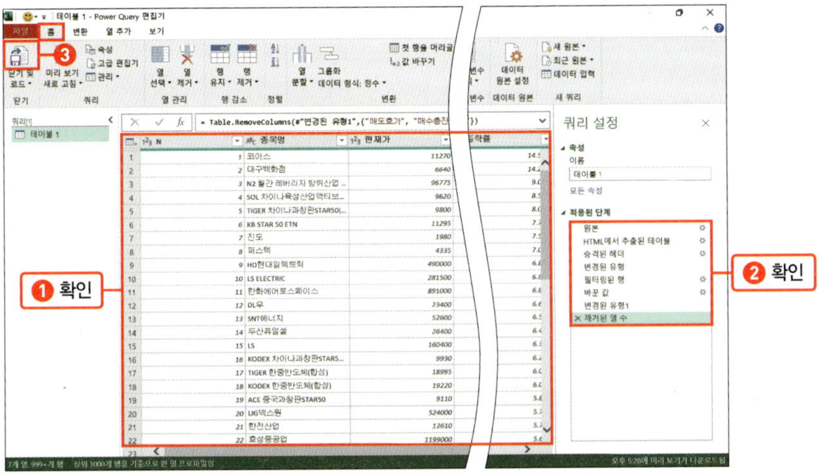

Tip

파워 쿼리는 데이터를 저장하는 것이 아니라 [적용된 단계]에 표시된 것처럼 작업 방법을 기록해서 다시 같은 작업을 할 때 그 방법대로 한 단계씩 실행하는 것입니다.

12 [테이블1]이라는 이름의 시트가 새로 생성되고 웹페이지의 증시 데이터가 셀에 입력되었습니다. [쿼리 및 연결] 창의 [쿼리] 탭에서 [테이블1]의 데이터가 1,065개인 것을 알 수 있는데, 전체 데이터 중에서 상위 20개만 표시하기 위해 [쿼리 및 연결] 창에 표시된 [테이블1] 부분을 더블클릭하세요.

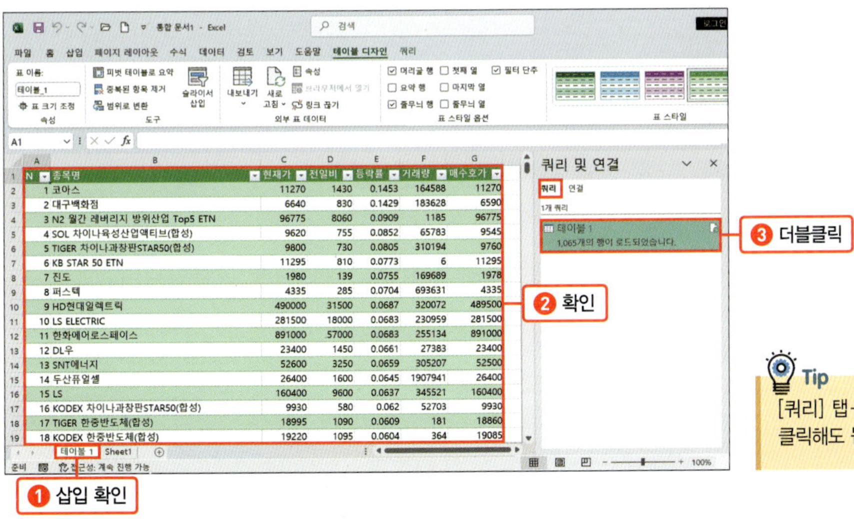

Tip

[쿼리] 탭-[편집] 그룹-[편집]을 클릭해도 됩니다.

13 [Power Query 편집기] 창이 열리면 전체 데이터 표의 이름을 변경하기 위해 화면 오른쪽의 [쿼리 설정] 창에 있는 [테이블 1] 부분을 더블클릭합니다. 기본으로 설정된 데이터 테이블의 이름을 '테이블1' 대신 '증시현황'으로 수정하고 Enter를 누릅니다. 첫 번째 필드인 'N' 필드의 열 머리글을 더블클릭하고 '순위'를 입력한 후 Enter를 눌러 필드 이름을 수정하세요.

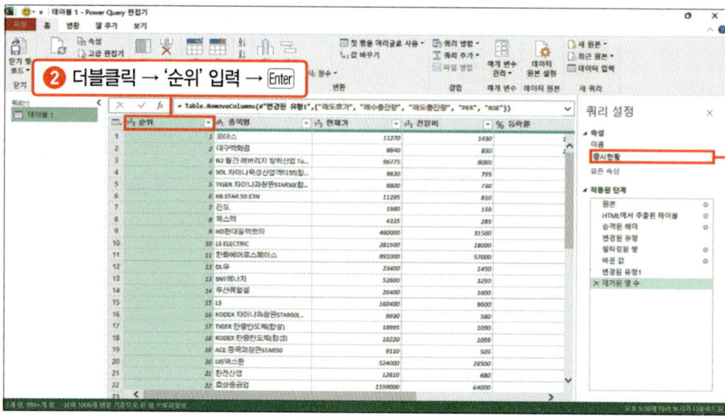

14 전체 데이터 중에서 상위 20개만 표시하기 위해 '순위' 필드의 필터 단추를 클릭하고 [숫자 필터]-[작거나 같음]을 선택합니다.

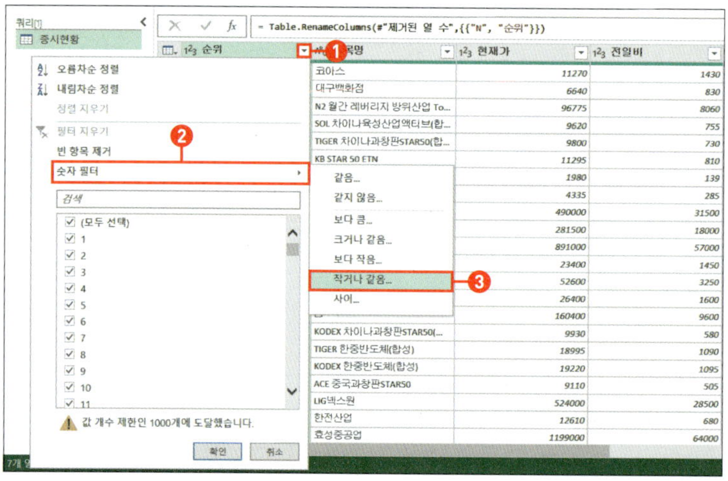

15 [행 필터] 창이 열리면 [보다 작거나 같음]에 '20'을 지정하고 [확인]을 클릭합니다.

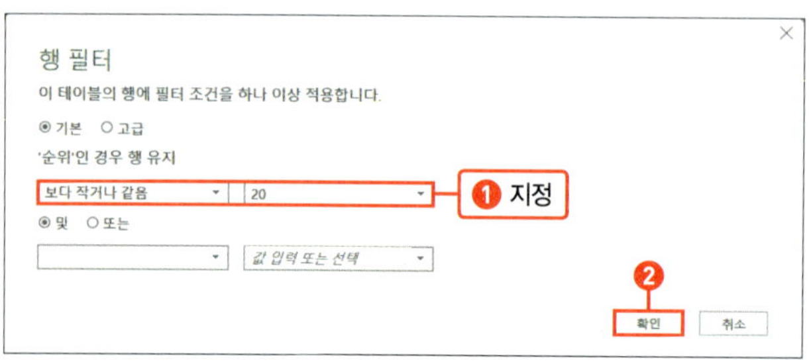

16 전체 데이터 중 20번 순위까지만 표시되고 나머지 행은 숨겨지면서 [쿼리 설정] 창의 '적용된 단계'에 작업 내용이 추가되었으면 [홈] 탭-[닫기] 그룹-[닫기 및 로드]를 클릭하세요.

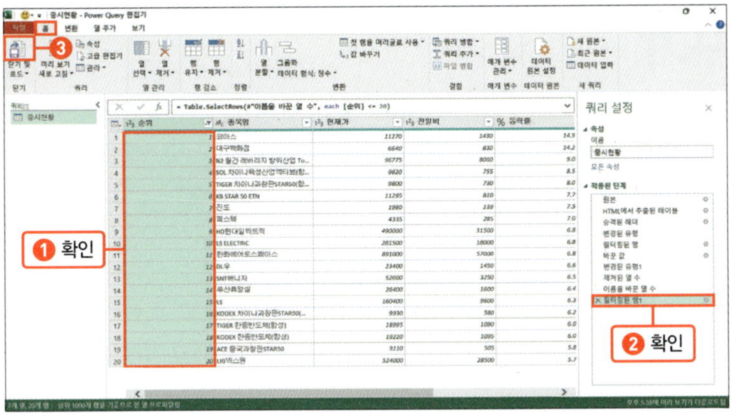

17 엑셀 창으로 되돌아온 후 [테이블 1] 시트에서 순위가 20인 데이터까지만 표시되었는지 확인합니다.

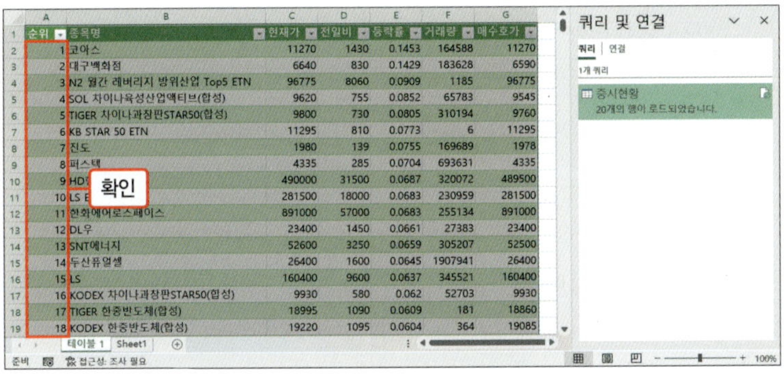

18 이제 이 파일을 저장한 후 증시를 확인할 때마다 파일을 열고 [쿼리] 탭-[로드] 그룹-[새로 고침]을 클릭하세요. 그러면 새로운 현재 시점의 데이터를 자동으로 다운로드해서 표시합니다.

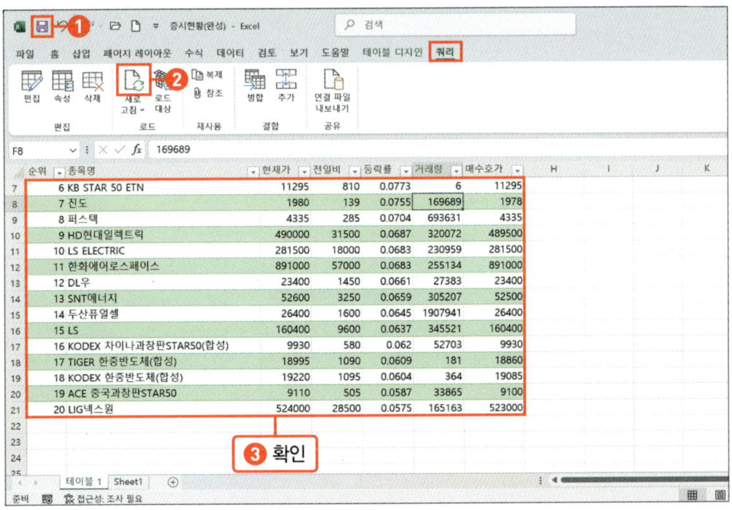

Tip
데이터 테이블에서 값이 입력된 셀을 선택하고 마우스 오른쪽 단추를 클릭한 후 [새로 고침]을 선택해도 됩니다.

현장실무 05 세로 방향 데이터를 가로 방향으로 바꾸기 – 피벗 열

1 프로젝트를 진행하면서 투입된 인원과 시간이 정리된 파일을 받아 각 프로젝트별로 사원별 투입 시간의 합계를 구해야 한다면 피벗 테이블을 이용하는 방법이 가장 빠릅니다. 하지만 매일 또는 매월 이 작업을 반복해야 할 경우 파워 쿼리로 작업 방법을 기록해 두고 [새로 고침]만 클릭해 결과를 확인한다면 매우 편리하겠죠? 각 직원별로 C열에 입력된 월 데이터(세로 방향)를 G1셀 영역의 I열, J열, K열의 데이터처럼 가로 방향으로 바꾸려고 할 때 파워 쿼리에서 [피벗 열] 기능을 활용하세요.

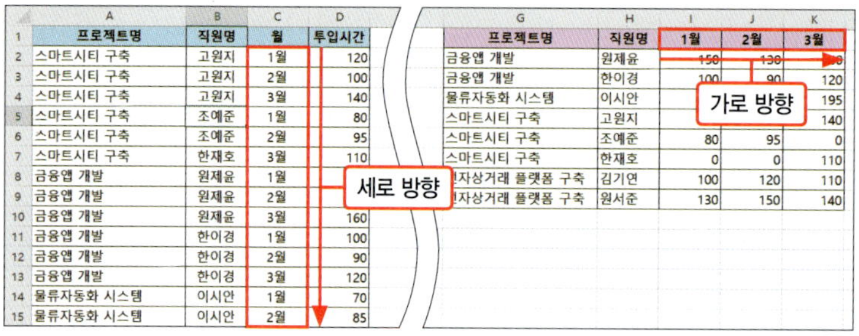

2 [Sheet1] 시트에서 작업할 원본 데이터가 입력된 데이터 영역에 있는 하나의 셀을 클릭하고 [데이터] 탭–[데이터 가져오기 및 변환] 그룹–[테이블/범위에서]를 클릭합니다.

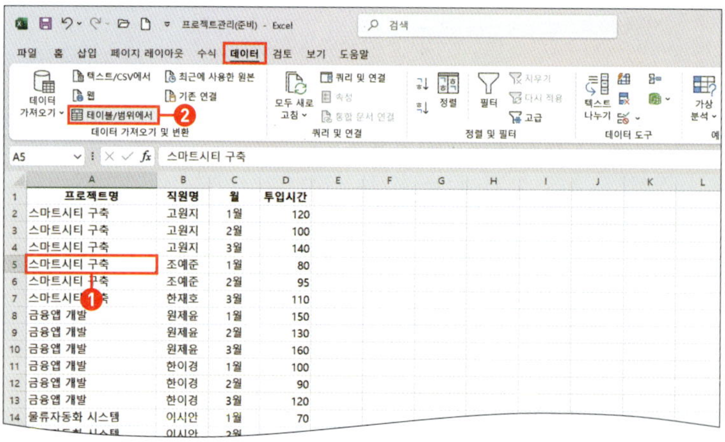

Tip

파워 쿼리를 설정하려면 먼저 데이터에 표 서식을 적용한 후 사용해야 하는데, 엑셀 2021 버전부터는 자동으로 표 서식이 적용되면서 파워 쿼리가 실행됩니다. 하지만 엑셀 2021 이전 버전이라면 직접 [삽입] 탭–[표 그룹]–[표]를 클릭해서 데이터에 표 서식을 지정한 후 [데이터] 탭–[데이터 가져오기 및 변환] 그룹–[테이블/범위에서]를 클릭하세요. 엑셀 2010과 엑셀 2013 버전에서는 [파워 쿼리] 탭–[Excel 데이터] 그룹–[테이블에서]를, 엑셀 2016 버전에서는 [데이터] 탭–[가져오기 및 변환] 그룹–[테이블에서]를 클릭하세요.

3 [표 만들기] 대화상자가 열리면 표 서식을 적용할 데이터 영역이 자동으로 표시되어 있는지와 [머리글 포함]에 체크 표시되어 있는지 확인하고 [확인]을 클릭합니다.

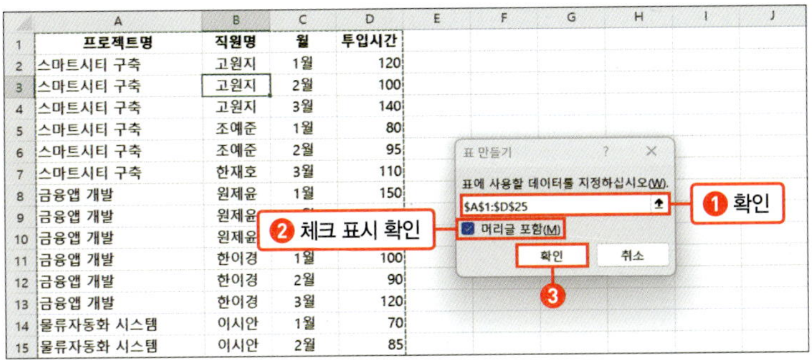

Tip
[머리글 포함]에 체크 표시하면 범위 지정한 대상에서 첫 행을 필드 이름으로 사용할 수 있어요.

4 엑셀 창의 데이터에 자동으로 표 서식이 설정되면서 [Power Query 편집기] 창이 열리면 화면 왼쪽의 [쿼리] 창에 표시된 [표1] 부분을 더블클릭해서 작업할 표 이름을 '월별'로 수정합니다.

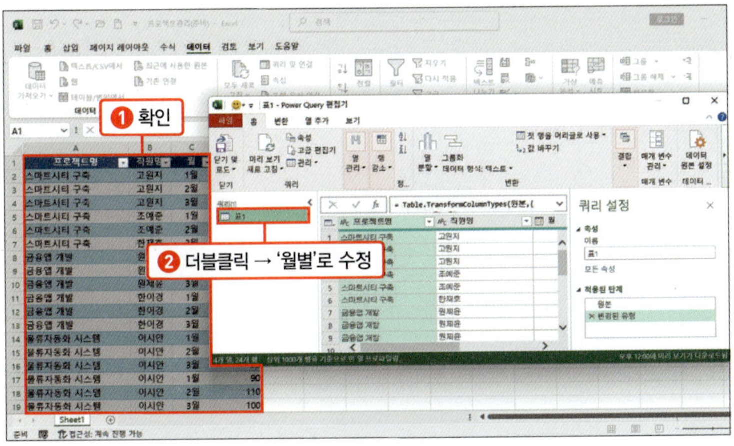

5 데이터 중에서 가로 방향(열)으로 표시하고 싶은 항목인 '월' 필드의 열 머리글을 클릭해서 '월' 필드 전체를 선택하고 [변환] 탭-[열] 그룹-[피벗 열]을 클릭합니다.

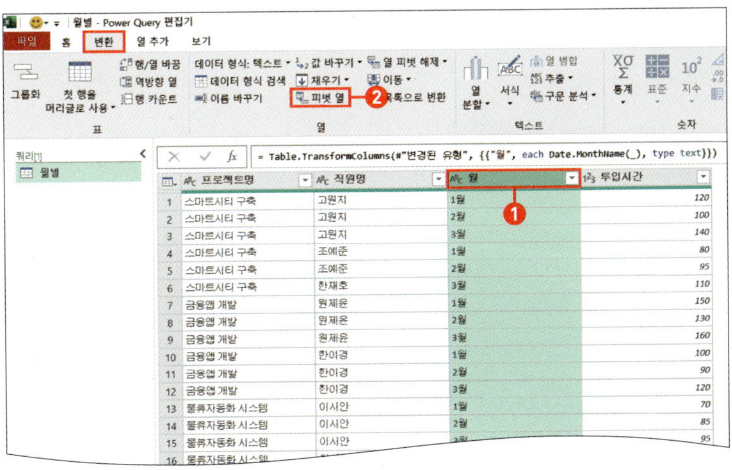

6 [피벗 열] 창이 열리면 '값 열'의 목록 단추(▼)를 클릭하고 월별로 항목을 분리해서 어떤 값을 보고 싶은지 선택합니다. 여기서는 [투입시간]을 선택하고 [확인]을 클릭하세요.

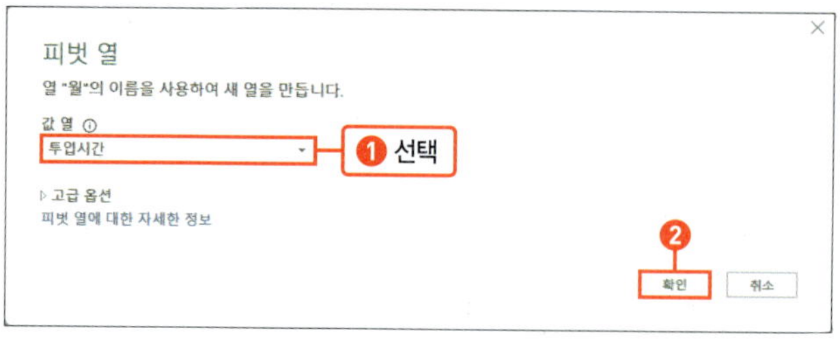

> **Tip** 따로 사용할 함수를 지정하지 않으면 자동으로 합계가 나타납니다. 이때 [고급 옵션]을 클릭해서 사용할 함수를 평균, 개수, 최댓값 등으로 변경할 수 있어요.

7 월 데이터가 열(가로) 방향으로 표시되면서 그에 맞는 투입 시간의 합계를 구했습니다. 오른쪽 [쿼리 설정] 창의 '적용된 단계'에 지금까지 작업한 내용이 차례대로 기록되어 있는지 확인하고 [홈] 탭-[닫기] 그룹-[닫기 및 로드]를 클릭한 후 [닫기 및 다음으로 로드]를 선택해서 [Power Query 편집기] 창을 닫으세요.

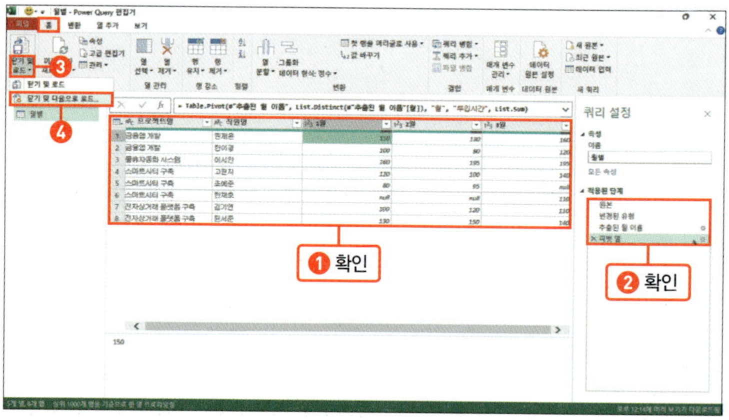

> **Tip** [닫기 및 로드]를 선택하면 자동으로 새로운 시트가 삽입되면서 결과 데이터가 표시되고 [닫기 및 다음으로 로드]를 선택하면 데이터를 넣은 시트와 위치를 직접 지정할 수 있습니다.

8 [데이터 가져오기] 대화상자가 열리면 '데이터가 들어갈 위치를 선택하십시오.'에서 [기존 워크시트]를 선택하고 워크시트에서 G1셀을 클릭한 후 [확인]을 클릭합니다.

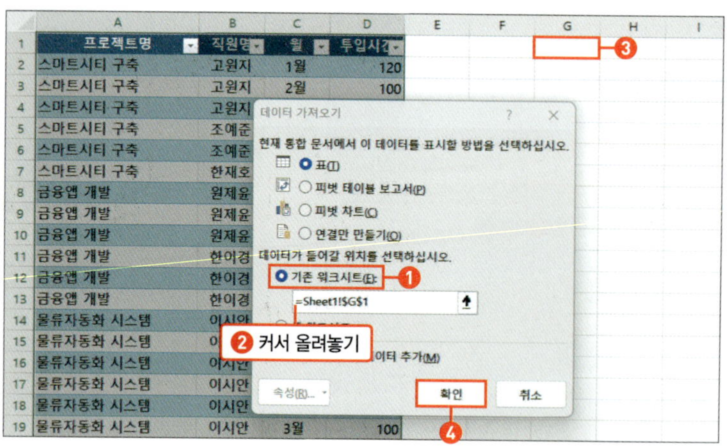

9 G1셀에 파워 쿼리를 실행한 결과 데이터가 표시되었습니다. 이때 빈 셀로 표시된 '조예준' 사원의 3월 데이터와 '한재호' 사원의 1월, 2월 데이터를 0으로 채우도록 쿼리를 다시 수정하기 위해 [쿼리] 탭-[편집] 그룹-[편집]을 클릭하세요.

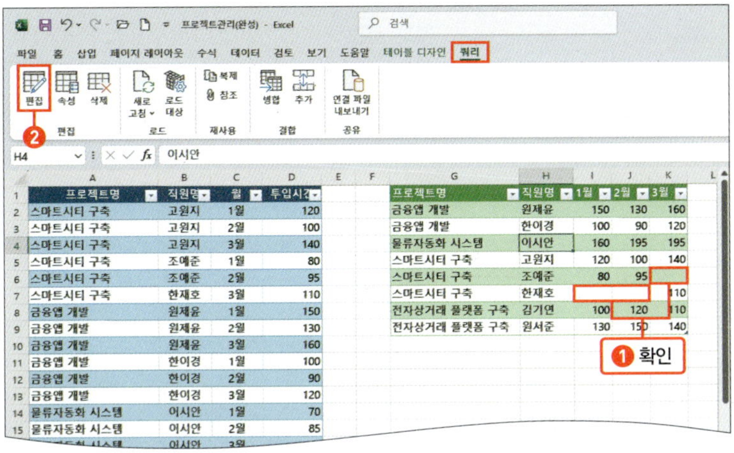

> **Tip**
> 오른쪽에 표시된 [쿼리 설정] 창의 [월별] 영역에서 더블클릭해도 [Power Query 편집기] 창을 열 수 있습니다.

10 [Power Query 편집기] 창에 표시된 필드 항목 중에서 '1월' 필드의 열 머리글을 클릭하고 Shift를 누른 상태에서 '3월' 필드의 열 머리글을 클릭해 3개의 월 필드를 모두 선택한 후 [홈] 탭-[변환] 그룹-[값 바꾸기]를 클릭하세요.

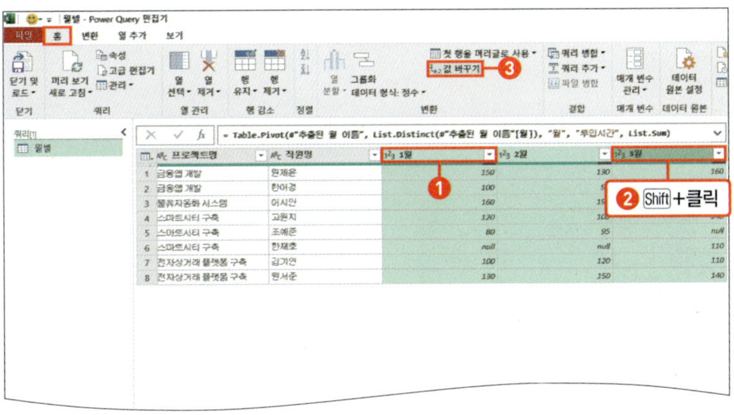

11 [값 바꾸기] 창이 열리면 '찾을 값'에는 'null'을, '바꿀 항목'에는 '0'을 입력하고 [확인]을 클릭합니다.

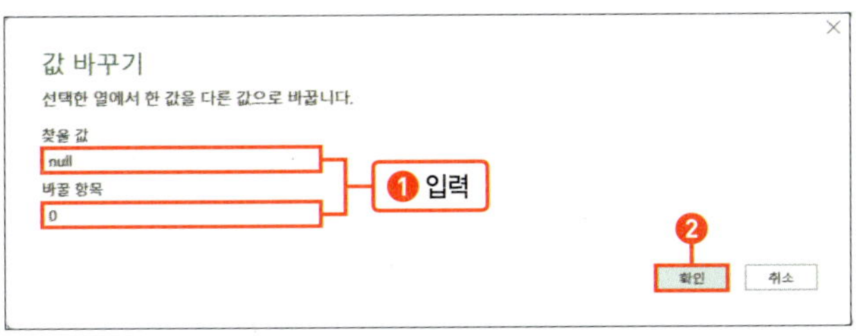

12 월 데이터 중에서 'null'이었던 항목이 모두 '0'으로 바뀌었으면 [홈] 탭-[닫기] 그룹-[닫기 및 로드]를 클릭합니다.

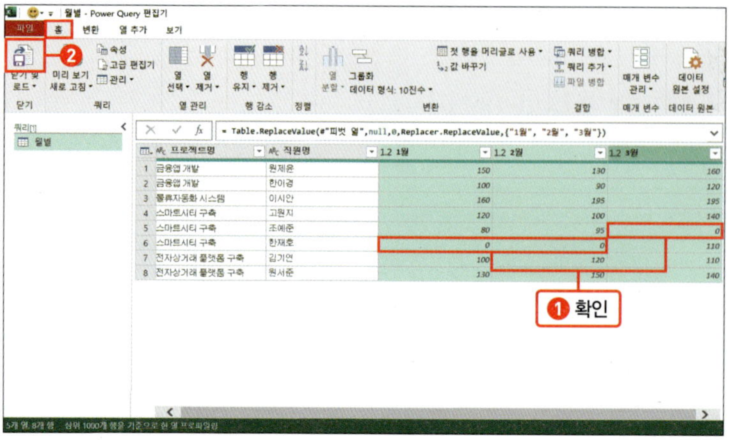

13 엑셀로 되돌아온 후 [Sheet1] 시트에서 G1셀 영역에 빈 셀이었던 곳이 모두 '0'으로 채워졌는지 확인합니다. 이제까지 작업한 데이터를 저장한 후 A1셀 영역에 입력된 데이터를 수정하거나 새로운 데이터로 바꾸었으면 언제든지 G1셀 영역의 데이터를 클릭하고 [쿼리] 탭-[로드] 그룹-[새로 고침]을 클릭하세요. 그러면 자동으로 G1셀 영역에 바뀐 결과가 반영된 데이터로 수정된 결과를 확인할 수 있어요.

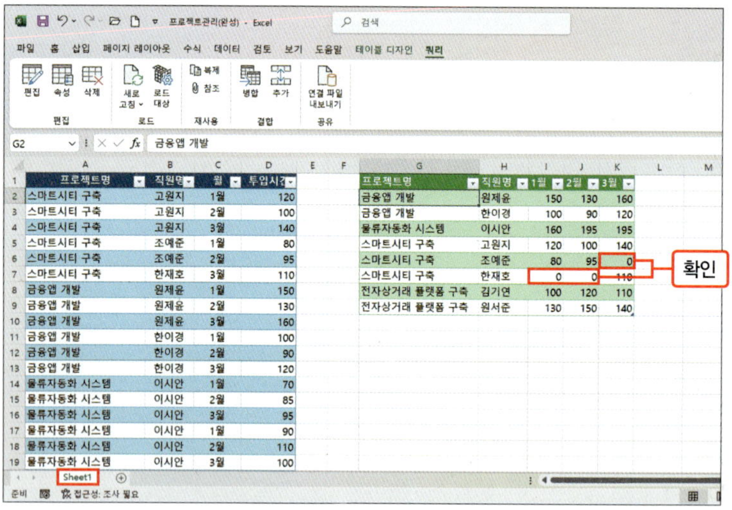

Tip

[쿼리 및 연결] 창의 [월별] 영역에서 마우스 오른쪽 단추를 클릭하고 [새로 고침]을 선택해도 됩니다.

◉ **예제파일** : 부서별지출비용정산(준비).xlsx ◉ **완성파일** : 부서별지출비용정산(완성).xlsx

현장실무 06 가로 방향 데이터를 세로 방향으로 바꾸기 — 열 피벗 해제

1 A1셀 영역에 입력된 데이터는 부서별 지출 내역이 월별로 가로 방향(C열, D열, E열)으로 입력되어 있는데, 각 항목을 '1월', '2월', '3월'로 나눠서 별도의 행으로 표현된 H1셀 영역 데이터처럼 만들려고 합니다. 이 경우 [열 피벗 해제] 기능을 사용해 가로 방향(열 방향)으로 입력된 데이터를 세로 방향(행 방향)으로 바꿀 수 있어요. 파워 쿼리를 이용하면 수작업으로 했을 때보다 작업 시간을 더욱 효율적으로 줄일 수 있습니다.

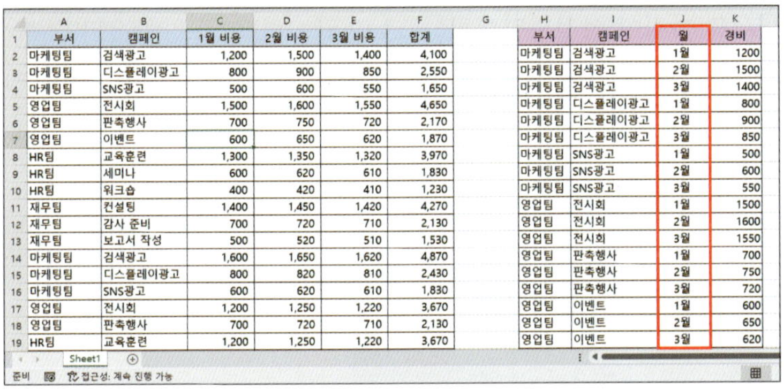

부서	캠페인	1월 비용	2월 비용	3월 비용	합계
마케팅팀	검색광고	1,200	1,500	1,400	4,100
마케팅팀	디스플레이광고	800	900	850	2,550
마케팅팀	SNS광고	500	600	550	1,650
영업팀	전시회	1,500	1,600	1,550	4,650
영업팀	판촉행사	700	750	720	2,170
영업팀	이벤트	600	650	620	1,870
HR팀	교육훈련	1,300	1,350	1,320	3,970
HR팀	세미나	600	620	610	1,830
HR팀	워크숍	400	420	410	1,230
재무팀	컨설팅	1,400	1,450	1,420	4,270
재무팀	감사 준비	700	720	710	2,130
재무팀	보고서 작성	500	520	510	1,530
마케팅팀	검색광고	1,600	1,650	1,620	4,870
마케팅팀	디스플레이광고	800	820	810	2,430
마케팅팀	SNS광고	600	620	610	1,830
영업팀	전시회	1,200	1,250	1,220	3,670
영업팀	판촉행사	700	720	710	2,130
HR팀	교육훈련	1,200	1,250	1,220	3,670

부서	캠페인	월	경비
마케팅팀	검색광고	1월	1200
마케팅팀	검색광고	2월	1500
마케팅팀	검색광고	3월	1400
마케팅팀	디스플레이광고	1월	800
마케팅팀	디스플레이광고	2월	900
마케팅팀	디스플레이광고	3월	850
마케팅팀	SNS광고	1월	500
마케팅팀	SNS광고	2월	600
마케팅팀	SNS광고	3월	550
영업팀	전시회	1월	1500
영업팀	전시회	2월	1600
영업팀	전시회	3월	1550
영업팀	판촉행사	1월	700
영업팀	판촉행사	2월	750
영업팀	판촉행사	3월	720
영업팀	이벤트	1월	600
영업팀	이벤트	2월	650
영업팀	이벤트	3월	620

2 [Sheet1] 시트에서 데이터 영역에 있는 하나의 셀을 클릭하고 [데이터] 탭-[데이터 가져오기 및 변환] 그룹-[테이블/범위에서]를 클릭합니다.

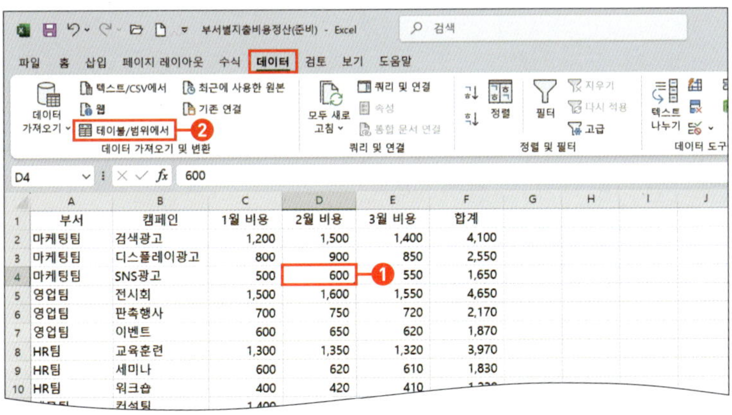

> 💡 **Tip**
> 파워 쿼리를 설정하려면 먼저 데이터에 표 서식을 적용한 후 사용해야 하는데, 엑셀 2021 버전부터는 자동으로 표 서식이 적용되면서 파워 쿼리가 실행됩니다. 하지만 엑셀 2021 이전 버전이라면 직접 [삽입] 탭-[표] 그룹-[표]를 클릭해서 데이터에 표 서식을 지정한 후 [데이터] 탭-[데이터 가져오기 및 변환] 그룹-[테이블/범위에서]를 클릭하세요. 엑셀 2010과 엑셀 2013 버전에서는 [파워 쿼리] 탭-[Excel 데이터] 그룹-[테이블에서]를, 엑셀 2016 버전에서는 [데이터] 탭-[가져오기 및 변환] 그룹-[테이블에서]를 클릭하세요.

3 [표 만들기] 대화상자가 열리면 표 서식을 적용할 데이터 영역이 자동으로 표시되어 있는지와 [머리글 포함]에 체크 표시되어 있는지 확인하고 [확인]을 클릭합니다.

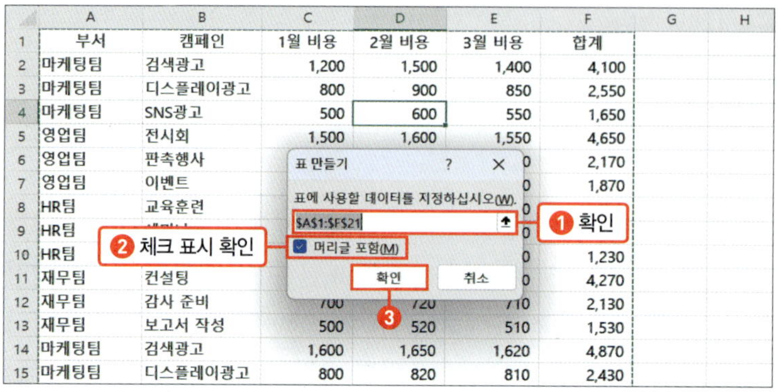

Tip
[머리글 포함]은 범위로 지정한 대상에서 첫 행을 필드 이름으로 사용하겠다는 뜻입니다.

4 엑셀 창의 데이터에 자동으로 표 서식이 설정되면서 [Power Query 편집기] 창이 열리면 '합계' 필드의 열 머리글을 클릭해 '합계' 필드를 모두 선택합니다. [홈] 탭-[열 관리] 그룹-[열 제거]를 클릭해서 필요 없는 '합계' 필드를 삭제하세요.

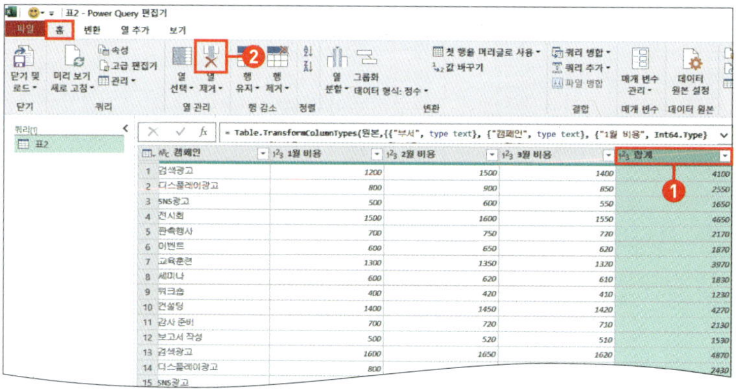

5 '1월 비용' 필드의 열 머리글을 클릭하고 Shift를 누른 상태에서 '3월 비용' 필드의 열 머리글을 클릭해 3개의 필드를 모두 선택합니다. 각 열(가로)로 분리되어 있는 월 데이터를 세로 방향으로 바꾸기 위해 [변환] 탭-[열] 그룹-[열 피벗 해제]를 클릭하세요.

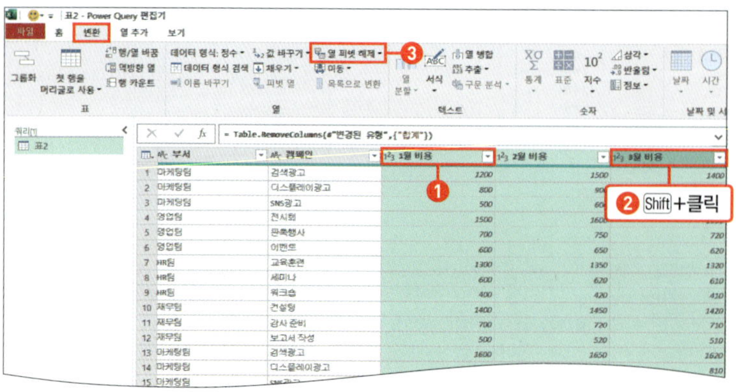

6 월 데이터가 사라지면서 새로운 '특성' 필드에는 월 이름이, '값' 필드에는 해당 월의 비용이 표시되었습니다. 표시된 월 이름에서 '비용'이라는 문자를 한 번에 지우기 위해 '특성' 필드의 열 머리글을 클릭해 '특성' 필드를 모두 선택하고 [변환] 탭-[열] 그룹-[값 바꾸기]를 클릭하세요.

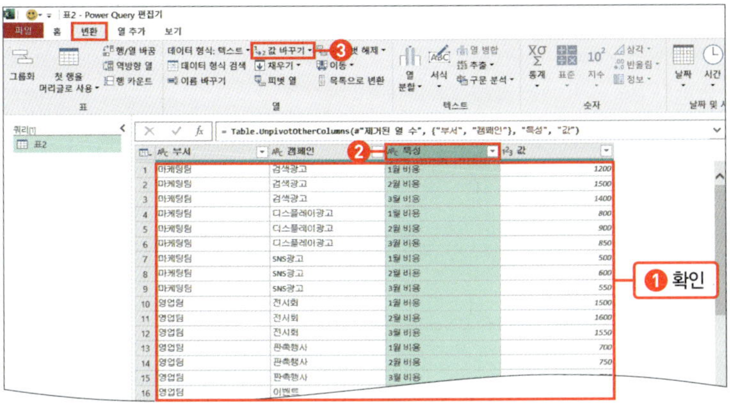

7 [값 바꾸기] 대화상자가 열리면 '찾을 값'에는 '비용'을 입력하고 '바꿀 항목'에는 아무 값도 입력하지 않은 상태에서 [확인]을 클릭합니다.

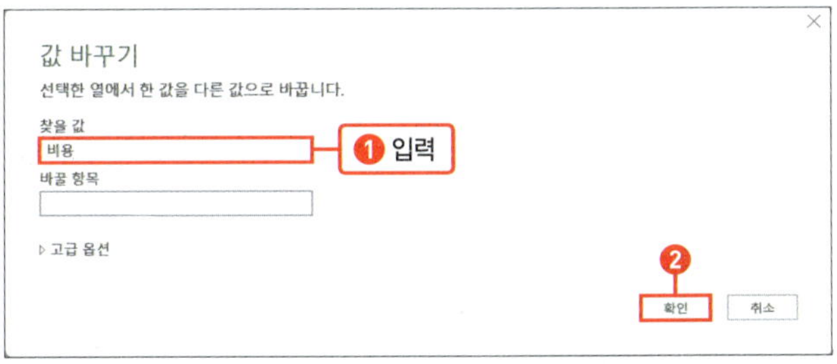

8 '특성' 필드의 값이 '1월', '2월', '3월' 등으로 바뀌었으면 '특성' 필드의 열 머리글을 더블클릭하고 '월'로 수정합니다. 이와 같은 방법으로 '값' 필드의 열 머리글을 더블클릭해서 '경비'로 이름을 수정하고 완성된 결과를 엑셀 시트에 반영하기 위해 [홈] 탭-[닫기] 그룹-[닫기 및 로드]를 클릭한 후 [닫기 및 다음으로 로드]를 선택하세요.

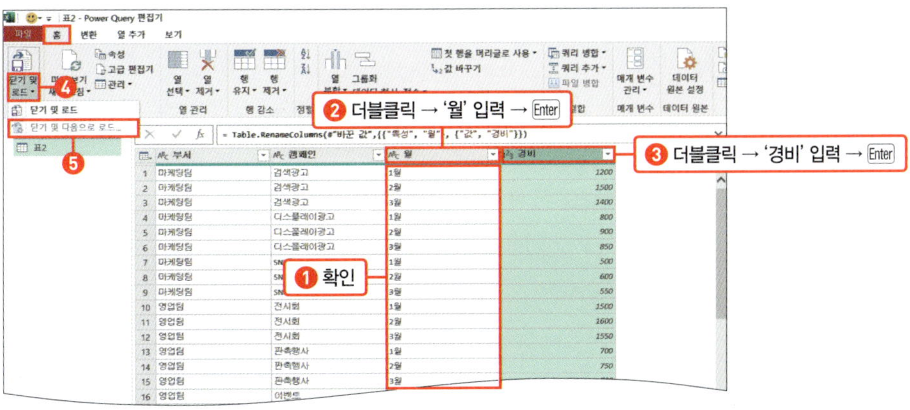

9 [데이터 가져오기] 대화상자가 열리면 '데이터가 들어갈 위치를 선택하십시오.'에서 [기존 워크시트]를 선택하고 워크시트에서 H1셀을 클릭한 후 [확인]을 클릭합니다.

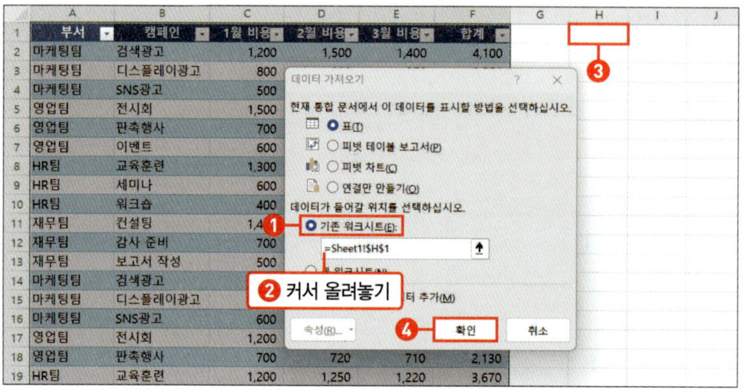

10 A1셀 영역의 데이터를 파워 쿼리에 지정한 작업 단계를 거쳐서 가공된 최종 결과가 H1셀 영역에 표시되었습니다. 이 데이터를 이용해 피벗 테이블을 만들어 데이터를 집계하거나 함수를 적용해서 원하는 보고서를 작성할 수 있어요.

◉ **예제파일** : 지점별계약관리(준비).xlsx, 지점별계약관리_추가지점.xlsx ◉ **완성파일** : 지점별계약관리(완성).xlsx

현장실무 07

여러 시트에 나눠진 데이터를 하나로 통합하기

1 각 지점별로 데이터를 받은 후 [월산지점], [수북지점], [창평지점] 시트 등과 같이 시트별로 구분해서 작성했는데, 이것을 하나로 통합해서 관리하려고 합니다. 이때 새로운 시트를 추가할 수도 있지만, 매번 같은 유형으로 데이터를 받아서 주기적으로 작업해야 하면 파워 쿼리를 이용해 보세요.

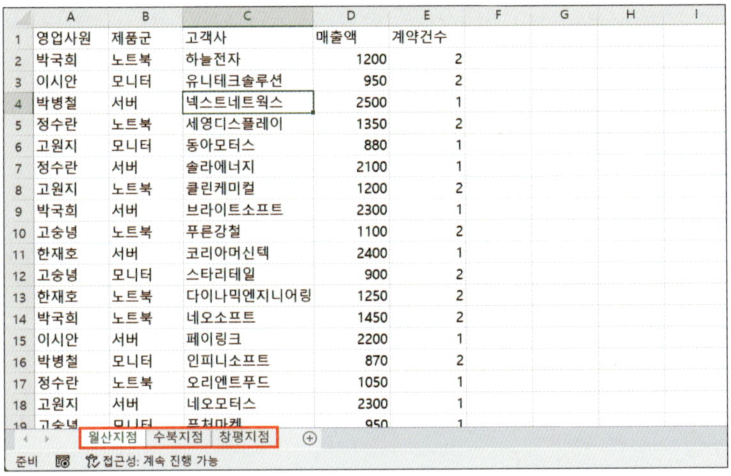

2 새 통합 문서를 열고 [데이터] 탭-[데이터 가져오기 및 변환] 그룹-[데이터 가져오기]를 클릭한 후 [파일에서]-[Excel 통합 문서에서]를 선택합니다.

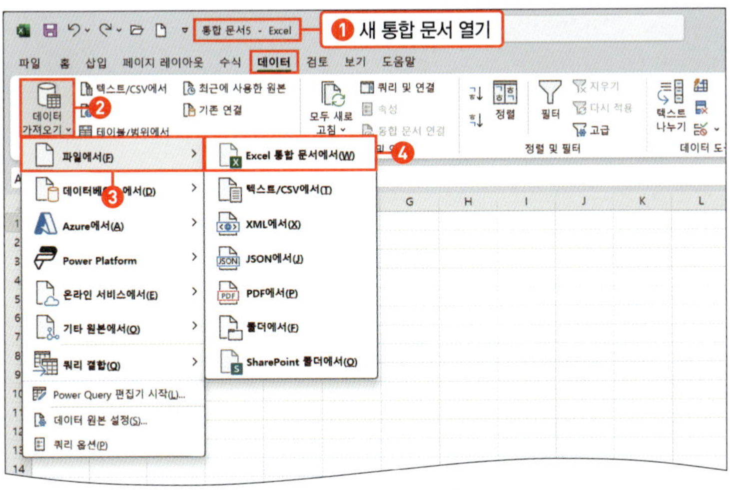

> **Tip**
> 작업할 데이터가 엑셀 파일이 아니라 텍스트나 외부 다른 데이터 형식이면 해당 항목을 클릭해서 엑셀로 가져올 수 있습니다.

3 [데이터 가져오기] 창이 열리면 예제파일이 저장된 폴더를 찾아서 '지점별계약관리(준비).xlsx'를 선택하고 [가져오기]를 클릭합니다.

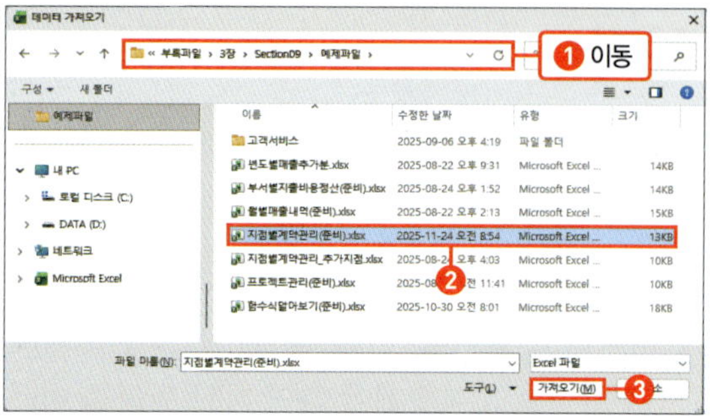

4 [탐색 창]에서 파일에 저장된 시트 이름이 표시되었으면 '지점별계약관리(준비).xlsx'를 선택한 상태에서 [데이터 변환]을 클릭합니다.

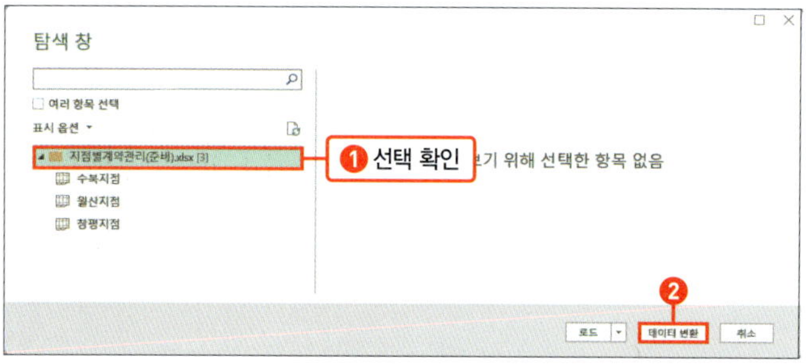

5 [Power Query 편집기] 창이 실행되면서 선택한 파일에 저장된 시트 이름이 행으로 나타납니다. 세 번째 필드인 'Item' 필드의 열 머리글을 클릭하고 Shift를 누른 상태에서 'Hidden' 필드의 열 머리글을 클릭해 모두 선택한 후 [홈] 탭-[열 관리] 그룹-[열 제거]를 클릭해서 삭제하세요.

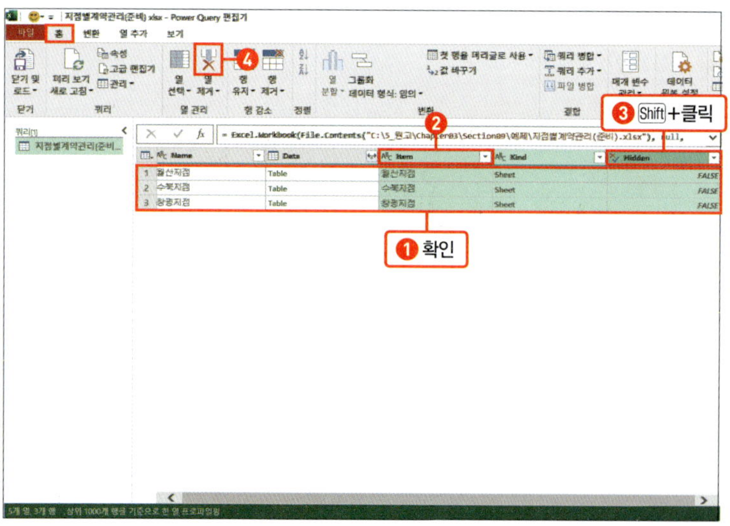

6 'Data' 필드의 확장 단추(⟷)를 클릭하고 [원래 열 이름을 접두사로 사용]의 체크 표시를 해제한 후 [확인]을 클릭합니다.

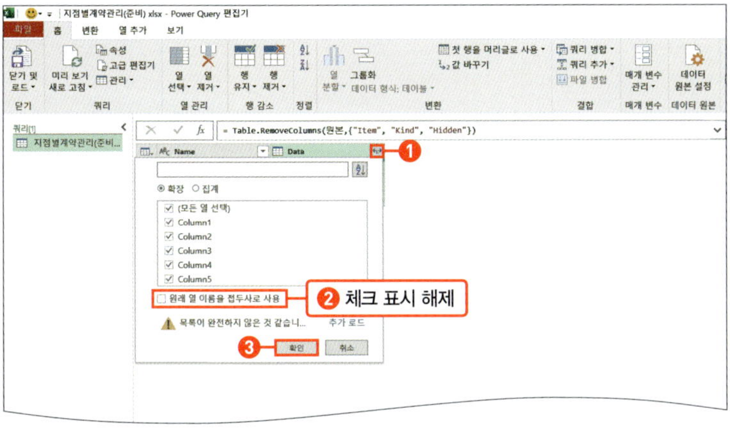

7 표시된 데이터를 살펴보면 1행부터는 '월산지점'으로, 22행부터는 '수북지점'으로, 43행부터는 '창평지점'으로 세 지점의 데이터가 모두 합쳐졌습니다. 이때 1행, 22행, 43행은 '월산지점', '영업사원', '제품군'과 같이 필드 이름이 표시되었는지 확인하세요.

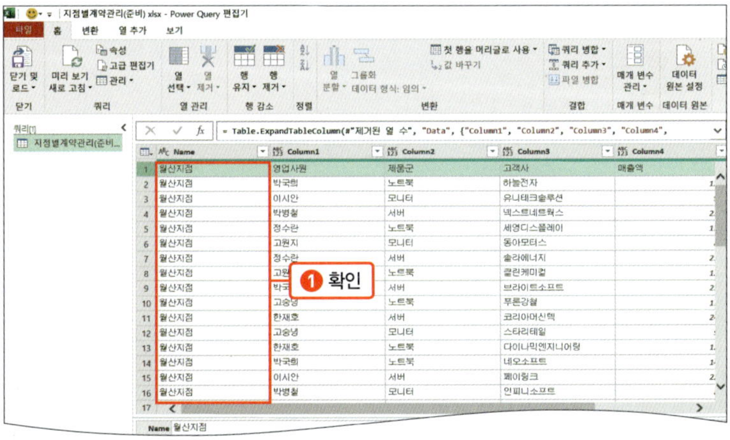

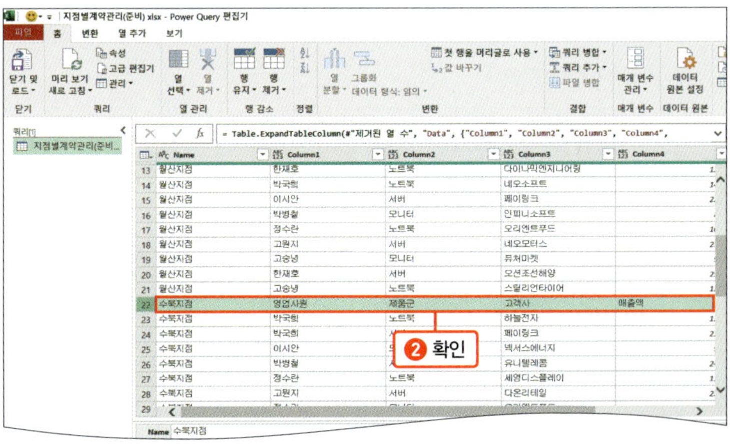

8 1행에 입력된 값을 필드 이름으로 사용하기 위해 [변환] 탭-[표] 그룹-[첫 행을 머리글로 사용]을 클릭합니다.

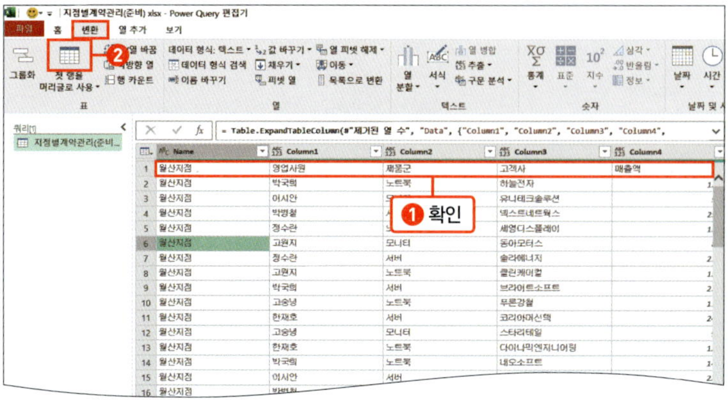

9 1행에 입력되었던 데이터가 필드 이름으로 표시되었습니다. 이번에는 지점이 바뀔 때마다 표시되었던 22행과 43행 데이터를 삭제해야 하므로 '영업사원' 필드의 필터 단추(▾)를 클릭하고 [영업사원]의 체크 표시를 해제한 후 [확인]을 클릭하세요.

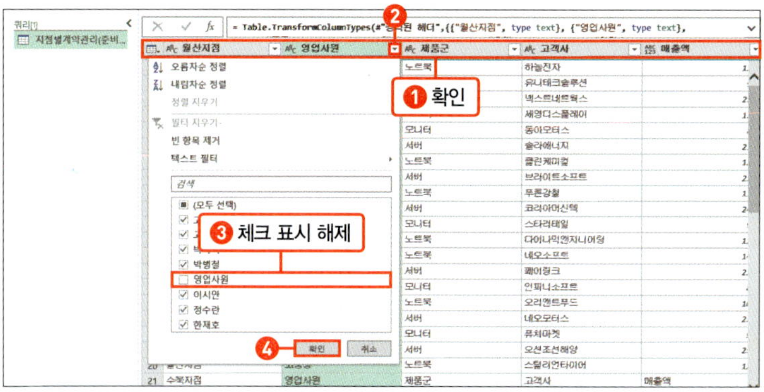

10 22행과 43행에 표시되었던 제목 행이 숨겨져서 보이지 않으면 '월산지점' 필드의 열 머리글을 더블클릭해서 '지점명'으로 필드 이름을 수정하고 [홈] 탭-[닫기] 그룹-[닫기 및 로드]를 클릭하세요.

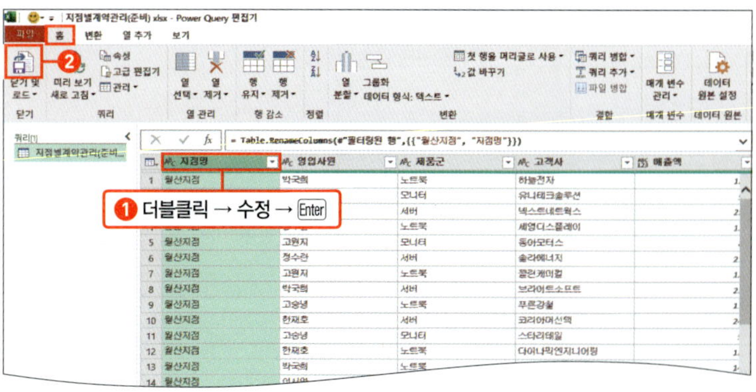

11 엑셀에 새로운 시트가 삽입되면서 원본 파일의 세 지점의 데이터가 파워 쿼리를 통해서 하나로 합쳐졌습니다. '지점명'의 필드의 필터 단추(▾)를 클릭하면 [수북지점], [월산지점], [창평지점]으로 모두 표시되는데, 원본 파일에 새로운 지점이 추가되거나 데이터가 수정되었으면 어떻게 작업하는지 살펴보기 위해 현재 작업한 파일을 저장하고 닫으세요.

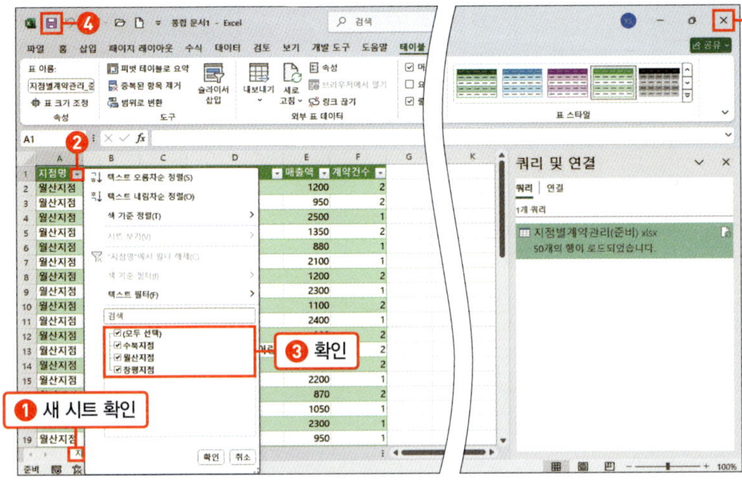

12 예제파일 '지점별계약관리(준비).xlsx'와 '지점별계약관리_추가지점.xlsx'를 열고 '지점별계약관리_추가지점.xlsx'의 [월정지점] 시트에서 마우스 오른쪽 단추를 클릭한 후 [이동/복사]를 선택하세요.

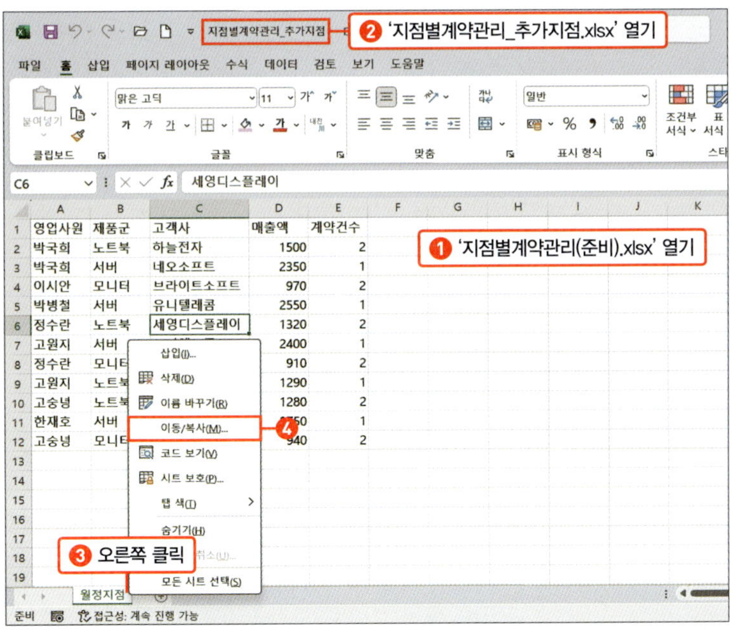

Tip

선택한 시트를 그대로 다른 파일로 이동하는 방법인데, 시트 전체를 범위로 지정한 후 복사해도 됩니다.

13 [이동/복사] 대화상자가 열리면 '대상 통합 문서'의 목록 단추(⌄)를 클릭하고 [지점별계약관리(준비).xlsx]를 선택합니다. **12** 과정에서 선택한 [월정지점] 시트를 '지점별계약관리(준비).xlsx'로 복사하기 위해 복사할 위치로 [(끝으로 이동)]을 선택하고 [복사본 만들기]에 체크 표시한 후 [확인]을 클릭하세요.

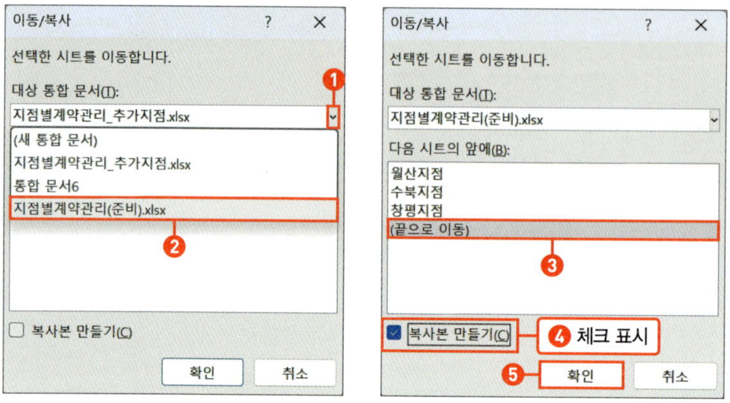

14 '지점별계약관리(준비).xlsx'에 마지막 시트로 [월정지점] 시트가 복사되면서 데이터도 복사되었으면 저장합니다. 이와 같이 원본 파일에 새로운 시트를 추가하거나 기존 데이터를 수정할 수 있습니다.

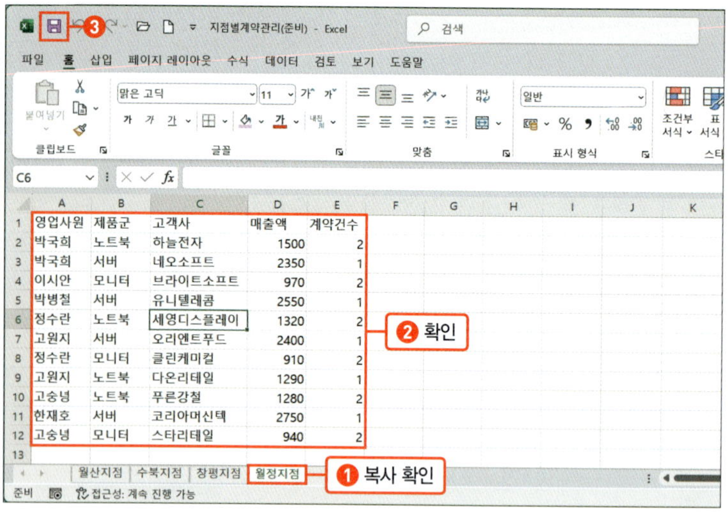

15 **11** 과정에서 저장했던 실습파일을 다시 열고 원본 데이터에서 변경된 것을 반영하기 위해 [쿼리] 탭-[로드] 그룹-[새로 고침]을 클릭하세요.

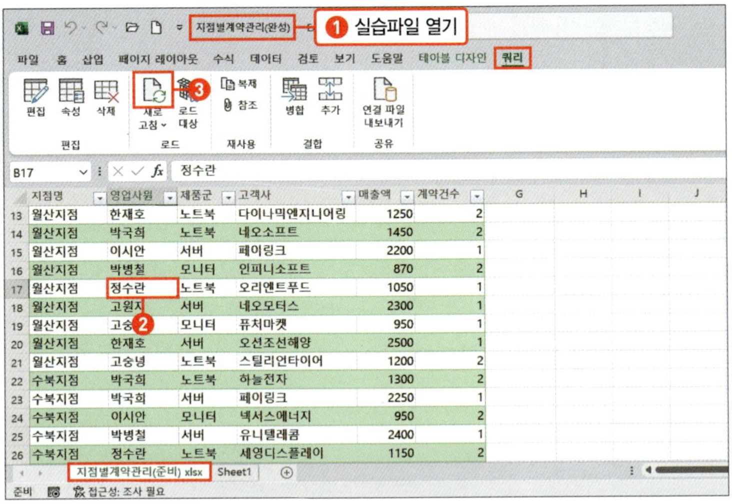

16 작업 방식은 같으므로 파워 쿼리에 기록해 두었던 작업 방식을 그대로 다시 거쳐서 새로운 데이터를 만들었습니다. '지점명' 필드의 필터 단추(▾)를 클릭하고 목록에 [월정지점]이 추가되었는지 확인하세요.

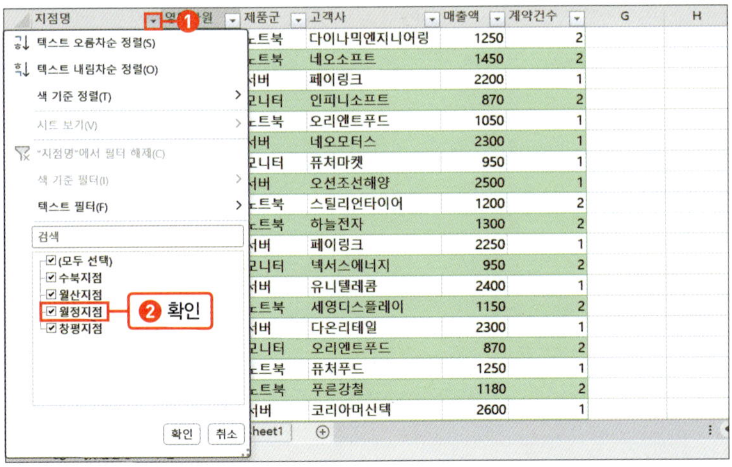

2024 M365 2021 2019 2016

◉ **예제파일** : '고객서비스' 폴더 ◉ **완성파일** : 고객서비스(완성).xlsx

현장실무 **08**

폴더 안의 모든 파일을 하나로 통합하기

1 고객들의 서비스 요청 사항에 대한 처리 현황을 매달 파일로 받아서 '처리현황_1월.xlsx', '처리현황_2월.xlsx'과 같이 저장하면 이 파일들의 데이터를 하나로 통합해서 전체에 대한 내역을 확인해야 합니다. 특정 폴더 안에 있는 모든 파일을 하나로 합쳐서 작업하려면 파워 쿼리를 활용해 보세요. 파워 쿼리를 이용하려면 일단 작업할 파일을 하나의 폴더(여기서는 '고객서비스' 폴더)에 모아놓습니다.

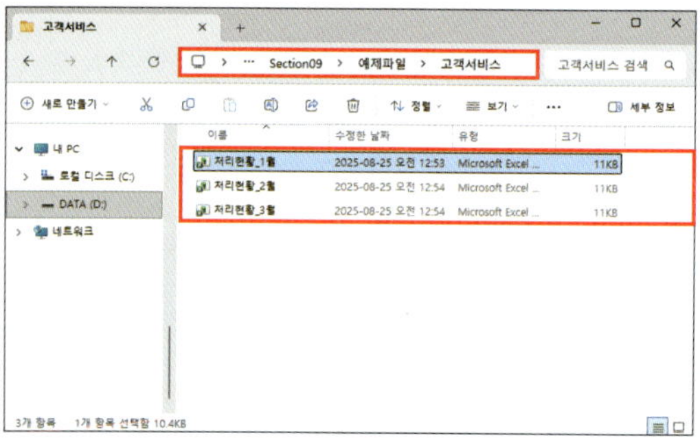

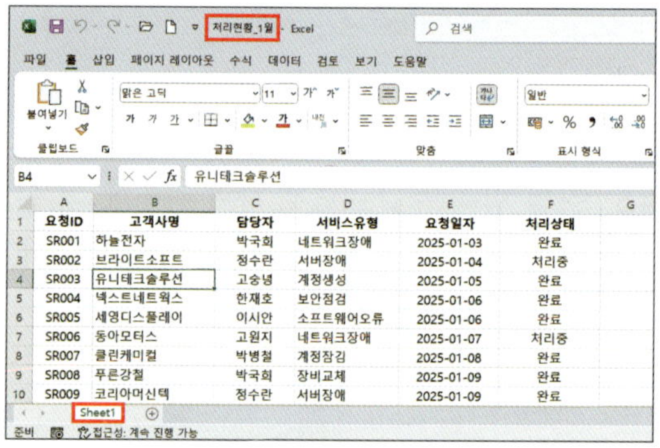

2 새 통합 문서를 열고 [Sheet1] 시트에서 [데이터] 탭-[데이터 가져오기 및 변환] 그룹-[데이터 가져오기]를 클릭한 후 [파일에서]-[폴더에서]를 클릭합니다.

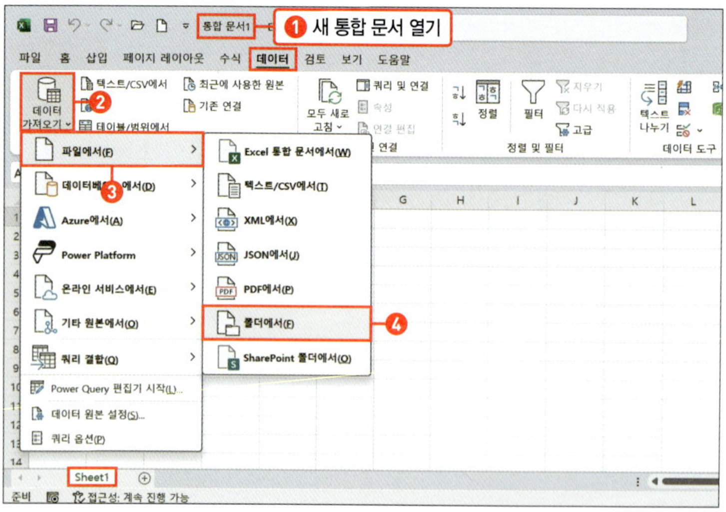

3 [찾아보기] 대화상자가 열리면 **1** 과정에서 작업할 파일을 모아두었던 '고객서비스' 폴더를 선택하고 [열기]를 클릭합니다.

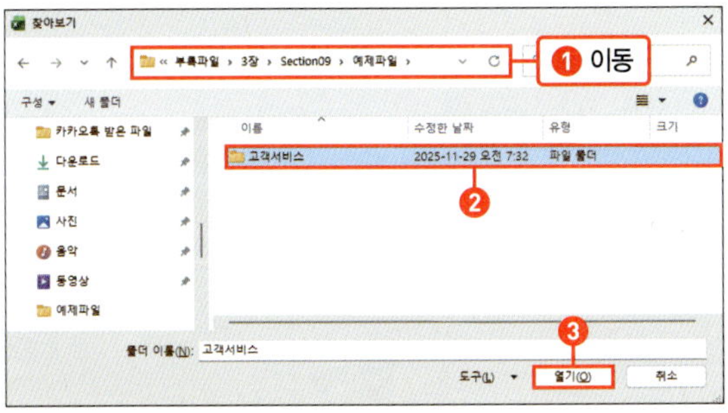

4 폴더 안에 저장된 파일 목록이 표시되었으면 [데이터 변환]을 클릭합니다.

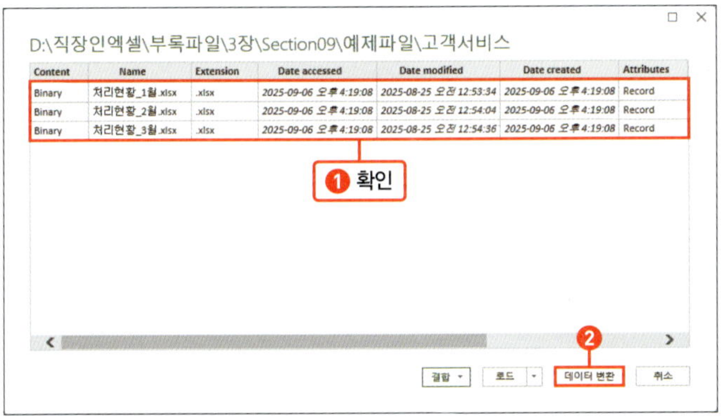

5 [Power Query 편집기] 창이 열리면 'Content' 필드를 제외한 나머지 필드를 모두 삭제해 볼게요. 두 번째 'Name' 필드의 열 머리글을 클릭하고 Shift를 누른 상태에서 마지막 'Folder Path' 필드의 열 머리글을 클릭해 모두 선택한 후 [홈] 탭-[열 관리] 그룹-[열 제거]를 클릭하세요.

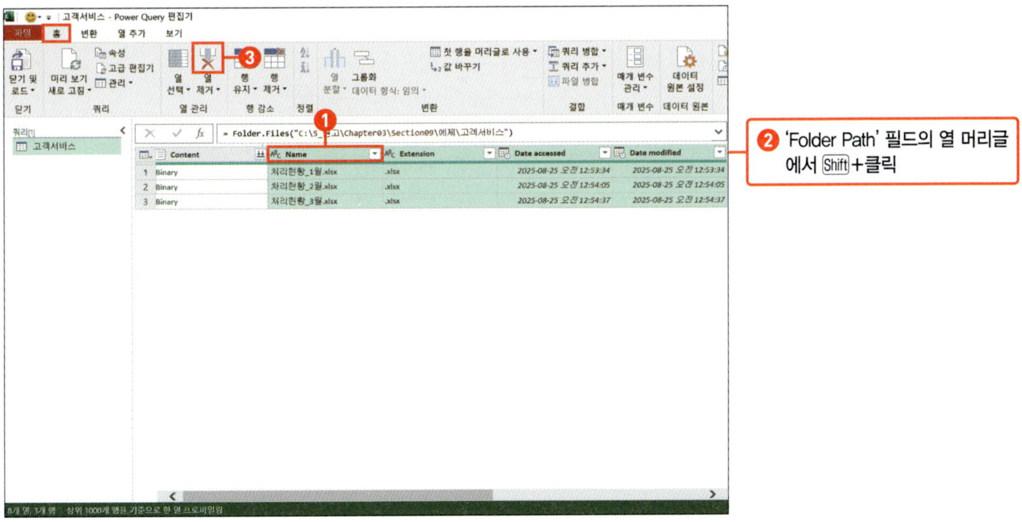

6 첫 번째 필드를 제외하고 나머지 필요 없는 필드를 삭제했으면 'Content' 필드의 열 머리글에 표시된 [파일 병합] 단추(⊞)를 클릭합니다.

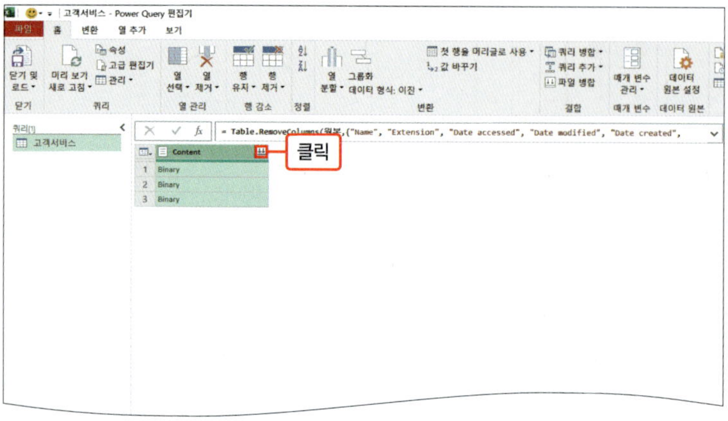

> **Tip**
> [홈] 탭-[결합] 그룹-[파일 병합]을 클릭해도 파일을 병합할 수 있습니다.

7 [파일 병합] 창이 열리면 '표시 옵션'에서 '매개 변수'를 선택하고 [확인]을 클릭합니다.

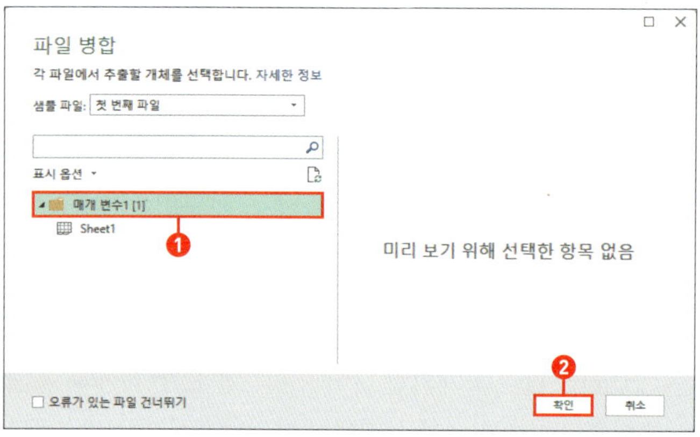

8 폴더 안에 저장된 3개의 파일이 행으로 표시되었으면 첫 번째 필드인 'Name' 필드의 열 머리글을 클릭하고 [홈] 탭-[열 관리] 그룹-[열 제거]를 클릭합니다.

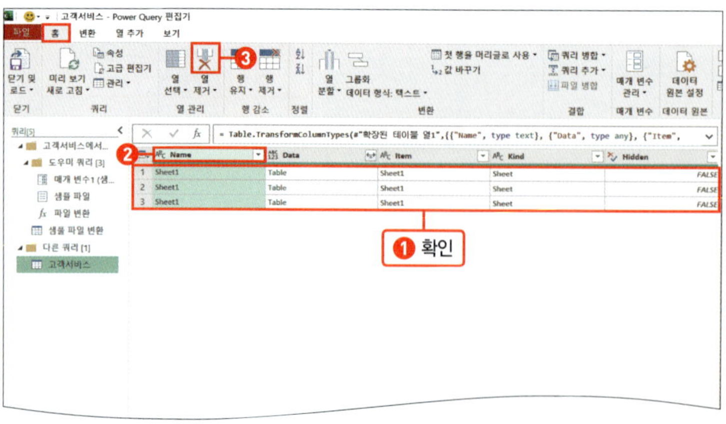

9 'Item' 필드의 열 머리글을 클릭하고 Shift를 누른 상태에서 'Hidden' 필드의 열 머리글을 클릭해 모두 선택한 후 [홈] 탭-[열 관리] 그룹-[열 제거]를 클릭하세요.

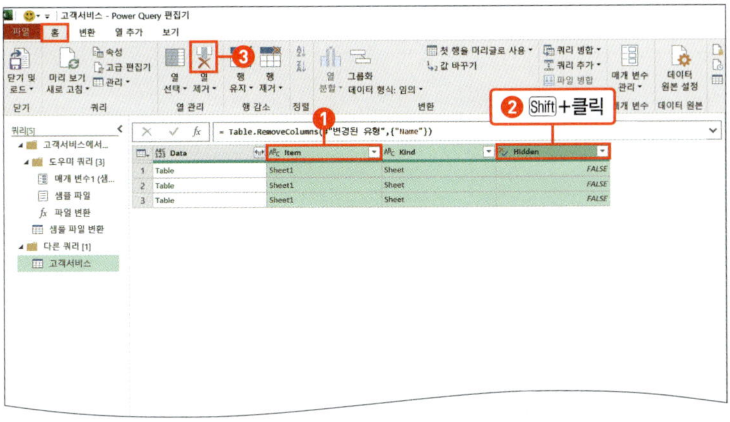

10 'Data' 필드를 제외하고 나머지 필드를 삭제했으면 'Data' 필드의 열 머리글에 표시된 확장 단추(↔)를 클릭합니다.

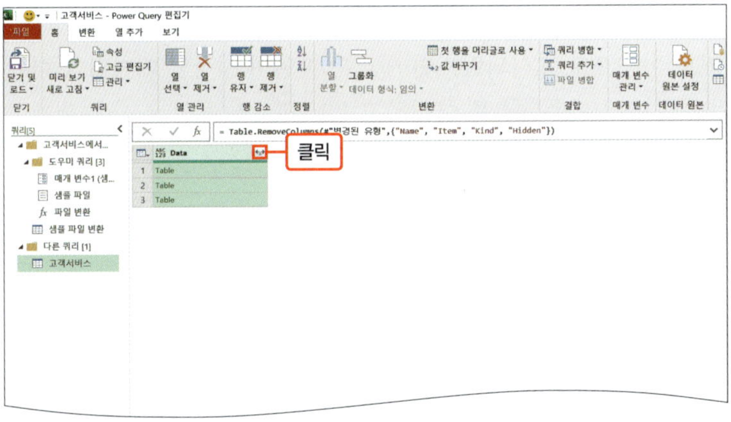

11 [원래 열 이름을 접두사로 사용]의 체크 표시를 해제하고 [확인]을 클릭합니다.

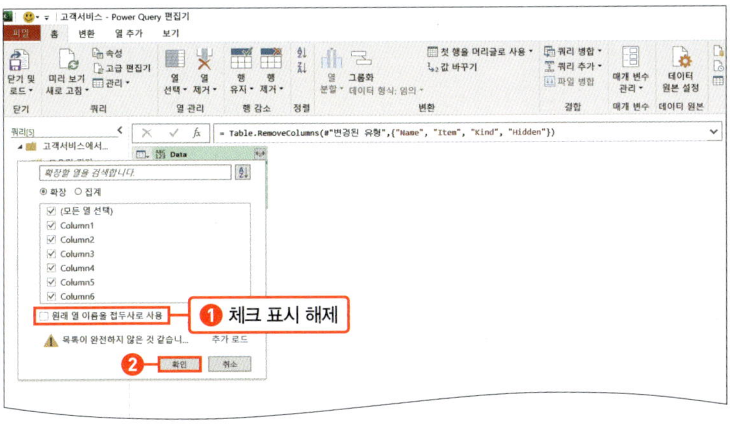

12 폴더 안의 세 파일을 하나로 합친 데이터를 미리 확인할 수 있습니다. 파일마다 첫 행에 입력된 제목을 필드 이름으로 지정하기 위해 [변환] 탭-[표] 그룹-[첫 행을 머리글로 사용]을 클릭하세요.

13 1행에 입력되었던 제목이 필드 이름으로 표시되었으면 새로운 파일이 시작할 때마다 입력된 제목을 숨겨볼게요. '요청ID' 필드의 필터 단추(▾)를 클릭하고 [요청ID]의 체크 표시를 해제한 후 [확인]을 클릭하세요.

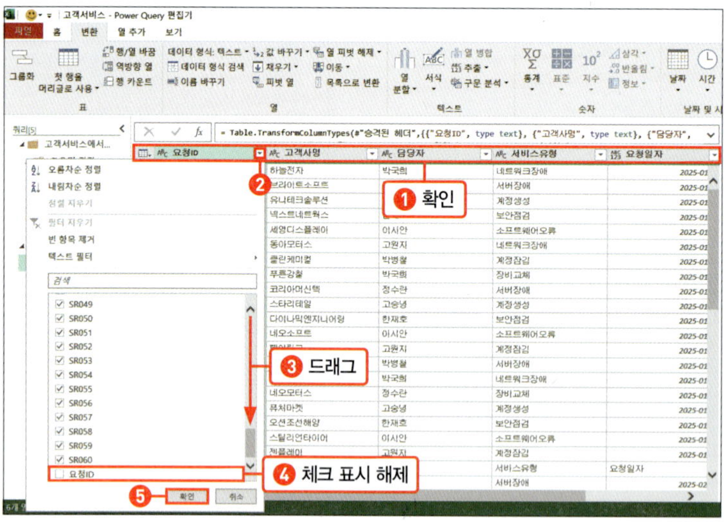

14 '요청일자' 필드의 데이터 형식이 문자로 처리되어 있으므로 날짜로 변경해 볼게요. '요청일자' 필드의 열 머리글에 표시된 ABC/123을 클릭하고 [날짜]를 선택합니다.

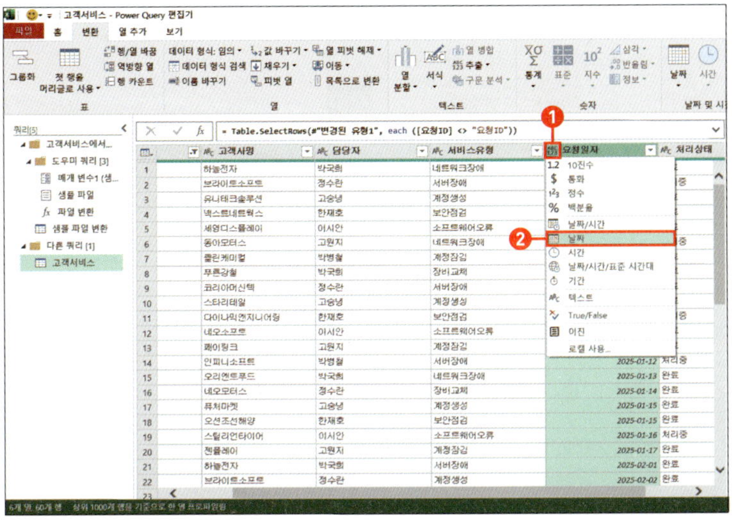

15 이렇게 작업한 내용이 오른쪽의 [쿼리 설정] 창의 '적용된 단계'에 차례대로 기록되었는지 확인합니다. 파워 쿼리는 실제 데이터를 저장하는 것이 아니라 작업 방법을 기록해서 쉽게 반복 처리 작업을 하는 것이므로 작업 결과를 확인하기 위해 [홈] 탭-[닫기] 그룹-[닫기 및 로드]를 클릭하세요.

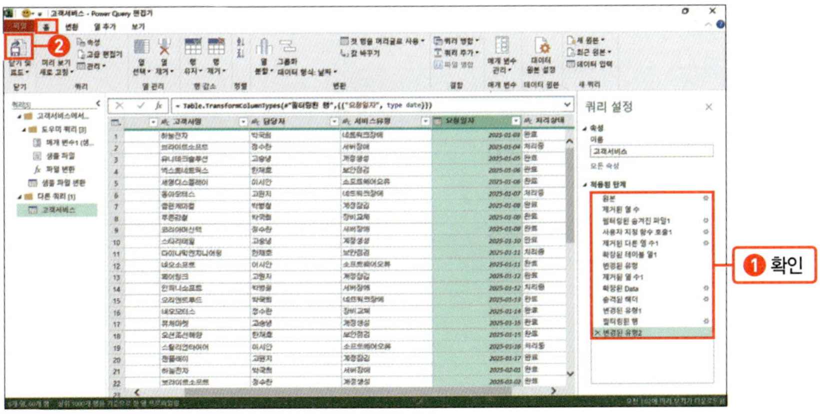

16 엑셀로 되돌아온 후 새로운 [고객서비스] 시트가 삽입되면서 '고객서비스' 폴더에 저장되었던 3개의 파일이 하나로 통합되었는지 확인합니다.

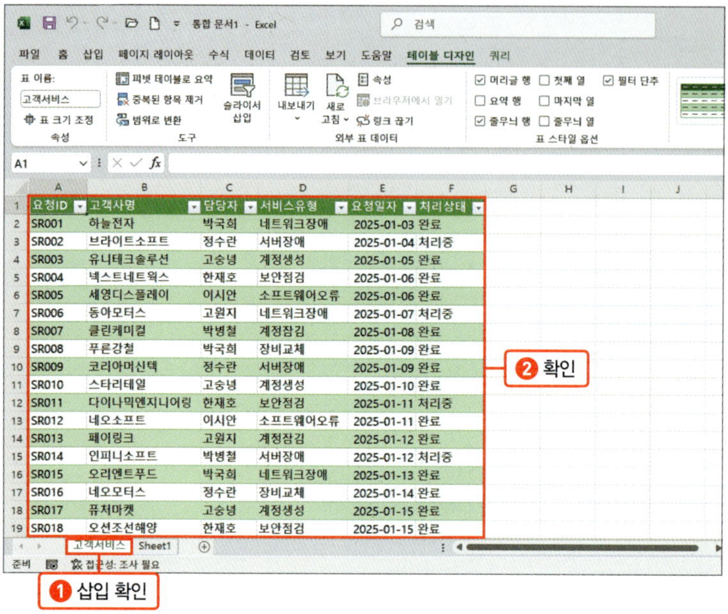

17 '요청일자' 필드의 필터 단추(▾)를 클릭하고 [1월], [2월], [3월] 날짜가 모두 표시되었는지 확인합니다. 이제부터 새로운 4월 데이터 파일을 받았으면 '고객서비스' 폴더에 붙여넣은 후 해당 파일을 열고 마우스 오른쪽 단추를 클릭한 후 [새로 고침]을 선택하세요. 그러면 추가된 파일의 데이터까지 통합된 결과를 확인할 수 있습니다.

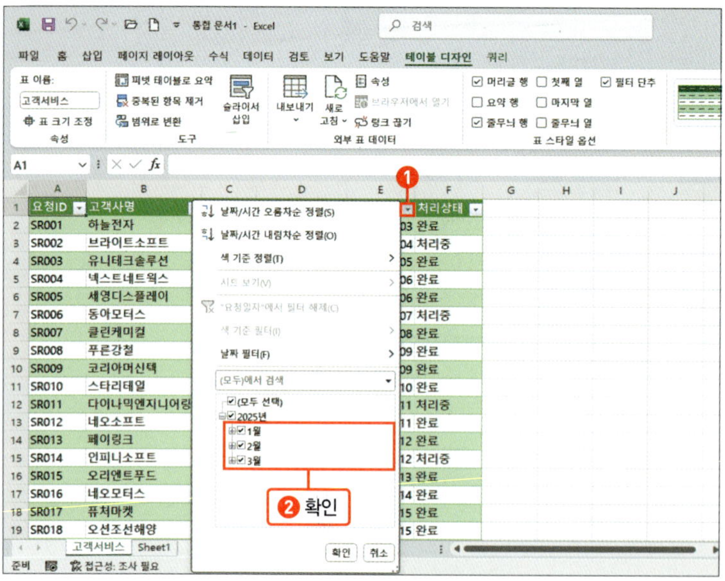

Tip

[쿼리] 탭-[로드] 그룹-[새로 고침]을 클릭해도 됩니다.

● 예제파일 : 함수식알아보기(준비).xlsx

AI 실무 프로젝트 10 함수식 알아보기 – 제미나이(Geminai)

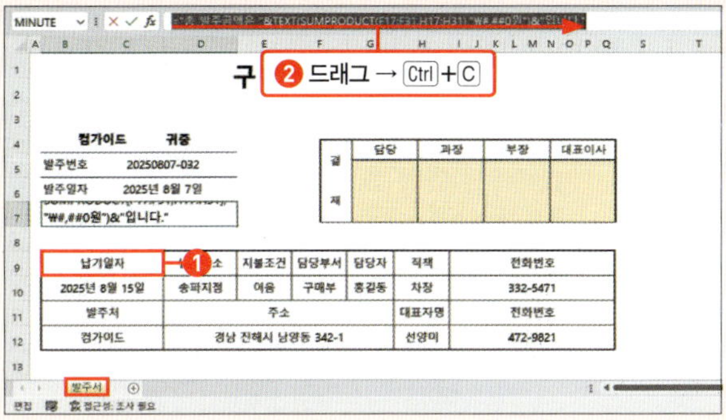

1 엑셀 시트에 입력된 함수식에 대해 어떻게 사용하는 함수인지 궁금하면 AI(인공지능)에게 물어보세요. [발주서] 시트에서 B7셀을 클릭하고 수식 입력줄에 표시된 함수식을 드래그하여 선택한 후 Ctrl + C를 누르세요.

2 제미나이 사이트(gemini.google.com)에 접속하고 채팅 창에서 Ctrl + V를 눌러 함수식을 붙여넣습니다.

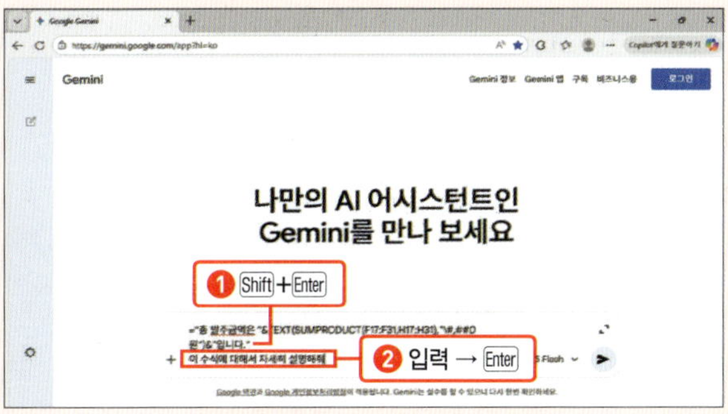

3 계속 이어서 Shift + Enter를 눌러 다음 행으로 이동하고 다음 질문을 추가한 후 Enter를 누릅니다.

이 수식에 대해서 자세히 설명해줘

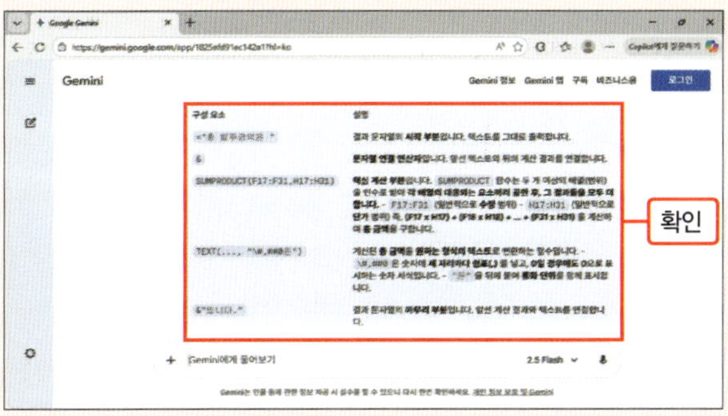

4 AI 답변을 통해 각 함수의 기본 용도와 연결된 수식에 대한 자세한 설명을 확인합니다. 이 함수를 다른 형태로 수정하려면 추가 질문을 입력해서 새로운 함수식을 만들어보세요.

찾아보기

기호 & 단축키

영문

A~G

H~N

O~Y

한글

ㄱ~ㅇ

ㅈ~ㅎ